汉匈战争全史

周锡山 著

上海三联书店

前　言

　　本书是唯一清晰而全面地梳理和记载了汉匈战争全部历史的著作。

　　本书不仅记载匈奴在亚洲战场与华夏民族自炎黄时代至东汉长达三千多年的生死搏杀，还记载匈奴后裔鲜卑、突厥、契丹和蒙古与汉族长达千年的大战，也记载了匈奴残兵败将到达和横扫欧洲的激烈战争直至灭亡的全过程，以及蒙古、突厥进攻欧洲、西亚的战争。

　　中国历史上的汉匈战争是人类历史上一场空前绝后的大战，无论从战史之漫长、战况之复杂、意义之重大、影响之深远等哪个角度，都可以这样说。

　　关于此战意义之重大和影响之深远，可以一言而蔽之曰：影响了人类的命运。在东方，体现为，汉族高度发展的文明和经济得到保护，此后，高度繁荣的汉文化得以影响了整个东亚，使东亚地区成为世界上长期超过欧洲的文化最先进、经济最发达的地区。至于对西方的重大影响，最早发表这个观点的是美国学者麦高文。

　　汉族的胜利，逼使匈奴及其后裔突厥的残兵败将远遁西亚和欧洲。美国学者麦高文精辟地指出，四百年后，这些远遁的匈奴余部入侵欧洲大陆；又过了一千余年，被唐朝打败的突厥再次入侵欧洲，"是造成罗马帝国覆灭的重要

1

原因之一"。"近世欧洲之构成，全出于土兰尼安（按指匈奴及
其后裔突厥等）侵入者激荡之赐，也未尝不可。""拜占庭学者
之西迁，为突厥人入侵直接造成之结果，对于西方学问的
复兴，实为一大助力。"而文艺复兴则促进了欧洲自然科学
的高度发展。此外，"突厥人征服欧洲东部，又曾造成另一
后果，其重要性今方日有增加，这就是美洲的发现"。①

麦高文之所以有此论点，是因为西方列强的祖先是受
中国打败匈奴和突厥之赐而得到解放，才有可能强大起来；
他们强大之后疯狂侵略和掠夺亚非两洲，发现并疯狂入侵
和掠夺美洲，从而以此血腥的积累而发展自己的经济。从
这个角度看，汉匈战争对人类命运的变化和发展产生了无
与伦比的深远影响。

同时，汉匈战争开辟和保卫了丝绸之路。丝绸之路是
从古代至近代东西方唯一的陆上和平之路，更是当今"一
带一路"倡议的雄厚历史基础，这是汉匈战争的另一个重
大意义。

本书利用了"二十四史"和《资治通鉴》的全部有关
资料和其他古代史著的一些重要资料，注重学术性、知识
性和可读性的结合。本书的学术性，体现为原创性：

一、首次完整记叙汉匈战争的四千年历史，填补了国
内外学术界的这个空白。

二、首次将匈奴及其后裔鲜卑、突厥、契丹、蒙古的
历史整理成一个完整的发展历程，在整合学术界现有成果

---

① 《中亚古国史》，W. M. 麦高文著，章巽译，第 125、12、17 页，
中华书局，2014 年。

的基础上有了新的发展。

三、首次完整记叙了匈奴的战争史：对汉战争、在中西亚的战争、在欧洲战争的概况。

四、体例创新。

全书目录纲举目张，清晰表明了战争的过程和重点；全书共分四章，将汉匈战争分为四个阶段：

1. 前史，记载匈奴早期（未称匈奴的时期）和汉族（未称汉族的华夏时期）的战争；

2. 汉匈战争上半部，为西汉与匈奴的战争；

3. 汉匈战争下半部，为东汉与匈奴的战争；

4. 后史，为匈奴后裔与汉族的战争。在后史中还有外史，记载匈奴、突厥、蒙古在欧洲、西亚的战争，这更是体例的创新。

五、观点创新。

1. 突出强调汉族和匈奴都是中华儿女，汉匈战争是中国两个民族之间的内战，中国古代领土是汉族、匈奴及其后裔和其他少数民族占领的地区的总和；

2. 指出秦朝的灭亡，与匈奴有极大的关系；

3. 全面分析、评论和总结汉武帝的巨大贡献；

4. 指出和梳理卫氏家族（卫子夫、卫青、霍去病、霍光和汉宣帝四代）对汉匈战争的极大贡献，本书从汉匈战争角度给以清晰和完整的分析和评论，而且首次指出：第二阶段汉匈之战的最高统帅、为汉朝中兴做出伟大贡献的汉宣帝，也是卫氏家族的后裔（汉宣帝是卫皇后生的太子的孙子，汉武帝已经杀了太子及其全家，汉宣帝已经被汉武帝开除出汉武帝后裔的"名单"）；

5. 突出记叙、分析、评论伟大军事家卫青的品质、才华和贡献，纠正《史记·李将军列传》给读者留下的关于卫青的错误印象；

6. 突出梳理、分析、评论李陵虽败犹荣的最后战史，纠正他是叛徒的错误评价；

7. 完整梳理和记载杰出女性人物对汉匈战争的重要贡献，理清和完整叙述王昭君子女、外孙和侄子的贡献和命运，并在《文史知识》^①上发表；

8. 梳理班氏家族（班彪、班固、班超、班勇三代）对汉匈战争的巨大贡献；

9. 提出汉匈之战弘扬了中华民族的伟大民族精神，完整归纳外交领域的以和为贵、睦邻和助邻至上、敢于战胜任何强敌的民族精神的丰富内涵；

10. 指出中国对外关系和西方对外关系的本质不同，启发读者认识到西方殖民主义、帝国主义对东方关系的本质和政策，体现为他们是"工业游牧民族"的攻击性、侵略性和凶横残忍的强盗本质。

其次，本书将《史记》《汉书》《后汉书》《晋书》等二十四史著作和《资治通鉴》等史籍，与王国维以及现当代学者的研究成果完整贯通，除了直接引用（标明作者和文献来源）外，将已经形成学界共识的正确观点梳理、整合成本书用自己语言转述的基本观点，并与本书的创新观点水乳交融地结合起来，成为一部综合前人成果又有自己原创的

———————

① 拙文《王昭君的子女、外孙和侄子》，《文史知识》2004 年第 5 期。

专著。

此外，本书直接引用"二十四史"和一些古书的重要内容，让读者亲炙传统经典著作的原汁原味的古典美和切合当时历史氛围的语感，只要有中等文化程度的读者便能看懂。为照顾有些读者，本书对略为艰深的文言引文还做了必要的阐释性复述或叙述性解释。匈奴在欧洲的战争、突厥在西亚的战争，则根据西方史学名著的有关记载撰写。

本书是《汉匈四千年之战》的增补本，在《汉匈四千年之战》的基础上做了重要的增补，并调整了全书的目录。

《汉匈四千年之战》于2004年出版后，受到广泛的好评。此书列入上海出版重点项目，国家新闻出版广电总局、上海市人民政府主办的2004年首届上海书展作者签名重点书，并在文艺出版集团和世纪出版集团都安排了作者签名售书。书展期间，《光明日报》发表评论文章，给本书以极高评价（见本书最后的附录）。

2005年初，教育部主办的中国大学生在线网站转载《激人思考的十本书》一文，将本书与《红楼梦》《水浒传》《红与黑》《挪威的森林》《哈佛MBA教程》等并列在一起，作为古今中外激人思考的十本书，并摘录《光明日报》的评论给予突出揄扬：

> 战争。中国历史上最长的战争。它体现一种战争的残酷，在战争中生存，在动荡中融合。一场先进与落后、文明与野蛮、残酷与纯真的较量，予人心理的震撼

与洗礼。这部著作不是对汉匈战争史实的简单梳理，而是一篇有甄别、辨析，深入浅出，寄意高远的力作。全书凸现出了作者的历史观和文化观。

接着，上海东方电视台《文学·视觉》专栏，因为此书受到白领读者"精彩、好读"的评价而对作者做了专题采访并播出。超星图书馆的"名师讲座"拍摄和推出这个选题，受到热烈欢迎，成为观众数量名列前茅的五星级课程。

在《汉匈四千年之战》出版一年半之后的 2005 年 11 月，由中国社会科学院民族学与人类学研究所供稿，中国社会科学院网以两个版本的整个网页的规格，介绍此书并给予极高评价："本书以文史结合、图文结合的方式，叙述中国历史上绵延四千年的民族统一之战，弘扬了中华民族的伟大的民族精神：热爱和平，又不畏强敌，并最终战胜之。"这个评价肯定本书首次完整记叙和评论的长达四千年的这场影响人类命运的战争，是"弘扬了中华民族的伟大的民族精神"、填补中外学术研究空白的力作。

与此同时，《上海文化年鉴》2005 卷以罕见的长篇给拙著"历史新观察书系"三种，即《流民皇帝——从刘邦到朱元璋》《临朝太后——从吕太后到慈禧》和本书，做专条记载和评论，对本书的评价也与中国社会科学院网不约而同。

《汉匈四千年之战》于 2012 年出版修订本，今早已售完。这次增补了秦国自初期即与匈奴发生的激烈战争、明清两代与蒙古叛乱者的战争，内容更为完善，因此改名《汉匈战争全史》重新出版。希望读者喜欢。不足之处，敬请批评指正。

周锡山

2022 年 10 月 1 日于上海静安九思斋

目 录

001　　**导　论**

002　　　一、中国五千年的北方边患

007　　　二、匈奴的来历和名称之变换

012　　　三、历史视野中的汉匈战争及其重大历史意义

014　　**第一章　汉匈战争前史**

014　　　一、炎黄之战和北逐匈奴

018　　　二、夏朝受迫迁都和夏桀之子逃奔匈奴

020　　　三、商朝迁都和艰苦的抗匈战争

022　　　四、西周祖先和历代君主饱受欺凌

025　　　五、西周终因匈奴而亡

030　　　六、东周的困境和秦赵燕防匈修长城

033　　　七、秦国称霸西戎和重创匈奴

051　　　八、赵武灵王和名将李牧，最早的抗匈英雄

060　　　九、秦始皇大胜匈奴，秦朝竟也因匈奴而亡

076　　　十、匈奴在秦汉之交发展为东方最强之国

093　　**第二章　汉匈战争上部**

093　　　一、西汉开国皇帝和皇后受辱与忍耐

119　　　二、文景之治和周亚夫屯军细柳

138　　三、大漠风烟：汉武帝发动汉匈生死搏杀

168　　四、大将军卫青：伟大品格和辉煌战绩

189　　五、骠骑霍去病：匈奴未灭，何以家为？

199　　六、李广和李陵：一代名将，虽败犹荣

232　　七、张骞和苏武：汉朝使者的曲折命运和伟大功绩

265　　八、第二战场：李广利夺汗血马、巫蛊之祸和汉武反省

300　　九、宣帝中兴和西域战场的辉煌胜利

331　　十、昭君出塞和王莽乱政

360　　**第三章　汉匈战争下部**

360　　一、两汉之交的汉匈军事形势

361　　二、东汉初年光武帝对匈之策略

363　　三、匈奴分裂和南匈奴南附

368　　四、汉明帝时期对北匈奴之战

370　　五、汉章帝时期对北匈奴之战

371　　六、再拓西域：英雄班超的杰出贡献

383　　七、最后决战：北匈奴彻底失败和西遁

395　　八、前赴后继：班勇经营西域的重大建树

398　　九、曹操执政：南匈奴国家政权消亡

400　　十、文姬归汉：汉匈战争的袅袅余音

405　　**第四章　汉匈战争后史**

408　　一、北匈奴仓皇西遁，横扫亚、欧，立国印度和欧洲
　　　　　及西罗马帝国之亡

440　　二、南匈奴在西晋末年五胡乱华时的表现

451　　　　三、匈奴摇身一变，改投汉族、鲜卑、突厥诸族

454　　　　四、鲜卑于东汉、西晋时的连年南侵

460　　　　五、鲜卑在北朝时的兴起和建国北魏与北周

462　　　　六、突厥在北朝、隋唐时崛起和东西突厥的灭亡和西迁

479　　　　七、契丹的兴起、激烈的辽宋之战和辽朝的灭亡

496　　　　八、蒙古灭西辽、远征和立国中、西亚与欧洲

502　　　　九、突厥西征，立国土耳其和消灭东罗马帝国

510　　　　十、宋元之战、元明之战和明与西部蒙古之战

519　**结　论**

519　　　　一、汉族常受欺凌之原因

524　　　　二、汉匈战争取胜之原因

530　　　　三、汉匈战争的重大历史意义：霸道必败和中华民族
　　　　　　　的伟大民族精神

541　**附　录**

541　　　　一、胡人和匈奴人的容貌，深目高鼻多须

545　　　　二、匈奴、鲜卑、契丹与汉人同宗的记载

547　　　　三、匈奴和汉族同文的论证

549　　　　四、匈奴和汉族的习俗相同

557　　　　五、壮怀激烈：唐宋诗词中的匈奴情结

565　　　　六、辽国的中兴之主萧太后和辽宋战争

587　　　　七、南宋亡国太后谢道清和南宋灭亡的惨况

623　　　　八、明代瓦剌入侵和土木之变

633　　　　九、清朝康雍乾三代平定准噶尔叛乱之战

649　十、《蒙古族通史》匈奴祖先与后裔扩大化的评论

655　十一、《光明日报》书评对《汉匈四千年之战》的高
　　　　　度评价

658　**主要参考书目**

导 论

在中国历史上处于关键时期的两汉时代的前三百年（前206—后91）中，中国大地有两个强大的政权，"南有大汉，北有强胡"（《汉书·匈奴传》），即大致以长城为界，南方是汉朝，北方是匈奴。

匈奴不仅在中国古代史而且在世界古代史中都占有重要地位。这是因为匈奴统一了中国的北方草原地区并占领了西域的广大地区，其所统治的地域不仅一度大于汉朝政权统治的地区，而且匈奴统治者实施的霸权和发动的战争，在亚欧两洲都产生了极大的影响。

在亚洲，匈奴引发了历史悠久、规模巨大、双方损失极为惨重的汉匈战争；在欧洲，匈奴的军事攻击推动了疯狂的民族大迁移，造成欧洲极大的混乱、战乱和西罗马帝国的最终灭亡。而匈奴在欧洲的出现，是汉匈之战直接的结果，而且在欧洲的战局与汉匈之间的战局有参照意义，更可反观汉匈之战的意义极为巨大而深远。

汉族与匈奴之间发生的战争学术界历来并没有专门的称呼，本书则定名为汉匈战争。

汉匈战争，从名称上看，指汉朝和匈奴的战争，同时也可兼指中国古代汉族与匈奴两大民族的战争。汉族因汉朝而得名，匈奴之名出现于战国。古代汉族和匈奴这两个民族的称呼，按学术界的惯例，可以兼指其前身，即汉族兼指汉族之前的华夏族（亦作诸夏，秦朝时又称秦人），匈奴兼指匈奴之前诸种族名。本书即兼指以上两者。

有具体记载的汉匈之战是世界上空前绝后的千年战史（自公元前4世纪初至公元5世纪），此前和此后双方名目繁多的战争又长达三千余年。

汉匈之战早在五千年前中国有史之初即已开始，但当时两族都未称汉族和匈奴，兼之两族的战争在两汉时期最激烈并有比较详尽的具体记载。汉匈之战的关键阶段无疑是在汉朝的四百年，因而，前此（远古、夏商周、春秋战国和秦朝约长达两千七八百年的阶段）可谓汉匈之战的前史；后此（魏晋、北朝直至宋辽长达一千年的阶段）尤其是隋唐及以后，匈奴之名又已消失，匈奴之后裔改称其他民族，继续入侵汉族和发动战争，这是汉匈之战的后续或变异，即在一定程度上也可以说是汉匈之战的继续或变化。为方便叙述，本书通称汉匈战争。至于其中的不同和变化，本书将在有关章节中专做说明或详叙。

一、中国五千年的北方边患

地球上有三个大草原：亚欧大草原、北美大草原和南美大草原。其中亚欧大草原绵延一万五千公里，东起大兴安岭，向西直到欧洲多瑙河，连成一大片横跨亚洲和欧洲的世界最大草原。生息在这片广袤草原上的众多游牧民族，在历史上曾经是一股巨大的力量。

亚欧大草原在当时中国北方境内的部分，后世称为蒙古草原，它是大（沙）漠及其南北的一个美丽的草原地带，自原始社会的远古（距今约八千年之前）以来，就是我国北方众多游牧民族的生息之地和活动舞台。这个广阔的地带，北起贝加尔湖，与西伯利亚相毗连，南至巍峨壮丽的阴山山脉，与中原相连接；东起纵列八百余里、海拔超过千米，莽莽苍苍、森林密布的大兴安岭，西至阿尔泰山山麓，与青藏高原相连。在这个极其广阔的地域中，我国古代众多的游牧民族互相交往、互相斗争和互相融合，并以此为基础，不断向南侵略与扩张，频繁引发惨烈的战争。

在蒙古草原和整个亚欧大草原上的诸游牧民族中，力量最强大、历史最长并且统一地域最广大的是匈奴。由于匈奴凶悍异常，欧洲古代历史学家"尊称"他们是"上帝之鞭"。匈奴之后，由匈奴的后裔转化或融入的鲜卑、突厥、契丹和蒙古先后兴起。

当今人们津津乐道的古代丝绸之路，是打通亚欧的一条文明之路。可是现在已知和它大致同时甚或更早的亚欧之路是北方的草原之路，这可是一条野蛮血腥之路。

汉朝和匈奴，一个国家和两个政权

"中国"，过去有人仅指汉族地区，尤指中原地区。但是有识见的史家将汉族周边的少数民族，也看成是中国的一部分，把匈奴看作中国古代多民族国家的一个游牧部族。如《史记》的《匈奴列传》，将匈奴与汉朝名臣的列传并列，将汉朝和匈奴看作中国一个国家中的两个政权。这是非常正确的。吉林大学文学院历史系教授赵永春精辟地指出:"认识中国历史上的疆域应该以今天中国的疆域所包括的民族为出发点去上溯中国各个民族的历史和疆域,凡是今天生活在中国疆域内的民族以及历史上生活在今天疆域内而今天已经消失了的民族都是中国民族的组成部分,他们在历史上活动的地区及其建立的政权的疆域也都是中国历史上疆域的组成部分。""还有一些历史上生活在今天中国疆域之内而今天已经消失了的民族,他们的历史也是中国历史的组成部分,他们所建政权的疆域也是中国历史上疆域的组成部分。比如,匈奴族是由殷周以来的鬼方、荤粥(xūn yù)、猃狁发展而来的,战国时期居住在河套和阴山(今内蒙古阴山)一带,即今天内蒙古自治区中部、南部及鄂尔多斯草原一带,后来建立了政权,因为是建立在今天中国疆域之内的政权,匈奴政权所控制的疆域就是中国历史上疆域的组成部分。"匈奴的一支外迁并且没有在与中国历史上疆域接壤地区建立政权,"后来又与外国民族结合以至融合,形成另一个民族共同体",过了 200 年以后才在顿河以东重新建立政权,期间已经经过了几代人,"这部分人,可以认为他们在离开中国国境之后,逐渐演变为外国民族"。

中国北方五千年边患的来源和性质

笔者的看法与此相同。但这样的认识仅是问题的一个方面,中国历史上的民族矛盾和疆域划分还有另一个方面,即在中国自传说时代至清末的五千年中,中国北方的边患不断。除清代侵略我国领土的北方强敌是俄国外,此前的北方边患都是中国内部少数民族和汉族政权之间发生的军事冲突，从当今的眼光看，应属于内战的性质。但就当时的历史场景来看，这些少数民族的统治者发动的战争是挑起民族矛盾、侵凌和杀戮汉族人民、破坏中原先进文化的不义之战，故对处于中央政权地位的汉族朝廷来说可称之为"边患"。要而言之，夏商周时的戎狄，商朝时的鬼方和战国至秦汉的匈奴，此后的鲜卑、突厥、契丹、西夏、女真、蒙古和满洲，中国北方的边患五千年不断。

金庸在《金庸的中国历史观》（1994年10月在北京大学授予他名誉教授仪式上的演讲）中总结：

> 就我看来，我国历史上遭受外族侵略的危险时期有七个：第一是西周末年到春秋战国时期东西南北受到的外族进攻；第二是秦汉时期匈奴的进攻，时间长达四百年之久；第三是魏晋时鲜卑等五胡的进犯，时间也有四百年；第四是隋唐时期突厥和吐蕃的侵犯，时间约三百年；第五是五代、南北宋时期契丹、女真及西夏的侵犯，时间大概也是四百年；第六是元、明、清时期蒙古、满族的侵犯；第七是近代西方帝国主义和日本帝国主义的侵略。
>
> （焦小云记录，原载香港《明报月刊》1994年第12期）

而其中发生最早、历时最长、战争最激烈的便是匈奴引起的边患。

与此相关的古代对中国疆域的认识，权威性的观点是：司马迁根据《尚书·禹贡》等书的记载，记叙了夏朝禹平水土，更制九州，列天下为甸、侯、绥、要、荒"五服"的情况。夏朝的五服实际上分为三个层次，即中央、地方和边疆，甸服、侯服指中央；绥服即《国语》《荀子》等书所说的宾服，指地方；要服和荒服指边疆的蛮夷戎狄地区。无论是中央、地方，还是边疆，都是当时夏朝疆域的组成部分。从此，我国便形成了五服都要服从中央，定期或不定期向中央贡纳赋役的贡纳制度，形成了五服之内的是中国疆域的认识，这种思想对后世产生了深远影响。

夏商周对要服和荒服地区的管理主要是通过文教加以约束，使之称臣纳贡，这种贡纳制度的管理方式，到了战国和秦汉时期，进一步发展为直接管理、间接管理和称臣纳贡三种形式。第一种形式是在原来的要服、荒服地区像内地一样设置郡县，进行直接管辖。第二种形式是设置属国，对内附的少数民族进行间接管理。比如，西汉为了管理内附的匈奴等族，设置了西河、北地、上郡、朔方、云中、张掖、五原等属国。东汉为了管理内附的匈奴又增设了广汉等属国。这些属国"不改其本国之俗而属于汉"，由中央设置的属国都尉等官员管理，但仍有相对的独立性，与内地的郡县有所区别。第三种形式是对称臣纳贡的政权及民族采取册封以及文教约束等形式进行管辖。

所以，中国历史上历来存在的边患问题是中国内部的民族矛盾性质。为了抵抗少数民族统治者掀起的叛乱（如明末的满族）、入侵（如匈奴、突厥、契丹、女真和蒙古等）和对汉族地区的野蛮杀戮破坏，汉族中出现的爱国英雄人物和广大人民焕发的爱国主义情怀，也要从这个认识范围里给予正确评价。

二、匈奴的来历和名称之变换

"匈奴"的名称最早出现于战国。在此之前和之后有多个名称。

匈奴民族的来历

匈奴最早是炎帝部落的一个分支，夏朝灭亡后，黄帝后裔加入匈奴，成为后世匈奴的祖先之一。

"匈奴"原义，即"人"，或"群众""居民""土民"，意为"天帝之子"。据王国维考证，"匈奴"二字急读为"胡"。而"胡"一词在匈奴人的心目中，即"天之骄子也"。《汉书·卷九十四上·匈奴列传》记载，单于给汉武帝的信，即公然示威："南有大汉，北有强胡。胡者，天之骄子也。"

古代学者认为匈奴，至少部分匈奴，也是黄帝的子孙。如《史记·周本纪》"犬戎"《正义》注云："黄帝生苗龙，苗龙生融吾，融吾生并明，并明生白犬，白犬有二，是为犬戎。"司马迁记叙匈奴的祖先还是大禹的嫡系后裔呢。所以有学者精辟地指出，历史上，中原民族与边疆民族不仅在政治上存在隶属（关系），联系紧密，在思想文化方面也存在着"殊类同规，华戎一族"（《南史·齐本纪上》）的思想认识和文化认同，这也是我们认识中国历史上民族及其疆域问题的一个条件。

司马迁在《史记》中不仅将华夏族说成是黄帝的子孙，

把中国的少数民族也说成是黄帝的子孙，他认为少数民族与华夏族有着重要的渊源关系。他在《史记·秦本纪》中说，"秦之先，帝颛顼之苗裔"，把人们向来认为是戎狄的秦朝先人说成是黄帝的孙子高阳氏颛顼的后人。在《史记·楚世家》中说，"楚之先祖出自帝颛顼高阳"，把人们认为属于南蛮的楚说成是黄帝的后裔。在《史记·越王勾践世家》中说，"越王勾践，其先禹之苗裔"，也是黄帝的后人。在《史记·东越列传》中说，"闽越王无诸及越东海王摇者，其先皆越王勾践之后也"，两越的夷蛮自然也就是黄帝的后裔了。在《史记·匈奴列传》中又说，"匈奴，其先祖夏后之苗裔也"，匈奴自然也就成了黄帝的后裔。

司马迁关于中国各个民族均为炎黄子孙的说法，对后世产生了深远的影响，后来的少数民族大多沿袭了司马迁的说法，强调自己是炎黄子孙。比如，十六国时期，匈奴人赫连勃勃曾强调自己是"大禹之后"，要"复大禹之业"，完全把自己说成是黄帝的后人。《晋书·载记第八·慕容廆》认为，慕容鲜卑"其先有熊氏之苗裔"，《魏书·帝纪第一·序纪》称，建立北魏政权的拓跋鲜卑人以黄帝之子为自己的直接祖先，认为"黄帝以土德王，北俗谓土为托，谓后为跋"，因称自己为鲜卑拓跋氏。控制西魏的鲜卑人宇文泰则称"其先出自炎帝神农氏"，炎帝和黄帝是兄弟，同出于少典，鲜卑人有关始祖的说法虽然有黄帝和炎帝之不同，但最终还是一源。从鲜卑族出来的契丹族也承认自己是炎黄子孙。《周书》认为契丹是炎帝之后；耶律俨主修《皇朝实录》则将契丹说成是黄帝之后；脱脱主持编写的《辽史》经过考证，认为契丹出于"炎帝之裔曰葛乌菟者"，主张契丹为炎帝之后。以上可以看出，中国历史上的各个民族均主张自己的始祖出于炎帝和黄帝，这种中华民族起源于一个祖先的一源论说法，今天看来是不科学的，因为中华民族和文明的起源并非一源，而是多源，具有多元一体的特点，这已为中国长江流域、黄河流域、燕辽地区丰富的远古人类考古及文化所证明，已经成为学界的共识。

关于"华夷同祖"的中华民族起源的一源论说法，虽然是不科学的，但它却可以说明中国历史上的中原民族和边疆民族在血缘上是比较接近的民族，反映了中华各民族在发展过程中逐渐混血融合的趋势，反映了中国历史上"华戎一族"或"胡越一家"思想的源远流长，反映了中原民族对边疆民族自古以来就是一家的思想认可，也反映了中国历史上少数民族对炎黄文化的心理趋同。孔子曾将"文化"作为区分华夏和夷狄的标准，凡是按照"礼"的要求办事的人，就是华夏；凡是违背"礼"的要求者，就是夷狄。

我的观点与以上论述大多相同，但我认为上述中的一个观点尚可商榷。由于20世纪在长江流域有了许多新的考古发现，证明了中国古代民族起源和发展的多元性。但北方多种民族"华夷同祖"的观点，既然是古代多种权威史著的共同说法，当代史学家在拿不出反证的情况下，不能武断这些史著的这种说法是错误的。所以，匈奴、鲜卑和契丹等族可能与汉族同祖的说法，充分显示了中华民族的强大凝聚力，不仅不能随便予以否定，而且应以充分肯定。

匈奴的族名及其变换

匈奴之名，最早见于战国时期，战国时的著作《逸周书·王会篇》《山海经·海内南经》和《战国策·燕策三》"燕太子丹质于秦章"都已提到匈奴。刘向《说苑》也记载了战国时匈奴的存在。记载匈奴最早的活动的是《史记·秦本纪》："韩、赵、魏、燕、齐帅匈奴共攻秦。"时在秦惠文王更元七年，即公元前318年。其次是《说苑·君道》，此书记载燕昭王与郭隗语有"匈奴驱驰楼烦之下"句，《资治通鉴》将昭王师郭隗事系于周赧王三年，即公元前312年。第三次是《史记·李牧传》所载李牧击匈奴事，时间为公元前3世纪中叶。由于《史记·匈奴列传》和《汉书·匈奴列传》是有关匈奴史的最早、最有权威的著作，所以"匈奴"这个名称从此固定了下来。

匈奴又称胡，在战国和秦汉时，胡和匈奴的意思完全等同。在古籍中，以胡称匈奴，最早见于战国时作的《周礼·考工记》："胡无弓车。"郑注："今匈奴。"又见于《战国策·赵策二》"武灵王平昼闲居"章。这位赵武灵王（战国时赵国君，公元前325—前299年在位）就是战国时最早打败胡人入侵的英雄人物，本书第一章第八节有专门介绍。

匈奴这个民族非常复杂，其中一个表现就是早期匈奴的名称很多：

远古时代，即黄帝（约公元前3000年）时代，称荤粥；

上古时代，即尧舜时代，称山戎、猃狁（xiǎn yǔn）、荤粥；

夏朝（约前2070—前1600）时，称荤粥；

商朝（前1600—前1046）时，称鬼方；

西周（前 1046—前 771）时，称混夷、獯鬻（xūn yù）、猃（一作獫）狁；

春秋（前 770—前 476）时称戎、狄；

战国（前 475—前 221）时代，称胡、匈奴。

冯家昇《匈奴民族及其文化》列举匈奴的异名竟有三十二种之多，如鬼方、鬼戎、魃（bá）方、畏夷、隗（wěi，又读 kuí、guī）国、混夷、混戎、犬戎、獫允、獯鬻、荤粥、荤庾等。

匈奴这一名称的由来和变换，多数学者都依据《史记·匈奴列传》的记载和王国维《鬼方昆夷猃狁考》的观点，认为匈奴即荤粥、鬼方、混夷、獯鬻、猃狁、胡等同名异称和异译。王锺翰主编《中国民族史》也倾向于这个观点：

> 匈奴族源，从其名称由来可看出，他们与殷周以来的鬼方、獯鬻、荤粥、猃狁、胡等有密切的渊源关系。但不等于说，前者是后者的翻版，而是说，匈奴族是上述诸族的基础上，吸收周围各族人民发展起来的。……完全可以说，它是由戎、狄、胡多种民族成分组成的"民族共同体"。

林幹《匈奴通史》和白寿彝总主编《中国通史》等则完全认同司马迁和王国维的观点。《中国通史》认为："鬼方和猃狁来源很远，在中国历史上绵亘的时间也（很）长。根据文献记载，尧舜时代的荤粥、商周时代的鬼方、西周的鬼戎、昆夷、混夷、畎戎、串夷、犬戎、猃狁，春秋时代的戎、狄，秦汉时代的胡与匈奴，实际上都是指一个属类，只是由于时间、地点、音译、诬称以及个别支派的不同，而异其称（呼）而已。"《匈奴通史》还指出，在匈奴共同体中，见诸记载的有休屠（屠各）、宇文、独孤、贺赖、羌渠、义渠等部。其下，还有众多氏族，如挛鞮（luán dī）氏、呼延氏（呼衍氏）、兰氏、须卜氏、丘林氏、乔氏、当于氏、韩氏、郎氏、粟籍氏、沮渠氏等诸姓。此外还有"别种"和"别部"等。

三、历史视野中的汉匈战争及其重大历史意义

匈奴是古今中外最强大的入侵者。此后汉族先后面对的强大入侵者是鲜卑、突厥、契丹、女真、蒙古和满族。

匈奴的全盛时期，人口有二百万，精锐部队有三十余万人至四十万人。而汉朝人口最多时为五千余万人，精锐部队则不比匈奴多。与此相比，后世蒙古和满族的总人口只有一百万人，军队仅十余万人，人口和军事力量都要比匈奴弱得多，而当时南宋和明朝的人口和军队人数都要比汉朝多得多，但南宋和明朝长期处于劣势，最后（包括当时占领北京的四十余万李自成的军队）却被他们消灭。

在汉族五千余年的北方边患中，尽管匈奴是最强大的入侵者，汉朝（包括西汉和东汉）在与入侵者匈奴的战争中取得了完胜。在汉匈之战中，强大的匈奴被汉族同化近一半，消灭也近一半，剩下的残兵败将，远遁和横扫欧洲，打败欧洲众多蛮族和不可一世的罗马帝国。汉征匈奴，迫使匈

奴西迁，这就是引起欧洲民族大迁徙和"蛮族入侵"、东罗马帝国消亡的背景。此后没有任何一个民族能取得几乎横扫整个欧洲大陆这样巨大的战果，可证匈奴是古今中外最强大的入侵者，这又反证汉朝战胜匈奴之极端不易及其伟大意义。

与此相比较，唐朝打垮突厥是侥幸获胜，宋朝抵抗契丹、女真是处于劣势中的对峙，此后宋、明则屡败并亡于蒙古族和满族，汉族统治者真是一代不如一代。到了近代，西方列强侵略和试图瓜分中国，性质又变，这是外国侵略者在中国制造的罪恶，中国人民受尽了屈辱，直到抗日战争取得胜利，直至中华人民共和国建立，中国才结束了受帝国主义入侵和压迫的半殖民地阶段。所以在整个中国古近代，汉朝与匈奴的战争具有特出的意义，这场真正取胜的战争的过程，呈现出有益的历史经验，体现了中国具有悠久传统的战无不胜的民族精神。

总之，中国历史上只有汉唐能依靠强大的政治、经济、军事和文化实力，成功抵御和消灭强大的入侵者，消除外患，因此被誉为汉唐盛世，成为中国的千古榜样。从汉朝彻底战胜最强大的入侵者匈奴并取得完胜来看，与唐朝和突厥的战争仅是惨胜相比，汉朝要强于唐朝，胜于唐朝。汉匈之战是世界战争史上一个伟大而有深远意义的卓特战例。汉朝完胜匈奴，有许多重要的原因，提供了可贵的历史经验，这不仅在中国古代有重大的历史意义，对于今日中国也有重要的启示作用，本书于此将做重点分析。

第一章　汉匈战争前史

汉匈战争的关键阶段是西汉和东汉前期。自西汉建立以来，由于汉朝的辉煌历史地位和成就，华人称为汉人，文字称为汉字。在此之前，汉族称为华夏。同样匈奴也不称为匈奴。所以，本书将自黄帝至秦末这段历史称为汉匈战争前史。

一、炎黄之战和北逐匈奴

匈奴与汉族的最早交往和交战是在距今约五千年之前的黄帝时代。

中国人民和海内外华人的祖先公认为炎帝和黄帝，所以自称"炎黄子孙"。炎帝和黄帝大致同时，炎帝略早于黄帝，他们属于距今五千余年的新石器时代的中国最早的著名领袖人物。

黄帝是传说中中原和吴楚各族的共同祖先，姬姓，号轩辕氏、有熊氏。他是少典之子。炎帝是传说中古姜姓部族首领，号烈山氏，一作厉山氏。相传他是少典娶于有蟜氏而生。所以有一种说法认为他俩是同父异母所生的兄弟。炎帝时期属于仰韶文化，仰韶文化分布在今河南、山西、陕西、湖北及甘肃、青海、内蒙古一带。黄帝时期属于红山文化，在今内蒙古那斯台红山一带。黄帝之孙颛顼，号高阳氏，老家在昆仑。颛顼的后裔分为四支：一支留在西北，后为秦人（《史记·秦本纪》："秦之先，帝颛顼之苗裔。"）；另外两支在北方，是舜、禹及其建立的夏朝，形成了中原地区的黄河文化同时也向南方发展，所以舜"崩于苍梧之野"（《五帝德》），"葬于江南九疑"（《史记·五帝本纪》）（"九疑"即九嶷山，在今湖南），"帝禹东巡狩，至于会稽而崩"（《史记·夏本纪》）（今浙江省绍兴的大禹陵为当地的名胜古迹之一）；一支在南方，是鬻（一作粥，yù）熊建立的楚国，形成了湖湘文化，后来发展为长江文化。

中国最早的战争——炎黄之战

在中国历史的全局里，黄帝部族由西北向东南发展并遍布东南的过程，就是与各地土著部族冲突、融合的过程。但当时也有激烈的争战，首先是炎黄之战，还有黄帝与蚩尤之战，其中还有黄帝与匈奴（当时称为荤粥）之战。

炎帝原居姜水（即岐水）流域，后向东发展到中原地区。炎帝扰乱各部落，因为他担任部落联盟首领后，妄自尊大，置人民生活疾苦于不顾，最后导致所属各部落与之离心离德。黄帝则得到各部落的拥戴，黄帝与炎帝经过多次作战，最后在阪泉彻底打败炎帝。阪泉在今河北涿鹿东南，后来的成语"逐鹿中原"，比喻争夺政权，最早的出处应该来源于此。后来蚩尤扰乱，黄帝又率领各部落在涿鹿（今属河北）之野擒杀蚩尤。从此他由部落首领被拥戴为部落联盟领袖，被尊为天子。

黄帝北逐匈奴

匈奴(当时称荤粥)当时有一部分属于炎帝部落。《史记·五帝本纪》记载，黄帝"北逐荤粥，合符釜山，而邑于涿鹿之阿"。汉族与匈奴早在五千多年以前的黄帝时代已激烈交战，然后将匈奴赶到北方。

炎帝的大多数部落被赶出中原后，居住边地，或如蚩尤被杀后他的部落流落到西南高原山地，与汉族(当时称华夏或夏族)断绝交往。匈奴也如此，他们被黄帝赶到了北方，所以司马迁说"唐虞(尧，号陶唐氏；舜，号有虞氏，《史记》合称为"唐虞"。亦指尧与舜的时代)以上(以前)，有山戎、猃狁、荤粥，居于北蛮。"(《史记·匈奴列传》)匈奴在尧舜之前，居于北方的蛮荒之地。

夏商周三代以来，匈奴常为中国患害

在尧舜之前，匈奴居于北方，但在尧时，已有不少匈奴的部落向南迁移，吕思勉指出，尧都晋阳，而《墨子》称其"北教八狄"，则自古同时也与此族杂居。尧的时候，华夏人民又与南下的匈奴杂居。

此后，舜的儿子建立夏朝，夏朝之后是商朝和周朝，夏商周被合称为"三代"。"自三代以来，匈奴常为中国患害。"(《史记·太史公自序》)自夏商周三代以来，匈奴经常入侵，成为中原地区的最大患害，双方频繁征战。

值得注意的是，虽然司马迁说自夏商周"三代以来，匈奴常为中国患害"，夏商两代却没有关于匈奴(当时称为戎狄)的记载，吕思勉认为：

> 夏自中叶之后，盖迁都河南，商虽闲居河北，然不过在今河北大名，河南河北道境；非如黄帝、尧、舜之深入其阻，故此族（按：指戎狄，即匈奴）在冀州之事，不复见于记载；而其在《禹贡》雍州之域者，其事迹，乃随商、周之先世之史实而并传。史称"自契至于成汤八迁"；其所以迁之故不可知；然观诸周代之行事，则商之先世，或亦为戎狄所迫逐，未可知也。

吕思勉精辟分析夏商两朝没有戎狄诸族记载的原因，又根据西周和东周屡受戎狄迫逐的史实，推论出夏之迁都河南和商朝的八次迁移，也是因为戎狄即匈奴的迫逐。这是一个很精彩的推断性观点。而周朝在建立之前，其君主即已大受戎狄的胁迫和欺凌，受尽了屈辱，则史有明载。

汉族和匈奴的战争起始于黄帝时代，这可以说是中国大地上最早发生的战争之一部分，也是世界上继埃及内战之后的世界上最早的战争了。而且这场战争自五千多年前伴随着中华民族的起始即开始，战争的第一阶段自公元前三千年一直绵延到公元前4世纪，长达两千六七百年，然后进入第二阶段，即公元前4世纪至公元前206年约一百多年的匈奴和秦、赵、燕之战。

《红楼梦》第六十三回描写宝玉让美丽的丫鬟芳官女扮男装，然后开玩笑地给她改名为"耶律雄奴"，并说："'雄奴'二音又与匈奴相通，都是犬戎名姓，况且这两种人，自尧舜时便为中华之患，晋唐诸朝，深受其害。幸得咱们有福，生在当今之世。"（按：通行的程高本已删去。）曹雪芹这里也提到匈奴早在远古称为犬戎之时，就经常入侵并危害中华的史实，说明他熟悉《史记·匈奴列传》。而将匈奴和契丹（耶律为契丹人的大姓）并列为"这两种人"，可见曹雪芹深知契丹是匈奴的后裔，他们原是一家。

二、夏朝受迫迁都和夏桀之子逃奔匈奴

夏朝是中国第一个朝代。周人的早期文献和商代后裔追述他们祖先事迹的篇章中都明确地记载上古时期有一个夏朝。

夏本是一个古老的部落，相传是由包括夏在内的十多个部落联合发展而来的，与古代其他部落交错分布于中国境内。到尧、舜时期，夏族的首领禹（尊称为大禹）因治水有功，被授予帝位。他去世后，他的儿子启继承了帝位，并传位于子孙。这样，大禹就建立了中国历史上第一个奴隶制王朝。夏王朝约存在于公元前 21 世纪至公元前 17 世纪，有近五百年的历史。古本《竹书纪年》说夏朝有 471 年。

犬戎与夏人同祖，皆出于黄帝

《史记·匈奴列传》说："匈奴，其先祖夏后氏之苗裔也，曰淳维。"意为匈奴的先祖是夏朝君主的后裔。照此说法，匈奴是大禹的后裔了；而大禹是黄帝的玄孙，故匈奴也是黄帝的后裔。

由于夏的君主是黄帝的后裔，所以《山海经·大荒北经》称："犬戎与夏人同祖，皆出于黄帝。"

夏人受迫而迁都

匈奴虽被黄帝驱逐到北方，但因为北方是蛮荒之地，他们乘中原政权疏忽，就不断南迁，与华夏人杂居。吕思勉推论出夏之迁都河南，是因为戎狄即匈奴的迫逐。这是根据西周以后，匈奴侵凌中原历朝政权的大量史实而做的推断。

夏桀之子逃亡匈奴，成为匈奴的祖先

夏朝的君主（姓姒，sì）共有九世十一传，十七人。

夏朝自第十四个君主、昏乱荒淫的帝孔甲以来，很多诸侯相继叛离了夏。夏朝最后一个君主夏桀在位时，史书说他暴戾顽贪，荒淫乱国，又迷恋女色，尤宠美人妹（mò）喜，终于亡国。桀不修德行，还用武力伤害百官之族，百官不堪忍受。桀召来汤，把他囚禁在夏台，后来又放了他。汤修行德业，诸侯都来归附，汤就率兵去征讨夏桀，夏桀逃到鸣条（今河南省封丘东，一说今山西运城东北），最后被放逐而死。汤建立了商朝，称商汤王。

《史记·匈奴列传》的注解说：夏桀之子淳维在商朝时逃往北方。又说：夏朝的末代君主夏桀无道，商汤王将他流放到鸣条。三年后夏桀亡故，他的儿子荤粥（又注：淳维与荤粥是同一个人），娶夏桀的众妾为妻，带着她们避到北方的荒野中，随畜迁移，中原称他们为匈奴。

《史记·五帝本纪》谈及，早在黄帝时已北逐荤粥，唐虞以前居于北蛮的诸部落中也有荤粥，因此在夏末以前，早就有了匈奴，夏人淳维（荤粥）当然不可能是匈奴的最早的祖先。也因此，正确的表述应该是夏人淳维逃往匈奴，他与随从和部属融入匈奴，他因而成为后世匈奴的祖先之一。

三、商朝迁都和艰苦的抗匈战争

夏朝之后，是商朝。商汤王打败夏桀，消灭了夏朝，建立了商朝。

商朝又称为殷，也称殷商。商也是一个古老的部落，始祖契大约与夏禹同时，被封于商。商族最早住在燕地，后逐步南下，到达中原地区。到公元前17世纪或前16世纪，商族逐渐强大，商汤发动了灭夏战争，夏亡，商朝正式建立，定都于亳，成为我国历史上第二个奴隶制王朝。商代自公元前1600年至公元前1046年，历时近六百年。自商汤王起，共历十七代三十王（太丁的父亲去世前已去世，没有继位。如果计入太丁，为三十一王）。

匈奴自黄帝时期到夏末的历史，都源自西汉《史记》的记载，没有当时的直接记载。商朝时期则有当时甲骨文的零星记载。

匈奴迫逐，商朝八迁

商朝在中原的局势不稳定，曾经被迫八次迁移。吕思勉推论，和夏之迁都河南一样，商朝的八次迁移，也是因为戎狄即匈奴的迫逐。

八次迁移中，最著名的一次大约在公元前14世纪，第十九位商王盘庚，将国都自河北迁往河南的殷，史称"盘庚迁殷"。此后，直至商纣灭亡，共二百五十余年，一般称为殷。整个商朝，后来或称商殷，或称殷商。

甲骨文中的殷商与鬼方之战

中国现存最早的文字是商代的甲骨文。

据统计（张之恒、周裕兴著《夏商周考古》，南京大学出版社，1995），一百多年来在殷墟出土的甲骨卜辞约有十五万片，已经发现近五千个单字，其中能认识和能隶定为汉字者共1723字，未能认识和未能隶定为汉字者共2549字，另有合文371字。

今存商代甲骨文关于匈奴（当时称作鬼方）的记载，见甲骨文汇编之甲编三三四三，乙编六六八四，仅仅两片，只有十多个字：

己酉卜，丙……鬼方易……四（祸）。(《小屯·殷墟文字甲编》三三四三）

己酉卜，贞，鬼方易，亡囚（祸），五日。(《小屯·殷墟文字乙编》六六八四）

这两片是第二十二个商王殷高宗武丁时代甲骨文的卜辞，说在商朝的打击下，鬼方是可以战胜的，并逼鬼方远逃。

这两片的内容都是对殷人有利的。殷人战败、受欺凌的历史，可能没有记载，也可能有这些记载的甲骨上的文字还没有被破读，或者失传了。而实际上，商朝经常受到匈奴的侵害和欺压。

殷高宗武丁在位第三年，命周攻克鬼方。他击败了匈奴。

《易经》记载殷高宗击败匈奴的战绩

最早记载匈奴的古书是《易经》，即《周易》。《易经》称当时的匈奴为鬼方。《易·既济》爻辞："高宗伐鬼方，三年克之。"说殷高宗征伐鬼方，持续三年之久才终于获胜。接着在《易·未济》爻辞又说："震用伐鬼方，三年有赏于大国。"意思是：以雷霆般的振奋威武之势讨伐鬼方，经过三年苦战获胜而被封赏为大国诸侯。

《易》之爻辞约作于商周之际。它记载殷（商）高宗战败鬼方要用三年时间，可见鬼方是当时的一个强国。

高宗，《周易正义》注为："殷王武丁之号。"武丁是约公元前 13 世纪时的商朝国君，在位五十九年。他重用傅说，使殷商在衰落之后又强盛起来。曾南击荆蛮，北伐鬼方。

《诗经》中的鬼方

在《诗经》中也有关于鬼方的记载。《诗·大雅·荡》："内奰（bì，怒）于中国，覃（tán，延及）及鬼方。"（内而见怒于国中，外而延及了鬼方。）此诗作于周厉王（姬胡）时（公元前 878—前 841 年），而托为周文王斥责商纣王之言，可见鬼方和殷商与西周都有密切关系。

四、西周祖先和历代君主饱受欺凌

建立西周王朝的部落称为周族。周族在远古时代居住在我国西北部的泾、渭一带，即今陕西中部和甘肃东部的黄土高原。当时的黄土高原土地肥沃、物产丰饶，给周族的兴起提供了地利和物质条件。

周族的共同始祖是姜嫄。她践"巨人迹"，感而生子，因为起初想丢弃这个儿子，所以为他取名"弃"，号曰后稷，别姓姬氏。当时还是"知母不知父"的母系社会阶段，所以只记其母，不提其父。后稷时期相当于陶唐、虞、夏（尧舜禹）之际。

周朝祖先受犬戎之迫而迁移

后稷卒，其子不窋（同"窟"，zhú，又读kū）立，不窋在位时相当于夏朝末年的衰落时期。不窋因"失其官而奔戎狄之间"，可见当时周族与戎狄（即匈奴）混居在一起，并已受到戎狄的侵凌。周族到了不窋孙子公刘执政时期，戎狄的侵扰更甚，就迁居到豳（bīn）地（今陕西旬邑西南）。

公刘迁出豳以后，九世而至太王即古公亶父（dǎn fǔ）。此时，周族在豳地已生活了"三百有余岁"（《史记·匈奴列传》）。由于戎狄各部向渭水流域进迫，"薰育戎狄攻之，欲得财物，予之。已复攻，欲得地与民。民皆怒，欲战。古公曰：'有民立君，将以利之。今戎狄所为攻战，以吾地与民。民之在我，与其在彼，何异。民欲以我故战，杀人父子而君之，予不忍为。'"（《史记·周本纪》）

戎狄极不讲理，他们武力进攻，为得财物，太王给了他们，他们又来进攻，要抢掠土地给自己的百姓。周族百姓气不过，要武力抵抗，太王不想杀伤对方，情愿无条件让出艰苦经营了三个多世纪的肥沃土地，独自出走。于是太王率领周族再次放弃自己经营的家园，渡漆、沮（jū）二水、过梁山，迁移到岐山脚下的周原（在今陕西岐山北）这个最后的定居地。而周民追随他一起跋山涉水，到岐山之下艰难地开荒建屋筑城，重建家园。这样谦让的风度，在历史上简直是绝无仅有的。

太王有子三人，长子太伯、次子虞仲（即仲雍），未即位，出走，少子季历即位。太伯一作泰伯，太王欲立幼子季历，他与仲雍同避江南，改从当地风俗，断发文身，成为当地的君长，即吴国的始祖。太伯死后，仲雍继立。其后人建立吴国。太王的这两个儿子也有其父的风度，即便心知父亲想传位给小兄弟，他们也无条件地出走，不远数千里，来到当时极为荒凉未经开发的江南，开始新的事业。他们为江南带来先进的文化和生产技术，为吴地的开发立下草创之功，功在当代，利在千秋。

周族强盛后屡伐犬戎

季历执政时期，相当于殷代的武乙时期，周族逐渐强大，开始屡伐犬戎。其中有记载的战争有以下五次，都在商朝武乙、太丁（即文丁，纣王的祖父）时期：

武乙三十五年，周王季伐西落鬼戎，俘十二翟（狄）王。

大（太）丁二年，周人伐燕京之戎，周师大败。

（太丁）四年，伐余无之戎，克之。

（太丁）七年，周人伐始平之戎，克之。

十一年，周人伐翳徒之戎，捷其三大夫。（《汉书·西羌传》注引《竹书纪年》）

屡次征伐并获胜（其中一次是败仗）以后，周族基本解除了西北游牧部落的威胁。

此后，周族强盛起来。季历死后，其子姬昌，即周文王，领导周族向外扩展地盘，四出作战。当时最为困扰周族发展的首先仍是诸戎的侵袭和威胁，所以文王在六年之中，首先西伐犬戎，攻密须（今甘肃灵台西南），然后再向东征伐、发展。

文王之子姬发，即周武王，灭商，建立周朝。他建都于丰镐后，挟灭商之余威，放逐戎夷于泾、洛之北，以时入贡，命曰"荒服"。

五、西周终因匈奴而亡

周朝有近八百年的历史，分为西周、东周两个时期，其中西周共有二百七十余年，自武王至幽王，共十二世。

在整个西周时代，戎狄和猃狁依然经常成为周室之患。

武王之后是成王，成王之后是康王。周成王时的金文（又称钟鼎文，指铭铸在青铜器上的文字）中的小盂鼎铭文有这个时期鬼方的记载。小盂鼎铭文说，康王二十五年，鬼方和周人发生了一场规模很大的战争。周人在这场战争中大败鬼方，俘获一万三千八十一人，酋长四人，还获得车、马和三百五十五头牛、廿八只羊。此战的胜利使猃狁暂时无力入侵，西周获得西北的安定。

康王之后是昭王，然后是穆王。武王之后二百余年，周道衰，但周穆王（姬满）西击犬戎，俘虏五王，得四白狼四白鹿而归，并将部分犬戎迁到太原（今甘肃镇原一带）。还东攻徐戎，在涂山（今安徽怀远东南）会合诸侯。后世传说他曾周游天下，古小说《穆天子传》即写他西游故事。

《诗经》详载西周深受猃狁之害

穆王之后，经历了共王、懿王、孝王、夷王、厉王和共和之后，是宣王。至周宣王（姬靖，一作静，？—前782，公元前827—前782年共在位46年）时，匈奴已逼近周都。他们烧杀戮掠，给人民带来严重灾难。《诗经》中记载宣王时期深受猃狁入侵之害的著名诗篇说：

靡室靡家，猃狁之故。（没有室，没有家，都为了猃狁的缘故。）

不遑启居，猃狁之故。（无暇安居，都为了猃狁的缘故。）

岂不日戒，猃狁孔棘。（难道不要日日警戒？猃狁来犯非常紧急。）

昔我往矣，杨柳依依。（过去我们出发啊，杨柳向人依依。）

今我来思，雨雪霏霏。（于今我们归来啊，霏霏雨雪飘迎。）

行道迟迟，载渴载饥。（一路走来迟了又迟，因为又是口渴啊又是腹饥。）

我心伤悲，莫知我哀！（我的心里伤悲，无人可知我的悲哀！）

（《小雅·采薇》）

这首诗歌描写猃狁入侵的军情紧急和人民遭受战争的痛苦。当时，戎狄势力的强横进攻和侵占，已逼得西周统治者和百姓在渭水流域到了无法立足的地步。《诗经·出车》反映当时周宣王派南仲驻兵朔方，"赫赫南仲，猃狁于夷！"（威严赫赫的南仲，就是为了猃狁而来！）

周宣王又派尹吉甫还击猃狁，一直打到太原一带，取得了胜利。尹吉甫即兮伯吉父，兮氏，名甲，字伯吉父（一作甫），尹是官名。当时猃狁迁居焦获，进攻到泾水北岸，周宣王五年（前823）他率军反攻到太原。金文对此有多项记载，如"兮甲盘"铭曰："王初格伐严允"，"虢季子白盘"铭记载虢季子白大破严允"于洛之阳"，"不娶簋"铭又云："唯九月初吉戊申，伯氏曰：'不娶，驭方严允，广伐西俞……余命女（小女）御追于洛，女以我车宕伐于高陵（一作高陶）。'"《诗经》中的《小雅·六月》也描写了这场战争：

猃狁孔炽，我是用急。（猃狁气焰嚣张，我们所以紧急。）

猃狁匪茹，整居焦获。（猃狁不自量力，安然占据焦获。焦获，一说在今陕西泾阳北，一说即今山西阳城西的濩泽）

侵镐及方，至于泾阳。（侵向镐京和丰京，到达泾水的北岸。）

织文鸟章，白旆央央。（用凶猛的鸟绣成军徽，白绸战旗鲜明。）

  戎车孔安，如轾如轩。（兵车安详地开动，一会儿低，一会儿高。）

  四牡既佶，既佶且闲。（驷马都已跑得正常，正常而且熟练。）

  薄伐猃狁，至于太原。（于是讨伐猃狁，一直到了太原。）

  战争连绵多年，而且经常失败，《竹书纪年》关于戎狄进攻和周师及北方各诸侯国败绩的记载很多，如宣王"使秦仲伐西戎，为戎所杀"。宣王三十九年，周军和姜氏之戎战于千亩（千亩，古邑名，是周王室的"公田"所在地），周军大败。戎狄已经逼近周都，西周的王室在渭水流域已难以立足，处境已非常艰难了。

  《诗经》中另一些诗歌记叙匈奴的入侵，而这些诗歌描写的已是东周亦即春秋周襄王（姬郑，前651—前619年在位）时代的悲惨景况了。

  西周二百七十余年，一直受到戎狄、猃狁的困扰，无法解脱，到西周末期，屡战屡败，终至灭亡。

  宣王死后，幽王（姬宫湦 [shēng]，前781—前771年在位）即位。此时内忧外患极其严重：他任用虢石父执政，政治衰败，社会矛盾激化，更兼气候干旱，幽王二年又发生强烈地震；进攻六济之戎，大败，边境空虚，戎狄东侵，致使"周余黎民，靡有孑遗"（《诗经·大雅·云汉》）。

美人褒姒，一笑国亡

在此国力衰败、内忧外患纷至沓来的严重关头，周幽王依旧迷恋在骄奢淫逸、纸醉金迷之中。尤其是他沉溺于女色，严重影响了国事。他宠爱美人褒姒（sì），废掉申后和太子宜臼，改立褒姒的儿子伯服为太子。宜臼逃到母家申侯处，幽王讨伐申国，引起申侯的叛乱。申侯盛怒之下联合缯国、犬戎攻周报仇。犬戎攻占镐京，杀周幽王于骊山之下，掳走褒姒，西周灭亡。

褒姒是褒国人，姒姓。周幽王三年（前779）褒国把她进献给周，为幽王所宠。但她似乎并不领周幽王的情，随他如何宠爱、挑逗，她总是不露笑脸。而周幽王感到她笑起来仪态万方，美不可言，可她就是不笑，令幽王心痒难熬。古时传递敌人入侵的信息用点燃烽烟的形式，十分有效，即夜晚举烽火，白天靠燧烟即燃烧烽火冒出的火烟来召唤救兵，称为烽燧。周幽王有敌寇进犯时就点燃烽燧，有一次点燃烽燧后，并无敌寇出现，诸侯军一队队都风尘仆仆、急急忙忙地赶来，到达之后，发现没有敌人，反倒吃了一惊，懊丧失望地又一队队忙忙碌碌地回去。兵马穿梭般地来来回回，煞是热闹，褒姒看了觉得非常有趣，禁不住哈哈大笑，幽王看到她肯笑而且笑得如此畅快，非常愉快，就多次虚报敌情，大烧烽燧，引得诸侯上当多次。他们只见高高在上、哈哈大笑的美人，但不见理应出现的敌人，以后就不再相信这种烦人的劳兵伤财的恶作剧，看到烽烟，不再出兵来救了。等到申侯与犬戎杀来时，幽王急急忙忙命令赶快举烽火征兵，结果无人理睬。周幽王和褒姒就只能自食其果了。

《诗经·小雅·正月》说："赫赫宗周，褒姒灭之。"（名声煊赫、大名鼎鼎的周朝，是褒姒将它灭亡的。）这是最早提出"女祸"的观点。将亡国的责任推到女子身上是不公正的。屈原《楚辞·天问》说："妖夫曳衒，何号于市？周幽谁诛，焉得夫褒姒？（那个妖精为什么要在集市上号哭？周幽王被谁诛杀？他又是如何得到那个褒姒的？）天命反侧，何罚何佑？"看来屈原并不相信"女祸"的邪说。

六、东周的困境和秦赵燕防匈修长城

西周灭亡后，周平王即位，恢复周室，史称"东周"。东周五百余年，共有二十五王。

平王东迁，躲避犬戎

平王继位时，犬戎居于泾渭之间，侵暴中原。他无力驱逐犬戎，秦襄公前来援救周王朝，他就将河西地赠给晋文侯，岐西地赠给秦伯。于是秦襄公攻打戎人来到岐山，开始被封为诸侯。

公元前 770 年，平王在晋文侯和郑武公的拥奉下离开了丰京、镐京，东迁洛邑（洛阳的古称），是为东周。自此至前 476 年（周元王元年的前一年）为止，也就是中国历史上所说的春秋时代。

平王安于东迁，就把丰、镐旧地全部放弃，丰、镐百姓也未随迁。周王室衰微，从此堕于诸侯的卵翼之下。

后来到周襄王十六年（前 636）时，戎狄攻至洛邑，伐周襄王，周襄王逃到郑国。原来周襄王起先想讨伐郑国，但自己又没有力量，所以娶戎之女为后，借戎狄之兵，一起攻打郑国。不久他又黜废狄后，狄后怨恨之余就联合周襄王的后母惠后及其子子带为内应，开门放戎狄入内，戎狄因此攻入京城，破逐周襄王，立子带为天子。于是戎狄盘踞于此，侵盗暴虐中原。周襄王避居在外一年（一作四年），告急于晋。晋文公初立，欲修霸业，于是在周襄王十七年（前635）兴师伐逐戎狄，诛子带，迎周襄王还居洛邑。

战国时期，筑长城以拒胡

春秋时期各国忙于争霸，到东周周元王元年（前475）一百余国进入战国时代，兼并之余尚存十几个国家。其中大国有：秦、齐、楚、燕、韩、赵、魏，即战国"七雄"。

战国初期（公元前5世纪末），义渠是秦国西北最强大的戎族，此时，匈奴经常驰骋于"楼烦（今山西宁武一带）之下"（刘向《说苑·君道》）；在东线，山戎不仅攻伐燕国，甚至越过燕国攻打齐国。《史记·匈奴列传》说："当是之时，冠带战国七，而三国边于匈奴。"这三国是秦赵燕，于是三国先后筑长城以防匈奴："秦昭王时，宣太后诈杀义渠戎王于甘泉，遂起兵灭义渠。于是秦有陇西、北地、上郡，筑长城以拒胡。赵武灵王变胡服，习骑射，北破林胡、楼烦，筑长城，自代并阴山下，至高阙为塞，置云中、雁门、代郡。燕将秦开袭破走东胡，却地千里，筑长城，自造阳至襄平，置上谷、渔阳、右北平、辽西、辽东以拒胡。"

黄文弼《论匈奴族之起源》指出："战国时匈奴族在内

地者为林胡、楼烦、义渠。"秦始皇统一全国后，将原来三国修筑的长城修缮和连接贯通起来，西"起临洮至辽东万余里"，这便是最早的万里长城。

但秦朝的长城不是今日的长城。长城在漫长的两千多年历史中已有很大的变迁。秦长城远在山海关以北二三百公里。我们今日东起山海关西至嘉峪关的万里长城则建于明朝，称之为明长城。历史最长的八达岭这一段也大约只有五六百年而已。

当代人心目中的长城是宋代防御辽金和西夏，明代防御满族而建筑的，实际上长城最早是用来抵御匈奴的，孟姜女哭长城的民间故事，讲她的丈夫万喜良在秦朝时筑长城，就是指抵挡匈奴的长城。

直至近年，还有一些学者提出疑问，认为长城并不能抵挡敌人，金（女真）、元（蒙古）和清军不是照样打进来？吕思勉回答过这个问题："秦始皇帝筑长城，誉之者以为立万古夷夏之防，毁之者以为不足御异族之侵略，皆不察情实之谈也。"在匈奴统一之前，匈奴的诸多小部落连年入侵，"此等小部落，大兴师征之，则遁逃伏匿，不可得而诛也；师还则寇钞又起；留卒戍守，则劳费不资；故惟有筑长城以防之。长城非起始皇，战国时，秦、赵、燕三国，即皆有之。皆所以防此等小部落之寇钞也。""若所邻者为习于战陈之国，则有云梯隧道之攻，虽小而坚如偪阳，犹惧不守，况延袤至千百里乎？然则长城之筑，所以省戍役，防寇钞，休兵而息民也。本不以御大敌。若战国秦时之匈奴，亦如冒顿，控弦数十万，入塞者辄千万骑，所以御之者，自别有策矣。谓足立万古夷夏之防，几全不察汉后匈奴、鲜卑、突厥之事，瞽孰甚焉？责其劳民而不足立夷夏之防，其论异，其不察史事同也。"

吕思勉的分析切合实际，长城是用来对付小股敌人防不胜防的入侵和骚扰的，对强大的敌军，需要主力部队专门对付，需要综合国力的强大，才能保证国家的长治久安。对后世长城的功用，对长江天堑的御敌功能，我们都应作如是观。

七、秦国称霸西戎和重创匈奴

春秋战国时期，匈奴首先遭到秦国的重创。当时的匈奴称为戎、狄，或称西戎、北狄。秦国与戎的关系密切。

秦国身处西戎，在与西戎的战争中成长

秦为地处偏远的西方的一个部落，但原本是殷商之后的东夷部落。在周公相成王时，秦迁往西部地区后，也有戎族混居其中。而且秦到达西部地区后，它的周围都是姜戎部落，于是秦受戎的同化程度很大，甚至可能已经成为戎族的一部分。

秦的远祖多以驯兽驾车见长，从虞舜到周代，秦的几代祖先多次立功：柏翳（yì）辅佐大禹治水，舜赐姓嬴氏；费昌为商汤王驾车打败夏桀于鸣条，中潏（jué）在西戎为殷朝保卫西部边境；造父（fǔ）为周穆王驾车，日驱千里以救助戎狄造成的周乱，于是造父一族从此为赵氏，成为后来赵

国的祖先。

在西周孝王之时，秦的祖先非子，居住在犬丘（今甘肃东南和陕西西南的交界处），此乃犬戎所居之地。周孝王命非子在那里养马，因为马养得肥大，而且繁殖得多，周孝王就让秦作为附庸。

周厉王时，西戎叛乱，秦仲消灭并兼并了大骆之族，强大起来。

周宣王时，周朝已经命名秦仲为西垂大夫。他攻诛西戎，为西戎所杀。

秦仲有五个儿子，长子为庄公。周宣王召集庄公兄弟五人，命令他们带七千兵去攻伐西戎，他们占领了西戎的大片土地。

秦庄公居住在他们的故地西犬丘，生了三个儿子，长子叫世父。世父说："戎杀我的大父（祖父）仲。我非杀戎王不可，否则不敢入邑（城）回家。"

世父把继承人的位置让给他弟弟，即后来的襄公，于是襄公这时就做了太子，世父自己带兵去攻伐戎。秦庄公在位四十四年去世，太子襄公继位。

秦襄公（前777—前766年在位）元年，襄公把他妹妹缪嬴嫁给西戎丰王做妻子。襄公二年（前776），戎包围犬丘。世父反击，结果被戎俘去，过了一年多，又被释放。在这个时期，秦一面与戎作战，一面又与戎通婚。

秦襄公七年（前771）春，周幽王因宠爱褒姒而废除太子宜臼。此时关中已多戎人。西戎和岐山之戎背叛周朝，攻下京城，杀死幽王时，秦襄公率兵营救周朝，作战有力，立了战功。

周平王为躲避犬戎的骚扰，把都城向东迁到洛邑，周平王与秦穆公立下誓约："西戎不讲道义，侵夺我岐山、丰水的土地，秦如果能赶走西戎，西戎的土地就归秦。"

秦襄公带兵护送周平王东迁，平王将岐山以西土地赐给秦，秦襄公被封为诸侯，建立秦国。但这个"岐以西之地"，几乎全部布满了戎人和狄人的众多部落，在今陕西北部的陕北高原，还分布着白狄的部落。所以周平王明确宣布，赐给秦的岐西土地，要在赶走戎狄后，才能获得。

秦襄公不断整顿武备，训练甲兵，制造武器，与戎狄作战。可是自襄公八年（前770）被封为诸侯，到襄公十二年，没有任何进展。襄公十二年（前766），他讨伐西戎，到达岐山（今陕西宝鸡以东）时，在那里去世了，他的儿子文公继位。

秦襄公使秦国成为诸侯国后，跟其他诸侯国互通使节，互致聘问献纳之礼。

秦国本为西方一个小国，各方面都比较落后，到后来相当强大了，还被中原各国看作为戎狄——即落后的匈奴部落，认为秦是戎族，不让它参与盟会，大受鄙视。但秦国一方面在戎族地区扩充土地，一方面与中原各国来往、通婚，吸取中原文化，逐步发展成为强国。秦是在戎狄的包围中成长和壮大起来的。

秦文公（前765—前716年在位）十六年，文公派兵讨伐西戎，西戎败逃，秦的势力大概此时才完全占领了岐西的地方。岐东则献给周，实际上还在戎人手里。

秦国的势力从此发展到岐山地区，这是周的发源地，是周人的故地，所以称为周原，是关中最富庶的地区之一。当时的周原，气候温暖、湿润，数不清的河流纵横蜿蜒，水源充足，地势平坦，这些对于农业发展极为有利。河中鱼类众多，河面上白鹭飞翔，野地里森林茂密，天然的经济树木和作物有漆树和堇荼（jǐn tú，野菜名，味苦，用水煮后，则爽滑有甜味）等。这样的自然环境，对秦人在此休养生息和发展生产极为有利。秦国的势力到达周原后，明智地将未随平王东迁的周族留下的"余民"接收过来。周本是农耕民族，具有丰富的农业生产经验，当时周人的农业生产水平非常高，处于领先的地位。周族余民的加入，对秦人的经济发展帮助很大。

秦文公四十八年（前718），文公的太子去世后，文公就立太子的长子为太子，他是文公的孙子。五十年（前716），文公去世，他的这个孙子登位，这就是秦宪公（又称宁公）。

秦宪公（前715—前704年在位）接位后，将国都迁到距作战前线更近的平阳，主动向戎人进攻。宪公三年（前713），秦军与西戎的一支亳（bó）部落作战，亳王逃往西戎。秦又进一步向东发展，已渐渐到了岐东。

宪公从十岁开始登上王位，在位十二年去世。朝廷政变，大庶长弗忌、威垒和三父废掉太子——长子武公，拥立宪公之妾鲁姬子之子——名叫出子——为君主。出子六年（前698），三父等人又杀害了出子。出子五岁即位，在位六年被杀。三父等人又拥立了原太子武公。

出子三年（前701），秦已移居平阳（即今陕西眉县），并派民伐荡社，与亳（bó）王战，亳王逃奔到戎那里。荡社和亳王也是和嬴秦一样，从东方迁徙过来。荡社就是汤社。亳即薄姑，商也称为亳。但是它们也与戎同化了，所以被称戎王。前698年，秦国又攻取了荡社。

武公元年（前697—前678年在位）攻伐彭戏氏戎族，一直到达华山。武公十年（前688），攻打邽（guī）（约在今甘肃天水附近）、冀两地的戎族，武公十一年（前687）灭了戎人的一个据点——小虢（guó）。秦在邽戎之地，置上邽县。

秦在向东发展的同时，又向西北发展。这时候，西起甘肃中部，东至华山一线，都为秦国所控制，秦国的领地已经迅速发展并十分巩固了。

秦国不断向东发展，岐东的戎被迫向东奔窜，沿着黄河，散布于河西河东之间。后来晋西、晋东以及周的洛水、伊水一带都有戎人的踪迹。当时北方的狄人也很盛，戎狄也就混合起来。

武公十三年（前685），齐国拥立齐桓公。齐国、晋国成了强国。

武公死后，他的儿子，名叫白，没有被立为君，被封在平阳。武公的弟弟德公做了国君。

德公（前677—前676年在位）三十三岁才登位，在位两年去世。德公时，秦国又向东迁都到雍（今陕西凤翔），这里是周原最富庶的地区，地势较高，是陇山以东的门户，有利于今后向西防御戎人和向东的发展。秦国在雍建都后，建造规模宏伟的宫殿和城邑，成为秦国今后数百年的政治中心。

德公生了三个儿子：长子宣公，次子成公，少子穆公。

长子宣公继位。

宣公（前675—前664年在位）在位十二年去世。此时秦国的统治日趋巩固，秦国的主要力量开始向东发展，与当时的中原大国，首当其冲的是晋国，开始争夺土地。

宣公共生了九个儿子，没有一个继位，立了宣公的弟弟成公。

成公（前663—660年在位）在位四年去世，他有七个儿子，没有一个继位，立了成公的弟弟穆公（又称缪公）。

穆公时期，称霸西戎

秦穆公（前659—前621年在位）时期，秦国已有很大的发展，开始参加华夏诸侯的争霸战争与会盟。穆公已尽量模仿华夏的礼乐文化，可是华夏诸侯还仍把秦国看为"戎狄"。

秦穆公元年（前659），秦攻伐茅津（山西与陕西交界处和山西平陆附近）戎，获胜。茅津的戎族，在秦国的东面，阻挡了秦国向东发展的出路。秦穆公亲率大军战胜茅津，就打开了东进的通路。此时，晋献公灭虞虢，既为抵抗狄人，也为防御秦国。

秦穆公四年（前656），穆公娶晋献公的女儿穆姬为夫人。他插手和操纵晋国，护送晋惠公回国成功夺权。但晋惠公夺权后，违背约定，不给原先承诺的河西八城。于是秦穆公一面与晋国不断发生战争，一面与西戎交战。

在秦穆公前期，原在瓜州（今甘肃敦煌和河西走廊一带）的姜戎氏即姜氏之戎，与其他迁居于伊洛的戎族一样，其中有些人在东周初年与周、晋杂居，虽然也有时叛乱，但已经有不同程度的华化了。穆公二十二年（前638），秦国用武力赶走陆浑之戎。这些戎人在秦占领关中、土地被夺后被迫东窜，幸而晋惠公给他们南边的土地，才得以定居于河东、晋西。这些戎人用草盖身，剪除荆棘，驱走了狐狸豺狼，开辟土地，辛勤耕种，还帮助晋国与秦国作战。

穆公攻伐茅津戎和陆浑戎，仅仅是他大举伐戎的前奏。

穆公二十四年（前636），秦穆公派兵护送公子重耳，由秦回晋国即位，即晋文公。而晋国在重耳掌权后，还是丝毫不肯对秦国让步。

穆公二十五年（前635）秋，周襄王的弟弟子带借助狄人的军队攻打襄王，襄王出逃，住在郑国。周襄王派人向晋国、秦国通告了发生祸难的情况。晋文公刚即位，就率兵攻伐子带，帮助襄王回国。秦穆公也同时派兵到了河上，率兵帮助晋文公护送周襄王回朝，杀死襄王的弟弟子带。

周襄王被戎狄赶逐、避居在郑国的时候，秦国和晋国已经都是强国。晋文公赶跑的戎狄，居住在河西的圁（yín）水、洛水之间，称为赤狄、白狄。

当时的西戎，部落多到一百余个，分散居住在秦国西面各地的溪谷里，各有自己的君长，互不统属。从陇地往西有绵诸、绲戎、狄、獂等戎族；岐山、梁山、泾水、漆水以北，有义渠、大荔、乌氏、朐衍等戎族。这时晋国北部有林胡、楼烦等戎族，燕国北部有东胡和山戎。

穆公三十二年（前628），晋文公刚死，秦派孟明视、西乞术、白乙丙又偷袭郑国，次年，晋军在殽击败秦军，俘获孟明视、西乞术、白乙丙三将。老臣蹇叔和百里奚事先都曾极力劝谏，并在出兵时哭师，穆公不听，最终造成这次大败。秦穆公并不后悔，三名将军被放回后，也依然重用。

穆公三十五年（前625），秦穆公再次派孟明视等率兵攻打晋国，在彭衙交战。秦军作战不利，撤军返回。

穆公三十六年（前624），秦军出兵伐晋，报殽役之仇，大败晋人，取王官及鄗。

晋国的著名政治家由余，后来逃亡到戎。戎王听说穆公贤明，就派由余出使去观察秦国。由余，因为祖先就是晋国人，他还能说晋国方言。这时秦国已经由原先的戎化转向华化了，秦穆公带他参观宫殿、陵寝、仓库，向他炫示了宫室和积蓄的财宝。由余看了，不但毫无兴趣，反而冷笑说："这些宫室积蓄，如果是让鬼神营造，那么就使鬼神劳累了；如果是让百姓营造的，那么也使百姓受苦了。"穆公深感奇怪，问道："中原各国借助诗书礼乐和法律处理政务，还不时地出现祸乱，现在戎族没有这些法律制度，用什么来治理国家啊，岂不很困难吗！"由余笑着说："这些正是中原各国发生祸乱的根源所在啊。自上古圣人黄帝创造了礼乐法度，并亲自带头贯彻执行，也只是实现了小的太平。到了后代，君主一天比一天骄奢淫逸，依仗着法律制度的威严来责求和监督民众。民众感到疲惫了就怨恨君上，要求实行仁义。上下交相争执、怨恨，于是篡夺、屠杀，甚至灭绝宗族，都是由于礼乐法度这类东西造成的啊。而戎族却不是这样。在上位者怀着淳厚的仁德来对待下面的臣民，臣民满怀忠信来侍奉君上，整个国家的政事，就像一个人支配自己的身体一样，无须了解什么治理的方法，这才真正是圣人治理国家啊。"

穆公听到这一番高论，方知由余有如此的远见卓识，大为惊异之余，也深感忧虑。他退朝之后，就忧心忡忡地问内史王廖说："我听说邻国有圣人，这将成为敌对国家的忧患。现在由余有才能，这是我的祸害，我该怎么办呢？"内史王廖说："戎王地处偏僻，不曾欣赏过中原地区的乐曲。您不妨试试送他歌舞伎女，借以改变他的心志。并且向戎王请求让由余延期返戎，以此来疏远他们君臣之间的关系；同时留住由余不让他回去，以此来延误他回国的日期。戎王一定会感到奇怪，因而怀疑由余。他们君臣之间有了隔阂，就可以俘获他了。再说戎王喜欢上音乐，就一定没有心思处理国事了。"穆公说："好。"

于是穆公与由余座席相连而坐，互递杯盏一起亲热地吃喝，向由余询问戎地的地形和兵力，把情况了解得一清二楚，然后命令内史王廖送给戎王十六名年轻貌美的歌伎。戎王果然欣然领受了，并且非常喜爱迷恋，整整一年不曾迁徙、更换草地，牛马死了一半。这时候，秦国才让由余回国。由余多次向戎王进谏，戎王都不听，最后甚至宣布：谁如果敢说秦兵来攻西戎，就立即将他射死。穆公利用他们君臣的猜忌，又屡次派人秘密邀请由余，由余见西戎无望，自己无法作为，只好离开戎王，投降了秦国。穆公用尊贵的宾客的礼节相待，对他非常尊敬，向他询问应该在什么样的形势下进攻戎族。

秦穆公就这样用"软刀子杀敌"，用美女腐化戎王，并设圈套将敌方的人才揽入自己的阵营，化劲敌为助手。

穆公三十七年（前623），晋国攻伐秦国。秦国则攻伐西戎，秦穆公得到由余的帮助，大获全胜，于是称霸西戎。这次胜利的战果是使西戎十二国（或说八国）都服从秦国。于是穆公消灭西戎，开地千里。秦国的东面也已到达陕西、山西的交界处黄河边上。

秦自文公以后，虽然收复了周在关中的失地，巩固了秦的基础，但是散布在今甘肃、青海的羌戎人数是很多的，部落也不统一，陇西陇东一带还有绵诸、义渠之戎等。这些戎族部落或叛或从，来去无踪。秦穆公的一生不断积极东侵，但没有成功。秦穆公由于不能实现东进的计划，于是向西去征伐这些落后的部落，从他们那儿扩张领土，成效卓著。

秦穆公荡平西戎，使秦国的百姓摆脱戎族入侵、骚扰的困境，可以安心生产。被俘获或投降的戎人，由漂泊到定居，被秦同化，壮大了秦的力量。秦国在西边的后方已无后顾之忧，就可以全力东进，积极发动对中原的征战。

从此以后一百多年，晋悼公派魏绛与戎狄人讲和，戎狄都朝见晋国。

穆公三十九年（前621），秦穆公死。

穆公的儿子有四十人，他的太子继承王位，这就是康公。

康公元年（前620—前609年在位）在位十二年去世，儿子共公继位。期间秦国与晋国多次交战。

共公（前608—前604年在位）在位五年去世，儿子桓公继位。

桓公（前603—前577年在位）三年，晋军打败秦军，俘虏了秦国的将领赤。

桓公十年（前594），楚庄王征服郑国，往北又在黄河岸上打败了晋军，楚国称霸，召集各诸侯举行盟会。

桓公二十四年（前580），晋厉公刚即位，与秦桓公订立了以黄河为界的盟约。桓公回国后就背弃了盟约，与狄人合谋一起攻打晋国。

桓公二十六年（前578），晋国率领诸侯攻打秦国，秦军败逃，晋军追到泾水边上才返回。

桓公在位二十七年去世，儿子景公继位。

景公（前576—前536年在位）十五年，秦军救郑国，在栎邑打败晋军。此时，晋悼公成为盟主。

景公十八年（前559），晋悼公强大起来，多次召集诸侯会盟，率领诸侯攻打秦国，打败了秦军。秦军败逃，晋兵在后追赶，一直渡过泾水，追到棫林才返回。

景公二十七年（前550），秦景公到了晋国，与晋平公订立盟约，不久就背叛了盟约。

景公在位四十年去世，儿子哀公继位。

哀公（前536—前501年在位）八年（前529），楚国公子弃疾杀了楚灵王，自立为王，即楚平王。哀公十一年（前526）楚平王来迎娶秦女做太子建的妻子。平王看到秦女貌美，回国后就自己娶了她。哀公十五年（前522），楚平王想杀太子建，建逃跑了；伍子胥逃奔到吴国。

这一时期，晋国国君家族的权力削弱，范氏、中行氏、智氏、赵氏、韩氏、魏氏六个家族世代为晋卿，势力日渐强大，想策动内战，秦、晋两国多时无战事。

哀公三十一年（前506），吴王阖闾（hé lú）与伍子胥攻打楚国，楚王逃往随地，吴军攻入郢都。楚国大夫申包胥来秦国告急求援，一连七天不吃饭，日夜哭泣。于是秦国就派兵车五百辆去援救楚国，打败了吴军。吴军撤后，楚昭王重回郢都。

哀公在位三十六年去世。太子名叫夷公，夷公早死，还来不及继位就已经死了，于是由夷公的儿子继位，这就是惠公。

惠公（前500—前491年在位）元年，孔子代理鲁国国相的职务。

惠公在位十年去世，儿子悼公继位。

悼公（前490—前477年在位）六年，吴军打败齐军。

悼公九年（前482），晋定公与吴王夫差在黄池会盟，争做盟主，最终吴国称霸，欺凌中原各国。

秦悼公在位十四年去世，儿子厉共公继位。

秦厉共公即位之时，是中国历史正好从春秋（前770—前476）进入战国（前475—前221）阶段。

厉共公（前476—前443年在位）二十四年（前453），晋国发生内乱，智伯被杀，智伯的领地被分给赵氏、韩氏、魏氏。于是晋国就分裂为赵国、韩国和魏国三国。

厉共公二十五年（前452），智开带领邑人来投奔秦国。

起先，秦国的西、北两面受异族的压迫，其中义渠是秦国西北最强大的戎族，它的都城在今甘肃宁县，疆域包括今之陕西北部、甘肃东北部泾水、渭水以北地区和宁夏的一部分，占地广阔。秦国和义渠战事不断，义渠的戎族筑城郭自卫，而秦不断地蚕食他们的领土。

厉共公三十三年（前444），攻打义渠戎族，俘虏了戎王。

厉共公去世，他的儿子躁公继位。

躁公（前442—前429年在位）十三年（前430），义渠攻打秦国，到了渭南。

躁公十四年，躁公去世，他的弟弟继位，为怀公。

怀公（前428—前425年在位）四年（前425），庶长晁和大臣围攻怀公，怀公自杀。怀公太子昭子死得早，大臣们就拥立太子昭子的儿子、怀公的孙子为君，为灵公。

灵公（前424—前412年在位）六年（前419），晋国在少梁筑城，秦军攻打晋国。

灵公十三年（前412），灵公去世，儿子献公没能继位，立灵公的叔父悼子继位，这就是简公。简公是昭子的弟弟，怀公的儿子。

简公（前411—前399年在位）十六年（前399）去世，儿子惠公继位。

惠公（前398—前387年在位）十三年，攻打蜀国，攻占了南郑。惠公去世，出子继位。

出子（前386—前385年在位）二年（前385），庶长改从河西迎接灵公的儿子献公回国，立他为君。杀了出子和他的母亲，把他们的尸体沉入深渊。

秦国在此期间频繁更换君主，君臣之间关系纷乱，于是晋国的力量又强大起来，夺去了秦国河西的土地。

献公（前384—前361年在位）二十四年去世，儿子孝公继位，此时孝公已二十一岁了。

孝公（前361—前338年在位）元年，黄河和崤山以东有六个强国，淮河、泗水之间有十多个小国。楚国、魏国与秦国接壤。魏国修筑长城。楚国的土地从汉中往南，据有巴郡、黔中。周王室衰微，诸侯用武力相征伐，彼此争杀吞并。秦国地处偏僻的雍州，不参加中原各国诸侯的盟会，诸侯们像对待夷狄一样对待秦国。孝公于是广施恩德，救济孤寡，招募战士，明确了论功行赏的法令，并向全国发布命令：宾客和群臣中有谁能献出高明的计策，使秦国强盛起来，我将让他做高官，分封给他土地。于是便发兵东进，围攻陕城，西进杀了戎族的獂（huán）王。

卫鞅（后来称为商鞅）听说颁布了这个命令，就来到西方的秦国，通过景监求见孝公。

孝公三年（前359），卫鞅劝说孝公实行变法，孝公采用卫鞅的新法，百姓对此抱怨不休；过了三年，百姓反而觉得适应了。于是孝公任命卫鞅担任左庶长。

孝公八年（前354），秦国与魏国在元里交战，取得胜利。

孝公十年（前352），卫鞅任大良造，率兵包围了魏国安邑，安邑归服。

孝公十二年（前350），修造咸阳城，筑起了公布法令的门阙，秦国就迁都到咸阳。秦国东边的地界已经越过了洛水。

孝公十九年（前343），天子赐予秦孝公霸主称号。

孝公二十年（前342），诸侯都来祝贺。秦国派公子少官率领军队与诸侯在逢泽会盟，朝见天子。

孝公二十二年（前340），卫鞅攻打魏国，俘虏了魏公子卬（áng）。秦孝公封卫鞅为列侯，号为商君（从此称为商鞅）。

孝公二十四年（前338），秦国与魏军在岸门作战，俘虏了魏国将军魏错。

孝公死后，太子即位，即惠文王。

惠文王（一称惠文君，前337—前310年在位）元年（前337），杀了卫鞅（商鞅）。楚国、韩国、赵国、蜀国派人来朝见。

惠文王二年（前336），周天子前来祝贺。

惠文王四年（前334），天子送来祭祀文王、武王的祭肉。齐国、魏国称王。

惠文王八年（前330），魏国把河西之地送给秦国。

惠文王九年（前329），秦军渡过黄河，攻占了汾阴、皮氏。秦王与魏王在应邑会盟。秦军包围了焦城，逼使焦城归降。

惠文王十年（前328），张仪做了秦国的丞相。魏国把上郡十五县送给秦国。

惠文王十一年（前327），戎族的义渠君向秦国称臣投降，秦在义渠设县。

惠文王十四年（前324），改为后元元年。

惠文王后元七年（前318），乐池作了秦相。韩国、赵国、魏国、燕国、齐国带领匈奴一起进攻秦国。秦国派庶长疾与他们在修鱼交战，俘虏了韩国将军申差，打败赵国公子渴和韩国太子奂，杀敌八万两千人。

惠文王后元八年（前317），张仪再次担任秦相。

惠文王后元十年（前315，此据《史记·秦本纪》，《史记·六国年表》作十一年，公元前314年），攻占了义渠的二十五座城邑。秦与义渠战事，都是秦国主动侵伐对方。

自惠文王后元十一年（前314）起，秦国不断攻打魏、韩、赵国，皆胜。

惠文王后元十三年（前312），攻入楚国的汉中，夺取六百里土地，设置汉中郡。

惠文王后元十四年（前311），攻打楚国，攻占召陵。戎族的丹国、犁国向秦国称臣，蜀相陈庄杀死蜀侯前来投降。

惠文王去世，儿子武王继位。韩国、魏国、齐国、楚国、赵国都归服秦国。

在这一漫长的时期，秦国不断沉重打击匈奴，也主动积极地向东发展，进攻邻国。

宣太后以色相杀敌扩土

武王（前310—前307年在位）元年，秦军攻打义渠国、丹国、犁国。

武王四年八月，武王喜欢举鼎，后因举鼎不慎而受伤去世。武王娶魏国女子做王后，无子。武王死后，立了他的异母弟弟，即昭襄王。

昭襄王的母亲芈（mǐ）八子是楚国人，称为宣太后。武王死时，昭襄王在燕国做人质，燕国人送他回国，他才得以继位。继位时，他尚年幼，由宣太后执政。

昭襄王（前306—前251年在位）三年（前304），昭襄王举行冠礼。秦国不断攻打楚国。

昭襄王十年（前297），楚怀王来秦朝见，秦国将他扣留。

昭襄王十一年（前296），齐、韩、魏、赵、宋、中山五国共同攻打秦国，可是军队开到盐氏就退了回去。秦国送给韩国、魏国黄河北边以及封陵的土地，与韩、魏讲和。

这一年楚怀王逃到赵国，赵国不敢收留，又让他回到秦国，不久即死，秦国把他送还给楚国安葬。

昭襄王十二年（前295），宣太后的弟弟穰（ráng）侯魏冉担任丞相。直到昭襄王二十四年（前283）魏冉才被免去丞相职务。魏冉有魄力、有才华，他在担任秦国丞相期间，重用名将白起，主动进攻邻国，秦国不断走向强盛。

自昭襄王十三年（前294）起，秦国名将白起不断攻打韩国和魏国，接着攻打赵国、楚国和齐国。

昭襄王二十九年（前278），白起进攻楚国，攻占了郢都，改为南郡，楚王逃跑。周朝的国君来秦。

前已记载，秦国的西、北两面受异族的压迫。其中义渠是秦国西北最强大的戎族，它的都城在今甘肃宁县，疆域包括今之陕西北部、甘肃东北部泾水、渭水以北地区和宁夏的一部分，占地广阔。秦国和义渠战事不断，"义渠之戎筑城郭自守，而秦稍蚕食"（《史记·匈奴列传》）。公元前444年，秦国"伐义渠，虏其王"；公元前327年，"义渠君为（秦）臣"；公元前314年，秦"侵义渠，得二十五城"（《史记·六国年表》）。秦与义渠战事，都是秦国主动侵伐对方。

战国时，秦国西北的义渠、赵国北面的林胡、楼烦都是移居在内地的匈奴的分支，在春秋时称为戎狄，到战国前期尚用旧称，所以义渠又称为戎。

昭襄王三十五年（东周周赧王四十三年，前272），匈奴"义渠戎王与宣太后乱，生二子。宣太后诈而杀义渠戎王于甘泉，遂起兵伐残义渠。于是秦有陇西、北地、上郡，筑长城以拒胡"（《史记·匈奴列传》）。《后汉书·西羌传》也说，义渠王是在朝秦时"与昭王母宣太后通，生二子。至王赧（周赧王）四十三年（前272），宣太后诱杀义渠王于甘泉宫，因起兵灭之，始置陇西、北地、上郡焉"。匈奴义渠戎王在朝秦时，与昭襄王的母亲宣太后通奸，竟然还生了两个私生子。宣太后在秦国甘泉宫用计谋杀死义渠戎王，于是趁机起兵攻伐和并吞义渠。于是秦有陇西、北地、上郡，筑长城以拒胡。

　　这位贵为太后的风流寡妇本已有终身的情夫魏丑夫（名为丑夫，实际上并不丑，可能还长得很高大英俊，否则太后决不会爱他一辈子，死时还要他殉葬。参见拙著《临朝太后——从吕太后到慈禧》），她竟然又勾引异邦君主，与他通奸且生二子，最后又诱杀这位异国情人，让秦国乘机攻敌扩地，她也真会舞弄、享受，同时也真够奸诈毒辣的了。此时她已年过六十，竟还能用色相诱敌、杀敌，既风骚又老辣。她虽不能靠智力治国，竟能用旁门邪道式的歪脑筋帮助儿子强国，纯属一桩千古奇事。这里值得一提的是埃及女王克莉奥佩屈拉，这位风骚艳后在公元40年前后虽先后迷倒过罗马大将恺撒、庞培和安东尼三人，却一个也未真正到手，而又于国事无补，最后还以亡国了结。这位好强而又自信的艳后如闻说比自己早二百多年的异国前辈宣太后的事迹，定会自愧不如，她也就用不着在公元前30年罗马帝国的屋大维占领首都亚历山大时被囚并靠毒蛇自杀了！

　　昭襄王四十二年（前265），安国君立为太子。十月，宣太后去世，埋葬在芷阳骊山。九月，穰侯离开都城到陶地去了。

昭襄王四十三年（前264）起，白起不断攻打和蚕食韩国。

昭襄王四十七年（前260），白起攻击赵国，在长平大败赵军，四十多万降卒全部被活埋。

昭襄王五十二年（前255），周朝的传国宝器九鼎运进了秦国，周朝（东周）灭亡。

昭襄王五十六年（前251）秋，昭襄王去世，儿子孝文王登位。

孝文王（前250）于十月己亥日登位，第三天辛丑日，只当了三天国王就去世，儿子庄襄王继位。

庄襄王（前249—前247年在位）元年，东周君与诸侯图谋反秦，秦庄襄王派相国吕不韦讨伐，兼并了东周的全部土地。秦国不断进攻韩、赵、魏国。

庄襄王三年（前247），庄襄王去世，儿子嬴政登位。

秦王政（前246年起在位）二十六年（前221），他统一全国后，称秦始皇帝。

同年，他就计划攻打匈奴。

八、赵武灵王和名将李牧，最早的抗匈英雄

继秦国之后，赵国也成为对抗并战胜匈奴的强国。

赵国的祖先世代在晋国当大臣。其中最有名的是赵简子和赵襄子。

在晋国当大臣的赵襄子越过句（gōu）注山，击败并合并了代地，逼近胡人和貉人居住区。

这以后，周定王十六年（前453），赵襄子与韩康子、魏桓子共同消灭了晋国国君智伯，瓜分并占有了晋国的国土，"三家分晋"，分别建立了赵、韩、魏三国。

此时，秦国西北的义渠、赵国北面的林胡、楼烦是都是移居在内地的匈奴的分支，在春秋时称为戎狄，到战国前期还是沿用旧称，所以义渠又称为戎。燕国北面的东胡屈服于匈奴，实已给匈奴所并吞，所以也自称匈奴。

赵武灵王二十四年（前302），赵国国君赵武灵王（名雍，？—前295，公元前325—299年在位）经过深思熟虑，决定反击匈奴。

胡服骑射，赵武灵王反击匈奴

赵武灵王到北边巡视中山国的地界，到了房子县，又去代地，北到无穷，西到黄河，登上黄华山顶。然后召见楼缓，商议说："我们先王趁着世事的变化，做了南边属地的君长，连接了漳水、滏（fǔ）水的险阻，修筑长城，又夺取了蔺城、郭狼，在荏（rěn）地打败了林胡人，可是功业尚未完成。如今中山国在我们腹心之地，北面是燕国，东面是东胡，西面是林胡、楼烦、秦国、韩国的边界，然而没有强大兵力的救援，这样下去国家要灭亡，怎么办呢？要取得超越世人的功名，必定要受到背离习俗的牵累。我要穿起胡人服装。"楼缓说："很好。"可是群臣都不愿意。

赵武灵王决定学习匈奴，穿匈奴人的胡服。当时中原人都穿宽袍大袖的衣服，这种衣服对打仗不利。而匈奴人穿的衣服，紧身窄袖，行动方便。所以他决定改穿胡服。

《战国策·赵策二·武灵王平昼闲居》记载他为了战胜

敌人而决心向敌人学习的超常思维：

（赵）武灵王平昼闲居，肥义侍坐，曰："王虑世事之变，权甲兵之用，念简、襄之迹，计胡、狄之利乎？"（赵武灵王在平常日子闲坐时，肥义陪坐，他问："大王正在考虑当世事情的变化，权衡军队的效用，追念简子和襄子的功业，谋划抗击胡、狄的利益吗？"）

王曰："嗣立不忘先德，君之道也；错质务明主之长，臣之论也。是以贤君静而有道民便事之教，动有明古现世之功。为人臣者，穷有弟长辞让之节，通有补民益主之业。此两者，君臣之分也。今吾欲继襄主之业，启胡、翟之乡，而卒世不见也。敌弱者，用力少而功多，可以无尽百姓之劳，而享往古之勋。夫有高世之功者，必负遗族之累；有独知之虑者，必被庶人之怨。今吾将胡服骑射以教百姓，而必议寡人矣。"（继承王位而不忘祖先的功德，这是做国君的道理；委身从政务必显扬君主的长处，这是做臣子的道理。所以贤明的君主在宁静时有引导民众便利行事的教化，在行动时就有明了往古超越当世的功绩。作为臣子的人，穷困时要有尊顺尊长的谦恭逊让的节操，显达时就有弥补民众不足帮助君主的功业。这两种作为，都是君臣的本分之事啊。如今我想要继承襄子的功业，开拓胡、狄的土地，但举世之人还没有看清这点。敌人弱小的，用力小而功劳多，可以不用尽民力，而享受到古人达到过的功勋。但是有高于当世功劳的人，必会背负着背离世俗的重担；有独到见解的谋略的人，必会遭到普通人的怨恐。如今我要教导百姓穿胡人之衣、学习胡人的骑术和箭术，然而世人必定要讥议寡人了。)

　　为了推行胡服，武灵王派王继（xiè）转告叔父公子也穿胡服，来成就胡服的功效。公子成再拜叩头说："我来已听说了大王穿胡服的事，我没有才能，卧病在床，不能奔走效力多多进言。"他强调，中国是聪明智慧的人居住、万物财用聚集、圣贤进行教化、仁义可以施行、远方之人愿来观览、蛮夷乐于效法的地方。还反过来劝说："如今大王抛弃了这些而穿起远方的服装，变更古来的教化，改易古时的正道，违反众人的心意，背弃学者之教，远离中国风俗，所以我希望大王仔细考虑此事。"武灵王亲自去请求他，申明理由说："改变服装、练习骑射，就是为了防守同燕、三胡、秦、韩相邻的边界。"并分析历史和当今的形势，公子成再拜叩头说："我很愚蠢，没能理解大王的深意，竟敢乱说世俗的见解，这是我的罪过。如今大王要继承简主、襄主的遗志，顺从先王的意愿，我怎敢不听从王命呢！"公子成再拜叩头。武灵王于是赐给他胡服。第二天，穿上胡服上朝。这时武灵王才开始发布改穿胡服的命令。

　　大臣来劝阻武灵王不要穿胡服，武灵王以尧舜、夏周变革的历史经验，说服他们循时因势，顺从改革，并坚持推行胡服并招募士兵练习骑射。

　　赵武灵王二十年（前306），武灵王巡察中山国地势，到达宁葭（jiā）；往西巡察胡人地势，到达榆中。林胡王进献马匹。回来后，派楼缓出使秦国，仇液到韩国，王贲（bēn）去楚国，富丁去魏国，赵爵去齐国。让代相赵固掌管胡地，招募胡地士兵。

赵武灵王二十一年（前305）、二十三年（前303）、二十六年（前300），武灵王连续进攻中山国，还使用胡地招来的胡兵出战。

赵武灵王二十五年（前301），武灵王派周袑（shào）穿胡服辅佐教导王子赵何。

赵武灵王二十六年（前300），夺取的土地北至燕、代一带，西至云中、九原。

赵武灵王打破重重阻力，大力推行进行军事改革，改穿胡服，学习骑射，国势大盛，"北破林胡、楼烦。筑长城，自代并阴山下，至高阙为塞。而置云中、雁门、代郡。"

胡服骑射，即向匈奴学习骑马射箭的本领，又学穿匈奴的"胡服"，即紧身衣裤，因为中原人原本穿的宽大衣裤不利于作战。这也是中国古代第一次与匈奴进行文化交流的重大事件。他学习匈奴，打败匈奴，真是一位善于向敌人学习、善用超常智慧战胜敌人的高手。此事要比宣太后用色相攻破匈奴实足早了三十年。

坚韧固守，李牧大胜匈奴

到战国末期，赵国名将李牧（？—前229）长期防守匈奴咄咄逼人的北面边疆，习骑射，谨烽火，甚得军心。赵孝成王元年（公元前265年，赵孝成王公元前265—245年在位），李牧"大破杀匈奴十余万骑"，赵悼襄王（？—前236，公元前244—前236年在位）时，李牧"常居代雁门，备匈奴"。

李牧作为赵国北部边境的良将，长年驻守赵国北边代

（今河北蔚县）、雁门（治所在今山西右玉县南），防备匈奴。李牧为赵国守边时，有权根据需要设置官吏，统计军功和奖励赏赐都自行决定。军中立市，所得税收都不上缴，他防地内城市的租税都送入李牧的幕府，全部自用，补贴军费，朝廷不加干涉，委托他全权负责，只是督促他而已。

李牧给战士的待遇优厚，还每天宰杀几头牛犒赏士兵，训练他们射箭骑马，又命令部下小心看守烽火台，多派侦察敌情的人员。同时命令部队："匈奴入边来劫掠时，赶快将牲畜人马退入营垒固守，有敢于捕虏匈奴的人斩首！"

匈奴每次入侵，烽火传来警报，立即收拢人马退入营垒固守，防守严密，而不准作战。像这样连续多年，人马物资没有损失。可是匈奴误以为李牧胆怯，就连赵国守边的官兵也认为自己的主将胆小怯战。赵王严厉责备李牧，李牧依然如故。赵王发怒，把他召回，派别人代他领兵。

在李牧离开一年多的期间，匈奴每次来侵犯，赵军就出兵交战。可是屡次出战皆不利，伤亡和损失很多，边境上无法耕田、放牧。赵王只好再次请李牧出任边将。李牧称说有病，闭门不出。赵王一再敦请，才勉强答应说："大王一定要任命我，必须仍用我的老办法，才敢奉命。"赵王只得答应了。

李牧来到边地后，对部下重申旧令。此后，匈奴几年侵入赵边，终无所得，但终究以为李牧怯懦。

边地士兵屡得厚待、赏赐而不用，眼看匈奴屡次入侵，气焰嚣张，心中不平，都愿意与敌军一战。

李牧于是从全军中精选战车一千三百辆，精选战马一万三千匹，配备善射的骑兵一万三千人，敢于冲锋陷阵的勇士五万人，精锐之师十万，皆勒令演习战斗。同时大放畜牧，边民满山满野。当匈奴小股入边时，故意佯败不胜，丢弃数千人，恣其杀掠。

单于更猖狂了，索性统率大军大肆侵入赵国边境。李牧多布令人莫测的阵势，开展左右翼包抄反击敌军。于是大破匈奴军，杀十余万骑。

早在赵孝成王元年（前265）时，秦国进攻赵国，攻下了三座城。赵太后听从触龙的劝说，让长安君做人质，换得齐国出兵救助。就在这一年，李牧大胜匈奴，这是战国时期华夏族与匈奴的又一次大交锋。

战国时，赵国北面的林胡、楼烦和秦国西北的义渠一样，都是移居在内地的匈奴的分支，在春秋时称为戎狄。

李牧逐匈奴、破东胡（部族名，在匈奴之东，故称东胡。是后世乌桓、鲜卑的祖先）、灭澹林（一作襜褴，部族名，在代地的北面），降林胡（部族名，活动地区在今山西朔县以北至内蒙古境内），单于逃跑。"其后十余岁，匈奴不敢近赵边城"（《史记·廉颇蔺相如列传》），"不敢入赵边"（《史记·匈奴列传》），威震长城内外。

孝成王四年（前262），赵国发兵占领上党。廉颇领兵进驻长平。七月，廉颇被免职，只善于纸上谈兵的赵括接替他领兵。秦军包围赵括，赵括率军投降，四十多万士兵都被坑杀。

秦王政于公元前246年即位。秦国以强欺弱，依旧不断进攻赵国，李牧不断战胜秦国。

赵悼襄王元年（前244，此据《史记·廉颇蔺相如列传》，一作二年），赵国名将廉颇在备受排挤、冷落后，已经离赵去魏，赵国派李牧进攻燕国，攻克了武遂（在今河北徐水西遂城）、方城。过了两年，庞煖打败燕军，杀死剧辛。又过了七年，秦军在武遂打败并杀死赵将扈辄，斩杀赵军十万。赵悼襄王九年，赵国进攻燕国，夺取了貍阳城。还没有收兵，秦国就来进攻并攻下了邺。赵国便派李牧为大将军，在宜安进攻秦军，大败秦军，赶走秦将桓齮。李牧被封为武安君。又过三年，秦军进攻番吾，李牧击败秦军，又向南抵御韩国和魏国。

在赵悼襄王时期，李牧两面作战，既胜匈奴，西抑强秦，南逼韩、魏，战绩辉煌。屡败秦国的赵国几乎可以称霸。（《史记·冯唐列传》《汉书·冯唐传》）。

悼襄王去世，他的儿子幽缪王赵迁即位。

幽缪王赵迁二年（前234），秦军进攻赵国子阳（今河北磁县东南）、武城（今磁县西南），扈辄（zhé）率领军队救援，战败，扈辄战死。

赵王迁三年（前233），秦军进攻赤丽、宜安（今河北石家庄市东南），赵国以李牧为大将军领兵与秦军在肥城（今河北藁城西南，一作晋州西）之下交战，大败秦军。李牧因功被封为武安君。

赵王迁四年（秦王政十五年，前232），秦又派两支军队攻赵，一军到了邺，一军到了太原，向赵的番吾（今河北灵寿县西南）进攻。李牧打退进攻的秦军，南拒韩、魏。

赵王迁五年（前231），代地发生大地震，从乐徐以西，北至平阴，楼台、房屋、墙垣大半毁坏，地面裂开东西宽一百三十步的裂沟。

赵王迁六年（前230），赵国发生大旱灾，造成大饥荒，百姓中传出民谣说："赵为号，秦为笑。以为不信，视地之生毛。"（赵人号哭，秦人大笑。如果不信，请看田里长不长苗。）

赵王迁七年（前229），在赵国连续灾害之后，秦国派王翦率军趁机进攻赵国。王翦率领上党郡兵卒直下井陉（今河北井陉县西），杨端和率领河内兵卒进围赵都邯郸。赵国大将李牧和将军司马尚领兵，反击秦军。

害死李牧，赵国灭亡

李牧屡胜秦国，秦国只能向赵王的宠臣郭开贿赂很多金钱，让他施行反间计。郭开受了秦国贿赂，造谣说李牧、司马尚谋反。赵王因此改用赵葱和颜聚代替李牧、司马尚。李牧不受命，赵王派人暗中乘其不备捕杀了李牧，并撤了司马尚的官职，由赵葱和齐国将军颜聚接替他们的职务。

李牧被杀三个月之后，王翦趁机猛攻赵国，大败赵军，杀死赵葱，俘虏了赵王迁和他的将军颜聚，终于灭了赵国。

《战国策·秦策》记载赵王迫害李牧致死的过程与《史记》不同：赵王迁的宠臣韩仓妒忌贤才和功臣，在赵王前说李牧的坏话，因此赵王派人代替李牧率领军队，还派韩仓责备李牧说："将军打了胜仗，得到大王的赐宴，将军向王敬酒，却带匕首。当死！"李牧辩白说："我的手臂有病，弯曲而伸不直，身高臂短，不能及地，起居不敏，恐惧死罪于前，所以命工人用木头做了一个胳膊，接续在手上。"他从衣袖里取出缠布的木制假胳膊给韩仓看，并请求韩仓向赵王说明情况。韩仓不肯，说："受命于王，赐将军死，不赦！"李牧出宫门，取剑自杀，但臂短，够不上，就衔剑征之于柱以自刺而死。

李牧虽然一再战胜秦军，赵国兵力的损失也是严重的，赵军死亡数十万，仅仅保住了国都邯郸。

李牧死后的第二年，赵王迁八年（秦王政十九年，前228），王翦大破赵军，赵葱兵败被杀，颜聚逃跑。因此赵王迁被俘，投降。邯郸归属秦国。

赵公子嘉率其宗族几百人逃到赵的代郡，自立为代王，至代王嘉六年（秦王政二十五年，前222）秦将王贲带兵灭燕后，虏代王嘉，赵灭亡。

赵王杀害李牧，自毁长城，一代抗匈名将惨遭冤杀，赵国也就迅即灭亡。

一代名将李牧对后世的影响很大。例如秦国子婴评论赵国国王迁杀掉他的良臣李牧而用颜聚的后果是丢失了他的国家，灾祸也殃及他自己的身上，用这个史实作为历史教训，企图劝阻秦二世不要杀害蒙恬、蒙毅。又如汉文帝也曾感叹得不到廉颇、李牧那样的大将，靠他们来解除匈奴对汉朝的威胁。

九、秦始皇大胜匈奴，秦朝竟也因匈奴而亡

匈奴对燕、赵、秦三国造成严重威胁，三国只能筑起长城作为抵挡。秦始皇统一中国后，将三国的长城连在一起。

秦始皇弃攻匈奴，受到"亡秦者胡"的警告

因为匈奴连年南侵，秦始皇早在秦王政二十六年（前221）兼并六国之后就想北击匈奴，却因李斯的反对而未成。李斯反对的理由是：

> 夫匈奴无城郭之居，委积之守，迁徙鸟居，难得而制也。轻兵深入，粮食必绝；踵粮以行，重不及事。得其地不足以为利也，遇其民不可役而守也。胜必杀之，非民父母也。靡敝中国，快心匈奴，非长策也。（《史记·平津侯主父列传》）

李斯反对的理由是："匈奴不住城市，没有积累财富和粮食的固定地方，他们四处流荡，像鸟一样到处迁居，极难俘获和制服他们的。如果派轻骑部队深入匈奴，军粮必然断绝，而带着大量粮食行军，繁重困难，就没法打仗了。夺得他们的土地没有什么利益，他们的百姓不可役用和守护。打胜了以后杀掉他们，不是为民父母的君主应该做的。使中原疲敝，则匈奴快乐，这不是好的策略啊。"

李斯的谏议是错误的，他无视在漫长的历史中匈奴不断入侵对汉族人民造成的严重伤害，只是就事论事地评价攻打匈奴的困难和需要付出的代价。但始皇采纳了他的意见，所以放弃了北击匈奴的打算。

秦始皇这时即将步入晚年，他痴迷于长生不老之术。他寻求方士，派他们到海外仙山去寻找神仙和不老的妙方。徐福就是最有名的一位方士，他带了大批童男童女和巨大

财富，出海东航，就此一去不返。

秦始皇于三十二年（前215）巡视北边时，到达上郡（治肤施，在今陕西榆林南），察看边境形势。燕国人卢生奉使入海求仙后还咸阳，报告寻找鬼神的情况，并奏上了宣扬符命占验的图录之书，说："亡秦者胡也（将来灭亡秦朝的是胡）。"

秦始皇因长年受匈奴侵扰，以为将来要亡秦之"胡"即被称为"胡"的匈奴，于是速派名将蒙恬发兵三十万北击匈奴。

秦始皇派蒙恬、扶苏进攻匈奴，收复要地，修筑长城

蒙恬在秦始皇二十六年（前221），因出身将门而做了秦国的将军。他率兵攻打齐国，大败齐军，被授予内史的官职。

秦国兼并天下后，他受命带领三十万人的庞大军队，反击匈奴的入侵。秦军迅即收复河南（黄河以南，今内蒙古伊金霍洛旗以北）和榆中（今内蒙古伊金霍洛旗以北）一带的广大地区。次年夺回高阙（今内蒙古临河北的狼山口），收复阳山和北假（均在今内蒙古乌加河以北和乌良素海一带），直抵阴山，重建九原郡，分设三十四（一作四十四）县。（《史记·秦始皇本纪》）

秦始皇自三十三年（前214）起连年修筑长城。于三十五年（前212）派长子扶苏"北监蒙恬于上郡"（《史记·秦始皇本纪》），"与蒙恬筑长城"（《水经·河水注》）。又修起直通大道，从九原直到云阳，利用山边、险要的沟堑、溪谷等可以修缮的地方筑起城池，他们利用地理形势，设置要塞。此时的长城"（西）起临洮（táo），（东）至辽东，延袤万余里"（《史记·蒙恬传》）。

与此同时，连年徙去大批刑徒。秦始皇三十六年（前211）从内地迁移民户三万家，充实边地，以防匈奴。

蒙恬率兵渡过黄河，占据阳山、北假一带，曲曲折折向北延伸。烈日寒霜，风风雨雨，在外十余年，驻守上郡。

秦始皇的军事胜利，沉重打击了匈奴，匈奴单于"头曼不胜秦"，只好"北徙"，打不过秦军，只好不断向北迁移。（《史记·匈奴列传》）"却匈奴（逼使匈奴后退）七百余里，胡人不敢南下而牧马，士不敢弯弓而报怨。"（贾谊《新书·过秦论》）"匈奴势慑（恐惧），不敢南面而望十余年。"（《盐铁论·伐攻》）河套内外的广大地区摆脱了匈奴的侵扰，得到安定。

扶苏是秦始皇的长子，被立为太子。他生性仁慈，倾向于儒家，对父皇杀孽百姓心存反感，有时不免劝谏。秦始皇崇奉法家，对扶苏很不满意。但秦始皇对扶苏这个太子还是非常重视的，所以在蒙恬杀退匈奴，获得连胜，北方边境已经安全和安定之后，派他到北方军中做名将蒙恬的监军，并一起修建长城，给以扎实的锻炼的机会，并在实际工作中树立他的威信，以便今后继承皇位。

秦朝果因匈奴而灭亡

秦始皇三十七年（前210）十月，他巡行出游，向南一直到达会稽山（在今浙江绍兴），接着沿海北上，到达琅邪。这次长途巡行，随同前往的有丞相李斯和中车府令兼符玺令赵高等，还有儿子胡亥。

秦始皇共有二十多个儿子，长子扶苏因多次直言劝谏，秦始皇对他不很喜欢，派他到上郡监督蒙恬带领军队，镇守边疆，防范匈奴，让他到艰苦的边地去接受锻炼。

胡亥是秦始皇的第十八个儿子，很受宠爱，他要求随行，跟着父亲外出游玩，始皇答应了。秦始皇就带了这个儿子，其他的儿子都没跟着去。

这是秦始皇的最后一次出巡，半道时，在沙丘（今河北平乡东北）猝死。秦始皇在病重时，命令赵高写好诏书给扶苏，令长子扶苏迅即"与丧令咸阳而葬"，前来奔丧，命令他将皇上的尸体葬在咸阳，这也同时意味着立扶苏为皇帝的继承人。

诏书已经封好，但还没来得及交给使者，秦始皇就去世了。诏书和皇帝的印玺都在赵高手里。李斯认为，因为皇帝死在外地，不在京城，又没正式确立太子，所以为了防止意外，应该保守秘密，秘不发丧。只有胡亥、丞相李斯和赵高以及五六个亲信宦官知道始皇去世，其余群臣都不知道。

当时是七月的炎夏，他们把始皇的尸体安置在一辆通风凉爽的车子中，百官奏事及进献饮食还像平时一样，往日皇帝亲信的宦官就假托皇帝在车中批准百官上奏的各种事宜。赵高借这个形势，扣留了始皇赐颁给扶苏的诏书，他对唯一随行的公子胡亥挑动说："皇帝去世了，没有诏书封诸子为王，而只赐颁给长子扶苏一封诏书。长子到后，就登上皇位，而你却连尺寸的封地也没有，这怎么办呢？"

胡亥说："本来就应该是这样。我听说过，圣明的君主最了解臣子，圣明的父亲最了解儿子。父亲临终既未下命令分封诸子，那还有什么可说的呢？"胡亥此时倒老实地接受这个现实。

赵高却反驳说："并非如此。当今天下的大权，无论谁的生死存亡，都在你、我和李斯手里掌握着啊！希望你好好考虑考虑。更何况驾驭群臣和向人称臣，统治别人和被人统治，难道可以相提并论吗！"

胡亥说："废除兄长而立弟弟，这是不义；不服从父亲的诏命而惧怕死亡，这是不孝；自己才能浅薄，依靠别人的帮助而勉强登基，这是无能：这三件事都是大逆不道的，天下人也不服从，我自身遭受祸殃，国家还会灭亡。"胡亥这时的回答，既维护大局，还颇有自知之明。

赵高坚持要胡亥反叛，他引经据典地劝说胡亥："我听说过商汤、周武杀死他们的君主，天下人都称赞他们行为符合道义，不能算是不忠。卫君杀死他的父亲，而卫国人民称颂他的功德，孔子记载了这件事，不能算是不孝。更何况办大事不能拘于小节，行大德也用不着再三谦让，乡间的习俗各有所宜，百官的工作方式也各不一样。所以顾忌小事而忘了大事，日后必生祸害；关键时刻犹豫不决，将来一定要后悔。果断而大胆地去做，连鬼神都要回避，将来一定会成功。希望你按我说的去做。"

胡亥长叹一声说道："现在皇帝去世还未发丧，丧礼也未结束，怎么好用这件事来求丞相呢？"

赵高说："时光啊时光，短暂得来不及谋划！我就像携带干粮赶着快马赶路一样，唯恐耽误了时机！"

经不起赵高的一再蛊惑和威逼利诱，胡亥同意了赵高的篡权计谋,赵高说:"不和丞相商议,恐怕事情还不能成功,我希望能替你与丞相商议。"

于是赵高就与丞相李斯私下商议,他说道:"始皇去世,赐给长子扶苏诏书,命令他到咸阳参加丧礼,还立他为继承人。诏书还没有来得及送出,皇帝就去世了,所以除了我们,还没人知道此事。现在,皇帝赐给长子的诏书和符玺,都在胡亥手中,所以究竟立谁为太子,只在于你我的一句话而已。您看这件事该怎么办才好呢?"

李斯说:"您怎么能说出这种亡国的话呢!这不是作为人臣所应当议论的事!"

赵高说:"您自己估量一下,和蒙恬相比,谁更有本事?谁的功劳更高?谁更谋略深远而不失误?天下百姓更拥戴谁?谁与长子扶苏的关系更好?"

李斯说:"在这五个方面我都不如蒙恬,但您为什么这样苛求于我呢?"

赵高说:"我本来就是一个宦官的奴仆,有幸能凭熟悉狱法文书进入秦宫。管事二十多年以来,我还未曾见过被秦王罢免的丞相功臣有封爵,而又传给下一代的,结果都是以被杀告终。皇帝有二十多个儿子,这些都是您所知道的。长子扶苏刚毅而且勇武,信任人而又善于激励士人,即位之后一定会重用蒙恬担任丞相,很显然,您最终也是不能怀揣通侯之印退职还乡了。我受皇帝之命教育胡亥,让他学法律已经有好几年了,还没见过他犯过什么错误。他慈悲仁爱,诚实厚道,轻视钱财,尊重士人,心里聪明但不善言辞,竭尽礼节尊重贤士,在秦始皇的儿子中,没人能赶得上他，可以立为继承人。您考虑一下再决定吧。"

李斯说："您还是该干什么就干什么去吧！我李斯只执行皇帝的遗诏，自己的命运听从上天的安排，有什么可考虑决定的呢？"

赵高说："看起来平安，实际上却可能是危险的；看上去危险的，实际上又可能是平安的。在安危面前不早做决定，又怎么能算是智慧超拔的人呢？"李斯说："我李斯本是上蔡街巷里的平民百姓，承蒙皇帝提拔，让我担任丞相，封为通侯，子孙都得到尊贵的地位和优厚的待遇，所以皇帝才把国家安危存亡的重任交给了我，我又怎么能辜负了他的重托呢？忠臣不能因怕死而苟且从事，孝子不能因过分操劳而损害健康，做臣子的各守各的职分就够了。请您不要再说了，不要让我李斯也跟着犯罪。"

赵高说："我听说圣人并不循规蹈矩，而是适应变化，顺从潮流，看到苗头就能预知根本，看到动向就能预知归宿。而事物本来就是如此，哪里有什么一成不变的道理呢！现如今天下的权力和命运都掌握在胡亥手里，我赵高能猜出他的心志。更何况从外部来制服内部就是逆乱，从下面来制服上面就是反叛。所以秋霜一降，花草随之凋落，冰消雪化，就万物更生，这是自然界必然的结果。您怎么连这些都没看到呢？"

李斯说："我听说晋代换太子，三代不安宁；齐桓公兄弟争夺王位，哥哥被杀死；商纣杀死亲戚，又不听从臣下劝谏，都城夷为废墟，随着危及社稷。这三件事都违背天意，所以才落得宗庙没人祭祀。我李斯还是人啊，怎么能参与这些阴谋呢！"

赵高说："上下齐心协力，事业可以长久；内外配合如一，就不会有什么差错。您听从我的计策，就会长保封侯，并永世相传，一定有仙人王子乔、赤松子那样的长寿，孔子、墨子那样的智慧。现在放弃这个机会而不听从我的意见，一定会祸及子孙，足以令人心寒。善于为人处世、相机而动的人是能够转祸为福的，您想怎么办呢？"

李斯仰天长叹，挥泪叹息道："唉！偏偏遭逢乱世，既然已经不能以死尽忠了，将向何处寄托我的命运呢！"

于是李斯就依从了赵高。赵高便回报胡亥说："我是奉太子您的命令去通知丞相李斯的，他怎么敢不服从命令呢！"

于是他们就一同商议，伪造了秦始皇给丞相李斯的诏书，立胡亥为太子。又伪造了一份赐给长子扶苏的诏书说："我巡视天下，祈祷祭祀各地名山的神灵以求长寿。现在扶苏和将军蒙恬带领几十万军队驻守边疆，已经十几年了，不能向前进军，而士兵伤亡很多，没有立下半点功劳，反而多次上书直言诽谤我的所作所为，还因不能解职回京当太子，日夜怨恨不满。扶苏作为人子而不孝顺，赐剑自杀！将军蒙恬和扶苏一同在外，不纠正他的错误，也应知道他的谋划。作为人臣而不尽忠，一同赐命自杀，把军队交给副将王离。"用皇帝的玉玺把诏书封好，让胡亥的门客捧着诏书到上郡交给扶苏。

使者到达之后，打开诏书，扶苏就哭泣起来，进入内室想自杀。蒙恬阻止扶苏说："皇上在外，没有立下太子，派我带领三十万大军守卫边疆，公子担任监军，这是天下的重任啊。现在只有一个使者来，您就立刻自杀，怎能知道其中没有虚假呢？希望您再请示一下，有了回答之后再死也不晚。"

使者连连催促。扶苏为人仁爱，对蒙恬说："父亲命儿子死去，还要请示什么！"立刻自杀而死。蒙恬不肯自杀，使者立刻把他交付法吏，关押在阳周。

使者回来汇报，胡亥、李斯、赵高都非常高兴。到咸阳后发布丧事，太子胡亥立为二世皇帝。任命赵高担任郎中令，常在宫中服侍皇帝，掌握大权。

赵高扣书不发，在李斯的支持下，阴谋改立始皇第十八子胡亥为二世皇帝，又矫诏逼迫扶苏自杀，接着逼死蒙恬。此即历史上著名的造成秦朝迅速灭亡的"沙丘之变"。这次政变，让凶恶无能的胡亥夺得皇位，他的骄奢淫逸、倒行逆施和胡作非为，果然像胡亥和李斯最初所警惕的那样，造成秦朝迅速灭亡。

秦朝的灭亡，也可以说是匈奴促成的，因为"亡秦者胡也"，预言得非常准确。虽然此"胡"虽非匈奴之"胡"，而是"胡亥"之"胡"，但始皇因误以为"胡"指匈奴，为严防匈奴而派扶苏监边，扶苏因此而远离秦朝的权力中心，未能及时继承皇位，于是在秦始皇猝死后形成秦朝短暂的权力真空，造成赵高勾结胡亥乘机篡政和因胡亥、赵高的残暴无能而促使秦朝迅速灭亡。从这个角度看，秦朝也可以说是因为匈奴而灭亡的。

孟姜女万里寻夫哭倒长城的著名传说

匈奴不断南下侵凌汉族，给人民带来极大的苦难，尤以妇女为甚。匈奴掠夺、欺凌、杀害大量边地的汉族妇女，后方的妇女则为抗匈战争而承担了极大的苦难。汉匈战争中涌现的苦难妇女，最著名的有孟姜女、王昭君、蔡文姬等。孟姜女是其中最早的一位。

秦始皇为了抵御匈奴而修建长城，付出了非常大的代价，加剧了秦朝社会的动荡。七十多万民工被迫远离家乡，艰苦和超负荷的劳动已经使大量百姓死亡，加之陵墓造好后，民工全遭活埋，造成许多家庭家破人亡的人间悲剧。其中最有名的代表人物是孟姜女及其丈夫万喜良。

自唐朝之后，万喜良为秦始皇修长城而死，孟姜女万里寻夫送寒衣，哭倒长城八百里的传说产生并流传至今。

孟姜女的传说以故事、歌谣、诗文、戏曲等多种形式在我国广大地区内流传，有着久远的历史，几乎家喻户晓。孟姜女故事与《白蛇传》《牛郎织女》《梁山伯与祝英台》，并称为中国的四大民间爱情传说。

著名历史学家顾颉刚的《孟姜女故事研究》以为，孟姜女故事最早见于《左传·襄公二十三年》所载春秋时"杞梁之妻"哭夫崩城的故事传说：周灵王二十二年（齐庄公四年，前550）秋，齐庄公姜光伐卫、晋，夺取朝歌。第二年，齐庄公从朝歌回师，没有回到齐国国都临淄便突袭莒（jǔ）国。在袭莒的战斗中，齐国将领杞梁、华周英勇战死。后来齐莒讲和罢战，齐人载杞梁尸回临淄（zī）。杞梁妻哭迎丈夫的灵柩于郊外的道路。齐侯回来，在郊中遇见杞梁之妻，齐庄公派人吊唁。杞梁妻把他却去。因此，齐侯到他家吊唁。杞梁妻认为自己的丈夫有功于国，郊中不是吊丧的地方，齐庄公派人在郊外吊唁既缺乏诚意，又仓促草率，对烈士不够尊重，便回绝了。后来，齐庄公亲自到杞梁家中吊唁，并把杞梁安葬在齐国的国都郊外。（杞梁墓在今山东淄博市临淄区齐都镇郎家村东）

西汉末年的刘向《烈女传》中先重述了《左传》中杞梁妻的故事，然后他发展了情节：杞梁妻没有子嗣，娘家婆家也都没有亲属，夫死之后成了个孤家寡人。杞梁妻就在她的丈夫的尸体旁，在城下痛哭丈夫，哭声十分悲苦，过路人无不感动，无不为她一掬同情之泪。十天以后，城墙被她哭得崩塌了。埋葬了丈夫后，她说："我还有什么地方可以回去？只有一死罢了。"于是跳入淄水而死。

这时还没有孟姜女的传说，只有杞梁妻的故事。

东汉末年，陈琳有《饮马长城窟行》诗歌歌颂孟姜女："饮马长城窟，水寒伤马骨。往谓长城吏，慎莫稽留太原卒……君独不见长城下孟姜女，死人骸骨相撑拄？"孟姜女的姓名开始出现了。

三国时曹植在《黄初六年令》中说"杞妻哭梁，山为之崩"。此后，敦煌石窟发现的隋唐乐府中有"送衣之曲"，增加了送寒衣的内容。

唐代贯休的诗作《杞梁妻》首次将故事时间移动到秦朝，并将"崩城"变成"崩长城"："秦之无道兮四海枯，筑长城兮遮北胡。筑人筑土一万里，杞梁贞妇啼呜呜。上无父兮中无夫，下无子兮孤复孤。一号城崩塞色苦，再号杞梁骨出土。疲魂饥魄相逐归,陌上少年莫相非。"这时的内容和后来的故事已经差不多了。

唐代的《周贤记》把故事搬到了燕国,这个女子姓孟名仲姿,或姓孟名姜女。杞梁变成杞良。杞良为逃筑城之役,误入孟超后园。孟女仲姿正在洗澡,古人贞操观念极重,信守女儿之体只能为丈夫所见,故二人乃结为夫妻。杞梁的死因不再是战死疆场,而是因避役被捉后,筑于城墙之内,于是仲姿千里寻夫,哭崩长城;而筑于城墙之内的死尸实在太多了,只有滴血认骨才能辨别,于是在累累白骨中滴血验骨,终得丈夫遗骸。

杞梁妻的故事经过六朝、隋唐时代的加工,演变成了孟姜女千里寻夫、哭崩万里长城的故事,把崩城和秦始皇联系在了一起,具备了今天的雏形。

顾颉刚认为,唐代《周贤记》以来孟姜女故事是春秋时代杞梁之妻故事嬗变而来的。

从南宋和元代起,孟姜女的故事开始搬上舞台。在这些戏曲中,孟姜转化成孟姜女,杞梁衍生出杞良、范杞良、范纪良、范希郎、范四郎、范士郎、范喜郎、万喜良等名。故事的情节被铺陈得一波三折,与他们有关的其他人物,如范郎的母亲也出现在戏曲之中,使故事日渐丰满。

明清以来,孟姜女的故事在民间仍继续发展演变。各地的口头讲述,把孟姜女说成是葫芦所生,还将孟姜女的家乡改写成松江（今属上海）。

这个故事还描写秦始皇本人也喜欢上了孟姜女:相传

秦始皇时，劳役繁重，青年男女万喜良、孟姜女新婚三天，新郎就被迫出发修筑长城，不久因饥寒劳累而死，尸骨被埋在长城墙下。孟姜女身背寒衣，历尽艰辛，万里寻夫来到长城边，得到的却是丈夫的噩耗。她痛哭城下，三日三夜不止，城为之崩裂，露出万喜良尸骸。

孟姜女正哭得伤心之时，秦始皇带着大队人马巡察边墙，从这里路过。

秦始皇听说孟姜女哭倒了城墙，立刻火冒三丈，暴跳如雷。他率领三军来到角山之下，要亲自处置孟姜女。可是他一见孟姜女年轻漂亮，眉清目秀，如花似玉，就要霸占孟姜女。孟姜女哪里肯依呢！秦始皇派了几个老婆婆去劝说，又派中书令赵高带着凤冠霞帔去劝说，孟姜女死也不从。最后，秦始皇亲自出面。孟姜女一见秦始皇，恨不得一头撞死在这个无道的暴君面前。但她转念一想，丈夫的怨仇未报，黎民的怨仇没伸，怎能白白地死去呢！她强忍着愤怒听秦始皇胡言乱语。秦始皇见她不吭声，以为她是愿意了，就更加眉飞色舞地说上劲儿了："你开口吧！只要依从了我，你要什么我给你什么，金山银山都行！"

孟姜女说："金山银山我不要，要我依从，只要你答应三件事！"

秦始皇说："莫说三件，就是三十件也依你。你说，这头一件！"

孟姜女说："头一件，得给我丈夫立碑、修坟，用檀木棺椁装殓。"

秦始皇一听说："好说，好说，应你这一件。快说第二件！”

“这第二件，要你给我丈夫披麻戴孝，打幡抱罐，跟在灵车后面，率领着文武百官哭着送葬。”

秦始皇一听，这怎么能行！我堂堂一个皇帝，岂能给一个小民送葬呀！“这件不行，你说第三件吧！”

孟姜女说：“第二件不行，就没有第三件！”

秦始皇一看这架势，不答应吧，眼看着到嘴的肥肉摸不着吃；答应吧，岂不让天下的人耻笑。又一想：管他耻笑不耻笑，再说谁敢耻笑我，就宰了他。想到这儿他说：“好！我答应你第二件。快说第三件吧！”

孟姜女说：“第三件，我要逛三天大海。”

秦始皇说：“这个容易！好，这三件都依你！”

秦始皇立刻派人给万喜良立碑、修坟，采购棺椁，准备孝服和招魂的白幡。出殡那天，万喜良的灵车在前，秦始皇紧跟在后，披着麻，戴着孝，真当了孝子了。赶到发丧完了，孟姜女跟秦始皇说：“咱们游海去吧，游完好成亲。”秦始皇可真乐坏了。正美得不知如何是好，忽听“扑通”一声，孟姜女纵身跳海了！

秦始皇一见急了：“快，快，赶快给我下海打捞。”

打捞的人刚一下海，大海就哗哗地掀起了滔天大浪。打捞的人见势不妙，急忙上船。这大浪怎么来得这么巧呢？原来，龙王爷和龙女都同情孟姜女，一见她跳海，就赶紧把她接到龙宫。随后，命令虾兵蟹将掀起了狂风巨浪。秦始皇幸亏逃得快，要不就被卷到大海里去了。

孟姜女于绝望之中投海而死。从此，山海关被后人认为是"孟姜女哭长城"之地，并在此建庙以作纪念。

据《临榆县志》载："贞女祠，在东关外十三里望夫石之巅。此祠创始在宋以前。至明万历年间主事张栋重建，崇祯时副使范志完重修，又增龛。清康熙间曹安字奔（dā）而新焉。民国十七年经奉天张将军颁款重修。"现存的孟姜女庙即为明万历年间建造的贞女祠，俗称孟姜女庙。1956年，孟姜女庙被公布为河北省第一批重点文物保护单位。

庙的前殿大门前两侧，有一副情趣盎然的对联：

海水朝朝朝朝朝朝朝落
浮云长长长长长长长消

此联有几种读法，一般读成三、三、四或四、三、三句式。它是根据汉字一字多音、一字多义和谐音的特点而作，其中也带有文字游戏的性质。内容主要是描写这里的自然景象。

大殿的前殿正中塑孟姜女像，旁有男女二小童，身背罗伞。孟姜女像泥塑彩绘，身披青衫素服，面带愁容，遥望南海。像上悬横额"万古流芳"，两柱对联是："秦皇安在哉，万里长城筑怨；姜女未亡也，千秋片石铭贞。"相传这副楹联为南宋末年抗元名臣文天祥所作。在前殿的墙壁上还镶有多块卧碑，上面刻有乾隆、嘉庆、道光等清朝皇帝的题词。

不仅在山海关，随着孟姜女故事的流传，各地兴起了建庙热。

孟姜女哭长城的故事，是我国古代著名的民间传说，它以戏剧、歌谣、诗文、说唱等形式，广泛流传，可谓家喻户晓。2006 年 5 月 20 日，孟姜女传说经国务院批准列入第一批国家级非物质文化遗产名录。

十、匈奴在秦汉之交发展为东方最强之国

匈奴自远古至秦末，各自分散居于溪谷。到秦末，聚在一起的部落有一百多个，都称为"戎""狄"，各自有首领，无法统一。这些部落各自为政，呈一盘散沙的状态。

自夏朝末年商朝初年的匈奴首领淳维，到秦朝时的匈奴首领头曼，已有一千多年，匈奴的势力时大时小，一直分裂离散，所以传代的世系无法排出，其情况已不可知，至于在此之前的自黄帝时代的荤粥到夏末的淳维之间的一千多年，匈奴各部族更是散乱，传代的世系更不可知了。

单于头曼，不敌秦皇

大致在秦国统一全国的大致同时，匈奴的各个部落也统一起来了。他们的最高首领即君主，称为单（chán）于，名叫头曼。

秦始皇时，中原人士才知道当时匈奴的君主称为单于。单于是简称，它的全称是"撑犁孤涂单于"，"撑犁孤涂"意思是天子，"单于"的意思是广大。此时中原人士才知单于，很可能也是因为当时匈奴刚开始进入统一状态，同时也刚有了统一的首领，并出现了"单于"之名。当时的单

于名叫头曼。这是中国历史记载的最早一位单于。

此时，东面的东胡强大，西面的月氏兴盛，南面的秦又是强国，匈奴三面临敌。匈奴头曼打不过秦始皇，退兵北撤。

过了十余年，秦始皇派到边境防御匈奴的大将蒙恬被赵高矫诏杀死，接着秦末天下大乱，秦始皇原来派往边塞镇守的士卒和囚犯都跑散回乡了，于是匈奴得到宽缓之机，又渐渐向南渡过黄河，到达黄河之南，与中州原来的关塞接界。

这时，头曼单于有太子，叫挛鞮冒顿（luán dī mò dú）。

冒顿单于，花样夺权

冒顿虽被立为太子，可是后来单于宠爱的阏氏（yān zhī，单于妻子的称号）生了一个小儿子，单于便想废掉冒顿而另立这个幼子。单于如何废掉这个太子呢？要废掉太子是很难的，何况这个太子被废后必定怀恨在心，极可能向自己报复，更必定会谋害这个年幼的新太子，国内的势力立即会分成两大派，一派支持废掉的太子，一派拥戴小太子，两派很可能引起激烈、长期、无休止的争斗，国内的政权从此不太平。因此，从头曼的角度看，最好的办法，是一不做、二不休，索性杀掉这个太子。

头曼生性凶狠而狡猾，他想，自己动手比较麻烦，而借刀杀人是最稳妥而轻便的方法。他想出了一个诡计。

这个诡计由两部分组成：他先派冒顿到月氏（zhī）国当人质。冒顿到月氏当人质以后，头曼却急攻月氏，这样月氏就必然愤怒，他们必会想当然地以为冒顿是匈奴太子，必定在国内具有重要的地位，于是会杀掉冒顿作为报复和惩处。头曼想用这样的方式借刀杀人，除掉冒顿。

头曼的诡计差一点成功，月氏国王果然中计，要杀冒顿。而聪明过人的冒顿马上领会他的父亲攻打月氏的动机以及月氏即将有的反应，所以他当机立断偷了一匹良马，立即骑马逃回匈奴。

他父亲不是要借刀杀人除掉他吗？他干吗还逃回匈奴，重新进入他父亲的势力范围？我们可以认定，智慧过人的冒顿肯定是反复思考过的，这是因为：一则，无处可逃，只能逃回匈奴；二则，不入虎穴，焉得虎子？他的合法身份是匈奴太子，他必须回去才能保住太子的位置，才能见机行事。而他的父亲只是攻打月氏，并没有公开宣布要废掉和杀掉他这个太子，他逃回去是名正言顺的。

头曼本想借刀杀人，除掉冒顿，见他如此逃归，倒也欣赏他的勇猛——凶狠彪悍的头目，往往欣赏和敬重凶狠彪悍的部下和对手——就不再杀他，竟然还任命他为万骑长，让他率领和掌管一万骑兵，这是匈奴当时统兵的最高职务。一万人马相当于现代的一个军的编制，掌管者相当于一个军长。匈奴最强大的时候，有军队三十万人。

冒顿当上万骑长、执掌兵权后，积极训练他的部下，努力提高战斗力。他训练的方法非常奇怪，他制造了一大批响箭，用来训练手下的骑兵。冒顿命令他们："凡是我的响箭射击的目标，有谁不立即跟着我向它全力射击的，斩首。"这句话，看似简单，却充满了玄机，无人能够猜透，也难以执行。

于是他率军出外打猎，他领头射击鸟兽，有不跟着冒顿的响箭射击的目标而射箭的，就斩首。

不久，冒顿用响箭射击自己的良马，身边左右有不敢射的，立即杀掉。突然要射死自己的良马，肯定神经出了毛病，有不少人感到不可思议，在犹豫中错失了射击的良机，却没有想到由于这阵犹豫，竟丢掉了自己的性命。

过了几天，冒顿又用响箭射自己的爱妻，部下有人很恐惧——按常规思维，谁敢射死冒顿的宠妻？也许是冒顿一时的失误，射错了人或发错了命令呢？冒顿射错了人，他不会惩罚自己，而部下跟着去射，美人死了，美人比良马更其重要，射死了岂不要掉脑袋？冒顿也丝毫没有在事先透露过要杀她的理由和心愿，所以，不敢射是正常的，可是冒顿又杀了这些不敢射的人。

又过了几天，冒顿出猎，用响箭射杀单于的良马，部下都充分吸取了前两次枉死者的教训，管他是什么，来不及思考，就毫不犹豫地都跟着射击。于是，冒顿知道这些部下都可以无条件地使用了。

冒顿在跟随父亲头曼打猎时，用响箭射向头曼，他的部下都立即跟着用响箭射过去，群箭齐发，结果射杀了单于头曼。

冒顿用这样的方法，顺利地除掉了这个威胁着他的前程和性命的亲生父亲和首领。

一不做、二不休，冒顿接着杀死自己的后母，杀光众兄弟和不听从他的大臣。消灭了反对派，冒顿在匈奴内部也建立了出格的威信。于是冒顿就自立为单于。

冒顿将自己的良马、爱妻的性命作为训练部下杀人的工具，杀父夺权后又杀死后母、杀光兄弟，足见此人不同寻常的狠毒和不择手段。

冒顿的不同寻常还表现为他具有非常的想象力和创新力，他们练目标看似公开，实质秘而不宣；他用跳跃式的杀人目标，不动声色地贯穿在日常的训练之中，还妙在越过过程——不必动员众人，不必与心腹密谋，直奔目标，一举歼灭公开的和潜在的、必然的和可能的敌手。

可笑头曼在一刹那被乱箭射死，死得突然，死得仓促，还不知为何而死。

头曼是失败的，他想夺亲生的太子的位置，给自己心爱的幼子，结果因一念之差，反而丢了自己的性命。而他的幼子也因此惨死，所有的亲人全被杀光。

头曼也是成功的，他的遗传因子——凶狠、毒辣、狡诈的天性和性格、智谋，都完整地在他的儿子身上复生，而且还发扬光大——不仅在冒顿的身上发扬光大，而且还在治国和强国之道上发扬光大。

冒顿用了多种花样夺权，其共同点是异样的狡诈。

他夺到匈奴的王权后，又用异样的狡诈扩张领土和击败敌人。

百蛮大国，统一北亚

冒顿（前234—前174）是匈奴第一个雄才大略的军事家、统帅。他于公元前209年（秦二世元年），杀父头曼单于而自立，至公元前174年去世，掌权三十五年，使匈奴成为东方第一强国。

冒顿当上单于之时，东胡强大而兴盛。

东胡首领们听说冒顿杀父自立，就派使者对冒顿说，想得到头曼的千里马。

冒顿询问群臣如何处理这件事，群臣都说："千里马是匈奴的宝马，不能给。"

冒顿说："怎可同人家互为邻国，却吝惜一匹马呢？"就把千里马给了东胡。东胡这种蛮横无理的欺凌行径得到轻易成功，出乎所有人的意料。

歹毒贪婪之人，往往会得寸进尺。于是，没过多久，东胡认为冒顿怕他们，竟又派使者对冒顿说，要向单于索要一个阏氏。冒顿再问左右众臣，大家都发怒说："东胡不讲道理，竟来索讨阏氏！请发兵攻打吧。"

冒顿说："与人做邻国，怎能舍不得一个女子呢？"于是将自己心爱的阏氏给了东胡。

东胡王更加骄横了，就决定向西攻侵匈奴。

东胡与匈奴之间，有无人居住的荒地一千余里，双方都在边缘设立了瞭望的哨所。

东胡派使者对冒顿说："匈奴与我方的哨卡外交界的荒地，你们的足迹不能到达，我们想要下来。"

冒顿询问群臣，有的说："这是被丢弃的荒地，给他们也可，不给他们也可。"

于是冒顿大怒，说："土地，是国家的根本，怎么能给他们！"凡是说给土地的人，全部斩首。

冒顿倾听臣下的意见，大臣总会产生两种不同的意见，有不同意见才能形成讨论的局面。冒顿杀掉自己不称心的意见的一方，蛮横无理到极点。他要用这种方式，建立自己绝对的权威。

冒顿上马，命令国中有晚来的格杀勿论。他起倾国之师，往东袭击东胡。

东胡起先轻视冒顿，未做战备，等到冒顿的大军突然到达，反倒措手不及。冒顿猛攻之下，彻底消灭了东胡，掳掠东胡的百姓和牲畜财产。

匈奴回兵后，西面将月氏打跑，南面并吞楼烦、白羊河南王（匈奴独立的一个王。白羊为匈奴的别部之称呼，居住在河套以南，所以称为白羊河南王）的领土。又收复秦国派蒙恬所攻夺过去的匈奴的土地，与河南（指河套之南）汉的关塞相对峙，直到朝那（今宁夏固原东南）、肤施（今陕西榆林东南）两地，并不断入侵燕国和代地。

那时刘邦与项羽的汉楚战争正处于激烈之时，中原地区疲于战事，冒顿乘机发展自强，拥有能拉弓射箭的精锐部队三十余万人。

匈奴打败东胡之后，东胡的广大百姓自然成了匈奴的奴隶和属民，匈奴将所辖地区内的各个使用弓箭的部落都合并为一家，成为匈奴的一部分。对南、北方和西域被占领诸国也用同样的手法。匈奴南面并吞楼烦、白羊之后，北面征服浑庾（yǔ）、屈射、丁零、高昆、薪犁等国。

可见匈奴的来源非常复杂，它包括原来长城以北的各个民族，首先是东胡，同时融入部分汉人，后来又囊括了西域诸族和在中亚的欧罗巴人。于是匈奴既有黄种人，也有白种人，所以匈奴在全盛时期被称为"百蛮大国"。

冒顿使用巧妙而毒辣的怪招夺权，又用巧妙而凶狠的手段扩张，于是匈奴就空前地强大起来。

匈奴的体制和国策

当时的整个中国主要分裂为两大政权：中国，即中原皇朝——秦、汉；北蛮，即百蛮大国——匈奴。

全盛时期的匈奴国土东起大兴安岭，北至贝加尔湖及其周围地区，西北至西伯利亚、西至新疆的东部和甘肃一带，南到长城，庞大而辽阔。

这也就形成了中国领土的格局：自黄帝时代起，至迟从有可考历史记载的秦末汉初起，中国的北方和西北领土就包括了库页岛和太平洋西海岸、贝加尔湖周围和以北（再远便是无人区）、西伯利亚（西伯利亚北面也是无人区）、新疆及以西的广袤土地。这个格局一直保持到清代的康熙前期，后被俄国侵略势力用武力和阴谋强行占据，逐渐蚕食了中国黑龙江以北、蒙古高原以北和新疆以西的大批领土。

匈奴在秦汉之际乘中原的战乱而空前强大起来，并汇合成一个统一的民族和国家，发展至汉初，已对中原政权构成极大威胁。

匈奴打败东胡之后，东胡的广大百姓自然成了匈奴的奴隶和属民，匈奴将所辖地区内的"诸引弓之民""并为一家"，"皆已为匈奴"。

前已言及，自淳维到头曼已有一千多年，匈奴的势力时大时小，一直分裂离散，可能也从来没有建立过中央政权，所以传代的世系无法排出，其情况已不可知。至于在此之前的自黄帝时代的荤粥到夏末的淳维之间的一千多年，匈奴各部族更是散乱，传代的世系更不可知了。

然后到头曼的儿子冒顿的时候，匈奴的势力进入了最强大的阶段，他们征服了整个北方蛮族地区，与中原的政权相对峙。至此，匈奴单于的世系承传和职官称谓及其等级大小才能由作为敌方的汉朝史官详尽记载下来。

匈奴帝国时代的匈奴单于

序号	单于号	名	在位时间	在位年数	注
1	头曼单于	头曼	？—前 209		
2	冒顿单于	冒顿	前 209—前 174	36	头曼之子
3	老上单于	稽粥	前 174—前 161	14	冒顿之子
4	军臣单于	军臣	前 161—前 126	36	老上之子
5	伊稚斜单于	伊稚斜	前 126—前 114	13	军臣之弟，左谷蠡王
6	乌维单于	乌维	前 114—前 105	10	伊稚斜之子
7	儿单于	乌（一作詹）师庐	前 104—前 102	3	乌维之子
8	呴犁湖单于	呴犁湖	前 102—前 101	2	儿单于之季父，乌维之弟，右贤王
9	且鞮侯单于	且鞮侯	前 101—前 96	6	呴犁湖之弟，左大都尉
10	狐鹿姑单于	狐鹿姑	前 96—前 85	12	且鞮侯之子，左贤王
11	壶衍鞮单于	壶衍鞮	前 85—前 68	18	狐鹿姑之子，左谷蠡王
12	虚闾权渠单于	虚闾权渠	前 68—前 60	9	壶衍鞮之弟，左贤王
13	握衍朐提单于	屠耆堂	前 60—前 58	3	乌维单于耳孙，右贤王

匈奴的最高首领是单于，"姓挛鞮氏，其国称之曰撑犁孤涂单于。匈奴语'撑犁'意为'天'，'孤涂'意为'子'，撑犁孤涂就是'天子'"。"单于者，广大之貌也，言其象天单于然也"。(《汉书》卷九十四上《匈奴传》)

自秦朝时的头曼，至东汉建武二十四年(48)，匈奴分裂成南北两部，共有历世单于二十二人，此后的北单于的传位情况缺乏记载；南单于，自东汉建武二十四年(48)至兴平初年(195)共有历世单于二十人，此后的单于也无记载。

匈奴平时各部属分散活动。每年正月，所有头目都在单于的王庭聚会，举行春祭。五月，在龙城举行盛大的集会，祭祀祖先、天地和鬼神。秋天，马长肥的时候，在蹛(dài)林(古时匈奴绕林而祭之处)盛大集会，核算人口和牲畜的数量。

单于早晨一出营房就敬拜上升的旭日，夜晚礼拜月亮。他们坐的次序，地位高的在左边，向南坐，正位在北方。尊尚戊、己两日。

秦和汉初(前3世纪)匈奴统治结构分为中央王庭、东部的左贤王和西部的右贤王，控制着从里海到长城的广大地域，包括今蒙古国、俄罗斯的西伯利亚、中亚北部、中国东北等地区。

匈奴的最高首领为单于，单于的正妻称为"阏氏"，音烟肢或焉支，含有美丽的意义。

单于至一般诸王皆可称其妻为阏氏，也有许多其他称呼，如宁胡阏氏、颛渠阏氏、大阏氏、第二阏氏、第五阏氏等等。

在众多阏氏中，也有高低位次之分。沈钦韩以为"匈奴正妻则称大阏氏"，胡三省则以为"颛渠阏氏，单于之元妃也，其次为大阏氏"。

阏氏虽不能与皇后等同，但单于的阏氏在匈奴的地位往往很重要。内政、外交，有的甚至在战争中也起作用。如冒顿攻围刘邦时，阏氏随军在侧，她的意见受到冒顿的重视和采纳，致使刘邦在重围中逃脱。

匈奴建立了一整套官制。《史记·匈奴列传》记载匈奴的官制：单于下面，置左右贤王，左右谷蠡王，左右大将，左右大都尉，左右大当户，左右骨都侯。匈奴称呼贤者为"屠耆"，所以常以太子为左屠耆王。左贤王即左屠耆王，地位高于其他诸王，仅次于单于，是单于的继承者，常以单于太子当之，但也有例外，如复株累若鞮单于后连续五任单于皆由其弟担任左贤王。自左右贤王以下至当户，大者万骑，小者数千，凡二十四长，立号曰"万骑"。诸大臣皆世官。呼衍氏，兰氏，其后有须卜氏，此三姓其贵种也。诸左方王将居东方，直上谷以往者，东接秽貉、朝鲜；右方王将居西方，直上郡以西，接月氏、氐、羌；而单于之庭直代、云中：各有分地，逐水草移徙。而左右贤王、左右谷蠡王最为大国，左右骨都侯辅政。诸二十四长亦各自置千长、百长、什长、裨小王、相、封都尉、当户、且渠之属。

《后汉书·南匈奴列传》记载，大臣中地位最高的是左贤王，其次左谷蠡王，其次右贤王，其次右谷蠡王，称为"四角"；次左右日逐王，次左右温禺鞮王，次左右渐将王，是为"六角"：以上都是单于的子弟，可以按照程序担任单于。异姓大臣左右骨都侯，其次左右尸逐骨都侯，其余日逐、且渠、当户诸官号，各以权力优劣、部众多少为次序的高低。单于姓虚连题。异姓有呼衍氏、须卜氏、丘林氏、兰氏四姓，为国中名族，常与单于婚姻。呼衍氏为左，兰氏、须卜氏为右，主断狱听讼，当决轻重，口白单于，无文书簿领焉。

除了这些王号和官号，尚有其他王号，如昆邪王、休屠王、卢屠王、奥鞮王、犁汗王、休旬王、瓯脱王、西祁王、右皋林王、古股奴王、古伊秩訾王等等。

此外，还有立汉降人为王者，如赵信为自次王，李陵为右校王，史降为天王，卢绾为东胡卢王。侯的名称有左安侯、左姑姑侯、粟置支侯等等。

匈奴的百姓，全民皆兵，具有完善的军事装备。《史记·匈奴列传》记载匈奴兵"尽为甲骑"，匈奴都是骑兵。其马匹在平时是作为交通兼打猎工具，战时则成为战马。从出土实物看，匈奴马匹身体略矮，头部偏大，应属于蒙古马。

匈奴军队最重要的武器是弓箭，"控弦之士三十余万"。匈奴兵器"其长兵则弓矢，短兵则刀鋋"。匈奴墓地发掘的兵器，以铜、铁、骨、木质地为主，主要有弓、箭镞、弩机、刀、剑、戈、矛、斧、流星锤等。

秦汉的士兵靠盾牌保护，匈奴人身穿护身的盔甲，"尽为甲骑"。盔甲更省劲、方便而更坚固，组成了机动灵活而又强大的匈奴骑兵。

匈奴整个民族尚武，幼儿能骑羊，拉弓射鸟鼠；少年时则射狐兔，以此为食物。成年男子只要能拉开满弓的，全都成为披甲的骑兵。这是一种古代方式的全民皆兵的军事制度。

他们的社会制度松散。平时无事时随着牲畜游动，靠射猎禽兽为生；发生紧急战事时，就全民皆兵，练习攻战，向外侵略讨伐，这已成为他们的本性和天性了。他们的长兵器是弓箭，短兵器是刀矛。顺利的时候，往前冲；不利的时候，就后退，并不以逃跑为羞耻。他们唯利是图，不顾任何礼义道德。

兴兵作战要看星象，月圆的日子就进攻，月亏的日子就退兵。他们在战争中，杀掉一个人就奖励一壶酒，得到的战利品就归他，抓到的人就是他的奴婢。所以在战斗中，人人都只为自己的利益而奔走搏杀，善于诱敌深入而攻杀。所以他们看到敌人就争抢战利品，有如群鸟飞集一样；如果受困战败，军队就土崩瓦解、风流云散了。在战争中，谁把战死者从战场上带回来，他就得到死者的全部家财。

匈奴在秦末汉初，乘中原的战乱而空前强大起来，并已经历了好几代的同化和融化，形成了一个庞大的民族共同体。再经过二百年的时间，自西汉初年到东汉，这个强大的民族，继承了夏商周三代匈奴不断南下入侵、掠夺汉族的财富、劳力和妇女的国策，成为中原政权的巨大威胁。同时，双方长年、多次苦战，给双方都带来了极大的灾难和损失。

匈奴的习俗和容貌

早年匈奴即荤粥、鬼方、猃狁等时代匈奴的习俗已不可知，西汉时匈奴的生活习俗因《史记·匈奴列传》的记载而让我们略知其大概：匈奴生活在北方蛮荒之地，人们随着畜牧的转移而迁移。牲畜以马牛羊为主，其中又以马最为重要。另有珍贵的动物，橐驼、驴子、骡子、駃騠等。因为要找寻水草，需要经常迁移，所以用不着建立城镇、固定住处和耕田，但也将草地分给个人。

匈奴人固然主要以狩猎、游牧及畜牧为主，其生活地点常随着季节和水草的情况转移至其他地方。匈奴人也有耕田，生产谷物，还建有谷仓来藏谷。他们除在本部耕种外，在西域还有骑田。

匈奴人也十分重视商业交换，但不用货币，全靠物物交换，以牲畜去换取奢侈品。他们常与汉人互市交易，并将汉人物品转运到西域各国，甚至远达罗马帝国，在汉对西域通道中断之时尤为如此。

匈奴住的地方叫穹庐，是毡帐所制的帐幕，需以木条做柱梁。他们会使用各种陶器及金属器。

整个民族自君王以下，都食肉类和乳品，有时会食用鱼类。匈奴人用畜衣为衣，有裤子、长靴、长袍、尖帽或风帽等等，用毡裘为被褥。青壮年吃肥美的食品，老弱者吃他们吃剩的东西。由此可见，他们重视强健的青壮年，轻贱老弱病残。

婚姻实行继婚制，也就是说父亲死了，儿子娶他的众妾；兄弟死了，其他兄弟分娶他的妻妾为妻。除贵族外，一般民众只有名字，呼叫没有避讳，没有姓氏和名号之类。

匈奴人送葬，有棺椁、金银、衣裘，但不起坟墓，不在坟地种树，不穿丧服。单于死时，殉葬的近臣和妻妾多达数十甚至上百人。

匈奴的法律，拔刀出鞘一尺，就犯死罪；犯盗窃罪的，罚没家属和家产；犯小罪的，用刀刺面，罪大的，处死。关在狱中最长的期限才十天，整个国家的囚犯也不过几个人。

吕思勉认为匈奴的不少习俗与中国的尚文之世（西周以后）不同，但与尚质之世（夏、殷及以前）却极相似，如人死后"无封树"（不起坟墓，不种树木）、继婚制度、"贵壮健，贱老弱""有名无讳而无字"，还有"狱久者不满十日；一国之囚，不过数人"等，本来也都是中国远古的风俗。

匈奴没有文字书籍，以语言为约束，也就是做事立法全靠口头约定。

至于匈奴人的容貌，只能靠古代史书的一些记载和现代考古的成果来了解和研究了。

早期匈奴人的容貌，据现代发掘的墓葬中的文物——匈奴人的刺绣像来看，画中人头发浓密、梳向后方，前额宽广，眼睛巨大，上唇有浓密的胡须，面孔严肃，神情威严。眼珠虽是黑色，但瞳孔却用蓝线绣成。与后世的突厥人一样，具有蓝眼多须的特征。中国境内发掘的一个唯一匈奴古墓中，随葬物品中有两件透雕铜饰，透雕的花纹是：两侧各有一棵树，枝叶茂密；树上各系一匹骒子，都有鞍辔；中间有两人，穿绑腿裤，互相抓住对方的腰部和一条大腿，正在摔跤。两人的容貌特征都是高鼻、长发。

至于匈奴人的发式，与汉族也完全不同。从文献中知，匈奴的前身即春秋前后的猃狁、山戎的发式是"披发"，一作"被发"，亦即"辫发""编发"。孔子在发表同情齐国宰相管仲的"尊王攘（rǎng）夷"说时，表示："微管仲，吾其被（音义同披）发左衽矣。"（《论语·宪问》）南朝梁人皇侃注曰："披发，不结也。《（仪）礼》，男女及时，则结发于首，加冠笄为饰；戎狄无此礼，但辫发被之体后也。"（《皇清经解续编》第 1067 卷第 16 页下）从周代起，中原人的头部装饰盛行"结发留髻"（《仪礼注疏》[汉]郑玄注、[唐]贾公彦疏"男女结发"释）。

匈奴的辫发，已经得到现代考古发掘的证明。1924 年，苏联考古学家柯兹洛夫等人在今蒙古国色楞格河上游诺颜山的丛草斜坡上，掘出古墓二百二十一座。在一座古墓中发现黑色粗细发辫，其中有一根是妇女的大辫，上面还扎着红绳。另一墓室中发现发辫十七件。匈奴人这种将头发留长而且编束起来的发式，便于御寒，也便于游牧和打猎。披发即编发，实际上是北方游牧民族的共同发式，匈奴还另有梳成椎状载打结的，称椎结。如《汉书·李陵传》："两人皆胡服椎结。"（颜师古注："结，读曰髻。一撮之髻，其形如椎。"）则因李陵和卫律两人已投降匈奴且在匈奴担任要职，他们当时以匈奴人自居，才改成匈奴的发式和装束的。

但西方人看到的匈奴人的外貌、发型却与中国和蒙古考古所见的完全不同：

> 他们的身材矮而粗壮，头大而圆，阔脸，颧骨高，鼻翼宽，上胡须浓密，而颏下仅有一小撮硬须，长长的耳垂上穿着孔，佩戴着一只耳环。头部除了头顶上留着一束头发外，其余部分都剃光。厚厚的眉毛，杏眼，目光炯炯有神。身穿长齐小腿的、两边开衩的宽松长袍，

腰上系有腰带，腰带两端都垂在前面，由于寒冷，袖子在手腕处收紧。一条短毛皮围在肩上，头戴皮帽。鞋是皮制的，宽大的裤子要用一条皮带在踝部捆扎紧。弓箭袋系在腰带上，垂在左腿的前面，箭筒也系在腰带上横吊在腰背部，箭头朝着右边。

中国和蒙古的考古所见与之不同，匈奴人头发和胡须浓密，蓝眼高鼻。但学术界又认为从考古获悉，匈奴人的容貌，前后有很大的区别。早期的匈奴人是白种人，后期的是黄种人。前后竟是两种肤色，这与别的民族相比，他们认为是不可思议的。其实这是因为上文言及的，匈奴并吞了多种民族，其中既有大量的东亚的黄种人，也有来自中亚、西亚和欧洲的白人。所以并不存在早期匈奴人是白人，后期匈奴人是黄种人的问题。现代分子人类学对匈奴墓葬的分析证实，南匈奴基本处于古华北人种和古北亚人种的过渡区间内，北匈奴则包括欧亚混血的南西伯利亚类型以及少量高加索人种的塞种遗存。一部分匈奴人也呈现出一定的高加索人种特征。这些匈奴人母系主体和现代内蒙古东部的蒙古人比较类似而和蒙古高原北部的蒙古人有差异，但和西部的图瓦等部族可能有亲缘关系，而古代匈奴人有5% 个体为白人母系。

应该说匈奴人的主体是黄种人，又因其人种极杂，故而有着各种不同的形貌。

第二章　汉匈战争上部

汉匈之战的关键阶段在西汉和东汉前期。尤其是西汉阶段的汉匈之战，决定了汉族和匈奴两大民族命运的基本走向。

一、西汉开国皇帝和皇后受辱与忍耐

西汉从统一国家开始，就一直受到匈奴的严重军事威胁。甚至连开国皇帝和皇后也蒙受奇耻大辱，直到汉武帝才开始报此血海深仇。

秦始皇的暴政和失误，造成秦末大乱。他刚死，就爆发农民大起义。陈胜、吴广首倡起义，刘邦、项羽等响应，也起义。起义军打倒秦朝，用了三年时间。

接着是刘邦与项羽争夺天下的楚汉战争，用了五年时间。

自秦二世元年（前209）至汉高祖五年（前202）的八年的战争，将中国三千年创造和积累的财富全部打光，人口从两千万减少至不到一千万，很可能只有五六百万。

汉高祖刘邦建立的汉朝，将长安（今陕西西安西北）立为京城，史称"西汉"。

西汉前期边患严重，威胁都来自北方强敌匈奴。刘邦刚当上皇帝也差一点当了俘虏。

秦汉之交，匈奴进入最强盛时期，前已介绍，单于冒顿统一了匈奴，并吞了东胡和周围众多的民族部落，在当时中国北部建立起一个庞大的匈奴帝国。匈奴人口大约有二百万，精锐部队有三十余万。

就这样，中国正式分裂成为两大政权对峙的形势，北有强胡，南有大汉。这个南北对峙的基本形势，伴随着中国历史的进程，直到清朝才达到最后的统一。

西方汉学家精辟分析匈奴对汉帝国的威胁是双重的：

1. 他们经常侵入汉朝边境，烧杀掳掠，无恶不作，对汉朝形成了巨大的威胁。

2. 在汉朝边境地区的中国人中间，特别是对那些地方首领，散布不和的政治影响，鼓励和接纳叛变的地方首领。在汉朝初期，投向匈奴的中国变节者包括韩王信、燕王卢绾（wǎn）、代郡太守陈豨（xī）等重要人物。在这个时期中国的亡命者中间流行着一句话："不北走胡，则南走越耳。"
（〔美〕费正清，〔英〕崔惟德总主编，〔英〕崔瑞德、鲁惟一编《剑桥中国秦汉史》，中国社会科学出版社，1992，第415页）

西汉异姓王勾结匈奴叛乱和入侵

公元前 200 年，刘邦战胜项羽、统一中国（古代的"中国"指以中原为中心的封建王朝）才两年，在秦汉之交进一步强盛起来的匈奴即大肆南下，攻至晋阳（今山西太原南）。

起先，西汉皇朝初建时，就派韩王信（战国韩襄王的后代，姓名为韩信，与作为汉军统帅的韩信姓名相同，汉初封为韩王）守护代郡，中心在马邑（今山西朔县，当时属雁门郡），匈奴重兵围攻马邑，韩王信抵敌不住，就投降了匈奴。韩王信成为第一个勾结匈奴反叛汉朝的异姓王。

说起韩王信的韩国，原来是战国七雄之一，后被秦国消灭。到了项梁反秦起义、拥立楚王的后代楚怀王的时候，燕国、齐国、赵国、魏国都早已复辟，自己立下了国王，只有韩没有立下后嗣，项梁就封原韩国诸公子中的横阳君韩成为韩王，想以此来占据、平定原韩国的土地。项梁在定陶战败而死，韩成投奔楚怀王。沛公刘邦带军队进攻阳城时，命张良以韩国司徒的身份降伏了韩国原有地盘，得到韩信，任命他为韩国将军，带领他的军队随从沛公进入武关。

韩襄王的庶出孙子韩信，身高八尺五寸。在刘邦封为汉王时，跟随刘邦到汉中。他向刘邦提出建议："项王封赏诸多将领，都是在中原近地得封，只有大王您单独居于这里偏僻遥远的地方，这是贬低您的功劳，故意损害您。您手下的士卒都是山东（崤山以东）人，他们都踮着脚尖，殷切希望回归家乡。如果您出兵向东，可以争天下。"刘邦赏识他的见解和战略眼光，进入关中后，许诺争得天下后，封他为韩王。

张良祖上五世相韩，秦灭韩国后，张良长年蓄谋为韩报仇。他投奔刘邦，成为汉王的第一谋士。刘邦分封为汉王，率众到汉中时，张良返回韩地，准备辅佐韩王成，企图让韩国成为汉军将来东进时的盟友。项羽识破张良这个企图，他以张良追随刘邦为由，为防止他策动赵国联合刘邦反楚，就借口韩王成因没跟随项羽征战，没有战功，不派他到封地去，改封他为列侯。项羽带他去彭城，废去王号，最后索性杀了他。

此年八月，刘邦打出汉中、还定三秦时，汉王派韩信攻取韩地，为了阻止汉军东进，项羽另封自己游历吴地时秦朝的吴令郑昌为韩王，立国于颍川郡一带，以抗拒汉军。汉高祖二年（前205），韩信平定了韩国的十几座城池。汉王到达河南，韩信在阳城猛攻韩王郑昌。

刘邦东出函谷关后，军队东进，拟往中原逐鹿，这个韩信就被任命为太尉，奉命率兵攻击项羽所封的韩王郑昌。韩信于阳城（今河南方城）包围和猛攻郑昌，郑昌被迫投降。韩信又略定韩地十余城，基本上占领了原来韩国的封地。汉高祖二年（前205）十一月，汉王刘邦封韩信为韩王。

韩王信继续率军随同刘邦一起攻打楚军。汉高祖三年六月，韩王信与汉将周苛同守荥阳，项羽攻破荥阳，俘获韩王信和周苛。御史大夫周苛城破不降，还豪气凛然地当面斥骂项羽说："你不赶快降汉，汉军很快就会俘虏你，你不是汉军的敌手。"结果被项王烹死。韩王信却伺机逃回，又投归汉王，汉王再次立他为韩王。他最后还随刘邦一起参与垓下之战，将项羽消灭。

战后，汉高祖五年（前202）春，汉高祖就和韩信剖符为信，正式封他为韩王，以颍川（今河南禹城）为都城，据有原韩国的故地。韩王信自感非常满足。

可是好景不长，汉高祖六年（前201）春，汉高祖提出，韩王信有武略，雄壮勇武，他的封地北近巩县、洛阳，南

汉高祖像

临宛县、叶县，东边则是重镇淮阳，这些都是屯驻强兵的兵家必争的战略要地，于是下诏，命令韩王信迁至太原以北，在晋阳（今山西太原）建都，在那里防御匈奴。

韩王信向皇帝上书说："我的封国紧靠边界，匈奴多次入侵，晋阳距离边境较远，请允许我建都马邑（今山西朔县）。"皇帝答应了，韩王信就把都城迁到马邑。韩王信美其名曰更有利于抗击匈奴，其实是他对迁国心怀不满，而且还疑惧刘邦故意让他抵挡强敌，造成他与匈奴两败俱伤的局面，甚或借刀杀人——借匈奴之手收拾自己，刘邦可以渔翁得利。他迁都马邑，目的是在危急时，可以方便逃入匈奴。

韩王信刚到任不久，匈奴便于此年秋天大肆南下，单于冒顿亲自督兵围攻马邑。交战非常激烈，韩王信感到可能顶不住，几次派出使者到匈奴要求和解。匈奴不理。汉朝得知马邑兵危，立即发兵救援。

汉军抵达马邑后，不久就侦知韩王信多次派遣使者去匈奴求和的情报，前线汉将怀疑韩王信背着朝廷与匈奴勾结，立即报告皇上。刘邦不懂暗中继续观察的策略，马上公开去信谴责："怕死不勇敢，活着又不称职。敌寇猛攻马邑，你的军力难道不足以坚守吗？在安危存亡的要地，我对你这两种表现不得不要谴责。"

韩王信接信后，感到朝廷在紧急危难关头对自己不信任，加上本来就心怀不满，现在更怕皇帝杀他的头，思想斗争了几番，决定投降匈奴，于是就和匈奴约定好共同攻打汉朝，起兵造反，把国都马邑拿出投降匈奴，并率军与匈奴骑兵一起合攻太原。汉高祖七年（前200），高祖决定亲自北征，在前线连战获胜，最后求胜心切，不顾主力滞后，自己带少数轻骑追击顽敌，结果被敌方重兵包围，陷入绝境，后得陈平秘计才解围而归。

此后，韩王信当上匈奴的将军，为匈奴人带兵往来在边境一带攻击汉军。他同赵利和王黄屡次违背汉朝与匈奴所订的盟约，侵扰掠夺代郡和云中郡。

过了不久，汉高祖十年（前197），汉朝将军陈豨（xī）谋反。

陈豨是宛朐人，不知当初是什么原因得以跟从高祖。汉高祖七年冬天，韩王信反叛，逃入匈奴，皇帝到平城而回，封陈豨为阳夏侯，又任命他为赵国相国，督统赵国、代国的边防部队，这一带戍卫边疆的军队统归他管辖。

陈豨在出任前，特地与淮阴侯韩信告别。淮阴侯韩信于前一年，即汉高祖六年（前201）被人告发，说他谋反。他被高祖捕获后，可能因证据不足，未予治罪，只是将他留在长安。韩信心里非常郁闷和恼火。他见陈豨来拜见、告别，

就握着他的手,屏退左右,一起在庭院中漫步,仰天叹气,说:
"与你可以说知心话吗? 我有话对你说。"陈豨恭敬地表态:
"唯将军之命是从。"韩信就与他密谋说:"你现在去的地方
是天下精兵所聚之处, 而你是陛下信任宠爱的臣子。有人
报告你谋反, 陛下一定不信;第二次报告, 陛下就要起疑
心了。第三次报告, 必定怒而亲自出征。我为你从国中响
应, 天下是可以谋取的。"

陈豨既与淮阴侯韩信定下里应外合的叛乱预谋, 到任
后就大力招募、蓄养死士, 蓄意积聚叛乱的力量。接着陈
豨出了一件事故:他休假回乡, 路过邯郸时, 随行宾客的
车辆超过千乘, 多得邯郸官舍无法安置。而陈豨对待宾客
用的是平民百姓之间的交往礼节, 而且总是谦卑恭敬, 屈
己待人。陈豨回到代国, 赵国相国周昌就请求进京朝见。
见到皇帝之后, 赵相周昌上不仅报告、弹劾陈豨僭越规定
的礼仪, 还把陈豨宾客众多、在外独掌兵权好几年、恐怕
会有变故等事全盘说出。高祖获报, 下令调查陈豨宾客在
财物等方面违法乱纪之事——如此多的车上, 载满了这么
多的宾客, 是何许人也? 陈豨看到朝廷要查他豢养的死士、
宾客, 其中不少事情牵连到自己, 惊恐不安, 只有加速叛
乱的计划。他暗中派宾客到王黄、曼丘臣处通消息。

汉高祖十年(前197)七月, 皇帝的父亲去世了, 皇帝派
人召陈豨进京, 但陈豨称自己病情严重, 拒不奉召。九月,
陈豨自立代王, 公开叛乱, 又和韩王信合谋, 与王黄等人
进攻赵、代两地。高祖率兵亲征, 命令淮阴侯韩信同去,
韩信称病不去。

高祖说："陈豨曾经给我做事，很有信用。代地我认为是很重要的地方，所以封陈豨为列侯，以相国的身份镇守代地，如今他竟然和王黄等人劫掠代地！但是代地的官吏和百姓并没有罪，全都赦免他们。"高祖就这样一律赦免了被陈豨所牵累而进行劫掠的赵、代官吏。高祖率领汉军进至邯郸，赵、代的官吏、百姓都支持朝廷。高祖到达邯郸后高兴地说："陈豨不在南面占据漳水，北面守住邯郸，由此可知他不会有所作为。"赵相国周昌上奏请求把常山的郡守、郡尉斩首，说："常山共有二十五座城池，陈豨反叛，失掉了其中二十座。"皇帝问："郡守、郡尉反叛了吗？"周昌回答说："没反叛。"高祖说："这是力量不足的缘故。"赦免了他们，同时还恢复了他们的守尉职务。

高祖问周昌说："赵国还有能带兵打仗的壮士吗？"周昌回答说："还有四个人。"然后让这四个人拜见皇帝，皇帝一见便破口大骂道："你们这些小子也能带兵打仗吗？"四人惭愧地伏在地上。但皇帝还是各封给他们一千户的食邑，任命为将。左右近臣谏劝道："有不少人跟随您进入蜀郡、汉中，其后又征伐西楚，有功却未得到普遍封赏，现在这几个人有什么功劳而予以封赏？"皇帝说："这就不是你们所能了解的了！陈豨反叛，邯郸以北都被他所占领，我用紧急文告来征集各地军队，但至今仍未有人到达，现在可用的就只有邯郸一处的军队而已。我何必要吝惜封给四个人的四千户，不用它们来抚慰赵地的年轻人呢！"左右近臣都说："对。"于是高祖又问："陈豨的将领都有谁？"左右回答说："有王黄、曼丘臣，以前都是商人。"皇帝说："我知道了。"于是各悬赏千金来求购王黄、曼丘臣等的人头。

汉高祖十一年（前196）一月，吕后获悉韩信与陈豨联合谋反、并正在动作的确切情况，就与丞相萧何商议，命人假装从前线回京，报告陈豨兵败身死，令群臣上朝祝贺。萧何到韩信府中，劝说韩信带病上朝，韩信进宫即被擒获，吕后命令立即将韩信于长乐宫悬钟之室斩首。

汉高祖十一年春，前韩王信与匈奴骑兵联合南下，攻下参合（今山西阳高），高祖命令将军柴武率军迎击。柴武先礼后兵，他修书一封，派人送给韩王信，晓以大义，敦劝他反正归汉，信中说："皇帝陛下宽厚仁爱，诸侯叛变逃亡的，只要复归，不仅不杀，还都恢复原来的爵位名号。大王您是熟悉这个情况的。你当时因兵败而逃亡到匈奴，并没有大罪，赶快自己回来归顺！"韩王信回信说："皇上当初将我从民间提拔为韩王，这是我万分的幸运啊。但是荥阳城破，我没有死于节气，被项羽俘虏，这是第一个罪案。等到敌寇进攻马邑，我不能坚守，还献城投敌，这是第二个罪案。现在反为敌寇带兵，与将军争战，拼搏旦夕之间的性命，这是第三件罪案。过去文种、范蠡，并无一罪，但在功成名就之后身死命丧；现在我对皇帝犯有三罪，还要求活于世，这就是伍子胥愤恨被吴国所杀的原因啊。我现今藏匿于荒山野岭之间，早晚都全靠向蛮夷乞讨而活命，我是多么想归国还乡啊，就像瘫痪的人不忘直立行走、盲人不忘睁眼看世一样，但是势必不可能了。"韩王信在信中坦率表示了自己后悔于投敌，对背叛汉朝和高祖心怀内疚，也不回避自己对故土的强烈思念。可是他不敢反正回国，怕与韩信、彭越获得一样的被诛下场。

柴武见信，感到已经仁至义尽，韩王信既然不肯反正，就进兵并攻下参合。两军激战中，韩王信在汉军的刀枪下一命呜呼。

韩王信投靠匈奴的时候，带着自己的太子同行，等到了颓当城，韩王信生了一个儿子，因而就地取名叫颓当。后来韩太子也生下一个儿子，取名为婴。韩王信被杀三十年后，孝文帝十四年（前166），韩颓当和韩婴率领部下投归汉朝。汉朝封韩颓当为弓高侯，韩婴为襄城侯。在平定吴楚七国之乱时，弓高侯的军功超过其他将领。爵位传到孙子，因他的孙子无子，侯爵被取消。韩婴的孙子因犯有不敬之罪，侯爵被取消。

韩颓当庶出的孙子韩嫣，地位尊贵，很受汉武帝的宠爱，名声和富贵都荣显于当世。他的弟弟韩说，再度被封侯，并多次受命为将军，最后封为案道侯。儿子继承侯爵，一年多之后因犯法被处死。又过一年多，韩说的孙子韩曾被封为龙额侯，继承了韩说的爵位。

高祖十一年（前196）冬天，汉军在曲逆城下攻击并斩杀了陈豨的大将侯敞、王黄，又在聊城把陈豨的大将张春打得大败，斩首一万多人。太尉周勃进军平定了太原和代郡。

十二月，皇帝亲自率军攻打东垣，但未能攻克，叛军士卒辱骂皇帝；不久东垣投降，凡是骂皇帝的士卒一律被斩首，其他没骂的士卒则处以黥刑，在额头上刺字。东垣改名为真定。王黄、曼丘臣的部下所有被悬赏征求的，一律都被活捉，因此陈豨的军队也就彻底溃败了。

高祖到达洛阳。皇帝说："代郡地处常山的北面，赵国却从山南来控制它，太遥远了。"于是就封儿子刘垣为代王，以中都为国都，代郡、雁门都隶属代国。

高祖派遣樊哙（kuài）另外带兵前去阻击陈豨，重新攻占了代郡、雁门和云中等郡县，平定了陈豨的叛乱。高祖十二年（前195）冬天，樊哙的士卒追到灵丘，在当城把陈豨斩首。但汉军始终却没有越过边塞。

韩王信被消灭的次年（前195），汉高祖刘邦去世后，卢绾率部逃亡匈奴。

卢绾（前256或前247—前193），泗水郡丰邑（今江苏丰县西北）人。他与刘邦是同乡，父辈即有友谊，两人同日而生，同时入学念书为同学。两人自小亲密无间，形影不离。秦时，刘邦犯法，东逃西窜，卢绾还是形影不离，悉心卫护，直到刘邦渡过难关。刘邦从沛县起兵后，卢绾以宾客的身份相随，自始至终积极参与、追随。刘邦为汉王，就任命他为将军，总是陪伴在高祖身边，率兵做警卫。楚汉战争中，卢绾升为太尉，还是与高祖不离左右，可以在高祖的卧室内进进出出，衣被饮食方面的赏赐丰厚无比，其他大臣没人能企及，就是萧何、曹参等人，也只是因事功而受到礼遇，至于说到亲近宠幸，没人能赶得上卢绾。战后，封为长安侯，封地即秦朝京师咸阳。

卢绾战功卓著，西汉统一天下后，继续立下战功。先是独力率军，与刘贾一起平定临江王共尉的叛乱。七月凯旋，后又随高祖攻打燕王臧荼，臧荼投降。高祖平定天下之后，在诸侯中不是刘姓而被封王的共有七个人。高祖想封卢绾为王，但又害怕群臣怨恨不满。等到俘虏臧荼之后，就下诏封将相们为列侯，在群臣中挑选有功的人封为燕王。文武群臣都知道皇帝想封卢绾为王，就一齐上言道："太尉长安侯卢绾经常跟随皇帝平定天下，功劳最多，可以封为燕王。"皇帝下诏批准了此项建议。汉高祖五年八月，就立卢绾为燕王，所有诸侯王受到的皇帝宠幸都比不上燕王。卢绾功成名就，位极人臣，驻守东北边陲。

汉高祖十一年（前196）九月，代相陈豨篡夺代国反叛，联合匈奴和韩王信，进攻汉朝。高祖带兵亲征，于邯郸驻军，指挥剿灭陈豨的战役。卢绾也奉命率军前来合围陈豨，攻打他的东北部。

卢绾派遣部下张胜出使匈奴，告知匈奴单于，陈豨必定兵败被擒，劝说匈奴不要与陈豨联合，与汉朝结怨。此时恰巧陈豨派来求援的王黄也到达匈奴。张胜遇到流落在匈奴的故燕王臧荼之子臧衍。臧衍蛊惑张胜说："您所以能受到燕王的重视，是因为熟悉匈奴的事务。燕国之所以能够长久存在，是因为诸侯接连谋反，战争连续不断。现在您为燕国出力，急着要消灭陈豨等人，等到陈豨等人都被消灭干净，就要轮到燕国了，你们就要当俘虏了啊！你为什么不让燕王给陈豨以缓冲之势，而与匈奴和好？如果形势宽松，可以长当燕王；即使汉朝急攻，也可以获得燕国的安全。"臧衍这番巧舌如簧的似是而非之论，竟然打动了张胜，这个张胜对臧衍这一套纵敌自重的话，感到非常有理。他就擅自建议匈奴骑兵袭击燕军，试图造成匈奴与燕国关系紧张的假象。

卢绾不知张胜的计谋，他以为张胜已经投降匈奴，反叛自己和朝廷。他就上书给皇帝，请求族灭张胜的家族。可是不久，张胜竟然回来了，他将臧衍妖言惑众的话，转述给卢绾，没有政治头脑的卢绾竟然也认为有理。他就将别人作为替身，冒称张胜的家属而杀戮，作为向高祖复命，暗中则让张胜的家属逃至匈奴，充当间谍。他立即命令亲信范齐秘密潜往陈豨处，密谋共同反叛，联手对付汉朝，使战争连年不断。没有想到，陈豨很快被剿灭。

汉高祖十二年（前195），东征黥布，陈豨经常率军在代地驻扎，高祖派遣樊哙攻打陈豨并将其斩杀。纸终究包不住火，陈豨被平定之后，一个投诚汉朝的陈豨裨将，密告卢绾派范齐与陈豨勾结反汉的阴谋，高祖感到大出意料，大怒，立即派使者征召卢绾来京。卢绾知道大事不好，不敢回京，就称病未行。高祖就派出重臣——辟阳后审食其（yì jī）、御史大夫赵尧同往燕国，迎接燕王卢绾回京，并向燕王的部下臣子查验卢绾勾结匈奴与陈豨的实情。

卢绾面对朝廷派来的高级使者，更加害怕，不敢相见，却召集近臣，说："现在非刘氏的异姓王，只有我和长沙王吴芮两个了。去年春，朝廷族灭淮阴侯韩信，夏天又杀了彭越，都是吕后的计谋。现在皇上病重，朝政由吕后掌权，吕后这个女人，专门图谋诛杀异姓王和大功臣。"于是他继续称病，拒绝应诏回京。

卢绾周围的燕国近臣，眼见这个险恶形势，为自保而纷纷逃离。有些人逃到长安，将卢绾反叛的阴谋进一步败露，同时审食其在燕国也收集到不少信息，并上报高祖。

不久，又有投降汉朝的匈奴人揭发了张胜在匈奴的行径。

在这样的情况下，高祖命令樊哙出兵讨伐。卢绾此时后悔莫及，他顾念与刘邦的终身情谊和汉朝的威力，不敢应战，就带着家属、宾客和骑兵数千，撤退到长城脚下避战。他此时还想等到高祖病愈后，自往长安请罪，希望得到宽免罪责。

可是，汉高祖十二年（前195）四月，卢绾得到了高祖去世的噩耗，他感到如果此时或以后再回长安，必被吕后诛杀，只好带领部众逃到匈奴"避难"。

卢绾在匈奴被封为东胡卢王，却终日闷闷不乐，一直想找机会回汉朝赎罪。一年多后，卢绾郁郁而死。

吕后八年（前180），卢绾的妻子竟然寻到机会潜逃回长安，那时吕后已经重病将死，无法会见她，就让她依旧住宿在长安的燕王旧邸中，等候自己病愈后，再置酒欢迎她回归，与她相见。可是吕后不久亡故，又不久，已风烛残年的卢绾的妻子也病故了。

卢绾的子孙则流落匈奴，无法回来。直到景帝中元六年（前144），在卢绾叛逃五十一年之后，他的孙子、身为匈奴的东胡王降汉，景帝封他为亚谷侯。卢绾的子孙总算有人返回故国，重新做人。但他的其他子孙依然流落番邦，将永久心怀遗恨。

西汉开国皇帝汉高祖刘邦狼狈被围

再说当时韩王信投降匈奴时，匈奴得寸进尺，索性长驱直入，向南越过了句注山，南下攻太原，兵锋直至晋阳城下。

于是高祖七年（前200）冬天，高皇帝亲自率军三十二万离开长安，北上前线亲征，讨伐韩王信。

汉军到达铜鞮（今山西沁水南），与韩王信初战即大获全胜，斩杀韩将王喜。韩王信狼狈逃入匈奴境地。

韩王信逃走后，他的部将曼丘臣、王黄，立赵国的旧贵族赵利为王，收集韩王信留下的残部，继续盘踞韩王信原来的封地，维持着"韩国"。他们还与韩王信、匈奴单于谋划，三方联合进攻汉朝。

于是匈奴派出左右贤王率领万余骑兵，与王黄等叛军屯驻广武（今山西代县西南），伺机南下，攻击晋阳。汉军与之大战，将他们打得大败。

汉军乘胜追至离石（今属山西），再战，再胜。

匈奴又聚兵楼烦（今山西宁武），准备南下，汉军迎战。汉军的战车部队和骑兵把他们打败，又胜。

汉军三战皆胜，士气旺盛。匈奴常败退逃跑，汉军乘胜追击败兵，又获悉冒顿单于驻军代谷的消息，汉高祖当时在晋阳，就派出侦查人员作为使臣进入匈奴了解敌情。

匈奴把他们强壮能战的士兵和肥牛壮马都隐藏起来，只显露出年老弱小的士兵和瘦弱的牲畜。所以派去的使臣十余批回来，都说匈奴可以攻击。皇帝派刘敬再去出使匈奴。

刘敬是齐国人，原姓娄。汉高祖五年（前202），娄敬到陇西戍守边塞，路过洛阳，当时高祖刚平定天下，正住在洛阳，并准备在此建都。娄敬进城后就摘下拉车子用的那块横木，穿着羊皮袄，去见齐人虞将军说："我希望见到皇帝，与他谈谈有关国家的大事。"虞将军要给他一件鲜洁的好衣服换上，娄敬说："我穿着丝绸衣服来，就穿着丝绸衣服去拜见；穿着粗布短衣来，就穿着粗布短衣去拜见：我是决不会换衣服的。"于是虞将军进宫把娄敬的请求报告给皇帝。皇帝召娄敬进宫来见，并赐给他饭吃。娄敬给刘邦分析西周至秦朝的历史和政治、经济、军事形势，说服刘邦在长安建都。刘邦感谢娄敬的这个高明建议，赐娄敬改姓刘，授给他郎中官职，称号叫奉春君。

刘敬这次出使匈奴回来报告说："两国交兵，这时该炫耀显示自己的长处才是。现在我去那里，只看到瘦弱的牲畜和老弱的士兵，这一定是故意显露自己的短处，而埋伏奇兵来争取胜利。我以为匈奴是不能攻打的。"这时汉朝军队已经越过了句注山，二十万大军已经出征。皇帝听了刘敬的话非常恼怒，斥骂刘敬道："齐国混蛋！凭着能说会道得官做，现在竟敢胡言乱语，阻止我的大军进攻。"就把刘敬用镣铐拘禁起来关押在广武县。

高祖率军前往，到平城（今山西大同东）前线，正巧大寒雨雪，士卒冻掉手指的竟有二三成之多。匈奴首领冒顿佯败而逃，诱汉军深入。

汉兵追击冒顿，冒顿隐藏他的精兵，汉兵看到的都是匈奴的老弱病残之兵，于是放心追赶。

汉兵多是步兵，全军极力北追，高祖率少数轻骑先到平城，大批步兵来不及赶到，冒顿立即纵使精兵四十万包围高祖。匈奴四十万军队团团围住刘邦达七日之久，包围圈内外的汉兵互相不能救助，也无法送粮食给包围圈内的皇帝和官兵。

匈奴的骑兵，用五行列阵：西方全是白马，东方全是青龙马，北方全是黑马，南方都是赤色马，将刘邦团团围住，像铁桶一般坚固。

眼看刘邦不能脱险，要被匈奴活捉或饿死，陈平妙出奇计，才让刘邦突围而出。

当时天降大雾，汉朝派人在白登山和平城之间往来，匈奴一点也没有察觉。护军中尉陈平对皇帝说："匈奴人都用长枪弓箭，请命令士兵们张开强弩朝外，搭两支利箭，慢慢地撤出包围。"撤进平城之后，汉朝的救兵也赶到了，匈奴的骑兵这才解围而去。汉朝也收兵而归。

陈平用了什么奇计，史书不肯透露，《汉书·陈平传》记载平城解围时，含含糊糊地说："利用单于的阏氏解围，包围的军队果然网开一面，高祖才得以逃出包围。陈平的计谋非常隐秘，世人都不得而知。"

后来唐代学者为《史记》《汉书》做注解时透露：当时单于冒顿的阏氏（yān zhī，匈奴单于的正妻）也随军前来。陈平的计策是暗派使者厚赐阏氏重礼，又挑拨说："刘邦被围，紧急万分，准备献美女给单于以求和。"阏氏怕刘邦送来的一群汉族美女包围和蛊惑单于，自己因此被淘汰、失宠，所以急劝单于给刘邦解围："两国的君主不应该互相围困，如今即使占领了汉地，单于也做不到永久占据它。况且汉朝君主有神灵保佑着，您要明察啊。"

恰巧冒顿原来约定韩王信的两个将领王黄和赵利来会师，可是他们竟然久久不来，冒顿怀疑他们与汉朝有同谋，所以就听取阏氏的劝说,将包围网略开一角。于是高皇帝命令军士都拉满弓弦,箭头向外,从这个放开的一角中一涌而出,与大军会合,冒顿也带兵撤走了。

唐代末年段安节所著《乐府杂录》,在叙述傀儡舞的来历时,介绍陈平的秘计说:

> 自古传说:"歌舞《傀儡子》起源于汉高祖在平城被冒顿四面包围时,其中一面是冒顿的妻子阏氏率领的军队,兵力要比另三面强。汉高祖的兵垒中,粮食已经断绝。陈平访知阏氏妒忌,就造了木偶人,看上去像年轻苗条的女子,装上机关,在城墙上的女墙(矮墙)上翩翩起舞。阏氏在城下望见,以为是活人,忧虑冒顿攻下此城后,必会纳下这批女子,于是就退军了。史家只说陈平用秘计获免,大约是鄙视他用的是此类下策罢了。"后来艺术家将这个歌舞翻制成舞台剧目。这部剧目中,演这个歌舞的艺人,头发已秃,善于幽默调笑,乡里称他为"郭郎",在戏场中,他必挂头牌。

因为历史缺乏记载,所以暂借这两个传说可以大致了解陈平妙计的奥秘。

高祖死里逃生,从平城突围回到广武县后,便赦免了刘敬,对他说:"我不听您的高见,因而在平城遭到围困。我已经把前面那十来批说匈奴可以攻打的使者都斩首了。"并赏赐刘敬食邑两千户,封为关内侯,号称建信侯。

刘邦此人对人处事从来光明正大。他在做错事后,都能诚恳承认、检讨和改正，从不文过饰非、诿过予人。

令人奇怪的是，匈奴南侵，为什么皇帝亲自出征，并冲在最前线？为什么这么多将军都不出阵呢？

这是因为军队中地位最高的韩信，不肯接受调度、上阵打仗。不仅抵御匈奴，即使国内叛乱，也都是作为皇帝的汉高祖刘邦亲自率兵前去镇压。

加之匈奴因为一些汉朝的将军前来投降，冒顿常常往来于代地，不断在汉地侵扰劫夺。于是汉朝对此感到忧虑，汉朝君臣自感经历多年恶战后初定天下，国力虚空，已无力抵挡匈奴的南下，而匈奴连年南侵，为害甚烈。那么怎么办呢？

汉高祖刘邦豁达大度，善于接纳、团结和使用人才，勇于纳谏，闻过能改，他感到刘敬每一次提出的建议和批评都很高明，就再次虚心向刘敬请教对策。刘敬就给刘邦出了一个首创性的建议。

刘敬说："汉朝天下刚刚平定，士兵们被战争闹得疲惫不堪，对匈奴是不能用武力制服的。冒顿杀了他的父亲自己做了单于，又把他父亲的众多姬妾夺为自己的妻子，他全凭武力树立威势，是不能用仁义道德说服的。只能够从长计议，谋划方法，让他的子孙后代臣服汉朝了。然而，又怕陛下不能办到。"

皇上说："果真可行的话，为什么不能办！只是该怎么办呢？"

刘敬回答说："陛下如果能把皇后生的大公主嫁给冒顿做妻子，再给他送上丰厚的礼物，他知道是汉帝皇后生的女儿嫁给自己，又送来丰厚的礼物，粗野的外族人一定爱慕而把大公主作阏氏，生下的儿子必定是太子，将来接替单于。为什么要这样办？因为匈奴贪图汉朝的丰厚财礼。陛下拿一年四季汉朝多余而匈奴少有的东西多次抚问赠送，顺便派能言善辩的人用礼节来劝告、开导、启发他。冒顿在位，当然就是汉朝的女婿；他死了，汉朝的外孙就是单于。哪曾听说外孙子敢同外祖父分庭抗礼的呢？军队可以不出战便使匈奴逐渐臣服了。如果陛下不能派大公主去，而让皇族女子或是嫔妃假冒公主，他也会知道，就不肯尊敬亲近她，那样就没什么好处了。"

高祖听后说："好的。"便要送大公主去匈奴。但他的唯一女儿鲁元公主早已嫁人，吕后得知后日夜啼哭，对皇帝说："我只有太子和一个女儿，怎么忍心把她抛到匈奴去！"由于皇后的坚决反对，不舍得女儿，皇帝终究不能派出大公主，便找了个皇族的远亲的女儿（另一种说法是"家人子"即宫女）或者皇亲的女儿（"宗室女"）以大公主的名义，嫁给冒顿单于做妻子。刘邦派遣刘敬前往匈奴，送公主前去和亲，并与匈奴订立议和联姻盟约。

刘敬从匈奴回来，便称说："匈奴在河南的白羊、楼烦两个部落，离长安最近的只有七百里路，轻装骑兵一天一夜就可到达关中地区。关中地区刚刚经过战争还很凋敝，人丁稀少，而土地肥沃，可以大大加以充实。当初各地诸侯起兵发难时，若不是有齐国的田氏各族以及楚国的昭、屈、景三大宗族参加是不能兴盛起来的。如今陛下虽然把都城建在关中，但实际上人口缺少。北边靠近匈奴敌寇，东边有六国的旧贵族，宗族势力很强，一旦有什么变故，陛下是不能高枕无忧的。我希望陛下把齐国的田氏各族，楚国的昭、屈、景三大宗族，燕、赵、韩、魏等国的后裔，以及豪门名家都迁移到关中居住。国内平安无事，可以防备匈奴；若所封诸侯王有什么变故，也足以能率领他们东进讨伐。这是加强中央权力而削弱地方势力的方略啊。"皇帝说："好得很。"于是派刘敬按照他自己提出的建议，把十余万的人口迁到了关中。

刘敬建议"和亲"之策，以缔结婚姻来换取和平。高祖只能接受此计，又送上大量礼物，包括棉絮、丝绸、酒、稻米和其他食物，相互结为兄弟，实行和亲政策，冒顿才稍许停止侵扰活动。和亲给满目疮痍、百废待举的汉朝赢来了喘息的时间。

刘敬这个首创性的建议，为中国封建王朝开创了一个外交上以弱对强的"和亲"政策，后世仿效者很多，成功的也很多，最著名的是唐太宗出嫁金城公主和文成公主，与吐蕃和亲，功效卓著。

可是和亲对西汉来说，不能带来持久和平，单于冒顿是个言而无信、滥用强权的凶恶之徒，匈奴依旧不断南下侵犯汉朝。

后来燕王卢绾又谋反，率领他的党羽一万（一说数千）人投降匈奴。

直到汉高祖的统治时期结束（汉高祖刘邦在公元前195年去世），匈奴在上谷以东往来进攻骚扰，给当地人造成的灾难从未停止。

汉高祖临终不忘“安得猛士兮守四方”

汉高祖十一年（前196）七月，淮南王黥布反叛，向东吞并了荆王刘贾的地盘，又北进渡过淮河，楚王刘交逃到薛国。高祖亲自率军前去讨伐，封皇子刘长为淮南王。

十二年（前195）十月，高祖在会甀（zhuì）击败黥布的军队，黥布逃走，高祖派别将继续追击。汉军在洮（táo）水南北分别进击黥布。全部打败了叛军，追到鄱阳抓获了黥布，把他斩了。

高祖自己率军回京途中，路过沛县时，停留下来。在沛宫置备酒席，把过去的朋友和父老子弟全都请来一起纵情畅饮。挑选沛中儿童一百二十人，教他们唱歌。酒喝得酣畅时，高祖自己击筑（zhù）做伴奏，自己作了一首诗，唱起来：

> 大风起兮云飞扬，（大风吹起来啊云彩飞扬，）
>
> 威加海内兮归故乡，（声威遍海内啊回归故乡，）
>
> 安得猛士兮守四方。（怎能得猛士啊守卫四方！）

刘邦命在场少年子弟和声合唱，他受到歌声的感染，慷慨伤怀（情绪激动而心中感伤），激动万分，忍不住离座起舞，不禁泪下数行。面对北方匈奴和南方、西南尚未归附的疆土，他不免忧心忡忡，醉后悲歌，吐露心声。此即为名扬千古的《大风歌》。

于是高祖对沛县父老兄弟说：“游子悲故乡（远游的赤子总是悲怆地思念着故乡）。我虽然建都关中，不能回乡安居，但是千秋万岁以后（将来死后），我的魂魄还是喜欢和思念故乡沛县。朕自沛公以诛暴逆，遂有天下。（而且我以沛公的身份起兵讨伐暴逆开始，终于取得天下。）我把沛县作为我的汤沐邑，免除沛县百姓的赋税徭役，世世代代不必纳税服役。"沛县的父老兄弟及同宗长辈妇女和亲戚朋友，天天开怀畅饮，尽情欢宴，叙旧道故，取笑作乐。过了十多天，高祖要离开了，沛县父老兄弟坚持挽留高祖。高祖说："我的随从人数太多，父兄们供养不起。"于是就走了。这天，沛县民众倾城出动，百姓都赶到城西来敬献牛、酒。高祖只得又停下来，搭起帐篷，欢饮三天才走。

高祖是临死那年出征英布叛乱的归途中与家乡父老诀别的，他情深意切的表现，深深感动了当年沛县全体乡亲，他们空县出动，礼送高祖，君民依依惜别。高祖打了胜仗，没有胜利者的喜悦，更没有自吹自擂地宣扬自己的盖世功勋，只是淡淡地说："朕自沛公以诛暴逆，遂有天下。"调子何其低，而且也仅是作为"游子悲故乡"，自己魂系梦绕地思恋故乡的背景而提及的。没有胜利者的狂喜和自诩，反而"慷慨伤怀，泣数行下"，因为胜利已属过去，面对群雄先后叛乱、北方强敌匈奴压境的局面，刘邦心中念兹在兹的还是国家和百姓的安危："安得猛士兮守四方！"

因此，在匈奴强敌的严重威胁面前，高祖离世时是死不瞑目的。

高祖虽然悲歌慷慨，满怀遗憾而死，但是这首诗意气高扬，胸襟开阔，历来受到史学家、文学家和美学家的极高评价。中国古代的权威美学著作《文心雕龙·时序》评汉高祖《大风歌》和《鸿鹄歌》两首为"天纵（天所放纵，即天所赋予）之英作"。明末清初的哲学家、史学家、美学家王夫之《古诗评选》卷一评汉高祖《大风歌》说："诗中富有神韵，自不必说了，更何况三句，有三层意思，不必继上承下，自然转折。每一句诗，都是一个比喻，又明白如话，脱然自致，毫无文人刻意作诗的痕迹，难道不是天授的好诗吗！"

皇后吕雉竟被屈辱求婚

果然，西汉初年发明的和亲政策曾在短期中有效地改善了汉与匈奴的关系，可是在刘邦死后不久，这位骄横得不可一世的匈奴单于冒顿于惠帝三年（前192），就又要欺凌汉朝了。这次他竟然异想天开地要与"丈母"吕后和亲，还写来"情书"一封，差点引发新的战争。

冒顿派使者送来的国书说："我是孤单的不能自立的国君，出生于水草茂盛的地方，成长于一川平野、牛马奔跑的地域。多次到达边境，非常向往到中国游玩。陛下孤单单得一个人凄凉地独居皇宫。我们两个君主都很不快乐，没有什么可以开心消遣的。我愿意咱们两个各以所有，互相交换。"

匈奴自始至终没有文字，所以这封信和以后历代的来往公文信件都是用汉语写的。

这位单于想入主中国，竟自称孤单，要与丧夫寡居的吕后在男女间"互通有无"，即结亲、和亲，他也可乘机并吞中国，人地两得，岂非两全其美？且又讲得极为露骨和粗俗。

高后看了来书大怒，召丞相陈平和将军樊哙、季布等商议，斩其使者，发兵攻打。

樊哙说："给我十万兵，我可以横行匈奴！"

高后问季布，季布说："樊哙胡说八道，可以斩首！以前陈豨在代州谋反，汉兵出动了三十二万，樊哙作为上将军指挥，当时匈奴在平城包围高祖，樊哙不能解围。天下传播的歌谣说：'汉军在平城之下也的确苦恼啊，七天没有饭食吃，饿得拉不开弓弩。'如今歌谣之声尚未断绝，受伤者刚养好伤、才能起床，而樊哙竟要摇动天下，妄言有十万兵就可横行匈奴，是当面欺瞒陛下。而且夷狄的习性像禽兽一样，得到它的美言不足喜欢，听到它的恶言也不足生气，不必去理会它。"

诸位将军说："凭着高祖的贤明和英武，尚且在平城被围困，陛下切不可轻举妄动。"

吕后只好命令负责外交礼宾的官员张泽写回信说："单于不忘鄙国，惠赐书信，鄙国恐惧。我在闲退的日子暗自考虑，我已经年老气衰，头发和牙齿都已掉落，走路也摇摇晃晃、步子不稳了。单于听人家说得我太好了，我年老气衰，自己也感到自惭形秽了。鄙国没有得罪你们，请勿进攻。我奉上御车二乘，马二驷（sì，四匹马拉的马车二辆），请您接受、享用。"

吕太后盛怒之下，本想出兵给以惩罚，报复出气，可是想想打不过人家，只好恳求对方，婉拒单于的求婚，还恭敬送上礼物给他。本是骄妄刚愎的太后，苦于国无实力，只能卑辞求和，正是"弱国无外交"啊！

冒顿得到回信，又派使者来道歉说："我从不了解中国的礼义，陛下幸而宽恕我。"因此也回赠马匹，双方也还是奉行"和亲"政策。

通过对这件事情的处理，我们不难发现，吕太后是一个成熟的政治家，是高祖之后最适合的君主，她能不顾自己的大失面子，以国家大局为重，具有深远的眼光和宽阔的气度。

当然，这位单于原本也是上了吕后的当，因为刘敬向刘邦建议将长公主嫁冒顿，吕后不肯，高祖九年（前198）就将人家年方十四五的豆蔻少女冒充长公主嫁过去。冒顿想刘邦的长女才这点年龄，她的母亲吕后现在最多也不过三十七八岁，还是徐娘半老、风韵犹存的风流年华。哪知她的芳龄已至半百（吕后生于前241年，刘邦逝世于前195年，此时她四十七岁，单于写信给她还要迟二三年），故而闹此笑话。在古代，不管男女，到了五十岁就是老年了，不少人已经白发苍苍、弯腰曲背、牙齿掉落了。

此事发生十年之后，高后五年（前183）九月，她命令河东、上党骑兵屯驻北地，防范匈奴。但还是防不住，高后七年（前181）冬十二月，匈奴侵犯狄道，掠走两千余人。

尽管匈奴不讲信誉，和亲之后还是侵略汉朝，但是汉朝没有力量反击，只能坚持和亲，求得暂时的和平。

在高祖之后，惠帝（前195—188年在位）三年（前192）、文帝（前180—前157年在位）六年（前175）、景帝（前156—前141年在位）元年（前156）和五年（前152），西汉都遣送公主和亲。自高祖至武帝初（前141），共四十四年中，汉朝与匈奴的和亲共有九次之多。

文帝时，匈奴更强大，当时冒顿已死，老上单于初立，文帝派遣宗室（皇帝远亲）的女子，冒充公主嫁给老上，老上依旧连年入侵边境，侵扰不已。汉武帝战胜匈奴前后，和昭帝、宣帝时代，匈奴依旧或南侵或和亲，直至元帝时，呼韩邪单于来访汉朝，又要求和亲，汉元帝以后宫良家子王嫱字昭君，赐单于，这便是千古闻名的昭君出塞。

二、文景之治和周亚夫屯军细柳

吕后死后，刘恒（前202—前157）继位，为汉文帝（前180—前157年在位）。

自公元前202年高祖平定天下至文帝即位，汉朝治理天下才二十二年，经济依旧极度困难，内忧外患依旧十分严重，形势依旧非常严峻。

文帝青年继位（此时虚龄才二十三岁，去世时也不过四十六岁，执政二十三年），励精图治，是历史上少有的英明俭朴的皇帝。文帝在位二十三年，宫室、花园、车骑、服饰，都毫无增添。有什么不便于百姓的法律、政策和制度，就废除以利民。他曾经想建造一个露台，请工匠计算造价，要一百金。文帝说："一百金，是中等人家十家的家产了。我继承先帝留下的宫室尚且感到羞愧，怎么可以造这个露台呢！"他自己所穿的黑色粗丝的衣服，他所宠爱的慎夫人穿的衣服，都没有拖到地上，为的是节约衣料；宫中使用的帷幕、帐

汉文帝像

帝，都不绣花样图案，以表示崇尚简朴，作为天下的榜样。他的陵墓都用瓦器，不准用金银铜锡作为装饰，靠山而建，不起高大的坟墓。

他忠实执行汉高祖刘邦创导、惠帝和吕后时期继续推行的轻徭薄赋、与民休息的国策，一心用道德教化百姓，所以终其一世，海内安宁，家给人足，后世很少能够及得上。

西汉在英明的汉高祖之后，惠帝、吕后都能继承国策，大治天下，接着文帝更能将处于艰难的国家，以艰苦卓绝的努力，继续顺利推向安定。他的儿子景帝依然继承励精图治的传统和与民休息的国策。

经过文景两代四十年（前180—前141）极为艰难的努力，汉朝的国力大幅度增强，史学家对之评价极高，称之为"文景之治"。彪炳史册的"文景之治"是通过极为艰难的努力才达到的，这个"极为艰难"即包括了要对付匈奴的严重威胁和大肆入侵。

文帝一朝始终受到匈奴的严重威胁

文帝刚继位，面临强大的气势汹汹的匈奴，只能继续推行和亲之策。

文帝时期，冒顿将月支人赶出河西走廊，已进军并占领西域，完成对汉朝北方、西北两面的包围。

文帝前元三至四年（前177—前176），匈奴打败游牧于敦煌、祁连之间的月氏（zhī）（也作"月支"）国，月氏西迁至塞族故地（今新疆西部伊犁河流域以及以西一带）。西迁的月氏人，称大月氏，少数没有西迁的人入南山（今祁连山），与羌人杂居，称小月氏。

文帝前元三年（前177）五月，匈奴右贤王进入河南（黄河的河套南岸）地方居住，侵扰掠夺上郡的边塞小城的蛮夷（文化落后的少数民族），屠杀抢掠人民。于是文帝下令让丞相灌婴出动八万五千战车和骑兵，前往高奴，攻打右贤王。右贤王逃跑到塞外。汉文帝亲到太原，这时济北王刘兴居（汉高祖长庶男刘肥之子）造反，文帝就回到京城，解散了丞相带去打匈奴的军队。

第二年（前176），匈奴单于送给汉朝一封信说："上天所立的匈奴大单于恭敬地问候皇帝平安，前些时候，皇帝说过和亲的事，和来信说的意思相合，双方都高兴。汉朝边境的官吏侵扰和侮辱右贤王，右贤王没有请示单于，却听信了后义卢侯难氏等人的计谋，同汉朝官吏相抗拒，断绝了匈奴与汉朝皇帝缔结的条约，离间了汉与匈奴的兄弟般的亲密关系。皇帝第二次送来责备匈奴的书信，我们派出使者送信报告情况，结果使者被汉朝扣留未归，而汉朝的使者也不再来匈奴，汉朝因为这个原因不同我们和解，我们邻国也不能归附。如今因为小官吏破坏了和约的缘故，我惩罚右贤王，派他到西边去寻找和攻击月氏。依靠上天给予的福佑，官吏和士卒都很精良，战马强壮有力，所以能平定月氏，把反抗不服的斩尽杀绝，并将伏了一般百姓。平定了楼兰、乌孙、呼揭和他们旁边的二十六个国家，全部并入了匈奴。所有善于弯弓射箭的民族，合并成为匈奴一家了。北方已经安定，我们愿意停战，休养兵卒，喂养马匹，消除从前令人不快的事情，恢复旧有的条约，以使边疆百姓得到安宁，顺应匈奴与汉人从古以来的和善关系，使少年人能够成长起来，老年人能够平安地生活，世世代代和平安乐。我们尚不知皇帝的心意，所以派郎中（官名）系雩（yú）浅呈送书信请示皇上，并献上骆驼一峰、战马二匹、驾车之马八匹。皇帝如果不希望匈奴靠近汉朝的边塞，那么我就诏告官吏百姓居住到远离汉朝边塞的地方。使者到达后，请即刻让他回来。"这封书信以这样威胁性很强的语气，逼迫汉朝就范。

　　六月中旬，匈奴使者来到薪望这地方。书信送到后，汉朝就商议攻打与和亲两种政策哪种更有利。公卿们都说："单于刚打败月氏，正处在胜利的有利时机，不能攻打他，况且得到匈奴的土地，都是低洼盐碱的劣地，不能居住。和亲还是很有利。"汉朝便答应了匈奴的请求。

　　于是在文帝前元六年（前174），汉朝送给匈奴的回信说：

"皇帝敬问匈奴大单于平安，您派郎中系雩浅送给我的信中说：'右贤王没请示单于，听信了义卢侯难氏等的计谋，断绝了匈奴和汉朝国君的和约，离间了兄弟般的亲密关系，汉朝因此不肯与我们和解，邻国也不能为附。如今因为小官吏破坏了和约，所以罚右贤王到西边去攻打月氏，完全平定了他们。愿意停战，休养士卒，喂养马匹，消除从前令人不快的事情，恢复旧有的和约，以使边民得到安宁，使少年人能够成长起来，老年人能够安定地生活，世世代代和平安乐。'我很赞赏这一想法，这是古代圣明君主的心意啊。汉朝和匈奴缔结和约，结为兄弟，赠送给匈奴的物品非常丰厚。违背和约、离间兄弟般亲密关系的却经常是在匈奴一方。但是右贤王的事已发生在大赦之前，单于请不要深加责罚。单于的行动如果能同来信中所表示的相符合，明确告知各位官吏，命他们不要违背和约，要守信用，我将谨慎地按照单于信中的请求处理各事。使者说单于亲自率军讨伐别的国家而有功劳，却甚为战争而苦恼。今有皇帝穿戴的绣袷（jiá）绮衣（用绣花的丝织品做衣面，用织花丝绸做衣里的夹上衣）、绣袷长襦（rú，用绣花丝品做衣面的长夹袄）、锦袷袍（用彩色丝织品做衣面的夹袍）各一件，金制的似梳的发饰一个，黄金装饰的衣带一件，黄金带钩一件，绣花绸十匹，锦缎三十匹，赤绨（tí，红色的厚而光滑的丝织品）和绿缯（zēng，丝织品）各四十匹，派中大夫（官名）意、谒者（负责外交礼仪的官吏）令肩赠送单于。"

不久，冒顿在掌权三十七年（秦二世元年至汉文帝前元六年，即前209—前174年在位）之后去世，他的儿子稽粥继位，称老上单于（文帝前元六年至后元三年，即前174—前161年在位；一说至文帝后元四年即前160年死，今从《资治通鉴》）。

老上单于刚刚继位，文帝马上又派遣皇族之女去做单于的阏氏，派宦官、燕国人中行（háng，按："中行"是复姓）说（yuè，通"悦"）辅佐公主。中行说不愿去，汉朝强派他。他说："一定要我去，我将成为汉朝的祸患。"中行说到达后，就投降了单于，单于特别宠信和厚待他。

最初，匈奴喜欢汉朝的缯（zēng，古代丝织品的总称）絮（粗丝）和食物，中行说说："匈奴的人口总数，抵不上汉朝的一个郡，然而所以强大的原因，就在于衣食与汉人不同，不必依赖汉朝。如今单于若改变原有风俗而喜欢汉朝的衣物食品，汉朝给的东西不超过它的总数的十分之二，那么匈奴就会完全归属于汉朝了。希望把从汉朝得到的缯絮做成衣裤，穿上它在杂草棘丛中骑马奔驰，让衣裤破裂损坏，以此显示汉朝的缯絮不如匈奴的旃（zhān，通'毡'）衣皮袄坚固完美。把从汉朝得来的食物都丢掉，以此显示它们不如匈奴的乳汁和乳制品方便鲜美。"于是中行说教会单于身边的官吏分条记事的方法，以便核算记录他们的人口和牲畜的数目。

汉朝送给单于的书信，写在一尺一寸的木札上，开头说"皇帝恭敬地问候匈奴大单于平安"，后面写上所送的物品和要说的话。中行说让单于用一尺二寸的木札写信给汉朝皇帝，并且把印章和封泥的尺寸都加长加宽加大，用这样的方法显示匈奴比汉朝要高一等，还用语气非常傲慢的自我介绍作为信件的开头："天地所生、日月所安置的匈奴大单于恭敬地问候汉朝皇帝平安。"后面也写上所送物品和要说的话语。

　　送信的汉朝使者不服气，与中行说展开了激烈的争辩。

　　汉朝使者中有人说："匈奴风俗轻视恶待老年人。"中行说诘难汉朝使者说："你们汉朝风俗，凡有当兵外出和戍守的人将要出发的，他们年老的父母难道有不省下暖和的衣物和美味的食品，送给他们吃穿的吗？"汉朝使者说："是的。"中行说说："匈奴人都明白战争是最重要的事，年老病弱的人不能作战，所以把那些美味佳肴给壮健的人吃喝，这也是为了保卫自己，这样，父亲儿子才能长久地相互保护，怎么可以说匈奴人轻视老年人呢？"

　　汉朝使者说："匈奴人父子竟然同在一个毡帐睡觉。父亲死后，儿子竟以后母做妻子。兄弟死后，活着的兄弟把死者的妻子都娶做自己的妻子。没有帽子和衣带等服饰，缺少朝廷礼节。"中行说说："匈奴的风俗，人人食用牲畜的肉，喝它们的乳汁，用它们的皮做衣服穿；牲畜吃草喝水，随着时序的推移而转换地点。所以他们在急迫之时，就人人练习骑马射箭，而在时势宽松的时候，人们都欢乐无事。他们受到的约束很少，容易做到。君臣关系简单，一个国家的政治事务，就像一个人的身体一样简单便易，父子和兄弟死了，活着的娶他们的妻子做自己的妻子，这是惧怕种族的消失。所以匈奴虽然伦常混乱，却一定要立本族的子孙。如今汉人虽然佯装正派，不娶他的父兄的妻子做老婆，可是亲属关系却越来越疏远，而且相互残杀，甚至竟改朝易姓，都是由于这类缘故造成的。况且礼义的弊端，使君王臣民之间，相互产生怨恨。而且极力修造宫室房屋，必然使民力耗尽。努力耕田采桑而求得衣食满足，修筑城郭来保卫自己，所以百姓在急迫时不去练习攻战本领，在宽松时却又被农桑劳作累垮了。唉！生活在土石房屋里的汉人啊，姑且不要多说话，喋喋不休，窃窃私语。戴上帽子，又有什么用呢？"

自此之后，汉朝使者有想辩论的，中行说就说："汉朝使者不要多说话，只要一心想着汉朝输送给匈奴的绸丝米酒，一定要做到数量足、质量好就行了，何必要说话呢！而且供给匈奴的东西一定要齐全美好，如果不齐全，粗劣，那么等到秋天庄稼成熟时，匈奴就要骑着马奔驰践踏你们成熟待收的庄稼。"中行说日夜教导单于等待和守候有利的进攻时机和地点。

中行说鼓吹匈奴人的生活合理，而汉族人的生活艰难，给予我们后世人以很大的启发。

匈奴人不事生产，平时悠闲，无所事事，所以他们一则养成偷懒的习性，悠闲——懒惰——无聊，成为恶性循环的三部曲；二则因无聊而去寻找刺激，故而被凶恶的单于一引导就做坏事，堕入高度刺激、爽快的杀人、劫掠的罪恶生涯。而其根本是缺乏以仁义、智慧为中心的儒道两家的文化的指导。这样的民族，虽然能一时得逞，凶横一世，最终会元气耗尽，逐渐衰落，被人打垮或消灭。不仅古代的游牧民族如此，近现代西方海盗国家也是如此。

汉族人辛勤劳动，农桑生产耗尽了精力，加上儒道两家文化已经深入血脉，形成了仁义、诚实、真挚、执着的基本民族品性。在强敌的攻击下，由于统治者的无德无能而造成国家衰败，所以经常落败，只要换上励精图治、才华足称的领导者，即可逐渐自强，最终战胜一切来犯之敌。文帝时期，中国正处于自强的过程中，虽然不能胜敌，但前人种树、后人乘凉，文帝明白自己的历史职责，全力发展生产，谨慎、刻苦地领导国家向富强的目标艰难跋涉，为后世的富国强兵做出艰巨的努力。

匈奴继续大肆扩张势力，一面继续压迫已迁往伊犁河谷的月氏人，一面不断攻击汉朝，汉文帝十一年（前169）和汉文帝十四年（前166），匈奴连续向汉朝发动了进攻。

文帝十四年（前166），匈奴单于率领十四万骑兵侵入朝那、萧关，杀死了北地都尉孙卬（áng），劫掠很多百姓和牲畜，接着到达彭阳，并出奇兵攻入并烧毁回中宫（在今陕西陇县西北）。匈奴侦察骑兵深入到雍州的甘泉宫（此后为汉武帝避暑之离宫），已经深入到长安近郊。于是汉文帝用中尉周舍、郎中令张武做将军，派出千辆兵车，十万骑兵，驻守在长安旁边防御匈奴的侵犯。同时又任命昌侯卢卿做上郡将军，宁侯魏遫（sù）做北地将军，隆虑侯周灶做陇西将军，东阳侯张相如做大将军，成侯董赤做前将军，派出大量兵车和骑兵去攻打匈奴。匈奴单于留在长城以内一个多月才离开，汉朝兵马追出长城外就返回，没能斩杀敌军。匈奴一天比一天骄横，每年都闯入边境内，杀害和掠夺许多百姓和牲畜，其中云中郡和辽东郡受害最严重，连同代郡，共有万余人被杀掠。汉朝忧虑此事，就派使者给匈奴送去一封信，单于也派遣当户来汉送回信，以表答谢之意，双方再次商量和亲之事。

文帝后元二年（前162），汉朝派使者给匈奴送信说："皇帝敬问匈奴大单于平安。你派当户且居雕渠难和郎中韩辽送给我两匹马，已经到达，我恭敬地接受。汉朝先帝（指汉高祖刘邦）规定：长城以北，是拉弓射箭人的国家，属于单于统辖。长城以内，是戴冠束带人的家室，我也要控制它。要让万民百姓种地、织布、射猎而获得衣食，使父子不相分离，君主和臣民相互安心，都没有暴虐和叛逆之事。如今我听说贪婪邪恶的刁民贪图劫夺掠取的利益，违背道义，断绝和约，忘却千万百姓的生命，离间两国君主的友谊，但这些都是以前的事情了。您的来信说：'两国已经和亲，两国君王都欢悦，停战、休养士卒，喂养马匹，世代昌盛和乐，安定和乐的局面重新开始。'我非常赞赏这种想法。圣明的人天天都能有新的进步，改正不足，重新做起，使老年人得到安养，年幼的人能够成长，各自保持生命，度过一生。我和单于都遵循这个道理，顺应天意，安抚百姓，世代相传，永远延续下去，天下之人莫不享受便利。汉朝与匈奴是势均力敌的邻国；匈奴地处北方，天气寒冷，肃杀的寒气来得早，所以我命令官吏每年都送给单于一定数量的秫（shú，黏高粱，用以酿酒）蘖（niè，新芽）、金帛、丝絮和其他物品。如今天下特别安宁，万民和乐，我和单于是他们的父母。我回想从前的事情，都是些微末小事，是谋臣失策所致，都不足以离间兄弟间的友情。我听说天不会只覆盖一方，大地也不会只承载一处，我和单于都要抛弃从前的细小误会，一起遵循正大的道理行事，消除从前的不快，谋取两国的长远利益，使两国人民如同一家的儿女。善良的千千万万的百姓，以及水中的鱼鳖，天上的飞鸟，地上爬行、喘息、蠕动的各种兽类和虫类，无不追寻安全有利的生活环境而躲避危险的。所以前来归顺的人都不阻止，这是天经地义的道理。往事一概不究：我解除逃往匈奴的汉人的罪责，单于也不要再提起逃往汉朝的章尼等人的事情。我听说古代帝王们订立条约，条款分明，从不背弃。希望单于留意盟约，天下定会特别安宁。和亲以后，汉朝不会首先负约。请单于明察此事。"

　　单于已经签署和亲盟约，于是汉文帝就命令御史说："匈奴大单于送给我的信中说，和亲已确定，逃亡的人不足以增加人口和扩大土地，今后匈奴人不再闯入长城，汉朝人也不要走出长城，违犯现今条约的就处死，这就可以长久保持亲近友好关系，今后不再产生祸患，对双方都有利，我已答应了他的要求。务向全国发布告示，让大家都知此事。"

　　《史记》详尽记录了汉朝皇帝和匈奴单于双方的书信，让后世看到真实、具体的历史面目。除《汉书》予以继承之外，可惜"二十四史"的以后史著，就很少有详细、具体的史实记录。这不仅使史著缺乏文学性，也没有起到历史著作的应有作用，成为枯燥乏味、粗枝大叶的一笔笔流水账。《史记》留下的这些信件的原稿，弥足珍贵，所以本书采录其全文，让当代读者领略其滋味。为了适应一般读者，本书用白话文。有兴趣阅读原文的读者，可以参看本书的姐妹作《汉匈四千年之战》(增订版)。

文帝后元三年（前161，《史记·匈奴列传》作"后四岁"，《汉书·匈奴传》作"后四年"，即四年后，孝文帝后元四年，前160），老上稽粥单于死，他的儿子军臣继位当了单于。军臣单于（文帝后三年至武帝元朔三年，即前161—前126年在位）即位后，孝文帝再次与匈奴和亲。而中行说仍然侍奉军臣单于。

军臣单于即位一年多后（此据《汉书·匈奴传上》"立岁余"，《史记·匈奴列传》作"立四年"，误），文帝后元六年（前158），匈奴又断绝了和亲关系，派三万骑大举袭击上郡（今内蒙古和山西北部），另一支三万骑兵攻击云中（在今内蒙古），杀死许多汉人，抢掠大量财物而离去。于是汉朝派出将军张武，驻军北地；以胡楚相苏意为将军，驻防代国的句注，以中大夫令勉为车骑将军驻防赵国的飞狐口，沿着边塞之地，也各派兵坚守，防备匈奴入侵。又安置周亚夫等三位将军——河内郡郡守周亚夫驻防长安西边的细柳，祝兹侯（表作松兹侯）驻防渭河北岸的棘门，宗正刘礼驻防霸上，以防御匈奴。匈奴骑兵侵入代地句注边界，报警的烽火便通向甘泉和长安。几个月后，汉朝兵马来到边境，匈奴也已远离长城，汉朝的军队也就撤回。

第二年文帝即去世。

可见，终文帝一世，匈奴一直威胁着汉朝的安全。文帝作为皇帝，也要穿上戎装，时刻准备在危急时亲自上阵。他征集六郡出身良家的人才，在上林练习骑马射箭，讲解和练习战阵的排布，聚集天下精兵，驻扎在广武。文帝已经完全明白和亲于事无补，他与顾问冯唐讨论征讨匈奴的将帅问题，思念古代名将，感叹当世缺乏能战胜匈奴的大将，君臣相对，气氛悲凉。文帝和众臣只能无可奈何地咬紧牙关，只求渡过目前难关而已。

实际上还不是单单缺乏人才的问题，而是经济、军事实力都不够啊！要彻底解决匈奴这个顽敌，必须有强大的经济和军事实力，才能彻底将它打垮。汉武帝的反击匈奴之战证实了这一点。

文帝缺乏打击匈奴的人才

但是反过来，只要缺乏人才，国力再强也打不过人家，而文帝时也的确缺乏将才，司马迁记载得很清楚，文帝使用的众将无法抵御匈奴的入侵，更无力出击歼敌。

文帝不是不想物色人才，他是找不到人才。以文的来说，例如贾谊（前200—前168），洛阳（今河南洛阳东）人。西汉著名文学家和政论家。他的《过秦论》是批判秦始皇暴政的千古名文。他向文帝所上的《陈政事疏》又称《治安策》，也是一篇被众多学者和读者视为才华杰出的政论文章。在此文中，他认为文帝未能把握大局，天下之事，可痛哭者三，流涕者二，长叹息者三。这些都是书生论政，危言耸听，皆不切实际。他所批评的事情，有的文帝已做得很好，有的因形势的限制，文帝心有余而力不足，是无法实行的。即如其中所谓流涕者二，全与匈奴有关：一是匈奴蛮横欺凌，而汉朝示弱，每年向匈奴奉献金帛，批评皇帝不肯大胆使用能医治国家弊病的人才。二是匈奴的所有人口只不过是汉朝的一个大县这么多，私下奇怪皇帝为何不将匈奴当成属国那样制服和指挥它。

贾谊不懂文帝一则汉朝初定天下不久，还是没有实力可以对抗匈奴；二则因天下困顿已久，只能让百姓休养生息，对付内忧外患，只能用怀柔之策，以仁义倡导天下之风；三则匈奴虽然多次背信弃义，但尚未达到摇动天下根本的程度，所以文帝总是告诫边臣毋开边衅，谨自守备，不许深入敌境。文帝的性格是极能沉得住气，即沉稳刚毅而有远谋，治国从不汲汲于一时，而能放眼长远，更能默默无闻、不求名声地做脚踏实地的努力，用全力于发展生产和培育民力，故能为西汉的百年大计打下切实的根基，为西汉的强大和彻底打垮匈奴而熬过了必须艰苦准备的韬晦阶段。

尽管文帝慑于功臣宿将的反对，没有重用贾谊；鉴于贾谊的上书，虽也看出一些当时弊病，但限于历史条件，是无法马上解决的，文中的一些建议不切实际，文帝无法施行他的谏议，他还是看重贾谊的爱国热情和潜在的政治才华，最初曾在一年之中将年刚二十出头的这位书生升至太中大夫，后又改任长沙王太傅，让他到南方，在寂寞和挫折中经受锻炼，可见文帝对他并不只是"不问苍生问鬼神"。

可是贾谊还是在郁郁中早逝，未尽其才，辜负了文帝培养他的苦心。贾谊虽本人命薄，未能在明君文帝时代人尽其才，但文帝的宽广胸怀则通过贾谊的遭遇更其彪炳史册。

以武的人才来说，文帝曾经看好李广的勇力，并感慨李广生不逢时，如果处在高祖刘邦打天下的时代，以李广的才华，"万户侯岂足道哉（封一个万户侯，不在话下）！"而实际情况是李广有勇无谋，每次打仗，都只凭勇气和骑射的才华蛮干，多次重大战役都无功而返。

备用的抗匈名将周亚夫的悲惨结局和原因

要说文帝帐下打击匈奴的大将，那么他还是有一个周亚夫这样的名将。

西汉文景时期的名将周亚夫（？—前143），沛县人，开国功臣绛侯周勃之子，封条侯。

他在未封侯时，任河内太守。传说当时有一位称为许负的老妪，是著名的相师，她为周亚夫相面说："您过三年将封侯。封侯八年后升任将相，掌握国家大权，身份地位贵重，于人臣无两（在臣子中地位最高，无人可比）。再过九年后，您要饿死。"

周亚夫笑着说："臣之兄长已代父为侯了，即使死了，他的长子当替代，亚夫怎么谈得上封侯呢？再者，既然我如你所言尊贵如此，又为什么说我要饿死呢？你给我解释一下。"许负指着他的嘴说："你的脸上有竖纹直入口中，这就是饿死的征象啊。"

过了三年，原来继承父亲的绛侯爵位的亚夫之兄周胜之，因有罪被处死，文帝欲选择周勃儿子中品行好的继承，大臣都推许亚夫，于是封亚夫为条侯，作为绛侯的继承人。

亚夫封侯八年后，果然成为掌握国家大权、大臣中位置最高的将相。

汉文帝后元六年（前158），匈奴大肆入侵边塞。文帝调动三支军队防备匈奴：任宗正刘礼为将军，驻军霸上；任祝兹侯徐厉为将军，驻军棘门；以河内郡太守周亚夫为将军，驻军细柳。

文帝亲自慰劳军队。他先后到霸上和棘门的军营，都可长驱直入，将军带领部属下马恭敬迎送。接着来到细柳驻军，军中将士都身披铠甲，手执兵器，张开弓弩，如临大敌。

天子的先行官到达营门，守营的官兵不准他进入。先行官说："天子马上就到！"守卫营门的都尉说："将军命令说：'军中只听将军的命令，不听皇帝的诏书。'"过了一会儿，文帝来到，还是不能进入军营。于是文帝就派使节持节诏令将军："我要想入军营劳军。"周亚夫才传令打开军营大门。守卫营门的军官对随从皇帝的乘车和骑马的侍卫说："将军规定，军中不得驱驰。"于是天子就让车骑缓缓前行。

来到军营之中，将军亚夫全副戎装，手持兵器行礼说："介胄（也作甲胄，穿戴着铠甲和头盔，意为正在执行紧急军务）之士不拜，请以军礼相见。"天子为之动容，严肃地受礼。并派人向亚夫称谢："皇帝敬劳将军。"劳军的仪式结束后离去。

既出军门，群臣皆惊。文帝说："哎呀，这才是真正的将军啊！方才霸上、棘门的军队，简直像儿戏罢了，完全可以偷袭并将这两个将军俘虏的。至于亚夫，能够侵犯他吗！"称赞了好久。

月余之后，三支军队都撤回了，周亚夫被任命为中尉，负责守卫和巡视京师的重任。

文帝临终前，告诫太子（后为景帝）说："如果发生紧急情况，周亚夫真可任将带兵。"

后来景帝逢吴楚之乱，形势危急，果然全靠太尉周亚夫善于用兵而剿平叛乱。五年之后，亚夫升任丞相。

　　但是周亚夫很不明智地硬要劝阻景帝更换太子，引起景帝的极度不满。又力阻王皇后之兄王信封侯，这不仅再度引起景帝的不满，而且开衅于窦太后和王皇后。

　　景帝废除栗太子，另立刘彘（zhì）为太子，周亚夫固守成规，坚决反对。这不仅得罪了皇帝和皇后，更严重的问题是，刘彘，七岁时因聪明过人，能透彻地明白事理，景帝将他改名为彻。老古话说："三岁见八十。"他就是后来的那位雄才大略的汉武帝。亚夫反对此事的愚蠢和后果之严重由此可见。

　　不久，匈奴王唯徐卢等五人投降汉朝。景帝想要封他们为侯以鼓励后来的人。丞相周亚夫反对说："那几个人背叛他们的君主投降陛下，陛下如果封他们为侯，那还怎么去责备不守节操的臣子呢？"景帝说："丞相的意见不能采用。"于是把唯徐卢等人全都封为列侯。周亚夫对此心里极度不满，因此称病退居在家中。景帝中元三年（前147），周亚夫因病被免去丞相职务。

　　又不久，景帝于皇宫中赏赐亚夫饮食，可是席上只放着一大块没有切开的肉，又不备筷子。亚夫心中不快，命主管者去取。景帝笑着对他说："这些不能满足您的需要吗？"亚夫向皇帝脱帽道歉，景帝起身，亚夫竟然趁机快步离开，不辞而别。景帝目送他离去说："这个遇事就心怀不平而郁郁不乐的人，不足以担当太子的顾命大臣啊！"

　　过了不久，条侯周亚夫的儿子从专做皇家用品的官署给父亲买了五百件殉葬用的盔甲盾牌。搬运的雇工做得非常辛苦劳累，可是竟然拿不到工钱。雇工们知道他偷买天子用的器物，一怒就上告周亚夫的儿子要反叛，事情自然牵连到条侯。雇工的上书呈报给景帝，景帝交给官吏查办。官吏根据文书上内容责问条侯，条侯拒不回答。景帝责骂他说："我再也不会任用你了，也不用你做什么回答了。"并下令把周亚夫送到廷尉那里去。廷尉责问说："你是想造反吗？"周亚夫说："我所买的器物都是殉葬用的，怎么说是要造反呢？"审问的官吏说："你纵使不在地上造反，也想要到地下去造反吧！"狱吏逼迫越来越加紧。起初，狱吏逮捕条侯的时候，条侯想自杀，被夫人制止了，因此没能死。接着就进了廷尉的监狱。周亚夫于是五天不吃饭，吐血而死。随后，他的封地也被撤除了。

周亚夫作为军事统帅，确实是难得的杰出人才。但为人缺乏忍耐和韧劲，鲠言直议，在政治上有时又缺乏识见和处置人事、国事的才华，缺乏为相的气度。苏轼有言，无辜受辱，也要忍耐。皇帝立储（确立继承君位的太子）之事，他本无必要卷入；重用外戚，也是劝阻而无效果，只有得罪皇帝和皇后家的不良后果。至于反对封匈奴降者一事，更是缺乏政治识见。最后竟受自己的儿子连累，银铛下狱，周亚夫终于像多年以前许负所预言的那样，绝食饿死。

再回过头来说，周亚夫这样的性格，如要指挥长期、持久、反复、极其艰难的打击匈奴的战争，看来也是不可胜任的，只要将他与本书下面着重记叙的汉武帝时代大胜匈奴的第一主将——大将军卫青做一比较，即可明白。

汉景帝时代的汉匈关系

文帝去世后其子刘启（前188—前141）继位（前156—前141年在位），是为景帝。

汉景帝像

景帝即位，赵王刘遂就暗中派人与匈奴联络。景帝三年（前154），吴、楚等七国叛乱——吴王刘濞（bì）为保住自己的实力，反抗朝廷的削藩之举，联合了楚王刘戊、胶西王刘卬、胶东王刘雄渠、菑（zī）川王刘贤、济南王刘辟光、赵王刘遂，打着"清君侧"的旗号起兵谋反——时，匈奴想与赵国联合，入侵边塞。后来，汉朝军队围困并攻破赵国，七国叛乱被镇压，吴王刘濞和赵王刘遂都兵败自杀，匈奴也就停止了入侵的举动。

从此以后，景帝又和匈奴和亲，派遣公主嫁给单于，送给匈奴礼物，在边境互通贸易，按以前的盟约行事，同时坚持积极防御的措施。

于是直到景帝去世，匈奴虽然时有小的骚扰边境的活动，却没有大规模的入侵和掳掠抢劫。

也有匈奴人士来降，景帝虽遭周亚夫的反对，坚持封来降者为列侯，能够正确处置来降的匈奴人士，这是这位皇帝的高明之处。

与文帝相比，景帝的水平要差得多，他错杀晁错，对一代名将周亚夫也处置不当，尽管周亚夫有缺点，景帝的处事水平也不比亚夫高，没有纠正和调节臣下的能力，更不及他的祖父刘邦对待大臣的大度和爱惜。他忘记了父皇文帝对他的告诫："如果国家发生紧急情况，周亚夫真可任将带兵。"害死了这个将才。他未能像文帝那样深谋远虑，思维细密周详，处事冷静得当。幸亏景帝的运气比文帝好，匈奴在他执政时没有过分为难他。而文帝的帝王生涯的确要比景帝困难得多。

三、大漠风烟：汉武帝发动汉匈生死搏杀

景帝去世后，其子刘彻（前156—前87）继位，他就是千古闻名的汉武帝（前140—前87年在位）。他是高祖的曾孙，即第四代，但是西汉继高祖、惠帝、高后、文帝、景帝之后的第五个皇帝和第六个最高统治者。

汉武帝时期是西汉皇朝的鼎盛时代，中华民族创造力在这个时期蓬勃发展，政治、经济、文化、军事建设大跨度前进。

汉武帝的母家出身和争当太子的曲折经历

武帝的母家出身平民，门第卑微。外祖母臧儿，槐里人，倒是燕王臧荼的孙女，可是汉楚战争改变了境况，她已经沦落为穷人。她嫁给槐里的平民王仲，生了一子两女。儿子即景帝要封侯的王信，长女即景帝的皇后王夫人王娡。

王仲死后，臧儿带着王娡（武帝的母亲）和王姁（xū）两个女儿，改嫁长陵田氏，又生了两个儿子，田蚡（fén）和田胜。

臧儿将王娡即武帝的母亲，先嫁平民金王孙，已经生了一个女儿，名俗。可是臧儿占卜时，卜师说她的两个女儿都将成为贵人，臧儿希望她俩富贵，自己可以倚仗她们而受人尊崇，过上富贵的生活。但是要靠这个穷女婿是不可能得到富贵的，她就要向金王孙夺回女儿。金王孙大怒，坚决不肯。臧儿就设法将女儿接回，送入太子宫躲藏起来。

进了太子宫，王娡就有机会遇到太子。这个生过孩子的少妇，隐瞒婚史，装成少女，不仅与太子相爱，还大受太子的宠爱，为他生了三个女儿和一个儿子。她的长女为平阳公主，次女南宫公主，三女隆虑公主。臧儿又把她的小女儿王姁送进宫中，王姁与太子生了四个男孩。王姁死得早，她的四个儿子都被封王。

王娡怀上儿子时，梦见太阳投入她的怀中，就将梦境告诉太子，太子说："这是大贵的征兆啊。"同时，太子也梦见他的祖父汉高祖对自己说："王夫人生子，可取名为彘。"文帝去世，景帝即位后生下了这个儿子，景帝就给他取了这个名字。后来又改名"彻"。

这位先嫁平民还生过一个女儿的王夫人，又瞒天过海地再"改嫁"太子,后来太子继位为景帝,她得以立为皇后,她的儿子继位为武帝。因为这个儿子,她为汉朝和中国历史做出很大贡献。

可是当年王娡生下儿子时,母子俩的地位都不高,尽管刘彘年才四岁,就被立为胶东王。

首先,王娡不是皇后。景帝还在做太子的时候,薄太后选了一个薄氏的女儿做他的妃子。景帝即位后,她就被立为薄皇后。皇后没有生子,不受宠爱。薄太后一去世,薄皇后就被废了,过了四年也去世了。

其次,王娡不是宠妃,刘彻不是长子。景帝的长子刘荣,被立为太子。他的母亲是齐人栗姬,原本是最得宠的妃子。

王夫人和武帝母子的地位上升,全靠大长公主。汉制,皇帝的姑母称大长公主。景帝时,他的姐姐刘嫖为长公主。武帝时,刘嫖是他的姑母,所以称大长公主。

长公主刘嫖有个女儿,名叫阿娇,想给太子做妃子。栗姬作为妃子,有一个让皇帝很不喜欢的重大缺点就是嫉妒,景帝的几位美人都是靠长公主而见到景帝的,她们得到的尊贵和宠爱都超过了栗姬,栗姬天天怨怒,为此就生硬地谢绝了长公主的要求,不应允亲事。

长公主为这件事非常生气,自尊心受到很大的伤害,这时正好薄皇后刚被废,还没有立新的皇后,她就常常在景帝面前讲栗姬的坏话说:"栗姬和各位贵夫人及宠姬聚会,常常让侍从在她们背后吐口水诅咒,还施用妖邪惑人的道术,即'媚道'。"景帝因此恼恨栗姬。

长公主接着想把女儿许配给王夫人的儿子,王夫人非常爽气地答应了。长公主的女儿，曾祖陈婴，与项羽一起举义，后来投奔汉王刘邦，封堂邑侯。陈婴的孙子，即阿娇的父亲陈午，尚长公主嫖。

长公主与王夫人提亲时，刘彻才五六岁。有一天，长公主将他抱置膝上，问他："想要娶妻吗？"刘彻说："想。"长公主就指着在旁的女子，共有一百余人，问他要谁，刘彻都说"不要"。长公主最后指着自己的女儿阿娇说："阿娇好吗？"刘彻笑着回答："好！如果能够得到阿娇为妻，我应当建一座金屋，将她珍藏在里面。"长公主听了，极为高兴。

"金屋藏娇"成为后世有名的成语。后世以金屋代指后宫或华丽的闺房，以"金屋藏娇"比喻丈夫珍爱心爱的妻子，比喻夫妻恩爱的生活。

景帝曾有一次身体不好，心情也不好，他想安排后事了，就把被封王的儿子们都托付给栗姬，对她说："我死了以后，你要好好照顾他们。"栗姬竟然发怒，不仅不肯答应，还对皇帝出言不逊。景帝很气愤，怀恨在心，但没有发作。

同时，长公主因为已确定女儿与王夫人的儿子联姻，就天天称赞王夫人儿子的优点，景帝也认为这个孩子德才兼备，又有从前他母亲梦日入怀的祥兆，可是主意还没最后定下来。王夫人知道景帝怨恨栗姬，趁他怒气未消，暗中故意派人催促大臣奏请立栗姬为皇后。一次朝会，大行官奏事完了，又说："'子因母贵，母因子贵'，如今太子的母亲还没有封号，应当立为皇后。"景帝发怒说："这是你应该讲的话吗！"结果竟论罪处死了大行官，并废了太子，改封他为临江王。栗姬更加怨恨，不能再见到景帝，不久她就因忧伤而死。

王夫人挑动景帝发怒、处置栗夫人母子的计谋果然成功，她终于被立为皇后，她的七岁的儿子立为太子。她的哥哥王信被封为盖侯。王夫人立皇后九年后，景帝去世。王太后比景帝晚死十六年，在武帝元朔四年（前125）去世。

景帝后元三年（前141）正月，景帝崩。甲子，十六岁的太子刘彻即皇帝位，尊皇太后窦氏为太皇太后，王皇后为皇太后。三月，封皇太后同母弟兄田蚡、田胜皆为列侯。

武帝即位当皇帝后，金王孙已经死了，王太后还在。武帝尊皇太后的母亲臧儿为平原君，臧儿终于如愿以偿，享受了大富大贵。武帝还封田蚡为武安侯，田胜为周阳侯。

近臣韩王孙韩嫣，平时受到武帝的宠爱，这时趁机马上告诉他，皇太后早年地位低微的时候，嫁给穷汉金王孙，还生了一个女儿，叫金俗，现在还在民间，随流俗而隐匿在长陵闾（lǘ）巷（街巷），未显贵。

武帝说："为什么不早说？"于是派人先去看一看，正好在家。武帝就发车驾，亲自去迎接。路上清道禁行，皇帝仪仗中警卫先驱的骑兵出横城门（汉代长安城北面西头的城门）。金俗的家在长陵小巷内，武帝乘坐的车飞驰到长陵，在小街市的西边进入里巷，里门（古代二十五家为一里。古代聚族而居为里，里有里门）关闭着，用力打开门。武帝乘的车一直进入里中，到达金氏门外才停下来，马上派武装骑兵包围这座宅院，以防她逃跑，否则自己亲自来接也接不着了。武帝随即派左右群臣进去呼喊寻找。

见到车队冲进来，卫兵搜索，平民百姓都吓坏了。武帝手下人进去寻见，犹如搜捕犯人，金氏家里人人惊恐，金俗竟躲藏在内室的床下。

手下人搜出金俗，请人扶着她出门，让她拜见皇上。武帝下车站立，流着眼泪哭道："哎呀！大姊，怎么隐藏得这么深啊？"

于是请她上了副车（皇帝的侍从车辆），掉转车头，跟着皇帝的御车飞驰回城，一直载到长乐宫（西汉宫殿名。汉初为朝会之所，后为太后所居），一起谒见太后。

武帝在行车途中就诏令看守宫门的人把自己的名帖向太后通报，车一到就去拜见太后。太后不知儿皇前来拜见的原因，问候说："皇上疲倦了，从哪里来呀？"武帝说："今天到长陵找到了我的姐姐，和她一起来了。"回过头来对姐姐说："拜见太后！"

太后见到分别二十几年的女儿，不认识了，问道："你是我那个女儿吗？"金俗回答说："是呀。"太后落泪哭泣，女儿也伏在地上悲泣。

武帝捧着酒，前来为太后和姐姐祝贺她们的团圆，赐给这个姐姐一千万钱，三百名奴婢，一百顷公田和上等宅第。太后道谢说："让皇上破费了。"

于是又召来太后进宫后与景帝所生的三个女儿，平阳公主、南宫公主和隆虑公主三人，都来拜见姐姐。

金俗被封为修成君。她有一个儿子，一个女儿。儿子号为修成子仲，女儿嫁于淮南王太子。这两个孩子不是刘氏所生，因此太后特别怜爱他们。可是修成子仲骄横放纵，常常欺凌压迫官吏和百姓，人们都为此而忧虑苦恼。

汉高祖刘邦生性善良，能够正视自己低微的出身，即使显贵之后，也不计较别人的门第。文帝的生母也是穷人出身，征入皇宫，当一个宫女。后来虽然受到汉王的亲近，在汉王平定天下的那一年（前202）生下文帝，她还是一个备受冷落的不起眼的妃子。母子俩离开京城，被安排到偏地生活。文帝当上皇帝后，也能正视自己卑微的出身，在奉劝南越王不要分裂、归附汉朝时，给他的信中自我介绍说："朕，高皇帝侧室之子也。"这封信已成千古名文，文帝的谦卑自称，显示了他的非凡气派和风度。

景帝和武帝父子，还有刘邦之风，自知祖上出身卑微，所以并不计较别人的门第。对亲属如此，对众多人才也如此。武帝封女奴出身的卫子夫为皇后，卫子夫的弟弟卫青、卫子夫姐姐的儿子霍去病都作为亲属而重用，都是这种平等观念的一种体现。

汉武帝在执政初期的努力和巨大成果

汉武帝刘彻的祖母窦太后喜黄帝、老子的言论，即黄老学说，所以景帝及窦家诸人不得不读《老子》，尊奉老子的学术。太后凡立五十一年，在景帝去世六年之后，于武帝元光六年去世。遗诏尽以东宫金钱财物赐长公主嫖。她在汉武帝执政的最初六年中还施展影响，汉武帝在她去世后，才进行一系列的改革，并独尊儒术。

汉武帝执政时，汉朝经过五朝君主（高祖、惠帝、高后、文帝、景帝）和众多德才兼备的大臣六十余年的惨淡经营，已成为空前统一稳固的富强之国。其富裕已达到仓库已装不下金钱和粮食，串铜钱的绳子已烂掉也来不及用的程度。

汉武帝利用他拥有的物力和财力，用外交和经济资助两种手段，团结和联合西南夷（西南的少数民族）和四边的民族、部落，开拓疆土，合作建设和共同繁荣。

同时，建立强大的武备，反击一贯欺凌和入侵汉朝的强敌匈奴。汉武帝为了彻底打垮匈奴，不惜打通西域，征伐大宛，平定两越，开通西南夷，迂回包抄，拉开了极长的战线。

汉朝打通西域后，天山南北三十六国和乌孙都先后成为汉朝西北边疆的一部分。此时，武帝平定在东南地区和岭南地区割据并互相争斗的东瓯、闽越和南越政权，同时加强"西南夷"即今四川、贵州、云南的少数民族的联系。他派人通夜郎（今贵州遵义一带），使夜郎及附近各部相继归汉。后又派司马相如通使邛都等地，在西南地区设置郡县。这样，汉朝作为多民族的统一国家的规模进一步扩大，奠定了今后中国巨大疆域的基础。

汉朝和罗马帝国是当时世界的东西两大强国。罗马的鼎盛时期有二百多年，在东汉和帝永元十年（98）至安帝刘祜元初四年（117）时达到最大的版图。而汉朝的疆土与人口都大致与罗马帝国相仿，但是，汉朝的政治清明、社会和谐，国家内部的凝聚力强，兴盛时代比罗马帝国长，所以经济发展和军事实力远超过之；罗马帝国后来分崩离析，彻底灭亡，而汉朝的大一统则为以后历朝所继承，使中国成为世界上唯一历史从未中断的文明古国和统一大国。

在这样强大的经济基础上，雄才大略的汉武帝在政治和经济上完成了削弱地方割据势力加强中央集权的体制，用怀柔政策吸引和团结西南少数民族，并入他们的属地，扩大了汉朝的疆土；在经济上也推行了一系列措施削夺富商大贾的利益，加强朝廷对全国经济命脉的控制，增加朝廷的财政收入。在思想文化方面独尊儒术，外儒内法，并继承刘邦善用人才的经验，极为重视人才的使用，造成后世无与伦比的人才之盛和名臣林立的大好局面。

在这样坚实的基础上，武帝大力开拓西南和西域的边疆，决心与连年侵犯、气势汹汹的匈奴展开反击战，彻底解决北方的边患，立下了千秋功业。他与第一个完成统一中国大业的秦始皇并称为"秦皇汉武"，并成为"两汉盛世"的主要建立者之一，功垂万世。

汉武帝的杰出皇后卫子夫

一个成功的男子背后常常有一个出色女子的帮助，即使皇帝也常如此。汉武帝的第一个皇后陈阿娇，出身娇贵，性格骄横，后来不得武帝欢心。汉武帝的第二个皇后卫子夫，才是他的贤内助。

卫皇后（？—前91），字子夫，生在微贱之家。大概她家号称卫氏，生活在平阳侯封地以内。少女时代的子夫是平阳公主家地位低微的歌女。

武帝与陈阿娇成婚多年没有儿子。长姐平阳公主对这个弟弟非常关心，在弟弟继位皇帝后，物色了十几个良家女子，留在家里打扮起来，以备武帝挑选，让他早日生下儿子。

建元二年（前139）春，即汉武帝当上皇帝的第二年，汉武帝出游霸上（长安东郊），回程中顺便到平阳公主家做客，平阳公主设宴款待。公主让预备的美人都出来拜见武帝，伺候武帝，武帝一个都不喜欢。饮酒之后，又命歌女献歌。歌女们进来，武帝看见后，唯独喜欢卫子夫。接着，武帝起身换衣服，由子夫在皇帝的衣车中侍奉，子夫立即得到亲幸。武帝回到酒宴座位上，特别高兴，神采飞扬，赐给平阳公主黄金千斤。平阳公主深知弟弟的愿望，武帝回宫后，立即奏请把卫子夫奉送入宫。

卫子夫生在微贱之家，自幼随母在平阳公主家为奴。只是因她的才貌出众，有美喉善歌，所以得以在公主款待武帝时一展才华，武帝当场被她美丽的歌声和容貌、体态迷住，而且以"更衣"为名，马上将她带到自己的车中爱幸。当平阳公主送子夫上车进宫时，平阳公主抚摸着子夫的背说："好好去吧！注意饮食多保重。努力吧！到尊贵时，不要忘记我啊！"

可是子夫入宫一年多，竟然没有再得武帝的亲幸，连面也见不到。武帝把不中用的宫人挑出来，让她们出宫回家。临离开皇宫时，卫子夫才得见武帝，她哭泣着请求出宫。子夫伤心的神态千娇百媚，武帝见了，爱惜之心油然而起，留下她再次亲幸，于是有了身孕，一天比一天更受尊宠。子夫后来大得亲幸，倍受宠爱，先连生了三个女儿，元朔元年（前128）又生下一个儿子，取名叫据。

当初，皇上年幼时，全靠大长公主出力，当上了太子。

他娶了大长公主的女儿做妃子，他即位为皇帝，妃子就立为皇后，十余年没有生子。陈皇后从小被父母宠坏，皇上能够继承帝位，大长公主出力不小，因此陈皇后骄横高傲。她听说卫子夫大受亲幸，气愤非常，怒不可遏，好几次几乎要活活气死。皇上也更加生气发怒。

卫子夫得宠后，陈皇后的母亲大长公主多次责备武帝的姐姐平阳公主说："皇帝没有我就不能即位，过后竟抛弃了我的女儿，怎么这样不自爱而忘了恩德呢！"平阳公主说道："是没有儿子的缘故才废的。"陈皇后渴求得子，求医生花费的钱有九千万之多，然而终于未能生子。

陈阿娇失宠后，听说刘彻很喜欢阅读大作家司马相如的辞赋，便设法托心腹送厚礼请他写一篇代诉自己凄凉境遇的文章；司马相如出于同情，为她撰了《长门赋》，叙述一位佳人因遭贬谪而在城南离宫（即长门宫）苦度光阴，这篇作品把一位住在冷宫永巷之中的落魄皇后的忧愁和悲思，描述得委婉动人。汉武帝看了一时大受感动，陈阿娇曾复得亲幸，但好景不长。后世文学家颇为同情陈阿娇的遭遇，创作了不少诗词，这些诗词也都真切地反映了陈阿娇的无奈和哀怨。

陈皇后生不出儿子，眼见武帝宠爱卫子夫，卫子夫不断生女育儿，最后未免绝望了，就施用妇人惑人的"媚道"邪术——用巫蛊（wū gǔ，巫师加害于人的一种邪术）的方法，试图让武帝怀恋自己，还让女子楚服等为其诅咒他人。武帝对此事颇有觉察。元光四年（前131），武帝彻查此事，查明后，楚服被枭首于市，株连三百多人。陈皇后亦被废，移居长门宫。第二年，废后的父亲堂邑侯午死，又过十数年后，废后阿娇才在郁郁寡欢、万分恼恨中去世。

元朔元年（前128）春三月甲子，立皇后卫氏。这时汉武帝二十九岁，已经即位十二年。卫子夫初见武帝时大约十六七岁，此时大约二十六七岁。皇后立七年，元狩元年（前122）夏四月，她的儿子立为太子。

自从卫子夫当上了皇后，卫氏的亲族也飞黄腾达了。但是他们并非全靠皇后的势力，他们很有才华，以军功起家，有五人被封侯。

卫子夫立为皇后的时候，卫长君已死，武帝便召见她弟弟卫青任侍中。后卫青又被任为将军。因抗击胡人有功，卫青升为大将军，封为长平侯。卫青有四个儿子，汉武帝因为宠爱卫皇后，又极其赞赏卫青的军功，就重用卫青的儿子。卫青的长子卫伉是准备继承爵位的世子，他曾任皇帝侍从官侍中，尊贵受宠。卫伉的三个弟弟还在襁褓之中，也都被封侯，各给封地一千三百户，分别为阴安侯、发干（阴平）侯、宜春侯。

至于卫皇后所说的姐姐卫少儿，她的儿子霍去病，因有战功被封为冠军侯，号称骠骑将军。

卫皇后的儿子刘据被立为太子。

他们的富贵震动天下。当时天下流传着这样一首歌谣："生儿不必太高兴，生女莫把怒气发，难道没有看到卫子夫霸天下！"

卫皇后的亲戚卫青、霍去病功高盖世，但也有不争气而惹祸的，比如卫青的四个儿子和卫子夫的姐夫公孙贺父子。卫青、霍去病和平阳公主的早故,使卫皇后失去了支持,在宫廷中变得孤立无援。卫青的诸子亦都不争气,后来先后被废。

随着卫皇后姿色衰老,汉武帝不断宠幸别的美女,她也越来越受到冷落。武帝后来与太子有矛盾,皇后常常因太子而涕泣,请皇上削去封号。皇上说:"我自己的心中明白,我不会让皇后忧心的。"并承诺不会废除太子。皇后亦告诫太子,应该留心皇上的旨意,不应擅自有所行动。

卫子夫为人忠厚老实,本分谨慎,贤淑明慧,善自防闲,避嫌疑,在当皇后的三十八年中,包括中年后失宠、受冷落的年代,平静而谨慎地生活着。她低调、谦逊,但能够严格认真地教育儿子——太子刘据,不断调解武帝与太子的父子关系,将太子培育成善良忠厚、智慧出众、品质优秀、颇有政见的优秀青年才俊。故而她虽久无宠,尚被礼遇。

卫子夫这个皇后很不寻常,她为汉武帝提供了娘家兄弟卫青、外甥霍去病,霍去病的同父异母兄弟霍光,她与汉武帝所生的后代——重孙、英明有为的汉宣帝(即太子刘据的孙子),一共四人,都是汉朝兴盛、打垮匈奴的最为关键的杰出人物。卫氏家族为汉朝和中国历史立下不可磨灭的不朽功勋,堪称无与伦比的著名外戚。

金屋藏娇的悲惨结局和原因

所谓"媚道",就是女子用巫术迷惑心仪的男子。这种巫术是什么样子的呢?现在大多已经失传,但在今日的湘西还有比较具体的传说。

巫蛊是湘西地区民族传统文化中历史最为悠久的神秘文化之一，它植根于民族信仰之中，其影响深远而广泛，以至于至今人们均谈蛊色变。

蛊是一种邪魅的令人害怕的神秘之物，看不见摸不着，你说它没有，它又让很多人中过招；你说它有，它又看不见摸不着。

流传的说法是，蛊最初是生于器皿中的小虫子，后来演变为中国古代的一种神秘巫术，它是依附在妇女身上的毒虫，蛊婆将虫放出去，伤害人类、动物和植物。湘西的苗区自古以来就有"无蛊不成寨"的说法，所以湘西苗寨，寨寨都有蛊。湘西的蛊称为"草鬼"，放蛊的妇女就被称为"草鬼婆"。

湘西到处流传着"蛊婆养蛊"的事，蛊婆在五月端午的时候收集有毒的虫子，把它们放在陶罐中，如蛇、蝎、蛤蟆、蜥蜴、蜈蚣、蜘蛛等等，让它们撕咬为食，剩下最后一只，即成为蛊，为蛊婆饲养。欲给人放蛊时，取其涎屎，藏在指甲之中，乘人不备，放进对方饮用的水或者食物之中，如此，便是中蛊。中蛊者多疼痛难忍，数日死去，或辗转反复，多年不治死去。

蛊的种类很多，有蛤蟆蛊、蚂蚁蛊、蛔虫蛊、蜈蚣蛊、麻雀蛊、蛇蛊等等。就蛊婆而言，她所蓄养的蛊虫是什么，她就会给人下什么蛊。

蛊中最奇妙的要数情爱蛊了，民间认为，蛊婆与其丈夫的关系一般都很好，因为蛊婆会放情爱蛊给她丈夫。

那到底什么是情爱蛊呢？相传当绿色的大蝗虫与蚯蚓

交媾时，把它们一起捕捉起来，然后放在瓦屋上暴晒七天七夜，朝饮露，日浴华，饱吸日月精华。七天之中，必须是连日晴天，不能遇雨，也不能闻雷鸣，如遇上述情况药则失效。七天七夜后把虫收回家中，碾成粉末，就成了"情爱蛊"。蛊婆把这种药给男人吃了，男人就会一辈子只爱妻子一个人了。还有一种说法是把这种药分别缝在妻子和丈夫两人的衣角上，丈夫就永远不会变心了。如果中蛊的男人变了心，就会蛊发而死。

湘西的民间一直认为真的有蛊、蛊婆存在，还说了一些蛊婆的特征，要么很丑，要么很美，总之是与众不同的。一般来说，蛊婆多有眼疾，眼睛长年发红，眼角糜烂，眼屎糜烂；或性格孤僻，言语恶毒。当然也有漂亮的蛊婆，她们多长得如花似玉，面如桃花，且聪明伶俐，能说会道，这样才能学到法术。

古代"媚道"大致用的是这样的方法。所以帝王都极端痛恨"媚道"，一旦发现有人玩弄这种手法，格杀勿论。

起先阿娇的母亲在景帝面前讲栗姬的坏话，最厉害的就是这样说："栗姬和各位贵夫人及宠姬聚会，常常让侍从在她们背后吐口水诅咒，还施用妖邪惑人的道术，即'媚道'。"景帝因此恼恨栗姬。

现在阿娇竟然也用起这个方法来。

汉匈开战的曲折经过

汉武帝即位时才十六岁，他面临的政局是国内已经安稳，外患匈奴是他唯一的心病。继位才第三年，即建元三年

（前138），他就命令张骞出使、打通西域，企图联系和联络西域各国对付匈奴。张骞的任务及其艰巨，前程叵测，他一出关外，就杳无音信，直到十二年后的元朔三年（前126）才回国复命。

可是到建元六年（前135），匈奴遣使要求和亲。武帝令朝廷众臣商量对策，大行令王恢主张行兵出击，御史大夫韩安国则坚持和亲的传统政策。大部分人附和韩安国的意见，年轻的武帝只好同意了。武帝申明和亲的规定，宽厚对待匈奴，互通关市，赠送大量财物。起先，匈奴从单于到平民都亲近汉朝，往来于长城之下。

不久，匈奴重演故技，和亲之后，照样大肆骚扰边境。

元光元年（前134）冬十一月，汉朝派卫尉（掌管宫门警卫，带领南军的军官）李广为骁骑将军屯兵云中（郡名，在今内蒙古呼和浩特市南），中尉（掌京师治安，兼管北军的军官）程不识为车骑将军屯兵雁门（郡名，在今山西右玉南），六月撤兵。

元光二年（前133）春，武帝下诏询问公卿说："朕送上优秀的女子给单于和亲，又给以丰厚的金币和丝绸，单于还是蛮横无理，不停地侵犯和劫掠。边境受害，朕非常怜悯。现在想举兵进攻，怎么样？"大行王恢复议，认为宜于进击。

这时，处于边境马邑（今山西朔县，当时属雁门郡）的一位姓名叫聂壹的商人，献上"引诱匈奴单于入塞，汉军埋伏，在马邑城聚而歼之"的计策。王恢极力赞成，武帝也同意了。于是汉朝派富翁聂壹故意违犯禁令，私自运出货物同匈奴交易，佯称出卖马邑城以引诱单于。单于相信此事，又贪恋马邑城的财物，就带着十万骑兵侵入武州边塞。这时，汉朝在马邑城城外的山谷中埋伏下三十余万大军，御史大夫韩安国担任护军将军，护卫着王恢、李广、公孙贺、李息四位将军，准备伏击单于。

军臣单于率十余万骑已经进入武州塞，离马邑城尚有一百余里，看到牲畜遍野却无放牧之人，感到奇怪，就去攻打汉朝的侦察哨所。这时，雁门郡的尉史正在巡察，看到敌军，就保护侦察哨所，他知道汉朝的打算。单于捉到了尉史，想杀死他，尉史便向单于报告了汉朝军队埋伏的地点。单于大惊说："我本来就对此事有疑心。"于是单于就立即率兵而回。走出边境时说道："我得到尉史，是天意，天让你向我报告。"于是封尉史做"天王"。

汉朝军队前曾约定，单于进入马邑城后，再放纵兵士攻杀。如今单于未到马邑，所以汉朝军队一无所获。汉朝将军王恢的军队走出代郡攻击匈奴的辎重，听说单于大军已回，兵卒多，因而不敢出击。

汉朝认为王恢本是这次伏击战的首先出谋划策的人，而临阵却反而惧怕，不敢进攻，因而将他下狱处死。

从此以后，匈奴断绝和亲关系，攻击直通要道的边塞，常常侵入汉朝边境抢掠，次数多得无法计算。但匈奴贪婪，还是喜欢与汉朝互通关市，非常喜欢汉朝的财物，汉朝也仍然与匈奴保持着关市贸易关系，投合他们的心意。

经过四年的精心准备，武帝于元光六年（前129）终于发动汉匈之战，汉匈大战从此持续展开。此时汉武帝即位已有十一年。

汉武帝发动的汉匈战争是决定汉匈两大民族命运的关

键之战，这次大战对中国和世界历史的进程起了重大作用，具有极其深远的历史意义。

汉武帝发动汉匈之战的理由，在他给卫青的嘉奖令中申讨匈奴的罪恶时说得很分明："匈奴违背天理，婚姻乱伦，虐待侵暴长辈和老年人，专门从事盗窃，在各个民族之间行使欺诈，依赖阴谋和兵力，多次危害边境。所以派遣将领，兴师讨伐，惩罚这种罪恶。"

汉朝反击匈奴，除了"婚姻乱伦，虐待侵暴长辈和老年人"是匈奴的民族风俗，不应是发动战争的理由，其他三条确实是匈奴统治者的滔天罪恶。单以匈奴侵入西汉边境大肆杀戮来说，史书有具体记载的即有：

汉高后七年（前181），匈奴侵犯狄道，掳走两千余人。

文帝前元三年（前177），匈奴右贤王入居河南地，侵盗上郡保塞蛮夷，杀害、掠夺百姓。

前元十四年（前166）冬，匈奴老上单于十四万骑入朝那肖关，抢掠人民、畜产甚多。

后元二年（前162），匈奴连岁侵入边境，杀掠人民、畜产甚多，云中、辽东受害最重，每郡被杀害、掳走的有一万余人。

后元六年（前158），匈奴派出各三万骑兵，大肆侵入上郡、云中，杀掠甚众而去。

武帝元光六年（前129），匈奴入上谷，杀掠吏民。

元朔元年（前128）秋，匈奴二万骑兵侵入汉地，杀辽西太守，掳走两千余人；又侵入渔阳、雁门，各杀害、掳走吏民一千余人。

二年（前127），匈奴侵入上谷、渔阳，杀害、掳走吏民一千余人。

三年（前126），匈奴数万骑兵攻入长城，掳走千余人。

四年（前125）夏，匈奴侵入代、定襄、上郡，杀害、掳走数千人。

五年（前124）秋，匈奴万余骑侵入代，掳走一千余人。

元狩二年（前121），匈奴侵入雁门，杀害、掳走数百人。

三年（前120）秋，匈奴侵入右北平、定襄各数万骑，并杀害、掳走一千余人。

太初三年（前102）秋，匈奴大肆侵入定襄、云中，杀害、掳走数千人。

征和二年（前91）九月，匈奴侵入上谷、五原，杀害、掳走吏民。

后元二年（前87）冬，匈奴侵入朔方，杀害掳走吏民。

以上表明，匈奴入侵汉边境，杀害、掳走大量平民，非常猖獗，武帝不得不给予反击。

关于和战的反复争论和卜式的慷慨资助

汉朝是一个非常民主的朝代，皇帝非常尊重大臣们的意见，每逢朝廷大事，君臣都要认真讨论，才做最后决定。汉武帝发动汉匈之战，事前也在朝廷中展开了多次的讨论，大臣们有的赞成，有的反对，争论非常激烈。发动这场战争，尽管在朝中引起很大的反复的争论，最后还是得到朝中大多数人的支持，也得到全国军民的极大支持。

有趣的是争论尚未结束，大战还未开始，就有一个美妙的平民资助的插曲，使武帝和满朝文武、全国军民大吃一惊。事情是这样的：

有一位富户卜式上书朝廷，愿意贡献家财的一半资助边防。

卜式是河南人，以耕田畜牧为业。有幼弟，长大后，卜式只取牲畜和羊一百余个，将全部田宅家产都让于弟弟。卜式自己则入山牧羊，重新开始发展家业。十余年后，卜式的羊已达到一千余头，再买田宅，而他的弟弟已完全破产，卜式就再分给弟弟，一而再，再而三，他已多次这样做了。

现在，他表示贡献一半家产支边以后，武帝派使者问他："你是想当官吗？"卜式说："自小牧羊，不懂当官，不愿为官。"使者问："你家难道有冤屈，想要报告吗？"卜式说："我生来与人无所争。乡人贫穷的，我借给他钱物；行为不良的，我教育他帮助他。我不论住在哪里，人们都跟随着我，卜式有什么冤屈啊！"使者说："那你到底想要得到什么呢？"卜式回答："天子灭匈奴，我以为贤能者应拼死效劳，有财产者应出钱财，如此才能战胜匈奴啊。"使者向武帝报告了卜式的这个态度，武帝将这件事对丞相公孙弘说了，公孙弘以小人之心度君子之腹，说："这不符合人情。不能让不法的臣子为求变化而乱法，希望陛下不要同意他。"于是武帝不给答复，几年后才驳回卜式的请求。

卜式回到家乡，依旧以田牧为生。一年多以后，正逢匈奴浑邪王等来降，为了接待这些投降者，供给他们食宿，县里的官府开支极大，粮仓和府库都为之一空。加上战争造成的贫民大量流动，都要县里官府负担，官府已无法应付。

卜式看到这个情况，再次资助，他拿出二十万钱给河南太守，供给流民。河南官府向朝廷提交富人资助贫民的名单时，武帝看到"卜式"这个熟识的名字，说："这就是以前那个要献出一半家财助边的人吧。"于是赐给卜式免去戍边徭役的名额四百个，当然，卜式又全部还给官府。

当时富豪都竞相隐瞒财产，只有卜式踊跃出钱资助。武帝于是认为卜式的确是个优秀的人物，就召拜卜式为中郎，赐爵左庶长，田十顷，布告天下，让卜式尊显，作为全国百姓的榜样。

卜式起初仍不愿当官，武帝说："我在上林有羊，想叫你去牧放。"卜式当上中郎官职后，布衣草鞋而牧羊。一年多后，羊又肥又多，武帝走过他牧羊的地方，颇为嘉许。卜式介绍自己的心得说："不仅羊是这样，治理百姓也是如此。按时让他们活动和休息，驱除不好的，不要让不良之徒败坏整个群体。"武帝感到他的言论奇特有理，想让他试试治理百姓的能力，先后派他做了两处县令。卜式虽然不愿当官，但当起官来，却才华杰出，在两处担任县令，都出类拔萃。遇到急难，他依旧挺身而出，贡献钱财，并愿意带领儿子一起上阵效死。难得遇见这样德才兼备的人才，武帝于是不断升迁他的官职。

汉武帝发动这场战争，支持者固然占压倒多数，同时也不乏反对者。名臣汲黯（jí àn）历来主张简政少事，所以每逢机会总要劝说武帝与匈奴和亲，不要起兵。匈奴浑邪王率众来降，汉发车二万辆，县官无钱，只好征了百姓的马，赊钱不付。有的百姓将马藏起来，马不够，武帝发怒，要斩长安县令。汲黯说：“长安令无罪，只要斩了汲黯，百姓就肯出马了。而且这批匈奴叛其主而降汉，如果慢慢地逐县传达下去，何至令天下骚动，使中国疲惫而夷狄之人快活啊！”武帝听了，沉默不言。汉朝禁止商人与匈奴通商，后来浑邪王来汉地后，商人与他们做生意，这批商人都犯了罪，当判死罪的有五百余人。汲黯入宫，对武帝说：“匈奴攻当路塞，绝和亲，中国举兵攻诛，死伤不可胜计，耗费数百万之巨。臣以为陛下得到胡人，都让他们作为奴婢，赏赐给从军牺牲者的家属；虏获了这些匈奴人，应该给予他们，以答谢天下之人，满足百姓之心。现在纵然不能，浑邪率领数万之众来，掏空府库给予他们赏赐，发配良民去伺候养活他们，将他们奉若骄子。愚民怎么知道在长安市中却像边关一样将此作为私自与敌交易，而要绳之以法呀？陛下纵然不能在战胜匈奴之后感谢天下，又怎能以细枝末节杀无知者五百余人？臣私心以为陛下的这种做法很不可取。”武帝不同意他的谏净，说：“我久未听到汲黯之言，今天他又乱发议论了。”过了几个月，汲黯因小事触犯了法律，正巧遇到大赦，就被免了官，在田园隐居了几年。

又如匈奴请求和亲，武帝让群臣发表意见。博士狄山说：“应该和亲。”武帝问他理由，狄山说：“军队，是凶器，不可经常发动。高祖要想攻伐匈奴，结果被困平城，于是和亲。惠帝、高后时，天下安乐，等到文帝时想动匈奴，北边骚动苦兵。景帝时，吴楚七国反，景帝往来东宫咨谋于太后，天下惧于兵难，寒心数月。等吴楚叛乱平定以后，景帝终身不发动战争，天下富贵。现在陛下兴兵大击匈奴，中国财政空虚，边疆极为贫穷困难，由此观之，不如和亲。"

武帝问御史大夫张汤的意见，张汤说："这是愚儒无知之见。"狄山说："臣固然是愚忠，像御史大夫张汤是诈忠。张汤治淮南、江都，用深文周纳痛诋诸侯，离间皇帝和亲族的骨肉之情，使藩臣不自安心，臣所以知张汤的诈忠。"

狄山此人书生气十足，本来是辩论对匈战争的必要性和可能性，他与张汤意见相反，可以据理力争，他却乘机扯上削弱和消灭诸侯的重大政策，这是另一个牵涉到国家根本利益的重大政治问题，惹得武帝马上将脸拉下来，怒气冲冲地问："我命你负责一个郡，你能不使敌人入侵吗？"狄山说："不能。"问："那么负责一个县呢？"又说："不能。"又问："负责一个长城上的险要之地呢？"狄山自忖如果无法自辩就要下狱，就硬着头皮说："能。"于是武帝派狄山登险鄣而守之。

狄山到塞上后，不过一个多月，匈奴就斩了狄山的头而去。自此之后，群臣震动，气为之夺，无人再敢发表反战意见。

不少书生论政，往往不切实际。如有经过深思熟虑的高明见解，或解人危难，或给人启发，或启人心智，如此犯颜直谏，尽管经常要自己受害，当然仍应畅所欲言。但如出于愚忠，却又无确实心得，再加上意气用事，揉入党争，那么"伴君如伴虎"的千古真理，就立即应验。狄山不懂对匈战争的历史必要性，瞎引史实而乱加比附，胸无成竹，即随便攻击朝廷重臣和皇帝的重大决策，他被送到虎口丧生，固然死得冤枉，但在当事诸人看来，死得活该。经过狄山事件之后，群臣噤若寒蝉，以后就更没有反对或不同的意见了。

大史学家司马迁对必要时发动的战争有正确的认识，他郑重指出：

> 兵者，圣人所以讨强暴，平乱世，夷险阻，救危殆。
> 自含齿戴角之兽见犯则校，而况于人怀好恶喜怒之气？
> 喜则爱心生，怒则毒螫加，情性之理也。（《史记·律书》，
> 意为：军队，是圣人用来讨伐强暴、平定乱世、化险为夷、救助
> 危难严酷局面的利器。它像凶猛威烈的野兽，遇到外物侵犯，发
> 怒就要毒螫加身，这是军队的性质决定的道理。）

身处汉武帝时代，亲眼所见他发动汉匈战争的司马迁，对汉匈之战也是极表支持的，他在《太史公自序》中明确指出："自夏、商、周三代以来，匈奴常为中原祸害，为要了解强弱时势，设防征讨，作《匈奴列传》。"在《匈奴列传》最后的"太史公曰"中，他只是批评汉武帝晚年错用李广利，在对匈战争中也有不够深思熟虑意气用事之事，"所以建功不深"，亦即卫青、霍去病的辉煌战绩，被抵消不少。文末感叹："唯一重要的是正确选任合适的将帅啊！唯一重要的是正确选任合适的将帅啊！"痛惜汉武帝错用李广利为将帅，李广利兵败、投降，最后造成全军覆没，使汉武帝领导的汉匈之战，以遭受严重挫折告终。

汉武帝的对匈战争受到全国爱国军民的热烈拥护，所以众多将领积极出征，大批士兵勇上战场，还有大量人才

司马迁像

自告奋勇地要求出使西域，立志为国建功立业。

汉武帝时期汉匈战争的总貌

汉匈之战关键阶段的最高统帅是汉武帝，实施具体战争计划的三个主将都是汉武帝任用的外戚。

汉武帝发动的汉匈之战分成前后两个阶段。

第一阶段自元光六年（前129）至元狩四年（前119），共历时十年，发动战争十次。

前线指挥者是大司马大将军卫青和大司马骠骑将军霍去病。

这是胜利的十年，坚实地奠定了汉匈之战最终胜利的基础。

第一次，元光六年（前129），车骑将军卫青出上谷（郡名，治沮阳，在今河北怀来县东南），轻骑将军公孙贺出云中（郡名，治云中，在今内蒙古呼和浩特市西南），太中大夫、骑将军公孙敖出代郡（郡名，治代县，在今河北蔚县东南），卫尉、骁骑将军李广出雁门（郡名，治善无，在今山西右玉县东南），各率一万骑兵，击匈奴。

卫青一路猛攻，一直攻到匈奴的大后方龙城（匈奴单于祭天与所有部落会聚的地方），杀死和俘获匈奴七百余人。公孙贺无功。骑将军公孙敖损失骑兵七千；卫尉、骁骑将军李广被俘后逃归，都应斩首，他们自己出钱，赎为平民。

这年秋天，匈奴寇盗边境。派遣将军韩安国屯兵渔阳（郡名，治渔阳，在今北京市密云西）。

第二次，元朔元年（前128）秋，匈奴侵入辽西（郡名，治阳乐，在今辽宁义县西），杀太守；又侵入渔阳、雁门，败都尉，杀害、掳走三千余人。卫青率三万骑兵出雁门，李息出代郡。卫青斩杀敌寇数千人。

这一年的春三月甲子，立皇后卫氏。

第三次，元朔二年（前127），匈奴侵入上谷、渔阳，杀害、掳走吏民一千余人。卫青、李息出云中，渡西河，至高阙（塞名。在今内蒙古杭锦后旗北），又进军至陇西符离（塞名），军队和装备全数返回，抓获俘虏数千人，获首两千三百级，俘获牲畜一百余万头，打败匈奴的白羊、楼烦王，他们仓皇逃走。收复河南地（河套以南地区，在今内蒙古鄂尔多斯），在收复的地界建立起汉朝的政权：设置朔方（郡名，治朔方，在今内蒙古乌拉特前旗东南）、五原郡（郡名，治九原，在今内蒙古达拉特旗西北），成为汉朝巩固的疆土。

第四次，元朔五年（前124）春，卫青率领三万骑兵出高阙，卫尉、游击将军苏建，左内史、彊弩将军李沮（jū），太仆、骑将军公孙贺，代相、轻车将军李蔡，都归卫青统率，兵出朔方;大行李息、岸头侯张次公,俱为将军,兵出右北平。共出动兵力十余万人。此战捕获匈奴右贤裨王十余人,部众一万五千人,牲畜数十百万。

第五次,元朔六年(前123)春,大将军卫青出定襄,率领合骑侯、中将军公孙敖,太仆、左将军公孙贺,翕(xì)侯、前将军赵信,卫尉、右将军苏建,郎中令、后将军李广,左内史、彊弩将军李沮,出击匈奴,斩首三千余级凯旋。兵士、战马在定襄、云中、雁门休整。

第六次,一月余以后,夏四月,全班人马再次出定襄,攻击匈奴,卫青再次率领六位将军穿过沙漠,大获全胜,斩杀敌寇一万余人。

此战中,右将军苏建和前将军赵信率领三千骑兵,单独与匈奴接战,作战一日余,汉兵伤亡惨重,形势危急。前将军赵信率剩余的骑兵约八百人,在军败后,见难以逃回,就投降单于。右将军苏建全军覆没,他一人逃归,回到大将军卫青处。回到长安后,他自己出钱赎罪,成为平民。

霍去病在此战开始参战,任票(《史记》作剽)姚(即票鹞,又作嫖姚,勇健、劲疾、轻捷的样子)校尉。他首战告捷,斩杀敌寇的骑兵两千零二十八人。

第七次,元狩二年(前121)春,冠军侯、骠骑将军霍去病率一万骑兵出陇西(郡名,治狄道,今甘肃临洮),经过了匈奴的五王国,越过焉支山(今甘肃山丹县境)一千余里,至皋兰(山名。一说在今甘肃兰州市),杀折兰王,斩卢胡王、俘虏浑邪王及相国,共杀敌八千余首级,收缴匈奴的休屠祭天金人。

第八次,同年夏,骠骑将军霍去病与合骑侯公孙敖同出北地两千余里，霍去病与公孙敖失散，霍去病单独率军越过居延（县名，在今内蒙古额济纳旗东南），到达祁连山，大获全胜。此战俘虏酋涂王，酋涂王率众两千五百人投降；抓获五个王，五个王母（王的夫人），单于阏氏和王子五十九人，相国、将军、当户、都尉六十三人，斩首三万二百级。但汉军也十损其七。霍去病手下的校尉也捕获丰富，俘虏王、王母各一，公孙敖迟到。

匈奴入雁门，杀害、掳走数百人。汉朝派遣博望侯张骞、郎中令李广一起从右北平（郡名，治平刚，在今辽宁凌源市南）出兵，共击匈奴。李广率四千骑兵与匈奴左贤王恶战二日，战死者超过一半，消灭对方的数字也大致相当。实际数字是：李广杀匈奴三千余人，汉军损失四千人，李广独自脱身逃回。张骞迟到，匈奴兵已退走，未能接战。

第九次，同年秋，浑邪王与休屠王谋划降汉，骠骑将军霍去病率军接迎，斩其反悔不降、欲逃者八千人，降者数万，号称十万。设立了五个属国（存其国号或族名而隶属于汉朝，所以成为属国。当时安定、上郡、天水、五原、西河五郡有属国）来安置他们。将他们居住的地方，设置了地方政权，即武威（郡名，治武威，在今甘肃民勤县东北）、酒泉（郡名，治禄福，在今甘肃酒泉）郡。

第十次，元狩四年（前119）春，武帝令大将军卫青和骠骑将军霍去病各率骑兵五万，步兵和运输辎重的军队总数达几十万。武帝将勇敢能战的精锐都归霍去病，并让霍去病出定襄，独当单于。可是抓来的俘虏说单于在东边，于是霍去病改从代郡出发，去攻打单于，而让卫青率领四将军从定襄出发。大将军所属有郎中令、前将军李广，太仆、左将军公孙贺，主爵、右将军赵食其，平阳侯后将军曹襄，各人率兵进入大沙漠。

卫青的军队到达大沙漠之北，包围单于，斩获一万九千首级，一直打到阗（tián）颜山（杭爱山脉在今蒙古中西部的南面之一支，赵信城在这座山里）才回。霍去病与左贤王大战，斩获敌人七万余首级，封（登山祭天，筑土为封，并刻石记事）狼居胥山（在今蒙古乌兰巴托市东）才回。两军兵士死者数万人。前将军李广、右将军赵食其都迟到，未能参战。李广自杀，赵食其回京后，用钱赎买死罪，削职为民。

第二阶段汉匈战争的结局

第二阶段，共发动七次战争。自天汉二年（前99）至延和三年（前90），汉武帝发动了五次对匈奴的战争，五战五败；发动两次与大宛的战争，先大败，后惨胜。

第二阶段的统帅依旧是汉武帝本人，他还是战争的最高决策者。这时汉朝和匈奴已经休战十四年，霍去病和卫青已经先后去世。朝中无大将，汉武帝就提拔宠妃的兄长李广利，主将换成了大将军李广利，主战场也转换到西域了。由于武帝用错了人，战争最终失利，以李广利投降匈奴、汉军全军覆没而告终。

在与匈奴作战之时，又穿插着与西域的大宛大打两仗。

太初元年（前104）夏五月，汉派贰师将军李广利西伐大宛，前后花了两年，大败而归。

同时派浞（zhuó）野侯、浚暨将军赵破奴率领二万骑出朔方北两千余里，预期到浚暨山而还，以迎左大都尉。结果赵破奴被活捉，汉军二万余人全军覆没。这是一败。

太初三年（前102），李广利再攻大宛，虽获胜利，军队却损失了六分之五，这只能说是惨胜。

天汉二年（前99）夏五月，汉派贰师将军李广利率领三万骑兵出酒泉，到天山（即今祁连山）攻击匈奴右贤王，先胜后败：首战诛杀敌人一万余人而归，但被匈奴重兵包围，虽得解围逃出，汉兵死亡十之六七，损失惨重。这是二败。

接着，又派骑都尉李陵率五千步兵出居延北千余里，与单于相遇，激战，李陵杀伤对方万余人，军队箭尽粮绝，想退兵回塞，被单于重兵包围，李陵投降匈奴，其兵士得脱归汉的有四百余人。这是三败。

天汉四年（前97），汉派贰师将军率骑兵六万、步兵十万（《汉书·匈奴列传》和《资治通鉴》都作七万），从朔方出兵；强弩都尉路博德率领万余人，与贰师将军会师；因杅将军公孙敖带骑兵一万、步兵三万人，从雁门出兵；游击将军韩说带步兵三万人，从五原出兵。

匈奴单于以十万兵力等候在余吾水以南，与贰师接战。贰师率兵后退，与单于连斗十余日。游击将军无所得。因杅将军与左贤王战，不利，引归。这是四败。

征和（又称延和）三年（前90）三月，汉遣贰师将军率领七万人出五原，御史大夫商丘成率领三万余（《史记·武帝本纪》作二万）人出西河，重合侯马通率领四万骑出酒泉千余里。最后李广利投降，汉军全军覆没。这是五败。

在这场极其艰巨的战争中，汉朝涌现了一批杰出的将才，其中功勋最大且能起带头作用的是卫青和霍去病，最著名的还有李广和李陵。至于抗匈英雄苏武，当然更是名彪史册。

汉武帝领导的汉匈之战，虽以遭受严重挫折告终，但汉宣帝作为西汉第二阶段汉匈之战的最高统帅，英明有为，他重用众多功臣良将，从而在西域取得决定性的胜利，奠定了汉匈之战的胜局。可惜现今对此知之者少，我们不应忘记这些杰出的英雄人物，本书下面将详细记叙这些英雄的战绩和功勋。

四、大将军卫青：伟大品格和辉煌战绩

卫青和霍去病是汉匈战争中最杰出的两位将领，巧的是他们两人都是私生子；出身卑贱，都是女奴的儿子；又是亲戚，两人是舅甥关系；他们都在汉匈大决战中一举成名，拜将封侯，功彪千秋。

从奴隶到将军，卫青的艰难成长道路

从奴隶到将军，大将军卫青的人生轨迹和丰功伟绩发人深省。

卫青（？—前106），字仲卿。生父郑季，河东平阳（今山西临汾西南）人。郑季是一个小小的县吏，经常被派到京城平阳侯曹寿家办事。曹寿是汉初功臣、宰相、平阳侯曹参的曾孙，因娶汉武帝姊平阳长公主（原封阳信公主，下嫁曹寿后改称平阳公主）为妻，成为当朝驸马。郑季在平阳侯府中出差期间住在他家，竟与平阳侯府中的侍婢卫媪私通，并与她生

下私生子卫青。卫媪的丈夫姓卫，她已生过一子三女：长子卫长君，三个女儿依次为卫君孺、卫少儿和卫子夫。接着便是卫青，此后又生过卫步广。卫青和步广都非卫媪亲夫所生，但都冒姓卫。

卫青年幼时归其亲父郑季抚养，但是郑季别的几个儿子都看不起这个私生子兄弟，他们把卫青当作奴隶，郑季命卫青牧羊，竟也将他当佣工看待。卫青在生父家受尽欺凌和苦难。

岁月荏苒，卫青在苦难重重之中终于长大成人。他可能在父家已不堪歧视凌辱，无法立足，所以又来到生母当奴隶的平阳侯家，也成为平阳侯家的奴隶，他作为一名骑士，伺候平阳公主。研究家认为，卫青虽然仅是个奴隶，但他是在王侯家长大的，见闻的大事多，眼光就磨砺得远大了；他受到很好的环境的熏陶和浸润，这段经历对他的成长颇有益处。他作为奴隶，虽然身体劳累、吃苦，但他富于灵性，卓有才华，又在劳动和习武中锻炼出极好的体力、骑射的本领；尽管在磨难中长大，艰难的环境没有磨灭人应有的善良仁慈的天性，却又能磨炼出忍耐、克制和忍让的坚韧性格和美德。就像孟子所指出的，他是因为"天之降大任于斯人也"，才得到命运和生活的磨难；磨难往往是人生最好的老师，正像一位当代作家所说：一切伟大的人，无疑都经历过苦难，苦难就像重锤，它将平庸的人砸扁，却将伟大的人锻打得熠熠生辉。

有一次卫青跟着别人到甘泉宫中工匠住的居室去玩，有一个钳徒（剃去头发，颈上戴着铁枷的囚徒）给他相面说："你是贵人啊！将来官至封侯。"卫青笑着说："生来就作为一个奴仆，不受鞭打叱骂就很满足了，怎么做得到封侯啊！"此话后来无疑是应验了，但当时却实在难以令人置信。

卫青因为他姐姐的缘故而彻底改变了命运。他的姐姐卫子夫是奴隶的女儿，是怎么帮助弟弟改变命运的呢？就因为她成了汉武帝的宠妃和皇后。

上一节已经介绍卫子夫（？—前91），初为平阳公主家的歌舞奴隶。汉武帝建元二年（前139）春，汉武帝出游霸上（长安东郊），他去那里祓禊（古代除灾求福的仪式。古代民俗，三月第一个巳日，人们都到水滨去洗濯污垢，称为祓禊），回程中顺路来到平阳公主家看望、做客时，平阳公主设宴款待，又令歌女献歌，武帝唯独喜爱其中的卫子夫，平阳公主就让武帝带卫子夫回宫去。卫子夫入宫后，武帝已经忘记了她，一年后却大受武帝的宠幸，而且很快就有了身孕。元朔元年（前128），生太子，被立为皇后。

照理说，卫子夫成了当今皇帝的宠妃，他们全家可以苦尽甘来、享受富贵了，可是卫青却遭到新的意外磨难。陈皇后婚后多年没有子息，更且面临失宠，她的母亲大长公主是汉武帝的姑妈，她感到自己女儿的地位岌岌可危，又听说卫子夫有了身孕，极为妒忌，她对卫子夫无可奈何，竟将怨怒之气出在卫青身上，命人抓来卫青，将他囚禁起来，准备杀掉他。这时卫青虽在建章宫做事，却仍不过是个无名之辈，大长公主要杀他，易如反掌。幸亏卫青的朋友患难之时见真情。卫青的好友骑郎公孙敖带领几位壮士，冒险将他救出来，卫青终于大难未死。武帝知道此事后，给了卫青一个建章监待中的官职。此时，卫青的长姐卫君嫁于太仆公孙贺为妻；二姐卫少儿原与汉初名臣、宰相陈平的曾孙陈掌私通，武帝召见陈掌，赐他财富，让他富贵，他就正式娶卫少儿为妻；不久，卫子夫因大得武帝欢宠，又为武帝生了男儿，武帝封她为皇后。卫氏三美，一人贵为皇后，二人皆得佳配。卫青也当上了太中大夫。

卫青幼时失学，在平常的环境中，显不出才华，更无尺寸之功，他当官，完全是因裙带关系，因为他的姐姐是皇后。可是他摆脱奴隶身份，当官虽靠姐姐，但汉武帝派他出战匈奴，是在沙漠中打仗的极其艰苦、弄不好还要送死的苦差事。

我们知道在卫青之前，汉朝还没有一个将军战胜过匈奴，连旷世勇将李广也常吃败仗还被敌方俘获，文帝因为缺乏将才而哀叹，武帝初期，也因缺乏勇将而在马邑之战中一无所获，恼恨万分。

因此，汉武帝试用（而不是重用）卫青出击匈奴——是卫青自己主动要求，还是汉武帝的选用，已为历史之谜——是让自己的亲戚带头上阵冒死作战。这是汉武帝的雄才大略的伟大之处。

卫子夫是一个低调、老实、忠厚、忠诚的宠妃和皇后，否则她怎么肯让自己的兄弟去带头吃苦打仗、向不可一世的强敌匈奴冒死冲击？因此，是卫皇后和卫青（姐弟）、霍去病（姨甥）的壮举，成全了汉武帝的雄才大略，成全了汉武帝打垮匈奴、开拓疆域的雄伟事业，成全了汉朝君臣和全国军民近百年朝夕不离的梦想。

卫青愿意刚当上官就利用裙带风，抓获吃苦、冒死上阵的机会，挑起汉朝最重的担子，他本人虽因为人一贯谦恭而未予表现和表达，也不善表现和表达自己的杰出才华和雄伟志向——不像李广善于宣传自己，天下士大夫知与不知，都知道他——他的勇气、自信和时代责任感，犹如难掩的光华，照耀边塞万里，照亮千古。

反过来，汉匈之战提供他一个盛大的历史舞台，让他舒展才华，建功立业，彪炳史册，光耀千古。这样的历史机遇，是千载难逢的，卫青能够撞上这个大运，也是天意。

卫青从元光六年（前129）拜车骑将军，出上谷初次出击匈奴，至元狩四年（前119）的漠北之战，十年之间，在十次战争中，共有七次出击匈奴，凡七战七胜，威震大漠。

卫青的七次出击匈奴是十次战争中的七次，即第一到六次和第十次。其中有具体记载的是第四、第六和第十次。

第一次战役，河南之战

元光六年（前129），匈奴单于出兵侵犯上谷（郡名，治沮阳，在今河北怀来县东南），杀掠吏民。武帝决定反击。

于是派车骑将军卫青出上谷，轻骑将军公孙贺出云中（郡名，治云中，在今内蒙古呼和浩特市西南），太中大夫、骑将军公孙敖出代郡（郡名，治代县，在今河北蔚县东南），卫尉、骁骑将军李广出雁门（郡名，治善无，在今山西右玉县东南），四位将军各率一万骑兵，击匈奴。

卫青攻至龙城（匈奴单于祭天与大会各部之处），杀死和俘获匈奴七百余人。因功赐爵关内侯。公孙贺无功。骑将军公孙敖损失骑兵七千；卫尉、骁骑将军李广被俘而逃归，皆应斩首，公孙敖和李广交了赎金，保住了性命，撤职为民。

这一仗，其他将领无功或战败，只有卫青获胜，而且是汉朝开国以来首次获胜，意义非同一般。

此年秋，匈奴屡次闯进边境抢掠，汉朝派将军韩安国驻军渔阳防御匈奴。

第二次战役，雁门之战

元朔元年（前128）秋，匈奴二万骑兵侵入辽西（郡名，治阳乐，在今辽宁西部、河北东北一带），杀太守，掠走两千余人。又侵入渔阳，打败渔阳太守的一千多人的军队，把汉朝将军韩安国围困起来。这时韩安国的一千多骑兵也将要全部被歼，恰巧燕王的救兵赶到，匈奴才离去。匈奴又侵入雁门郡，杀死和抢走千余人。

于是汉朝派卫青率三万骑兵出雁门，李息出代郡，攻打匈奴。卫青杀死和俘虏匈奴数千人。

这一年的春三月甲子，立卫子夫为皇后。可见第一次战役时，卫子夫还是妃子。

第三次战役，漠南之战

元朔二年（前127），将军卫青、李息出云中，渡西河，至高阙，又进军至陇西符离（塞名），纵横数千里，全甲兵而还，杀死和俘虏数千人，获两千三百首级，畜百余万，打跑白羊、楼烦王。收河南地（河套以南地区，在今内蒙古鄂尔多斯），置朔方（郡名，治朔方，在今内蒙古乌拉特前旗东南）、五原（郡名，治九原，在今内蒙古达拉特旗西北）郡。

战后，卫青封为长平侯。

这一次漠南战役的战果巨大，汉朝收复黄河河套南岸的土地，修筑朔方城，又修缮从前秦朝蒙恬所修建的关塞，凭借黄河作为坚固的防线，解除了匈奴对长安的直接威胁，为汉军建立了一个战略进攻的基地，意义重大。

同年夏，汉武帝在内地募民十万口迁移到朔方，发展当地的经济，充实和巩固边境。汉朝也放弃了上谷郡的曲折僻远的县如造阳一带给匈奴。

第四次战役，朔方之战

后一年的冬天，匈奴军臣单于死去。军臣单于的弟弟左谷蠡王伊稚斜自立为单于，打败了军臣单于的太子於单。於单逃走，投降汉朝，汉朝封於单为涉安侯，几个月后他就死了。

伊稚斜单于继位后的夏天，匈奴数万骑兵攻入代郡，杀死太守恭友，抢掠一千余人。

匈奴因不甘心失去河南这一战略要地，当年秋天，匈奴又攻入雁门，杀死和抢走一千余人。第二年，元朔五年（前124）春，匈奴又分别派遣三万骑兵攻入代郡、定襄、上郡，杀死和抢走数千人。匈奴右贤王怨恨汉朝夺走黄河河套南岸的土地，并修筑朔方城，因而屡次侵扰，到边境抢掠，以及攻入河套南岸，侵扰朔方城，杀死和抢劫很多官吏和平民，企图夺回河南地区。

武帝决定大举反击，第二年，即元朔六年（前123）春，汉朝用卫青做大将军，将三万骑兵出高阙，卫尉、游击将军苏建、左内史、彊弩将军李沮，太仆、骑将军公孙贺，代相、轻车将军李蔡，都归卫青统率，出朔方；大行李息、岸头侯张次公，俱为将军，各率所部，出右北平。卫青统领六位将军，共出动兵力十余万人。

卫青兵出朔方、高阙，攻打匈奴。匈奴右贤王正当卫青军，他竟以为汉兵不能这么神速地到达己地，饮酒大醉。没想到汉兵走出塞外六七百里，行军神速，夜至敌营，包围了右贤王。右贤王大惊，仅带了他的爱妾一人和数百骑兵仓皇逃跑，冲出包围北去。汉军轻骑校尉郭成等猛追数百里，没有追到。右贤王远逃。此战大败匈奴，捕获匈奴右贤裨王十余人，部众一万五千人，牲畜数十万或至百万。

这一仗重创匈奴主力，进一步打出了汉军的威风，进一步巩固了朔方这个战略要地，彻底消除了匈奴对京师长安的直接威胁，并将匈奴左右两部切断，方便今后分而攻击，意义深远。

大军回到塞上（长城边），武帝派使者带去大将军印，立即在军中拜卫青为大将军，诸将全受其统属。天子表彰说："大将军卫青亲率戎士，出师大捷，俘获匈奴王有十余人，加封八千七百户。"又封卫青的三个儿子卫伉等为侯。

因为这是一个空前的大胜仗，所以汉武帝封卫青为大将军，还要封他的三个儿子。想必换成别人，定是喜出望外。但卫青竟坚持不要，他说："臣幸得待罪行间，赖陛下神灵，军大捷，皆诸校力战之功也。陛下幸已益封臣青，臣青子在襁褓中，未有勤劳，上幸裂地封为三侯，非臣待罪行间所以劝士力战之意也。伉等三人何敢受封！"

卫青坚持不受无功之赏，拒绝三个儿子受封，强调众将士的功绩，于是武帝又大封将士，多人获侯受赏。尽管武帝本也要奖励众人，但卫青谦让功劳、体恤部下的为将气度和风度，极为难得。

这年秋天，匈奴一万骑兵攻入代郡，杀死代郡都尉朱英，抢掠一千余人。

第五次战役，定襄一战

元朔六年（前123）春，大将军卫青第五次出征匈奴。他出兵定襄（郡治在今内蒙古和林格尔以北），合骑侯敖为中将军，太仆贺为左将军，翕（xī）侯赵信为前将军，卫尉苏建为右将军，郎中令李广为后将军，右内史李沮（jū）为强弩将军，都属大将军统领，斩获数千首级而还。

第六次战役，定襄二战

月余以后，已是夏季，全军再次出动，卫青率六将军和十余万骑兵，出定襄数百里攻打匈奴，前后共杀死和俘获一万九千余。

在此战中，前将军与右将军苏建、赵信两军合并，共三千余人，而又与大队军马分开行进，单独与单于大军相遇，接战一日余，汉军寡不敌众，即将全军覆没。

赵信原为胡人，本是匈奴的小王，赵信投降汉朝，汉朝封他为翕侯。这时，他见情况紧急，匈奴引诱他，他就带领剩下的约八百骑兵奔到单于那里投降了。

苏建全军覆没，只身逃归。他回到卫青处，卫青询问手下的负责官员，讨论处置的办法。议郎周霸说："自从大将军出兵，未曾斩裨将，现在苏建士兵全失，可斩，以明将军之威。"罪正闳和长使安说："不能这样说。兵法说：'遇小股敌人的勇敢之兵，遇大股敌人只能全部战死。'现在苏建只有数千之兵，抵挡单于数万军队，死战一日余，兵士都不敢有二心。他自己回来，竟把他杀了，逼得后来没有人肯回来了。不应当斩首。"

卫青说："我幸得因为姐姐的缘故在军队里效力，并不存在威信不威信的问题。而周霸说，让我杀苏建以明威，很不符合我的私意。而且我的职务虽然可以斩杀将军，即使以我这样受人尊崇的地位，还是不敢擅自行使杀人之权于境外，此权应该归还天子，让天子亲自裁决，我以此示意为人臣的不敢专权，不是很好吗？"军中诸人都说好。于是将苏建关押起来，入塞罢兵。

回京后，天子不诛苏建，苏建用金钱赎回性命，削职为民。卫青此举保住了苏建的性命。这位苏建就是名震千古的苏武的父亲。

霍去病在此战开始参战，任骠姚校尉。他首战告捷，斩首虏两千二十八骑。此战以后，都是霍去病上阵，武帝不再安排卫青出战。

第十次战役，漠北之战

匈奴在军事上受到多次重创后，单于远遁漠北，汉军已经掌握了战争的主动权。但是匈奴不甘心失败，还不时侵扰边境。单于既得到了翕侯之后，封他为自次王，并将自己的姐姐嫁给他做妻子，同他商量对付汉朝。赵信向匈奴建议，向北迁移，越过沙漠，以此引诱汉军，使其疲惫，待他们极度疲劳时再攻取他们，不要到汉朝边塞那里。单于听信了他的计谋。

第二年，匈奴一万骑兵攻入上谷郡，杀死数百汉人。引诱汉军来沙漠以北，匈奴以逸待劳，寻机打击或歼灭汉军主力。汉武帝决策组织大军，北上漠北，寻找匈奴主力决战。

元狩四年（前119）春，汉武帝与众将军商议说："翕侯赵信为单于策划，常以为汉军不能轻兵久留于大漠以北。这次发大兵，一定要达到我们的目的。"

于是令大将军卫青和骠骑将军霍去病各率骑兵五万，骑着用粟喂养的马匹，加上自愿携带军需品参军的骑兵，共有十四万人，步兵和后勤部队数十万，大张旗鼓，分头出击，将敢于死战、深入敌方的精锐部队全部归属霍去病。

起先，由霍去病出定襄，正面攻击单于。但在出征前抓到的俘虏说单于在东面，于是改换霍去病东出代郡，仍让他正面攻击单于，命令卫青出定襄。任命郎中令李广为前将军，太仆公孙贺为左将军，主爵赵食（yì）其为右将军，平阳侯曹襄为后将军，都归大将军统属。

赵信对单于说："汉兵即使度过大沙漠，人马疲乏，匈奴可以以逸待劳。"于是将其辎重远撤至北方，皆以轻兵在沙漠以北等候。

出乎意料的是准备正面攻击单于的霍去病及其率领的主力部队没有碰到单于，卫青的部队出塞千余里，过大沙漠后看到单于的军队列阵而待。可惜的是，此时前将军李广和右将军赵食其因迷路而未能赶到，卫青军的部队并未到齐，却已大敌当前。

于是卫青命令兵车围成圆圈为营，派出五千骑兵上前抵挡匈奴，匈奴也派一万骑兵向前。正巧是太阳落山之时，大风卷起，沙砾击面，两军在飞沙走石中互不相见，双方拼死混战。打到紧要时，汉方更派出大批军队，成左右两翼包抄单于。单于看到汉方兵多，兵马尚强，久战对匈奴不利，便在薄暮时乘六匹强壮善跑的马拉的车，带着约几百个强壮的骑兵，冲破西北方向的汉军包围圈，逃走了。

天黑后，汉兵和匈奴混乱地厮杀成一团，双方死伤惨重。汉军左校抓到俘虏，获悉单于天未黑就逃走了，汉军马上发轻骑兵连夜追击，卫青紧随其后。匈奴兵也一散而走。

卫青军漏夜追到天明，已急行二百余里，没抓到单于，共俘虏和消灭一万九千敌人，一直打到阗颜山赵信城，夺得匈奴储存于此的粮草。停留一日后，烧光留剩的粮食、毁了此城，回军塞南。

单于逃跑的时候，他的军队常常和汉军混战在一起，并设法跟着单于而逃。所以单于失踪了十余日，部众无首，右谷（lù）蠡王自立为单于，单于后来回来了，右王就去掉单于的称号。

这一仗确实充分体现了卫青的军事指挥才能。两军相遇，卫青并不贸然开战，他首先命令战车围成一圈，将辎重保护好，围成一圈的战车又自然形成营地，壁垒森严，利于久战。在站稳脚跟的同时，卫青派出五千骑兵正面冲击敌人，敌方以多压少，派出一万骑兵对阵，双方刚开始激战，卫青并不加强正面的兵力，而是调遣更多的军队向左右两面包抄，不管正面胜负如何，先将对方围住，准备全歼敌人，志在必得。这样的气势，先压倒了敌人，而正面的战斗是卫青亲自上阵，身先士卒，勇往直前地冲杀，卫青武艺高强，所以五千人以一当二，汉军必能战胜对方。卫青的指挥艺术还体现在他自己亲自带队的正面战场投入较少的军队，在两翼作包抄的军队中则投入更大的力量。他自己正面冲击敌人，而且是单于亲自压阵的主力，是最困难的，他却以一比二的劣势，投入较少的兵力，可见在这次战斗中，他本人承担了最重要的责任。

卫青及其将士这样的气势和兵力的优势，果然吓得单于斗志全失，率先逃跑，再经过一场恶战，匈奴军队也就崩溃，无心恋战，卫青军一战奠定胜局，并得以所向无敌，长驱直入，向纵深发展，攻入匈奴腹地，摧毁了他们的粮库，给匈奴以更沉重的打击。

尽管匈奴有备无患，以逸待劳，取得天时、地利的优势，但是卫青单靠人和获胜。

卫青军尽管大获全胜，此战共消灭敌方一万九千余人，但被单于在包围圈内逃脱，是非常遗憾的。如果李广和赵食其能及时赶到，卫青军如虎添翼，两侧包围的力量增强，就会获得更大的战果，甚至可能一举抓获单于。李、赵二人的迟到，实际上是缺席，直到卫青率军回到大漠以南，才相遇。这的确于战局非常不利。两人受到追究，这是理之必然。李广愤而自杀，是没有道理的。

霍去病骑兵和辎重与大将军相等，但没有裨将，就任李敢等人为大校，替代裨将，出代郡、右北平两千余里，与匈奴的左路交战，可能他遭遇的敌军并非主力，所以杀伤和俘虏左贤王的部众七万余人，功劳反而多于卫青。于是霍去病和接应他的将军都有丰厚的奖励并封侯升爵，卫青与他的部属都无升无奖。

卫青并不因为武帝将精锐军士全归霍去病，并让霍去病正面攻击单于，自己仅作为侧翼，起辅助作用而有任何不快；而且霍去病是独当一面，如立大功，可以一人独享，卫青却有多位将军跟从，如有功劳，有多人分享。结果在这场战争中，霍去病并未经历恶战，而他的功劳反而大于卫青，卫青对此没有丝毫不快，可见卫青是一位肯挑重担，遇事尤其是遇到争夺功劳之事，肯退让谦让的人。

此战共歼敌九万多人，造成了"是后匈奴远遁，而幕南无王庭"的局面。匈奴在汉朝北方被彻底打垮，百余年来，中原所受匈奴的威胁，到此基本解除了。

匈奴的兵力渐趋衰竭，只能在西域保持势力，无力向东发展。

而此时汉军在西面，已经占领了朔方以西至张掖、居延间的大片土地，保障了河西走廊的安全。汉在上郡、朔方、西河、河西开田官，遣送塞卒六十万人屯戍于此，逐渐开发这一片广阔的地域，为今后进军西域建立了牢固的根据地。

自此战以后，卫青的地位日益衰退，而霍去病则日益显贵，卫青的故人门下，除了任安以外，大多去霍去病处谋职，获得官爵。卫青对此依然泰然处之。

此战以后三年，霍去病病逝，而卫青也在此战后十四年去世。期间汉朝不再出击匈奴是因为战马损失太多，无力恢复，又兼南灭两越，东伐朝鲜，攻击羌和西南夷，无力北顾，所以北线只能一直休战。

卫青封为长平侯、大将军、大司马。《汉书·卫青霍去病传》总结他的一生战绩和功勋：

大将军青凡七出击匈奴，斩捕首虏五万余级。一与单于战，收河南地，置朔方郡。（大将军青共七次出击匈奴，捕获和斩杀五万余敌。第一次与单于决战，就收复河南要地，建立朔方郡。）再益封，凡万六千三百户；封三子为侯，侯千三百户，并之二万二百户。其裨将及校尉侯者九人，为特将者十五人。（其裨将及校尉被封侯的有九人，以将军职位单独出征的有十五人。）

卫青的伟大品格和杰出才华

卫青不仅声威远震，而且治军有方，品质优秀，待人仁慈，美名扬天下。

元狩元年（前122）冬十一月，淮南王刘安、衡山王刘赐谋反。淮南王在造反叛乱之前曾向谋士伍被（pī）打听卫青的为人，因为他估计朝廷会派大将军卫青来镇压。他问："大将军何如人也？"伍被回答说：我有一位好朋友黄义，他曾跟随大将军出击匈奴，向我谈及过大将军的情况，另有谒者（执掌外交礼仪事宜的官员）曹梁，从长安来此出差，也曾向我谈及大将军的为将和为人。黄义说：

> 大将军遇士大夫以礼，与士卒有恩，众皆乐为用。
> 骑上下山如飞，材力绝人如此，数将习兵，未易当也。

曹梁说：

> 大将军号令明，当敌勇，常为士卒先；须士卒休，
> 乃舍；穿井得水，乃敢饮；军罢，士卒已逾河，乃度。
> 皇太后所赐金钱，尽以赏赐（部下），虽名将不过也。

伍被从两个人那里听到的评价，完整地介绍了大将军卫青的才华横溢、严于律己、慷慨仁爱，及其在极为艰苦的战争中的卓越表现。

黄义赞扬大将军卫青"与士卒有恩"，对士兵有恩情。他们两人接下来的种种赞扬，都体现了卫青"与士卒有恩"这个中心。

第一，卫青骑术高明，能骑马如飞地上山和下山。我们要设想，骑着马在地形陡峭、植被复杂的荒山野岭速度快到如飞的程度，以及上下驰骋的极度困难。在陡峭的山坡上奔马，人骑在马上，犹如横在空中，要有杂技艺术家的高超功夫，靠两条极其有力的腿夹住马，上身不断调节角度，才能避免甩出马背，尤其是下山更难。如飞的马，速度不亚于当代人赛车，赛车者常常控制不住用高科技控制的高度机械化的车，车祸频频。卫青要控制马，更要困难得多，只要一次出事，就被摔死，再也没有第二次机会了。而卫青长年打仗，单是骑马如飞上下山，就是一件无人可及的绝技，是他军事技艺无人可及即"材力绝人如此"

的诸种本领中的一种而已。

再譬如射箭，上面的介绍中没有提及，因为军中善箭者很多，不如此，怎能打垮匈奴？可是卫青如果自己射箭不行，他大敌当前，率先冲锋，岂非是上去送死？或者反而成为先冲上去的部队的累赘，人家还要分心保护他。卫青善于射箭，是他上阵打仗必备的技术。在沙漠和草原射箭，需要极其有力的臂力，才能远距离快速射死敌人。另外还要计算横向的风力，树欲静而风不止，在空旷的战场上经常刮风，常常还是大风，射箭时还要在一刹那的极短时间内，在心里算计风从边上吹过来的力度，风吹过来的角度也有不同，也要计算不同角度吹过来的风的力量之差别，同时测算要射死的敌人的距离，然后测算弓箭偏歪的角度（如果对准敌人射，箭要被风吹歪，根本射不到敌人），远处的敌人看上去很小，只要算错毫厘，不但射不中敌人，还会被敌人射死。

将军的骑射技术高，不仅作战时对敌人有大的杀伤力和威慑力，而且平时训练军官和士兵就会从内行的角度制定高标准严要求，使官兵的军事技术都好，这两项都能减少伤亡，容易胜敌。他用这么高的军事技术训练士兵和率军打仗，带领大家每战必胜，立功受奖，这的确是卫青对士兵的第一个恩德。

第二，号令分明。要做到号令分明，既要公正——让亲信的人攻坚、布置的任务适当，又要正确——尤其是战场上的战况瞬息万变，指挥上小有失误就会造成士兵不必要的伤亡，以后士兵执行命令就要打折扣，将军也就没有了威信，还要及时，在战场上用最快速度发布正确的命令，就能及时抓住战机而获胜。这也是卫青对士兵的第二个恩德。

第三，大敌当前，他身先士卒，冲锋在前，而休息在后。冷兵器时代，领兵的将军个人的武艺、胆略起着决定性的作用。大敌当前，将军身先士卒，大胆带头冲锋，真正体现了"榜样的力量是无穷的"，鼓舞士气，莫此为甚。人都是肉长的，都是爹妈生的，人的生命最宝贵。而军中地位最尊贵的统帅，不惜生命，勇往直前，无私无畏，就充分弘扬了正义战争的正气，他带头杀敌，部下尤其是普通士兵的战斗豪情就会油然而生，为国立功、显示自己勇敢和作战才能的激情极度迸发，部队的战斗力往往能够超常发挥。这也是卫青对士兵的第三个恩德。

第四，在沙漠地带行军打仗，极其辛苦和劳累。他要让士兵都休息了，自己才休息，也是极不容易的。

第五，沙漠地带缺水，生命受到严重威胁。他不饮，要等到挖井见水，得到足够的水，他才"敢"饮。要知道，即使旅游，到了沙漠地带，也饥渴难忍。再加上阳光的炙烤，行军和作战时体力的极度消耗，汗流如注，更何况古代运输条件差，不可能带上大量饮用水。卫青爱护士卒，要全军优先饮水，他不饮水。只有掘成了井，大家饮水有了保证，他才"敢"饮。这也是卫青对士兵的第五个恩德。

第六，行军或退兵时他让士卒先渡河，自己在后面压阵。古代打仗，渡河最危险。如果大部队已经渡河，敌军追上来，最后渡河的人就有被歼灭的最大危险。大将军卫青让士兵先渡河，他亲自在后面做保卫，待士卒全部过河后，他才渡河。这是卫青对士兵的第六个恩德。

以上六个方面的表现，处处都体现了卫青将士兵的生命看得重于自己的生命。他不顾自己的生命安危去优先保护士兵的生命，这难道不是"与士卒有恩"的具体而卓特的表现吗？

最后，皇太后给的赏赐，他一分不留，全部给了部下。

皇帝是卫青的亲戚，所以，卫青立功的赏赐由皇太后颁发，这是汉武帝的又一英明之处。

而卫青竟一分不留，全部转赠给部下。不管文臣武将，当一个清官已经不易，而出生入死、吃尽辛劳换来的应得的赏赐也丝毫不留，全部送给部下而不留给儿子。这样慷慨的做法，再加上以上六条，卫青可以说是空前绝后的一个伟大的将军。

但是卫青的伟大，远不止于此。

卫青功高位尊，却能一直保持行事小心谨慎，具有遇事忍让、退让的态度和风度，胸襟宽阔，待人仁慈，极为难得。

卫青任大将军后，地位更为高贵显赫了，他的姐姐为皇后，但是列于九卿的主爵都尉汲黯与他分庭抗礼，有人劝汲黯说："自从天子想命令群臣下大将军，大将军尊贵，诚重，君不可以不拜。"汲黯说："作为大将军能降贵以礼士，难道反而不重了吗？"卫青听说后，不仅不生气，还愈益认为汲黯是个贤臣，多次向汲黯请教朝廷碰到的疑难问题，比平日给予更高的礼遇。汲黯此人因为经常犯颜直谏，不得久留朝廷为官，不得久居官位，只有卫青能宽容和真诚地尊重他。

卫青处事极为谨慎，不杀苏建即是一个显例。

除不杀苏建外，我们还可从李敢的报复事件中得到有力印证。李广死后，李敢怨恨卫青指令其父李广走东路，从而迷路失期，造成遗恨、自杀的恶果，误认为是卫青对他父亲迫害而造成的悲惨结局，因此气愤难平，怀恨在心。元狩六年（前117），李敢竟大胆地报复，打伤了大将军卫青。

我们先来分析：卫青为什么会给李敢打伤？卫青四肢健壮有力，作战勇武，他如果保护自己，与李敢对打，即使不获胜，至少也不会受伤。他受伤，是因为他打不还手。

他为什么打不还手？我认为有三个原因。

其一，他同情李敢。李广非正常自杀，作为儿子的李敢极度伤心，在极度伤心之下丧失理智，竟然来打大将军卫青，善良的卫青同情他。

其二，他尊重李敢。李敢误以为父亲受卫青的迫害而死。他前来报仇，竟然来打大将军卫青。他报仇的目标不对，报仇的方法不对，但他为了父亲冤死，不考虑自己的后果，前来向大将军报仇。对这种孝心、这种维护正义的真心、这种无私的勇气，善良而富于正义感的卫青是尊重和赞赏的。

其三，他爱护李敢。李敢是谁？一来他是名将李广的儿子。爱护他，就是对已经亡故的名将的一种敬重和善待。二来他是军中的青年勇将。国家需要这样的战将，汉匈战争需要这样的战将。

于是卫青打不还手，受了伤——这是他第一次受伤，由于他的勇武和智慧，战场上他还没有受过这样的大伤；不仅如此，卫青受此侮辱而且被打伤，他不仅没有惩处、报复李敢，还大度地将这件事情隐匿下来，以免武帝知晓后惩罚李敢。

卫青因为外戚的身份，在青年时代遇到了赏识他的汉武帝，他虽然没有平步青云，但最初的机遇是汉武帝给的。他"开后门"得到出战顽敌强敌这种弄不好要带头送死的机会，全靠自己的勇武、智慧成为汉朝第一个战胜这个强敌的将军，而且每战必胜，功勋卓著，从而拜将封侯，建立不朽的功业。卫青在整个古代史上可以说是一位屈指可数的才华杰出、功勋卓著、品质高尚、人格完美的伟大军事家。

卫青的人生结局也很有趣。他少年时本是平阳公主的家奴，成名显贵后，平阳侯曹寿患恶疾去世，平阳公主守寡后，应该选一位列侯做她的丈夫。她问身边的人："列侯中谁最贤德？"大家都说："是大将军。"公主笑了，说："此人本来是从我家出身的，是从我们家出去的人，我常常命令他骑马跟随着伺候我。怎能让他做我的丈夫呢？怎么说呢？"大家都说："他于今可尊贵无比啊。如今大将军的姐姐是皇后，她的三个儿子都封侯了，富贵震动天下，公主怎么倒把他看轻了呢？"于是公主才同意了。公主向皇后卫子夫，即卫青的姐姐吐露自己的心事，皇后明白她的心思后，禀告武帝，皇上就下诏，命卫青与公主结婚。此时，卫青的妻子也已亡故，这位亡妻为他生了三个儿子，他与公主当然没有生过孩子。公主未嫁时本来称阳信长公主，因为嫁给平阳侯，所以称平阳公主，嫁给卫青后，她并没有改名号。她比卫青先故世，卫青去世后，与公主合葬，起的坟墓像庐山。

卫青少年时是平阳公主的奴隶，只能低声下气地侍奉她，受她的鄙视，可能因他有才而不露，性格沉稳，做事仔细，因而至多不大受到她的训斥而已。两人成了夫妻，过去有这段女尊男卑的关系，两人生活在一起，可能会有不协调之处。但平阳公主早死，元封三年（前108），卫青病逝，与平阳公主合葬，起冢像庐山，以纪念他击破匈奴的盖世功勋。

由于司马迁和班固的重大失误，《史记·卫将军骠骑列传》和《汉书·卫青霍去病传》没有给卫青的波澜壮阔的一生尤其是光辉战绩留下清晰、全面和具体的记录，卫青光辉、伟大的品格、勇气、才华的叙述，不引人注意地在《史记·淮南衡山列传》和《汉书·淮南衡山济北王传》中，由伍被给即将谋反的淮南王的对话中，用转述的方式显露，《资治通鉴》还抄漏其中最重要的一半，所以千古读者和学者，多不知卫青是名副其实的汉匈之战的第一功臣，多不知大将军卫青的罕与伦比的杰出才华、勇气和伟大品格。

五、骠骑霍去病：匈奴未灭，何以家为？

霍去病（前140—前117），河东平阳（今山西临汾西南）人。是大将军卫青的外甥，即卫青同母姊卫少儿的私生子。

他的生父霍仲孺，当过平阳县小吏，因公事，常到平阳侯府中，与府中的侍婢卫少儿私通，生霍去病。他还乡后，娶妻，生子霍光。卫少儿后又与陈掌私通，等到她的妹妹卫子夫得宠成为皇后，在汉武帝的安排下，少儿就与陈掌做了正式夫妻。

霍仲孺也是一位福星高照的贵人，他的私生子霍去病是抗匈名将，他与正妻所生的儿子霍光，得到霍去病的提携和汉武帝的重用，成为名相。

霍去病和霍光兄弟对于西汉政权的稳固和国家的发展都起了重大作用，在历史上都立下了丰功伟绩。

霍去病虽说是女奴的私生子，幸运的是就在他出生的第二年（前139），他母亲的妹妹即姨母卫子夫就进宫，一年后得宠，他十三岁时，卫子夫被立为皇后，所以他并没有像卫青那样受过苦。

元朔六年（前123），他因是皇后的外甥，年方十八（古代是以虚龄计算的），就担任侍中，侍从皇帝的左右，出入宫廷。当年就参加了汉武帝时期汉匈的第六次战争。

第六次战役，初次参战

与舅父卫青一样，霍去病也善骑射，所以在汉武帝的安排下，随大将军卫青出征匈奴。大将军受诏，给予他"壮士"称号，任命为骠姚校尉。

大将军卫青从定襄（今内蒙古河套东部一带，郡治在今内蒙古和林格尔以北）出击匈奴，霍去病率领八百勇敢善战的轻骑兵，越过大将军数百里，一往直前，奔袭敌营，获得大胜。杀伤和捕获敌人两千零二十人，捕得相国、当户，斩杀单于祖父辈的藉若侯产（人名），捕获单于的叔父罗姑比。凯旋后，汉武帝以千六百户封霍去病为"冠军侯"。

这是汉匈第一阶段十次战争中的第六次，此后霍去病在第七到十次战争中每次都出征，他共打了后半阶段的五次仗。其中首尾两战是与卫青共同出击的。

第七次战役，河西之战

过了三年，元狩二年（前121）春，霍去病为骠骑将军，率领一万骑兵，出陇西（郡名，治狄道，今甘肃临洮）。经历西域五国，希望夺获单于之子。转战六个月，过焉支山（今甘肃山丹县境）一千余里，合短兵，鏖战皋兰山（山名。一说在今甘肃兰州市）下，斩杀折兰王、卢侯王，抓获浑邪王子与单桓王、酋涂王，相国、都尉率领部众两千五百人投降，杀敌九千八百六十，又捕获休屠王的祭天金人。匈奴兵力被摧毁十分之七。

这一仗，霍去病在西域战场进入匈奴腹地，攻入祁连山，给匈奴以致命的打击。《史记·匈奴列传》索隐引《西河旧事》说：祁连山在张掖、酒泉二界上，东西二百余里，有松柏等多种良木，水草丰美，冬温夏凉，极宜畜牧。匈奴丢失祁连山和燕支山后，流行了一首民歌，唱道：

> 亡我祁连山，使我六畜不蕃息；失我燕支山，使我嫁妇无颜色。

林幹《匈奴通史》精辟地分析这首民歌说：这首民歌

的主题思想，鲜明地反映了匈奴人对于他们的统治者所发动的对邻国的掠夺战争及其招致失败所造成的经济萎缩和政治势力衰落，表示无限感慨。情调虽然有些低沉，但它的内容却具有浓厚的游牧民族的色彩及与现实生活密切结合的特点。这个特点充分说明，民歌作为匈奴人的观念形态的一种表现，不能不把他们在经济、政治生活中的感受反映出来。这首民歌把"燕支山"与"嫁妇无颜色"联系在一起，是有深意的。因为燕支山之燕支，亦即胭脂，是同音同义之词。匈奴叫妻作阏氏（音烟支）。而燕支（胭脂）则是匈奴妇女用"红蓝"花染粉为面饰以美容者，俗谓之燕支粉（胭脂粉）。此歌借音寓意，以燕支山比作阏氏和胭脂，意思是说，匈奴失去了燕支山，也就等于匈奴妇女失去了胭脂、不能成为美貌的阏氏一样；以"嫁妇无颜色"比作匈奴对邻族无声誉和无威望。取材巧妙，含义深远。可见创作者的匠心独出。

匈奴受到霍去病的沉重打击，匈奴的民众用凄惨的民歌唱出了内心深远悠长的哀叹。

第八次战役，北地之战

元狩二年（前121）夏，骠骑将军霍去病与合骑侯公孙敖俱出北地，博望侯张骞与郎中令李广俱出右北平。

李广率领四千骑先至，被匈奴左贤王将数万骑包围，血战二日，李广军死者过半，所杀敌寇也大致相当。

张骞军赶到，匈奴引兵退走。张骞行军迟缓，当斩，赎为庶人。

霍去病出北地后则深入匈奴，合骑侯公孙敖迷路，未能与霍去病合力作战。霍去病单独率军过钩耆、居延（县名，在今内蒙古额济纳旗东南）两水，到达小月支，攻至祁连山，抓获单桓王、酋涂王及相国、都尉以下两千五百人；斩杀匈奴三万零二百，捕获五王，五王母（王的夫人），单于阏支和王子五十九人，相国、将军、当户、都尉六十三人，匈奴兵力十分损失其三。

诸将都无功，只有霍去病一人立了大功，跟随霍去病的多位部将也立功封侯。

第九次战役，平叛之战

元狩二年（前121）秋，单于看到处于西面的浑邪王多次被汉军击败，被霍去病消灭了数万人，非常恼怒，想杀掉他。浑邪王就与休屠王等商议，想投降汉朝。

汉武帝闻讯，恐怕他们是用诈降的方法袭击边境，就令骠骑将军霍去病带兵去迎接他们。

霍去病渡河后，与浑邪王及其部众已遥相对望。浑邪王杀掉翻悔拒降的休途王。浑邪王的多个裨将也不想投降，见到汉军，很想逃跑。

机警万分的霍去病一看情况有变，他立即纵马急驰，冲入对方，与浑邪王相见，斩杀那些想逃的匈奴官兵八千人，稳住了诚心投降的部众。

于是霍去病让浑邪王单独由驿站所备的车马先送至京城长安，组织他的部众全部渡河，降者有四万余人，号称十万。

武帝将这些投降的匈奴军队分别遣派、安置到陇西、北地、上郡、朔方、云中五郡，各以本国之俗而属于汉，为属国。

第十次战役，漠北之战

元狩四年（前119）春，汉武帝令大将军卫青和骠骑将军霍去病各率骑兵五万，步兵和后勤部队数十万，大张旗鼓，分头出击。汉武帝将敢于死战、深入敌方的精锐部队全部归属霍去病。

起先，由霍去病出定襄，正面攻击单于。可是抓到俘虏后，俘虏说单于在东面，于是改换霍去病东出代郡，命令卫青出定襄。

汉武帝任命郎中令李广为前将军，太仆公孙贺为左将军，主爵赵食其为右将军，平阳侯曹襄为后将军，都归大将军统属。

霍去病骑兵和辎重与大将军相等，但没有裨将，就任李敢等人为大校，替代裨将。

霍去病出代郡、右北平（北平郡在今河北东北部、辽宁西北部一带）两千余里，过大沙漠，与匈奴的左路（即东路）交战，大获全胜。俘获匈奴屯头王、韩王等三人，将军、相国、当户、都尉八十三人。杀敌七万零四百四十三人，约歼灭匈奴左方兵力的十分之二三。在狼居胥山（在今蒙古乌兰巴托以东）祭天，在姑衍山祭地，登临瀚海（贝加尔湖）后才回师。

在此战中，霍去病杀伤和俘虏敌军多于卫青。于是霍去病和其部下以及接应他的将军都有丰厚的奖励并封侯升爵，卫青与他的部属都无升无奖。

自此战以后，汉武帝又增设了大司马的官位，大将军卫青和骠骑将军霍去病都有大司马之号。于是他们两人的官职分别为大司马大将军和大司马骠骑将军。汉武帝又令骠骑将军霍去病的官秩和爵禄与大将军卫青相等。但因为汉武帝对霍去病的特别眷顾非常明显，实际上此后卫青的地位日益衰退，而霍去病则日益显贵，他的声望高于卫青了。

可是好景不长，此战以后三年（元狩六年，前117）九月，霍去病病逝，年仅二十四岁（古人以虚岁计算）。

《汉书·卫青霍去病传》总结他的一生战绩和功勋说：骠骑将军去病共六次出击匈奴，其中四次出兵是以将军的身份，共杀敌十一万余。浑邪王带领数万兵众投降，开辟了河西、酒泉等地，西方战场敌寇因此而明显减少。他的校尉军吏立功的有六人，当上将军的有二人。

霍去病年方二十（虚岁），即任将军，二十四岁病逝时官至大司马骠骑将军，封冠军侯，并非侥幸而得，他的确功勋卓著；之所以能立大功，也非侥幸而得，是因为才华杰出和勇气过人。

史载霍去病为人质重少言，胆气在中，又果敢任气，敢作敢为。天子曾经要他学习孙吴兵法，他回答："只要了解具体战争中的方略如何即可，不必学习什么古代的兵法。"

天子为他建造宅第，令他去察看，他回答："匈奴未灭，何以家为也？"由此武帝更加爱重他了。

然后他因年少就当上侍中，地位高贵，没有吃过苦，所以不懂得部下的困苦。他从军出征，天子为他配备携带

马踏匈奴——汉代霍去
病墓前石雕

辎重和粮车几十辆，等战后回来，丢弃大量带回的粮食和肉类，但士兵却面有饥色。他领兵在塞外作战，士卒缺粮，甚至有时还饿得萎靡不振，而他尚兴致勃勃地在军营中玩球作乐。这样的事情不胜枚举。

霍去病少年得志，不知底层的疾苦。他不像卫青这样克己待人，显得完美。

另外，霍去病带兵打仗，天子总是选派精锐骁勇之兵马给他，诸多宿将都无此优待，即使大将军卫青不仅未曾得此优待，而且两人同时出征时，前已言及，天子明显地偏袒霍去病。

但霍去病胆气惊人，勇敢深入敌方，常与勇壮的骑士先于大军、义无反顾、勇往直前地挺进、攻略。

而他带的军队也有"天运",从来未曾陷入过困苦艰难的绝境,然而众多宿将带兵征战却经常流落遭难,无功受损。

有着这样的双重运气,加上他的英勇善战和胆略过人,所以霍去病在险恶的战争中,经常是一花独放,节节胜利,尽得风流。

由此他日益亲贵,其地位和声望可以与大将军并驾齐驱,后来甚至超越其上了。

霍去病作为一代将才,竟然少年夭折。汉武帝痛失名将,深为震悼,为了表彰其战功,给予陪葬的殊荣,并为他修墓以象征祁连山,这是他建立卓越贡献的地方,又可以山势的雄伟象征其功勋的伟大。他发属国即已投降的匈奴铁甲兵列阵从长安到茂陵,将霍去病的遗体隆重送到茂陵(在长安以西,今陕西兴平市东)礼葬。墓上遍植林木,又雕刻许多马、牛、羊、虎等动物放置期间,以造成野兽出没的意境;更雕上马踏匈奴等塑像,以表彰他的功勋。于是,位于陕西兴平市汉武帝茂陵旁的西汉霍去病墓纪念性石雕就成了目前我国发现的古代大型石雕中时间最早、保存最完整的石刻艺术珍品。

霍去病墓前石雕现存十七件,有象、鱼、蛙、龟、羊、野人、异兽食羊、卧牛、野人抱熊、小猪、野猪、马踏匈奴、跃马、伏马、饿虎和其他两件装饰性的作品。这些雕刻正如鲁迅先生赞赏的,惟汉人石刻,气魄深沉雄大,体现了国力强盛的雄伟风貌。这当然也是霍去病勇武的象征。

马踏匈奴像高190厘米、长168厘米,原是放置在霍去病墓前的纪念碑式的独立性雕刻物。雕刻设计者并没有直接表现霍去病本人，而是运用象征性的手法，借威武的战马了表现主题。战马雕刻得矫健轩昂，庄重沉静，而与之形成鲜明对比的是一个执弓握箭的侵略者被踏在马下的形象，这个匈奴人左手持弓，右手持箭，分明还在顽抗，说明匈奴是难以征服的敌手，更显霍去病战胜他们的不易。这样的构图，充分体现了纪念碑式的独立性和高度的概括性。这种处理在内容上以一人一马把青年将领霍去病的辉煌业绩恰如其分地表现出来，在形式上由于填满了战马四腿间的空隙，既保存了马的四肢坚固联系，也加强了雕像整体的稳定感和体积感，使内容和形式达到了高度的统一。

美术史家认为，西汉霍去病墓纪念性石雕在中国雕塑史上的意义是重大的。在题材上，它是我国现存最早的较完整的纪念性雕刻。在思想内容上，它是西汉时期强盛的国力和积极进取精神的反映。霍去病的功绩有利于历史进步和发展，因而它不仅是霍去病个人的纪念碑，也是当时整个国家和人民赢得伟大历史性胜利的纪念碑。在艺术上，它集中体现了我国早期大型石雕的艺术成就，对认识我国石雕艺术的民族特征具有典范作用。

纵观霍去病的辉煌战绩，尤以河西战役的功勋最大，影响最大。此战给匈奴右部以毁灭性的打击，初步实现了汉武帝制定的"断匈奴右臂"的战略目标，并因此还引发匈奴内讧，匈奴浑邪王杀休屠王，率部四万人归汉。汉武帝分派他的部众于西北边塞之外，为五属国。后又迁徙关东贫民七十二万余口，充实陇西、北地、西河、上郡诸地。西汉王朝又在浑邪王、休屠王故地陆续设立武威、张掖、酒泉、敦煌四郡。

匈奴丢失水草肥美的河西地区，经济受到很大损失。而汉朝得此河西四郡战略要地，不但隔断了匈奴与羌人的联系，而且打通了内地与西域的直接交通，这对西汉和匈奴势力的消长，发生了显著作用。这为汉朝今后进一步大规模反击匈奴奠定了坚实的基础。

霍去病在最后一次的漠北之战，消灭大量敌兵，他与卫青联手给匈奴的北方大本营予以重创，达到匈奴大漠以南无王庭的影响极为深远的战果。

霍去病率部杀敌最多，共达十一万余人，为汉军之首屈一指之冠。汉武帝封他为冠军侯，与霍去病的永冠三军的实际也的确相符。

霍去病作为青年英雄，以其罕与伦比的杰出才华和胆略，取得辉煌的战果，打出了中华民族的威风。其"匈奴未灭，何以家为"的豪言，千古流芳。霍去病成为中国最有名的抗匈英雄之一，其英名将与伟大的中华民族一起辉煌永存。

六、李广和李陵：一代名将，虽败犹荣

战争是残酷的，其残酷性还体现在玉石俱焚，以致有不少对战争有功的将士也因种种原因而沦入无谓的牺牲。一代名将李广和李陵祖孙的悲剧命运，就是此类人物的典型写照。

李广是汉匈战争中大显身手的一代名将，被匈奴誉为

"汉之飞将军"，后世称为"龙城飞将"。被誉为"诗家天子王江宁"和"七绝圣手"的唐代大诗人王昌龄有一首题为《出塞》的七绝名诗说：

秦时明月汉时关，万里长征人未还。但使龙城飞将在，不教胡马度阴山。

这是一首歌颂和怀念李广的名诗。北方边患是汉族人民心中永远的痛，有史以来，一直压在中国人的心头，诗的前半首写出了这个意蕴；而后半首，李广在历史上的显赫名声跃然纸上。

李广（？—前119），陇西成纪（今甘肃静宁西南）人。他出身于武将之家，他的祖先李信在秦国任职，就是抓获燕国太子丹的那位将军。他们家世代相传箭法。

龙城飞将连续受挫的军事生涯

汉文帝十四年（前166），匈奴攻破朝那（县名，属安定郡，在今宁夏固原市东南）、萧关（在朝那县境），大肆入侵，前锋直抵雍县、甘泉宫。文帝命东阳侯张相如为大将军，成侯董赤、内史栾布为将军，抵御匈奴。李广以良家子弟的身份参军，与匈奴作战。因为擅长骑射，杀敌甚多，故而得到中郎的官位。李广初上战场，就与汉匈之战结下不解之缘。除了参与过一次南下攻灭吴楚的战争之外，他的一生都在与匈奴在战场上周旋。

不久，升迁为武骑常侍，常随文帝射猎。文帝见李广格杀猛兽，勇力过人，曾深为叹赏："可惜啊！你生不遇时，如果你生在高皇帝打天下之时，万户侯岂足道哉！"

汉景帝初立，李广任陇西都尉，不久调回京师，任骑郎将。他跟随太尉周亚夫攻打吴楚七国治乱的叛军，任骁骑都尉，在昌邑（今山东巨野县南）城下，与叛军激战，夺到敌方的军旗，扬名全军。可是作为汉将，他私受梁孝王刘武的将军印，故而有功而未得奖赏。他从吴楚战场上归来，调任上谷（郡名，在今河北北部）太守。匈奴知他武艺非凡，每天都来找他交战。典属公（负责民族事务的官员）对景帝哭着说："李广的才气，天下无双，他对自己的才华十分自负，经常与敌人厮拼，恐怕他万一阵亡。"于是改派他为上郡太守，他后来曾经在陇西、北地、雁门、代郡、云中任太守，都在前线，都以与敌力战闻名。

后又调任上郡太守，匈奴大肆进犯，天子派亲信的宦官跟从李广训练军队，抗击匈奴。

一次，这个宦官带领几十名骑兵纵马而行，碰见三个匈奴兵，就上前攻击。三人还击，射伤这个宦官，几乎将他带来的骑兵全部杀光了。这个宦官逃到李广那里，李广听了他的报告，说："这三人一定是射雕的弓手。"所以他们有这么厉害，射箭极准，和汉军对阵，能以一当十。李广带领百来骑兵飞驰急追这三人。这三人在恶战中被射死了战马，只能步行回营，已经走了数十里地。李广追上他们后，命令骑兵张开左右两翼包抄上去，他自己亲自射击这三个劲敌，射杀二人，生擒一人，问下来果真是射雕的神箭手。刚将这个俘虏捆绑上马，望见匈奴来了几千骑兵，他们见了李广，反而大吃一惊，以为李广带了区区一百人来闯匈奴大队人马，必是诱敌之兵，连忙上山结成阵势，准备迎战汉军的大部队。

跟随李广的百名骑兵看到双方兵力过于悬殊，极为恐慌，都想狂奔逃跑。李广说："我们离开大军几十里，现在如果单是我们百来人奔逃，匈奴追射我们，很快就会将我们杀光。现在我们留在这里，匈奴一定以为我们是诱兵，一定不敢攻击我们。"于是李广向大家下令："向前！"向前进到匈奴大部队前面约二里的地方，停下来，又下令："全部下马，解下马鞍！"他手下的骑兵说："敌人又多又近，如果发生紧急情况怎么办？"李广说："敌人以为我们要逃，现在我们解下马鞍表示不走，这样可以更加使他们误认为我们是派来的诱兵。"于是匈奴的骑兵真的不来攻击。而且匈奴的士兵倒反而惊慌骚动起来，所以有一个骑白马的将军出来监护兵士，李广立即上马，带领十余骑兵向前奔驰，射杀这个白马将军，然后再回到队伍中，依旧解下马鞍，又命令士兵们放开马，睡卧在地上。

这时正好天已暗了下来，薄暮来临，匈奴部众始终感到奇怪，不敢实施攻击。到了半夜，匈奴官兵仍以为汉方有大批伏兵在旁，要在夜色掩护中偷袭，所以都撤走了。

拂晓时，李广率众回到了汉军大营。大军不知李广去向何方，所以没有追寻他，前来接应。

李广临危不惧，智勇双全，又精通军事心理学，准确把握敌方的思维活动，料定他们以为己方兵少却又有恃无恐，必定以为伏兵在后，不敢攻击，此乃"置之死地而后生"

的计谋之一。

李广这种下马解鞍、放马卧地，故作潇洒，让敌方误以为有大军埋伏，仿佛正在实施诱敌深入之计的策略，实是后世"空城计"的初创。诸葛亮的空城计是《三国演义》的艺术虚构，并无史实根据。《三国演义》很可能是受李广这个策略的启发，才设计出诸葛亮《空城计》这一千古闻名的精彩情节的。

过了很久，汉景帝去世，汉武帝即位，他的股肱之臣认为李广是名将，于是将上郡太守李广兼升未央卫尉（掌管宫门屯兵的军官）之职，另一位名将程不识任命为长乐卫尉。

后来马邑伏击战的时候，李广任骁骑将军，领属于护军将军。可惜因单于觉察而溜走，全军都无功而返。

又过了四年，元光四年（前131），汉武帝命令卫青带兵首次反击匈奴，李广以卫尉为将军，出雁门攻击匈奴。与敌方遭遇时，匈奴兵多，被对方击败，李广本人被生擒活捉。单于早就听说李广是个良将，下令："捉住李广一定要活的送来。"

匈奴的骑兵抓获了李广，李广当时受伤了，痛得不能骑马或行走，敌兵就将他放在网兜里，网兜吊在两匹马中间。走了十几里路以后，李广装死，从眼缝里斜着瞄见一个年轻的匈奴士兵骑着一匹好马，李广突然跃到匈奴兵的这匹马上，将他推下马去，夺过他的弓箭，鞭打快马，向南奔驰数十里，召集余军，带领部队回到长城里边。匈奴有数百名骑兵尾随追捕，李广用夺来的弓箭射杀追兵，得以逃脱。

回到汉地后，他被送到法庭审判，审判者认为李广损失兵力太多，自己又被敌方活捉，应该斩首，李广出钱赎了死罪，降为平民。

从此，汉匈战争的第二次、第三次和第四次，李广都无缘参与。

家居数年以后，天子任命他为右北平太守。匈奴听说此事，称他为"汉之飞将军"，数年中避其锋芒，不敢进入右北平。

元朔六年（前123）第五次战役时，李广又任后将军，随大将军卫青出定襄，攻击匈奴。诸将杀敌众多，立功封侯，李广却无功而返。

汉匈战争的第六、第七次，李广又没有参与。

两年以后，元狩二年（前121），汉匈战争的第八次战役爆发，李广以郎中令率军四千人出右北平，博望侯张骞统领一万骑兵，与李广一起出征。

后分两路前进，前行大约几百里，匈奴左贤王指挥四万骑兵包围了李广。李广的军士都惊骇万分，李广派儿子李敢纵马上前观察形势。李敢与几十个骑兵奔驰上前，直穿匈奴骑兵的阵地中间飞驰而过，穿插左右两边而回，报告李广说："这种敌兵容易对付。"军士这才安下心来。

李广组织全体军士面向外排成圆圈，匈奴疯狂进攻，箭下如雨，汉兵死亡过半，而且箭将射完，形势非常危急。李广命令士兵拉满弓，勿发，他自己用强弓射死对方几个裨将，敌军的攻势渐渐松弛下来。

这时候黄昏降临，官兵都已吓得面无人色，而李广依旧意气风发，神态自若，进一步整顿军队，军中从此更佩服他的英勇无畏了。

第二天，继续拼死作战，博望侯张骞的军队赶到了，匈奴军就退走了。张骞的军队疲惫不堪，无力追击；李广则已几乎全军覆没，只好罢战回师。

根据汉朝的法律，张骞行军迟缓，未能按期到达前线，应判死罪，他出钱赎罪，降为平民。李广功过相抵，也没有赏赐。

最后之战和悲惨自杀

又过了两年，元狩四年（前119），汉匈战争的第十次战役也是汉武帝发动的第一阶段最后一战进行。大将军卫青、骠骑将军霍去病奉令统帅大军出击匈奴，李广多次自告奋勇请求随军出征。汉武帝嫌他年老，不批准；过了许久才同意，任为他为前将军。

李广随大将军卫青出击匈奴，出长城以后，大将军通过活捉的俘虏获悉单于的所在地点，就自率精兵奔袭。他命令李广与右将军赵食其合并，走东路。东路要稍绕远路，因为一路水草太少，大军无法集结同行，所以必须分兵两路前进。李广自己请求说："我的职务是前将军，可如今大将军改命我走东路，况且我从少年时就与匈奴作战，在我晚年的今天才获得与单于当面决战的机会，我愿作为先锋，与单于决一死战。"大将军卫青曾暗受汉武帝的训诫，说李广老了，命又不好，恐怕不能取胜单于。而那时恰巧大将军卫青的救命恩人公孙敖刚失去侯爵，作为中将军随大将军出征，大将军也有派公孙敖和自己一起正面攻打单于，让他有机会立功，恢复侯爵的意思。所以他故意要调开前将军李广，李广当时知道卫青暗助公孙敖这个情况，但不知汉武帝给卫青的秘密指示，他坚决要求当前锋，不去东路。大将军不听，命令长史下了一道密封的公文给李广的幕府，说："尽快执行命令，到右将军处会合！"李广恼恨大将军，不辞而别，带兵与右将军会合后从东路进军。

东路军缺乏向导，不断地迷路，未能赶上会师的时间。此前，大将军已与单于接战，被单于逃脱，未能抓住单于，无功而返。大将军往南穿过整个大沙漠，与前将军李广和右将军赵食其相遇。李广与大将军相见后，回到自己的军营。大将军派长史带着干粮和美酒来赠送李广，并询问李广和赵食其迷路的原因和情况，卫青要上报天子军情和战况。李广拒绝回答，大将军又派长史催逼李广的幕府讯问。李广说："众校尉无罪，军队迷路是我本人的责任。我自己去受审。"

到幕府后，李广对麾下说："我李广自少至今，与匈奴大小打了七十几仗，这次幸运地跟随大将军出塞与单于决战。但大将军又命令我走迂回的远路，而我竟又迷路，这难道不是天意吗！我李广年已六十余了，终不能再去面对审判官吧。"于是拔刀自刭。

李广全军包括文职官员，都悲伤痛哭了。百姓听说后，不论认识和不认识的也都伤心流泪。于是右将军单独受审判，应得死罪，出钱赎罪，降为平民。

李广早在汉文帝的时代，他的勇武已声名远播，汉文帝曾为他感叹："惜乎，子不遇时！如令子当高祖时，万户侯岂足道哉！"可是他逢上汉匈大战的千载难逢的建立功业的大好时机，他尽管做出了艰苦卓绝的努力，却历尽蹉跎，最后不仅落得"出师未捷身先死"，而且还是悲惨自杀，赢得后人的无限同情和感叹。

司马迁《史记·太史公自序》说："勇于当敌，仁爱士卒，号令不烦，师徒向之。作《李将军列传》。"对李广的英勇作战的精神和爱护士卒的作风极为赞赏，又在《李广列传》的文末评论，《论语》里说："在上位的人自身行为端正，不下命令事情也能实行；自身行为不正，虽然发布命令也没人听从。"这难道不就是说的李将军吗？我所看到的李将军，老实厚道得像一个乡下人，开口不善讲话，可在到他死的那天，天下人不管认识他的还是不认识他的，都为他尽情哀伤。他那忠实的品格确实得到了将士们的信赖呀！谚语说："桃树李树虽然不会讲话，树下却被前来观赏的人自然地踩出一条小路。"这话虽然说的是小事，但可以用来比喻大道理呀。

李广带兵方法及其效果探讨

司马迁不仅歌颂李广，而且从李广这个形象推导出为将之道和做人的原则和风骨。但司马迁一再赞赏李广带兵"号令不烦"，"其身正，不令而行"。这样的带兵风格是值得讨论的。《史记·李将军列传》记叙李广和他的同僚程不识的两种带兵风格：

程不识与李广以前都担任边境地区的太守而率领军队屯守。等到出击匈奴的时候，李广行军没有规定的队列和阵势，就着水草丰盛的地方休息或驻扎，军队中人人感到方便自适，夜里不打更，也不派卫兵自卫，幕府则简化各种文书和簿册，但也在远处布置哨兵，所以不曾遭受过伤害。程不识严格要求部队的编制、行军的队列和营房、阵势，夜里打更，文书军吏处理和整理公文簿册，要忙到天明，军士得不到休息，但也不曾遇到伤害。程不识说："李广治军极为简易，然后敌人如果突然进犯，就无法抵挡了。而他的士卒安逸快乐，都乐意为他死战。我的军队虽然军务繁忙，但敌人也不能侵犯我。"此时汉朝边郡李广、程不识都是名将，然而匈奴畏惧李广的谋略，士卒也多乐意跟从李广而认为跟随程不识辛苦。程不识在景帝时因多次直言进谏而被任为太中大夫，为人廉洁，谨慎守护朝廷的文书法令。

程不识，景帝时任太中大夫。曾为郡太守，武帝时任长乐卫尉。元光元年（前134），以卫尉为车骑将军率军屯雁门。

"程李将兵"是中国御兵的两种模式，"程"是程不识，是靠军纪法规和制度治军；"李"是李广，是靠人格魅力和榜样带兵。有学者认为用现代的眼光看，它们代表了管理学上的两种类型。这是不对的。

一般人误会中国的封建时代没有法制，只有专制，实际上史学家一般都知道，我们中国并不是一个只有君主权威、没有法制的国家。相反，早在战国秦汉，我们就有多如牛毛的法律（当时叫"法若凝脂"），军法的规定也很多。但中国的军队从很早就受文官政府节制，不同于贵族制度下由武士制度和武士道德支持的军队。它的弊病是，虽有规定，但不常设，制度漏洞较大，时紧时松，上下统御，经常脱节，君不知将，将不知兵，如果将领无能，一遇袭击，便陷于崩溃。特别是承平已久，或朝廷腐败无能之际，更是腐败不堪，往往长于内战，而劣于外战。比如甲午海战前，日军在朝鲜看到清军，就是一团混乱，让他们非常惊讶。此时的清军也的确不堪一击，果然败绩。回到李广带兵的方式来说，他的治兵方法不符合应有的常规，至多是成功的个例，不值得推重，更不能推广。优秀的将领应将程李将兵的两种模式结合，即兼具这两种优点，这才能百战百胜而立于不败之地。而前面论及的卫青就是这样优秀的将领。与程李两人相比，卫青要比他们高几个层次，所以他能成为第一位战胜匈奴的英明名将。

当然，李广虽不是一个卫青式的杰出统帅式的优秀将领，他毕竟也是个军事天才，他的技艺出众，在当时乃遐迩闻名。《史记·李将军列传》记叙：

> 李广身材高大，手臂像猿猴一般特别长，他的善于射箭也是出于天赋，虽然他的子孙或其他人向他学习射箭，都及不上李广。李广嘴巴不利索，很少说话，与人一起闲坐就在地上画军阵，然后比箭，以射箭的阔狭来定罚酒。他专门以射箭为消遣，一直到死。

他射箭，即使敌人逼近，非要让敌人进入数十步之内，估计射不中，决不发箭，只要一发射，敌人立即应弦而倒。因此，他带兵多次被围困，他射猛兽也曾被猛兽所伤。

李广带兵，受到士卒的爱戴，士卒都乐于为李广出力死战，因为：

李广为官清廉，得到赏赐就全分给部下，总是与士兵一起饮食。李广一生到死，做两千石俸禄的官共有四十多年，家中没有多余的财物，始终也不谈及家产方面的事。

李广带兵，遇到断粮缺水的地方，见到水，士兵没有全喝足水，李广不靠近水；士兵还没有全吃饱饭，李广一口饭也不尝。李广对士兵宽厚和缓，从不苛刻。

李广也有性格缺陷，出雁门之战失利，他被削职为民，不久，他在家闲居了几年。他曾器量狭窄地因小事而杀人：他曾与人一起在蓝田南山中射猎。曾经在夜间带着一个随从骑马出城，与人在田间饮酒。回来时到达霸陵亭，霸陵亭尉喝醉了酒，大声呵斥，不准李广通行。李广那个骑马的随从说："这是前任的李将军。"亭尉说："现任将军尚且不准夜间通行，何况还是前任的呢！"就制止了李广，命他在霸陵亭下宿夜。过了不久，匈奴入侵并杀死了辽西太守，打败了韩（安国）将军，后来韩将军调任右北平。于是天子召见李广，任他为右北平太守。李广就请求派霸陵尉一起赴任，到了军中就杀了他。

霸陵尉虽在醉中，他毕竟是在恪尽职守，李广感到他的喝止伤害了自尊心，他在失势时只能隐忍不发，得势时却不能克制自己，以小故而杀人，这种公报私仇的严重违法行为既是李广缺乏遵法意识的表现，也体现出他性情暴躁，胸襟不够宽广，不能自我控制的心理弱点。他的最后自杀无疑也与其性情暴躁、缺乏自制能力有关。

前已言及，李广早在青年时，此时还是汉文帝的时候，他曾跟随文帝出行，有所冲陷折关和格斗猛兽，文帝感叹："可惜啊，您生不逢时！如果让您生在高祖的时候，您凭军功封一个万户侯，正不在话下啊！"可是李广血战一生，却未能封侯，即未得到应有的地位和待遇。与别人相比，不少人无才无德，却身居高位。如李广的堂弟李蔡，当初与李广一起在文帝时代任职，到景帝时，李蔡累积功劳而升到俸禄两千石的官。武帝时，他当上了代国的宰相。元朔五年（前124）任轻车将军，跟随大将军卫青攻击匈奴右贤王，功劳达到封侯标准，被封为乐安侯。元狩二年（前121）年中，代公孙弘出任丞相。李蔡为人在下中，名声远出李广之下，然而李广不到封爵和封地，官位不过属于中等，可是李蔡却被封为列侯，官位竟然达到三公。李广部属中的不少军吏及士卒，也有人封侯。李广想不通，就去请教高人。

李广曾和星象家王朔私下闲谈，说："自从汉朝出击匈奴至今，我没有一次不参加。可是各部队校尉以下的军官，才能还不如中等人，然而由于攻打匈奴有军功而被封侯的就有几十人。我李广不落后于别人，但竟然没有一点功劳可以换得封地，这是什么原因呢？难道是我的骨相不应当封侯吗？还是我的命本该如此呢？"王朔说："将军自己回想一下，难道曾经有过自感悔恨的事吗？"李广说："我曾担任陇西太守，羌人反叛时，我诱骗他们投降，投降的有八百多人，我用欺诈手段，在同一天内把他们全都杀了。我至今最大的悔恨只有这件事。"王朔说："能使人受祸遭灾的事，没有比杀死已经投降的人更大的了，这也就是将军不能封侯的原因啊。"

这是李广的又一个性格局限。诱降敌军而背信弃义地杀光降者，李广留下的这个心灵污点，令他自感心理负担沉重，因为他在本质上还是一个善良的人。

李广至今尚有衣冠冢在天水市南一公里的文峰山石马坪。堆冢高大，冢前的石碑上刻"汉将军李广之墓"。墓内葬有李广的衣物宝剑，墓前有石马两匹，故名石马坪。天水市西的石坊堂巷，原有射虎寺，相传此即当年箭射石虎处。天水市西关李家巷曾立牌坊，匾额上书"汉飞将军李广故里"，俗称"飞将巷"，传说此即为李广的故里。

李广不仅在当时，而且在后世也赢得千古读者和论者的同情与惋惜。多数读者和学者都认为李广临危不惧，沉着机智，身先士卒，顽强坚定，勇猛善战。当然他首先是一位赤胆忠心的爱国将领，的确值得崇敬。但也有少数人给予批评。最早对一代名将李广提出严厉批评的是明末清初的著名思想家和史学家王夫之，他在其一代名著《读通鉴论》中发表了一个发人深思的观点：

李广出塞打仗而没有建立功劳，就说命运不好，这是无可奈何之中而姑且自找一种说法罢了。他死的时候，认识的与不认识的都为他流泪，李广的好名是惠以动人，在这件事中完全可以看出了。三军之事，进退之计，全部是决策者一人心中的秘密思考，战役成功了，而所用的谋略不可泄漏，众多与战争离得很远的人怎么能够知道？李广得到这样的称誉，家无余财啊，都是与士大夫相交往时善于做慷慨之谈啊。哎呀！李广与很多人相处得亲切和谐，以施惠而感动人，结果士大夫流俗的赞誉仅仅如此而已。

卫青命令他出东道避开单于的兵锋，不是出于卫青的私心，而是暗中受到武帝的告诫，而怕他失败。在兵出长城之时，武帝不想用李广，而李广坚持请求随行，士大夫啧啧称赞他，武帝也姑且推辞而且姑且不用他，武帝对李广的了解很深。不然，有良将而不用，就像赵国废黜廉颇而灭亡，燕国怀疑乐毅而失败，那么武帝靠什么大胜匈奴？……武帝将李广放在不用的地方，姑且用他来掣肘匈奴，这是善于使用将领的方法，这不是士大夫流俗所能测知的，这是当然的啦。军队从东路出发而迷路，李广作为将军，大致情况可以知道了。李广死亡的时候，宁愿宁使天下人为李广流泪，而不使天下为汉朝的国家、百万的生灵痛哭，难道不是太过分了吗？

（王夫之《读通鉴论》卷三《武帝》一八，中华书局，1975）

这样的分析和批评是发人深省的，对当代学者也有启发。杨生民先生的《汉武帝传》（北京：人民出版社，2001）对李广的分析和评价更为深入，他说：

李广并非因有人打击和排斥而立功未封侯。

其一，汉武帝对他很重视，然后使用上却有缺点。武帝的缺点在于使用李广时未能用其所长。李广的特长是善骑射，是射箭名将，《汉书·艺文志》载有他射箭的著作三篇，《史记·李将军列传》说："他的善于射箭也是出于天性，虽然是他的子孙或其他人学习射箭，没有人能够及上李广的。"

李广将军的另一特长是战斗中能勇冠三军；危难时刻则能连连射杀敌将、稳定军心。李广在小的保卫战中常能取胜，匈奴兵害怕他，不敢进攻他镇守的地方。李广的缺点恰在于他不善于独立带兵深入匈奴腹地歼敌。因为这涉及了更为复杂的问题，如向导问题、侦探敌方的情报问题、遇到紧急情况的临时应变问题、避实击虚寻机歼敌等等。前述五次战役中李广将军四次独领一军作战竟无一次胜利就是证明。汉武帝若能用李广之长，如让他去为汉朝训练一支射箭专业队、让他在一大将统领下带一支精勇之旅去冲锋陷阵、退兵时又令他去断后，李广将军很可能会立功封侯。

其二，目前从《史记》《汉书》有关记载来看，无法得出卫青排斥、打击李广的结论。李广在景帝时为郡太守、两千石级官员、名将，景帝三年（前154）平定吴楚七国之乱中有军功。首先，李广是卫青父辈的人、老一代的名将。卫青在当大将军前与李广同为将军，二人的级别差不多，当大将军后虽在战时可总领诸将，然而平时并无太多的权力。李广的任命、使用为武帝直接掌握，卫青管不了，漠北大战出发前武帝对卫青说李广老了，不要与单于对阵云云，也说明了李广的使用是武帝直接安排的。其次，《史记·李将军列传》载元狩四年（前119）漠北大战前后卫青、李广的关系是很符合逻辑的。先是卫青不接受李广的请求，令他从东路出发；回来时见到李广，李广生气不和他说话，而回自己的营中。因此，卫青使长史拿着干粮、酒送李广军以示慰问，并问李广、赵食其迷失道路的情况，李广不回答。卫青又使长史急督责李广幕府有关官吏去接受审讯说明情况，后即发生李广自杀事件。卫青急于要了解二位将军迷失道路的情况和原因是要向武帝报告。因为两位将军的这一过失，按军法当斩，如何处置卫青做不了主，应上报武帝决定。如果两位将军过失严重，卫青作为上司也有责任，所以卫青没必要就李广迷失道路做什么文章。值得注意的是，李广将军与卫青地位相差太远，卫青战功卓著非李广可比，卫青的贵戚身份李广将军也望尘莫及，二人在利益上没有冲突。以卫青后来的身份，去排挤、打击一位落难的老一代名将实难令人相信。况且，卫青做事一贯小心谨慎，讲究退让，说他排挤李广云云也和他一贯作风不合。因此，说卫青排挤、打击李广缺乏事实根据，应予以否定。

总之，李广将军是一位优点、缺点都很突出的人，不能随着形势的变化而不断提高、完善自己，也是他不能立功封侯的一个重要原因。

汉武帝时期反击匈奴的战争，对领兵将领是个风险很大的事业，这次战争打胜了，就立功封侯，下次战争打败了，就按军法当斩，赎为庶民，李广、张骞、公孙敖、苏建、赵破奴等人都有这样的经历。值得注意的是，汉代的军法所规定的赏罚并不完全合理，各位将领深入匈奴境内遇到的情况千差万别，而衡量战功完全以斩杀、俘虏敌人的数量和物资为标准，这就可能使一些将领受委屈。

评价一位军事将领，不是看他的名声，而是要看他的战绩。从武帝反击匈奴战争开始之后，李广多次参战，竟然未打过一次漂亮的胜仗，让武帝和卫青怎样放心地使用他。

以上是杨生民的分析。

侯明勋《两汉书人物论》（台海出版社，2002，第49—50页）也认为，李广不得封侯，是因为功薄，功薄的原因是与敌作战缺乏深计远谋，也就是没有掌握和试用统兵为将的方法。《吴子》（吴起兵法）说："将军必须谨慎处置的有五条原则：一曰理，二曰备，三曰果，四曰戒，五曰约。"李广，果敢而有决断，有准备必死的决心，没有犹豫的想法，这符合其中第三条；懂得警戒而知道变化，临危不惧，巧发奇中，能在死中求活，符合第四条。然而第一、第二、第五条理、备、约都没有做到。理是打仗的原则，没有原则和宗旨，轻率与敌交战，多贸然（纷乱的样子）之举；防备不足，仓促而动，有进而无退；约束没有预先明确，治理军队讲究简单，士卒虽乐于为之死，然遭不测则无以应急。吴子提出将军要求有五条，李广得其二，失其三。所以战技虽然高超，而成功小；作战虽勇敢，而功劳够不上标准，这就是他不能封侯的原因。

李广在最后一仗的使用，有其特殊性。由于像他这样有声望的宿将，也的确只能由武帝亲自安排比较适当，卫青按照天子的安排予以使用，是理所应当的。他不能向李广透露、说明汉武帝的秘密指示这一情况，也是可以理解的。李广未能领悟，反而对大将军耍脾气，卫青都不计较。李广后因迷路迟到，而未能准时与大将军会合攻击匈奴，致使单于脱逃，严重影响了战争的结局。军中无戏言，大将军卫青当然要追问他迟到的原因，以便将来应对天子的追问。可是卫青还是送粮食和酒，予以慰问，礼仪周备。李广依旧态度不好，卫青仍然不生气，冷静地处理此事。李广既然失职，必然要承担后果，所以他的自杀不是卫青的责任。

李广诸子的英勇表现

李广有三个儿子，当户、椒、敢。

当户在天子身边任职，有一次天子与宠臣韩嫣戏耍，韩嫣对天子略有不敬，当户就揍打韩嫣，韩嫣逃走。天子认为当户勇猛，敢作敢为。

但当户早死，又任命李椒为代郡太守，也比李广早死。

当户有遗腹子，即李陵。

李广死在军中时，他的小儿子李敢正在骠骑将军霍去病麾下任职。后来李敢以校尉之职随从霍去病攻击匈奴左贤王，拼死力战，夺到左贤王的战鼓和战旗，杀敌多，被封为关内侯，食邑二百户，代李广任郎中令。李广一生未封侯，极感遗憾，他的儿子代他圆了这个梦。

可是好景不长。李敢不明事实真相，怀恨卫青大将军使他的父亲饮恨而死，元狩六年（前117），在李广亡故两年之后，竟打伤大将军，报父之仇。大将军宽宏大量，不仅不予计较，还隐瞒此事。大将军的外甥霍去病年少气盛，不买这个账，反过来，要为舅舅卫青报仇，他不久就找到了一个机会。武帝到甘泉宫打猎，李敢随从皇帝一起打猎，霍去病在打猎时一箭射杀了李敢，为舅舅卫青报了仇。当时霍去病正受到武帝的宠贵，武帝为他遮掩说：李敢是被鹿撞死的。又过了不久，当年九月，霍去病死。

李敢有一个女儿得到太子的宠爱，他的儿子李禹也得到太子的宠信。李禹很贪利，但他也是个很有勇气的人。曾经与皇帝身边的贵人一起宴饮，他喝酒多了，竟然欺凌这个炙手可热的贵人，对方畏惧他的勇猛，不敢回应。

后来此人在皇帝面前挑唆，皇帝就叫来李禹，命他刺杀老虎。人们用绳子将李禹吊到养虎的兽圈中，渐渐下去，人还未落地，皇帝又下诏放他出来，不要与虎斗了。李禹在下落的半空中，用剑砍断挂在身上的绳索，非要下去刺虎。皇帝嘉许他的勇气，连忙派人把他救出来。

李陵兵败投降匈奴后，有人告发李禹想逃往匈奴，投奔李陵，李禹被下狱处死，李氏的门庭就日渐衰落了。

我们以前只知古罗马有奴隶和狮子搏斗的故事，最有名的斗狮英雄是斯巴达克。勇猛的李禹一心想当一个斗虎英雄。李禹尽管不是徒手斗猛兽，他手中有剑，但这样的近斗毕竟是非常危险的事，很残酷。

李禹的祖父李广在打猎时也是依靠武器尤其是弓箭与猛兽远距离格斗的。李广在右北平时——李广有一次出猎，看见草中的石头，误以为是虎，就向它射了一箭，射中石头后箭头射入了石头。他一看，是石头，就一再向它射箭，但箭头始终不能再射入石头了。李广在右北平任职时射虎，虎跳起来伤及李广，李广也竟然将它射杀了。

唐代著名诗人卢纶《和张仆射塞下曲》用诗的形式复述这个广为传诵的故事说：

　　林暗草惊风，将军夜引弓。平明寻白羽，没入石棱中。

勇猛如李广，箭头竟然能射入石头中，不仅膂力极强，而且劲透箭头，使箭头能够射入石头而不断，可谓千古奇迹。但即使是他，靠弓箭近距离射虎，也要受伤，可见徒手与猛兽肉搏恶斗，后果是不敢想象的，我们仅从《水浒传》中看到过武松打虎的故事，这完全是艺术虚构的。

日月如梭，一眨眼，二十年过去了，李广的长孙李陵又成长为一员勇将。

名将李陵虽败犹荣的悲惨结局

李陵（？—前74），字少卿，他是李广长子当户的遗腹子，少年时即任侍中建章监。像他的祖父李广一样，他善骑射，武艺高强，而且同样仁爱待人，为人谦让，尊重知识分子。

汉武帝认为他有李广的风度，派他带领八百骑兵，深入匈奴两千余里，过居延，观察地形，不见敌人的影子，才撤回。接着，拜骑都尉之职，率领五百勇士，在酒泉、张掖一带训练射箭，备战抗敌。

天汉二年（前99），正好是他祖父李广逝世二十年后，贰师将军李广利率三万骑兵出酒泉，在天山攻击右贤王。武帝召见李陵，想派他为贰师将军管理军队装备等后勤工作，李陵叩头请求说："我所带领屯边的战士，都是荆楚剑客奇才和勇士，力能扼虎，射箭则百发百中，我愿单独自成一军，到兰干山（在今蒙古国西南西戈壁省境）以南作战，分散单于的兵力，使单于无法全力对付贰师将军的军队。"

皇帝说："将军不肯附属于别人啊！我发出去的军队多，没有骑兵和战马可以分配给你。"李陵回答："用不着，我愿以少击多，只带五千步兵冲入单于的大本营。"

武帝嘉许李陵的勇气，同意他的请求，于是诏令彊弩都尉路博德带兵在半路接应李陵军。

可是路博德原是伏波将军，他也羞为李陵的后援，他上奏说："现在正当秋天，匈奴马肥，不可与他们接战，我愿李陵留待明年春天，我与他一起率领酒泉、张掖的五千士兵，东西并击，必可擒拿单于。"武帝看到奏书，非常恼火，他怀疑李陵不想出兵了，是李陵因此而教博德上书，于是责问他们两人。

李陵在这样的情况下，仓促率领五千步兵出居延，北行三十日，到浚稽山（在居延以北，今蒙古境内杭爱山脉南）安营扎寨，画好行军所过的山川地形，派部下中骑马的军官陈步乐回朝廷报告。

陈步乐回到京师，受皇帝召见时报告说，李陵善于将兵，得到士兵的死力报效，武帝很高兴，就任陈步乐为郎。

李陵在浚稽山与单于相逢，匈奴军约有三万骑兵围住李陵军。李陵军居于两山之间，以大车为战营。李陵带领士兵出营外排好阵势，前排战士手持矛和盾，后排战士手持弓和箭。他下令说："听到鼓声往前冲，听到锣声就停止进攻。"匈奴见汉军兵少，就一直往前，接近李陵的军营。李陵下令对攻，千箭齐发，敌军应弦而倒。他们退回上山，汉军追击，杀敌数千人。

单于大惊，如此少的汉兵，竟然有如此强大的战斗力，就召集近处的兵力，共达八万多骑兵，围攻李陵。

面对这样寡不敌众的凶恶形势，李陵只能向南退兵。他们边战边退，南行数日，到达一个山谷中。这时，经过连续多天的接连恶战，士卒无人不中箭受伤，只能安排受过三次伤者坐车，受过两次伤者拉车，受过一次伤者手持武器作战。

第二天再战，这些尚能作战的部分伤兵竟又杀敌三千余人。

李陵引兵继续向东南边战边退，四五日后，到达一个大湖的芦苇荡中，匈奴在上风处放火，经验极为丰富的李陵，也令部下放火——预先烧光自己周围的草木，抵挡自救。

又向南到达山下，单于在南山上，派他的儿子带领骑兵攻击李陵。李陵军在树林里徒步作战，又杀敌数千人，接着又向单于发射三十支一组的连珠箭，单于下山逃走。

汉军当天抓住匈奴的一个俘虏，他招供说："单于说：'这是汉军的精兵，攻打战胜不了他们，他们日夜引我们南下靠近长城，难道没有伏兵吗？'众位当户、君长都说：'单于亲自率领数万骑兵追击汉军数千人而不能消灭他们，将来无法再派人守卫边地，更令汉朝愈益轻视匈奴了。我们再在山谷里恶战，还有四五十里才到平地，如果再不能攻破他们，再退兵。'"

于是李陵军更加危急了，匈奴骑兵众多，可以轮番休息和作战，李陵军和他们打一天仗，要有数十个回合，连续多天未有足够的休息，部队劳累不堪，但在这样的劣势下，李陵军又杀伤敌人两千余人。

匈奴恶战不利，正要退兵，恰巧一个叫管敢的军侯受到校尉的凌辱，逃往匈奴军内投降。他详细告密说："李陵军并无后援，箭将射完，只有李陵将军麾下和成安侯的军校各八百人为先行部队，这两支部队以黄旗和白旗为标志，如果集中精锐的骑兵猛射他们，就可攻破了。"

这位成安侯，颍川人，他的父亲韩千秋曾任济南相，在奋击南越时战死，武帝就封他的儿子韩延年为成安侯，以校尉的身份跟随李陵出塞作战。看来凌辱管敢的校尉就是韩延年此人了。他对一个普通部下的错误处置，引发了部下叛逃和在危急中泄露军机的大祸。

单于捕得管敢大喜，一面派骑兵合力攻打汉军，一面还大声疾呼："李陵、韩延年赶快投降！"于是挡住道路，漫山遍野地急攻李陵。

李陵军陷在山谷之中，匈奴兵在山上，居高临下，四面射箭，箭如雨下。汉军南行，未到鞮汗山，五十万支箭在一天内全都射光，于是弃车而走。

李陵军尚存三千余人，将车轮斩断了，拿在手里当武器，军官手持一尺长的刀，挨着山进入狭仄的山谷。单于紧跟其后，沿着山崖往下滚石头，李陵的军士多被砸死，无法行进。

天昏黑下来后，李陵身穿便衣，独自步行出营，止住部下说："不要跟着我，大丈夫一身独取单于可也！"他竟孤身一人试图利用黑夜去刺杀单于。

过了许多时候，李陵回来了，叹息说："兵败，只能死了。"

有的军官说："将军威震匈奴，虽然天命运气不顺，以后再寻机会回去，像浞野侯被匈奴捕去，后来逃回去，天子当他宾客对待，何况是将军您呢！"李陵说："请不要说了！我不死，非壮士也。"

于是将旌旗全都砍断，将珍宝埋在地中，李陵叹道："再有数十支箭，就足以脱险了。如今没有兵器作战，天亮就只有坐以被俘了！现在各人鸟兽散吧，还有可以有逃脱回国的人，去向天子汇报情况。"

他命令军士每人带着二升干粮，一大片冰，约定能回到遮虏鄣的人，在此等候会合。

夜半时，击鼓鼓舞士兵，可是鼓没有声音。李陵和韩延年都上马，跟着他们的壮士有十余人。他们作为后卫，抵挡敌人，让撤退的战友有时间逃离。

李陵军剩余的士兵只能分散行动，在李陵的拼力掩护下逃离战场，终于脱险到达边塞的也还有四百余人之多。

李陵军的幸存者逃离了，但李陵等人最后撤离时，数千匈奴骑兵追击他们，韩延年战死。李陵说："无面目报陛下！"只好投降了。

李陵兵败之处离边塞只剩下一百余里，边塞已得到他们的消息。武帝想要李陵死战到底，召来李陵的母亲和妻子，派相师看她们的面相，但婆媳两人并没有呈现死丧的面相，说明李陵还不会死。后来听说李陵投降了，武帝愤怒非常，责问陈步乐，步乐自杀了。

李陵的五千壮士除少数（不到十分之一）生还者之外，全部灰飞烟灭。唐代诗人陈陶《陇西行》说：

誓扫匈奴不顾身，五千貂锦丧胡尘。可怜无定河边骨，犹是春闺梦里人。

无定河在今陕西北部，是黄河中游的支流。这首唐代名诗，虽可能写唐代战事，但以李陵军作为为国牺牲的英雄典型，表达了无穷的缅怀之情。

李陵此战仅率步兵五千，出居延一千余里，与单于主力和全部军队八万人决战，以一比十六的悬殊力量，杀伤敌人达万余人之多，自己才战死一千余人，其余几乎人人有伤；退到边塞仅百余里处，因无人接应，又箭尽粮绝，手无寸铁，只能将大车的木制车轮砍断后，拿一段作为"武器"，无法抵敌，只能避走山谷，被敌方在山顶上用巨石掷死大部；最后在李陵死战的掩护下，仍有四百余人脱险归汉。李陵本人杀到最后，在最艰难的景况下，不用外援，只要有几十支箭即可脱险，可是无人接应。他在绝望和愤恨之下，投降匈奴。

我们设想一下，如果有人接应，李陵军的三千余人撤退到塞内，这支部队以一当廿，战无不胜，是汉朝的一张军事王牌。可惜路博德之流要与李陵争风，不肯做接应部队；汉武帝决策失误，未能妥善安排全局，未能及时派兵接应，造成李陵的败局。在李陵军退到边塞附近的时候，他竟要李陵死战，不采取任何紧急措施，致使李陵彻底断了退路。即便如此，李陵让部下脱逃，他自己抵挡敌人，献出自己的生命挽救部下的生命，这种为将的风度，千古罕见。

李陵投降是否叛国的争论

因为李陵当时实尚有救，更且投降未死，后来他又活了二十多年，所以相者在李陵母、妻脸上当然看不到死丧色，这位相师的水平是高的，而武帝在这个问题上水平不高，他的判断一再失误。更何况李陵投降本是一种缓兵之计，他的报国之心并未动摇。可是汉武帝听说李陵投降，勃然大怒，群臣都看皇帝的脸色行事，大家墙倒众人推，纷纷投井下石，一致怪罪李陵。

武帝要听太史令司马迁的意见，只有司马迁一人仗义执言：

"李陵极其孝顺父母，待人有信义，经常奋不顾身地急国家之急，他过去的所作所为有国士之风。如今做事一遇不幸，那些全躯保妻、子的臣子立即诋毁、怪罪他，这是非常令人痛心的！况且李陵提带的步兵不满五千，深入对方骑射重兵之地，扼制对方数万之师，打得敌方救死扶伤都无暇顾及，只好集中全部军民合力围攻。李陵军辗转千里，弓箭射完，无路可逃，士兵依旧赤身空拳地与手握利器的敌人作誓死战斗，能得人死力相拼，虽是千古名将，也及不上他。"

司马迁还正确分析说李陵暂时投降，以后会再找机会报效汉朝的。

可是汉武帝在此事上处理不公，起初他派贰师将军李广利率领大军出塞，才命令李陵带兵相助，待李陵与单于对战，李广利功少。现在汉武帝认为司马迁为李陵的辩护是欺罔之辞，将司马迁下狱，处以腐刑。

李陵在匈奴一年多以后，武帝派因杆将军公孙敖兵深入匈奴腹地迎回李陵。公孙敖本是个常败将军，他不敢在匈奴腹地深入寻找李陵，兜了一圈，虚晃一枪，就回来交差。他无功而还，怕武帝怪罪，就谎报说："抓到俘虏活口，说李陵正为单于训练士兵准备对付汉军，所以我无所得。"武帝听了此话，就族灭了李陵全家，母亲、妻子、儿子全被杀掉。陇西士大夫都以李氏为耻。

李陵起先还是诈降，他想使"曹柯之盟"的旧计——想单骑劫持单于，就像曹刿劫齐桓公柯盟之时一样。其实训练敌兵的是李绪而不是李陵。

后来，汉朝派遣使者出使匈奴，李陵对使者说："我作为汉将，率领步兵五千人，横行匈奴，因为缺乏救助才失败，我有什么对不起汉朝的，而杀光我的全家？"使者说："汉朝听说李少卿训练匈奴军队打仗。"李陵说："这乃是李绪，不是我啊。"李绪本来是汉朝的塞外都尉，身居奚侯城，匈奴向他进攻，李绪投降。单于给李绪以宾客的礼遇，地位经常处于李陵的上首。李陵因为全家由于李绪的原因而惨遭诛杀，痛恨李绪，派人刺杀了李绪。大阏氏要杀李陵，单于将李陵藏匿到北方，大阏氏死后才回来。

李陵至此，只能老死匈奴，无法为汉朝效力了。武帝的错误处置无可挽回地给汉朝带来难以估量的损失，因为李陵本可以成为继卫青和霍去病之后的第三位与匈奴作战的成功统帅。

后来过了很久，聪明的武帝终究后悔了，他说："李陵当初出发的时候，就诏令强弩都尉迎军，坐预诏之，得令老将生奸诈。"他此时已知一是路博德害了李陵，二是公孙敖害了李陵，折了自己的一员大将，但他已悔之晚矣！

与汉朝酷待李陵的态度相反，单于嘉许李陵的英勇，将女儿嫁给他，立为右校王，卫律为丁灵王，都给以最大的礼遇与信任和尊贵的地位与权力。

卫律的父亲本是长水的胡人，他生长在汉地，与协律都尉李延年交情好，延年推荐卫律出师匈奴。出师回来，正巧延年家被收捕，卫律怕一起被杀，逃回匈奴投降。匈奴喜欢他，他常在单于身边，左右不离。李陵则常在外面，有大事，才进单于的帐篷内议事。

李陵在匈奴，虽也偶尔奉命出兵，但与汉军打仗，决不舒展自己的勇敢和本领，敷衍了事而已。例如，征和三年（前90），御史大夫商丘成的军队到达追邪径，一无所见，还军。匈奴派大将与李陵带领三万余骑兵追击汉军，至浚稽山追上汉军，转战九日，汉兵攻阵却敌，杀伤敌人甚多。至蒲奴水，匈奴不利，退走。李陵当年与匈奴作战，勇猛无比，现在与汉军作战，竟让汉军杀伤甚多，最后还打仗不利而退走，一再败给汉军。

昭帝执政后，大将军霍光和左将军上官桀辅政，他们一向与李陵要好，就派任立政等三人同去匈奴，召唤李陵。

任立政等三人到达后，单于设酒宴招待汉朝使者，李陵、卫律都陪坐。任立政等见到李陵，无法私自交谈，就用目光看着李陵，一次又一次地摩顺自己的刀环，碰碰他的脚，暗示他，可以回汉了。

后来李陵和卫律带着牛肉和美酒慰劳使者，一面喝酒一面博戏，两人都穿着胡人的服装，留着匈奴的锥形发型。任立政说大话，"汉朝已大赦天下，中国安乐，皇帝非常年轻，霍光、上官桀掌权"。他想用这种话慢慢地打动他们。李陵沉默不应，久久地看着而自循头发，回答说："我已穿着匈奴的衣服了。"

过了好长时间，卫律起来更衣，任立政趁机对李陵说："啊，少卿您非常劳苦啊！霍子孟（霍光，字子孟）、上官少叔（上官桀，字少叔）向您问候。"李陵说："霍子孟与上官少叔身体都好吧？"

立政说："请少卿来归故乡，毋忧富贵。"

李陵也呼其字说："少公，归去容易，恐怕再受辱，怎么办！"

话未说完，卫律回来，听到了后面几句话，说："李少卿（李陵，字少卿）是个贤人，不独居一国。好比范蠡遍游天下，由余去戎入秦，如今何语之亲也！"说着，就走开了。

立政跟着李陵对他说："您有意回去吗？"李陵说："男子汉不能再次受辱了。"这句话的意思是，他当年背离汉朝而投降匈奴，这是第一次受辱；现在再背离匈奴而投降汉朝，岂非是第二次受辱吗？他不愿第二次做背叛者了。

就这样，李陵留在匈奴二十余年，于昭帝元平元年（前74）病死。

对于李陵投降匈奴，历代论者一般都持批评态度，尽管也有人不乏同情。但已有当代论者为他打抱不平。李零先生愤激地说："李陵由降而叛亦属'逼叛'，如果只从'叛'字着眼，你只能说李陵是'汉奸'。因为他毕竟娶了匈奴公主做了匈奴王，毕竟死在胡地没回来。但是如果能体谅他的'叛'出于'逼'，你还不如说他背后的那只手，即由用人唯亲的汉武帝，指挥无能的李广利，老奸巨猾的路博得，善为谣言的公孙敖，以及墙倒众人推，'随而媒孽其短'的满朝大臣，他们汇成的那股力，才是真正的'汉奸'。"又讥讽地说："李陵不是铁板钉钉的汉奸吗（而且即使是在'民族大团结'的今天也还没有得到历史学家的原谅）？可是汉武帝死后你猜怎么着？汉政府却特意差他的老乡到匈奴去看他，告之'汉已大赦，中国安乐'，请他'来归故乡，无忧富贵'。而李陵也真倔，居然说'归易耳，恐再辱'，'大丈夫不能再辱'，硬是不肯成全汉政府的良心。在他看来，大丈夫贵在从一，忌在反复。逼叛是辱，平反也是辱。陵自尊如此，仍有广之风。"（李零《汉奸发生学》,《读书》1995 年第 10 期）李零先生对当代史家的批评和真正的汉奸是谁，以及对汉朝对李陵实也心怀歉疚的揭示都犀利而深刻，令人拍案叫绝。

著名作家张承志认为："当他无家可归，祖国执行不义的时候，叛变也许是悲壮的正道。"（张承志《杭盖怀李陵》）此言大佳。针对李陵这个非常独特的个例来说，如果说李零的"反坐"法令人解颐，那么张承志的"怒吼"法，则令人解恨，这与孔老夫子所说"道不行浮于海"一样，愤激之中颇有批判封建专制制度的真理隐含在内。

应该说，这样的观点也是驳不倒的。我们从多角度来看问题，应该允许有不同的见解同时存在，不同的见解解释或揭示了事物的不同侧面，只有结合多种观点和解释，我们才能完整而深入地理解一个复杂的事件或人物。

汉武帝重用三位外戚，前两位是军事天才，第三个是庸才。为了重用这个李广利，汉武帝的措置失当，损失极大，先是断送了一位大将即李陵，这位大将完全可以成为一个和卫青、霍去病一样功勋卓著的人物；接着在军事上几次失利，改变了汉匈双方的战争格局，也错过了彻底消灭坚持侵略战争的匈奴贵族及其全部主力的良机。

四百年以后，李广的子孙又发达起来，见本书第四章第三节。

从苏李诗看李陵的重大影响

李陵虽败犹荣，而且他对在匈奴陷入绝境的苏武有很大的照应和救助，苏武回国时，他洒泪送别。所以后世流传苏李诗，即苏武、李陵二人诗体的合称。今存10多首，其中李陵《与苏武三首》、苏武诗四首最早见于《文选》，是"苏李诗"的代表作。

苏李诗尽管在六朝已被疑为拟作或赝品，是东汉桓帝、灵帝时期或六朝时的无名氏作品，苏李诗依旧声誉卓著。钟嵘《诗品》评李陵诗为上品，《文选》择优选录，都将其作为五言诗的典范，杜甫《解闷十二首》竟说："李陵苏武是吾师。"

经典著作《文选》所选录的《与苏武三首》为：

> 良时不再至，离别在须臾。屏营衢路侧，执手野踟蹰。仰视浮云驰，奄忽互相逾。风波一失所，各在天一隅。长当从此别，且复立斯须。欲因晨风发，送子以贱躯。

> 嘉会难再遇，三载为千秋。临河濯长缨，念子怅悠悠。远望悲风至，对酒不能酬。行人怀往路，何以慰我愁。独有盈觞酒，与子结绸缪。

> 携手上河梁，游子暮何之。徘徊蹊路侧，恨恨（悲伤，悲恨，惆怅）不能辞。行人难久留，各言长相思。安知非日月，弦望自有时。努力崇明德，皓首以为期。

以上李陵诗，都是与苏武辞别之赠句，深情典雅，且又清新平易。其中如"各在天一隅""皓首以为期"等，都已成为千古名句。

从杜甫代表的古代诗人、文人对李陵诗歌的高度评价，也可看出古代朝野都认为李陵是英雄，不是叛徒。

七、张骞和苏武：汉朝使者的曲折命运 和伟大功绩

张骞和苏武两人出使西域和牧羊北海，是对汉匈战争的另类功绩。

汉武帝为了全面打垮匈奴，针对匈奴在西域的经营，决定开辟西域战场。对于汉武帝开辟西域战场的重大意义，范文澜在论述唐朝为了战胜西突厥而进军西域时说："古代中国的强敌通常在北方大漠南北。这些强国以漠北为根据地，向西占领天山北路作为属地，从而征服西域天山南路诸农业国，取得赋税来补充游牧国经济上的不足。拥有这种疆域的国家，必然成为中国北方边境上的大敌，因为即使被中国战败，退到漠北休息一时，又可以回漠南继续寇边。中国要击破北方强国，必须取得西域，所谓断匈奴的右臂，就是汉武帝战胜匈奴的一个重要原因。"

汉武帝派张骞通西域和出兵并经营西域的重大意义由此可见，同时也说明，汉武帝经营西域的历史经验成为唐太宗仿效的榜样。

西域的概况

汉朝的西域是指玉门关和阳关以西的广袤地区，大致相当于清代中期以前的中国新疆（面积要比今日的新疆大四分之一，相当于四个法国还多）及以西地区。自1860—1884年，沙俄夺去我国伊犁地区五十三万七千余平方公里，比山东、江苏、浙江、福建、台湾和上海五省一市面积总和还要多。今日的新疆东西长达一千九百多公里，南北宽达一千五百多公里，比欧洲面积最大的国家法国还要大三倍多。

汉武帝时，西域分为三十六国，以后又扩展至五十余国。其中与汉匈战争关系密切的最重要的国家有（户数、人口、胜兵的数据全据《汉书·西域传》）：

与汉匈战争关系密切的西域各国概况

国名	今日地点	户数	人口	胜兵
乌孙国	伊宁市及附近地区	12万	63万	18.88万
龟兹国	库车、拜城一带	6970	81317	21076
焉耆国	焉耆回族自治县一带	4000	32100	6000
鄯善国	巴音郭楞蒙古自治	1570	14100	2912
且末国	且末县西南	230	1610	320
渠勒国	策勒县南	310	2170	300
莎车国	南疆莎车县	2339	16373	3049
疏勒国	克什市和疏勒县一带	1510	18647	2000
尉头国	南疆乌什、巴楚地	300	2300	800
尉犁国	库尔勒（市）、尉犁县地方	1200	9600	2000
姑墨国	南疆拜城一带	3500	24500	4500
蒲类国	巴里坤哈萨克自治县、木垒	325	2032	799
车师前国	吐鲁番交河城	700	6050	1865

国名	今日地点	户数	人口	胜兵
车师后国	乌鲁木齐及附近地区	595	4774	1890
大月氏（zhī）	中亚的阿姆河北岸	10万	40万	10万
康居	新疆北境以及中亚部分地区	12万	60万	12万
大宛（dà yuān）	费尔干纳盆地	6万	30万	6万
渠犁国	新疆库尔勒市西、孔雀河以东地区	130	1480	150

西域五十国，共有户446570、人口2285091、胜兵549624；平均每户5.12口、胜兵1.23人，每4.16口胜兵1人。

在中国境外绝远的西域国家，还有安息、奄察、浩罕、坎巨提、罽（jì）宾、乌弋山离等，缺乏资料。西域各国互不统属，语言不一。

自玉门、阳关出西域有南北两道：南道，从鄯善，傍南山（昆仑山）北，波河西行至莎车；南道西逾葱岭则至大月氏、安息。北道，自车师前王庭随北山（天山），波河西行至疏勒；北道逾葱岭则至大宛、康居和奄察。

汉武帝为了彻底打垮匈奴，不惜打通西域，征伐大宛，平定两越，开通西南夷，迂回包抄，打开了极长的战线。其中最重要的无疑是打通西域和征伐大宛。

打通西域有着至关重要的战略意义：一是开辟第二战场，而且战略西移，将匈奴发展到西域的主力彻底打垮或消灭；二是寻找盟友或化敌为友，即把被匈奴征服的国家争取转化为自己的盟友，共同打击匈奴。在西域战场，征伐大宛对汉武帝的对匈之战有重大的战略意义：其一，是斩断匈奴的右臂；其二，夺取大宛马，建设强大的骑兵。

张骞开通西域的伟大壮举

张骞（？—前114），汉中中郡成固（今陕西城固县东）人，建元元年（前140）为郎。

当时匈奴的投降者说：匈奴击败大月氏，杀月氏王，用他的头当饮器。月氏与乌孙原来居住在敦煌、祁连间，后为逃避匈奴攻击，迁移到西域的伊犁河流域（今新疆的西北部）。匈奴又指使乌孙远攻月氏，月氏再次被迫西迁，已到妫（guī）水（今中亚阿姆河）流域，寻求生存。乌孙在进攻月氏之后，在月氏让出的伊犁河流域定居下来。月氏族逃跑而怨恨匈奴，但无人援助而共击匈奴。

汉朝正欲从事消灭匈奴的战争，汉武帝要断匈奴的右臂——西域在匈奴的右面，闻说此言，想与月支通使者，利用月氏与匈奴的仇恨，联合夹击匈奴。于是招募能出使的人。

张骞以郎应募，于建元三年（前138）出使月支，与一个名叫甘父的堂邑氏家的家奴（因是匈奴人，即胡人，所以称为胡奴），带领一百余人的队伍，一起出陇西而西行。

张骞去西域，必定要穿过匈奴占领区。路过匈奴时，张骞一行被匈奴抓获，送到单于处。单于说："月支在我的北面，汉朝怎么能派使者过去？我要派使者去南越，汉朝肯听我的吗？"

匈奴扣留张骞十余年，为了让他永久地在匈奴安心生活，给他娶妻，有了儿子。然而张骞所持的汉节不失，他一直不忘自己的使命和职责。

张骞后来住到匈奴的西部，匈奴对他的看护渐渐宽松，张骞因而得以与其部属逃向月支，西走数十日，到达大宛。

大宛闻说汉朝富饶，想要与汉朝通使而未能成功，见张骞前来，心中欢喜，问他想去哪里。张骞说："我为汉朝出使月支而为匈奴关闭通道，现在逃出来，如果大王派人引导护送我前去，如确能到那里，回汉朝后，汉朝送大王的财物多得不得了。"大宛王深以为然，就派翻译和向导，送张骞上路，到达康居。康居将他传送到大月支。

大月支王已被匈奴所杀，立夫人为王。月支已征服、并吞了大夏国，大夏国土地肥饶，寇贼少，月支女王居住在此，志在安乐，又兼自以为与远方的汉朝疏远，已毫无报复匈奴的心思。张骞从月支再到大夏，始终得不到月支对汉朝的要求的明确答复。

在大夏逗留了一年余，张骞决定回国了。他穿过西域时走南道，沿着南山（指昆仑山、阿尔金山和祁连山）行进，想取道莎车、于阗，从羌人居住的地方回国。行经匈奴时，又被匈奴抓获。他在匈奴留了年余，单于死，匈奴左谷蠡王攻击太子，自立为单于，国内大乱，张骞与胡妻及堂邑父（甘父）一起逃归汉朝。于元朔三年（前126）回到长安。

汉朝拜张骞为太中大夫，封堂邑父为奉使君。

张骞为人强壮有力，宽大信人，蛮夷之人都爱戴他。堂邑父是胡人，善射，穷急时能射禽兽供食。当初，张骞出行时，有一百余人，出去十三年，只有他们两人得还。

张骞所到的国家有大宛、大月支、大夏、康居，而根据传闻了解的邻近的大国有五六国，他都为天子介绍这些国家的地形、物产。

元朔六年（前123），武帝认为张骞久留匈奴，熟悉当地的水土形势，令张骞以校尉的官职，随从大将军卫青出击匈奴。张骞熟知沙漠中的水草处，汉军的饮水和马草可以满足，于是获胜回兵以后被封为博望侯。

又过两年（元狩二年，前121），张骞为卫尉，与李广一起出右北平击匈奴。李广率四千兵为先锋，张骞率一万兵殿后，匈奴包围李广，兵力损失惨重，而张骞军迟到，贻误战机，应当斩首，他用钱赎了死罪，削职为民。

这一年，骠骑将军霍去病在西线大破匈奴，杀数万人，直达祁连山。这年秋天，浑邪王率众降汉，而金城、河西与南山至盐泽，空无匈奴。于是西域的道路打通，来往无阻。

再过两年（元狩四年，前119），汉在大漠之北击走单于。

天子数次询问张骞大夏之属。张骞既已失去侯爵，他想找机会立新功重新封侯，于是说："臣在匈奴中居住的时候，听说乌孙王号昆莫。昆莫的父亲难兜靡与大月支都在祁连和敦煌间，都是小国。大月支攻杀难兜靡，夺取其地，百姓都逃到匈奴。难兜靡的儿子昆莫刚出生，名叫布就的傅父（照管婴儿的男保姆）翎侯（乌孙国官名）抱着他逃出，将他放在草丛中，为他去找食品，回来，看见狼在喂他奶，又有鸟衔肉飞到他身旁，以为这个婴儿是个神，于是抱着他归依匈奴，单于爱而养之。等他长大后，将原属于乌孙的民众归于昆莫，派他带兵，多次立功。当时，月支已为匈奴所攻破，月支西击塞王（西域小国），塞王南走远徙，月支就占领居住他们的土地。昆莫既已壮健，自请单于要求报父仇，于是西攻大月支，攻破了大月支。大月支再向西退走，迁移到大夏的土地上。昆莫掳掠月支的部众，留居在大月支让出的土地上，兵力渐强，正遇单于死，他就不肯再附属匈奴了。匈奴派兵攻击他，不胜，就更以为他是神，而远离他。现在单于正受困于汉朝，而昆莫的地方处于空闲状态。蛮夷之族留恋故土，又贪汉朝的物品，诚以此时厚赂乌孙，招引他们东居故土，汉朝再遣公主嫁他当夫人，结成昆弟，就会事事听从汉朝，这等于是断了匈奴的右臂。联盟乌孙以后，它西面的大夏之类自然都可招来作为外臣。"

天子觉得他讲得对，于天狩四年（前119），再度派他出使西域，以联系中亚伊犁河谷的各国。

于是拜张骞为中郎将，带三百人，每人马二匹，牛羊万头，金币和布帛价值数千万之巨。有多名持节的副使，顺道便可派到旁国。

这时西域已经畅通无阻，张骞顺利到乌孙之后，送上礼品，传达天子的旨意，希望他们共击匈奴。乌孙决策不定：乌孙距离匈奴近，大臣都畏惧匈奴；汉朝远，又不知汉朝的大小，不愿东归。

乌孙王昆莫接见汉朝使者，礼节等同于接待匈奴单于。张骞内心感到羞愧，他知道蛮夷之人贪婪，就说："天子赠送礼物，如果国王不拜谢，就把礼物退回去。"昆莫起身拜谢，接受了礼物，其他做法照旧。张骞向昆莫说明了他出使的旨意，说："如果乌孙能向东迁移到浑邪王的旧地去，那么汉朝将送一位诸侯的女儿嫁给昆莫做妻子。"这时乌孙国已经分裂，国王年老，又远离汉朝，不知道它的大小，原先归属匈奴已经很久了，而且又离匈奴近，大臣们都怕匈奴，不想迁移，国王不能独自决定。张骞因而没能得到乌孙王的明确态度。

昆莫有十多个儿子，其中有个儿子叫大禄，强悍，擅长领兵，他率领一万多骑兵居住在另外的地方。大禄的哥哥是太子，太子有个儿子叫岑娶，太子早就死了。他临死时，对父亲昆莫说："一定要让岑娶做太子，不要让别人代替他。"昆莫哀伤地答应了他，终于让岑娶当了太子。大禄对自己没能取代太子很愤怒，于是收罗他的兄弟们，率领他的军队造反了，蓄谋攻打岑娶和昆莫。昆莫年老了，常常害怕大禄杀害岑娶，就分给岑娶一万多骑兵，居住到别的地方去。而昆莫自己还有一万多骑兵用以自卫。这样一来，乌孙国一分为三，而大体上仍是归属于昆莫。在这样的形势下，昆莫也不敢独自与张骞商定这件事。

张骞留在乌孙，没有进展，就分派副使出使大宛、大月氏、大夏、康居、安息、身毒、于田、扜罙（yū shēn）及旁边的几个国家。

元鼎二年（前115），乌孙派翻译、向导为张骞送行，还派数十人、马数十匹随张骞来汉朝报谢，令他们窥看汉朝的实际情况。他们眼见汉朝地域广大，人多势众，富裕强大，回报乌孙王。

张骞回国后，拜为大行，掌管联系西域各国的事务，官位排列在九卿之中。一年多后，张骞去世。

再过一年多，他所派遣副使的大夏之类国家都颇有人与副使一起来汉，于是西北的国家开始与汉朝有了往来。

然后因是张骞首先开始开通西域之路，故而以后派去的使者都称博望侯，以取信于外国，外国也因此而信任他们。后来，乌孙真的与汉结亲了。

张骞带来的西域和中、西亚诸国的重要信息

张骞亲自到过或路过的重要国家，有大宛、楼兰、姑师、乌孙、康居、大月氏、大夏。他又在大月氏、大夏等国，了解到西亚的奄蔡、安息、条枝的一些情况。张骞带来的信息非常珍贵，有不少是世界文化史上对当时这些国家的唯一记载。

大宛在匈奴西南，在汉朝正西面，离汉朝大约一万里。当地的风俗是定居一处，耕种田地，种稻子和麦子，出产葡萄酒。有很多好马，马出汗带血（马出汗如血，故而人们称之汗血马），它的祖先是天马的儿子。那里有城郭房屋，归它管辖的大小城镇有七十多座，民众大约有几十万。大宛的兵器是弓和矛，人们骑马射箭。它的北边是康居，西边是大月氏，西南是大夏，东北是乌孙，东边是扜罙、于阗（西域国名）。于阗的西边，河水都西流，注入西海（古代大湖名，即今青海湖）。于阗东边的河水都向东流，注入盐泽（或称蒲昌海，即今新疆罗布泊）。盐泽的水在地下暗中流淌，它的南边就是黄河的源头，黄河水由此流出。那儿盛产玉石，黄河水流入中国。

楼兰（西域国名，后改称鄯善）和姑师（西域国名，后改称车师）

的城镇都有城郭，靠近盐泽。盐泽离长安大约五千里。匈奴的右边正处在盐泽以东，直到陇西长城，南边与羌人居住区相接，阻隔了通往汉朝的道路。

乌孙在大宛东北大约两千里，是个百姓不定居一处的国家，人们随着放牧的需要而迁移，和匈奴的风俗相同。拉弓打仗的兵卒有几万人，勇敢善战。原先服从于匈奴，待到强盛后，就取回被束缚在匈奴的人质，不肯去朝拜匈奴。

康居在大宛西北大约两千里，是个百姓不定居一处的国家，与月氏的风俗大多相同。拉弓打仗的战士有八九万人，同大宛是邻国。国家小，南边被迫服侍月氏，东边被迫服侍匈奴。

奄蔡在康居西北大约两千里，是个百姓不定居一处的国家，与康居的风俗大多相同。拉弓作战的战士有十多万。它靠近一个大的水泽，无边无岸，大概就是北海（即今里海）。

大月氏在大宛西边大约二三千里，处于妫水（今阿姆河）之北。它南边是大夏，西边是安息，北边是康居。是个百姓不定居一处的国家，人们随着放牧的需要而迁移，同匈奴的风俗一样。拉弓打仗的战士也一二十万。从前强大时，轻视匈奴，等到冒顿立为单于，打败月氏；到了匈奴老上单于时，杀死了月氏王，用月氏王的头骨做饮酒器皿。开始时，月氏居住在敦煌、祁连之间，待到被匈奴打败，大部分人就远远离开这里，经过大宛，向西去攻打大夏，并把它打败，令其臣服于月氏，于是建都在妫水之北，作为王庭（古代北方各族君王设幕立朝的所在）。而其余一小部分不能离开的月氏人，就保全了南山（指祁连山）和羌人居住的地方，称为小月氏。

安息（古代西域国名，即今伊朗）在大月氏西边大约几千里的地方。它们的习俗是定居一处，耕种田地，种植稻子和麦子，出产葡萄酒。它的城镇如同大宛一样。它所管辖的大小城镇有数百座，国土方圆数千里。靠近妫水，有集市，人们为做生意，用车和船装运货物，有时运到附近的国家或者几千里以外的地方。他们用银作钱币，钱币铸成像国王容貌的样子，国王死去，就改换钱币，这是因为要模仿国王的面貌。他们在皮革上画横作为文字。它西边是条枝，北边是奄蔡、黎轩（古国名，又名大秦国）。

条枝（古代国名，即今伊拉克）在安息西边数千里，靠近西海。那里天气炎热潮湿。人们耕种田地，种植稻子。那里出产一种大鸟，它的蛋就像甕坛那样大。人口众多，有的地方往往有小君长，而安息役使管辖他们、把条枝当成外围国家。条枝国的人擅长魔术。安息的老年人传说条枝国有弱水（古河名）和西王母（中国古代传说中的女神，即王母娘娘），却不曾见过。

大夏在大宛西南两千余里的妫水南面。其地风俗是人们定居一处，有城镇和房屋。与大宛的风俗相同。没有大君长，往往是每个城镇设置小君长。这个国家的军队软弱，害怕打仗。人们善于做买卖。大月氏西迁时，打败了大夏，统治了整个大夏。大夏的民众很多，大约有一百多万。它的都城叫蓝市城。这里有贸易市场，贩卖各种物品。大夏东南有身毒国（即天竺国）。

张骞说："我在大夏时，看见过邛（邛都，西南夷小国名）竹杖，蜀布（蜀郡出产的布），便问他们：'从哪儿得到了这些东西？'大夏国的人说：'我们的商人到身毒国买回来的。身毒国在大夏东南大约几千里。那里的风俗是人们定居一处，大致与大夏相同，但地势却低湿，天气炎热。它的人民骑着大象打仗。那里临近大水。'我估计，大夏离汉朝一万两千里，处于汉朝西南。身毒国又处于大夏东南几千里，有蜀郡的产品，这就说明它离蜀郡不远了。如今出使大夏，要是从羌人居住区经过，则地势险要，羌人厌恶；要是稍微向北走，就会被匈奴俘获。从蜀地前往，应是直道、又没有侵扰者。"

天子已经听说大宛和大夏、安息等都是大国，出产很多奇特物品，人民定居一处，与汉朝人的生活颇相似，而他们的军队软弱，很看重汉朝的财物。北边有大月氏、康居这些国家，他们的军队强大，但可以用赠送礼物、给予好处的办法，诱使他们来朝拜汉天子。而且若是真能得到他们，并用道义使其为属，那么就可以扩大万里国土，经过辗转翻译，招来不同风俗的人民，使汉朝天子的声威和恩德传遍四海内外。汉武帝心中高兴，认为张骞的话是对的，于是命令张骞从蜀郡、犍为郡派遣秘密行动的使者，分四路同时出发：一路从駹（máng，西南夷的种族名和国名）出发，一路从冉（西南夷的种族名和国名）起程，一路从徙（西南夷的种族名和国名）出动，一路从邛僰（bó，西南夷的种族名和国名）启行，都各自行走一两千里。结果北边那一路被氐（dī，西南夷的种族名和国名）和筰（zé，西南夷的种族名和国名）所阻拦，南边那一路被嶲（xī，西南夷的种族名）和昆明（西南夷的国名）所阻拦。昆明之类的国家没有君长，善于抢劫偷盗，常杀死和抢掠汉朝使者，汉朝使者终究没能通过。但是，听说昆明西边一千余里的地方，有个人民都骑象的国家，名叫滇越（西南夷国名），蜀郡偷运物品出境的商人中有的到过那里，于是汉朝因为要寻找前往大夏的道路而开始同滇国沟通。最初，汉朝想开通西南夷，浪费了很多钱财，道路也没开通，就作罢了。待到张骞说可以由西南夷通往大夏，汉朝又重新着手开通西南夷的事情。

张骞通西域的巨大而深远的影响

张骞通西域后，汉朝在河西设四郡。凉州即今甘肃武威，汉代开发河西，即从此开始，它成为丝绸之路由东进入河西走廊的第一重镇。

张骞通西域，引发汉匈之战开辟西域战场，汉匈战争的胜利打通了丝绸之路，建立了东西经济和文化交流，功勋卓伟。西域文化从此输入中华。史家认为，他的最大功劳有以下四端：

其一，西域各国的户口、兵力、风俗、物产及地理和路程，都因张骞的出使而为中原所获悉。

其二，多种优良植物如葡萄、石榴、红蓝、胡豆、胡瓜、苜蓿、大蒜、胡桃、胡葱、胡麻等均由于张骞的西行而始传入中原。

其三，西域音乐如横吹乐等，也因张骞西行而传入中原。

其四，为以后佛教的输入开辟了道路。而佛教的输入对中国文化产生了极其重大的影响。中国自两汉之交前后输入佛教，经过一千年的艰苦努力，将印度佛教的整座宝库引进中国，至宋代终于形成中国文化儒道佛三家鼎立和互补的宏伟格局。

张骞通西域具有伟大的世界性的历史意义。刘家和先生指出："在近代以前，世界作为一个有机整体有一个逐渐发展的过程。中国在这个过程中曾经起了十分重要的作用。"张骞出使西域，"开通了'丝绸之路'，三片古文明之间的联系开始发生。以后千余年间，这条路在东西方交通中一直起着重要作用。在古代要走通这一条路，自然是十分困难的。中国人首先开通了这条路，为东西方经济和文化的交流做出了重大的贡献，具有世界性的意义。"

张骞通西域对后世还有很大的文化影响，宋代胡仔《苕溪鱼隐丛话》前集卷十一引《荆楚岁时记》说，西晋张华《博物志》记载汉代张骞曾乘槎（水上浮木）到银河，与牛郎织女相会。但今本《荆楚岁时记》和《博物志》均无此事，大概是宋人将《汉书》所载张骞寻海（河？）源事和《博物志》海客乘槎事混在一起了。但张骞及其事迹的确成为诗词曲赋的一个重要典故。如明汤显祖《牡丹亭》第二十八出《幽媾》："莫不是莽张骞犯了你星汉槎。"

张骞之后出使西域的盛况

自从张骞开通外国交往之路并赖此得到高官厚禄，吏士争相上书，大谈外国的奇情怪事和利害，请求出使。天子认为此类地方绝远，无人乐于远行，所以凡有自请为使者，一律听凭其兴趣而遣去为使。招募使节没有限定，远近人士都可，甚至家人私隶也许应募，并为他们准备部属派遣出国，来扩展渠道。

于是汉朝前往西域的使者多得相望于道，每批大的有数百人，少的有百余人，所带的使者所用的节和金币等，大致与张骞当年所带的数量相仿。一年中派出的使者多时有十余批，少时有五六批，远的要八九年，近的也要数年才能返回。

大批自告奋勇前往西域的使者，不少有志人士从事开拓工作，但其中鱼龙混杂，也惹出不少是非。更严重的是，这些使者都将所带的公物，偷偷地自用，同于私有，所经营交易的厚利，就私吞，不全部归入官府。如果发现来回途中侵盗货币财物和歪曲天子旨意之类的事情发生，天子认为他们熟习国外事务，必会重新要求充当使者，就复查并治以重罪，再刺激他们立功以赎罪，让他们再要求出使。于是使端无穷，而轻犯法。其吏卒也都一再盛推外国的风土物产，讲得大的给予使节的正职，讲得小的做副职，所以妄言无行之徒，都争相效尤。外国也厌恶汉使人人讲话轻重不实，估计汉兵远不能至，远水不救近火，就禁止给他们食物，令他们备尝困苦。汉使缺粮乏食，就互相责怪埋怨，甚至互相攻击。楼兰、姑师之类的小国，正当必经之道，他们攻劫汉使王恢等更厉害。而匈奴奇兵又时时拦击。使者要想报仇立功，都争相建言外国征服之则利，不讨则为害，他们都有城邑，兵弱易击。挑动朝廷用兵，他们便有机会立功封侯。而其中优秀者则为国家建立了贡献。

张骞之后使者的贡献

伊稚斜单于继位十三年后，于元鼎三年（前114）去世，他的儿子乌维继位做单于。第二年，汉天子开始出去巡视郡县。那以后汉朝正向南诛灭南越和东越，没有进攻匈奴，匈奴也不入侵边境。

乌维单于继位三年，汉朝已经灭亡了南越．派前太仆公孙贺率领一万五千名骑兵从九原出塞两千多里，到浮苴井才回来，没有看到一个匈奴人。汉朝又派前从骠侯赵破奴率领一万多名骑兵从令居出塞几千里．到匈河水而回来，也没有看到一个匈奴人。

这时天子巡视边境到了朔方郡，统领十八万骑兵来显示军威，派郭吉委婉地告诉单于。郭吉到了匈奴后，匈奴主客询问他出使的任务，郭吉谦卑地行礼，说："我见到单于再亲口对他讲。"单于接见了郭吉，郭吉说："南越王的人头已经悬挂在汉朝京城未央宫的正门上。如今单于假如能够前去和汉朝交战，天子亲自率领兵马在边境等候；单于假如不能去，就应当面朝南方向汉朝称臣。怎能只是远远逃跑，躲藏在大沙漠北边又冷又苦、缺少水草的地方，这样没有作为呢？"话刚说完，单于就大怒，立刻斩杀了引见郭吉的那位主客，又扣留郭吉，不让他回去，把他迁移到北海那里。单于始终不敢到汉朝边境侵扰，而是休养士兵和马匹，练习射箭打猎，多次派使者到汉朝，好言好语请求和亲。

汉朝派王乌等人去侦察匈奴。匈奴的法律规定，汉朝使者不放弃符节而用墨黥面，就不能够进入毡帐。王乌是北地人，熟悉匈奴的习俗，就放弃符节，用墨黥面，得以进入毡帐。单于喜欢他，假装用好话做出许诺，要为了他派遣太子进入汉朝做人质，并请求和亲。

汉朝派杨信出使匈奴。这时汉朝在东边攻取了秽貉、朝鲜而设置了郡，在西边设置了酒泉郡来隔绝匈奴和羌的交往道路。汉朝又向西沟通了月氏、大夏，还把公主嫁给乌孙王做妻子，来分离匈奴在西方的援国。汉朝又向北更加扩大田地，直到胘雷作为边塞，而匈奴始终不敢对此表示不满。这年，翕侯赵信去世，汉朝掌权的大臣认为匈奴已经衰弱，可以让他们臣服了。杨信为人刚直倔强，一向不是汉朝显贵的大臣，单于不亲近他。单于要召他进入毡帐里，但他不肯放弃符节，单于就坐在毡帐外面接见了杨信。杨信见过单于后，劝他说："如果想和汉朝和亲，就将单于太子送到汉朝做人质。"单于说："这不是以往的盟约。以往的盟约，汉朝常常派公主来匈奴，供给不同数量的绸布、丝绵和食物，来结和亲，而匈奴也不去侵扰边境。如今竟然要违反古时的盟约，让我的太子做人质，那和亲没有希望了。"匈奴的惯例，看到汉朝使者不是皇宫中受宠的宦官，而是儒生，认为是要来游说的，便设法驳倒他的辩词；如果是少年，认为他是要来斥责匈奴，便设法摧毁他的气势。每次汉朝使者进入匈奴，匈奴总要给予报偿。如果汉朝扣留了匈奴使者，匈奴也扣留汉朝使者，一定要求得失对等才肯罢休。

杨信回到汉朝后，汉朝派王乌出使匈奴，而单于又用好话谄媚他，想多得到汉朝的财物，便欺骗王乌说："我想进入汉朝朝见天子，当面缔约结为兄弟。"王乌回来报告，汉朝为单于在长安修筑了官邸。匈奴说："得不到汉朝尊贵的人出使，我不同他讲实话。"匈奴派他的尊贵的人到汉朝，患了病，汉朝送给他药，想治好他，可是他不幸而死了。汉朝使者路充国佩带两千石的印信出使匈奴，顺便护送他的灵柩，丰厚的葬礼花费了几千斤黄金，说："这是汉朝的贵人。"单于认为"汉朝杀害了我尊贵的使者"，就扣留路充国，不让他回去。单于所说的那些话，只是凭空欺骗王乌，根本没有进入汉朝和送太子来做人质的意思。于是匈奴多次派突击队侵犯边境。汉朝就任命郭昌为拔胡将军，和涅野侯驻守朔方以东，防御匈奴。路充国被匈奴扣留了三年，单于去世。

乌维单于继位十年后死去．他的儿子乌师庐继位做了单于。乌师庐年纪小，号称儿单于。这年是汉朝元封六年。儿单于继位后，汉朝派来两位使者，一位吊唁单于，一位吊唁右贤王，想据此来离间他们的君臣关系，使国家混乱。使者进入匈奴，匈奴人把他们都送到单于那里。单于生气，把汉朝使者全都扣留了。汉朝使者被匈奴扣留的前后有十多批，而匈奴使者来，汉朝也总是扣留对等数量的匈奴使者。从这以后，单于越发向西北迁移，左边的军队直到云中郡，右边的军队直到酒泉郡、敦煌郡。

苏武出使匈奴的惊险遭遇

张骞之后，汉武帝派出的使者以苏武名声最大。

苏武的父亲苏建，杜陵（今陕西西安东南）人。元朔元年（前

128），汉武帝派苏建以将军，率领十余万人，筑朔方郡（在今内蒙古乌拉特前旗南）。

接着，他参加了三次对匈奴的战争：

元朔二年（前127），苏建以校尉从大将军卫青，击匈奴，封平陵侯。后升任卫尉。

元朔五年（前124），苏建以卫尉为游击将军随从卫青出朔方（今内蒙古河套以南地区），击匈奴，获胜。

一年后，卫青率领六将军军出定襄（今内蒙古河套以东地区），苏建以右将军从征。苏建会同翕侯赵信，率三千余骑，与匈奴单于数万主力相遇，激战一昼夜后，寡不敌众，全军覆没。赵信投降，苏建苦战后独自脱身而归，失军当斩，卫青保全了他的性命，让他回京后由天子亲自处置。他出赎金免去死罪，削职为民。

之后，苏建任代郡太守，卒于任所。

苏建有三个儿子，中子苏武最有名。

苏武（？—前60），字子卿，年轻时因父亲而任官职，兄弟全都为郎。

苏武开始升迁官制时，正逢汉朝连年征伐匈奴，双方多次互通使节以窥测动态，匈奴扣留了汉朝的使节郭吉、路充国等，前后有十批之多。汉朝也扣留了同样数目的匈奴使节。

武帝天汉元年（前100），且鞮（jū dī）侯单于初立，恐怕汉朝攻击他，于是说："汉朝天子是我的丈人辈啊！"他将原先扣押的汉朝使者路充国等，全部放还。

汉武帝嘉许他的信义，于是派苏武以中郎将的身份持节将汉朝扣留的匈奴使者礼送回去，又赠单于重礼，答谢他的好意。

苏武与副使、副中郎将张胜及假吏常惠等，招募一百余士卒和斥候（指侦察敌情的士兵），一起前往。到了匈奴，将礼金赠送单于。单于竟更骄横了，使汉朝大失所望。

匈奴正要派使者送苏武等回汉，不想匈奴正好出了一件大事。匈奴缑（gōu）王与长水虞常等，此时策动了一次谋反。缑王是昆邪王姐姐的儿子，与昆邪王一起降汉。后来他跟随涊（zhuó）野侯赵破奴击匈奴，兵败而降。他与卫

苏武像

律所带领来投降的人，一起暗中策划劫持单于的母亲阏氏归汉。

正巧苏武等到达匈奴，虞常在汉朝时一向与张胜相熟，所以他暗中等机会与张胜说："听说天子非常怨恨卫律，我能为汉用暗箭射杀他。我的母亲和弟弟在汉朝，希望能给他们赏赐。"张胜答应了他，送给他货物。

一个多月后，单于出外打猎，只有阏氏和子弟在家。虞常等七十余人准备发动叛乱，其中一人夜里逃走，告发了此事。单于的子弟发兵与他们接战。缑王等都死了，虞常被生俘。

单于派卫律负责此事。张胜听说此事，恐怕以前虞常与自己的联系被发现，就将前事向苏武报告。苏武说："事已如此，一定会牵连到我。犯了这种罪必死，深深地辜负了国家。"说罢准备自杀，张胜和常惠一起阻止他。虞常果然供出了张胜。

单于发怒，召集众贵人商议，要杀汉朝使者。左伊秩訾(zǐ)(匈奴的官名)说："仅因谋杀卫律，就杀他们，罚得太重了，如果谋杀单于，何以复加？应该逼他们全部投降。"单于派卫律召见苏武，传达单于要他们投降的命令，要苏武表态。

苏武对常惠等说："屈节辱命，虽然活着，还有什么面目回到汉朝！"拉出佩刀自杀。

卫律吃惊，抱住苏武，飞马呼唤巫医。医生掘地为坑，放上微火，将苏武放在坑上，脚踏在他的背上，让他出血。苏武气绝，半天才有出气。常惠等都哭了，用车将苏武送回营地。

单于嘉许他的节气，朝晚派人问候，收审张胜。

苏武日益恢复健康，单于派人劝降。会审虞常时，想借此在此时逼苏武投降，剑斩虞常以后，卫律说："汉朝使节张胜谋杀单于近臣，应执行死刑，单于招募投降的可以赦罪。"举剑正要杀他，张胜求降。卫律对苏武说："副手有罪，你要连坐。"

苏武说："我本不是同谋，与他又不是亲属，怎么讲连坐？"卫律又举剑要砍，苏武岿（kuī）然（山高峻独立的样子，比喻人的形象高大和性格的坚韧不屈）不动。

卫律说："苏君，卫律当年负汉归匈奴，幸蒙大恩，赐号称王，拥众数万，马畜满山，富贵如此。苏君今日投降，明日也就这样了。如果白白地死在此地，作为荒草野地的肥料，谁又知道了！"

苏武不应。卫律又说："君因我降，我与君为兄弟。你现在不听我的计谋，以后要想再见我，还有可能吗？"

苏武骂卫律说："你作为臣子，不顾恩义，背叛君主和父母，在蛮夷之地投降做俘虏，有什么必要见你？况且单于信任你，派你审决别人的生死，你不平心持正，反想挑动两家君主相斗，坐观祸败。南越杀汉使者的，九郡被屠；宛王杀汉使者的，头悬北阙；朝鲜杀汉使者的，即时诛灭。只有匈奴不如此做罢了。如果你明知我不可肯投降，想挑动两国交战，匈奴之祸就从我开始吧。"苏武理直气壮和铿锵有力的回答，使卫律一筹莫展。

苏武北海牧羊

卫律知道苏武最终不可胁迫，就向单于报告结果。单于见苏武是一个坚忍不拔的英雄好汉，更加想要招降苏武，就将苏武幽闭在大窖中，断绝他的饮食。天下雨雪，苏武躺在地洞中吃雪，与旃（同毡）毛一起吞咽，数日不死。匈奴见饿他不死，以为他是神仙，于是将苏武迁到北海（今称贝加尔湖）上的无人区，令他放牧公羊，要等公羊有了奶，才可回去。又将他的部属常惠等置于互不相关的各处。

苏武到了海上（今贝加尔湖）之后，无人供应他饮食，他只好掘野鼠所藏的野草果实当食物。苏武手持汉朝的使节牧羊，朝晚拿着，节上的旄毛全部脱光。

累计五六年以后，单于的弟弟于靬（jiān）王来海上射猎，苏武能织纺丝网，辅正弓弩，于靬王喜欢他，给他衣食。三年多以后，于靬王病了，赐他马畜、大小毡帐。于靬王死后，他手下的人众迁走。这年冬天，丁令人盗走苏武的牛羊，苏武又陷于穷厄。

起初，苏武与李陵都为侍中，苏武出使匈奴的第二年，李陵投降，他自感羞愧，不敢求见苏武。

过了十余年以后，单于派李陵到海上，替苏武置酒设乐，于是李陵对苏武说："单于听说我与子卿一向友情深厚，所以派我来说服你。单于以虚心相待，你反正回不了汉朝，白白地在无人之地吃苦，有谁能看到你的信义？以前长君（苏武的兄长苏嘉）为皇帝扶车，跟着到雍棫（yù）阳宫，扶着皇帝的辇（niǎn，人推拉的车）在门屏之间下车，撞到了柱子，折断了辕，被劾大不敬，伏剑自刎，赐钱二百万作为下葬费用。

孺卿（苏武的弟弟苏贤）跟着祭祀河东后土，骑马的宦官与黄门驸马争船，推堕驸马于河中溺死，骑马的宦官逃走，下诏令孺卿追捕不得，惶恐饮药而死。我来匈奴的时候，太夫人（苏武的母亲）也已死了，我送葬到阳陵。子卿你的夫人年纪很轻，听说她已改嫁了。你只剩下两个妹妹、两个女儿和一个儿子，现又过了十余年，存亡已不可知。人生短暂，好比早上的露水，何必长年自苦如此！我刚投降的时候，精神恍惚犹如发狂，自痛负汉，加上老母被关押，子卿不想投降，难道还能超过当时我李陵吗？况且陛下年龄已高，法令无常，大臣无罪而被灭族的有数十家，安危不可预知，子卿你这样做又为了谁啊？听我的建议，不要再说别的什么话了。"苏武说："我们父子无德无功，都是皇上成就了我们，让我们父子兄弟位列将军，爵高为侯，兄弟亲近，常愿肝脑涂地，以报效皇上。今日得有杀身自效的机会，虽然刀斧加身，赴汤蹈火，也甘心愿意。臣子事君，和儿子事父一样，子为父而死亡，毫无遗憾。请你不必再多说了！"

李陵与苏武饮酒数日，又对他说："子卿请再听我一言。"

苏武说："自忖很早就应该死了！单于如果一定要我投降，请毕今日之欢，效死于你的面前！"

李陵见他讲得这样至诚，喟（kuì）然（叹息的样子）而叹，说："哎呀，义士！我与卫律之罪上通于天了。"于是泪珠沾湿了衣襟，与苏武诀别而去。

李陵想给苏武以实际的帮助，但他又不想在苏武面前显示自己的豪富，所以让自己的妻子赠送苏武牛羊数十头。

后来（前87）李陵又到北海上，对苏武说："边境上的陷阱捕得云中的一个活口，说太守以下都穿白衣，说皇上逝世了。"苏武听了这话，向南号哭，呕血，朝晚痛哭。

数月之后，昭帝即位。

又过了几年，至始元六年（前81）匈奴与汉朝和亲。汉朝要求归还苏武等人，匈奴诡称苏武已死。

后来汉使又来匈奴，常惠请他的看守者陪着一起去看望，得以夜见汉使，向他详细介绍自己的情况。他又教使者对单于说：天子在上林射鸟，得到一个大雁，雁足上拴着帛书，说苏武在某个大泽中。使者大喜，用常惠的这套话责备单于。

单于看着左右的近臣，大吃一惊，向汉使道歉说："苏武等人的确还活着。"并同意放还苏武。

于是李陵备酒祝贺苏武说：

今足下还归，扬名于匈奴，功显于汉室，虽古竹帛所载，丹青所画，何以过子卿！陵虽驽怯，令汉且贳（shì，宽宥）陵罪，全其老母，使得奋大辱之积志，庶几乎曹柯之盟，此陵宿昔之所不忘也。收族陵家，为世大戮，陵尚得复何顾乎？已矣！令子卿知吾心耳。异域之人，一别长绝！（如今仁兄即将回国，扬名于匈奴，功显于汉室，虽然古书记载和绘画所描绘的古代名人，哪有及得上你子卿的！李陵虽然愚笨胆怯，如果汉朝能够宽宥、善待我，不杀我的老母，使我能有机会洗净巨大的耻辱，舒展多年的志向，那么差不多可以像从前曹柯之盟一样，单骑劫持单于，这是李陵日夜不能忘怀的遗憾啊。将李陵家族收捕族灭，如此残酷的待遇，我李陵还能够再堪回首吗？一切都过去了！只有子卿才深知我的心思罢了。我们是异域之人，从此一别，就永远决绝了！）

李陵言犹未尽，心中激动万分，就慷慨起舞，唱起悲凉的歌曲：

　　径万里兮度沙幕，为君将兮奋匈奴。路穷极兮矢刃摧，士众灭兮名已隤（tuí，丧败）。老母已死，虽欲报恩将安归！（穿过万里啊度过沙漠，为汉将军啊奋战匈奴。退路被绝啊刀箭相逼，部众死灭啊我的名声已毁。老母已死，虽想报恩啊何路可归！）

李陵泪下数行，与苏武诀别。

苏李之诀别，赢得后人的同情，如明代袁凯《题李陵泣别图》，于画上题诗说："上林木落雁南飞，万里萧条使节归。犹有交情两行泪，秋风吹上汉臣衣。"就含义隽永地描绘了这个依依惜别的感人场面。

李陵唱的歌曲，是他自己的诗。昭明太子《文选》中收有苏武李陵之诗，非常动人，文学史家称为"苏李诗"。后有人指出李陵苏武之五言诗是后人的伪作，这是唐代以后的事。此前，杜甫还说："李陵苏武是吾师。"（《解闷绝句》）元稹说："苏子卿李少卿之徒，尤工为五言。"（《杜工部墓志铭》）白居易也说："五言始于苏、李。"（《与元九书》）此后，唐代史学家刘知几则在指出李陵《答苏武书》为后人伪托之同时，赞誉此书"辞采壮丽，音调流靡"。论者认为李陵《答苏武书》感情悲愤而壮烈，几可谓动天地而泣鬼神。

李陵还有不少诗歌和《答苏武书》，收录在权威文献《昭明文选》中，虽为后人伪托，但大家公认这封书信写得"辞采壮丽，音调流靡"，感情悲愤而壮烈，几可谓动天地而泣鬼神。这是后人极度同情和敬佩李陵而为他代作的重大艺术创作，具有非凡的意义。例如李陵《赠苏武别》：

> 良时不再至，（美好的时刻不会再次来临，）
> 离别在须臾。（我们的离别就在眼前。）
> 屏营衢路侧，
> 执手野踯躅。
> 仰视浮云驰，（抬头看到飘浮的云彩）
> 奄忽互相逾，
> 风波一失所，
> 各在天一隅。（我们就天各一方。）
> 长当从此别，（从此就将长远的别离）
> 且复立斯须。（姑且再在这里片刻小立）
> 欲因晨风发，
> 送子以贱躯。

国学大师吕思勉赞美此诗："可谓极沉郁顿挫之致矣。"

苏武来到北海牧羊，李陵来到北海看望苏武，最后又在北海边与苏武诀别。他们两人在北海边上的人生悲剧，千古流传。

古代中国史籍称贝加尔湖为瀚海，又称北海，两汉时期，属于匈奴的活动范围。

北海，最早出现于《庄子》的首篇《逍遥游》：

明代陈洪绶绘《苏武李陵泣别图》（局部）

北冥（一作溟，海）有鱼，其名曰鲲。鲲之大，不知其几千里也；化而为鸟，其名为鹏。鹏之背，不知其几千里也；怒而飞，其翼若垂天之云。是鸟也，海运则将徙于南冥。南冥者，天池也。（北方的大海里有一条鱼，它的名字叫鲲。鲲的体积，真不知道大到几千里；它变化成为鸟，名字就叫鹏了。鹏的脊背，它的宽长真不知道有几千里；当它奋起而飞翔的时候，它那展开的双翅就像天边的云。这只鹏鸟呀，随着海上汹涌的波涛迁徙到南方的大海。南方的大海是个天然的大池。）

庄子时代，北海是无人区。先秦时期的中国汉人，只有庄子看到过北海。北海就是今日的贝加尔湖。传说北海无边无际，水深而黑。庄子本人没有到过北海，他是在"坐忘"的时候，用"天眼"看的，用通俗的话说，亦即修炼的时候，在脑海中涌现北海的。

西汉时期，北海在中国的北方民族匈奴的属地，只有被匈奴押到北方的苏武和投降匈奴后去看望苏武的李陵，这两个汉族人到过北海，亲眼看到了北海。

北海——贝加尔湖，自2世纪后期之后，历经东汉、魏晋、五胡十六国、北朝、隋唐、五代、辽、宋、金时期，期间陆续在贝加尔湖地区生活着中国的北方游牧民族丁零、坚昆、敕勒、鲜卑、柔然、突厥、回纥等游牧民族。这些游牧民族长期独立存在，有时跟南部的中国（指汉族中央政权）发生战争（比如北魏与柔然的战争），有时臣服于中国（如隋唐的全盛时期）。

中国北方游牧民族的蒙古帝国兴起后，这里成为蒙古版图的一部分。明洪武二十一年（1388），蒙古高原的蒙古民族分裂成为瓦剌、鞑靼与兀良哈三大势力；贝加尔湖大部分时间处于鞑靼的统治之下。

清代建立后，统一了中国境内所有的民族的居住区，蒙古也成为清朝的一部分。但是蒙古族中的准噶尔部落发动叛乱，并分裂中国领土，成立准噶尔国。清康熙三十六年（1697）和清乾隆二十二年（1757），喀尔喀蒙古和准噶尔蒙古先后被清朝征服，清朝再次统一全国。但是康熙在与准噶尔国作战时，沙俄乘机侵占中国领土，康熙为了避免两面作战的沉重压力，竟然主动将贝加尔湖和以西、以东的大片领土割让给俄国，企图使沙俄停止进攻清朝。康熙二十八年（1689），在清政府跟沙俄签订的《尼布楚条约》中，属于蒙古的贝加尔湖以及周围地区已经被康熙主动割让给俄罗斯，清雍正元年（1723）的《布连斯奇条约》和雍正三年（1725）的《恰克图条约》，承认这个割让领土的现状，标志着中国失去了贝加尔湖。

中国失去美丽的贝加尔湖及其周围地区，是一个极大的领土损失。因为贝加尔湖是地球上最古老的湖泊之一。贝加尔湖总面积为 3.15 万平方千米，在全球湖泊中居第八位。贝加尔湖也是世界上最深和蓄水量最大的淡水湖，素有"西伯利亚明眸"之称。贝加尔湖的淡水占世界淡水的20%，湖水平均深 730 米，最深 1620 米。湖内物种丰富，1800 种鱼虾和海绵生物中有 1200 种为贝加尔湖所独有。

据说，因为湖水冰冷，一条秋白鲑要九年才能长到十几厘米长。贝加尔湖的湖水清澈，每年一月，湖水结冰后，隔着一米厚的冰层还能看到水中的鱼儿在游动。

贝加尔湖周围群山环抱，溪涧纵横，至今到处是一片原生态的苍翠和瑰丽，随便走走都是风景。湖中岛屿多达二十七个。最大的要数奥利洪岛，面积约730平方千米。两岸悬崖峭壁林立，在东岸，奇维尔奎湾像王冠上的宝石一样绚丽多彩。

自从苏武回到长安，李陵也不再去北海，中原地区的中国人与贝加尔湖分离了两千多年，直到20世纪西伯利亚大铁路全线通车后去俄罗斯旅游的人，才能一睹北海的风貌。

苏武回国后的结局

最终，单于召回苏武的官属，除掉投降和已故的，跟着苏武回国的还有九人。

苏武在昭帝始元六年（前81）春回到阔别的京师，任典属国，官俸两千石，赐钱二百万，公田二顷，住宅一区。

苏武的属下常惠、徐圣、赵终根等都拜为中郎，赐帛各二百匹。其余六人因年老，归家，每人赐钱十万，终身免除赋役。

苏武留匈奴凡十九年，出使时还是壮年，等到回国，须发尽白。

苏武回国的第二年，即昭帝元凤元年（前80），他的儿子被杀，自己被罢官。原因是左将军上官桀的儿子、骠骑将军上官安，与御史大夫桑弘羊及昭帝之兄——燕王刘旦、昭帝姊鄂邑公主等谋反，要废昭帝，黜霍光，立燕王为帝。苏武的儿子苏元与上官安合谋，政变失败后，连坐被杀。

起初，上官桀和上官安与大将军霍光争权，多次上疏批评霍光在燕王问题上的过失，令上书告他。又说苏武出使匈奴二十年不降，回来仅任典属国，大将军长史没有功劳，反倒任搜粟都尉，霍光专权自恣。等到燕王等造反被诛的时候，穷治党羽，苏武与上官桀、桑弘羊有旧谊，多次为燕王所讼，儿子又在同谋中，庭尉奏请逮捕苏武。霍光压下他的奏书，他因敬重苏武为国受苦的经历，而且苏武并未参与阴谋，不加追究，只是罢免了苏武的官职。

几年后，昭帝去世，苏武因以"故二千石"的身份，参与拥立宣帝的策划和活动，赐爵关内侯，食邑三百户。以后又因卫将军张安世为他申辩，宣帝给他官复原职，依旧任典属国。

苏武所得赏赐，全都给昆弟故人，家无余财。朝廷大臣如丞相魏相、御史大夫丙吉、平恩侯许广汉和众臣都敬重苏武。

又因苏武年老，儿子以前又被杀，皇帝怜悯他，问左右："苏武在匈奴时间很久，是否有儿子？"苏武请皇后的父亲平恩侯代自己提出请求："以前在匈奴时，与胡女曾生了一个儿子叫通国，有音信往来，愿托使者带金帛去赎还。"宣帝恩准了。

后来苏通国随使者到来，皇上给他郎的官职。又任命苏武弟弟的儿子为右曹。

苏武于神爵二年（前60）病故，享年八十余。

苏武在匈奴十九年，虽在那里娶妻生子，而故国之思无一日相忘。相传苏武有《黄鹄一远别》诗说："黄鹄一远别，千里顾徘徊。胡马失其群，思心常依依。请为游子吟，泠泠（líng，形容声音清越）一何悲。"

苏武晚年迎来了在胡地所生的儿子，但其胡妻却未能一起来相聚。苏武没有向朝廷提出这个请求，是否可以说是寡情？

在他最艰苦的岁月中，他完全处于孤立无援的逆境和绝境中，在贝加尔湖富有诗意的苍穹之下，他可谓是个壁立千仞的孤胆英雄。

不过要补充说明，他一度是孤胆英雄，这当然是极为难能可贵的。但是后来他有了一位真诚的可以互诉衷肠的朋友李陵，还有妻子和儿子。

对于苏武在匈奴的命运，当代论者已有不同的视点，提出不同的见解。从苏武被匈奴扣押的经历看，匈奴倒也相当仁慈，至少，张中行说："与汉武比较，待人，匈奴的单于像是宽厚得多。苏武是抗命（不降）的，匈奴只是把他发配到北海，用意很清楚，是以困苦迫使他回心转意，不成功而终于没有处死，如果是汉武，必是早已弃市了吧？"更且李陵还以他妻子的名义赐苏武牛羊数十头，"如果在汉武的眼皮底下，是谁也不敢这样拿命开玩笑的。"王公还可以和他长期交往并送许多礼物。更令张中行感慨的是："（苏武）在抗命发配的情况下，还可以（与匈奴妇女）洞房花烛，生儿育女，与我们政令下的多种折磨相比，应该说是富于人情味，值得羡慕了。"

但是汉武帝与朱元璋这个丧心病狂的杀人魔王不同，他虽然对臣下严苛，还是遵循一定法度的，株连的也少。苏武的忠于汉武帝，还不能说是愚忠，一则汉武帝对中国历史的功绩是历代皇帝中的佼佼者，二则汉武帝代表着汉朝的政权，苏武主要是忠于汉朝。

张骞和苏武两位使者，张骞到西域，苏武到塞北，张骞先苦后甜，大有收获，苏武大倒其霉。时势和机遇的不同，决定了人的不同命运。

八、第二战场：李广利夺汗血马、巫蛊之祸和汉武反省

在汉武帝的后期，汉匈之战开辟了第二个战场，即西域。西域从此成为汉匈之战的主战场，直至汉匈战争在东汉的结束。

第二阶段的统帅依旧是汉武帝本人，他还是战争的最高决策者。这时汉朝和匈奴在第一阶段的十年大战之后，已经休战十四年，霍去病和卫青已经先后离世。朝中无大将，汉武帝就提拔宠妃的兄长李广利为主将，任命他为大将军，统率汉军。主战场也转换到西域了。由于武帝用错了人，战争失利，以李广利投降匈奴、汉军全军覆没而告终。

在与匈奴作战之时，又穿插着与西域的大宛（yuān）大打两仗。汉朝与大宛的战争是为了得到汗血马，并将大宛拉为汉朝反匈战争的盟国。得到汗血马的根本目的也是与

匈奴作战，所以汉与大宛的战争是汉匈战争的一个组成部分。

第二阶段汉匈战争的七次战役总况

第二阶段，汉武帝共发动七次战役。前两次是攻打大宛，先大败，后惨胜。此后，自天汉二年（前99）至延和三年（前90），与第一阶段一样，也用了十年时间，汉武帝发动了五次对匈奴的战争，五战五败。

太初元年（前104），夏五月，汉派贰师将军李广利西伐大宛，前后花了两年，大败而归。

同时派浞（zhuó）野侯、浚暨将军赵破奴率领二万骑出朔方北两千余里，预期到浚暨山而还，以迎左大都尉。结果赵破奴被活捉，汉军二万余人全军覆没。这是一败。

太初三年（前102），李广利再攻大宛，虽获胜利，军队损失了六分之五，这只能说是惨胜。

天汉二年（前99）夏五月，汉派贰师将军李广利率领三万骑兵出酒泉，到天山（即今祁连山）攻击匈奴右贤王，先胜后败：首战诛杀敌人一万余人而归，但被匈奴重兵包围，虽得解围逃出，汉兵死亡十之六七，损失惨重。这是二败。

接着，又派骑都尉李陵率五千步兵出居延北千余里，与单于相遇，激战，李陵杀伤对方万余人，军队箭尽粮绝，想退兵回塞，被单于重兵包围，李陵投降匈奴，其兵士得脱归汉的有四百余人。这是三败。

天汉四年（前97），汉派贰师将军率骑兵六万，步兵十万（《汉书·匈奴列传》和《资治通鉴》都作七万），从朔方出兵；强弩都尉路博德率领万余人，与贰师将军会师；因杆将军公孙敖带骑兵一万，步兵三万人，从雁门出兵；游击将军韩说带步兵三万人，从五原出兵。

匈奴单于以十万兵力等候在余吾水以南，与贰师接战。贰师率兵后退，与单于连斗十余日。游击将军无所得。因杅将军与左贤王战，不利，引归。这是四败。

征和三年（前90）三月，汉遣贰师将军率领七万人出五原，御史大夫商丘成率领三万余（《史记·武帝本纪》作二万）人出西河，重合侯马通率领四万骑出酒泉千余里。最后李广利投降，汉军全军覆没。这是五败。

匈奴形势与赵破奴北征被俘

元封六年（前105），乌维单于立十年死，子乌师庐立，因年少，号为儿单于。自此以后，单于增兵西北，将左方兵置于云中，右方兵置于酒泉、敦煌。

儿单于立时，汉派两个使者，一人吊单于，一人吊左贤王，欲以乖其国。使者入匈奴，匈奴全都送至单于处，单于怒而扣留全部汉使。汉使前后被扣留的有十余批，而匈奴派使者来汉，也被扣留数量相当的使者。

因为这年冬天，匈奴雨雪成灾，牲畜多饥寒而死，而单于年少气盛，喜好杀伐，国中都感不安。左大都尉欲杀单于，派人私自通知汉朝，说："我欲杀单于降汉，汉离开我们远，汉即派兵接近我，我就动手。"汉闻此言，所以筑受降城，但仍以为远。

第二年（太初元年，前104），汉派贰师将军西伐大宛，而令因杅将军筑受降城。此年春，汉派浞野侯破奴将二万骑出朔方北两千余里，预期到浚暨山而还，以迎左大都尉。夏天，浞野侯既已到达预期之处，左大都尉想动手却被发觉，单于诛杀了他，发兵攻击浞野侯。浞野侯抓获敌人数千人。回军，离开受降城四百里，匈奴八万骑兵将他们包围。浞野侯夜出自己找水，匈奴活捉到浞野侯，于是急击其军，军吏怕失去将军要被诛杀，无人相劝而归，全军就覆没于匈奴，汉朝的士兵损失二万多人。单于大喜，就派兵攻受降城，未能攻下，乃侵入边境后撤回。又过了一年（太初二年，前103），单于欲亲自攻打受降城，结果人还没到就病死了。

李广利西征大宛，大败而归

早先，远在张骞通西域之前，汉武帝发《易》书以卜，说"神马当从西北来"。他就设法获取西域良马。因此武帝在开战之前早就派遣张骞出师西域，一方面固然设想从两翼夹击匈奴，另一方面也想获得优良的战马。

前已言及，张骞出使西域、立功封侯之后，许多有志者竞相效尤，自告奋勇奏请朝廷任命为使者，奔走西域。有的靠花言巧语游说各方，西域多国厌恶汉使人人讲话轻重不实，估计汉兵远不能至，远水不救近火，就禁止给他们食物，令他们备尝困苦。楼兰、姑师之类的小国，正当必经之道，他们攻劫汉使王恢等更厉害。而匈奴奇兵又时时拦击。使者要想报仇立功，都争相向朝廷建言，外国征服之则利，不讨则为害，他们都有城邑，兵弱易击。挑动朝廷用兵，他们便有机会立功封侯。于是天子派遣从票侯赵破奴率领属国骑兵和郡兵数万出击匈奴，匈奴都退走，第二年，击破姑师，俘获楼兰国王。于是沿途接待的亭障自酒泉排列到玉门了。

大宛诸国发使者跟随汉使来长安，看到汉朝国家广大，献给汉朝大鸟之卵和会玩吞刀吐火、植瓜种树、屠人截马之类魔术的艺人，天子非常喜欢。汉使探索黄河的源头，山上多玉石，采来奉献，天子查看古代的图书，黄河源头之山称为昆仑。

前往西域的汉使很多，随从使节的少年都向天子报告自以为可靠成熟的信息，有人说大宛有良马，在贰师城，密藏不给汉使看。

天子喜好大宛之马，听了以后，志在必得，派壮士车令等带着千金和金马，请大宛王给贰师良马。大宛本有丰富的汉朝物品，故不贪汉朝的金马之币，一起商议说："汉离我们极远，在盐水（河名，沙漠中不生草木，水又咸苦）中经常自己死在那里，出北面有匈奴，出南面则乏水草，接近通道之处又无城市村郭，多缺乏粮食。汉使数百人成批来，经常缺乏食品，死者过半，如此怎能派大军到来？况且贰师马，是大宛宝马呢。"于是不肯给汉使。汉使怒，骂骂咧咧，砸坏金马，拂袖而走。大宛国中的贵人发怒说："汉使太看轻我们了！"就一面遣送汉使出境，一面令其东边的郁成王遮攻，杀汉使，夺取他的财物。

天子大怒，曾经出使过大宛的众多使节如姚定汉等说："大宛兵弱，用汉兵不过三千人，用强弓射击，即可攻破了。"天子曾经派浞野侯攻楼兰，仅以七百骑兵先至，就俘虏了国王，于是赞同姚定汉的意见，出兵攻打大宛。武帝想让宠姬李氏的兄弟封侯，就派李广利为将军，征伐大宛。

李广利（？—前88），中山（今河北定州）人。他的妹妹李夫人有宠于武帝，生昌邑哀王。李广利以外戚身份贵为将军，征伐大宛。

太初元年（前104），以李广利为贰师将军，发属国六千骑兵及郡国恶少年数万人出征，期望李广利取到贰师城良马，故而号为贰师将军。由前浩侯王恢充当军队的向导。

大军西过盐水之后，沿路当道小国都坚守城市，不肯供给食物，而攻之又多不能下。攻下了，有东西吃，攻不下，数天就离去。待到郁成，官兵尚有数千，都已累饿交加。攻郁成城，郁成抵拒，打败汉军，汉军死伤很多。

贰师将军与左右商议："到郁成尚不能攻下，况且到他们的王都乎！"引兵而还。

这次行军，往来两年，回到敦煌，军士十人之中生还的只不过一二而已。

李广利派使者向皇帝报告说："路远，经常缺乏粮食，士卒不怕作战而怕饥饿。兵力少，不足以攻拔大宛。希望先休战，增加兵力后再前往该国。"

天子听到此言，大怒，派使者关闭玉门关，说："军士有敢入关者，斩首。"贰师将军恐惧，因而留屯敦煌。

李广利再攻大宛，惨胜而获汗血马

太初二年（前103）夏天，因浞野侯率领的汉军在匈奴损失二万余人，公卿们在商议时都倾向于停止在大宛用兵，专力攻匈奴。天子却认为，业已出兵诛灭大宛，大宛是小国还攻不下，则大夏之类即将轻视汉朝，而大宛的良马断绝不来，乌孙、轮台轻视和困苦汉使，为外国所嘲笑。于是汉武帝将主张攻伐大宛特别不利的邓光等人办罪处罚，赦免囚徒，派遣他们捍御寇盗、发恶少年及边境的骑兵。

一年（前102）后，李广利率领六万人出敦煌，另有自己带粮私自从军的不计在内。随军的还有牛十万、马三万匹，运送粮食的驴、骆驼也以万计。他们多带粮食，兵器弓弩充裕。天下骚动，相继供应征伐大宛，出征的军官共有五十余校尉。

大宛城中无井，靠汲城外流水生活。于是汉军派遣水工将城下之水改道，不使流经城下，将原来的通水孔作为攻城的孔穴，以水攻城内。另增派甲卒十八万屯于酒泉、张掖之北，又新置居延、休屠二部都尉，以护卫酒泉。给李广利运输干粮的车辆和人众前后相连，直至敦煌。又给两个熟习养马术的人授予执驱马校尉的官职，以备攻破大宛后挑选良马之用。

于是李广利这次向大宛进军，因为兵多，所经过的沿途小国无不出来迎接，提供粮食。至轮台国，轮台国不降，攻了几天，屠城。自此而西，毫无阻挡地抵达大宛。汉兵到达者有三万人。大宛兵迎战，被汉兵射败，逃回保城，凭借城墙守卫。

贰师欲攻郁成城，恐怕军队滞留于此，大宛更生奸诈，就先到大宛京城，放走城外的水，改水道。城中的大宛军民本已忧愁困扰，汉军又围城攻打四十余日。大宛抵挡不住了，贵人（高级官员）商议说："国王毋寡藏匿良马，诛杀汉使。现在我们杀死国王，献出良马，汉兵就应解围。如果不解围，再力战而死也未晚。"大宛贵人都以为很对，一起杀了国王。

此时外城已坏，汉军俘虏大宛的贵人勇将煎靡，宛人大恐，逃入中城，互相商议说："汉军所以攻打大宛，是因为国王毋寡。"派使者拿着他的头，对李广利说："汉军如果不再进攻我们，我们将所有的良马放出，尽你们挑选，并给汉军食品。如果不听我们的建议，我们杀光良马，康居的救兵又将赶到。救兵到后，我们在里面，康居在外面，与汉军决战。你们自己选择，何去何从？"

当时，康居候视汉兵尚强，不敢进兵。贰师听说大宛京城里新近找得汉人，从他们那里知道了挖井的方法，而且城内粮食尚多。考虑后认为，我们前来的目的是诛杀首恶毋寡，毋寡的头已到手，如果不准许对方的建议，对方则坚守，而康居等汉军疲惫时来救助大宛，必破汉军。军吏都认为这个看法正确，允许大宛的约降。

大宛就放出马来，让汉军自己选择，又向汉军提供大量的粮食。汉军择取良马数十匹，中等以下的马三千余匹，就将过去善待汉人的名叫昧蔡的大宛贵人立为国王，与他立下盟约而罢兵。汉军始终未入中城，罢兵而归。

当初，李广利发兵敦煌西进时，认为军队人多，沿路各国无法供给粮食，就分兵几支，从南北两路挺进。校尉王申生和原大鸿胪壶充国等率军一支千多人，另到郁成。郁成人坚守城堡，不肯提供粮食。王申生率部距离李广利的大部队二百里，他依仗大军就在近处而轻敌，仓促急攻郁成。郁成人窥知王申生的兵少，就在一个早晨用三千人的兵力以强欺弱，突然袭击，斩杀了王申生等人，汉军大败，只有几个人脱险，逃到李广利军中。李广利即命搜粟都尉上官桀攻打郁成，郁成投降。郁成王逃到康居国，上官桀就追到康居国。康居国人听说汉军已经打败大宛，就交出郁成王给上官桀。上官桀派四个骑士把他捆绑看守押送给主将李广利。这四个人互相议论说："郁成王是汉朝所痛恨的，如果把他活着送去，怕突然发生意外，贻误大事。"想杀，没有人敢先动手。上邽骑士赵弟拔剑斫击，斩了郁成王。上官桀等就赶上了李广利的大部队。

起首，在贰师将军出兵之前，天子派遣使者通告乌孙发大军攻打大宛，乌孙发两千骑兵前往，但心持两端，不肯上阵。贰师将军凯旋东归，所路过的众多小国听说宛国已破，都派子弟随军入长安纳献贡物，朝见天子，留作人质。

汉军还兵，入玉门的仅一万余人，马一千余匹。大军这一次出兵，并不乏食，战死的也不多，只因将官凶贪，不爱士卒，侵凌他们，所以死者众多。

天子因为是军队远涉万里征讨大宛，就不责问他们的过失，便下诏说："匈奴为害很久了，如今虽远徙漠北，与旁国共谋截击大月氏国使臣，拦杀中郎将江（人名）及原雁门太守攘（人名）。危须国以西及大宛皆合约杀期门（汉武帝时设置的官职，掌执兵扈从护卫。武帝喜微行，多与西北六郡良家子能骑射者期约在殿门会合，故称。汉平帝时更名虎贲郎）车令（即车府令，古代执掌乘舆之官）、中郎将朝（人名）及身毒国使，隔断东西道路。贰师将军广利征讨其罪，战胜大宛。赖天之灵，从溯河山，涉流沙，通西海，山雪不积，士大夫直接穿过，获王首级，珍怪之物都陈列于庭。封李广利为海西侯，食邑八千户。"

又封斩杀郁成王的赵弟为新时侯；军正赵始成功最多，为光禄大夫；上官桀敢深入，为少府；李哆有计谋，为上党太守。军官中被封为九卿的有三人，诸侯相、郡守、两千石级官吏的有一百多人，一千石级官吏以下的一千多人。自愿参加者赏封的官爵都超过他们本人的愿望，因犯罪受惩罚而去从军的人免罪但不计功劳。士兵们所得赏赐约值四万钱。

这次进攻大宛虽获胜利但损失惨重。出兵六万人，还有大量自带粮食私自从军的人，回来竟仅剩一万人，损失兵力四分之三以上；三万匹马也只剩一千余匹，损失马匹十分之九以上。

李广利不是靠谋略和智力获胜，全靠压倒优势的兵力和物力取胜，还不恤人力物力，真是一个败家子！

李广利本人凶横残暴，上行下效，将官凶贪，侵陵士兵，造成大量士兵饥渴劳累而死。由于连年战争，兵力损失极大，兵源枯寂，汉武帝只能调动囚徒和发动恶少年上阵打仗来维持战局。这些囚徒和恶少年平时曾经作恶，最后不幸死于疆场，或倒毙在出征的路上与归途之中，为国捐躯，这种悲惨结局可以说已赎清了他们曾经有过的罪孽。

李广利攻伐大宛两次，前后共四年（前104—前101）才结束这场战争。

汉武帝早就向往西域良马，先得乌孙好马，命名为"天马"。等得到大宛汗血马，更健壮，就将乌孙马改称"西极马"，称大宛马为"天马"。而汉开始筑塞令居（县名，属金城），直至酒泉，初置酒泉郡，以通西北诸国。因而更派出大批使者抵达安息、奄蔡、犁靬（lí jiān）、条支、身毒国。而天子喜好大宛马，使者多得相望于道，每批多的有数百人，少的有百余人，所带的使者所用的节和金币等，大致与张骞当年所带的数量相仿。一年中派出的使者多时有十余批，少时有五六批；远的要八九年，近的也要数年才能返回。

李广利一战匈奴，大败而归

太初四年（前101），汉既已诛灭大宛，威震外国，天子意欲围困匈奴，于是下诏说："高皇帝留下平城之忧，高后时单于书有绝为悖逆，过去齐襄公报九世之仇，《春秋》大之。"

且鞮侯单于初立，怕汉攻袭，就将路充国等不肯投降匈奴的使者全部归还汉朝。单于还自称："我是儿子辈，怎敢望汉天子！汉天子，是我的丈人辈。"汉派中郎将苏武厚币赂赠单于，单于更骄横了，倨傲缺礼，大失汉朝之望。

第二年（天汉元年，前100），浞野侯赵破奴逃归汉朝。

又过了一年（天汉二年，前99），汉派贰师将军将三万骑出酒泉，击右贤王于天山，诛杀敌人一万余人而归。期间匈奴重兵包围贰师将军，几乎脱不了身。汉兵死亡十之六七。

汉同时又派因杅将军公孙敖出西河，与强弩都尉路博德在涿邪山会师，无所得。

又派骑都尉李陵率五千步兵出居延北千余里，与单于相遇，合战，李陵杀伤对方万余人，军队箭尽粮绝，欲退兵回塞，被单于重兵包围，李陵投降匈奴，其兵士得脱归汉的有四百余人。

李陵部队的伤亡，前已言及，情有可原，李广利的部队三万骑，损失兵力竟达六七成即二万人之多。李广利无能，他的惨胜，不免使我们想起唐代曹松《己亥岁》一诗：

泽国江山入战图，生民何计乐樵苏。凭君莫话封侯事，一将功成万骨枯。

李广利的军功完全靠大量战士的鲜血和生命换来的，这首诗简直就是为李广利而写的。这又使我们想起唐代另一首名诗，即王翰的《凉州词》：

葡萄美酒夜光杯，欲饮琵琶马上催。醉卧沙场君莫笑，古来征战几人回？

此诗描绘出征西域将士的豪情满怀和他们的悲惨命运，千古之后读了还是令人心酸。这些可爱而伟大的古代英雄！唐代大诗人岑参《逢入京使》又写出汉唐两代在西域作战和出使之将官思念故土和亲人的无限辛酸：

故园东望路漫漫，双袖龙钟泪不干。马上相逢无纸笔，凭君传语报平安。

壮怀激烈、轰轰烈烈的汉匈战争，汉朝没有诗人能用诗歌记载和描写。唐朝诗人写的战诗，似乎都是为汉朝写的。

李广利二战匈奴，不胜而归

再过二年（即天汉四年，前97），汉派贰师将军率骑兵六万，步兵七万，出朔方；强弩都尉路博德将万余人，与贰师将军会师；游击将军韩说带步兵三万人，出五原；因杅将军公孙敖带骑兵一万、步兵三万人，出雁门。

匈奴闻讯，将家属资产全部远避于余吾水（今蒙古土拉河）以北，而单于以十万兵力等候在余吾水以南，与贰师接战。贰师解而引归（率兵后退），与单于连斗十余日。游击将军韩说无所得。因杅将军公孙敖与左贤王战，不利，引兵而归。

李广利三战匈奴，胜败无常

太始元年（前96），且鞮侯单于死，他立为单于共五年，他的长子左贤王立为狐鹿姑单于。

六年后（即征和三年，前90），匈奴入侵上谷、五原，杀掠吏民。后又侵入五原、酒泉，杀两部都尉（一郡的军事长官）。

于是汉遣贰师将军将七万人出五原，御史大夫商丘成将三万余人出西河，重合侯莽通（马通）将四万骑出酒泉千余里。

单于闻汉兵大出，将辎重全部搬移到赵信城以北直到郅居水那里。左贤王将百姓驱赶到余吾水以北六七百里的兜衔山。单于自带精兵渡姑且（jū）水。

贰师将军李广利带兵出击匈奴，即将离开京城时，丞相刘屈氂（lí）为李广利饯行，送至渭桥，与广利辞别。前一年爆发巫蛊之祸，太子刘据被人诬陷而自杀，此时尚未立新太子。刘屈氂不仅身为左丞相，又是武帝的侄儿，颇得武帝的信任。所以广利对他说："愿您早日请求定下昌邑王为太子。如果他立为皇帝，您就永无忧虑了。"屈氂许诺。昌邑王是李广利妹李夫人的儿子。广利的女儿是屈氂的儿媳，他们是儿女亲家，所以想合力立他为皇帝。此时正值巫蛊一案发作，严厉处置的时候，内者令郭穣（ráng）告丞相夫人因为丞相数次受到指责，指使巫用恶毒的语言诅咒皇上，还与贰师将军一起祷告，想让昌邑王当皇帝。司法部门奏请严查属实，罪大恶极。天子下诏，将屈氂在载食之车上示众，在东市腰斩，妻子在华阳街枭首。贰师将军的妻子也被收捕。（《汉书·李屈氂传》）

御史大夫商丘成的军队到达追邪径，一无所见，还军。匈奴派大将与李陵带领三万余骑兵追击汉军，至浚稽山追上汉军，转战九日，汉兵攻阵却敌，杀伤敌人甚多。至蒲奴水，匈奴不利，退走。李陵本是勇将，他与汉军作战，故意兵败，商丘成得以获胜回朝。

重合侯莽通的军队到达天山，匈奴派大将偃渠与左右呼知王带领二万余骑兵中途拦击汉兵，见汉兵强，退去。重合侯莽通的军队无所得失。此时，汉恐怕车师兵中途阻击重合侯，乃遣闿陵侯将兵另围车师，抓获其所有的王族、民众而归。

贰师将军即将出塞之时，匈奴派右大都尉与卫律率五千骑兵中途拦击汉军于夫羊（地名）句山（西山）峡。贰师将军派属国的骑兵两千与匈奴接战，匈奴兵被击败打散，死伤数百人。汉军乘胜追击，直至范夫人城，匈奴奔走，不敢拒敌。

巫蛊之祸，汉武帝骨肉相残的悲剧

在汉武帝最后一次派遣李广利出征匈奴的前一年，汉朝发生著名的巫蛊之祸。

巫蛊之祸是汉武帝晚年最为重大的政治事件，它牵连极广，上至皇后、太子、丞相，下至普通百姓、犯人，几万人丧命其中，对汉帝国的统治造成了严重的打击。

晚年的汉武帝因年迈多病，他怕死日来临，不断高价征求方士寻求长生之术，同时疑神疑鬼，生怕有人暗害。甚至在白天小睡时梦见数千木偶，手持武器向他进攻。吓醒后，他浑身难受，精神恍惚，还遇事健忘。

征和元年（前92），汉武帝住在建章宫，见一男子带剑进入中龙华门，怀疑是不寻常的人，便命人捕捉。该男子弃剑而走，侍卫们追赶不及，未能擒获。汉武帝大怒，处死掌管宫门出入的门候。冬十一月，汉武帝征调三辅地区的骑兵对上林苑大搜查，并下令关闭城门搜索整个长安，一无所得，十一天后解除戒严。

征和二年（前91）春，武帝已经六十七岁，有时病势颇重，他总是怀疑周围有人用巫蛊之术暗害他，此时竟然有人告发他身边的亲信、丞相公孙贺。丞相公孙贺因夫人是卫皇后的姐姐卫君孺，得到宠信。其子公孙敬声接替父亲任太仆，骄横淫逸。他冒犯法纪，擅自动用北军军费一千九百万钱，事发后被捕下狱。此时汉武帝正诏令各地紧急通缉阳陵大侠朱安世，于是公孙贺请求汉武帝让他负责追捕朱安世，来为其子公孙敬声赎罪。获准后，公孙贺果将朱安世拿获。朱安世却笑着说："丞相将要祸及全族了！"于是从狱中上书朝廷，揭发："公孙敬声与阳石公主私通；他得知陛下将要前往甘泉宫，便让巫师在陛下专用的驰道上埋藏木偶人，诅咒陛下，口出恶言。"

武帝闻报，立即逮捕讯问。调查属实，将公孙父子处决并灭族。汉武帝任命涿郡太守刘屈氂为丞相，封其为澎侯。

不久，武帝和卫皇后生的两个公主，诸邑公主与阳石公主，另有卫青的儿子卫伉，都因牵进巫蛊案件，全遭诛杀。受牵连而死者众多。此因汉武帝一生沉迷女色，后宫佳人云集。当时方士和各类神巫多聚集在京师长安，多位失宠的美人，为重新获得恩宠，多邀请女巫入宫寻求避灾之法。女巫在每间屋里都埋上桐木小人，舒展法术。美人们相互妒忌争吵时，就轮番告发对方诅咒皇帝、大逆不道。武帝大怒，将被告发的人处死，后宫妃嫔、宫女以及受牵连的大臣共杀了数百人。

接着奸徒江充出现在汉武帝面前。此人本名齐，字次倩，通晓医术，赵国邯郸（今河北邯郸）人。其妹善歌舞鼓琴，嫁与赵国太子刘丹。江齐借此成为赵敬肃王刘彭祖的上宾。后来刘丹怀疑他将自己的隐私告诉了赵王，二人交恶。又因为江齐知道隐私太多，刘丹使吏收捕他，竟然让他逃脱。刘丹杀了他的父兄。

江齐逃入长安，更名江充，上书汉武帝告发刘丹和姐妹及后宫奸乱，并交通郡国豪猾，狼狈为奸，恣意为害，武帝立即逮捕刘丹下狱。汉武帝刘彻览奏大怒，下令包围了赵王宫，收捕赵太子丹，移入魏郡诏底狱严治，并判其死罪。刘彭祖是武帝的异母兄，为了救儿子性命，遂上书称："江充是个受缉捕而逃亡的小臣，现在随便耍弄奸诈，让圣上气恼，想借您的威严以报私怨，后果终难逃烹醢之刑，还是不知悔悟。我愿意精选赵国的勇猛之士，前去从军，抗击匈奴，为朝廷效力，以此赎刘丹之罪。"武帝于是赦其死罪，废了他太子的地位。

江充得到汉武帝在上林苑犬台宫的召见。他身穿织丝禅衣，服饰带有妇人意味，丝帽上鸟羽作缨，走动时摇冠飞缨。兼之身材魁梧伟岸，容貌气派，谈吐不凡，武帝惊叹他是"燕赵奇士"。

江充请求出使匈奴。汉武帝问他有何打算，他回答："出使应因变制宜，以敌为师，事情不可预作打算。"出使匈奴归来后，就拜为直指绣衣使者，督捕三辅境内的盗贼，监察豪贵们的越礼过分行为。

当时贵戚近臣有多人骄奢越僭，江充一一举报弹劾，还奏请没收他们的车马，让他们到北军营待命抗击匈奴。于是贵戚子弟惶恐起来，都到皇帝那里叩头哀求，表示情愿出钱赎罪。朝廷共得数千万钱。汉武帝觉得江充忠直，奉法不阿，言语也合心意。

江充外出时遇见馆陶长公主等人在驰道上坐车行走，就喝问为何如此放肆，馆陶长公主说："是太后的诏命。"江充说："只有公主可以，随从车骑都不行。"便把随从处罪，车马没收。

江充陪随皇帝前往甘泉宫，正巧遇上皇太子刘据的家臣坐着车马在驰道上行走，江充抓了交官处置，要没收车马。刘据闻讯，派人向江充求情说："我并非舍不得车马，只是不想让陛下知道了怪我平日不管教左右。希望您宽恕一次。"江充不理睬，径直上奏，汉武帝说："做人臣的，应当如此！"对他更加信任。他貌似公正不阿，威震京师，但他担任水衡都尉，亲族好友沾光的不少。

江充自因上述纠纷，自以为与太子刘据、卫皇后有嫌隙，见汉武帝年老多病，怕武帝去世后被太子诛杀，此时，他见武帝畏惧巫蛊，便定计谋害太子。他指使胡人巫师檀何言称："皇宫中大有蛊气，不除之，上疾终不差（病不愈）。"于是汉武帝派江充入宫严查，又派按道侯韩说、御史章赣、黄门苏文等协助江充。

江充带领军队开进皇宫，拆墙掘地，到处搜查，甚至捣毁武帝的御座，彻底检查。他先从失宠的妃子处严查，接着狠查皇后和太子的宫殿，将每寸每分地皮都翻掘起来，最后皇后和太子连放床的地方都没有了。江充终于对太子下手，诬称："在太子宫中挖到木偶多个，还有写在丝帛上的文字，内容大逆不道，应当奏闻陛下。"

太子刘据闻讯大为惊恐，请教自己的老师、太子少傅石德，石德说："连前任丞相、两位公主和皇后的侄子卫伉都因巫蛊被杀，而今女巫和江充竟然从太子宫的地下掘出木偶，证据确凿。是他们栽赃，还是实有其事？你无法辩解。我建议，可以假传圣旨，逮捕江充，囚禁后追究奸谋。而今皇上远在甘泉宫，皇后和太子派去的人，都见不到皇上本人。所以皇上是死是活，我们也搞不清。奸臣嚣张猖狂到如此地步，你难道没有想到秦始皇的太子扶苏的往事？"太子闻说此言，吃惊道："我这个当儿子的，怎么敢擅自诛杀大臣？我想前往甘泉晋见父亲，希望能够侥幸脱难。"谁知太子刚想动身出发，江充已经捷足先登，派人快马奏报，先告恶状。太子进退失措，只得采纳石德的意见。

七月初七（一作壬午，初九），太子派门客伪称皇帝的使节，抓获江充及其爪牙。按道侯韩说怀疑使者是假的，不肯接受诏书，被刘据门客杀死。太子怒斥江充最门害人："你这赵国的奴才，先前扰害你们国王父子，还嫌不够，如今又来扰害我们父子！"亲自动手刀劈江充，把女巫拖到上林苑烧死。事后太子派太子舍人无且，乘夜到未央宫，请长御（女侍卫长）倚华报告皇后。得到皇后的同意后，立即征调皇家中厩（马厩）骑士和长乐宫的卫士，准备打仗。京师立即大乱，传言"太子谋反"。

武帝行事苛严，重用酷吏，太子心情宽厚，经常发现冤狱，予以纠正。父子的性格和部分政见的不同，造成朝中官员分成两派，矛盾渐深。武帝有时对太子不满，黄门侍从苏文曾多次诬告太子，想挑拨武帝的父子关系，成为太子的劲敌。江充被捕时，苏文趁乱逃出，奔到甘泉宫控告太子谋反。

武帝起初不信，说："太子因为害怕，又因愤恨江充，才被激变。"就派使节召唤太子前来相见。

使节到长安后，不敢向前，回去谎报："太子已经开始发兵行事，要杀我，我只好逃回来了。"武帝闻言大怒，正在这时，宰相派长史赶来。当宰相刘屈氂听到兵变时，吓得拔腿就逃，连宰相的印信也丢掉不要了，立即令长史报告皇上。武帝问："宰相在干什么？"长史说："宰相封锁消息，不敢动作。"武帝怒吼宰相无用，于是正式下诏书，令丞相："格杀叛逆者，自有重赏。用牛车堵住街巷，不要肉搏，以免杀人太多。关闭所有城门，不准一个叛贼漏网。"

太子在长安城内严令文武官员："皇上卧病甘泉宫，病情莫测，奸臣将乘机作乱。"试图勒令众官服从。这时武帝马上从甘泉宫急返长安，进驻城西建章宫，下诏征发皇城三辅邻县的军队，辖区内两千石以下官员将领，全由宰相刘屈氂统御，包围长安。太子派人假传圣旨，赦免京城所有囚徒，命太子少傅石德和门客张光分别率领，又派长安的囚徒如侯征调长水、宣曲两地的外籍军队，前往长安会师。恰遇武帝派遣的侍郎马通到长安，马通抓获并诛杀如侯，带领两地的外籍军队，又征发水上船夫，由大鸿胪商丘成带领，一起围攻长安。

起先，皇帝的符节全是红色的。现在太子调兵用的符节就是红色的，于是武帝所发的符节，都加上黄缨，以示区别。

太子感到兵力不够，亲自乘车到北军营外，召唤护北军使者任安，发给符节，命令他发兵。任安回营后立即紧闭营门，拒不服从。太子只得退回长安，发动市民，集结数万人，行至长乐宫西门，与宰相的军队遭遇，双方展开恶战，历时五天，死亡数万人，鲜血流入水沟。武帝、太子父子在京城血战，世界第一大国、强国的皇家父子交兵，正是空前绝后的奇观。但是武帝到底有皇帝的威望，舆论都说"太子谋反"，民众纷纷脱离太子军，宰相的军队力量就更超过太子一方了。

七月十七，太子军最终瓦解，太子向南面的覆盎门逃去，司直田仁把守此门，认为太子毕竟是皇上的亲生儿子，不忍阻挠，开门放他出逃。刘屈氂赶到，发现他放走太子，就要处决田仁，御史大夫暴胜之说："司直是两千石的高官，应该先请示皇上，怎能随意诛杀？"宰相就放了田仁，武帝闻讯大怒，派人责问暴胜之："司直放走叛贼，宰相杀他，这是执行法律，你为何擅自阻止？"暴胜之惊恐之极而自杀。

武帝派宗正刘长、执金吾刘敢，收缴皇后的印玺和绶带，皇后卫子夫自杀。武帝认为任安是个坐观成败、不肯真心为皇帝出力的奸猾之徒，与田仁一起腰斩。

马通、长安男子景见、商丘成分别捕获如侯、石德、张光，都被封侯。太子的门客凡是出入过宫门的一律诛杀，凡是随从太子作乱的一律灭族，被太子裹挟的官兵，全都放逐到敦煌郡。为防出逃的太子反攻，长安各门都驻扎重兵，严阵以待。武帝怒火冲天，几近疯狂，各级官员都恐惧惊惶，不知所措。

这时壶关（在今山西壶关县）三老（掌管教化的小吏）令狐茂，上书说：父母儿子犹如天地和万物，天地平安，万物才能茂盛，父慈母爱，儿子才会孝顺。太子是社稷的合法继承人，即将承担万世基业和祖宗托付的重任。皇太子还是陛下的嫡长子。江充不过是一介草民，市井的流氓无赖，陛下让他显贵，充以重任。他奉至尊之令，竟然迫害太子，栽赃诈欺，而亲情的通道完全阻塞。太子进不能见到老父，退则陷入乱臣贼子之手。他哀告无门，无法克制悲愤，只能怒杀江充，又心怀恐惧，只能逃亡。儿子偷盗父亲的军队，只是为了自救，绝无其他邪心。《诗经》说挑拨的作用，曾经颠覆了四个国家。上书最后提醒武帝，放宽心怀，平舒意气，迅速解严，莫使太子流亡在外。武帝见了这份上书，豁然醒悟，但限于面子，没有及时下达赦免的命令。

再说太子向东逃到湖县（今河南灵宝市西北），躲藏在泉鸠里。主人家贫，靠织卖草鞋为生，听说太子的一位富有的旧部属住在附近，派人向他借贷，太子隐藏在此的消息因此走漏。八月初八，地方官带兵包围太子藏匿之处，太子见无路可逃，自缢而死。身为小卒的山阳男子张富昌用力踹开房门，新安令史李寿抢先抱住太子，解下，可惜太子已死。主人在保护太子的格斗中被杀，太子带着的两个儿子同时遇害。武帝接到报告，非常伤感，就封张富昌、李寿为侯。

一年多之后，征和三年（前90）九月，高寝郎（管理汉高祖陵墓的小吏）田千秋，呈递紧急奏章，为太子申冤："儿子擅自调动父亲的军队，不过应受鞭刑。天子之子，误杀了人，该当何罪？难道抵命？我在梦中见到一位白发老翁，教我作这个报告。"武帝此时完全醒悟，十分感动，亲自召见田千秋，说："父子之间，外人难以插嘴，先生却独能讲清其中的道理。这是先祖高皇帝托梦给先生，让先生指教我，先生应当担任我的辅佐大臣。"立即任命他为大鸿胪。又下令族灭江充，逮捕苏文，活活烧死。逮捕捉拿太子时用兵器伤害太子的北地郡长，诛灭全族。

武帝哀伤太子冤枉无辜伤命，在湖县建筑思子宫，造"归来王思台"。同时筑思后宫，怀念贤惠谦逊、教子有方的皇后卫子夫。天下人都感悲哀。

征和四年（前89）六月，武帝任命田千秋为丞相，并封为富民侯，象征着武帝推行发展生产、让百姓安定富庶的新政策。

后元元年（前88），参与镇压太子的莽通，与亲近江充的兄长侍中仆射莽何罗，因江充被灭族而心怀恐惧，合谋持刀入武帝卧室行刺，为金日磾（Jīn Mìdī，西汉大臣。字翁叔，本匈奴休屠王太子，武帝时从昆邪王归汉）发觉搏拘，被处死。

还有商丘成，汉武帝时任大鸿胪。征和二年，商丘成与莽通平定戾太子之乱，因功升任御史大夫。次年率两万人出西河，击匈奴，至浚稽山，得胜回军。后元元年，因为被指诅咒汉武帝而自杀。

李广利投降匈奴，匈奴求和，汉匈再次歇战

李广利在西域苦战匈奴之时，正值贰师将军的妻子因巫蛊之案被捕，他闻讯忧虑。其掾（yuàn，属官，通称掾史）胡亚夫也是避罪从军之人，他劝说贰师将军李广利："夫人家室都在狱中，若还不称意，正好在狱中相会，我们还有可能在郅居以北再相见吗？"劝他及时投降匈奴，意思是：我们回到汉朝，头也给斩了，虽再想要投降匈奴，就没有这个可能了。

李广利狐疑心动，他想深入邀功，于是北至郅居水上。匈奴已离去，李广利派护军带领二万骑兵渡过郅居之水。

一日，逢左贤王左大将，带领二万兵与汉军合战一日，汉军杀左大将，匈奴死伤甚众。军长史与决眭都尉辉渠侯计议说："贰师将军心怀异心，欲危害众人求功，恐怕必败。"两人商议一起执捕李广利。

李广利闻说这个计划，杀了长史，引兵回到速邪乌燕然山。单于知汉军劳倦，亲自率五万骑兵中途阻击李广利，互相杀伤甚众。夜挖沟至汉军之前，深数尺，再从后急击汉军，汉军大乱而败，李广利投降。于是李氏宗族被灭。

单于素知李广利是汉朝的大将贵臣，将女儿嫁给她，尊宠在卫律之上。

征和四年（前89），单于派使者送书信给汉朝说："南有大汉，北有强胡。胡者，天之骄子也，不为小礼以自烦。今欲与汉闿大关，取汉女为妻，每年送给我甜酒一万石，稷米五千斛，杂缯一万匹，其他与原约定相同，则不再寇盗边境了。"汉遣使者报送其使，单于让左右对汉使发难说："汉，礼仪之国也，贰师将军说前太子发兵造反，为什么呢？"使者回答："有此事。此乃丞相私下与太子争斗，太子发兵欲诛丞相，丞相诬蔑太子所以诛丞相。这是儿子弄用父亲的军队，此罪应鞭笞，是小过罢了。谁像冒顿单于亲自杀父并且代父而立，常取后母为妻，这是禽兽之行也！"单于扣留使者，过三年才放他回去。

李广利在匈奴一年多以后（后元一年，前88），卫律妒忌他受宠，正好老阏支——单于之母亲生病，卫律敕令巫医言先单于怒，说："匈奴古时祠兵，常言得以贰师以祠社，今何故而不用？"于是收捕贰师，贰师怒骂说："我死必灭匈奴！"于是杀了贰师将军以祠社。正巧连着数月雨雪，畜产死亡，百姓流行疫病，庄稼谷物不熟，单于恐惧，为贰师将军立祠室。

自贰师将军没后，汉朝因新失大将军和士卒数万人，不再出兵。

此前，汉兵深入穷追二十余年，匈奴孕妇堕胎，牲畜死犊，疲劳困顿之极。自单于以下，常有和亲的想法，实际上是想寻找喘息的机会。

于是汉匈再次歇战。

后元二年（前87），汉武帝逝世。

汉武帝晚年反省和轮台诏

武帝在李广利兵败投降的次年，公元前89年即发表著名的《轮台诏》以表内心的"悔征伐之事"，"由是不复出军"。

就在李广利投降匈奴，汉军在西域全军覆没，汉武帝又为太子丧命万分痛苦之时，桑弘羊等人上疏，建议派军队到西域轮台（今新疆轮台县）屯垦戍边。武帝没有采纳他们的建议，专门下了《轮台罪己诏》作为答复。汉武帝《轮台诏》（载《汉书·西域传》）：

前有司奏，欲益民赋三十助边用，是重困老弱孤独也。而今又请遣卒田轮台。轮台西于车师千余里，前开陵侯击车师时，危须、尉犁、楼兰六国子弟在京师者皆先归，发畜食迎汉军，又自发兵，凡数万人，王各自将，共围车师，降其王。诸国兵便罢，力不能复至道上食汉军。汉军破城，食至多，然士自载不足以竟师，强者尽食畜产，赢者道死数千人。朕（zhèn，皇帝的自称）发酒泉驴、橐驼负食，出玉门迎军。吏卒起张掖，不甚远，然尚厮留甚众。曩者，朕之不明，以军侯弘上书言"匈奴缚马前后足，置城下，驰言'秦人，我匄（gài，通丐，给予，施与）若马'"，又汉使者久留不还，故兴师遣贰师将军，欲以为使者威重也。古者卿大夫与谋，参以蓍龟，不吉不行。乃者以缚马书遍视丞相、御史、二千石诸大夫、郎为文学者，乃至郡属国都尉成忠、赵破奴等，皆以"虏自缚其马，不祥甚哉！"或以为"欲以见强，夫不足者视人有余。"易之，卦得大过，爻在九五，匈奴困败。公车方士、太史治星望气，及太卜龟蓍（shī，音诗，蓍草，古人用蓍草茎作为卜卦的工具），皆以为吉，匈奴必破，时不可再得也。又曰："北伐行将，于鬴（fǔ，同釜）山必克。"卦诸将，贰师最吉。故朕亲发贰师下鬴山，诏之必毋深入。今计谋卦兆皆反缪（miù，通谬，错误、违反）。重合侯得虏候者，言："闻汉军当来，匈奴使巫埋羊牛所出诸道及水上以诅军。单于遗天子马裘，常使巫祝（zhòu，通咒，诅咒：祈求鬼神加祸于敌对的人）之。缚马者，诅军事也。"又卜"汉军一将不吉"。匈奴常言："汉极大，然不能饥渴，失一狼，走千羊。"乃者贰师败，军士死略离散，悲痛常在朕心。今请远田轮台，欲起亭隧，是扰劳天下，非所以优民也。今朕不忍闻。大鸿胪等又议，欲募囚徒送匈奴使者，明封侯之赏以报忿，五伯所弗能为也。且匈奴得汉降者，常提掖搜索，问以所闻。今边塞未正，阑出不禁，障候长吏使卒猎兽，以皮肉为利，卒苦而烽火乏，失亦上集不得，后降者来，若捕生口虏，乃知之。当今务在禁苛暴，止擅赋，力本农，修马复令，以补缺，毋乏武备而已。郡国二千石各上进畜马方略补边状，与计对。

（译文：以前有关部门的负责官员上奏，要增加每个百姓的赋税三十钱以助边境之用，这加重了老弱孤独者的困难。而今又请求派遣士卒到轮台屯田。轮台在车师之西千余里，以前开陵侯攻击车师时，在京师的危须、尉犁、楼兰六国子弟，都先回国，安排牲口、饮食，迎接汉军，又自己发兵共数万人，各国国王各自带领这些军队，一起围攻车师，车师国王投降。诸国的军队都已疲惫，不再有力量到行军道上供应汉军食品。汉军破城后，需要的粮食极多，但兵士自己带着的粮食，不能满足出征和来回的需要，强壮的兵士将牲畜都吃光，羸弱的死在路上的有几千人。朕发出酒泉的驴和骆驼运输粮食，出玉门关接应军队。军吏和士兵，自张掖出发，路途并不很远，但还是遗留了很多人。过去，朕的不英明，因为军侯弘上书说"匈奴将马的前后足缚扎住，放在城下，骑马飞奔着说'秦人（指汉人），我赐予你们马'"，又长年扣留汉朝使者不给他们回来。所以兴建军队，派遣贰师将军带领出征，想以此作为使者的坚强后盾。古代王朝的高层官员谋略大事，还要用蓍草、龟壳占卜，作为参考，得不到吉利的预兆不敢进行。

往日，将匈奴送来缚扎马时的书信给丞相、御史和其他高、中级官员以及学习经书的人，甚至送达郡属国的都尉成忠、赵破奴等人全部阅览，他们都认为"匈奴自己缚扎马匹，极为不吉利！"有的认为"（匈奴）想要以这种方法表示强横，这是力量不足的人看别人却自感力量很充足。"用《易经》占卜，得到"大过"（"枯杨生华，何可久也"）的卦象和九五（"枯杨生华"）之爻（匈奴不久即可攻破的吉兆），匈奴必定困顿、失败。又请军中的方士、太史观察星象、观望云气，都认为吉祥，必定能够击败匈奴，机不可失，时不再来。又说："派将领北伐，到鬴山必能克敌。"为诸将卜卦，贰师将军最为吉利。所以朕亲自派遣贰师将军攻克鬴山，诏令他不准深入别处。如今计谋和卦兆都与预计相反，全部错了。重合侯俘获的匈奴侦察兵说："听说汉军正要前来，匈奴派巫师在汉军要走的道路和水路埋下牛羊，以诅咒汉军。单于送给汉朝天子的马和裘皮，常令巫师诅咒。缚扎马匹，用来诅咒军事。"又占卜得"汉军有一个将军不吉"。匈奴经常说："汉军极庞大，但是不耐饥渴，如果一匹狼奔逃，那么成千的羊儿就会逃散了。"往日贰师将军战败，军士死亡、被俘、逃散，朕常常心中悲痛。现今请求远至轮台屯田，要建立瞭望的岗亭，在深险之处开通道路，这是扰动天下，不是善待民众百姓的做法。今朕不忍心听到这样的计划。大鸿胪等官员又建议，要招募囚徒押送匈奴的使者，以表明对贰师投降后匈奴封他为侯的报复，即使五霸也耻于这样做啊。而且匈奴得到汉军的投降者，常常提拔他们的官职，又做搜查，询问他们所知的情况。如今边塞尚未整顿，逃亡之人擅自出入而不能禁止，边塞小城的长官差遣士卒猎捕野兽，以野兽的皮肉营利，士卒艰苦而烽火匮乏，士卒因此而逃亡，这些过失都不上书报告，过后有投降者来，或者抓获匈奴活的俘虏，才知道这些情况。当今务必禁止苛暴的政策，禁止擅自出兵，用力于农耕，撰写用养马以免徭役的命令，作为补缺，不乏武备即可。郡国两千石的官员各自向朝廷奉上畜马养育的方案和补救边境的报告、计划、对策。）

武帝在遭到惨重打击之时，能够放下皇帝的架子，向全国臣民诚恳检讨，颁布罪己诏，并切实改正错误，停止战争，着力恢复和发展经济，终于挽回了大局。及时认错和改正，这是非常英明的，是汉武帝雄才大略的另一种表现。

汉武帝的罪己诏并没有否定第一阶段的汉匈战争，检讨的是错用李广利。他在战争不利、已经拖累国本的情况下，做休养生息的战略调整，是英明的。

汉武帝优待敌方投诚军民和重用匈奴俘虏金日磾

汉武帝在汉匈之战中还首创优待投诚的异族入侵者的正确政策。

武帝在战胜匈奴的过程中，凡是投诚、内附的匈奴军民，为首的官吏封侯赏官给以重用，百姓给予土地、粮食，保留他们原先的编制，让他们自治，帮助他们安居乐业。这种处置正确的措施为后世所继承，不仅两汉如此，唐宋以后的中原政权多是如此。

在世界史上，只有中国，如此善待异族：在和平时期共同发展经济，友好往来，在战争期间善待投降者。

不仅如此，汉武帝还在战俘中间发现和重用人才，首倡性地重用敌人的才德兼备的后裔。汉武帝重用金日磾就是封建王朝善待异族的一个榜样。

金日磾（mì dī）（前134—前86），字翁叔，本是匈奴休屠王太子。汉武帝元狩年间，骠骑将军霍去病将兵击匈奴右地，杀获多，还虏获休屠王的祭天金人。

金日磾因其父不降被杀，与其母阏氏和弟弟伦一起没入官府为奴，金日磾在黄门养马，时年十四岁。过了很久，武帝游宴时召阅诸马，后宫满侧。金日磾等数十人牵马过殿下，养马人无不窃视宫女，轮到日磾时，只有他一人目不旁视，不敢偷看。日磾身长八尺二寸，容貌甚为庄严，马又肥好，天子感到惊异，询问他，他将自己的情况原本介绍。武帝感到奇异，当天就赐汤沐衣冠，拜为马监，升迁为侍中驸马都尉光禄大夫。日磾在亲近皇上之后，处事极为谨慎勤恳，未尝有过失，皇上甚为信任喜爱他，赏赐累至千金，出则骖（同"参"）乘（shèng，骖乘，与武帝同乘一车，在车右陪乘），入侍左右。贵戚多暗中埋怨，说："陛下妄得一个胡儿，反而莫名其妙地贵重他！"武帝听说此话后，愈加厚待他。

日磾母亲教诲两个儿子很有法度，武帝闻而嘉许。她病死后，武帝命令在甘泉宫画她的图像，署上"休屠王阏氏"，给以表彰。日磾每次见到此图都下拜，向图像啼泣，然后才离开。

日磾有两个儿子，都得到天子的宠爱，他的长子成为天子的弄儿，常在天子的旁侧。有一次，弄儿自后面抱住皇帝的头颈，日磾在他们的前面看到这个场景，怒目相视。

弄儿边跑边啼哭说："老翁发怒了。"皇上对日磾说："为什么对我的弄儿发怒？"其后，弄儿长得壮大，不谨慎，在宫殿阶下与宫女戏耍，日磾恰巧碰见，恶其淫乱，就杀了弄儿。武帝非常痛苦，为他哭泣，由此更加敬重日磾的严谨和大义灭亲。

另有莽何罗，与江充要好，等到江充阴谋整死卫太子，何罗的弟弟莽通，因诛杀太子时力战得到封赏。后来武帝知道太子的冤屈，就夷灭江充的宗族和党羽。莽何罗兄弟惧怕及祸于身，就密谋叛逆。日磾看出他们的神态志意有异常，心存怀疑，暗中独自观察他们的动静，与他们一起上下于殿。何罗也察觉日磾的意图，以故久不得发。当武帝行幸林光宫时，日磾因患小疾，休卧于宫中的休息室中。何罗与通以及小弟安成矫制夜出，杀掉使者，发兵反叛。次日清晨，武帝未起，何罗无故从外入内。日磾正要上厕所，忽而心动，立刻入坐宫内的窗户之下。须臾，何罗将利刃藏匿在衣衫内，从东面进入，见到日磾，面色变，向天子卧处走去，刚要入内，触到宝瑟，僵了一下。这一迟缓，日磾得以抱住何罗，于是高呼："莽何罗反！"武帝大惊而起，左右拔刀要与他格斗，武帝恐怕同时误中日磾，阻止勿格。日磾揪其头颈将他扔到殿下，得以擒缚此人。日磾的忠烈由此声誉卓著。

金日磾在武帝身边任职有数十年，目不忤视。赐给宫女，不敢近，天子想将其女纳入后宫，不肯。笃慎如此，武帝尤其奇异。武帝病危时，安排后事，他嘱咐霍光辅助少主，霍光要谦让给金日磾，日磾说："臣是胡人，如让臣担当这个重任，将使匈奴轻视汉朝。"于是日磾就成为霍光的副手，忠诚地辅政一年余后，病故。

金日磾作为异族人，而且还是被杀的反叛汉朝的匈奴名王之嫡子，照样因其德能兼备而受到重用，更因忠诚有功而加官晋爵，最后竟得到天子托孤这样的最高信任。

汉武帝的是非功过和汉匈之战的正负影响

武帝在主持汉匈之战的过程中有不少缺点。

武帝与其曾祖汉高祖刘邦一样，为人傲慢无礼，与丞相如公孙弘等宴见，有时不戴皇冠，大将军卫青报告事务或相陪时，他竟坐在厕上接待。

在处置战争中的将领功过时，武帝有时失之过苛。将领们在前线艰苦作战，回来后往往被严厉处置，李广和李陵是最典型的两个例子，李陵的家属还被错误地杀光。

对待提出不同或反对意见的大臣，武帝有时也失之过苛，司马迁和狄山是两个典型的例子。

武帝的这些不当之举，都给汉匈之战带来阴影。

何况，世界上的事物都有两面性，好事不可能十全十美，好事中包含着坏事，好事也只是利多弊少而已。汉武帝发动的汉匈之战本身的负面影响也很大。

大致上说，武帝时期的对匈战争，汉兵战死、被匈奴杀掠和降于匈奴的，约有十四万人。匈奴方面则损失兵员二十一万人，作为战败方，当然要更严重些。马匹损失，单是元狩四年（前119），卫青和霍去病分路出塞大战，出征时有十四万匹马，回来时剩下不满三万匹，损失数高达十一余万匹。战争中人员损耗巨大，即所谓"天下虚耗，户口减半"（《汉书·昭帝纪》）。宣帝时的夏侯胜将流亡人口多的"户口减半"，夸大成"物故（死）者半"；元帝时贾谊的曾孙贾捐之说："寇贼并起，军旅数发，父战死在前，子斗伤于后，女子乘亭障，孤儿号于道，老母寡妇饮泣巷哭。"（《汉书·贾捐之传》）也夸大了后果。在两千万人口中近半个世纪中伤亡十四万人，显然没有严重到夏侯胜、贾捐之所讲的严重程度，尽管当时人民的确承担了巨大的牺牲。

汉匈之战对国内经济的影响当然很大。武帝初期，前已言及，国家财富储备极足。经过多年战争，经济消耗巨大，所以正当浑邪王降汉之际，汉朝大举兴兵攻伐匈奴之时，山东水旱，贫民流徙，全都依靠县里救济，但县里府库空虚。武帝只能垄断天下盐铁，打击富商大贾的利益，阻止豪强兼并之家的舞文弄法，造白金和五铢钱，以求改变财政的匮乏。

除了经济损失惨重，有人认为，生态环境也因此而大受破坏。汉以前的陕北广袤土地，本是绿色葱茏的美丽田野：森林密布，牧草肥美，空气湿润，是游牧民族的生息乐园。遥想当年，匈奴人口稀少，牛羊成群，牧歌互答，古老辽阔的千里高原鼓荡着绿色的祥和之风。匈奴战败远去之后，农耕生产替代和主宰了这片土地，大自然天造地设的生态被打破平衡，林木逐渐消失，粮食代替牧草，大气渐趋干燥，风沙开始飞扬。到近代后，人口的激增伴随着过度的开垦，山水土地难以承受这样的重负，于是大地裸露，水土流失，沙漠南侵，气候极度恶化，形成恶性循环，使这一带终于成为极度贫瘠的地区。两千年的农业开发，虽也曾有过短暂的五谷丰登，可是层层梯田将土地资源剥夺得精光，陕西作家京夫描绘这个恶果及其当今景象说：在一代代土地主人的老镢头下，土地敞开胸怀提供了自己的乳汁后，干瘪了，苍老了，枯黄了，流泪了。黄色成了她的主调，岁月的梳子将土地梳成了千沟万壑。黄风刮的是土地的皮肉，雨天流的是土地的血泪。

这样的观点也是似是而非，不切实际的。问题是只要人口爆炸，即使依旧只是放牧，就像当今内蒙古的一些地方，过多的牛羊啃光了绿草，本来是丰厚美丽的大草原，现在也不同样是草稀地裸、飞沙走石、一片贫瘠吗？所以不能责怪汉朝打败了匈奴，造成农耕文化破坏了绿色生态。陕北和整个陕西在汉唐时树林遍布，郁郁葱葱，后来成为贫瘠的黄土地是从项羽到"安史之乱"到"黄巢起义"，一系列的战争中罪恶的烧杀掳掠造成的恶果。然后加上后世人口猛增，为生存而对大自然过分掠夺的恶果。

总之，汉武帝发动的汉匈决战付出了沉重的代价。但问题的实质在于，如果这仗打赢了，代价付得值；而打输了，却难以交代。武帝后期错用李广利，在十年时间（前99—前90）中最后以失利告终，而且兵力损失达近八万之多，是四十四年中总损失的一半以上。武帝在李广利兵败投降的次年即发表著名的《轮台诏》以表内心的"悔征伐之事"，"由是不复出军"。汉武帝发动和主持的反击匈奴之战，以胜利的喜剧开场，最后竟以他的失败和自我检讨而作为悲剧告终，这是非常令人遗憾的！

可是汉匈之战的负面影响并不能否定此战的伟大意义，自宣帝时起，到东汉之后，中国实现了长期的边境安宁和经济的顺利发展，才可看出消除边患的巨大历史功绩和深远影响。

关于武帝出兵匈奴的功过历来争论激烈，否定者也颇多。但也有一些学者持肯定态度。如明代李贽分析得好：武帝发动汉匈之战"虽民劳财伤，骚然称费，精力已几竭矣。盖至于易姓更主，而百姓安堵如故者，然后知其为孝武所赐而不自知也。截长补短，其利百倍，有为之功业亦大矣。"（《藏书》卷三十二《德业儒臣后论》）清代夏燮指出，武帝"穷追匈奴，虽曰劳民伤财，边患亦因之稍息。""微（除了）汉武，则汉之所以世备边患，戍役转饷，以尤累县官者，可得而预计哉！"（《中西纪事》卷二十二）

鉴于西汉以后两千年中国正反两方面的历史经验，现当代论者一般都高度赞扬汉武帝打垮匈奴的功绩。范文澜《关于中国历史上的一些问题》指出，"匈奴从殷周以来，一向是侵略"汉族的强敌，汉朝是在一再"忍让"的和亲政策之后，"匈奴愈益骄横，连年入侵边郡，钞掠人口畜产"，"完全处于被动挨打的地位"下才自卫反击的。更在其名著《中国通史简编》修订本第二编强调，汉武帝"付出'海内虚耗，人口减半'（上已指出，实远未到人口减半的地步）的代价，造成军事、文化的极盛时期"，"为现代中国的广大疆域奠定了初步的基础"。

本书认为，汉武帝在汉匈之战中，为中国和世界历史所做的三个伟大贡献是不可抹杀而且应给予最高评价的：

第一，派遣张骞出使西域，并通过战胜匈奴而打通古近代世界上第一条东西和平、交流和共同发展之路；

第二，在世界军事史上首次成功组织大兵团的数千里作战而且是越过恶劣自然环境的远距离大规模战争的伟大创举；

第三，在世界上首次对战败国给以道义的优待的民族政策，为后世中国统治者做出了光辉的榜样。古代中国历来对多次入侵的强敌在反击战胜之后，给以优待的民族政策。关于最后一点，本章最后再作必要的介绍和评论。

在这场极其艰巨的战争中，汉朝涌现了一批杰出的将才，其中功勋最大且能起带头作用的是卫青和霍去病，最著名的还有李广和李陵。至于抗匈英雄苏武当然更是名彪史册。

汉武帝领导的汉匈战争，虽以遭受严重挫折告终，但其第一阶段的辉煌战果和第二阶段的教训，为汉宣帝时期汉匈第三阶段战争的获胜，打下了深厚的基础。

汉宣帝作为西汉第三阶段汉匈战争的最高统帅，英明有为，他重用众多功臣良将，从而在西域取得决定性的胜利，奠定了汉匈战争的胜局。可惜现今对此知之者少，我们不应忘记这些杰出的英雄人物，本书下面将详细记叙这些英雄的战绩和功勋。

九、宣帝中兴和西域战场的辉煌胜利

汉匈西域之战分成西汉和东汉两大阶段。其中西汉阶段的汉匈西域之战，共有两个阶段，经历了先败后胜的复杂过程。

最早，霍去病曾打到祁连山，大获全胜，这并非原计划要打西域，而是霍去病临时根据军情西征的。祁连山地槽边缘凹陷带即通向西域的要道河西走廊。第一阶段的战争，最西到达这里。后来因战略形势的重大变化，汉朝决定正式开辟西域战场。

汉武帝的后期为汉匈西域之战的第一阶段，汉武帝用错主将，即错误地重用李广利，造成失败，并被迫中断汉匈之战。

第二阶段，两位英明的年轻皇帝昭帝和宣帝执政时，傅介子、赵充国、郑吉、甘延寿和陈汤等名将重新经营西域，多次取得重大胜利，奠定了西汉在西域的胜局。

昭帝时期的政局

武帝病重时立最小的儿子、赵婕妤所生的刘弗陵（前94—前74）为太子。仅过两天，武帝病逝，太子即位，即昭帝（前87—前74年在位），时年八岁（虚岁）。在武帝安排的霍光、上官桀、金日磾和桑弘羊等的辅政下，沿袭武帝后期政策，用轻徭薄赋、与民休息和安抚流民的政策恢复经济，又与匈奴恢复和亲，取得社会安定。

昭帝始元元年（前86）九月，金日磾去世。

始元六年（前81）二月，昭帝下诏命丞相田千秋、御史大夫桑弘羊召集郡国所举贤良文学，询问民间疾苦所在。贤良文学提出的"行仁政，以德治国"的意见与桑弘羊意见不一，双方就民间疾苦的原因、对匈奴的政策、施政方针和治国理念等多方面展开了激烈争论。因争论的中心是武帝时期盐铁官营、治国理念等问题，史称"盐铁之议"。会后罢除榷酒（酒类专卖）。

元凤元年（前80），年仅十五岁的昭帝，英明识别上官桀等诬陷霍光、试图政变的阴谋，以谋反罪诛杀桑弘羊、上官桀等，专任霍光，进一步落实武帝《轮台诏》制定的制度，罢不急之官，减轻赋税。因内外措施得当，武帝后期遗留的矛盾基本得到了控制，西汉王朝衰退趋势得以扭转，汉朝进入"百姓充实，四夷宾服"的"昭宣中兴"时期。

昭帝时期的汉匈形势

昭帝时期，汉朝与匈奴形势发生新的变化。

始元二年（前85），匈奴开始衰落了，起因是：匈奴狐鹿孤单于有异母弟，为左大都尉，有贤德，国人都归附于他。单于的母亲，恐怕单于不立自己的儿子而立自己的"情敌"的儿子左大都尉，就暗中派人杀了他。左大都尉的同母兄心怀怨恨，就不肯再于每年正月和五月在单于庭和龙城与单于相会。这一年，单于病重将死，对诸位贵人说："我的儿子年少，不能治国，立我的弟弟右谷蠡王。"等到单于死了，卫律等与颛渠阏氏密谋，瞒着单于的丧事，矫颁单于的命令，换立他的儿子左谷蠡王为壶衍鞮（dī）单于。左贤王、右谷蠡王怨怒，率领他们的部属，想南归汉朝，但又恐怕自己做不到，就胁迫卢屠王，想向西投降乌孙。卢屠王向单于告发，单于派人验问。右谷蠡王不服，反咬卢屠王，说是卢屠王要胁迫自己投降乌孙。国人都跟着冤枉卢屠王了。于是，右谷蠡王和卢屠王都回到自己的地盘，不再于每年正月和五月到单于庭和龙城与单于相会。

匈奴的高层分裂了，匈奴开始衰落了。

始元六年（前81），因为壶衍鞮单于的继位，他的母亲阏氏做事不正派，国内分裂，匈奴常常怕汉兵袭击，于是卫律为单于出谋划策，要与汉朝和亲。汉使来到后，常惠教他们说了一番理由，单于放苏武和他剩下的部属九人回国。被扣押十九年的苏武终于回京。

霍光、上官桀素来都与李陵有交情，他们派遣李陵的旧友任立政等三人，一起到匈奴邀请李陵回来。李陵说："回去是容易的，但是大丈夫不能第二次受辱！"拒绝了他们的好意。

元凤元年（前80），匈奴发动左、右部二万骑兵，分为四队，一起进入边境抢掠，汉兵追击，斩杀和俘虏九千人，活捉瓯脱王，汉军没有损失。匈奴见瓯脱王在汉朝，恐惧，以为瓯脱王会引导汉军前来攻击，就远走西北，不敢到南面来寻找水草了，汉朝则动员百姓到瓯脱王的原来地盘居住开发。

元凤二年（前79），匈奴又派九千骑兵屯守受降城防备汉军，在余吾水北面搭桥，可以让人渡过余吾水，以备撤兵。这时匈奴常想要和亲，但恐怕汉朝不允许，所以不肯先开口，常常让自己的亲信暗示汉朝的使者。然后匈奴的入侵和抢掠日渐稀少，给汉朝使者的待遇也日益丰厚，想逐渐达到和亲的目的。汉朝也乘机拉拢他们。

元凤三年（前78），匈奴单于派遣犁汙（同"污"）王窥视汉朝的边境，说酒泉、张掖地区兵力更加弱，出兵试击，希望可以夺回这些土地。这时，汉朝先已得到来投降的人，从他们那里听说了这个计划，天子就诏令边境警惕和准备。过后不久，右贤王、犁汙王率领四千骑兵，分成三队，进入张掖郡的日勒、屋兰、番和三县。张掖太守、属国都尉发兵反击，大破敌军，敌方逃脱者只有几百人。属国义渠王射杀犁汙王。汉朝赐给属国义渠王黄金二百斤、马二百匹，封他为犁汙王。从此以后，匈奴不敢再进犯张掖。

冬，辽东乌桓反叛。起初，冒顿大破东胡，东胡余种散保乌桓和鲜卑山二族，世代役属匈奴。武帝击破匈奴左边的地盘，就将乌桓迁移到上谷、渔阳、右北平、辽东的长城以外，替汉朝侦察匈奴的动静。安置乌桓校尉监视、管理乌桓，使他们不得与匈奴联络。这时，乌桓的部众逐渐强盛，就叛乱了。

在此之前，匈奴三千余骑兵入侵五原，杀害抢掠了数千人；后又有数万骑兵到南面的长城附近打猎，行动中攻击长城外的亭障，掠走当地的官吏百姓。这时汉朝边郡的烽火和观察哨所精明，匈奴进入边境抢掠的侵略者利益不多，希望再次侵入长城。汉朝又得到匈奴前来投降的人，说乌桓曾经掘了上代单于的墓，匈奴怨恨他们，正发二万骑兵攻击乌桓。

听到这个消息，霍光想要发兵迎头痛击乌桓，就询问护军都尉赵充国，充国以为："乌桓多次侵犯边塞，现今匈奴攻击他们，对汉朝有利。又匈奴希望入侵抢掠，幸亏我们北边无事，现在蛮夷自相攻击而发兵引敌来战，招寇生事，不是良策。"

霍光另外询问中郎将范明友的意见，明友说可以出战，于是任命明友为度辽将军，率领二万骑兵出辽东。匈奴听说汉兵到来，就撤军而走。起初，霍光告诫过明友："兵不空出，如果来不及追上匈奴，就打乌桓。"乌桓当时刚受到匈奴军队的打击，明友既然在匈奴之后到达，就乘乌桓疲敝之时，实施攻击，斩首六千余级，其中有三个王的首级。匈奴从此恐惧，不能再出兵。

起初枒（wū）采（同"弥"）派遣太子赖丹到龟兹当人质，贰师攻打大宛回来时，将赖丹带回京师。霍光采用桑弘羊过去的建议，任命赖丹为校尉，带兵在轮台屯田。龟兹贵人姑翼对国王说："赖丹本来臣属我国，现在佩戴着汉朝的印绶来，逼近我国而屯田，必定为害我国。"龟兹国王就杀了赖丹，然后上书汉朝谢罪。

楼兰王死，匈奴先知道了这个消息，就将作为人质的楼兰王的儿子安归派回去，得立为王。汉朝派遣使者诏令新王入朝，他推辞不来。楼兰国在西域诸国中是最靠近东边的，近汉，地处白龙堆，水草贫乏，常负责配给向导，运送水和粮食，送迎汉使。又多次受到官兵的寇盗、惩处，不便与汉联络。后来又被匈奴反间，多次阻击杀害汉使。楼兰王的弟弟尉屠耆（shì）降汉，具体报告了这些情况。骏马监北地傅介子出使大宛，为平定西域立下功勋。

傅介子平定楼兰的功绩

傅介子（？—前65），是北地义渠（今甘肃庆阳西南）人，因从军为官。昭帝时，为平乐监。

龟兹、楼兰都曾经联合匈奴，杀过汉朝的使者，至昭帝元凤四年（前77）六月，傅介子以骏马监的身份被派往大宛，持诏令责备楼兰、龟兹国。

他作为使者到达楼兰后，指责楼兰国王教匈奴杀害汉使。楼兰王认错，说："匈奴的使者最近刚过去，应当到达乌孙了，路过龟兹。"

介子到龟兹，又责问龟兹国王，龟兹国王也认错服罪。

介子从大宛再回到龟兹，龟兹方面说"匈奴使者从乌孙国回来，正在此地。"介子就带领他的部属一起杀了匈奴的使者。回来报告后，朝廷任命他为中郎，升为平乐监。

介子对大将军霍光说："楼兰、龟兹数次反复而不诛灭他，无所惩处。我过龟兹时，国王与来访者相近而座谈，容易得手，我愿去刺杀他，威示各国。"大将军说："龟兹路太远，先到楼兰试验一下。"于是在报告天子后，派他出国。

介子与士卒同携金币，扬言要遍赐外国金钱。到楼兰，楼兰国王安归不想亲近介子，介子表面上准备离开，到了楼兰西界，派译者对国王说："汉朝使者携带黄金、丝绸赠送各国，楼兰王不来接受，我到西面的国家去了。"并立即拿出金币给翻译看。翻译回去报告楼兰王，楼兰王贪图汉朝的财物，来见使者。介子与他一起座谈饮酒，拿出金币、财物给他看。都喝醉了酒，介子对楼兰王说："天子要我与你秘密谈论。"楼兰王站起来，随介子一起进入营帐中，准备密谈，两个壮士从后面刺杀他，刀刃在胸口交叉，楼兰王立毙。他的贵人（高级官员）、亲信都吓得奔散逃走。介子通告说："楼兰王背负汉朝有罪，天子派我来杀他，应当另立以前在汉当过人质的太子——楼兰王的弟弟尉屠耆为楼兰王。汉兵就要到了，不要动，动，你们就要灭国了！"这样就避免了动乱。

傅介子于是带着楼兰王的首级回到汉朝，公卿将军和议论的官吏都嘉许他的功劳。天子下诏说："楼兰王安归，曾为匈奴的间谍，寻机拦击汉朝使者，发兵杀掠尉司马安乐、光禄大夫忠、期门郎遂成等三批使节，以及安息、大宛的使节，盗取节印和安息、大宛派使节献给汉朝的礼物，甚逆天理。平乐监傅介子持节出使，诛斩楼兰王安归之首，悬在北阙，以直报怨，不烦师众。特封介子为义阳侯，食邑七百户。刺杀楼兰王的壮士都补官侍郎。"

汉朝立尉屠耆为王，将楼兰的国名改为鄯善。为鄯善国刻了印章，赠送宫女为夫人，备车骑、辎重，丞相带领百官送至横门外。楼兰王自己向天子请求说："身在汉朝已经很久了，现在归国，力量单弱，而前楼兰王有儿子在，恐怕为他所杀。我们国中有伊循城，土地肥美，愿请汉朝派遣一位将军，在那里屯田积谷，令臣得以依托他的威重。"于是汉朝派遣司马一人、吏士四十人到伊循屯田，给以安抚。

秋七月，封范明友为平陵侯，傅介子为义阳侯。

元凤六年夏，乌桓进犯长城，朝廷派度辽将军范明友反击。

元平元年（前74）夏四月，昭帝于未央宫去世。

昭帝在位十三年（实足十二年），去世时寿二十三，无嗣。大将军霍光请皇后立昌邑王刘贺，仅两个月，继帝位只有二十七日，即因昌邑王淫乱，请废，改立刘病已（后改名询，前92—前49），即宣帝（前74—前49年在位）。

汉匈战争的年轻统帅汉宣帝的苦难出身

刘询，原名病已，因为幼遭磨难而多病苦，故取此名。

他是武帝曾孙，卫皇后之子戾太子的孙子。戾太子与史良娣（太子的妻妾分三等，为妃子、良娣和孺子，子皆称皇孙）生史皇孙，史皇孙与王夫人（皇孙的妻妾无号位，皆称家人子）生宣帝，号皇曾孙。

刘病已刚生数月，遭巫蛊之难，戾太子、史良娣、皇孙和王夫人都遇害。宣帝作为汉武帝的嫡亲曾孙，虽在襁褓，也被收捕。因关押者极多，他婴儿入狱，被羁押于郡邸狱。邴（bǐng）吉任廷尉监，负责郡邸的巫蛊案，他可怜曾孙无辜，就令狱中的两个女犯乳养，暗地给他衣服食品，看顾这个婴儿。

巫蛊案拖延日久，连岁不决。至后元二年（前87），武帝听望气者说长安狱中有天子气，就派使者到长安各官府狱中，不管轻重犯人，全部杀光。

内谒者令郭穰夜至郡邸狱，邴吉关门拒入，使者进不去，皇曾孙靠邴吉活了下来。

后遭大赦，邴吉将皇曾孙送到他的祖母史良娣的兄长史恭那里。史恭的母亲贞君郡年老，见这个小曾外孙孤苦伶仃，非常哀怜他，就亲自养视。这位曾皇孙，少年时代在民间生活，深入社会，深知民间疾苦。

昭帝时期，下诏将他领回宫中掖廷（妃嫔居住的处所）抚养。当时任掖廷令（负责后宫宫女及供御杂务，管理宫中诏狱，由宦官充任）的张贺，曾为戾太子服务过，他顾念旧恩，哀怜曾孙，故而奉养甚谨，还拿出私钱供他读书。长大后，为他娶因犯法而做宦官的许广汉之女为妻。他全靠许广汉兄弟及祖母家史氏，从名师学习《诗经》，高才好学，但亦喜游侠，深入了解闾里奸邪和吏治得失、民间疾苦。

汉宣帝的杰出政绩和第二阶段的西域战争

宣帝即位后，致力于整顿吏治，强化皇权，废除苛法，又招抚流亡，消减租赋，安定民生和发展生产，卓有成效，被史家誉为"中兴"，实际上宣帝将汉朝再次推到极盛时期，厥攻甚伟。

宣帝于公元前 74 年十九岁时即位，至前 49 年四十四岁时逝世，共执政二十五年，是汉匈之战的又一个重要阶段。

汉朝在宣帝时期，匈奴内乱，呼韩邪单于内附；宣帝及时发动汉匈在西域的第二阶段的战争，并因重用众多杰出人才，让他们做出卓越贡献，又获得汉匈之战的重大胜利。

班固《汉书·赵充国辛庆忌传》言及这一阶段的名臣说：

> 秦汉以来，山东出相，山西出将。秦将白起，郿人；
> 王翦，频阳人。汉兴，郁郅王围、甘延寿，义渠公孙贺、

傅介子，成纪李广、李蔡，杜陵苏建、苏武，上邽上官
桀、赵充国，襄武廉褒，狄道辛武贤、庆忌，皆以勇武
显闻。苏、辛父子著节，此其可称列者也，其余不可胜数。
何则？山西天水、陇西、安定、北地处势迫近羌胡，民
俗修习战备，高上勇力鞍马骑射。故秦诗曰："王于兴师，
修我甲兵，与子偕行。"其风声气俗自古而然，今之歌
谣慷慨，风流犹存耳。

以上列举的著名将领和使节，如常惠、傅介子、郑吉、
赵充国、甘延寿、陈汤等人便是第二阶段西域战场的主要
功臣。

常惠在乌孙的杰出功勋

苏武当年出使匈奴时的助手常惠在这个阶段做出了自
己的贡献。常惠，太原人。少年时家贫，发奋图强，自愿应募，
跟随苏武出使匈奴，在匈奴被拘留十余年，到昭帝时才回国，
朝廷嘉奖他的辛劳，拜为光禄大夫。

当时，乌孙公主上书给汉朝说："匈奴发骑兵攻打车师，
车师被匈奴并吞，一起攻侵乌孙，只有天子才能救助我们！"
汉朝的兵马已经准备充分了，讨论拟击匈奴。

正在此时，昭帝去世，宣帝刚即位，本始二年（前72），
派遣常惠出使乌孙。公主与昆弥都派使者到汉朝，转达常
惠的报告："匈奴连发大兵攻击乌孙，夺取了车延和恶师等
地，掳去其人民，派使者胁求公主，要乌孙与汉朝隔绝。
昆弥愿发本国的一半精兵，自己供应人马五万骑兵，尽力

攻击匈奴。只有天子能救助公主和昆弥！"于是汉朝发大军十五万骑兵，派遣五位将军分道出塞。

战争中，以常惠为校尉，持节护乌孙兵。昆弥自己率领翕（xī）侯（乌孙国的官号）以下五万余骑兵，从西方攻入匈奴右谷蠡庭，捕获单于的父辈和嫂、居次（匈奴语，公主）、名王、骑将以下三万九千人，马、牛、羊、驴、骆驼六十余万头，乌孙都归为己有。

常惠带着从吏、士卒五百人，与昆弥一起回来，尚未到乌孙，乌孙人偷了常惠的印绶和使节。

常惠回国，自以为丢失印绶和使节，辱了使命，要杀头。当时汉朝派遣的五个将军都无功而返，天子认为常惠倒奉使颇有功绩，给匈奴以沉重打击，于是封常惠为长罗侯。

宣帝即位的第三年，即本始二年（前72），汉大规模出兵，选郡国吏三百石康健习骑射的关东轻锐之士，全部从军。派遣御史大夫田广明为祁连将军，率四万余骑出西河；度辽将军范明友三万余骑，出张掖；前将军韩增三万余骑，出云中；后将军赵充国为蒲类将军，三万余骑，出酒泉；云中太守田顺为虎牙将军，三万余骑，出五原：凡五将军，兵十余万骑，出塞各两千余里。另有校尉常惠使护发兵乌孙于西域，昆弥自带翎侯以下五万余骑，在西线进攻，与五将军所率汉军共二十余万之多。

匈奴听说汉军大批出动，百姓震动，老弱奔走，赶着羊和骆驼远遁，因而五将军无所收获。

度辽将军范明友出塞两千余里，到达蒲离侯水，斩首俘虏七百余人，掳获马牛羊一万余头。

前将军韩增出塞两千余里，到乌员，斩首捕掳，到侯山达一百余人，掳马牛羊两千余头。

蒲类将军赵充国出塞一千八百余里，西至侯山，斩首捕掳，得单于使者蒲阴王以下三百余人，掳马牛羊七千余头。

听说匈奴已逃走，诸将都未到约定的时间就领军回国。天子对他们的过失宽大处理，不予定罪。

祁连将军田广明出塞一千六百余里，至鸡秩山，斩首捕掳仅十九人，获牛马羊一百余。碰到汉朝派往匈奴回来的使节冉弘等，说鸡秩山西有匈奴甚多，田广明就告诫冉弘，要他说没有匈奴，想回兵。御史属公孙益寿谏劝，以为不可，田广明不听，于是带兵返回。

虎牙将军田顺出塞八百余里，至丹余吾水上，及止兵不进，斩首捕掳一千九百余人，掳马牛羊七万余头，引兵回。

宣帝以虎牙将军田顺未到应至地点，谎增战果，祁连将军田广明明知匈奴在前，逗留不进，皆下狱，自杀。提升公孙益寿为侍御史。

此战中，匈奴民众死伤和逃走不知去向的，以及牲畜死亡逃逸的，不可胜数。于是匈奴自此衰弱，怀恨乌孙。

那年冬季，单于亲自率领一万骑兵攻击乌孙，抓获和杀戮许多老弱百姓。正要回军，遇天下大雨雪，一天之内，深达丈余，人民畜产大批冻死，回归者十不能一。于是匈奴转入弱势，丁令乘机攻其北，乌桓攻其东，乌孙击其西。三国杀匈奴数万人，缴获马数万匹，还有大量牛羊，再加上饿死的，匈奴人民死亡的已有十分之三，畜产损失十分之五，匈奴大为虚弱，诸国原先被并吞的，全部瓦解，反过来攻击、偷盗，匈奴也已无法抵挡。

此后，汉又出兵三千余骑，分三路，同时攻入匈奴，抓获数千人而回。匈奴已无法与汉朝对敌，更加想与汉朝和亲，边境纠纷就很少发生了。

郑吉威震西域的功勋

在汉匈之战的西域一线，立下功勋的还有郑吉、甘延寿和陈汤等人。

郑吉（？—前49），会稽（今江苏苏州）人，从军当一名普通士卒。多次出西域作战，因而升为郎官。郑吉为人坚强执着，通晓外国事务。

自从张骞通西域，李广利征伐之后，开始置设校尉，在渠犁屯田。宣帝地节二年（前68）时，郑吉以侍郎的官职在渠犁负责屯田，积储谷物，准备攻伐车师。到秋收时，郑吉带领的屯田士一千五百人与校尉司马熹发动西域诸国兵马一万多人攻破车师，攻破交河城（今吐鲁番西）后，车师王躲在北边石城中，未曾捉到，适值军粮已尽，郑吉决定罢兵，回到渠犁屯田。秋收完毕，又发兵攻车师王于石城。车师王听说汉军将到，往北逃走向匈奴求救，匈奴未为发兵。车师王与贵族苏犹商议，打算向汉军投降，又担心不见信任。苏犹教车师王攻取匈奴旁边的小蒲类国，劫掠其人民，然后投降于郑吉。

匈奴听说车师王投降于汉朝，发兵攻打车师，郑吉带兵向北迎战，匈奴吓得不敢前来。郑吉就留下一个军侯及二十个士兵保卫车师王，自己领兵回到渠犁屯田。车师王害怕匈奴军队又去杀他，于是逃到乌孙，郑吉迎接车师王的妻子安排在渠犁。

郑吉回朝报告，到了酒泉，有诏命他回到渠犁与车师屯田，增加积粮以安定西域，对付匈奴。

郑吉回到西域，"传送车师王妻子诣长安，赏赐甚厚，每朝会四夷，常尊显以示之"。同时，开始调发三百士兵到车师屯田。据投降者报告，匈奴贵族都说"车师地肥美，近匈奴，使汉得之，多田积谷，必害人国，不可不争也"。

果然匈奴派遣骑兵来击汉屯田者，郑吉就和校尉将渠犁的屯田士一千五百人全都调到车师屯田。匈奴又增调骑兵前来，汉屯田士少不能抵挡，退守于车师城。匈奴贵族在城下对郑吉说："单于必争此地，不可田也。"围城几天就解了。后来常有数千骑兵往来守车师。

郑吉上书报告："车师去渠犁千余里，间以河山，北近匈奴，汉兵在渠犁者势不能相救，愿益田卒。"公卿大臣议论，以为道远烦费，可以罢归车师屯田。诏命长罗侯常惠带领张掖、酒泉的骑兵开往车师北边千余里，显示汉军威武。匈奴骑兵退去，郑吉才从车师回到渠犁，共有三校尉屯田。

汉朝立了故车师太子军宿为王，将车师国民迁到渠犁。车师王因得到汉军保护，不受匈奴欺压，"亦安乐亲汉"。后来汉朝置戊己校尉屯田，居于车师原来的地方。

郑吉因在渠犁与车师之功，升为卫司马，负责卫护鄯善西南方（塔里木盆地以南、昆仑山以北，即天上"南道"）各国的安全。夺到车师的兜訾城，升迁尉司马，负责保护鄯善的西南路。

宣帝神爵年间（前61—前58），匈奴发生内乱，单于的堂兄，日逐王先贤掸，想投降汉朝，派人通告郑吉。郑吉发渠犁、龟兹诸国兵马五万人接应日逐王，匈奴一万两千人、大人头目（小王）将十二人跟随郑吉到达河曲，路上有一些人逃亡，郑吉追而斩杀逃跑者，将大队人马带回京师。汉朝封日逐王为归德侯。

神爵三年（前59），汉宣帝嘉奖郑吉的功劳，下诏："都护西域骑都尉郑吉，拊循外蛮，宣明威信，迎匈奴单于从兄日逐王众，击破车师兜訾城，功效茂著。其封吉为安远侯，食邑千户。"

郑吉选择西域中心、土地肥饶的地方设立都护的幕府，治乌垒城（今新疆库尔勒与轮台之间），负责处理西域各国事务，"督察乌孙、康居诸外国动静，有变以闻。可安辑，安辑之；可击，击之"。同时发展屯田事业，"田于北胥，披莎车之地"。屯田校尉开始从属于都护。

匈奴日逐王投降于汉朝，汉朝在西域设置都护，标志着汉朝与匈奴势力在西域的消长。以往匈奴的势力很大，"匈奴西边日逐王置僮仆都尉，使领西域，常居焉耆、危须、慰黎间，赋税诸国，取富给焉"。自日逐王投降于汉朝，匈奴的僮仆都尉"由此罢。匈奴益弱，不得近西域"。而汉朝自张骞始，至于郑吉，在西域发展壮大了势力，"镇抚诸国，诛伐怀集之"。所以史称："汉之号令班（颁布）于西域矣，始自张骞而成于郑吉。"

郑吉破灭车师，降日逐王，威震西域，于是又兼护车师西北路（天山以北的北道），因为西南、西北两路都由他保护，所以他号称"都护"。汉朝在西域设置"都护",就是从郑吉首任西域都护开始的。

郑吉于是在西域的正中建立幕府,治乌垒城,镇抚西域诸国,凝聚各国,调动诸国的征伐。同时发展屯田。

郑吉的战绩和措施,严重削弱了匈奴在西域的势力,逼使匈奴日益削弱,不得接近西域。

名将赵充国的重大贡献

赵充国(前137—前52),字翁孙,陇西上邽(guī,今甘肃天水)人,后移居金城令居。始为骑士,后以西北六郡(金城、陇西、天水、安定、北地、上郡)良家子(名门贵族家庭的子女),善骑射,补羽林。他为人沉勇有大略,少年时即爱好将帅之节,从而学兵法,明晓四夷事务。

汉武帝时,他从贰师将军李广利击匈奴,被重兵包围。汉军断食数日,死伤者多,充国乃与壮士百余人,冲破包围,攻入敌方阵地,李广利引兵随之而进,才得解围。充国身受二十余伤,李广利上奏报告他的受伤情况,皇上下诏,命他到行在所,武帝亲自看视他的创伤,为之嗟叹,拜为中郎,升迁为车骑将军长史。

昭帝时,充国以大将军护军都尉将兵平定武都氏人造反,升中郎将,屯兵上谷。回来后任水衡都尉,击匈奴,抓获西祁王,升后将军。

与大将军霍光尊立宣帝,被封为营平侯之后,宣帝本始年间(前73—前70),为蒲类将军征匈奴,斩数百人。匈奴发兵十余万骑,大肆进攻,南至长城,想南下抢掠。汉庭派赵充国带领四万骑兵屯守边界九郡（五原、朔方、云中、代郡、雁门、定襄、北平、上谷、渔阳），单于听说此事，引兵退走。

此后羌人联络匈奴，合力攻汉。早在武帝后元元年（前88），先零土豪封煎等就通使匈奴，匈奴派人到小月氏，传告诸羌说："贰师将军与部众十余万人投降匈奴，羌人为汉使役很苦，张掖、酒泉本是我地，土地肥美，我们可以联合攻击，居住在那里。"

宣帝元康三年（前63），先零与诸羌种的土豪二百余人结盟，天子问赵充国，充国认为恐怕是匈奴遣使至羌中，恐怕羌人的变化不止于此。一月余后，羌侯狼何果然派使者到匈奴借兵，欲击鄯善、敦煌，以断绝汉的道路。充国以为"狼何，是小月氏种，在阳关西南，势不能单独想出这种计划，恐怕匈奴使者已到羌中，等到秋天草肥，必起事变。应派遣使者调动边兵预作准备"。

神爵元年（前61）春，两府遣义渠安国行视诸羌，分别善恶。安国到后，召先零诸豪三十余人，认为他们尤为顽逆黠恶，全部给斩了。又纵兵攻击先零部众，斩首千余级。于是已降诸羌和归义羌侯杨玉等惊恐发怒，无所信任和归宿，他们就劫掠其他小种属，背叛犯境，攻城邑，杀长官。安国以骑都尉率领三千骑兵备战，到浩亹（mén，水名）时，遭到袭击，损失许多兵车和武器。安国引兵回到令居，向朝廷报告此事。

此时赵充国年已七十五，天子认为他老了，派御史大夫丙吉问他，谁可为将，充国说："没有再比老臣更适合的了。"他老当益壮、当仁不让的态度，潇洒自然，豪气凛然。

天子派人问："将军估计羌人的实力如何，应当派遣多少兵去？"充国说："百闻不如一见，军情难以遥测，臣愿疾驰到金城，画出地形，设计攻讨方略，一起奏上。然后羌戎毕竟是小族，逆天背叛，很快就会灭亡，愿陛下授权老臣，勿以为忧。"皇上笑着说："好。"

充国常以远派侦察兵为要，行军必事战备，休息必坚营壁。行动尤能持重，爱士卒，先周密计划然后作战，其沉勇而有大略、贵谋而慎战的大将风度，令人钦敬。

充国至金城，待兵力满一万骑兵，准备渡河，恐怕被羌人所截击，就夜遣三校（三支小部队）的兵力，秘密先渡，渡过河后就安排阵势，等到天明，阵势排好，就全军依次渡河。敌方有数十或百来骑兵过来，在汉军边上进进出出。充国说："我们的兵马刚到，疲倦，不可驰逐。这些部队都是骁骑，难以制胜，又恐怕他们是诱兵。攻击敌人应以殄灭为目标，小利不足贪。"命令军士勿击。派遣骑兵守候在四望峡，未见敌人。

夜引兵上落都（山名），召集诸校司马，对他们说："我已知羌人不懂用兵了。假使敌人发兵数千人堵守四望峡中，我军岂能再进入吗！"

于是西至在金城的西部都尉府，每天犒劳军士，军士都愿为他效劳。羌人数次挑战，充国坚守不理。

汉军抓获俘虏，俘虏说羌豪数次互相指责："对你们说不要反，现在天子派遣赵将军来，年已八九十了，善用兵。现在想要一斗而死，做得到吗！"赵充国的威势使羌人后悔联匈攻汉。

赵充国却从此以静制动，引而不发，按兵不动了。

赵充国之子、右曹中郎将赵卬，另率一军至令居。羌人出兵截断其粮道，赵卬上报宣帝，宣帝下诏将八校尉与骁骑都尉、金城太守联合搜捕山中的羌兵，以打通粮道。

此战一开，朝廷与赵充国之间就和战问题，展开了千里之间反复的激烈争论。

充国的奏议每次上报宣帝，朝廷都下达给公卿议臣讨论。起初，赞成充国的人仅有十分之三，接着有十分之五，最后达到十分之八。宣帝下诏，诘问起先说充国之策不对的人，他们都顿首表示心服充国的意见。丞相魏相说："臣愚昧而不懂军事，后来赵将军多次筹划军事方略，他的观点经常是对的，臣认为按他的计划进行，必是可行的。"可见从丞相以下的群臣多已信服充国制订的军国大计了。

西汉朝廷的军事策划效率之高超有效，两千年之后，还引起王国维的惊叹："宋人论汉代文书之速，举赵充国《陈兵利害书》，以六月戊申奏，七月甲寅玺书报从。按辛武贤与充国之争，所系甚巨，利害亦未易决，而自戊至甲，七日已报其奏，宜充国之有成功也。"（王国维《明熊忠节题稿跋》，周锡山编校《王国维文学美学论著集》，北岳文艺出版社，1987，第215页）远隔千里的京城和前线，来回递送双方观点进行精心讨论和转达，迅速而及时，极为不易。

赵充国一心为公，知无不言，言无不中，而宣帝虚怀若谷，他每次让赵充国充分发表意见，都让众大臣充分讨论，众大臣也为国据理力争，不杂私心，君臣都以诚相待。宣帝择善而从，从而获得了西域战争的胜利。

神爵二年（前60）五月，充国上奏说："羌人本约有军队五万人，凡斩首七千六百级，降者三万一千二百人，溺水饿死者五六千人，遗脱逃亡者不过四千人"，已无力作乱，请求罢屯兵。宣帝准允，于是振旅而还。

好友浩星赐迎接充国时劝他说："众人都以为破羌将军辛武贤、强弩将军许延寿出击，多斩首获降，羌人才因此破败。然后也有识者以为羌人势穷力困，兵虽不出，必自服矣。将军朝见时，宜归功于二将军出击，非我愚臣所及。如此，将军计未失也。"充国说："吾年老矣，爵位已极，岂嫌伐一时事以欺明主哉！兵势，国之大事，当为后世效法。老臣不以余命一为陛下明言兵之利害，死后还有谁能再说明这个道理呢？"最后还是将自己的原来意见上报，宣帝首肯他的计划，罢遣辛武贤，仍命他复任酒泉太守，赵充国仍为后将军卫尉。

此年秋，羌人若零、离留、且种、儿库等部落，共斩先零大豪犹非、杨玉等人，众多部落一起降汉，汉朝设立金城属国以安置归附的羌人。

诏令推举可以担任护羌校尉的合适者，当时充国患病，四府举荐辛武贤的小弟辛汤，充国急忙上奏："辛汤酗酒，因酒以使气，不可掌管蛮夷之事。不如他的兄长辛临众。"此时辛汤已拜受此职，再下诏改用临众。后来临众因病免官，五府再次推举辛汤，辛汤上任后，数次醉后激怒羌人，激起羌人反叛，最终果如充国所言。

起初，破羌将军辛武贤在军中时与中郎将赵卬闲宴时共语，赵卬谈得兴起，缺乏防人之心，有一次一时嘴快，透露给他听："车骑将军张安世所为不中皇上之意，皇上欲诛之，印家将军（指其父赵充国）以为安世作为记录，侍事孝武帝数十年，颇为忠诚谨慎，宜让他安度余年。安世因此得以幸免。"等到充国回朝报告讨论军事时，辛武贤因此而罢归原职，深为怀恨，就上书告发赵卬泄露省中（宫禁之中）的密语。赵卬被交给司法的官吏治罪，畏罪自杀。

赵充国年迈"乞骸骨"（请求能够死在故乡，埋骨故园），要求退休，宣帝给予丰厚赏赐后让他解职回第。但是朝廷每有四夷的重要大事，还常请他参与军谋，并询问筹策。

宣帝甘露二年（前52），赵充国逝世，时年八十六。

起初，充国因为他的功劳和品德与霍光等同，也在未央宫的勋臣画像中画了他的图像。成帝时（前32－前7年在位），西羌曾有边警，而此时汉朝已无良将，成帝思念将帅之臣，追美充国，乃召黄门郎扬雄就充国的画像而写颂词，颂词中称誉"汉命虎臣，惟后将军"，"在汉中兴，充国作武"，高度肯定赵充国在汉室中兴中的巨大功勋和影响。

宣帝君臣尊奉仁义和信义，不乘人之危而进攻匈奴

五凤元年（前57）七月，匈奴大乱，各自为政，竟然自立的单于多达五个，互相攻击。

当时汉庭众官议论匈奴局势时，多提议："匈奴危害日久，现在正可乘其内部坏乱，举兵消灭之。"

宣帝下诏询问御史大夫萧望之，萧望之回答："我国历史上赞誉不乘敌方丧乱而讨伐的举措，认为这将会恩足以服孝子，谊足以动诸侯。此前，单于倾慕向善，与汉室约

为兄弟，他以弟自居，派遣使者请求和亲，海内欢欣，匈奴等外族也莫不闻知。还未及实施，单于不幸为贼臣所杀。如今出兵讨伐，是乘乱而幸灾乐祸，他们必定将奔走远遁。不以仁义而出动军队，恐怕将劳而无功。我认为应该派遣使者，去凭吊慰问，在他们微弱的时候给予帮助，救助他们的灾患。四方外族听说如此，必定会尊敬中国的仁义。如果匈奴在我方这样的恩德下，恢复单于之位，他们定会称臣服从，这是大力发扬仁德啊。"宣帝采纳了他的提议。

宣帝君臣，不乘人之危，弘扬汉朝仁义、信义的传统，武帝开创的西域战场终于在宣帝时获得极大的胜利。

费正清评论汉匈西域战争的功勋和罗马士兵被俘定居中国

美国汉学权威费正清表扬西汉开辟西域战场说："汉武帝对匈奴并非一味进攻，同时他也力图找到一些盟友来共同对付共同的敌人。早在前139年，他就派张骞出使西域与月氏国联系。月氏人可能属于印欧民族，被匈奴赶出了甘肃的老家，在武帝时迁到了今天阿富汗一带，正欲进攻印度，后来便建立了贵霜帝国。"

到宣帝之子元帝时，"公元前42年（元帝永光二年）汉朝军队再次越过帕米尔，深入到前希腊粟特王国，在那里打了胜仗并俘虏回一些罗马士兵。这样汉军深入不毛，将势力扩张到离首都两千英里之外的地区，而罗马帝国虽然地处海上交通便利的地中海地区，即使在极盛时也未能做到这一步。"

从宣帝的历史功绩再回顾卫氏家族在汉匈之战中的杰出贡献

卫子夫家族在汉匈战争中起了很大作用，立下不朽功勋。

卫子夫家族提供了栋梁人才多人。

卫皇后的同母弟卫青、外甥霍去病是汉匈之战的名将；霍去病的同父异母弟霍光因卫皇后和霍去病的缘故得任朝廷重臣，霍光作为卫氏家族的可靠而又英明的政治继承者后，又为顾命大臣，辅助昭帝，后又支持拥立宣帝，为西汉政权的平稳过渡和中兴做出了不可磨灭的贡献。霍光在掌权时，也主持了对匈之战和经营西域的事宜。

宣帝是卫皇后的曾孙、卫太子的孙子，他作为继武帝之后的汉匈之战的主持者，取得了新的政治和军事重大胜利，还将汉朝推向中兴。

杨生民认为："纵观卫皇后家族，不仅出现了卓越的军事家卫青、霍去病，而其影响延及后世，对汉朝历史做出了重大贡献。这一点是千古不朽的。一个出身如此卑贱的家族，对历史竟然做出这样重大的贡献，也是永远值得后人深思的。"

杨生民首创性地评论了卫皇后家族的历史贡献。需要补充的是，从西汉政局和汉匈战争两个方面，卫氏都做出了无与伦比的重大贡献。霍光的品德和才华，维护了武帝之后的昭宣中兴。尤其是宣帝，其祖父因武帝的失误而失去继承皇位的机会，卫氏家族的霍光确立卫皇后的曾孙继承皇帝，再次扭转了西汉皇朝的命运和发展趋向，意义极为重大。

解忧公主、细君公主和冯夫人：汉匈战争中妇女的杰出贡献

在汉匈之战的整个过程中，汉朝的妇女做出了极大的贡献。兵士在前方打仗，白发老母无人扶养，在家艰难度日；做妻子的，任劳任怨地侍奉公婆，养育子女，艰难困苦剥夺了她们的一生。大量士兵死在战场或征途上，年轻的寡妇凄凉地挣扎在贫困无助的孤苦岁月中。至于在土地上辛勤劳作，在家里缺乏青壮男劳力的情况下，是义不容辞的选择。没有全国几百万妇女的牺牲，没有她们在后方默默无闻地全力支撑，汉匈之战无法进行，社会和家庭也无法正常运转。贵族妇女，也有少数人承担极大的牺牲，她们的丈夫是前方的将领，她们在家担惊受怕。有的做了寡妇，有的受到无辜的牵连，如李陵的老母和夫人；有的在家陪着吃苦，如苏武的原配夫人。还有个别皇室的少女，被送去和亲，这是另一种令人难堪的痛苦。她们中也有杰出者，直接为汉匈之战做出很大的贡献，如远嫁西域乌孙国的细君公主和解忧公主等。

乌孙在匈奴之西，位于今伊犁河东南流特克斯河畔，是当时西域最强大的国家。人口六十三万，拥兵十八万八千，人们逐水草而居，与匈奴同俗，但国王和贵族与汉朝一样也有城池和宫室。

乌孙王称昆莫，后称昆弥。武帝时，乌孙兵力强盛，此时的昆莫猎骄靡，不肯朝拜匈奴，曾招致匈奴几次兴兵

讨伐，但均被乌孙打败。张骞第一次出使西域回来时，就曾向武帝建议："应该抓住现在的时机，用丰厚的金币、财物结交乌孙"，"汉朝派遣公主前去为夫人，双方结为兄弟，这样等于是断匈奴右臂了"。

"断匈奴右臂"的战略思想最早就是张骞提出来的。武帝采纳了张骞的建议，于元鼎二年（前115）派遣张骞率三百人，携带坐马六百匹、牛羊万头和大量金帛财物，专程出使乌孙。这时汉对匈奴的战争已取得空前胜利，通往西域的河西走廊已控制在汉朝手里，所以张骞这次等得以顺利到达乌孙。

昆莫接见了张骞并接受了礼物。张骞劝乌孙和汉朝联盟，并许嫁汉公主为昆莫（国王）夫人。但是由于对汉朝了解不深，又慑于匈奴的强暴，乌孙昆莫和大臣们的态度开始还犹疑不决，直到十年后的元封六年（前105），终于派使臣到汉朝献良马千匹为聘，请求和亲。于是武帝封江都王刘建的女儿细君为公主，下嫁昆莫猎骄靡。

这次与乌孙的联姻极为隆重，汉武帝赐给公主乘舆和其他御用物品，准备了极为丰厚的妆奁，并配备了属官、宦者和侍御数百人随公主遣嫁。昆莫立细君公主为右夫人。匈奴闻讯，为了拉拢乌孙，抵制汉朝对乌孙的影响，便如法炮制，也把单于的女儿送给昆莫，昆莫立为左夫人。左夫人的地位要高于右夫人，细君公主的地位颇不利。

细君公主（生卒年不详）到乌孙后，居于自己专门建造的宫室之中，以币帛赐王左右贵人。昆莫猎骄靡年老，与公主语言不通，公主远离家乡父母，无法排遣悲愁，自己作歌曲,唱道:"我家嫁我啊天一方,远托异国啊乌孙王。穹庐为室啊毡为墙,以肉为食啊酪为浆。平时经常思念故土啊心内伤,愿为黄鹄啊归故乡。"武帝听说她唱了这么一首歌,怜悯她,每隔一年就派遣使者,赐以帷帐锦绣。

昆莫猎骄靡可能自感年老,想让他的孙子军须靡娶公主,公主不听,上书报告情况。武帝说:"听从他们国家的风俗办事,我想要与乌孙一起消灭匈奴。"军须靡就娶了公主为妻,生下一个女儿,名叫少夫。

细君公主在乌孙郁郁寡欢,日夜思念故土,到乌孙不过五六年,就不幸早逝,汉朝为了巩固两国的联盟,武帝又把楚王的孙女解忧下嫁军须靡,史称解忧为乌孙公主。

解忧公主(前120—前49),楚王刘戊之孙女。太初年间(前104—前101),武帝封她为公主,与乌孙和亲,嫁昆莫军须靡。军须靡死后,从乌孙俗,嫁给他的弟弟(军须靡叔父的儿子)翁归靡(号肥王)。生三男二女:长男元贵靡,后为乌孙昆弥;次子万年,后为莎车国王;三子大乐,为乌孙左大将;长女弟史,为龟兹王绛宾妻;小女素光,为若呼翎侯妻。

宣帝元康二年(前64),翁归靡死,军须靡之子泥靡代为昆弥,号狂王,解忧又嫁给了此人,生一子鸱(chī)靡。狂王死,元贵靡继位。此后,公主孙星靡、伊秩靡和曾孙雌栗弥,相继为乌孙大昆弥。

解忧公主对汉朝和乌孙做出很大的贡献。昭帝末到宣帝初年(前74年前后),匈奴屡次发兵侵略乌孙,企图胁迫乌孙断绝和汉朝的联盟。在宣帝即位之初的本始二年(前72),解忧和昆莫遣使上书,报告说:"匈奴复连发大兵侵击乌孙,攻取车延、恶师等地，将百姓抓起。派使者通告说，乌孙赶快把公主抓来，要与汉朝隔绝。昆弥愿发国内一半精兵，自给人马五万骑，尽力攻击匈奴。只有天子出兵可以救公主、昆弥。"

本章前面关于常惠的一节已经言及，汉朝遂于本始三年（前71）发大军十五万与乌孙五万劲旅夹击匈奴，将匈奴打败。

元康三年（前63），乌孙肥王上书，说："愿以汉朝外孙元贵靡为嗣，得令再迎娶汉朝公主，结婚重亲，叛绝匈奴。"

宣帝迅即同意将解忧公主的侄女相夫封为公主，史称少主，下嫁汉室的外孙、解忧的长子元贵靡，亲上做亲，以长期加强这种联盟。乌孙派了三百人入汉迎娶少主。宣帝派长罗侯常惠为使者，送少主到敦煌。

少主到敦煌以后，尚未出塞，便传来肥王离世和乌孙贵族拥立军须靡与匈奴夫人生的儿子泥靡为昆弥的消息。此事理所当然地引起了汉朝君臣的不满，乌孙既然不立元贵靡为昆弥，汉朝决定迎还少主，这次和亲就夭折了。

再说泥靡号称狂王。狂王即位后，又和解忧公主结婚。狂王是匈奴的外孙，为人暴虐无道，引起部属的不满，和解忧公主的关系当然也不好。乌孙政局由是发生了动荡。解忧公主和汉朝使臣杀狂王未遂，狂王受伤出逃。狂王的儿子细沈瘦为父报复，发兵围公主于赤谷城（乌孙京城）达数月之久，后来汉西域都护郑吉会合西域诸国兵救公主，细沈瘦才解围退去。此时，肥王匈奴夫人所生之子乌就屠也乘机作乱，带领一部分人马到北山中，扬言要请母家匈奴兵来。他杀死逃亡在外的狂王，自立为昆弥。由于乌孙发生动乱，汉朝派破羌将军辛武贤率领一万五千人至敦煌待命，他们穿井通渠，积居庐仓，随时准备征讨。

解忧公主下嫁的时候，有一位随行侍女冯嫽，是一位有胆有识、具有非凡才干和远见的女子。她能读史书，善于处理各种事务，曾持节作为公主的使者，行赏赐于城郭诸国，各国对她尊敬和信任，号称"冯夫人"。她既有政治才能，又善于外交，所以在西域各国享有很高的声誉。

冯嫽早年嫁给乌孙右大将为夫人。乌孙官制，左右大将的地位，仅次于相和大禄，所以右大将的地位是很高的。

汉西域都尉郑吉知道右大将和乌就屠私人关系很好，又了解冯嫽的才干和威望，便请冯嫽去说服乌就屠归顺汉朝。冯夫人冒着生命危险，亲至北山见乌就屠，陈说利害。乌就屠听说汉大军已至敦煌，国人对他的行为不满，匈奴又不可恃，不得不接受冯嫽的劝告，并请她从中斡旋，希望汉朝能给他一个封号，而且只要小号（当小昆弥）即可。

宣帝是个处事负责谨慎的皇帝，对这样的大事，为正确处置，决定征冯嫽入朝，亲自了解实情。冯夫人万里赴诏，从伊犁河畔，沿天水北麓，东入玉门，风尘仆仆，回到已经阔别四十年的故国京城长安。冯嫽这次归来，身负重大使命。朝廷对她闻名已久，宣帝亲自召见她，询问乌孙情况，并听取她的意见。冯嫽详尽地介绍了乌孙的情况，同时陈述自己的意见，并表示愿意尽力为重新调整汉朝和乌孙的关系出力。通过交谈，宣帝对她更加赏识，就正式任命她为出使乌孙的正使，另派谒者竺次、期门甘延寿为副使。

冯嫽作为汉朝皇帝的正式代表，乘锦车，持汉节，带领副使和随从人员再至乌孙。

到乌孙后，她以皇帝的名义，诏乌就屠到赤谷城，谒见汉长罗侯常惠。她代表汉朝正式册立解忧公主之子元贵靡为大昆弥，乌就屠为小昆弥，并赐给二人印绶。这样，她既和解了乌孙内部的纷争，也解决了乌孙和汉朝的矛盾。汉破羌将军辛武贤不出塞而还，她圆满完成了汉朝交办的任务，终于使一场即将爆发的战火，烟消冰释。

解忧公主在儿子元贵靡和鸱靡病死后上书，说："年老怀念家乡，希望我的骸骨能够还乡，埋葬在汉地。"

宣帝通情达理，就派人接她回长安，解忧遂于宣帝甘露三年（前51）与孙男女三人归汉。她出嫁乌孙五十余年，此时已有七十一岁，终于返回长安。回国后二年即去世。

此时冯夫人也随公主回长安。元贵靡在解忧公主归汉以前，以子星靡代为大昆弥。元贵靡死后，星靡年尚幼小，乌孙的政局不稳，于是刚回长安的冯夫人就上书皇帝，"愿使乌孙，镇抚星靡"，汉朝派了一百多士卒护送她到乌孙。她果然使乌孙的局势重得安定。这时冯嫽已年约七十，以这样的高龄，仍不辞辛苦万里奔波，为巩固汉朝和乌孙的联盟尽心竭力，真正是老骥伏枥，志在千里。以一个女子屡次作为皇帝的正式使节，到异邦从事外交活动，遣使绥远，不仅在中国几千年的封建社会史上，即使在20世纪以前的世界史上，也可说是绝无仅有的。所以当代学者认为冯嫽不愧为我国古代伟大的女外交家。

后来西域都护韩宣奏告朝廷：星靡怯弱，免去他的大昆弥，更换他的叔父、左大将乐，代为昆弥。汉朝不许。后来，本书前文言及的曾两任西域都护并在乌孙立下奇功的段会宗任西域都护时，招还逃亡反叛的人众，安定了乌孙。解忧公主的孙子星靡死后，星靡的儿子，即解忧公主的曾孙雌栗弥做了乌孙的大昆弥。当时，乌孙的众贵族对勇健的大昆弥雌栗弥都非常畏服，告诫牧民不要进入大昆弥的牧区放牧，于是无人敢去扰乱，所以国家非常安定。

　　成帝永始末年（前13），因内乱，自相残杀，乌孙小昆弥不断被杀，汉朝立末振将为小昆弥。不想此人怕自己被大昆弥所并吞，先下手为强，竟派贵人乌日领诈降而刺杀了大昆弥雌栗弥。此时离他的曾祖母解忧公主去世（前49）已有三十六年。汉朝欲征讨末振将而未成，就派遣中郎将段会宗前去，与都护共同谋划，立雌栗弥的叔父，即解忧公主的另一个孙子伊秩靡为大昆弥。汉朝还将小昆弥在京师的侍子给杀了。

　　过了很久，大昆弥翎侯难栖杀末振将，由末振将的侄子安犁靡为小昆弥。元延初年（前12），汉朝恼恨不是自己诛杀末振将，就再派段会宗调发西域戊己校尉各国军队，诛伐末振将的太子番丘，为解忧公主的曾孙雌栗弥报仇。

　　段会宗多谋略，他担心大军进入乌孙，番丘闻风而逃，捉拿不住，就将军队驻于垫娄，自己仅带壮士三人，径至昆弥居处，责备他说："末振将骨肉相残，杀汉公主孙，未伏诛而死，使者受诏诛番丘。"言毕，亲自执剑刺杀了番丘。

　　段会宗奏请朝廷任难栖为坚守都尉，以表彰他杀末振将。又责罚众贵人见雌栗弥被杀而不顾。

末振将的弟弟卑爰（yuán）疐（zhì）本是谋杀雌栗弥的共犯，他率众八万余口北附康居，想借兵，兼并大小两昆弥，两昆弥畏惧，就亲自依附汉朝的西域都护。元延三年（前10），段会宗正要调度此事，不幸病故，终年七十五岁。

哀帝元寿二年（前1），大昆弥伊秩靡与单于入朝，汉朝以此为荣。至平帝元始中（1—5）卑爰疐杀掉当年杀害雌栗弥的凶手乌日领以自效，汉朝就封他为归义侯。

此时两昆弥皆弱，卑爰疐乘机侵凌乌孙，被都护孙建所袭杀。而解忧公主的孙子伊秩靡在西汉灭亡（公元8年）前后还当着乌孙的大昆弥。

细君公主、解忧公主和冯夫人为汉朝做好与乌孙的团结工作，为武帝断匈奴之右臂、经营西域做出历史性的贡献。她们在无数杰出人士所连成的绵绵历史长河中早已默默无闻，除了历史学者外，已不为人知。后人应该永远记住她们所做出的牺牲和所立下的功勋。

至于为汉匈和好做出很大贡献的王昭君，当然是千古闻名的历史人物。

十、昭君出塞和王莽乱政

英明有为的汉宣帝逝世后，其长子刘奭（shì，前75—前33），即汉元帝（前49—前33年在位）即位。其母恭哀皇后许平君，是宣帝流落民间时所娶。

当时，仁慈的汉昭帝下诏将流落民间的曾皇孙刘病已领回宫中掖庭（妃嫔居住的处所）抚养。此时掖庭令张贺因曾是戾太子刘据的家吏，怀念刘据的旧恩，同情其褓褓入狱的孙子刘病已，给他不少帮助，还出钱供给刘病已读书。元凤四年，刘病已年长，张贺想把孙女嫁给刘病已，因其弟张安世的反对而作罢。而其属下的暴室啬夫许广汉，有女许平君，年十四五岁，本已许配给内者令欧侯氏做儿媳，在出嫁时欧侯氏的儿子却死了。许平君的母亲为她求人占卜，说她将会大贵，张贺听闻，便以自己家财为聘礼，为刘病已操办婚礼，娶许平君为妻。刘病已依靠许广汉兄弟及祖母家史氏照应，读书成才。刘许二人生子刘奭，刘奭出生后数月，其父刘询即位，是为汉宣帝。

权臣霍光废除昌邑王，扶植刘病已为皇帝。汉宣帝感到压力很大。他登基之日谒见高庙时，霍光陪同。霍光与宣帝同乘一辆车，宣帝非常紧张，竟然感到"若有芒刺在背"（如同有细小的芒刺扎在背上一样不舒服）。霍光认为许平君出身低贱，一心想让自己的女儿霍成君为皇后。宣帝坚持立许平君为后，但又怕自己根基未深，不便得罪霍光，于是就下诏说自己贫贱时在民间得到过一把宝剑，现在做了天子虽有新剑，依旧思念此剑，请大臣们设法找回旧剑。大臣们先都纳闷：商量册立皇后之事，与旧剑何干？但迅即明白皇上"故剑情深"的含义。尽管霍光权势熏天，毕竟是臣，且已年迈，皇上却拥有江山，且风华正茂，因此宁可得罪霍光，不能得罪皇上。他们不约而同地上奏，赞誉许婕妤贤良淑惠，应该册立为皇后。宣帝立即准奏，立许平君为皇后。

霍光独揽大权，凡朝廷政事都必须先报知霍光，然后才上奏给宣帝。霍家子孙都在朝中任要职。宣帝懂得忍耐，任其所为。霍光的原配东闾氏，生有一女，已嫁上官安为妻。霍光宠爱的小妾霍显，本是东闾氏的婢女，东闾氏死后升为继室。霍显淫悍刁泼，她一心将小女儿霍成君嫁给宣帝做皇后，宣帝难舍糟糠之妻，立许平君为皇后，她仍不死心。本始三年正月，许平君怀孕期满，生下一女，产后虚弱，需要调理，霍显用阴谋害死许皇后。宣帝严加追查，查不到真凶。霍光乘机将霍成君嫁给宣帝，当上了皇后。

汉宣帝即位后的第六年，也就是地节二年（前68），霍光去世。汉宣帝逐步削弱霍家势力，毒杀许平君的案情也逐渐暴露。霍光的儿子霍禹与霍氏集团孤注一掷，索性谋反，因计谋不密而造败露。霍显与亲属数十家全遭诛灭。不久皇后霍成君被废，幽禁于昭台宫，12年后自杀。

次年（地节三年，前67），八岁的刘奭被宣帝立为太子。刘奭"柔仁好儒"，他当上太子后，目睹父皇重用法家，动则严惩下属，很不以为然。他曾试图劝阻，一次乘侍燕（陪宴）从容言："陛下持刑太深，宜用儒生。"宣帝作色（顿时变了脸色，厉声）曰：'汉家自有制度，本以霸王道杂之，奈何纯任德教，用周政乎！且俗儒不达时宜，好是古非今，使人眩于名实，不知所守，何足委任！"（汉朝自有汉朝的制度，王道霸道兼而用之，怎能像周代那样单纯地使用所谓的德政呢！更何况那班俗儒不能洞察世事变化，最喜好厚古薄今，连"名"与"实"之间的区别都分不清，怎能交给他们以治理国家的重任！）乃叹曰："乱我家者，太子也！"。他知道这个太子要坏事，可是他是许皇后生的独苗，鉴于对已故许皇后的感恩与报答，他最终不舍得更换太子。

黄龙元年（前49）十二月，汉宣帝驾崩，太子刘奭继位。即位时已二十七岁。汉元帝在位期间，因昭宣中兴打下的厚实基础，汉朝强盛，但元帝的统治成为西汉衰落的起点。他懦弱无能，大权旁落。豪强地主兼并之风盛行，中央集权逐渐削弱，社会危机日益加深。

汉元帝时期的汉匈形势

汉元帝在位期间，由于宣帝在西域战场取得重大胜利，汉朝国力增强，匈奴力量一再削弱，汉匈关系发生了根本性的变化。宣帝神爵二年（前60）后，匈奴统治集团内讧加剧，初有"五单于争立"，互相不容，屠戮兼并，最后形成呼韩邪单于与郅支单于的对立，第一次形成了南北匈奴的分裂。汉元帝坐享其成，又因派往西域的副校尉陈汤，敢于建功立业，诛杀北单于郅支，汉朝对匈奴已处于压倒性的优势。

陈汤和甘延寿消灭北匈奴郅支单于的重大贡献

副校尉陈汤和甘延寿共诛郅支单于，立下大功。

甘延寿（？—前25），字君况，北地郁郅（今甘肃庆城）人。年轻时以良家子擅长骑射，为羽林、期门。膂力超人，能以石块投人，还能将连坐的人群拔起，无人能相比，又兼身手矫捷，因此升迁为郎。后升为辽东太守。元帝时，车骑将军许嘉推荐他为郎中谏大夫，出任西域都护骑都尉。

陈汤（？—约前6），字子公，山阳瑕丘（今山东兖州东北）人。他年轻时就喜欢读书，博览通达，善写文章。家贫，负债累累，所以州里声名不足。西至长安求官，得到一个"太官献食丞"的职务。多年后，富平侯张勃与他交游，对他的才华非常器重。

初元二年（前47），元帝下诏给列侯，请他们推举人才，张勃就荐举了陈汤。陈汤正等待升迁，恰遇父死，他不奔丧，有关官府奏告陈汤缺乏德行，张勃举荐不实，应削减食邑二百户，正巧他去世，就贬称他为缪侯。缪即谬，意为他荐举错了人。陈汤下狱论罪。后来又被荐为郎，多次要求出使外国。

多年后，于元帝时调任西域副校尉，与甘延寿一起出塞。

早先，宣帝时匈奴发生内乱，有五个贵族自称单于，争立，呼韩邪单于与郅支单于都将儿子送到汉朝入侍，汉朝两面都接受。后来呼韩邪单于亲自入汉朝称臣朝见，郅支单于以为呼韩邪因弱被攻破而降汉，不会回来了，他就将呼韩邪所属的匈奴西边的疆土收为己有。正巧汉朝发兵送呼韩邪回去，郅支因此就西破呼偈（小国名，在匈奴北）、坚昆、丁令，兼三国而统领之。他怨恨汉朝支持呼韩邪而不相助自己，就困辱汉朝的使者江乃始等。

元帝初元四年（前45），郅支派遣使者奉献礼物，要求内侍的儿子回去，他自己愿意内附。汉朝商议派卫司马谷吉送行。御史大夫贡禹、博士匡衡认为按照《春秋》"对于夷狄之国，必须节制他们，不能都满足他们的要求"原则，现在郅支单于远未归化，所在绝远，令使者送他的儿子到长城就可以了。

谷吉上书说："中国与夷狄有千丝万缕的密切关系，现在既然已经养育保全他的儿子达十年之久，德泽甚厚，如果空绝而不送，或近送到长城而回，显示弃而不顾，使匈奴失去向汉朝归化和从命的念头，弃前恩，立后怨，不宜。议论者看到以前江乃始缺乏应敌的谋略，智勇俱弱，以致耻辱，就预为臣忧。臣幸得建强汉之节，承明圣之诏，宣谕厚恩，郅支畏惧汉朝之威，当不敢桀黠也。如果心怀禽兽，对臣无理，则单于犯大罪，必定遁逃到远方，不敢近边，损失一个使节而使百姓得到安宁，国家是合算的，也是我本人的愿望。我愿送他到单于的龙庭。"

皇帝将他的上书给朝臣们看，贡禹还是反对，提出争议，认为谷吉去匈奴必定要为国家取侮生事，不能批准他。右将军冯奉世认为可以派遣，于是皇帝就批准了。

谷吉等人到达匈奴后，单于因为恼恨汉朝支持呼韩邪，竟然迁怒于汉朝派来的使者，将他们杀了。

他自知负汉，又听说呼韩邪更加强大了，于是西奔康居。康居国王就将自己的女儿嫁给郅支，郅支也将自己的女儿嫁给康居王。康居王很尊敬郅支，想靠他的威风胁迫诸国。

郅支多次借康居之兵攻击乌孙，深入到赤谷城，杀掠百姓，抢走牲畜。乌孙不敢追击，西边空虚，将有千里无人居住。

郅支单于自以为是大国，威名尊重，又因胜利而骄傲，对康居王无礼，怒杀康居王的女儿及贵人、百姓数百人，有的还被肢解后扔到都赖水（今塔拉斯河）中。逼迫老百姓筑城，每天五百人，两年才完成。又派使者督责阖苏、大宛诸国岁贡，各国都不敢不予。

汉朝派遣三批使者要求归还谷吉等人的遗体，郅支困辱使者，不肯答应，还通过都护故意上书调侃汉朝皇帝说："我居此地极受困厄，愿意归附汉朝，派儿子入侍。"骄慢到极点。

元帝建昭三年（前36），陈汤与甘延寿出使西域。

陈汤为人沉勇有大略，足智多谋，喜建奇功，每过城邑山川，常登高瞻望。领受出使任务后，与延寿策划计谋说："夷狄国家畏服大种，是其天性。西域本属匈奴，现在郅支单于威名远闻，侵陵乌孙、大宛，常为康居策划，想降服他们。如果得到这两国，北击伊列，西取安息，南排月支、山离乌弋（山离乌弋不在西域三十六国中，离开中国二万里），数年之间，西域诸国就危险了。况且这两国人彪悍好战，多次取胜，如果长久容留他们，必然成为西域的祸患。郅支单于虽然处于极远的地方，但他们没有巩固的城市和强弓的守护，如果发兵和官吏去屯田，统领乌孙的部众和士兵，直指其城下，他们逃则无地可逃，守则无法自保，千载之功可一朝而成也。"

延寿也同意他的观点，要奏请朝廷，陈汤说："朝廷与公卿一起商议，而高明重大的决策，不是凡庸无远见的人所理解的，必要坏事。"

延寿犹豫不能决定，正好他久病不起，陈汤就独自矫诏发西域诸国之兵和车师戊己校尉的屯田官兵。延寿听说，大惊而起，想要阻止。陈汤发怒，按剑呵斥延寿说："大队都已集中，你小子想阻止坏事吗？"延寿此人，虽然力大无比，但胆子很小，起先不敢攻击郅支单于，陈汤发动攻击，他又不敢相从，现在陈汤发怒，他却不敢得罪，于是随从了他。

他们布置行阵，新置扬威、白虎、合骑等校的军队，汉兵和西域胡兵合起来共有四万余人。同时，甘延寿和陈汤两人上疏检讨自己矫诏的错误，并陈述军事形势。

当日就分兵而行，共分六校（校，军队的一部、一股），其中三校从南道逾越葱岭（今帕米尔高原）径至大宛（今中亚费尔干纳盆地一带），另外三校由都护亲自率领，发温宿国（今新疆乌什），从北道入赤谷，过乌孙，擦康居边界，到阗池（今伊塞克湖）西。而康居副王抱阗带领数千骑兵，侵犯赤谷城东，杀掠大昆弥一千余人和畜产甚多。接着因抢劫而得的财物颇为累重，行动缓慢，在后面与汉军相遇。陈汤放出胡兵攻击，杀敌方四百六十人，夺得他们掳掠的百姓四百七十人，还给大昆弥，得到的马牛羊则做军粮。又捕获抱阗的贵人伊奴毒。

进入康居国界，令军士不准抢掠。密呼其贵人屠墨相见，谕以威信，与他饮酒立盟后安排他回去。陈汤立即引军而行，离开郅支单于城大约六十里，止兵扎营。又捕得康居贵人贝色之子作为开牟向导。贝色子即屠墨的舅舅，都怨恨单于，从他们那里了解到郅支单于的情况。

第二天引军而行，离开单于城不到三十里，止兵扎营。单于派使者来问："汉兵为什么来？"回答说："单于上书说居此地受困厄，愿意归附强大的汉朝，亲身入朝晋见。天子哀悯单于放弃大国，屈意借居康居，所以派遣都护将军特来迎接单于及其妻、子，恐怕左右惊动，所以未敢到城下。"

使者多次往来传话。甘延寿和陈汤由此责备说："我们为单于远来，而至今还没有名王大人来见将军受教而供事，为何单于忘却大事，而失主客之礼呢！兵来道远，人畜疲极，军粮也将吃完，恐怕难以自行回国了，希望单于与大臣们商议决策。"

第二天，前进至郅支城头、都赖水上，离城三里，止兵扎营，布下阵势。望见单于城上竖起五色彩旗，好几百人披甲登城守备，又派出一百余骑兵在城下往来奔驰，步兵一百余人夹门依次站队犹如鱼鳞般密布，讲习用兵。城上人向汉军招手说："上来斗一斗！"还派出一百余骑兵冲到汉军营前，军营内都张开硬弓持箭指着来犯骑兵，骑兵退去。汉军出动吏士射击城门的匈奴骑步兵，骑步兵都退入城门之内。

甘延寿和陈汤命令全军听鼓声指挥，迫近城下，四面围城，各当一面，挖沟，堵塞城门，卤楯（大盾。卤，通"橹"）在前，刀戟弓弩在后，仰射城中的楼上人，楼上人都只好下来。

土城外还有一道木城，从木城中射箭，颇能杀伤外面的敌军。汉军运木柴烧木城。

夜里，匈奴数百骑兵想外出，被汉军迎头痛击、射杀。

起初，郅支单于听说汉兵到来，想逃走，怀疑康居怨恨自己，为汉军内应，又听说乌孙诸国皆发兵，自感无路可走。所以郅支已出城，又回城，说："不如坚守。汉兵远来，不能久攻。"

单于于是披甲在城楼上，他的几十个阏氏夫人都拿弓射城外敌军。城外汉军射中单于的鼻子，阏氏夫人也被射死多人。单于下楼骑马，转战退入单于府邸的内室。

半夜之后，木城被烧穿，汉军攻入土城，登上土城高呼。此时康居有一万余骑兵分为十余队，四面环城，也与汉兵相应和。深夜数次冲营，不利，就退却了。

天色平明时，四面火起，汉军吏士大喜，大声呼喊，乘势追击，钲鼓声惊天动地。康居兵退走，汉兵四面推卤楯，一起攻入土城中。

单于和男女百余人退到府邸的内室，汉兵纵火，吏士争相攻入，单于受重伤而死。共斩杀阏氏、太子、名王以下一千五百一十八级，俘虏一百四十五人，投降的有一千余人，平分给发兵助战的诸国之十五个国王。

甘延寿和陈汤将已死之单于传首京师。此战将西北积年大敌，一举戡定。他们扬威西域，立功万里之外，名显四海。

但陈汤为人素贪，所缴获的财物多私自据为己有，司隶校尉发书面文件给道上关卡，令吏士严格查验。

陈汤上疏说："臣与吏士共诛郅支单于，幸得擒灭，万里整肃军队，照理应该派使者在路上迎接劳军。现在司隶反而严查和没收我们的战利品，这岂非是在为郅支报仇吗！"

元帝立即撤出在关卡检查的吏士，命令路过的各县准备酒食慰劳他们。

丞相、御史等都厌恶甘延寿和陈汤矫制（诏），论功时，石显、匡衡认为延寿、陈汤矫制兴师，不杀已经是他们的运气，还要封爵赐地，以后出使之人都将乘危生事，为国招难，此风不可开。

元帝内心想嘉奖他们，但他的性格软弱，不敢决断，所以议久不决。后因刘向上疏，长篇大论地申述匈奴从西周以来的威胁和汉武帝用兵匈奴时，对李广利之类的将领"万里征伐，不录其过"的政策，表彰延寿、陈汤不费朝廷之力，而功劳胜过李广利百倍；现在大功不予彰明，而小过却多次露布，这不利于劝人立功，应给两人尊崇爵位。

于是元帝下诏复议，拟封二人，匡衡和石显认为"郅支本来就逃亡在外，已经失国，现在窃号绝域的，并非真单于。"元帝按安远侯郑吉的成例，封他们千户，匡衡和石显再次争议，于是封延寿为义成侯，赐陈汤关内侯，食邑各三百户，加赐黄金百斤。甘延寿升官为长水校尉，陈汤则为射声校尉。

甘延寿后升城门校尉，护军都尉，在任上去世。

后来，汉成帝初即位（前32），已任丞相的匡衡又上奏说，"陈汤奉使去西域，不以身作则，而盗取所没收的康居财物，又告诫下属绝域之事，不必复核。虽然是大赦以前之事，不宜让他处于高位。"陈汤被罢免。

后来陈汤上疏说康居王派在汉朝的侍子不是王子。经检验，确实是王子。陈汤下狱，当判死罪。太中大夫谷永上疏为陈汤辩护，他据史实为例，指出："战克之将，国之爪牙，不可不重也。盖'君子闻鼓鼙之声，则思将率之臣'"，又重温陈汤当年的军功，"今汤亲秉钺，席卷喋血万里之外"，"以言事为罪，无赫赫之恶。《周书》曰：'记人之功，忘人之过，宜为君者也。'夫犬马有劳于人，尚加帷盖之报，况国之功臣者哉！"此书上奏以后，天子就释放陈汤，但夺其爵位，他又成为一个普通的兵士了。

过了几年，西域都护段会宗为乌孙兵所围，他派驿骑上书，愿意发敦煌之兵以自救。丞相王商、大将军王凤以及百官商议数日无法决断。

王凤说："陈汤足智多谋，熟悉外国事务，可以问他。"

于是皇上在宣室召见陈汤，陈汤在郅支的战争中受了寒病，两臂不能屈伸。陈汤入见，皇上有诏：不必下拜。给他看段会宗的奏本。陈汤辞谢说："将相九卿都是贤才，智慧通明，小臣罢癃，不足以策划大事。"皇上说："国家有危急，君勿退让。"陈汤说："臣以为此必无可忧也。"皇上说："此话怎说？"陈汤说："胡兵五个才能抵汉兵一个，为什么？兵刃朴钝，弓弩不利，最近听说颇已学得汉兵的技巧，然还是三个抵上一个。又兵法说：'进攻者加倍而守卫者半，兵力才算相当。'现在包围会宗的人众不足以胜会宗，请陛下不要担忧！况且军队轻装行进五十里，带着辎重的军队只能行进三十里，现在会宗想发敦煌之兵，要历多时才能到达，所谓报仇之兵，非救急之用也。"皇上说："那怎么办？肯定可以解脱吗？估计何时能解？"陈汤心知乌孙是乌合之众，不能久攻，所以这件事拖不过几日，故而回答说："已经解脱了。"扳着指头计算日期说："不出五日，当有吉讯传来。"过了四日，军书到，报告说兵围已解。

大将军上奏任他为从事中郎，幕府事全部请陈汤决策。陈汤精通法令，善于因势利导，提出的决策建议多得到采纳。

可是陈汤经常受人金钱为他们作章奏，这些人营私舞弊，造成恶劣后果，陈汤最后因此而身败。他被贬到敦煌，敦煌太守上奏："陈汤以前亲诛郅支单于，威行外国，不宜近边塞。"他被调至安定。

议郎耿育上书为他辩护，认为："延寿、陈汤当年为了圣汉，扬钩深致远之威，雪国家累年之耻，讨绝域不羁之君，系万里难制之虏，有谁可以与他们相比！"当年受丞相匡衡等人的排挤，仅受封几百户，"现在国家无事，兵革不动，大臣倾邪，谗佞在朝，曾不深思本末之难，以防未然之戒，欲专主威，排妒有功。"现在将他"老弃敦煌，正当西域通道，令威名折冲之臣旋踵及身，复为郅支遗虏所笑，诚可悲也！"又提醒当今"枭俊擒敌之臣，独有一陈汤耳！"于是天子将陈汤放还长安。陈汤最后死于长安。

陈汤其人和陈汤此战引起反复争议，直至西汉末年。实质上陈汤的历史功绩不容否定，但正如班固在《汉书》中所批评的，陈汤行为不检，不自收敛，这的确也影响了他自己的声誉。

段会宗安抚乌孙立奇功

十八位西域都护中，曾于元帝末的竟宁元年（前33）和成帝阳朔年间（前24—前21）两任西域都护的段会宗，在西域有极高的威信，极受西域各国的爱戴。

段会宗（前84—前10），字子松，天水上邽（guī，今甘肃天水）人。竟宁元年（前33）任西域都护、骑都尉光禄大夫，西域各国敬重他的威信。任满三年，按例更换官吏而还朝，任为沛郡太守，继又徙为雁门太守。过了几年，坐法免官。

因为西域各国上书要求他前去，阳朔年间又任西域都护。他于成帝元延初（前12）第三次去西域，平定乌孙的内乱。到乌孙后，他智勇双全、应对适当，帮助去乌孙和亲的解忧公主成功地平定了乌孙二次内乱，并做有效安抚，立下奇功。

段会宗第三次去西域时，年已七十三岁。谷永与段会宗友好，知道段会宗又任西域都护，怜悯其年老又远赴极远之处，写书告诫说："足下以柔远之令德，复典都护之重职，甚休甚休！若子之材，可优游都城而取卿相，何必勒功昆山之仄，总领百蛮，怀柔殊俗？子之所长，愚无以喻。虽然，朋友以言赠行，敢不略意。方今汉德隆盛，远人宾服，傅、郑、甘、陈之功没齿不可复见，愿吾子因循旧贯，毋求奇功，终更哑还，亦足以复雁门之，万里之外以身为本。愿详思愚言。"（大意是，您再任都护是件美事，但凭您之材，可以在朝取卿相之位，不必去西域勒功。既然远任，还望不贪奇功，任满即还，不要像在雁门时再次摔跤。远在万里之遥以保重身体为要。）

段会宗到西域，各国都派子弟欢迎。乌孙小昆弥（小王）安日感念段会宗以往立他为王的恩德，打算远出迎谒。于是，他阻绝有些贵族的劝告，到了龟兹谒见段会宗。西域一些城邦小国都亲附于汉朝。康居太子保苏匿率领一万多人打算投降于汉朝，段会宗向朝廷报告这个情况，朝廷派遣卫司马迎之于道。段会宗调发戊己校尉的部队随从卫司马接受投降者。卫司马对投降者不放心，要求他们都要自己绸绑起来，保苏匿对此怨恨，率领其众逃去。段会宗任满还朝，因擅自调发戊己校尉的部队而耽误了军用物资的调拨，有诏以将功赎罪论。又任为金城太守，因病免职。

过了一年多，乌孙小昆弥安日被其国内贵族所杀，内部大乱。朝廷征用段会宗为左曹中郎将、光禄大夫，前去安抚乌孙。段会宗立了安日的哥哥末振将为小昆弥，安定了乌孙的内乱而还朝。

当时，乌孙的贵族们对勇健的大昆弥（大王）雌栗弥都很畏服，告诫牧民不要进入大昆弥的牧区放牧，免得扰乱，所以"国中大安"。小昆弥末振将"恐为所并"，派人去刺杀了大昆弥雌栗弥。汉朝派遣中郎将段会宗前去与都护共同谋划，立了伊秩靡为大昆弥。不久，末振将死去，安日之子安犁靡代为小昆弥。元延（前12—前9）初，汉朝又派遣段会宗调发戊己校尉各国部队，诛伐末振将的太子番丘。元延二年（前11），段会宗担心大兵进入乌孙，番丘会受惊逃亡而不能拿获，就将调发的部队驻扎在垫娄，选择三个精干的壮士，每人持带强弩，直接到了昆弥的所在地，召见番丘，指责他说："末振将骨肉相杀，杀汉公主子孙，未伏诛而死，使者受诏诛番丘。"随即亲自执剑刺杀了番丘，番丘的部下惊恐而逃。小昆弥安犁靡带领数千骑兵包围了段会宗，段会宗对他说明来意，并说："今围守杀我，如取汉牛一毛耳。宛王郅支头悬稿街，乌孙所知也。"警告他们，如今你们敢杀我，实是自取灭亡。乌孙昆弥以下的人都很惊服，承认汉朝诛末振将之子理所应当。段会宗还朝报告办事经过，公卿大臣说他"权得便宜，以轻兵深入乌孙，即诛番丘，宣明国威，宜加重赏"。汉成帝赐爵关内侯，黄金一百斤。

末振将的弟弟卑爰，本来参与谋杀大昆弥雌栗弥，这时带着八万多人归附于康居，"谋欲借兵兼并两昆弥"，两昆弥畏惧。汉朝又派段会宗前去安抚，与都护孙建共同研究对策。

元延三年（前10），段会宗病死于乌孙，终年七十五岁。西域一些小国都很怀念他，"城郭诸国为发丧立祠焉"。

当初谷永劝告段会宗"因循旧贯，毋求奇功"，而段会宗偏要出奇，建功于乌孙；谷永嘱咐段会宗"万里之外以身为本"，而段会宗竟然死于乌孙。史称段会宗"为人好大节，矜功名"，他的确如此。

自汉武帝元狩之际（前122—前117），张骞始通西域，迄王莽世，派至西域出任都护的，凡十八人。与匈奴作战有功的有以上常惠、郑吉、甘延寿、陈汤、段会宗五人。

匈奴内乱，初次分为南北匈奴和呼韩邪内附汉室

由于匈奴在大漠南北和西域两个战场的接连失败，使匈奴受到惨重打击，人员伤亡和经济损失都极为严重，兼之饥荒，人口自二百万左右先后减少至一百七十五万、一百五十万。史载当时匈奴的有些地方甚至"人民畜产死者十六七"。

在这样严峻的形势下，匈奴内部分裂、内讧和互相残杀就不可避免地发生了。日逐王先贤掸率领其部属数万骑归顺汉朝，被汉朝封为归德侯。

五凤四年（前54），郅支单于击败呼韩邪单于，都单于庭，史称"北匈奴"。

神爵五年（前57），匈奴统治集团发生内讧，"五单于争立"。其中呼韩邪单于（？—前31）于神爵四年（前58）为左地贵人所拥立。五凤元年（前57），其兄呼屠吾斯自立为郅支骨都侯单于，与呼韩邪单于对立。这个情况，西汉朝廷也已经掌握，汉宣帝五凤三年（前55年）的诏书中曾提到："（匈奴）诸王并自立，分为五单于，更相攻击，死者以万数，畜产大耗什八九，人民饥饿，相燔烧以求食，因大乖乱。"这概述了当时匈奴的内乱、耗损与危机。寻找出路，是当时匈奴族人十分迫切的课题。

甘露二年（前52），呼韩邪引众过大漠向南，史称"南匈奴"。

此年冬，呼韩邪单于叩五原塞，愿于次年正月到汉廷朝贺。汉朝对此十分重视，派遣车骑都尉韩昌负责迎接，调发所过七郡每郡两千骑兵，排列于来道两旁以示欢迎。

甘露三年（前51），呼韩邪力排众议，毅然接受"称臣事汉"的建议，决定降汉。正月，他亲自到长安朝见宣帝于甘泉宫（今陕西淳化西北），汉朝给以很大的礼遇和封赠，他成为"位在诸侯王上"的汉朝藩王。汉宣帝赏赐他冠带衣裳，黄金玺戾绶，玉具剑，佩刀，弓一张，矢四发，棨戟十把，安车一乘，鞍勒一具，马十五匹，黄金二十斤，钱二十万，衣被七十七袭，锦绣绮杂帛八千匹，絮六千斤。礼毕，派使者导引呼韩邪单于先行，就邸长安，宿于长平。宣帝自甘泉宿于池阳宫。宣帝登上长平坂，诏呼韩邪不必拜谒，让他的群臣可以列队观望，各族君长王侯欢迎者数万人，夹道排列。宣帝登上渭桥，众人都呼万岁。又置酒建章宫，以飨呼韩邪单于。

二月，呼韩邪返回匈奴。他表示要留居于光禄塞下，遇有急难就自守于汉受降城。汉朝派遣长乐卫尉高昌侯董忠、车骑都尉韩昌带领一万六千骑兵，又发边郡几千士马，送他出朔方鸡鹿塞。并诏令董忠等留卫呼韩邪，协助诛伐不服者，又运送去粮食，前后达三万四千斛，供给其食用。

这年，郅支单于也遣使奉献，汉朝待之也很优厚。次年，呼韩邪与郅支两单于都遣使朝献于汉，汉朝款待呼韩邪的使者格外有礼。

呼韩邪的内附，归顺汉朝，宣告匈汉两大民族战争状态的第一次结束，增进汉和匈奴间的友好，开辟了汉匈合作的新局面。同时，也开辟了北方少数民族政权以和平、合作方式接受中原王朝领导、增强少数民族内聚力和向心力并逐步达到全国和平统一的历史新潮流。

在这样的形势下，呼韩邪单于得以巩固政权和统一匈奴，促使汉匈双方得以安宁；也开启汉匈保持和好达六七十年之久的和平；而且还有利于汉在西域威信的提高及与各族关系的进一步发展："自乌孙以西至安息，近匈奴。匈奴尝困月氏，故匈奴使持单于一信到国，国传送食，不敢留苦。及至汉使，非出币物不得食，不市畜不得骑，所以然者，以远汉，而汉多财物，故必市乃得所欲。及呼韩邪单于朝汉，后咸尊汉矣。"（《史记·大宛列传》《汉书·西域传》）呼韩邪"朝汉"对汉匈形势产生了历史性的重大影响。

前已记叙元帝初元四年（前45），郅支单于因杀汉使，又听说呼韩邪得汉兵谷之助，更强大，恐遭袭击，就引兵西走，退至康居，与康居王结为婚姻，并于都赖水畔筑郅支城。他征服乌孙、乌揭、坚昆、丁零等，称霸西域。

元帝永光元年（前43），鉴于郅支单于西迁，内患已消，力量渐强，率部重归漠北，恢复对匈奴全境的统治。

建昭三年（前36），汉西域都护甘延寿和副校尉陈汤攻杀郅支单于于郅支城。呼韩邪单于闻知郅支被诛的消息，且喜且惧，向汉元帝上书说："常愿谒见天子，诚以郅支在西方，恐其与乌孙俱来击臣，以故未得至汉。今郅支已伏诛，愿入朝见。"西汉和南匈奴都感到除掉了一个心腹大患，呼韩邪与汉朝的关系也就更亲密了。

王昭君出塞和番

竟宁元年（前33）正月，呼韩邪第三次在长安朝觐皇帝时，自请做汉朝的女婿。元帝将后宫良家女子王嫱字昭君，赐单于。

王嫱，字昭君，南郡秭归（今湖北秭归）人。西晋避司马昭讳，改称明君，所以后人又称明妃。生卒年不详。起初元帝时，以良家女子选入宫廷。这时呼韩邪来朝，元帝下诏书命令：赐他宫女五人。昭君入宫数年，见不到皇帝，悲愤和怨气积郁心中，于是就请求出塞和亲。呼韩邪在告辞时，汉朝举办告别大会，元帝命令这五个宫女现身展示。"昭君丰容靓饰，光明汉宫（像明光一般照亮了汉宫），顾景裴回（顾影徘徊），竦动左右。"（《后汉书·南匈奴列传》）元帝一见大惊，心中非常想将她挽留下来，但难于失信，于是就将她给了匈奴。她出塞的当年，元帝就去世了。

金代宫素然绘《昭君出塞图》（局部）

《西京杂记》记载王昭君出塞的原因说：

元帝后宫（后宫美人）既多，不得常见。乃使画工图形，案图召幸之。诸宫人皆赂画工，多者十万，少者亦不减（低于）五万。独王嫱不肯。遂不得见。匈奴入朝求美人为阏氏。于是上案图（根据图画上画的形象），以昭君行（派昭君出行匈奴）。及去（等到出发的时候）召见，貌为后宫第一。善应对，举止闲雅。帝悔之，而名籍已定（名册已经造定），帝重信于外国（皇帝总重视对外国的信誉），故不复更人（所以不再更换别人）。乃穷案其事（竭力追究此事）。画工皆弃市（押到闹市处决并示众）。籍（抄没）其家资，皆巨万。画工有杜陵毛延寿，为人形（为人画人像），丑好老少必得其真。安陵陈敞，新丰刘白、龚宽，并工为牛马飞鸟众势（都还能生动画出牛马飞鸟的各种姿势和神态）。人形好丑（但画人的形象好坏），不逮（比不上）延寿。下杜阳望亦善画，尤善布色，樊育亦善布色。同日弃市。京师画工，于是差稀（略微稀少）。

这个故事可能是小说，不一定是历史纪实。

昭君和亲，汉朝因此觉得边境安宁有望，于是改元为"竟宁"。呼韩邪娶了王昭君，号其为宁胡阏氏，"宁胡"是使匈奴得以安宁之意。双方都从昭君身上寄托着"安宁"。果然，汉与匈奴此后四十余年无战事。

王昭君在匈奴的记载

王昭君出塞成为宁胡阏氏的当年（竟宁元年，前33）夏五月，元帝即死。

两年后，成帝建始二年（前31），也即昭君出塞和亲才两年，在位二十八年的呼韩邪单于死。

在公元前32至前30这三年中，昭君生了她的儿子。

她生了两个儿子。其子名伊屠智牙师。长子后为右日逐王。另一个儿子没有记载。

呼韩邪单于死后，他的前一个阏氏的儿子代，立为单于，称为复株累若鞮（dī）单于。根据匈奴的习俗，他想娶昭君为妻，昭君上书，要求归汉，成帝敕令她从胡俗，于是她又成为新任单于的阏氏。她又生了两个女儿，长女名云，为须卜居次，小女为当于居次。居次，即公主。须卜、当于，都是其夫家的氏族。当于也是匈奴的大族。其大女婿须卜当为匈奴的用事大臣。

复株累若鞮单于在成帝建始二年（前31）继位，至成帝鸿嘉元年（前20）死，共在位十二年。可见王昭君与两代单于做了十四年（实足约十三年）的夫妻，共有两子两女。

关于她本人，其他就没有什么记载了。

王昭君在匈奴备受两代单于的宠爱，子女为贵族高官，总要比在汉朝当白头宫女、寂寞而死要强百倍。

王昭君的第二任丈夫复株累若鞮单于死后，按照呼韩邪单于的约令，由复株累若鞮单于的弟弟继承单于。所以接着五任单于都是他的弟弟，他们以母亲的地位和年龄长幼为序，先后接任。这五个单于是：搜谐若鞮（前20—前12年在位）、车牙若鞮（前12—前8年在位）、乌珠留若鞮（前8—公元13年在位）、乌累若鞮（名咸，公元13—18年在位）和护都而尸道皋若鞮（名舆，王莽新朝天凤五年至东汉建武二十二年，公元18—46年）。其中舆虽为咸之弟，但可能舆的母亲地位高，本应让舆先做单于，然后才轮到咸，因昭君的大女婿须卜当当时是匈奴的用事大臣骨都侯，他的妻子即昭君的长女须卜居次越过舆，先立咸为单于。次序就这样颠倒了一下。前四个单于很快就死了，而舆继任后竟然当了二十八年的单于，他死时已是东汉光武帝建武二十二年了。

单于号都有"若鞮"两字，是匈奴语"孝"的意思。自呼韩邪后，与汉亲密，见汉朝谥（shì，帝王、大官死后，所追授的表示褒贬的称号）帝为"孝"，羡慕而仿效，所以也都称为"若鞮"。

王莽篡政和王昭君的子女、外孙与侄子的不幸命运

史书没有王昭君的孙子、孙女的任何记载。关于王昭君的子女和外孙、外甥（内侄）则有珍贵的记载。王昭君的女儿、外孙、外甥处于汉朝的王莽（前45－后23）篡政的时代，受到王莽的很大连累。

王莽的祖先，原是战国时期齐国的齐田氏，在汉初失国，齐人仍称之为"王家"，就以王为姓氏。王莽的祖父，年少时学法律于长安，为廷尉史，从此以长安为家。他的次女王政君，为元帝之皇后，史称元后。成帝时，王莽受到太后王政君之兄、专断朝政的王凤（即王莽之伯父）的推荐而逐渐走上政坛。成帝绥和元年（前8），三十八岁的王莽升任大司马。一年后成帝去世，哀帝即位，王莽退位，在家隐居。

五年后，哀帝于元寿二年（前1）去世，王莽为便于弄权，不肯立年岁较长的君主，于当年七月迎立年仅九岁的刘衎（前9－后6）为帝。刘衎原名刘箕子，汉元帝刘奭之孙，中山孝王刘兴之子，母卫姬，他是西汉第十四位皇帝。次年改元元始。

汉平帝时（1—5），因平帝年幼，太皇太后王政君临朝称制，又任王莽为大司马。王莽自此年至身亡，执政长达

二十四年之久。

新都侯王莽执政后，他为了取悦于王政君，表明太后的威德已经前所未有地至高无上，于是就委婉地暗示单于，要他派王昭君的长女须卜居次云入侍太后，并给予非常丰厚的赏赐。此时离昭君出塞已三十四至三十九年，她的长女也约有三十到三十五岁了。

元始二年（2），汉平帝十一岁，王莽将十三岁的女儿王嬺推上皇后之位，史称孝平皇后。

元始五年十二月十六日（6年2月4日）刘衍去世，一说被王莽毒杀，终年十四岁。

王莽感到自己篡权当皇帝的条件还不具备，就决定再立一个傀儡。王莽借口宣帝的年长后人与平帝都是兄弟辈分，不好做继承人。于是王莽就从宣帝玄孙中，选择最年幼的广戚侯刘显的儿子刘婴为继承人。

刘婴（5—25），即汉孺子，是汉宣帝的玄孙、楚孝王刘嚣的曾孙、广戚侯刘显的儿子，于居摄元年三月己丑日（6年4月17日）至始建国元年正月癸卯日（9年1月10日）居西汉皇太子位。他没有当上皇帝，王莽呼之为"孺子"，世称"孺子婴"。

刘婴一生，自二岁起，仅仅是做了三年皇太子，五岁即被囚，又通令禁止任何人与他讲话。孺子婴长大后，话也说不清楚，六畜不识，成了一个傻子。更始三年（25）二月，在临泾被李松杀死。

在迎立刘婴即位的当月，武功县长孟通在挖井时，发现一块上圆下方的大白石头，上面写有"告安汉公莽为皇帝"八个血红大字。王莽指使群臣把此事禀告给太后王政君。王政君气愤至极，给予严厉斥责。但她已无力否决王莽的要求，只能同意王莽"居摄践祚"，因皇帝年幼不能亲政，由大臣代居其位。践祚，是"即位"的意思，多指帝王而言。古代庙、寝堂前两阶，主阶在东称祚（一作"阼"）阶。祚阶上为主位，因称即位行事为"践祚"。

汉平帝驾崩后第二年（6）正月，王莽正式"践祚"即位，就任摄皇帝，即"假皇帝"。他为了表示是西汉帝国的真正主宰，做了三件事：第一件事改元，称居摄元年。第二件事，到南郊祭祀天帝，到东郊迎接春天，在明堂举行大射礼。这些过去都是皇帝主持的事，如今理应由孺子婴负责，但他只有两岁，便均由王莽主持。第三件事，在三月己丑日，尊年仅十七岁的平帝皇后，即他的女儿为皇太后；立刘婴为皇太子，号曰"孺子"。这是中国历史上的奇闻，"假皇帝"与真太子不同族不同姓。

初始元年（8）腊月，王莽废汉孺子（刘婴）为安定公，禅位，自己做了真皇帝，改国号为"新"，把公元8年十二月初一作为始建国元年正月初一。至此，立国二百一十年的西汉帝国灭亡。

新朝（8—23），是继西汉之后由西汉外戚王莽建立的朝代。王莽改国号为新，建都常安（今西安汉长安城遗址），史称新莽。

王莽新朝始建国五年（13），匈奴乌珠留单于立二十一年后死。此时，匈奴用事大臣右骨都侯须卜当，就是王昭君女儿须卜居次云的丈夫。云（此时她四十岁左右）常想与中国和亲。她又与咸关系友好密切，所以她就越过本应立为单于的舆，而立咸为乌累若鞮单于。咸立为单于后，云、当（须卜当）两人就劝咸和亲。

天凤元年（14），云（须卜居次）、当（须卜当）两人派人到西河虎猛（虎猛，为县名）制虏塞下，告知塞吏，想要见和亲侯。和亲侯王歙，就是王昭君的兄子（侄子）。王莽就派王歙和他的弟弟、骑都尉展德侯王飒，一起出使匈奴，祝贺新单于初立，赐他黄金、衣被、缯帛等。可是此时双方关系已坏，咸获悉作为侍子的儿子登前已在王莽手里死了，心怀怨恨，就不断入寇汉边。

天凤二年（15）王莽派遣王歙与五威将等六人，奉归前已斩杀的侍子登，至塞（长城）下，单于派遣云和须卜当的儿子奢（大且渠）等至塞迎接。咸也到长城处，王莽多赠单于咸金币珍宝，就劝谕改号匈奴为“恭奴”，单于为“善于”。又封骨都侯当（昭君的女婿须卜当）为后安公，当的儿子奢（昭君的外孙）为后安侯。单于贪王莽的金币，就假装服从，然后寇盗照旧。须卜居次所立的单于咸是个贪鄙的小人，他辜负了须卜居次立他为单于的美意。

单于咸立五年，于天凤五年（18）死，于是舆立为呼都而尸道皋若鞮单于。他也贪利赏赐，就派遣大且渠奢与云（须卜居次）的女弟（妹妹的尊称）当于居次的儿子醯（xī）椟（dú）王，表兄弟俩一起奉献至长安。王莽派遣和亲侯王歙与奢等，一起到制虏塞下，与云（须卜居次）和当（须卜当）会面，就以兵戎相迫胁，将他们裹挟到长安。云（须卜居次）和当于的小儿子（即醯椟王）从塞下脱身，回归匈奴。当（须卜当）和奢父子俩到了长安。王莽就拜须卜当为须卜单于，欲出大兵以辅助他的单于地位。但王莽调兵不顺利，而匈奴就更加愤怒了，大侵北面边境，北边由此败坏。适逢须卜当病死，王莽就将他的庶女（妃子生的女儿）陆逮任嫁于奢为妻。奢本是后安侯，王莽以女嫁他，就将他晋爵为后安公。王莽此后就极为爱重这个女婿，他的最后目的，是想出兵立奢为单于。可是地皇四年（23），绿林军攻入长安，王莽被杀，云（须卜居次）和奢母子也死。

更始二年（绿林军立的皇帝刘玄的年号，公元24年）冬，汉（指绿林军拥戴的西汉皇族刘玄的政权）派遣中郎将归德侯王飒和大司马护军陈尊出使匈奴，授单于旧制玺绶，王侯以下印绶。同时也送金帛礼品给云（须卜居次）、当（须卜当）余下的亲属贵人和随从之人。单于舆对王飒和汉的态度非常骄横。

第二年，即更始三年（25），赤眉军攻进长安，刘玄投降，更始政权灭亡。

同年，刘秀建立东汉，为建武元年。

王昭君的两个侄子，即王歙和王飒先在王莽手下，后王飒又在更始帝刘玄的手下，都是在东汉的对立的政权中。他们两人都不知所终。

王昭君的儿子伊屠智牙师大约于王莽新朝的天凤五年（18）被杀，享年约五十岁，此时他已从日逐王升至右谷蠡王（匈奴官名，冒顿单于设置，分左右位在屠耆王之下，管理军事和行政，由单于子弟担任），现应升左贤王，即单于的副储，而且单于舆死后，应传位给伊屠智牙师这个弟弟弟。但单于舆不肯按照其父呼韩邪单于立下的规矩传位给弟弟，而是想传位给自己的儿子，于是就阴谋杀了伊屠智牙师。王昭君的儿子像他的母亲一样，善良而无心机，缺乏防人之心，结果遭了阴谋家的暗算。

王昭君出塞的事迹流传后世，诗人作家都非常感动，据统计，歌颂王昭君的诗歌多达一千多首，还有许多戏曲作品例如元杂剧有马致远《汉宫怨》、关汉卿《哭昭君》、吴昌龄《月夜走昭君》，明杂剧有陈与郊《昭君出塞》，明传奇有《和戎记》。京剧、粤剧和多种地方戏都有《昭君出塞》。

连《红楼梦》中也有薛小妹做的《明妃诗》："绝艳惊人出汉宫，红颜薄命古今同。君王纵使轻颜色，予夺权何畀（bì，给予、付与）画工。"（第六十四回）

唐诗中描写王昭君名声最大的是杜甫的《咏怀古迹五首》第三首：

> 群山万壑赴荆门，生长明妃尚有村。
> 一去紫台连朔漠，独留青冢向黄昏。
> 画图省识春风面，环珮空归月夜魂。
> 千载琵琶作胡语，分明怨恨曲中论。

杜甫此诗以高山大川的气势奔腾、气象雄伟的起句，写出山水灵秀凝成的窈窕红颜，具有惊天动地的美色和灵慧，歌颂这位远嫁匈奴的奇女子，并同情她葬身塞外依旧不忘故国的无限忧思和深沉情感。

到了宋代，著名改革家、政治家和杰出的文学家王安石的《明妃曲二首》又是继杜诗之后声震诗坛的千古名篇，其中的名句有："君不见咫尺长门闭阿娇，人生失意无南北。""汉恩自浅胡自深，人生乐在相知心。"

汉朝从汉初被迫和亲到"犯大汉者，虽远必诛"的三阶段总结

汉朝自和亲到"犯大汉者，虽远必诛"，彻底击败匈奴，可以分为三个阶段：

第一阶段，高祖开创和亲（前200左右）起，经惠帝、文帝、景帝到武帝前期匈奴"绝和亲"（前133）的六十多年，汉匈双方都以和亲政策作为彼此关系中的主导政策，双方的关系时好时坏。

第二阶段，从武帝元光二年（前133）到宣帝甘露三年（前51）南部匈奴归附汉朝的八十多年中，汉匈之间的和亲关系中断，是持续的战争。

第三阶段，经过陈汤在元帝时期"犯大汉者，虽远必诛"的最后一击，从呼韩邪单于归附汉朝到哀帝元寿二年（前1）的五十年间，和亲政策再次占据主要地位，汉匈之间的关系空前和好而密切。

此后，因王莽篡权，引发天下大乱。从西汉末王莽执政到东汉光武帝建武二十三年（47）的四十多年间，汉匈的和亲关系再次中断，敌对和战争又一次代替了和好。这是汉匈战争的第四阶段。

于是进入东汉，即汉匈战争的第五阶段，从光武帝建武二十三年（47）匈奴第二次分裂为南北二部到和帝永元三年（91）北匈奴崩溃的四十多年间，南匈奴与汉朝保持了和亲的友好关系，而北匈奴则同汉朝基本上处于敌对和战争的状态。

第三章　汉匈战争下部

一、两汉之交的汉匈军事形势

自宣帝甘露元年（前53）呼韩邪降汉称臣，至王莽始建国元年（9）又起争端，汉匈之间和平相处达六十二年之久。

王莽（前45—后23），字巨君，是新皇朝（9—23）的建立者，在位十五年。王莽的祖先，原是战国时期齐国的齐田氏，在汉初失国，齐人仍称之为"王家"，就以王为姓氏。王莽的祖父，年少时学法律于长安，为廷尉史，从此以长安为家。他的次女王政君，为元帝之皇后，史称元后。成帝时，王莽受到太后王政君之兄、专断朝政的王凤（即王莽之伯父）的推荐而逐渐走上政坛。成帝绥和元年（前8），三十八岁的王莽升任大司马。一年后成帝去世，哀帝即位，王莽退位，在家隐居。哀帝于元寿二年（前1）去世，九岁的平帝即位，元后王政君临朝称制，又任王莽为大司马。王莽自此年至身亡，执政长达二十四年之久。

王莽在西汉末年执政时，即因措置失当，与匈奴的关系恶化。他于篡权建立新朝的第二年，即试图对匈奴动武立威。他筹集军队三十万人，准备攻打匈奴。他不听讨秽将军严尤的谏劝，"转兵谷如故，天下骚动"。于是匈奴"入塞寇盗，大辈万余，小辈数行，少者数百，略吏民畜产不可胜数，缘边虚耗"（《资治通鉴》卷三十七）。"初，北边自宣帝以来，数世不见烟火之警，人民炽盛，牛马布野。及莽挠乱匈奴，与之构难，边民死亡系获，又十二部兵屯而不出，吏士罢（疲）弊，数年之间，北边空虚，野有暴骨矣。"（《汉书·匈奴传》）"缘边大饥，人相食"（《汉书·王莽传》）矣。

王莽于西汉末年乘汉天子年幼篡权，于公元9年建立新朝，至地皇四年（23）王莽被杀，新朝倒台。在此期间，天下逐渐陷入大乱。至公元25年刘秀建立东汉，刘秀致力于平定全国，直至建武十二年（36）才安定，中原地区经历了二十多年的战乱。

在战乱过程中，匈奴雄峙北方，并乘机不断南侵。东汉建立并平定天下后，困境重重，犹如西汉初年。《后汉书·郡国志》介绍当年境况说："及王莽篡位，续以更始、赤眉之乱，至光武中兴，百姓虚耗，十有二存。"经济破坏极为严重。匈奴此时又处于军事上的强势。

二、东汉初年光武帝对匈之策略

公元25年刘秀称帝，建立东汉，建元建武。刘秀（前5—后57），字文叔，南阳郡蔡阳（今湖北枣阳市西）人。他是景帝之子长沙定王刘发的六世孙。

光武帝建立东汉后，与汉高祖的西汉初年一样，忙于南征北战统一全国，战后又致全力于恢复和发展经济，他的政绩卓著，被史家誉为"光武中兴"。但在他的统治时期，汉朝只能一心安内，无力顾及匈奴，对匈奴的连年入侵只

汉光武帝像

能做有限的防御。

汉光武帝建武初年（25），彭宠在渔阳反叛，单于与他联合作乱。单于又帮助卢芳建立政权，并侵入定居于五原。

卢芳，东汉初年安定三水（今宁夏古原东北）人。字君期。新莽末，他冒姓刘，自称为汉武帝曾孙刘文伯，于是自称上将军、平西王。匈奴的属国数千人在参蛮反叛，卢芳跟着叛乱，联合三水地区羌、胡贵族起兵。恰逢匈奴句林王带兵来降参蛮胡，卢芳于是跟入匈奴，留了数年。单于因为中国尚未安定，想辅助他建立政权，派遣毋楼且王要求进入五原，与假号将军的李兴等勾结图谋，李兴北上至单于龙廷迎接卢芳。卢芳于建武五年（29）底，在匈奴的扶植下割据五原、朔方等五郡，被匈奴单于立为帝。以九原（今内蒙古包头西南）为都，外倚匈奴，内因李兴等，所以能广略边郡。

光武初，东汉方平中国，未遑外事。至建武六年（30），才令归德侯刘飒出使匈奴，匈奴也派使者来献物品，汉再派中郎将韩统回报，送金币，通旧好，恢复宣帝、元帝时代的和亲状态。但单于骄横倨傲，自比冒顿，对使者悖狂傲慢，可是光武帝处事沉稳，依旧待之如初。

起初，双方使节经常往来，而匈奴与卢芳多次联合侵入北方边界。建武九年（33），派遣大司马吴汉等反击，连年无功，而匈奴更为强盛，抢掠施暴，日益严重。建武十三年（37），侵犯河东，州郡抵挡不住。于是将幽、并等边郡百姓迁到常山关、居庸关以东，匈奴左部就再次转居到长城以内了。东汉当局深感忧虑，每郡增援边兵数千人，大筑堡垒，修建烽火。卢芳于建武十六年（40）底降汉，封代王。这是因为匈奴听说悬赏捕捉卢芳，匈奴贪财，竟遣送卢芳回来投降，希望得到赏金。但卢芳自称自己归来，冒功，不讲是匈奴派遣回来的，而单于又耻于讲出自己的计谋，所以拿不到赏金。由于这个原因，心里恨极，侵犯东汉就更厉害了。于是在二十年（44）攻到上党、扶风、天水等地。二十一年（45）冬，又侵犯上谷、中山，杀戮、抢掠甚为厉害，北边就没有一年是安宁的了。卢芳在降汉二年后就复叛，留匈奴中十余年，病死。

三、匈奴分裂和南匈奴南附

呼韩邪单于死后，传位给其子复株累若鞮单于，此人就是王昭君的第二任丈夫。呼韩邪在决定传位给这个儿子时，约令以后传国于弟。所以复株累若鞮单于死后，传位给弟弟，先后有五个弟弟当过单于。第五个弟弟是呼都而尸道皋若鞮单于。他的弟弟右谷蠡王伊屠知牙师就是呼韩邪与王昭君生的儿子。伊屠知牙师因排行仅次于单于应当封为左贤王，左贤王就是单于的储副，但呼都而尸道皋若鞮单于想打破兄弟相传的规矩，传位给自己的儿子，就杀了伊屠知牙师，将自己的儿子封为左贤王。也就是说，如果不是呼都而尸道皋若鞮单于想要阴谋立自己的儿子并残忍地杀死了伊屠智牙师，王昭君的儿子伊屠智牙师就当上了匈奴的单于，匈奴的历史就可能会有新的篇章。呼都而尸道皋若鞮单于可能是在刚当上单于的时候，就不让伊屠智牙师封为左贤王，杀了他，那么伊屠智牙师是在王莽新朝天凤五年（18）不幸被杀的。此时离王昭君元帝竟宁元年（前33）出塞和番之时已有五十一年。他的父亲呼韩邪死于成帝建始二年（前31），那么他死时应年为四十九或五十岁（古人都以虚岁计算年龄）。

呼韩邪的五个先后当上单于的弟弟中的第三个乌珠留若鞮单于的儿子比，看到伊屠知牙师被杀，出怨言说："以兄弟来说，右谷蠡王按排行的次序应当立他，以父子的次序来说，我应当立。"于是匈奴的上层互怀猜惧，庭会稀阔。单于起了疑心，就派遣两个骨都侯监领比所率部属的兵。二十二年（46），单于舆死，其子左贤王乌达鞮侯立为单于。他死后，其弟左贤王蒲奴立为单于。比一直不能立为单于，心怀愤恨。而匈奴连年遭遇旱灾和蝗灾，赤地几千里，草木尽枯，人畜饥饿加上疫情，死了三分之二。单于畏惧汉朝乘其虚弱而攻击，就派使者到渔阳请求和亲。汉派中郎将李茂给予答复。同时比秘密派遣汉人郭衡向汉朝奉献匈奴地图，二十三年（47），到西河太守处请求内附。两个骨都侯都颇察觉了他的意图，正逢五月大会龙城，祭祀天地鬼神之时，于是报告单于，说奥（yù）鞬（jiān）日逐王一向想做坏事，如不杀掉他，将要乱国。当时比的弟弟渐将王在单于帐下，听到他们的对话，急驰报告比。比心怀恐惧，于是集中自己所掌管的八个部众四五万人，等两个骨都侯回来，准备杀了他们。骨都侯到了以后，闻悉他的图谋，都轻骑逃走，报告单于。单于派出一万骑兵攻击，见比的部众人多，不敢攻打，撤兵而回。

建武二十四年（48）春，八部大人（首领）共议立比为呼韩邪单于，因其祖父曾经归依汉朝得到安定，所以想因袭他的名号。于是叩五原塞门，愿意永为汉朝的蕃蔽（作为抵挡北方敌人的屏障），捍御北虏。光武帝采用五官中郎将耿国的建议，批准了比的请求。此年冬，比自立为呼韩邪单于。

从此，南匈奴建立，匈奴从此分成南北两部。

南匈奴醯（xī，同醯）落尸逐鞮单于比，是呼韩邪单于之孙，乌珠留若鞮单于之子。排起辈分，呼韩邪是冒顿的八世孙，自冒顿的父亲头曼单于至此，父子相承十代，以单于相传是十八代了。自呼韩邪以后，诸子依次立为单于，到比的叔父孝单于舆时，以比为右奥鞬日逐王，管领南边的部属和乌桓。

匈奴分裂成南北两部后，匈奴的形势彻底发生了变化，东汉改变了过去的劣势，在汉匈之战的局面中由被动转向了主动。

建武二十五年（49）春，呼韩邪派遣左贤王莫带兵一万余人攻击北单于的弟弟奥鞬左贤王，并活捉了他；又攻破北单于帐下，抓获他的部众一万余人，马七千匹，牛羊一万头。北单于感到震动、恐怖，退却了一千里的土地。起初，光武帝造战车，可用几条牛来拉，车上做了有墙无顶的小房子，配备在长城一线，以拒匈奴。当时的人看了，有人互相交谈说："谶言汉朝九世将却备狄地千里，难道就是指这件事吗？"等到此时，果然开拓了一千里地。北部奥鞬骨都侯与右骨都侯率领部众三万余人归依南单于，南单于又派遣使者到汉皇朝，奏称自己是藩臣，贡献自己国家的珍宝，派儿子内侍，重修原来的约定。

建武二十六年（50），派遣中郎将段彬、副校尉王郁出使南单于，到达五原西面八十里处的长城，立于中庭，单于邀迎使者。使者说："单于应当伏拜受诏。"单于顾望了好长时间，才伏拜称臣。拜后，令译者通报使者说："单于新近刚立，确不能在近臣和近侍面前受羞辱，希望使者在部众面前不要使我受屈辱。"骨都侯等见到这个场景，都掉下了眼泪。段郴等回去报告后，光武帝下诏同意南单于到云中之内安居。夏，南单于所获奥鞬左贤王带领他的部众和五骨都侯共三万余人又叛变回北方，离开北匈奴的龙庭三百余里，共立奥鞬左贤王为单于。一个多月后，他们互相攻击，五个骨都侯都战死，左贤王就自杀了，各个骨都侯的儿子都拥兵自守。秋，南单于派遣自己的儿子入侍，光武帝赐单于冠带、衣裳、黄金玺，以及宝剑弓箭、铠甲武器、锦绣布絮、乐器鼓车、饮食什器等五光十色的种种礼品，又转运米制干粮二万五千斛（hú，十斗为一斛），牛羊三万六千头，供养他们。此后，汉朝每年都赠送大量的金钱财物，使南匈奴能安居乐业。此年冬，以前反叛的五骨都侯之子又带领他的部众三千余人归南部，北单于派骑兵追击，将他们全部抓获。南单于派兵抵拒，交战不利。于是光武帝又下诏，命南单于移居到西河，又派军队保护，设立官府机构。南单于也分派诸王分别屯兵于北地、朔方、五原、云中、定襄、雁门、代郡，都率领部众严密侦察预防。北单于惶恐，将过去掳掠的汉人，还来不少，以示善意。军队每次到南匈奴处，回兵走过汉军的侦察瞭望的岗亭时，都道歉说："我们只是攻击逃亡的薁鞬日逐罢了，不敢冒犯汉人。"

建武二十七年（51），北单于派使者到武威请求和亲。天子召集公卿在朝廷商议，没有定论。皇太子说："南单于新近归附，北匈奴怕我们讨伐，所以倾耳而听，争着归附仁义。现在未能出兵，反而与北匈奴交接往还，我恐怕南匈奴将有二心，本来投降的北匈奴也将不再理会我们了。"光武帝同意他的意见，告知武威太守不要接受北匈奴的使者。这位皇太子即后来的汉明帝刘庄。

建武二十八年（52），北匈奴再次派使者到汉宫，上贡马匹和裘皮，再次请求和亲，并请求赐予汉乐，又要求率领西域诸国胡客一起奉献物品和朝见。光武帝让府衙商议适当的应答。司徒掾班彪上奏折说："今北匈奴见南单于来附，惧谋其国，故数乞和亲。"并分析北匈奴向汉朝多有贡献，外示富强，实则其国空虚。班彪建议汉朝不宜断绝与北匈奴的关系，应给予礼答，并明加晓告：以前世呼韩邪、郅支的方式行事。光武帝采纳了他的意见。

建武三十一年（55），北匈奴再次派使者提出同样的请求，东汉朝廷用盖着皇帝印的书信回答，赐以彩色绸缎，不派使者。

建武中元元年（56）南单于比，立九年，于此年离世。他的弟弟左贤王莫立，称为丘浮尤鞮单于莫。

建武中元二年（57）单于莫去世，他的弟弟汗立为单于，称为伊伐于虑鞮单于汗。同年，光武帝也去世，汉匈之战逐渐进入新的阶段。

终汉光武帝之世，东汉的对匈奴政策非常谨慎克制，这十分符合光武帝的性格和治国方针，从总体上说是英明正确的。但在南匈奴内附之时，光武帝要单于俯首称臣，这与汉武帝的态度没有两样，使单于感到极大的屈辱，在场的骨都侯等人都悲极而泣，心怀恼怒，终于复叛。光武帝的这种做法是不明智的，大汉族主义造成汉匈形势的不必要的曲折。

光武帝于建武中元二年（57）去世，其第四子刘庄（28—75）继位，时年三十，为汉明帝。

四、汉明帝时期对北匈奴之战

明帝即位后，勤于政事，尊奉光武帝的各项正确政策，加强皇权，整顿吏治，轻赋薄徭，与民休息。他是一位有作为的皇帝，在他统治的后期，在国力增强的基础上，积极经营边疆，与北匈奴争夺西域。

汉明帝即位后，北匈奴又经常侵犯汉边了。永平二年（59）、永平五年（62）冬、永平六年（63）和永平八年（65）连续入寇。此年北匈奴又要求和亲互市，明帝许之。为防止南北匈奴交通和防御北匈奴侵犯，汉朝设度辽营，以中郎将吴棠行使度辽将军事，屯兵五原曼柏（今内蒙古东胜东北），对防御北方宿敌和监护南匈奴起了重要而有效的作用。

与西汉一样，东汉对匈战争的第二阶段也开辟了西域战场，双方在西域进行最后的决战。

永平十五年（72），明帝派遣奉车都尉窦固、驸马都尉耿秉率兵驻屯凉州，以为经营西北的准备。永平十六年（73）春，明帝命窦固、耿秉分四路出击北匈奴。窦固率军出酒泉，大败匈奴呼衍王于天山，留兵屯守伊吾卢城（今新疆哈密西），并遣假司马班超等率所部吏士三十六人，先后在鄯善（今新疆若羌一带）、于阗（今新疆和田）击败亲匈势力。"于是诸国皆遣子入侍，西域与汉绝六十五载，至是乃复通焉。"

永平十七年（74）窦固、耿秉等率领大军再次击败北匈奴于蒲类（今新疆巴里坤湖）后，复置西域都护、戊己校尉于龟兹（今新疆库车）、车师（今新疆吐鲁番），恢复了汉朝对西域地区的统治。

永平十八年（75）八月，明帝逝世，享年四十八岁。他的第五子刘炟（dá，56—88）继位，时年十九岁，是为汉章帝。

五、汉章帝时期对北匈奴之战

第二年（76）改元建初。汉章帝继续奉行光武帝和明帝的正确政策，与民休养生息，并继续经营西域。

汉章帝建初元年（76），杨终和第五伦等认为，间者（在过去的一段时间内，近年来）北征匈奴，西开三十六国，百工频年服役，转输烦费。牟融和鲍昱则以为，征伐匈奴，屯戍西域是先帝所建，不宜回（违背）异（违背而不同）。杨终又以"光武绝西域之国"为理由加以反驳，章帝采纳杨终等的意见，下诏罢戊己校尉及都护官，征还班超。班超奉诏撤回，但西域疏勒、于阗等国苦留班超，甚至"互抱（班）超马脚不得行"。班超大受感动，同时更感到西域大业来之不易，功败垂成极为可惜。乃于建初五年（80）上疏朝廷，反复申述西域的形势和继续经营的利害得失，请求留在西域，并请朝廷增兵，又建议与乌孙和亲，"遣使招慰，与共合力"，对付匈奴。章帝看了他的疏奏，"知其功可成"，乃改变前议，派遣平陵人徐干为假司马，率兵一千赴西域，接着又派假司马和恭等率兵增援，俱受班超节制。班超团结和调动西域各国击败匈奴在西域的势力，粉碎亲匈派的种种企图，"威震西域"，丝绸之路南道先行复通，汉朝的影响重新建立。章和二年（88）二月，章帝病逝于洛阳，年仅三十一岁，其第四子和帝（刘肇）继位，次年改元永元，时年仅十岁，由窦太后临朝执政。和帝初年，东汉恢复西域地区的行政机构建制，西域重新划入中国的版图。

明、章二帝统治时代是东汉臻于富强的极盛时期，史称"明章之治"。东汉至此建国六十余年，经过光武、明、章三代皇帝的励精图治，经济得到很大发展，统一的多民族的强国再次屹立在东方。

六、再拓西域：英雄班超的杰出贡献

班氏家族在汉匈之战中的杰出贡献

如果说西汉时期的卫氏家族对汉匈之战做出了历史性的卓越贡献，那么东汉时期的班氏家族也为汉匈之战做出了历史性的卓越贡献。

班氏中最早涉入对匈战争的是班彪。班彪（3—54），字叔皮，扶风安陵（今陕西咸阳市东北）人。他曾为光武帝作《奏议答北匈奴》，为光武帝处置东汉与北匈奴的关系做出正确的分析和建议，并为光武帝所采纳。

班彪的儿子班固和班超及孙子班勇先后介入对匈战争，都做出了各自的重大贡献。

班固（32—92），他的《汉书》是继《史记》之后最重要和成就最高的历史著作，不少人甚至认为是堪与司马迁《史记》并列的伟大历史著作，所以史称《史》《汉》、马班或班马，将他们两人和两书并称。

班固对汉匈之战有三大贡献。其一，他的《汉书》继司马迁《史记》之后完整记叙了匈奴自起始至西汉末年的历史和西汉与匈奴的战史。其二，他的《汉书》继司马迁《史记》之后更完整地记叙了汉武帝、卫青、霍去病、李广等名将和苏武等名臣在汉匈之战中的光辉业绩。其三，重

班固像

新撰写李陵传，完整而生动地记叙和描写了李陵的英勇战史和被迫投降的苦衷，报国无门的痛苦。尤其是李陵与苏武惜别的场面，写得生动而凄苦。李陵的临别之言更是意味深长，"这是李陵的自辩和自责，可见李陵原无投降匈奴之意，只是因为汉武帝听信流言蜚语随便杀了李陵全家，使李陵无意自明、无路可走而不得不耻辱地留居匈奴，直到匈汉和解苏武还朝才有机会吐露自己的心情。这段悲壮的描写使两千年后读者认识到这场悲剧真正的根源只是汉武帝封建主义的无情和黑暗的专制"（白寿彝总主编《中国通史》第6册，上海人民出版社，1995，第521—522页）。《汉书》写出历史的真相，实际上起了有力支持司马迁为李陵所作辩护的重大作用。

班固还参与了东汉与匈奴的最后决战。和帝永元初年（89），大将军窦宪出征匈奴，任班固为中护军，与参议，战争胜利后，班固作铭，记汉威德。又派他行中郎将事，带领数百骑兵去迎接北单于。窦宪被迫自杀后，班固先受牵连而罢官。

班固本人是一个相当完美的知识分子，可是他对自己的几个儿子都缺乏管教，这几个儿子都不遵法度，官吏为此非常烦恼。早先，洛阳令种兢出行时，班固的奴才冒犯他的车骑，他的差役用棰打并喝止他们，奴才们喝醉了酒乱骂人，种兢大怒，但畏于窦宪，不敢发作，怀恨在心。等到窦宪倒台，窦氏宾客都被逮捕考查时，种兢因此系捕班固，班固在狱中受迫害致死。班固不能严格管教儿子和奴仆，范晔在《后汉书·班彪班固传》批评班固"伤迁博物洽闻，不能以智免极刑；然亦身陷大戮，智及而不能守之。呜呼，古人所以致论于目睫也！"

班超（32—102），字仲升。少有大志，不修细节。内心孝谨，居家常做辛勤刻苦之事，不耻劳辱。能言善辩，涉猎史书。永平五年（62），其兄班固被召任校书郎，班超与母亲随至洛阳。家贫，曾受官府雇用抄书以供养母亲。时间久了，深感劳苦，曾中止投笔而叹道："大丈夫无它志略，犹当效傅介子、张骞立功异域，以取封侯，安能久事笔砚间乎？"在场之人都笑他，班超说："小子安知壮士志哉！"此后他去相师处，相师说："尊驾虽是布衣书生，但当封侯万里之外。"班超问具体原因，相师说："你的面相燕颔虎颈，飞而食肉，此万里侯相也。"过了很久，显宗问班固"你的弟弟在哪里"，班固说"为官府抄书，以此薪水供养老母"。帝乃任班超为兰台令史，后来因事免官。

班超随兄来到京城转眼已过了十一年，永平十六年(73)，奉车都尉窦固出击匈奴，以班超为假司马，将兵击伊吾。

窦固(？—88)，字孟孙，扶风平陵(今陕西咸阳西北)人。明帝时，任奉车都尉，与骑都尉耿忠率兵一万两千骑，出酒泉塞至天山击北匈奴呼衍王，追至蒲类海(匈奴中海名，在今新疆巴里坤西北巴里坤湖)，杀敌众多。又与耿秉等出玉门，击败北匈奴在车师一带的势力。后任光禄勋、卫尉。他在边疆数年，羌人和匈奴都服其恩信。久历高位，而谦和俭朴，爱人好施，士林因而称赏之。

经蒲类海一战，窦固认为班超有才华，就派他与从事郭恂(xún)一起出使西域。

班超重新开通西域

班超来到鄯善，鄯善王广对班超一行礼仪十分周到，后又忽然怠慢起来。班超对下属说："感觉到(鄯善王)广对我们礼仪淡薄了没有？这必是匈奴有使者来，他狐疑不知倾向哪一边好。明智的人能看清尚未萌芽之事，何况事情已明显了。"于是叫来鄯善王派来的侍者，突然问他说："匈奴使者已到了数日，现在在哪里？"侍者惶恐，讲出全部情况。班超就将侍者禁闭起来，将自己的部众三十六人集齐，同饮，酒酣时激怒大家说："各位与我同在绝域，欲立大功，以求富贵。现在匈奴使者才到数日，鄯善王广对我们已礼敬即废；如果鄯善收捕我们送给匈奴，骸骨长为豺狼之食了。怎么办？"部属都说："今在危亡之地，生死都随从司马。"班超说："不入虎穴，不得虎子。当今之计，只有依靠夜色以火攻对付匈奴使者一行，使他们不知我们有多少人，必定极为震动恐怖，可以全歼他们。消灭这批匈奴人，则鄯善胆被吓破，我们就大功告成了。"大家说："应与从事（郭恂）商议一下。"班超发怒说："吉凶决于今日。从事是一个文俗官吏，听到这个计谋必定恐怖而泄密，我们死而无名，非壮士也！"大家说："好。"刚天黑，班超带领官兵奔向匈奴的营地。正巧天刮大风，班超令十个人拿鼓藏在匈奴营舍之后，约定说："见火烧起来，都应鸣鼓大呼。"余人都持兵器和弓箭夹门而埋伏。班超就顺风防火，前后鼓噪。匈奴众人惊慌失措，大乱，班超亲手格杀三人，官兵斩杀匈奴使者及其部从三十余人，其余一百人左右全部烧死。第二天才回去告诉郭恂，郭恂大惊，既而面色有变。班超心知其意，举手说："你虽未参与此事，班超何心而独擅之乎？"愿与他平分功劳，郭恂于是高兴起来。班超于是召见鄯善王广，出示匈奴使者的首级，一国震怖。班超晓告抚慰，接纳王子为人质。回去报告窦固，窦固大喜，向天子上报班超的功劳和效益，并请求另选一个使者出使西域。皇帝赞赏班超的勇气，下诏给窦固说："像班超这样的官吏，何故不派而另选别人呢？今以班超为司马，令他接续前功。"班超再受使者之职，窦固欲增加他的兵力，班超说："只要本来所从属的三十余人就足够了。如有不测，人多反为累赘。"

此时，于阗王广德新攻破莎车，于是称雄西域南道，而匈奴派使者监护其国。班超到了西域，先至于阗。广德对班超甚为冷淡。而且那里的风俗信巫。巫说："神对汉何故发怒（神怒何故欲向汉）？汉使有騧（guā）马（黑嘴的黄马，一作浅黑色的马），赶快求取以祭我。"广德就遣使者到班超处请求给马。班超秘密地获悉了此事的原委，表示同意，但令巫自己来取马。不久，巫来，班超就斩了他的头送给广德，并责备他。广德素知班超在鄯善诛灭匈奴使团之事，大感惶恐，即攻杀匈奴使者而投降班超。班超重奖其国王以下众人，镇抚了于阗。

此时龟兹王建是匈奴所立，依恃匈奴的威势，据有北道，攻破疏勒，杀其国王，而立龟兹人兜题为疏勒王。第二年春，班超从间道（偏僻的小路）到达疏勒。离开兜题所居槃橐城九十里时，预先派属吏田虑先去招降。班超告诫田虑说："兜题本非疏勒种，国人必不肯听他的使唤。如不即降，便可抓他。"田虑到达后，兜题见他职低身弱，毫无投降的意思。田虑乘他不提防，就上前劫持兜题并将他捆绑起来。左右出其不意，都惊惧逃走。田虑骑马急报班超，班超立即赶赴疏勒，召集疏勒全体将官，数说龟兹无理侵犯的情况，因而立原来国王的兄子忠为王，国人非常高兴。新国王忠和官属都请求杀兜题，班超不同意，欲示以威信，释放他并让他回国。疏勒由此与龟兹结怨。

永平十八年（75），明帝去世。焉耆（焉耆国离开长安七千三百里，北与乌孙接界）以为中国大丧，于是攻没都护陈睦。班超孤立无援，而龟兹、姑墨（姑墨国王居南城，离开长安八千一百五十

376

里）数次发兵攻打疏勒。班超守盘橐城，与疏勒国王忠前后照应，手下的官兵单少，拒守了年余。章帝初即位，认为陈睦新没，恐怕班超孤单危险不能自立，就下诏将他召回。班超出发回国，疏勒举国忧恐，其都尉黎弇说："汉使弃我，我必会再被龟兹所灭。诚不忍见汉使离去。"因而用刀自刭。班超回至于阗，王侯以下都号泣说："我们依靠汉使犹如父母，诚不可去。"互相抱住班超的马脚，班超不得走动。班超恐怕于阗最终不让他东还，又欲遂本志，于是再回到疏勒。自从班超离开后，疏勒两城又投降龟兹，而与尉头（尉头国在尉头谷，离开长安八千六百五十里，南与疏勒国结界）连兵。班超捕杀反叛者，击破尉头，杀六百余人，疏勒又安定下来。

　　章帝建初三年（78），班超率领疏勒、康居（康居国离开长安一万两千三百里，不属都护）、于阗、拘弥四国之兵一万人，攻克姑墨石城，斩首七百级。班超想趁热打铁，一举荡平诸国，于是上疏请求增兵。章帝知其功可成，商议欲增兵。平陵人徐干素与班超有相同志向，上疏愿奋身佐助班超。建初五年（80），即以徐干为假司马，率领解除刑罚的犯人和仗义从军的兵士一千人去班超处相助。

　　此前，莎车以为汉兵不出，于是投降了龟兹，而疏勒都尉番（pān）辰也再次反叛。正巧徐干兵至，班超就与徐干攻击番辰，大破之，斩首千余级，活捉了很多俘虏。班超既破番辰，想进攻龟兹。因为乌孙兵强，应当借用它的力量，乃上书说："乌孙是大国，控弦之兵有十万，故而武帝将公主许配其国王为妻，到宣帝时，终于得到他的用处。今可派遣使者招慰，与其合力共事。"

前已言及，乌孙国居赤谷城，离长安八千九百里。武帝元封中，将江都王刘建之女细君为公主，嫁到乌孙，赠送物品极为丰富，乌孙王以她为右夫人。宣帝即位，乌孙派遣使者上书，说匈奴连发大兵侵击乌孙，欲隔绝汉与西域的联系，乌孙愿发全国的一半精兵五万骑，尽力击匈奴，务请天子出兵以救公主。汉发大军十五万骑，五将军分五路出击。乌孙以五万骑从西面攻入，直至右谷蠡王庭，杀敌四万余，俘获马牛羊七十余万。

章帝采纳班超的意见。建初八年（83），拜班超为将兵长史，特许他使用大将军的乐队和仪仗，以徐干为军司马，另遣卫侯李邑护送乌孙使者，大小昆弥以下都有厚赐。

李邑刚到于阗，正值龟兹攻打疏勒，他恐惧不敢前进，因而上书陈说西域之事不可成，又大力诋毁班超拥爱妻、抱爱子，在外国流连安乐，无报国之心。班超闻讯，感叹万分，去其妻。章帝深知班超的忠心，深责李邑说："即使班超拥爱妻、抱爱子，那一千余个思归之人，怎么尽能与班超同心同德呢？"命令李邑到班超处受其调度。同时下诏给班超："如果李邑任在外国，便留于你处做事。"班超即派李邑带乌孙的侍子回京师。徐干对班超说："李邑前曾诋毁你，欲坏西域的大事，今何不据诏书而留他下来，另遣别人送侍子回京呢？"班超说："此话差矣！正因为李邑曾诋毁我，所以现在差他回去。内心毫无愧疚之事，何患人言！快意扣留此人，非忠臣也。"

第二年（84），章帝再派假司马和恭等四人将兵八百到班超处，班超于是发疏勒、于阗兵攻莎车。莎车暗中与疏勒国王忠互通使节，诱以重利，忠于是反过来跟从莎车，西保乌即城。班超就另立其府丞成大为疏勒国王，发其国不反的官兵以攻忠。积时半年，而康居派精兵救忠，班超无法攻克乌即。此时月支新与康居联姻，关系亲密，班超就派使者多送锦帛于月支王，令他晓示康居王，康居王就罢兵，将忠抓回康居，乌即城就向班超投降了。

三年后，忠说服康居王借兵给他，还据损中，与龟兹密谋，派使者假装向班超投降。班超内心识破其奸谋，而假装允许。忠大喜，即随轻骑到班超处，班超秘密指挥军队等候他，表面上设乐置酒招待。酒宴中间，乃喝令属吏将忠捆绑斩首。因而击破其部众，杀七百余人，西域南道由此打通。

又过了一年，班超发于阗国兵二万五千人，再击莎车。而龟兹王遣左将军合温宿、姑墨、尉头三地之兵共五万人去救助。班超召集将校及于阗王一起商议说："今兵少不敌，不如用计让他们各路散去。于阗从这里向东，长史我也由此西归，可等到夜里听鼓声而出发。"暗中放掉抓获的俘虏，让他去报信。龟兹王听说这个消息大喜，他自己率万骑在西界阻击班超，温宿王将八千骑于东界拦截于阗之兵。班超获悉二人已带兵而出，密召诸部集合兵力，鸡鸣时疾驶莎车军营攻打，敌人大惊，混乱、奔走，班超追斩五千余人，大获其马畜财物。莎车于是投降，龟兹等也只能各自退兵，从此班超威震西域。

起初，月支曾助汉攻击车师有功，这一年，贡奉珍宝、符拔（形如麟但无角的一种奇兽）、狮子，请求将汉朝公主嫁他。

班超拒绝，由此怨恨。和帝永元二年（90），月支遣其副王谢将兵七万攻班超。班超兵少，部众都大恐，班超给大家分析敌情说："月支兵虽多，然而他们数千里翻越葱岭而来，无力于运输，何足忧虑？我们只要守住粮食坚守，他们饥困不堪，自会投降，不过数十日就可决胜。"谢进攻班超，不下，又抄掠无所得。班超估量他粮尽，必向龟兹求救，就派数百兵士于东界腰截，谢果然派骑兵带着金银珠宝去赂求龟兹。班超的伏兵拦击，杀光求救之兵，将使者的首级拿去给谢看。谢大惊，就派使者请罪，愿得生归。班超放他回去。月支因此受到极大的震动，每年上贡。第二年（91），龟兹、姑墨、温宿都降，汉朝以班超为西域都护，居龟兹它干城；徐干为长史，屯疏勒。西域除焉耆、危须、尉犁之外，其余都已平定。

和帝永元六年（94）秋，班超发龟兹、鄯善等八国兵，共七万人，及吏士商人一千四百人征讨焉耆。兵到尉犁国界，班超遣人晓说焉耆、尉犁、危须："都护班超来此目的，是要镇抚三国。如欲改过向善，宜遣大人（酋豪）前来迎接，将赏赐王侯以下众人，事毕即可回去。今赐各国国王彩缎五百匹。"焉耆王广派遣其左将北鞬支奉牛酒迎接班超。班超问鞬支说："你虽是匈奴侍子，而今主持焉耆国的权柄。我都护亲自前来，而国王不及时迎接，都是你的罪责。"有人对班超说，杀了他算了。班超说："你的思虑不周全。此人权柄大于国王，今未入其国而杀之，就令其自疑，他们如充分准备，坚守艰险之处，我军岂能到得他的城下吗！"于是赐他金银而打发他回去。广就与众酋豪在尉犁迎接班超，奉献珍物。

焉耆国有苇桥之险，广就断了此桥，不想让汉军入国境。班超另从其他路途险渡，汉军用绳索绑在胸部，从山上吊下去，于七月底到达焉耆，离城二十里，在大泽中扎营。广深感意外，大为惊恐，就想尽驱军民一起入山自保。焉耆左侯元孟原曾在汉朝京师当过人质，他秘密遣使将此事告知班超，班超立即斩了这个使者，以示不信。班超就约期与诸多国王盛大集会，又宣扬将重加赏赐。于是焉耆王广、尉犁王汎及北鞬支等三十人相率到班超处相会。焉耆国相腹久等十七人惧诛，都逃入海中，而危须王也不来。坐定，班超怒问广，说："危须王何故不到？腹久等为何逃亡？"于是叱令吏士收捕广、汎等，于陈睦故城斩首，传首京师。接着纵兵抄掠，斩首五千余级，抓获活口一万五千人，马牛羊三十余万头，另立元孟为焉耆王。班超留焉耆半年，做好慰抚事宜。

于是西域五十余国全部纳贡内属汉朝了。

和帝永元七年（95），天子下诏表彰班超经营西域二十二年，最后逾葱岭，不动用国家的力量，不骚扰西域诸国百姓，平定整个西域，功劳卓著。封班超为定远侯，食邑千户。

五年后，班超自认为久在绝域，年老思土，于和帝永元十二年（100）上疏求归。而其妹同郡曹寿之妻班昭也上书请求让其兄回朝。于是班超于永元十四年（102）八月回到洛阳，拜射声校尉。他在西域凡三十一年。班超有胸胁之病，回到洛阳后，病更重了。九月故世，年七十一。

班超被召回时，朝廷另派戊己校尉任尚为都护。任尚在与班超交接职务时，对班超说："君侯在外国三十余年，而小子我辱承君之后任，任重而智浅，应有以指教我。"班超说："我已年老失智，任君多次担任重要职位，岂我班超所能及哉！逼不得已，愿进愚言。塞外吏士，本非孝子贤孙，皆以罪过徙补边屯。而蛮夷怀鸟兽之心，难养易败。今君性严急，水清无大鱼，察政不得下和。宜荡佚简易，宽小过，总大纲而已。"

班昭像

班超走后，任尚私下对亲近的人说："我以为班君当有奇策，今所言平平耳。"

任尚到西域几年后，在安帝永初元年（107）西域反叛作乱，他以罪被召回，果如班超所戒。

班超在西域处事待人，对外英明勇猛，但对内又能谨慎宽和，所以能恩威并施。在用人时，他遵照《孔子家语》中的名言："水至清则无鱼，人至察则无徒。"以这个原则处理军政大事，非常切合当时在西域官兵的实际情况。

甘英出使大秦

班超不仅艰苦卓绝地致力于开通西域，他在此过程中还极其英明地派遣他的属吏甘英出使大秦，即罗马帝国。可惜甘英缺乏班超那样具有洞察力的智慧和做事非要成功的卓绝韧劲，竟然功亏一篑。史载：

> 和帝永元九年（97），都护班超遣甘英使大秦，抵条支。临大海欲渡，而安息西界船人谓英曰："海水广大，往来者逢善风三月得渡，若遇迟风，亦有二岁者，故入海人皆赍（jī，携带）三岁粮。海中善使人思土恋慕，数有死亡者。"英闻之乃止。（《后汉书·西域传》）

甘英最后到达的条支国西海即今之波斯湾。如果班超自己去那里，他决不会上安息船夫的当，必定会想方设法过海。汉朝失去了与罗马帝国直接对话的机会，是非常遗憾的。

七、最后决战：北匈奴彻底失败和西遁

汉匈之战最后决战的主将是东汉名将窦宪。但他出击匈奴的动机却完全是为了自己赎罪。

窦宪为将功赎罪而远征和彻底打垮北匈奴

窦宪（？—92），字伯度，是东汉开国名臣窦融的曾孙。他的祖父窦穆、父亲窦勋都犯罪被诛。窦宪少孤，建初二年（77），窦宪的妹妹被章帝立为皇后，他拜为郎，稍迁侍中、虎贲中郎将（皇宫卫戍部队的将领）；弟窦笃为黄门侍郎。兄弟亲幸，都在皇宫任亲近之职，赏赐累积，宠贵日盛，自王侯、公主到显贵的大臣，莫不畏惮。窦宪依恃宫掖声势，飞扬跋扈，胡作非为，竟然以贱价逼买沁水公主的园田。后来章帝出宫过此园，手指着问窦宪，他支吾不言，后来章帝发觉此事，大怒，将他找来指斥说："深思前过，你夺取公主田园时，和赵高欺主的指鹿为马有什么两样？久念使人惊怖。……今贵主尚见枉夺，何况小人哉！国家抛弃你窦宪就好像孤雏腐鼠耳。"窦宪感到极大的震惧，皇后为他毁服深谢，良久乃得解，并将田园还给公主。章帝虽不将他办罪，但也不再委他以重任了。

章帝去世，和帝年仅十岁，窦宪的妹妹成为临朝太后，掌上实权。窦宪渐又得势，他又仗势横行。他性格果敢急躁，睚眦之怨，莫不报复。当年考劾其父窦勋使之下狱的是韩纡，他就派遣宾客杀了他的儿子，以其首级祭于窦勋的坟地。都乡侯刘畅乘奔国丧之际，暗中私通太后，得到太后的欢心。窦宪怕他得宠后与自己分享宫省之权，竟派遣宾客杀了太后热恋中的情人，还嫁祸于刘畅之弟利侯刘刚。太后知晓后，怒不可遏，将他禁闭于内宫。

这次他自知惹祸大了，性命难保，"惧诛，自求击匈奴以赎死"。此时正巧北匈奴大乱，兼之饥荒和蝗灾齐发，南匈奴向东汉皇朝请求北伐，消灭和吞并北匈奴。于是同意窦宪的请求。章和二年（88）十月，亦即章帝故世、和帝即位次年，拜窦宪为车骑将军，以执金吾耿秉为副，发北军五校、黎阳、雍营、缘边十二郡骑士，以及羌胡兵出塞。

第二年，即和帝永元元年（89），窦宪与耿秉各将四千骑兵，南匈奴左谷蠡王师子率一万骑兵，同出朔方鸡鹿塞，南单于屯屠河将一万余骑兵满夷谷，度辽将军邓鸿及缘边义从羌胡八千骑兵与左贤王安国一万骑兵出稠阳塞（在今内蒙古包头附近），相约于涿邪山会师。窦宪分遣副校尉严盘、司马耿夔、耿谭率谷蠡王师子、右呼衍王须訾等，精锐骑兵一万余人，与北单于战于稽落山，大破之。北匈奴部众崩溃，单于逃走，汉军乘胜追击，直达私渠比鞮海（匈奴中海）。斩名王以下一万三千级，捕获牲口马、牛、羊、骆驼等一百万余头。于是匈奴八十一部前后共有二十余万人投诚。窦宪和耿秉登上离长城三千余里的燕然山，刻石记功，又命班固作铭，宣扬汉朝的威德。

窦宪班师南还。他遣吴汜、梁讽，奉金帛赠送北单于，向其宣明汉威，而兵随其后。当时北匈奴内部正乱，吴、梁两人一路前后招降万余人。他们在西海上见到单于，宣国威信，致以诏书和礼品。单于稽首拜受。梁讽因而说服他像宣帝时呼韩邪一样依附汉朝，从而得到保国安民之福。单于喜悦，于是率领部众与梁讽一起回来，到私渠海，听说汉军已经入塞，乃遣其弟右温禺鞮王奉贡入侍，随梁讽到东汉京城。窦宪因单于不亲自前来，上奏退回其弟。

九月，诏使中郎将持节到五原，拜窦宪为大将军，封武阳侯，食邑二万户。窦宪辞封武阳侯，受大将军之职。

旧制大将军位在三公之下，置官属依太尉。但窦宪权震朝廷，故而公卿希旨，奏请窦宪之位仅次于太傅之下，列于三公之上。窦宪胜利回京，他及其部下大受奖赏。

永元二年（90）七月，窦宪出镇凉州。北单于因为汉朝遣回其弟，又另遣其子到居延塞，想入朝晋见，愿意邀请和接纳汉朝使者。窦宪派遣大将军中护军班固行中郎将，与司马梁讽前去迎接。正巧北单于被南匈奴击败，他受伤逃走，班固到私渠海，闻说北匈奴内部已乱，未遇而还。窦宪欲乘北匈奴衰落，将其全部歼灭。永元三年（91），复遣右校尉耿夔、司马任尚、赵博等将兵攻击北匈奴于金微山（今阿尔泰山），大破敌军，俘获甚众。北单于带着残兵败将仓皇逃走。此战之后，北匈奴不知去向，以后再无消息，大漠南北、西域内外，消失了他们的身影。窦宪"率羌胡边杂之师，一举而空朔庭"（《后汉书·窦融列传》），终于完成了汉匈的最后决战。

窦宪荡平北匈奴之后，威名大盛。窦氏兄弟门生下属，权贵显赫，倾动京都，朝臣震慑，望风承旨。他们及其奴仆横行骄纵，抢夺财货，逼死忠臣，欺略妇女。窦宪居功自傲，横行无忌，竟至勾结多人共谋杀害和帝。和帝识破其阴谋，捕杀众人，碍于太后情面，不杀窦氏兄弟，收掉窦宪大将军印，更封为冠军侯，将窦氏兄弟都遣至受封之国，然后迫令他们自杀。窦氏宗族、宾客因窦宪而为官的，一律免职并遣还本郡。

对于窦宪的对匈之战，古人历来评价很高。如北宋范仲淹《渔家傲》说：

塞下秋来风景异，衡阳雁去无留意。四面边声连角起。千嶂里，长烟落日孤城闭。

　　浊酒一杯家万里，燕然未勒归无计。羌管悠悠霜满地。人不寐，将军白发征夫泪！

　　范仲淹（989—1052），字希文，大中祥符八年（1015）进士，官至枢密副使，参知政事。康定元年（1040），以龙图阁直学士衔为陕西经略副史兼知延州（今陕西西安），守边四年。为将号令严明，爱抚士卒，谋略有方，故而在常处劣势的北宋能保持军事胜势，边境安宁。当时民歌赞颂他说："军中有一范，西贼闻之惊破胆。"羌人说他："小范老子胸中自有数万甲兵。"由此不敢犯境。范仲淹作为北宋名相名将，又是著名文学家，如千古闻名的《岳阳楼记》，文字苍劲优美，意境壮阔高远，尤以"先天下之忧而忧，后天下之乐而乐"一语声震千古。他又是著名词人，极善写景抒情。此词即写得苍凉悲壮，沉雄浑厚，慷慨生哀。作为亲自带兵守边的名将，他能真实动人地描摹边塞将士的悲凉激越的情怀和立功艰难、有家难回的无奈，读之令人心酸伤怀。

　　又如南宋爱国诗人陆游的《塞上》诗说：

　　塞上今年有事宜，将军承诏出全师。
　　精金错落八尺马，刺绣鲜明五丈旗。
　　上谷飞狐传号令，萧关积石列坡陴。
　　不应幕府无班固，早晚燕然刻颂诗。

　　此诗格调高古豪迈，还歌颂随军出征的大文学家、史学家班固的重要作用。班固为汉军在绝域的胜利书写了重要的诗文。可惜两汉与匈奴之战除班固外，无人相随，不像唐朝有多位杰出诗人出征或热情书写边塞诗，留下许多壮丽的诗篇。

可见窦宪成为古代爱国将士和诗人心目中的英雄，他直捣龙庭，刻石燕然的壮举，让边患严重、无力解脱的后世爱国志士和诗人无限羡慕和向往，连受命作铭写颂的班固也成为陆游向往和自比的英雄人物。

但是对于窦宪的对匈之战，当代史家颇有争议。有的持严厉批评的态度，其主要观点为：

> 东汉初年，北匈奴是愿意与东汉和好的，尤其是从明帝永平十六年起至章帝章和二年（73—88）这十五年内，北匈奴没有打过东汉，而且还"驱牛马万余头与汉贾客交易"，表明汉匈关系正朝着友好的方向发展。但在窦宪打北匈奴的前四年（章帝元和二年，公元85年），北匈奴遭遇到严重的困难，"党众叛离，南部攻其前，丁零攻其后，鲜卑击其左，西域侵其右，不复自立"，加以饥馑，很多人投归东汉。就在这样困难的情况下，东汉却派窦宪领兵前去，一举把北匈奴这个少数民族消灭，这岂是正确的民族政策？岂能称之为正义之战？
>
> 东汉乘危消灭北匈奴的原因有三：一是南单于要兼并北匈奴，东汉利用"以夷制夷"，制造民族纠纷，这对世族政治有利；二是窦宪遣刺客刺杀皇族刘畅，事发，"惧诛，自求击匈奴以赎死"，这是窦宪打北匈奴的直接

原因;三是为了消灭北匈奴这个民族，占有他们的财产，这是一场不折不扣的不义之战。

窦宪虽打败了北匈奴，仍不能解除北方游牧民族的威胁，因为北匈奴西迁了，故地为鲜卑人所据，又怎能说解除了北方的威胁呢？

（万绳楠《东汉窦宪打北匈奴是什么性质的战争？》，《历史教育》1979 年第 5 期）

也有论者给窦宪以公允评价：

窦宪征平北匈奴，使汉北边免受骚扰，也为东汉通西域创造了条件，故其功不可没。但他功高震主，终于被和帝逼迫自杀。范晔评窦宪，肯定其北伐之功，并说："而后世莫称者，章末衅以降其实也。"意思是，后人因其自杀也就不提其功。还称引东方朔"用之则为虎，不用则为鼠"之语，而寄寓悯惜之意。

（白寿彝总主编《中国通史》第 6 册，上海人民出版社，1995，第 507 页）

历史的经验屡次告诉我们，北匈奴只要再次强大起来就会侵犯边境，其首领从来言而无信，不讲仁义，所以不能信任。至于击走北匈奴之后，又来了鲜卑，这不能反证打垮北匈奴就没有意义了，这是两回事。如果不将北匈奴打垮并赶走，那么再过三百年，北匈奴出了个阿提拉这个首领，汉族就会被它像欧洲那样横扫甚至灭亡，因为当时中国正处于西晋衰落后的分裂时期，蒙古和满洲的铁蹄蹂躏和占领全中国的局面就会提早发生一次。

所以窦宪彻底打垮和赶跑北匈奴，的确是他将功赎罪的一次有深远历史意义的军事行动。同时我们也应看到，窦宪也有他咎由自取的成分：他居功自傲，行为不检，骄横跋扈，这都应也是他灭亡的重要原因。

名将耿秉平定车师和击败匈奴的功勋

耿秉（？—91），字伯初，扶风茂陵（今陕西兴平东北）人。耿秉体格魁伟，腰带竟粗达八围。他文武双全，博通书记，能解说《司马兵法》，尤好将帅之略。因其父耿国在光武时拜为黄门侍郎，他多次上书论说军事，常以为中国虚费，边陲不宁，其患专在匈奴。以战去战，盛王之道。明帝有志北伐，心许他的观点。永平年间，召他议政，每公卿会议，常引他上殿，问以边事，多得帝心。明帝永平十五年（72），任驸马都尉。永平十七年（74）夏，与窦固率兵一万四千骑，击败北匈奴在车师一带的势力。进军车师时，车师有后王、前王，前王即后王之子，前后之王庭相距五百余里。此时已是冬天，窦固认为后王路远，山谷深，士卒寒苦，欲攻前王。耿秉建议先攻后王，认为全力攻其根本，则前王自服。窦固计划未定，耿秉奋身而起说："请让我先往前进发。"即上马，引兵北入，众军不得已，于是进军入谷。汉军斩首数千级，夺得马牛十余万头。后王安得震怖，带着数百骑出降，迎候耿秉。窦固的司马苏安要将功劳全归窦固，就策马驰去对安得说："汉军的贵将只有奉车都尉、天子姊婿窦固，你应先向他投诚。"安得就回去，改令诸部将迎候耿秉。耿秉大怒，披甲上马，知会部属精锐骑兵直奔窦固的营壁，说："车师王降，迄今不至，请让我去枭其首。"窦固大惊，说："且止，将坏事！"耿秉厉声说："受降如受敌。"就奔驰而去。安得惶恐，步行出门，脱帽抱马足而降。其前王也投诚，于是平定车师而还。

第二年（75）秋，章帝即位，任他为征西将军。永元元年（89），又与窦宪各率兵四千骑和南匈奴骑兵合力击败北匈奴，直追至燕然山。封美阳侯。

耿秉勇武而处事尚简，行军作战常披甲在前，休息时不结营垒，然远派侦察兵士，纪律严明，遇到紧急情况，阵势立刻排就，士卒都愿为他效死。永元三年（91）去世，年仅五十余。天子赐以朱棺、玉衣，指派名匠为他筑墓，乐队伴送，五营骑士三百余人送葬。匈奴听说他去世，举国号哭，有人甚至割面流血。

名将耿恭苦战和孤守西域的功勋

耿恭，字伯宗，扶风茂陵（今陕西兴平东北）人。他是耿秉的堂兄。永平十七年（74）冬，骑都尉刘张出击车师，请耿恭任司马，与奉车都尉窦固和堂弟驸马都尉耿秉一起攻破和招降车师。此时开始设置西域都护、戊己校尉，乃任耿恭为戊己校尉，屯兵于车师后王庭金蒲城，谒者关宠为戊己校尉，屯车师前王庭柳中城，各配备数百人。

第二年（75）三月，北单于遣左谷蠡王二万骑攻击车师。耿恭派司马带兵三百去救，路逢匈奴骑兵，寡不敌众，全军覆没。匈奴就攻破并杀了车师后王安得，再攻金蒲城。耿恭登城搏战，将毒药敷在箭头上，传话说："汉家箭神，中箭者必有异常变化。"就发强弓射击。匈奴中箭的，看到创口都发烫冒气泡，于是大惊。正好天变，下起暴风雨，汉军乘机借着雨势出击，杀伤甚多。匈奴震怖，互相感叹说："汉兵神，真可怕啊！"于是解围而去。耿恭因为疏勒城旁有涧水，可据之固守，五月时引兵据守于此。七月，匈奴又来进攻耿恭，耿恭率数千人迎头反击，匈奴骑兵散走。匈奴于是在城下断绝涧水。耿恭于城中挖井十五丈不得水，吏士渴乏，只能挤马粪汁当饮水。耿恭仰天叹息说："听说往昔贰师将军拔佩刀刺山，飞泉涌出；今汉德神明，岂有穷哉。"于是整衣再拜，为军士们祈祷。不久，水泉奔出，部众都高呼"万岁"。而汉军吏士扬水以示匈奴，匈奴官兵出其不意，也以为神明，就撤兵而去。以今天的科学眼光看来，这可能是巧合，原本掘井至此时，正将掘到水源。有人认为这里的地下水的水位低，水上来得慢，所以要等一夜。《三国演义》第八十九回"耿恭拜井甘泉出，诸葛虔诚水夜生"，第一百零九回"主簿王韬曰：'昔日耿恭受困，拜井而得甘泉……'"司马昭于是在铁龙山拜山泉得水。可见此事在历史上影响大而深远。

当时焉耆、龟兹攻殁都护陈睦，北匈奴也围困柳中的关宠。正逢章帝故世，救兵不至，车师再次反叛，与北匈奴一起攻打耿恭。耿恭勉励部众击退敌人。车师后王的夫人先世是汉人，常私下向耿恭通报敌情，又供给粮饷。数月以后，食尽穷困，只好煮铠甲和弓弦，吃其皮革和牛筋。

耿恭和士卒推诚相处，同生共死，所以部下无二心，但人员颇有死亡，余下了数十人。单于知道耿恭已兵少粮尽，一心要逼他投降，再次派使者去招抚说："只要肯降，当封你为白屋王，给女子为妻。"耿恭就引诱匈奴使者上城，用手击杀此人。匈奴官属在城下望见，号哭而去。单于大怒，再增兵围困耿恭，但久攻不下。

起初，关宠上书求救，当时和帝刚即位，就诏公卿开会商议。司空第五伦认为不宜救，司徒鲍昱指出："今使人于危难之地，急而弃之，外则纵蛮夷之暴，内则伤死难之臣。诚令权时后无边事可也。匈奴如复犯塞为寇，陛下将何以使将？"又分析耿恭和关宠二部兵士才各数十，匈奴重兵围困，竟历旬无法攻下，这是汉军虽势寡而尽力的卓效啊。他建议汉朝只要就近在敦煌、酒泉各派两千精骑，对付匈奴疲极之兵，四十天即可胜利回师。和帝赞同他的观点，建初元年（76）正月，派遣汉军来援，遣征西将军耿秉屯兵酒泉，行太守职务；遣秦彭与谒者王蒙、皇甫援，发张掖、酒泉、敦煌三郡及鄯善兵，共七千余人，于柳中会击车师，攻交河城，斩首三千八百级，俘虏三千余人，骆驼、驴、马、牛、羊三万七千余头。北匈奴惊走，车师再次投降。

恰因关宠已死，王蒙等听说后，便欲引兵退还。此前耿恭遣军吏范羌到敦煌迎取援兵和寒衣，范羌因而与王蒙军一起出塞。范羌坚持邀请诸军援迎耿恭，诸将都不敢前去，于是分两千士兵给范羌，从山北援迎耿恭，路遇大雪，厚达丈余，军士勉强到达目的地。城中夜闻兵马声，以为匈奴兵来，大惊。范羌就遥呼："我是范羌啊。汉庭派遣军队迎接校尉啦。"城中都呼"万岁"。开门，互相拥抱涕泣。这样，耿恭率领坚持到最后的二十六人与援军会合。第二天，就相随俱归，匈奴兵追击，且战且行，奋战三个月，官兵本已久战饥困，再一路苦战，随路死没，到玉门关时，所部生还的仅十三人。他们衣衫褴褛，鞋底早穿，形容枯槁。中郎将郑众为耿恭及其部下洗沐并更衣易冠。他上疏说："耿恭以单兵固守孤城，当匈奴之冲，对数万之众，连月逾年，心力困尽。凿山为井，煮弩为粮，出于万死无一生之望。前后匈奴数千百计，卒全忠勇，不为大汉耻。恭之节义，古今未有。宜蒙显爵，以厉将帅。"当时大臣称誉他"节过苏武"。

北匈奴余部建立悦般国

北匈奴从西域出走后，永元三年（91），其弟右谷蠡王於除鞬自立为单于，将（率领）右温禺鞬王、骨都侯以下数千人，止（停留、居住在）蒲类海，遣使款塞（向东汉派使者扣关归附）。永元四年，自立为北单于。永元五年九月於除鞬欲辅归北庭（东汉正想派人帮助他回到北单于庭），自畔还北（於除鞬自己反叛回到北部）。汉使人诱还杀之。其余众辗转西域。（《后汉书·南匈奴列传》）

《后汉书·南匈奴列传》："永元十六年（104），北单于遣使诣阙贡献，愿和亲，修呼韩邪故约。和帝以其旧礼不备，未许之，而厚加赏赐，不答其使。元兴元年（105），重遣使诣敦煌贡献。辞以国贫，未能备礼。愿请大使。当遣子入侍。时邓太后临朝，亦不答其使，但加赐而已。"至南北朝时，犹立国于乌孙西北，称为悦般国。

《魏书·西域传》卷一百二："悦般国，在乌孙西北，去代（距离代郡，代郡治所在今山西阳高县）一万九百三十里。其先，匈奴北单于之部落也。为汉车骑将军窦宪所逐，度金微山，西走康居。其羸弱不能去者往龟兹北。地方数千里，众可二十余万，凉州人犹谓之单于王。其风俗言语与高车同，而其人清洁于胡。俗剪发齐眉以醍醐涂之，昱昱然光泽，日三澡漱，然后饮食。其国南界有火山，山傍石皆焦镕，流地数十里乃凝坚，人取为药，即石流黄也。与蠕蠕结好，其王尝将数千人入蠕蠕国，欲与大檀相见。入其界百余里，见其部人不浣衣，不绊发，不洗手，妇人舌舐器物。王谓其从臣曰：'汝曹诳我入此狗国中！'乃驰还，大檀遣骑追之不及，自是相仇雠，数相征讨。真君九年（北魏太武帝拓跋焘太平真君九年，公元448年），遣使朝献。"

同传又记载："粟特国，在葱岭之西，古之奄蔡，一名温那沙，居于大泽，在康居西北，去代一万六千里。先是匈奴杀其王而有其国，至王忽倪已三世矣。"

八、前赴后继：班勇经营西域的重大建树

班超的少子班勇（生卒年不详），字宜僚，少有父风。安帝永初元年（107），西域反叛，以班勇为军司马，与其兄班雄俱出敦煌，迎都护任尚及西域甲卒回汉。汉朝因此而停止了都尉这个职务，于是此后西域没有东汉官吏达十余年之久。

安帝元初六年（119），敦煌太守曹宗派遣长史索班带领一千余人屯兵伊吾，车师前王及鄯善王都来投降索班。数月后，北单于与车师后部就联合攻击索班并将他消灭，又进一步击走前王，夺取北道。鄯善王着急，求救于曹宗，曹宗因此请求出五千兵击匈奴，报索班之耻，既而重取西域。邓太后召班勇到朝堂参与会议。此前公卿多认为宜闭玉门关，放弃西域。班勇总结武帝至光武帝及明帝和和帝时与匈奴之战争、经营西域的历史和当前的形势，力排众议力主增兵和继续经营西域，经过激烈地辩论，朝廷听从班勇的建议，恢复敦煌郡营兵三百人的建制，置西域副校尉驻于敦煌。虽再次羁縻西域，但未能出兵屯于西域。其后匈奴果然多次与车师一起入寇抄掠，河西大受其害。

　　延光二年（123）夏，任班勇为西域长史，将兵五百人出屯柳中。第二年正月，班勇至楼兰，因鄯善归附，特加三绥。而龟兹王白英犹犹疑，班勇以恩信开导于他，白英乃率姑墨、温宿，自缚至班勇处归降。班勇因此发龟兹之兵共步骑万余人，于伊和谷击走匈奴伊蠡王，收得前部五千余人，于是前部之道又得开通。班勇带兵还屯柳中。

　　延光四年（125）秋，班勇发敦煌、张掖、酒泉六千骑及鄯善、疏勒、车师前部之兵，击后部王军就，大破之。共俘虏八千余人，马畜五万余头。又捕得军就和匈奴使者，押到索班被攻没之处斩首，为他报仇雪耻，传首京师。

　　永建元年（126），另立后部故王子加特奴为王。班勇又派人诛斩东且弥王，也另立其王族之人为王，于是车师六国全部荡平。

此年冬，班勇领导和发动西域各族之兵大破北匈奴呼衍王，呼衍王逃走，其部众二万余人都投降了。又捕得单于的堂兄，班勇令加特奴亲手杀了他，以结车师和匈奴的仇隙。北单于亲自率领万余骑兵攻入车师后部，到达金且谷，班勇令假司马曹俊急驰相救。单于引去，曹俊追斩其贵人骨都侯，于是呼衍王就迁居枯梧河上。此后车师不再见到匈奴的踪迹，城郭都安定了。尚存焉耆王元孟未降。

永建二年（127），班勇向皇上请求攻元孟，于是派遣敦煌太守张朗率领河西的金城、敦煌、张掖、酒泉四郡的三千兵士配合班勇。班勇就发西域诸国兵四万余人，与张朗分两路进攻。班勇从南道，张朗从北道，约定日期，俱至焉耆。而张朗先前犯过罪，想徼功自赎，于是先于约定的期限到达爵离关，遣司马带兵先战，首虏两千余人。元孟惧诛，逆遣使者乞降，张朗径入焉耆受降而还。元孟不肯面缚，只是遣其子到汉朝贡献。张朗就得到免诛，而班勇因为后于期限到达，征下狱，免罪。后来在家中去世。

班勇在西域的努力和创建的功勋，进一步巩固了汉朝在西域的统治。

班勇之后，东汉不再设置西域都护之职，而以西域长史代行都护之职。自桓帝时起，长史常驻于阗。西域长史和戊己校尉的官制，一直维持到灵帝末年。此时刺史的权力很大，这两个职位也就成了凉州刺史的属官了。

班勇文武双全，他将自己亲身考察和经历过的西域诸国情况写成《西域传》。范晔《后汉书·西域传》采纳了班勇的整篇传文，在此传最后的"论"中赞扬班勇"精文善法，道达之功靡所传述"，"余闻之后说也"。

班超和班勇父子重新开通西域的意义非常重大，对于汉朝扩大国际交往和交流做出了重大贡献。

九、曹操执政：南匈奴国家政权消亡

东汉的最初三个皇帝——光武帝、明帝和章帝，都是励精图治的明君，他们共执政六十三年（25—88），使东汉达到富强的极盛状态，是汉唐盛世的又一个重要时期。

东汉初年，匈奴乘中原内乱，不断侵扰边境。公元48年，匈奴分裂为南北两部，南匈奴内附，并与东汉一起抗击北匈奴、鲜卑、羌族。

北匈奴与南匈奴和鲜卑、西域诸国作战，屡败之后于公元87年再次分裂，有五十八部共二十万人投降，归入东汉。公元89年，东汉分三路出击，出塞三千余里，大破北单于兵，北单于率残部逃走，其八十一部共二十余万人投降汉军。90年，东汉再次出兵，远征塞外五千余里，大破北匈奴军。北单于率残部逃到西域，被班勇击败，又向西逃去，直到欧洲。北匈奴八十一部投降内附，北单于率残部西逃，余留的北匈奴十余万落都自号鲜卑，并入鲜卑了。

在这三位皇帝的统治期间，汉匈战争的战果辉煌。

可惜章帝逝世时（88），其子和帝才十岁，和帝于二十七岁时去世（105）。此后都是幼子连续继位。和帝死后，其子殇（shāng）帝刘隆即位，次年八月即死；接着和帝侄刘祜十三岁即位，为安帝；安帝三十三岁（125）死，立章帝孙、年幼的北乡侯刘懿为少帝，不终年即死；宦官拥立安帝的废太子刘保为顺帝。顺帝死后，外戚梁氏掌权，他们先后拥立冲帝刘炳（二岁，145）、质帝刘缵（zuǎn，八岁，146）、桓帝刘志（十五岁，147）。因即位的皇帝少不更事，大权旁落在无德无能的太后和外戚手里，后来太后和外戚软弱，大权竟落到宦官手里，外戚和宦官交替弄权，桓帝（146—167年在位）和灵帝（十四岁继位，167—189年在位）都成为傀儡，东汉朝廷的政治趋向黑暗，国力走向衰落。灵帝三十四岁死，其子少帝刘辩继位（189年，十七岁），当年即被权奸董卓废掉，改立年仅九岁的汉献帝刘协。献帝先后成为董卓和曹操的傀儡，直至220年被曹操之子曹丕逼着逊位，曹丕当上了皇帝，为魏文帝，东汉灭亡，中国的历史进入了魏蜀吴的三国时期。

在此期间，北匈奴远遁后，已杳无音信，南匈奴成为东汉属下的一个少数民族。但一则，东汉后来转弱，朝廷常征调他们镇压反叛者，他们感到征调繁重，不堪负担；二则，其习性未变，故而也多次反叛，直到汉末。

汉末，曹操挟天子而令诸侯，朝政大权都捏在他的手里。曹操为了顺利对付南匈奴，于公元216年，将南匈奴分为左、右、前、后、中五部，将他们分而治之，南匈奴再也没有统一的政权了。曹操将匈奴分为五部时，每部立其贵者为帅，并派汉人为司马，监督之。至"魏末，复改帅为都尉。其左部都尉所统可万余落，居太原故兹氏县（今山西汾阳）；右都尉可六千余落，居祁县（今山西祁县）；南部都尉可三千余落，居蒲子县（山西隰[xí]县）；北部都尉可四千落，

曹操像

居新兴县（山西忻 [xīn] 县）；中部都尉可六千余落，居太陵县
（今山西交城）"。（《晋书·四夷传》）这是曹操留下的布局。另外还
有居黄河以西以北诸郡的，是南匈奴和晋代迁来的北匈奴，
在西晋时居于晋地的，共有十九种之多，"皆有部落，不相
杂错，屠各最豪贵，故得为单于，统领诸种"（同上）。

曹操对南匈奴分而治之的政策，是英明而必要的，后
来历史的发展更进一步证实了这一点。

十、文姬归汉：汉匈战争的袅袅余音

蔡文姬，陈留圉（yǔ，今河南杞 [qǐ] 县西南）人。名琰（yǎn），
字文姬。父蔡邕（yōng，132—192），字伯喈，著名文学家、书
法家，精天文，善音律、工琴艺。汉末名臣。灵帝时遭诬
陷，举家流徙朔方。后又遭宦官迫害，亡命江海十余年。

董卓擅朝政时，召为祭酒，迁尚书，拜中郎将，封高乡侯。待董卓被诛，为司徒王允收付廷尉治罪。蔡邕自请黥（qíng）首刖（yuè）足（用刀在脸上刺字再涂上墨，断足，他自己要求用这两种刑罚来代替死刑），续成汉史。不许，结果死于狱中。父亲这么倒霉，文姬在这种家庭中生活，她的少女时代是很艰难的。她自己的命运也非常曲折坎坷。初嫁的丈夫卫仲道去世，她寡居无子。献帝兴平二年（195），被南匈奴掠去，归左贤王，居匈奴十二年，生两子。曹操闻讯，爱惜她的才华，派使者以金璧赎回，再嫁于屯田都尉董祀。文姬归汉，又思念在匈奴的儿子，心里另有一种痛苦，董祀又犯法当死。文姬着急万分，只好赶到曹操处去请求——

　　时公卿名士及远方使驿坐者满堂，操谓宾客曰："蔡伯喈女在外，今为诸君见之。"及文姬进，蓬首徒行，叩头请罪，音辞清辩，旨甚酸哀，众皆为改容。操曰："诚实相矜（怜悯、同情），然文状已去（公文已下达），奈何？"文姬曰："明公厩马万匹，虎士成林，何惜疾足一骑，而不济垂死之命乎！"操感其言，乃追原（补救、原谅）祀罪。时且寒（当时天气寒冷），赐以头巾履袜。操因问曰："闻夫人家多坟籍（指古书），能忆识不？"文姬曰："昔亡父赐书四千许卷，流离涂炭，罔有存者（没有留下的了）。今所诵忆，裁（才）四百余篇耳。"操曰："今当使十吏就夫人写之。"文姬曰："妾闻男女之别，礼不亲授。乞给纸笔，真草唯命（用楷书或草书写出都可以）。"于是缮书送之，文无遗误。（《后汉书·列女传》）

文姬在父亲的熏陶下，博学有辩才，精通音律。她被曹操赎归后，奉命补撰其父蔡邕的散佚典籍，忆写四百余篇，竟然文无遗漏。她极有诗才，有五言及骚体《悲愤诗》各一首传世；她又有《胡笳十八拍》，是著名长诗，但有人怀疑是后人伪托。

　　蔡文姬的诗，倾诉乱离之苦和归汉时母子的别情，哀怨愤激，感人至深，是东汉末年战乱生活的真实写照。如《悲愤诗》第一段：

> 　汉季失权柄，董卓乱天常。志欲图篡谋，先害诸贤良。逼迫迁旧邦，拥主以自强。海内兴义师，欲共讨不祥。卓众来东下，金甲耀日光。平土人脆弱，来兵皆胡羌。猎野围城邑，所向悉破亡。斩截无孑遗，尸骸相撑拒。马边悬男头，马后载妇女。

　　不仅写出一片战乱的凄惨景象，而且具体描绘男的被杀死，女的被抢走，"马边悬男头，马后载妇女"，是一幅典型的兵士蹂躏平民的图画。中间叙述自己被匈奴掳去，好不容易得以回汉，又不舍得在胡地的两个儿子，"儿前抱我颈，问母欲何之？""见此崩五内，恍惚生狂痴。""兼有同时辈，相送告离别。慕我独得归，哀叫声摧裂。""悠悠三千里，何时复交会？"母子生死离别和良民被驱天涯，无计归来，都是痛彻肝肠的悲剧，中国历史上最现实最无情也是最动情的写照。《胡笳十八拍》也是以饱含血泪的笔端记叙诗人自己的悲惨遭遇，凄怆动人。如第八拍："为（谓）天有眼兮何不见我独漂流？为（谓）神有灵兮何事处我天南海北头？我不负天兮天何配我殊匹（给我这样特殊的遭遇）？我不负神兮神何殛（jí，诛戮）我越荒州？"

蔡氏父女成为后世文艺家非常有兴趣的表现对象，关于蔡邕，元末明初高明的传奇名剧《琵琶记》据宋代以前的说唱再创作，描写他考中状元后被牛宰相家招为女婿，

金代张瑀绘《文姬归汉图》（局部）

停妻再娶，家乡的原配妻子赵五娘卖唱进京寻夫。不知为什么古人要虚构他的早年身世，演唱他并不存在的这种婚姻故事。所以陆游诗说："身后是非谁管得，满村听唱蔡中郎。"到近代，《赵五娘》依旧成为各种地方戏和京剧、说唱的热门题材。

关于蔡文姬本人，也有很多诗文戏曲描写她的不平凡的身世，现代最著名的作品有翁偶虹的程（砚秋）派京剧《文姬归汉》和郭沫若的话剧剧本《蔡文姬》。

蔡文姬流落匈奴，远不是个别的现象，她的《悲愤诗》也分明写到被抓去的"同时辈"因还不了家乡而"哀叫声摧裂"的惨状。她们的不幸身世，是汉匈之战无限凄惨却又不绝如缕的袅袅余音。

第四章　汉匈战争后史

匈奴被东汉彻底打垮之前，已发生了极大的变化；它在被东汉彻底打败之后，又发生了更大的变化。匈奴在被汉朝彻底打垮之前，已一分为二，即北匈奴和南匈奴。到匈奴被东汉彻底打垮之后，北匈奴又一分为三：一部分被消灭，一部分西逃；最后还有一部分留在西域和蒙古高原，他们转化为另一个民族。由一个民族一下子转化为另一个民族，这样的情况，除了匈奴之外几乎是没有其他先例和后例的。他们，共有十万落（户）的匈奴人在北匈奴西逃后，宣布自己是鲜卑人，他们进入了鲜卑族。通过鲜卑的中介，他们后来又转化为突厥、契丹，甚至有不少学者认为，最后转化为蒙古族了，真是变化多端啊！

雷纳·格鲁塞（又译勒内·格鲁塞，《草原帝国》和《蒙古帝国史》都是他的权威著作）描绘蒙古草原的历史状况说："在亚洲草原内部的历史上，突厥人和蒙古人互为雄长；从公元前3世纪至于公元2世纪，在匈奴或亚洲匈人的霸权之下，是突厥人势力的时代；至2世纪中叶，鲜卑人占据了蒙古的东部，大约是蒙古人势力的时代；至公元5世纪，鲜卑人和突厥种的拓跋人争夺中国的北部，结果胜利属于拓跋人。在这个时候，戈壁还是属于蒙古种的蠕蠕人。6世纪中叶，历史上出现了突厥人，这就是中国人所称为'突厥'

的，他们称霸于蒙古和西突厥斯坦。至8世纪中叶，突厥人失去了势力之后，与他们同种的其他民族代之而兴，首先是畏吾儿突厥人（自8世纪中叶至9世纪中叶），继之为乞儿吉思突厥人（自9世纪中叶至10世纪其四分之一的末期）。到了乞儿吉思人衰败（公元924年）之后，蒙古地方遂处于各种突厥部落和蒙古部落争夺之中，一直到成吉思汗于13世纪初，在这一地域最终奠定了蒙古人的霸权。"（雷纳·格鲁塞《蒙古帝国史》，龚钺译，商务印书馆，1989，第4页）

关于蒙古族的起源，我国和外国学者众说纷纭，莫衷一是，迄今未有定论，归纳起来共有十二说之多：一、神话说，二、汉族说，三、室韦说，四、西藏说，五、蒙难说，六、非纯粹之突厥说，七、突厥说，八、鞑靼说，九、混种说，十、狼鹿相配说，十一、白狄说，十二、匈奴说。其中较主要的有东胡说（室韦说属于东胡说的一种）、突厥说、匈奴说三种，其根据比其他的说法较足。

关于蒙古是匈奴人的后裔，这个观点是不少中国和外国学者共同提出来的。外国学者，如帕拉斯、霍渥斯、俾丘林和白鸟库吉等。例如日本近代学者白鸟库吉在考证匈奴、突厥、蒙古和通古斯（东胡诸后裔）语的异同时，列出匈奴语中的二十七个词为例，发现突厥、蒙古和通古斯均继承了匈奴的语言（白鸟库吉《匈奴民族考》[原名《匈奴起源考》，后曾改名《蒙古民族起源考》，何健民译，中华书局，1939；又收入林幹《匈奴史论文选编》，中华书局，1983]）。西方权威学者、法国的勒内·格鲁塞的权威著作《草原帝国》（蓝琪译，项英杰校，商务印书馆，1998）和《蒙古帝国史》（龚钺译，翁独健校，商务印书馆，1989）也持这样的观点。中国著名学者黄文弼、方壮猷等人从之。

近年中国也有一些学者提出相似的观点。如，有学者说，蒙古族"继承了我国北方各民族长期分化和融合的历史，把各式各样的部落和居民融成一个民族"（亦邻真《中国北方民族与蒙古族族源》，《内蒙古大学学报》1979 年第 3、4 期）。另有学者指出，继匈奴之后，鲜卑、突厥、契丹和蒙古先后称雄蒙古草原，在这几个民族的先后交替中，"很容易给人一种错觉，误认为匈奴、鲜卑、突厥、契丹、蒙古是完全不同的民族。""蒙古草原是游牧民族的摇篮。鲜卑、突厥、契丹、蒙古先后拥有'匈奴故地'，统一蒙古草原。'匈奴故地'是其共同地域，这就决定了其人口构成、经济方式、语言和心理素质等方面的共同性。""匈奴、鲜卑、突厥、契丹、蒙古并不是完全互不相同的民族，后者是在前者的基础上发展起来的。"（邢莉、易华《草原文化》，辽宁教育出版社，1998，第 21—22 页）当代语言研究发现，突厥语和蒙古语都属于阿尔泰语系。

我认为以上观点也确能成立，但如认为蒙古源于匈奴，那么匈奴与汉族的战争可以延续至朱元璋将元朝推翻并逐回蒙古草原的 1368—1370 年。蒙古源于匈奴这种说法，得到当代蒙古学者的肯定，但匈奴族此时的变易已经非常大了，其变易已大到无确切的证据和线索，因为匈奴人与后来的各族已经同化得非常彻底了。蒙古族与汉族的战争是中国历史上另一场影响极大的生死之战，其严重后果要远大于以前各族与汉族的战争，蒙古族"首创性"地消灭和替代了汉族的中央政权并成为中国各族人民的主宰；蒙古族西进中亚和欧洲也是匈奴和突厥之后影响历史非常深远的一场大战，所以本书将汉蒙之战看作为汉匈之战的延续。而且我认为，现在也没有证据可反证蒙古不是匈奴的后裔，何况蒙古西征时也攻击或利用了突厥人的势力，突厥与蒙古在中、西亚也互相攻击又互相利用，而且在中亚的蒙古人还被突厥所同化。为了保证本书记叙和评论的完整性与匈奴后裔的全貌，本书也记叙和评论了蒙古西征的全过程。

一、北匈奴仓皇西遁，横扫亚、欧，立国印度和欧洲及西罗马帝国之亡

北匈奴在公元 91 年（东汉和帝永元三年）被耿夔在金薇山（今阿尔泰山）击败后，率众西逃，拉开了匈奴西迁的序幕。据中国古史的记载，匈奴历经乌孙、康居、奄蔡（东汉称阿兰聊，三国称阿兰）西进，此后，中国史著不再记载他们的下落，他们进入了西方史学家的视线，匈奴开始了他们在欧洲的战争生涯。

北匈奴西迁的过程

匈奴西遁，首先来到乌孙。《后汉书·南匈奴列传》和《窦宪传》都说"北单于逃亡，不知所在"，但《南匈奴列传·论》又说："单于震慑屏气，蒙毡遁走于乌孙之地。"《袁安传》也说："北单于为耿夔所破，遁走乌孙，塞北地空，余众不知所属。"乌孙的地域"东与匈奴，西北与康居，西与大宛，南与城郭诸国相接。"（《汉书·西域传》）"乌孙国，居赤谷城，在龟兹西北，去（离开）代（代郡，治所在今山西阳高县）

一万八百里。其国数为蠕蠕（即柔然，古族名）所侵，西徙葱岭山中。"（《魏书·西域传》）龟（qiū）兹，即今新疆库车县，其西北是今日伊犁河的上游一带。大约在乌孙的时候，匈奴于元兴元年和延平元年（公元 105 和 106 年），北单于派使者到汉朝要求和亲，并谦称"国贫未能备礼"，汉廷因不满于北匈奴在西域的骚扰，未予答复，从此双方断绝了联系。（《后汉书·西域传》）

但此后北匈奴依旧与东汉有零星的小规模战争发生。《后汉书·西域传》记载：

> 阳嘉三年（134）夏，车师后部（今新疆吉木萨尔县一带）司马（汉朝官员）率加特奴（车师后部王）等千五百人，掩击北匈奴于阊吾陆谷，坏其庐落，斩数百级，获单于母、季母（叔母）及妇女数百人，牛羊十余万头，车千余辆，兵器什物甚众。四年(135)春，北匈奴呼衍王率兵侵后部，帝（汉顺帝刘保）以车师六国接近北虏，为西域蔽扞（"捍"的异体字，保卫），乃令敦煌太守发诸国兵，及玉门关候、伊吾司马，合六千三百骑救之，掩击北虏于勒山，汉军不利。秋，呼衍王复将两千人攻后部，破之。桓帝元嘉元年（151），呼衍王将三千余骑寇伊吾，伊吾司马毛恺遣吏兵五百人于蒲类海（今新疆巴里坤湖）东与呼衍王战，悉为所没，呼衍王遂攻伊吾屯城。夏，遣敦煌太守司马达将敦煌、酒泉、张掖属国吏士四千余人救之，出塞至蒲类海，呼衍王闻而引去，汉军无功而还。

> 永兴元年（153），车师后部王阿罗多与戊部候严浩

不相得，遂忿戾反畔，攻围汉屯田且固城，杀伤吏士。后部候炭遮领余人畔阿罗多诣汉吏降。阿罗多迫急，将其母妻子从百余骑亡走北匈奴中，敦煌太守宋亮上立后部故王军就质子卑君为后部王。后阿罗多复从匈奴中还，与卑君争国，颇收其国人。

这是中国古代文献关于北匈奴的最后的记载，时在公元151和153年。

北匈奴在乌孙逗留一阵后，丢下老弱病残，向西北进入康居。《北史·西域传》说北单于"西走康居"。《魏书·西域传》也说："悦般国，在乌孙西北，去代一万九百三十里。其先，匈奴北单于之部落也。为汉车骑将军窦宪所逐，北单于度金薇山，西走康居，其羸弱不能去者住龟兹北。地方数千里，众可二十余万。凉州人犹谓之'单于王'。"《史记·大宛列传》说大宛"其北则康居"，"康居在大宛西北可二千里。"《汉书·西域传》记载乌孙"西北与康居相接"。康居即在今日中亚塔什干、哈萨克斯坦东南部。

此后匈奴来到了奄蔡，但奄蔡在匈奴到达时已改名，东汉称阿兰聊，三国称阿兰。《史记·大宛传》说："奄蔡在康居西北二千里，行国，与康居大同俗。控弦者十余万。临大泽，无崖，盖乃北海云。"《后汉书·西域传》："奄蔡国改名阿兰聊国，居地城，属康居。土地温和，多桢松、白草。民俗衣服与康居同。"《三国志·魏志·乌丸鲜卑东夷传》裴注引《魏略》："转西北则乌孙、康居。……又有奄蔡国一名阿兰，皆与康居同俗。西与大秦（中国古史对罗马帝国的称

马超龙雀

呼）、东南与康居接。其国多名貂，畜牧逐水草，临大泽，故时羁属康居，今不属也。"据此，阿兰的地域大致上位于东起伏尔加河、西至顿河流域、南至高加索地区的这一片南俄草原上。所临之大泽，即顿河注入的亚速海（位于黑海之北，与黑海相连）。匈奴居留阿兰之时，已是公元374年以后，亦即离开西域近三百年了。

《魏书·西域传》记载匈奴消灭阿兰（但误为粟特）的简况说："粟特国，在葱岭之西，古之奄蔡，一名温那沙。居于大泽，在康居西北，去代一万六千里。先是匈奴杀其王而有其国，至王忽倪，已三世矣。其国商人先多诣凉土（到凉州境内，凉州即今甘肃武威）贩货，及克（攻克）姑臧（按：时在公元439年），悉见虏。高宗（指魏文成帝拓跋濬，公元 452—465 年在位）初，粟特王遣使请赎之，诏听焉。"此时奄蔡已改名阿兰，而且粟特与奄蔡是相距很远的两个国家，并非一国。所以上面所说的粟特国应为阿兰国或阿兰聊国。"先是匈奴杀其王而有其国"，指的是公元 374 年之事。离开此时"已三世矣"，按一世三十年计算，已过去了九十年左右，即已到公元 464 年左右，但在欧洲的"匈奴帝国"于 455 年瓦解，所以这应为此时略前的信息。这是原先属阿兰国的地区到凉州来的商人带来的准确的信息。这是中国获悉北匈奴信息的最后年代，也是北匈奴称霸欧洲的最后年代。此后，中国方面就彻底断了北匈奴的信息，实际上那时北匈奴在欧洲历史上也消失了，所以此后中国当然也不可能得到北匈奴的信息了。

整个匈奴在公元 91 年之前的历史，包括北匈奴在亚洲的历史，只有中国的《史记》《汉书》《后汉书》和三国、魏晋、北朝诸史有专篇或穿插在其他传记中的零星可靠记载，西方人则一概不知。从北匈奴于公元 91 年离开漠北西遁，此后的情况，因其已离中土极远，中国史书的记载极少而且简略，西方人当然更其不知。西方对匈奴的记载最早是起自公元 290 年左右北匈奴在外高加索中南部亚美尼亚的情况。美国学者麦高文说：

此后二百年间，即公元 170—370 年之间，我们对于这些北匈奴人的情形，差不多全无所闻。此一期间，中国正忙于内争，一面又受鲜卑入侵的威胁，故和远处土耳其斯坦的匈奴人失却一切接触，而这些匈奴人也不能再进犯中国。同时在西方因有阿兰那（即阿兰聊）人和哥特人阻隔于匈奴人和罗马帝国之间，所以无论是希腊的或拉丁的作家，对于匈奴人的活动皆无所论及。只有一次，他们述及亚美尼亚（在外高加索中南部）国王泰格兰纳斯（Tigranes，约公元290年）的军队中，不但有阿兰那佣军，且还有一队匈奴士兵。半世纪后（约公元356年），我们又听见波斯北境遭受匈尼特人的攻击。这些匈尼特人也许就是一群匈奴人。（麦高文《中亚古国史》，章巽译，北京：中华书局，1958，第166—167页）

麦高文所说的二百年间，即公元170—370年，是指北匈奴退出中国漠北以后，呼衍王部仍在今新疆东部继续活动至公元170年起算，至西迁的北匈奴攻灭阿兰那国的374年为止。据以上所引《后汉书·西域传》这一最权威的汉文史料，北匈奴呼衍王部在今新疆东部活动的最后一次记载在公元151年，而北匈奴之名的最后一次出现则在153年，但林幹先生指出，这部分北匈奴人与西迁的北匈奴有何关系，却无法知晓（林幹《匈奴通史》，北京：人民出版社，1986，第116页注1）。也就是说，他们是同伙还是北单于带走的部众之外留在西域的零星部落，无法确定。

在匈奴于公元290年左右的事迹之后，西方学者又约略提及约当公元356年时波斯北境受到匈奴人的进攻之事，此事《波斯史》也有简单记载：

> 瞎不尔（Shapur）东方战事自公元 350 延至 357 年，
> 史册殊鲜详载，吾人所知来侵者匈尼特人，即较著于世
> 之匈人。（岑仲勉《伊兰之胡与匈奴之胡》所引赛克斯《波斯史》
> 卷一叙辖不尔大王事，《真理杂志》第一卷第三期，1944 年 5 月）

罗马帝国著名史学家阿密阿那斯·玛西里那斯（约330—390）的名著《历史》是西方最早也是最重要的记载匈奴人活动的著作，此书的记载是：

> 坦乃伊河（即今顿河）将亚细亚和欧罗巴分开，阿
> 兰人就居住在希斯特河（今多瑙河）东边广大无垠的西
> 徐亚（原注：西徐亚即中国史书中所说的奄蔡，其人分布于西
> 亚与东欧南部。其在欧洲部分居住于喀尔巴阡山与顿河间一带之
> 地。……阿兰人系西徐亚人的一支）荒原之上。其地有阿兰山，
> 阿兰人遂因此而得名。他们战胜了许多不同的种族，……
> 将被征服的种族吞并以后，也称他们为阿兰人。……
> 阿兰山脉连绵而东，伸入到人烟稠密、土地广阔的国
> 家，一直到亚细亚。……阿兰人（其中又分为许多种族……）
> 分布为欧罗巴与亚细亚两部分，他们虽相距甚远，而且
> 在广大地区迁徙游牧，但是后来统一在一个名称之下，
> 都称为阿兰人。（齐思和等选译《世界史资料丛刊初集·中世
> 纪初期的西欧》，北京：三联书店，1958，第31—32 页）。

此书又记载匈奴人从顿河以东向阿兰人进攻，阿兰人予以坚强抵抗，两军大战于顿河上，阿兰人以战车为主力，

敌不过匈奴人骑兵，结果大败，国王被杀（实际上是自杀，见下文），国被征服。一部分阿兰人逃散各地，大部分阿兰人投降，并被迫成为匈奴人的"同盟"者：

> 匈奴人蹂躏了……阿兰人的领土。匈奴人大肆屠杀以后，就和残余的阿兰人缔结同盟条约，迫使他们参加自己的队伍。匈奴人和阿兰人联合之后，他们的声势更加壮大了。（齐思和等选译《世界史资料丛刊初集·中世纪初期的西欧》，北京：三联书店，1958，第34页）。

阿兰武士被吸收到匈奴人的军队中去，成为匈奴人军队重要的战斗力量，亦即成为匈奴人横扫欧洲的重要帮手之一。

由于匈奴进攻阿兰的时间和具体史实都已无法知晓，西方学者估计这个战争约开始于公元350年，但能确定最后完成于374年。前已言及，阿兰是横跨亚欧两洲的国家，匈奴攻下阿兰，便意味着进入了欧洲。北匈奴经过近三百年（91—374）的漫长岁月和一万两千里的长途跋涉，终于从亚洲的腹地到达了欧洲，并沿着里海和黑海的北岸向欧洲的腹地纵深发展。

匈奴攻入欧洲引起民族大迁移和匈奴帝国的建立

就这样，公元374年的欧洲突然出现了一支号称匈奴人的强大的骑兵队伍。此年，匈奴和被他们驱使的阿兰人一起攻打阿兰的邻国东哥特国。当时的匈奴首领据说是巴兰勃。匈奴人入侵"这种惊人的消息传到哥特人其他部落里，他们听到说一种以前从没有听说过的人，不知从地球的何处、如高山上的暴风雪般地骤然来临，碰到他们的东西都遭到抢夺、破坏"，立即使他们极为惊恐。东哥特国是当时一个成立不久的日耳曼国家，位于黑海北岸。它东起顿河，与阿兰接壤；西至德涅斯特河，与西哥特接邻；北至德聂斯特河的支流普利派特河沼地；南至黑海。匈奴进攻东哥特时，年迈的东哥特国王赫曼里克急忙率军抵抗。没有想到，那些刚被赫曼里克征服不久的部落乘机造反，企图恢复独立，造成东哥特国不战自乱，所以赫曼里克一战就败，绝望自杀。他的继承人维席密尔与匈奴人苦战数月，兵败被杀。在赫曼里克之子呼纳蒙特的率领下，东哥特人于 375 年投降，部分则渡河进入西哥特。

匈奴人接着越过德涅斯特河攻打西哥特，西哥特国王阿散那里克已经在河上设营布防，力图抵抗匈奴的进攻。然而匈奴人并不在此渡河，而是在远离西哥特人设营布阵的德涅斯特河的上游偷渡，绕到西哥特军队的背后偷袭。西哥特军队伤亡惨重，损失辎重无数，只得往南向多瑙河北面的德兰锡尔伐尼亚森林地带（在今罗马尼亚境内）逃去。匈奴人因战利品太多，追击一阵后无心继续。西哥特的另一支军队有二十多万人，竟被吓破了胆，他们不战而溃，在酋长弗里替真的率领下，急忙逃过多瑙河，避入罗马帝国境内。从匈奴避开西哥特防守的重兵而在河的上游偷渡，可见匈奴并不是不懂兵法，一味蛮干，单靠实力取胜的莽撞之人。西哥特既然早做准备，且本有一定实力，在此战中他们首先是败于思维板滞，灵活性太差。

匈奴人占领西哥特之后，又乘势征服了北边的日耳曼部落，夺取了匈牙利平原。至此，匈奴人将亚欧大草原的整个西部拿到手。三百年前他们失去了亚欧大草原的整个东部，现在却夺到了亚欧大草原的整个西部，正是所谓"失之东隅，收之桑榆"了。勒内·格鲁塞说："是匈奴人，他们以匈人一名，在南俄罗斯和匈牙利建立了前突厥帝国。"（匈牙利草原是俄罗斯草原的延伸部分，正像俄罗斯草原是亚洲草原的延伸部分一样）（勒内·格鲁塞《草原帝国》，蓝琪译，项英杰校，商务印书馆，1998，第11页）

匈奴有了这个稳固的根据地，就与接邻的罗马帝国对阵了。匈奴对罗马的毁灭性打击分为三个阶段：起先，匈奴人逼使日耳曼各部族充当自己攻打罗马的急先锋。因为当匈奴攻下东、西哥特后，日耳曼各部族在这条"上帝的鞭子"的抽打下，在死亡恐怖的威胁下，纷纷向西逃窜，以摆脱匈奴人的兵锋。哥特人、汪达尔人、勃艮第人、盎格鲁人、撒克逊人和法兰克人等，一波推一波，犹如怒涛狂潮一般，逃离居住地，不顾一切地窜进罗马帝国的领地，求得安身立命。他们本也并不敢贸然闯进罗马帝国，因为恐惧匈奴而逃入，结果虚弱的罗马抵挡不住他们，他们就乘机在这个避难所内为所欲为，大肆掠夺，最后甚至占地为王。

再说多瑙河北岸的哥特人在匈奴来到之前本已分为两支，在匈奴的打击下，东哥特并入匈奴，西哥特逃入罗马帝国，请求避难。罗马政府接受他们为"同盟者"，准许他们在巴尔干半岛北部的米西亚和部分色雷斯（今保加利亚）地区居住，同时也像匈奴一样，将他们并入自己的军队，利用他们服兵役，增强自己的军事实力。可是允诺供应的粮食没有送到，哥特人陷入了绝境，他们甚至已沦落到只好出卖子女换粮的悲惨地步。不仅如此，罗马军官和官吏还任意捉拿无人保护的哥特人，强迫他们为自己耕种，甚至把他们卖做奴隶。阿密阿那斯记载：罗马帝国的将领和地方官吏"对待新来的、当时还是无辜的外国人的行为是怀着极坏的动机的。……当蛮族渡过河来以后，食物的缺乏很严重，这些最可恶的将领竟乘人之危，想出来一桩最可耻的贸易，他们在广大的地区捕捉了许多狗和蛮族交换，一只狗换一个奴隶，许多蛮族竟这样做了，其中包括酋长的儿子们。"（齐思和等选译《世界史资料丛刊初集·中世纪初期的西欧》，第38页）罗马人的恶劣行为受到了历史的报应：

西哥特人忍无可忍，在弗里杰恩的领导下，于378年发动叛乱，受尽压迫和蹂躏的当地奴隶、隶农和农民群起响应，纷纷参加到叛乱队伍中来。他们烧杀戮掠，穷凶极恶，还把一些贵族驱逐到多瑙河北岸，夺取其土地。瓦伦斯皇帝急忙从亚洲赶来，亲率六万大军前往镇压。双方在君士坦丁堡附近的哈德里安诺波里斯交战，罗马的一万五千骑兵被西哥特人一举击溃，四万五千步兵则在阿得里雅堡全军覆没，皇帝瓦伦斯战死。继任的帝国东部的皇帝提奥多西乌斯只好将色雷斯和马其顿的新土地让给西哥特人定居，并保证给以粮食和牲口，还允许他们参加罗马军队、领导人可以担任罗马的重要官职，起义才暂时中止。

被匈奴人打得落花流水或闻风而逃的哥特人，打罗马军队倒是绰绰有余，可见匈奴人的战斗力在当时欧洲的最高地位。而这一战已经动摇了罗马帝国的根基。

而此时的匈奴则因 370—375 年在欧洲初战得手，建立起匈奴帝国，在此后的半个多世纪中，他们尚无明确的计划，只做了一些小小的动作，如南越高加索山脉，侵入过亚美尼亚、美索不达米亚、卡帕多西亚和叙利亚，于 396 年又有一小部分匈奴人企图侵入波斯萨珊王朝的首都——底格里斯河畔的特息丰城，遭到反击而未予攻克。匈奴人还大败过其他日耳曼人，他们甚至作为罗马的雇佣军帮助罗马帝国与日耳曼人打过仗。

但以公元 400 年为标志，匈奴人开始与罗马帝国有了直接的军事交涉，意味着匈奴在欧洲的活动进入到西进的第二阶段。对此，麦高文简要归纳说：

> 匈奴人入侵欧洲的第二期始于公元 400 年左右，终于公元 415 年左右，以后的欧洲历史遂大受改造。我们还记得匈奴人第一期西侵的结果是将许多日耳曼人民逐出了俄罗斯南部并使之成群地入居于巴尔干，这对于东罗马帝国是一大致命的打击，但西罗马帝国则所受影响较小。现在又来了第二期的匈奴西侵，驱使许多蛮族人冲进西罗马帝国，结果意大利连遭西哥特人蹂躏达四年之久，而非洲、西班牙和高卢也被其他蛮族所占领。
>
> 这些蛮族的冲入使罗马帝国既然完全或大部分由于匈奴人在后面加以压力所致，我们对于匈奴人本身和

罗马人之间所发生的直接接触，倒毋宁感觉其稀少了。我们颇可相信，匈奴人在此时期中，第一次获得了对于巴诺尼亚省的直接控制权。但巴诺尼亚之地本已被大群的蛮族移民（如在阿拉修斯和萨弗来克斯二人统率下的东哥特人等）所占，所以匈奴人的征服该省，不过是使居于其地的蛮族，将他们的主人翁由罗马人换作匈奴人而已。又当匈奴人占领巴诺尼亚之际，所有的东哥特人民差不多全被重新团结起来，但皆服从于匈奴之控制。

此一时期，匈奴人除了占领巴诺尼亚之外，对于西罗马帝国几绝未加以直接之攻击，偶尔匈奴人也有入掠多瑙河南之事，但皆以东罗马国为对象，其性质亦轻微而不严重，有一次（公元408年）匈奴人（当时的首领为乌尔丁）且曾反受一大打击，……乌尔丁自己也几乎不能保全性命。此后我们就不再听见乌尔丁及其事迹了，也许他不久即已逝世。乌尔丁之死，可说是结束了匈奴人第二期的征略。

（麦高文《中亚古国史》，章巽译，北京：中华书局，1958，第184—185页）

的确，诚如麦高文所说，在公元400年之前匈奴人也已攻击过东罗马帝国。讲到罗马分成东西两部，是因为在公元364那年多瑙河军官瓦伦蒂尼安一世被军队拥立为皇帝时，他把东部分给了他的弟弟瓦伦士，瓦伦士住在君士坦丁堡，他则住在米兰（当时称梅迪奥拉农）。提奥多西乌斯在公元395年把罗马帝国的东西两个帝位合并，帝国又统一在一个皇帝的统治之下。可是他就在此年去世，他一死帝国依旧一分为二，东部由他的长子阿尔卡迪乌斯（395—408）执政，西部由他的幼子霍诺里乌斯（395—423）掌权，罗马在仅仅几个月的短暂合并后又分裂为东西帝国。历史学家把395年作为东西罗马帝国正式分裂的年代。匈奴在375年以后先是向东罗马帝国的西亚各省进攻，夺取大批俘虏和牛羊、财物。此后，在公元395年冬，匈奴渡过多瑙河，攻入色雷斯（今保加利亚），大掠而还。400年再攻入色雷斯，以后就连年侵扰此地。

但是在公元400年秋季，东罗马帝国的将领盖尼亚因谋反失败，在潜渡多瑙河下游逃亡途中，被以乌尔丁为首的匈奴人捕获，乌尔丁竟然斩了盖尼亚，将首级送给君士坦丁堡的东罗马皇帝，以示友好。与此同时，有一群原居于昔斯河以东（今匈牙利东部）的新的哥特人遭到乌尔丁所部的匈奴人的追击，在首领雷大盖斯的率领下，向西逃过多瑙河而进入罗马帝国的巴诺尼亚省。匈奴人尾追而入，哥特人在匈奴人的追击下于404年翻过阿尔卑斯山东端，进入意大利。次年，他们在法哀苏里（今佛罗伦萨附近）遭到西罗马帝国大军的阻击，后面又有与罗马帝国军队合作的匈奴人，哥特人几乎全军覆没。雷大盖斯率领的哥特人一路受到匈奴人的尾追，自401年起在逃亡的过程中造成了居住在巴诺尼亚的汪达尔人、过去来自匈牙利东北部的瑞维人和以前被匈奴驱逐出俄罗斯的阿兰那人的不断狂奔西迁，造成欧洲极大的混乱。

乌尔丁死后的若干年间，正遇上当时欧洲几乎完全没有文献可证的时期，所以这一时期匈奴人的事迹没有任何记载。他们大约也没有什么特别的作为，否则总会有热心而认真的历史学家在事后根据民众不绝如缕的传说补记的。

同时，在这一阶段，西哥特人虽受到罗马帝国的安抚，但并不就此罢休，他们在阿拉里克的率领下开始劫掠巴尔干，大肆蹂躏希腊之后，西进意大利。汪达尔人和勃艮第人也受匈奴的逼迫迁移而由北方入侵。西哥特人竟三次围攻西罗马帝国的首都罗马，虚弱的罗马帝国无力抵抗，前两次依靠大量的赔款总算保全了罗马城，可是在410年8月的第三次围攻时，西哥特人联合匈奴人，以近三十万人的兵力，终于攻陷罗马，罗马城被无恶不作的入侵者烧杀掳掠弄得残破不堪，罗马帝国遭到了一次毁灭性的打击。西罗马帝国只好将首都迁到拉温那。阿拉里克死后，西哥特人在阿泰尔夫的率领下折入高卢南部和西班牙北部，于419年建立西哥特王国，这是罗马帝国境内建立的第一个日耳曼人的王国。与此同时，汪达尔人因409年受匈奴人的逼迫，进入西班牙。他们转战意大利南部、北非，侵入突尼斯和阿尔及利亚的东北部，439年占领古老的都城迦太基，他们将罗马的海外行省几乎全部夺走，使罗马在地中海的霸主地位丧失殆尽，西罗马帝国被逼回意大利老家，回到了当初的出发点。西哥特王该赛里克又领导汪达尔和阿兰人在迦太基的旧址上建立汪达尔—阿兰王国。这是日耳曼人建立的完全脱离罗马帝国的强大的独立国家。

阿提拉横扫欧洲和猛攻罗马帝国

此后匈奴的主力就自己出场了，这就是阿提拉领导匈奴人的时期，他们也毫不犹豫地向继希腊之后统治欧洲已有近千年的庞然大物罗马帝国发起势不可挡的猛烈攻击。

乌尔丁之后和阿提拉之前，匈奴人的君主是奥克塔和路加兄弟俩。他们领导的匈奴，在公元422年和426年，入侵东罗马帝国的色雷斯（今保加利亚）和马其顿，并使两地大受蹂躏。东罗马皇帝西阿多修斯二世费劲将他们打回多瑙河以北，但仍感无法抵挡匈奴，只好用金钱来购买安宁。东罗马自431年开始每年向匈奴纳贡黄金三百五十镑，并允许匈奴人在罗马境内的几个城镇同它进行互市，才换得边境的暂时安宁。但是边境问题毕竟复杂，事实又往往证明金钱不是万能的。在多瑙河以北，紧接着罗马帝国边境的众多小部落，原本都是各自与罗马签订协定从而保持安定的，可是到了432年，路加在向东罗马帝国要求引渡逃入帝国境内的匈奴人时，竟同时宣布所有这些小部落都是匈奴的属民，帝国应废除过去与他们签订的所有协定。西阿多修斯不敢回绝这个强横邻居的无理要求，就派使者到匈奴朝廷争取和平谈判。等到罗马使者到达匈奴的领地时，路加已经去世，他的两个侄子——白里达和阿提拉兄弟俩已经继位为国王了。两位国王骑在马上与同样骑在马上的罗马使臣谈判，谈判的结果是罗马帝国不仅同意了匈奴原先的要求，而且罗马必须将每年的贡金翻倍，因为匈奴现在有了两个国王。罗马慑于匈奴的战争威胁，只好接受了匈奴的全部条件，订立了这个马嘎斯条约。弱国无外交，这个条约再次证明了这条颠扑不破的真理。但匈奴并未停止对它的进攻，因为条约不能保护弱者，条约倒反而需要实力的保护，如果实力不足以保护条约，条约并不能约束强者的欺凌，这又是一条真理。443年，他们攻到东罗马帝国的首都君士坦丁堡（今土耳其伊斯坦布尔）城外，东罗马全军覆没，只好再次求和，于是双方再重订和约：一，东罗马即刻向匈奴支付现款六千磅黄金；二，每年贡金增至两千一百磅；三，从匈奴逃亡的东罗马战俘，东罗马必须每名赔偿十二个索利达；四，东罗马以后不准再接受匈奴逃犯。444年，阿提拉谋害了其兄白里达，他成为匈奴唯一的独裁君主，一元化的独裁领导体制加快了霸权主义的实行。阿提拉粗壮结实，鼻梁扁平，脾气暴躁，性格傲慢而又坚韧。在西方历史学家的笔下，他也的确是一个极不平凡的人物：

　　阿提拉之都城不啻一大营堡与村庄而非城镇。石建筑只有一所，是为仿罗马式之浴所。人民居于茅屋或篷帐中。阿提拉及其主要人物，则与其妻妾及从者，住于一木宫之中，在一大堡围内。掠夺所得极多。然阿提拉仍守游牧简朴之风，用木碗及木盆。从未尝试面包。工作甚力。宫门前庭场常开，且时出骑驰。遵守雅利安及蒙古人在厅中设大宴之原始旧习，饮酒极多。普里斯库斯叙述诗人之如何吟咏于阿提拉之前：此辈诗人"背诵其所作之诗歌以祝颂阿提拉之英武与胜利。厅中肃静异常，来宾全神皆为此和谐之声音所吸引，提起其昔日伟绩之念而保存于心中，武士之赳赳锐气则时露于眉目间而不能复耐矣；老者则有潸然泣下者，因不能再执干戈争荣于沙场，表示其失望之态也。斯可谓训练军事道德之演讲。继此歌唱者，则有喜剧，一扫人性严肃之态焉，为和乐之戏。喜剧之主角为摩尔人及塞种人之丑角，以其光怪陆离之衣服及姿势，杂凑之语言、拉丁语、哥特语与匈奴语之特殊滥用，均足以博得粗陋座客之欢心。全厅笑声大作，耳为之震。当此纵乐之际，阿提拉独面不更色，固持其沉静不屈之态度。"（〔英〕H.G. 韦尔斯《世界史纲》上册，梁思成等译，上海商务印书馆，1927，第 418 页。

按：这段文字，韦尔斯引自吉本《罗马帝国衰亡史》，商务印书馆"汉译世界学术名著丛书"本所据的原本已删去有这段文字的第三十四章，故汉译本没有这个内容）

阿提拉的枭雄形象通过他身边人的陪衬而描写得栩栩如生，匈奴人饮酒作乐的场面和被占领者阿谀逢迎的嘴脸也历历如绘。

此后，阿提拉成为新的领袖的匈奴被称为"阿提拉王国"或"阿提拉王朝"，又称为匈奴帝国，从公元 448 年至 450 年，匈奴在欧洲进入了空前绝后的强盛时期。在这个时期，匈奴人对罗马帝国的攻势极为猛烈，这便是匈奴西进欧洲的第三阶段，即史称"匈奴帝国"的阶段。

447 年 1 月，东罗马的首都君士坦丁堡和色雷斯等多个省区发生强烈地震，时间持续四个月之久。阿提拉趁火打劫，乘机又攻入东罗马，占领了许多城市，并严重威胁着君士坦丁堡。448 年，双方停战重开谈判，东罗马又一次接受他的苛刻要求：东罗马将多瑙河以南，西起辛吉杜那木（今南斯拉夫的贝尔格莱德），往东300英里，南北一百英里的大片土地割让给匈奴，把当地的居民全部撤走；东罗马按期向匈奴交纳贡金，不得拖欠。东罗马此时已穷困不堪，对匈奴已毫无招架之力，至此已对匈奴彻底服帖，已经到了俯首帖耳只求苟延残喘的程度。不过此后几年匈奴也果然守约，不再以东罗马帝国为首攻目标，他们专去攻打西罗马帝国了，西罗马帝国因此而迅速完蛋，东罗马帝国则竟又存活了两百多年。这样看来，东罗马帝国对于匈奴的妥协还是非常必要的和明智的。但在攻打西罗马帝国之前，匈奴全力征略东欧、北欧和西欧的各个蛮族，从而建立起一个庞大的匈奴帝国。这个匈奴帝国的疆域：东起咸海，西至大西洋，北至波罗的海，南至多瑙河和阿尔卑斯山。它已在军事上统一了整个欧洲的北方。境内的各日耳曼部落和其他民族都臣属于匈奴，他们作为附属国都有自己的国王和酋长，平时向阿提拉称臣纳贡，战时出兵参战。这有点像早期松散的联邦制。匈奴帝国结构虽然松散，却是当时欧洲也是世界上最强大的国家，兵锋所及，所向无敌。当时的中国也处于南北朝时期四分五裂的状况，正在不断地打内战，留在亚洲的南匈奴也已攻入中原地区称王称霸呢。

自公元400年至450年，匈奴严重威胁东罗马帝国达半个世纪之久，到450年，阿提拉终于将攻击的锋芒从东罗马转向了西罗马。公元450年，因为西罗马帝国皇帝瓦伦蒂尼安三世的妹妹霍诺利亚公主向阿提拉发出吁请，请他把她从与她不爱的男人的婚事中解脱出来，阿提拉把这一请求看成是这位公主要嫁给他的表示，所以阿提拉向西罗马提出和亲的要求，他指名要娶霍诺利亚公主为妻，并狮子大开口地要求西罗马送他一半领土，作为霍诺利亚公主应得的遗产充当她的嫁妆。西罗马严词拒绝了阿提拉的无理要求，声称：她早已和别人订婚，并且按照罗马的法律，女子无继承遗产之权。

于是阿提拉决定攻打西罗马了。但在攻击时，他声西击东。他于451年春率军西进时，表示对西罗马仍保持友好关系，扬言要讨伐的是西哥特，正巧那时汪达尔国王萨里克煽动阿提拉进攻西哥特。阿提拉率领匈奴和日耳曼多个部落和东哥特还有阿兰人的联合大军，号称五十万人，取道北路，沿着莱茵河，浩浩荡荡地攻入西欧。整个西欧沸腾起来，对这支空前庞大的入侵队伍极为恐惧。西罗马也不上匈奴人的当，它闻讯立即与西哥特联合起来，准备迎敌。西罗马大将阿伊西阿斯和西哥特国王调集军队之时，分布在莱茵河下游西岸河滨的法兰克人和萨瓦地区的伯坎底人也加入西罗马方面，前来参战。阿提拉选择进攻的目标是罗马统治下的高卢（今属法国），而非意大利本土，这一方面是阿提拉善打迂回战的老战术，另一方面是因为此时的高卢正分裂成多个半独立的蛮族王国，他既可各个击破，也可在向西罗马开战后争取获得他们的帮助。因为此时，高卢全境战火纷飞。原先已曾发动过的谋求自由的巴高达运动再度高涨，奴隶、隶农和贫民都加入了战斗，进入高卢的西哥特人、勃艮第人和法兰克人利用这个形势，加速摧毁罗马在高卢的统治。尽管巴高达在437年和451年受到两次镇压，罗马帝国则顾此失彼，无法压服日耳曼各族的力量，日耳曼人在欧洲包括高卢站稳了脚跟，各自创建王国。日耳曼人部族众多，除了哥特人、汪达尔人外，还有伦巴德人、苏埃几人、勃艮第人、盎格鲁人、撒克逊人、法兰克人等。

渡过莱茵河后到达高卢北部的匈奴大军攻占了许多重要的城镇，公元451年4月7日，阿提拉攻下莱茵河以西的重镇梅斯（在今法国东北部），再由此转战而西，进军奥尔良（在巴黎以南），包围此城后久攻不克，6月14日就将部队拉离此城，想往北迁回，此时西罗马和西哥特的联军已紧紧追击上来。西罗马大将埃提乌斯和西哥特国王提奥多里克一世达成了协议，组成联军对抗阿提拉的入侵。为了振奋士气，西哥特的老国王带着他的儿子托里斯蒙德，亲自出征和指挥军队。20日，双方在巴黎东南的特洛伊城（在塞纳河的北岸）的郊外、卡塔洛尼亚平原遭遇。在敌军刚到达的时候，阿提拉就立即撤出正在围城的部队，还用号角声召回正在掳掠刚刚攻进的一座城池的距离最远的一支军队。这充分体现了阿提拉是永远以谨慎保卫着他的勇敢的用兵风格。可是罗马和西哥特联军的前锋已不断冲击着匈奴联军的后卫，此时阿提拉迅即将全军往回渡过塞纳河，主动退到卡塔洛尼亚平原，准备在这个开阔地带迎敌。这时夜幕降临，周围一片漆黑，小股的遭遇战使匈奴一方被杀掉一万五千人。晚九时，两军大打出手，而双方投入的总兵力达到百万之巨。当两支大军在这个广阔的平原上正式遭遇时，双方开始争夺一个能控制局势的制高点。年轻而英勇的托里斯蒙德首先占领了最高点，这个成功极大地鼓舞了士气，增强了西哥特人的必胜信心，他的部下勇猛地冲向从对面往上冲的匈奴士兵。阿提拉面对这个不利形势极感忧虑，他急忙向传教士和肠卜师求救，肠卜师马上杀了一个牺牲，他在研究它的内脏和骨头之后，发现它通过一种神秘的语言所透露的信息：己方将败，但对方的主要人物将当场阵亡。阿提拉感到决战不可避免，就做了一个鼓舞人心的战斗动员。经过一夜恶战，双方各死十几万人，损失极为惨重。混战中，东哥特的贵族安达吉斯的标枪刺中了骑马随部队前进正在督战的西哥特老国王提奥多里克，他摔下马来，马上被马队踩死。托里斯蒙德从小山上冲下，而阿提拉以为胜利在望，丢弃了谨慎，带着中心部队冲得太快，结果两翼来不及跟上，互相照应不及，至翌日早晨，阿提拉战败。次日，西哥特人要为阵亡的国王报仇，继续向匈奴人猛攻。阿提拉退回到保卫军营的后卫部队中，命令手下将战车环绕起来，军队躲在车阵中，借以抵抗。情势已相当危急，阿提拉下令烧掉马队的马鞍和一切装备，如果敌人突破防线，他就跳进火中，决不让敌人得到杀死或俘获阿提拉的荣誉。托里斯蒙德号召部下追赶敌人，却发现随从者很少。在混战中，他被摔下马来，差一点和他的老父一样命归黄泉。幸亏他本人年轻灵活，兼之贴身的部下奋不顾身地相救，才好不容易地被拉出险地。得胜者当着战败者举行了国王的葬礼，但他们的进攻被守在营地的匈奴人像雨点般密集的飞箭挡回或消灭。战胜方的官兵听到匈奴的军乐队不断地奏着响亮的鼓舞士气的乐曲，感到军乐象征着阿提拉像一头伏在洞中的无比愤怒的狮子，它所发出的对于敢于走近它的猎手的威胁，令人深感惊恐。于是战胜方首领在商议后决定团团围困匈奴国王和他的残存部队，逼迫他在断绝给养的情况下投降或在兵力悬殊的情况下决一死战。可是在此关键时刻，西罗马大将埃提乌斯打起了自私的小算盘，他怕匈奴人被消灭后，造成西哥特人过于强盛，对自己很不利，以后西罗马就难以对付西哥特了。他就劝告西哥特太子图里斯蒙德急速回国，保住自己的王位要紧，又让法兰克人也回国。他自己也率领西罗马军队打道回府。图里斯蒙德经他提醒，想到夺权最重要，悠悠万事，以此为大，而且攘外必先安内，果然退兵而走，竟让匈奴人从容逃走。匈奴是不可战胜的神话被粉碎了，但阿提拉临退却时却威胁说："我还要回来的！"

埃提乌斯为了避免曾经攻陷并血洗罗马的西哥特过于强大，从而使自己难以对付，要留下匈奴来牵制他们，求得欧洲各种军事势力的平衡，这个战略思想是无可非议的。现在罗马既然可以和摧毁自己老巢罗马城的宿敌西哥特联合起来对付匈奴，也许明天罗马又可和匈奴联合起来抵抗西哥特呢。而且罗马帝国也的确曾利用匈奴的兵力成功对付过哥特人。问题是阿提拉在当时的欧洲是无人能够抵挡的，埃提乌斯此举无疑是放虎归山，而他本人和西罗马帝国连求得互相牵制和保持平衡的能力和实力也没有，真是心有余而力不足啊。

阿提拉回到匈牙利境内略作休整后，于第二年（452）春天即将来临的时候再次向西罗马进攻。他重提要娶霍诺利亚公主并享有她的祖传财富的要求。他再次遭到断然拒绝或借故推托，作为失败的求婚者，阿提拉马上发挥他立即诉诸武力的老传统，出兵攻打。阿提拉这次直接攻向意大利，他挥师越过阿尔卑斯山，立即攻下意大利东北部的首邑、亚得里亚海海边人口最多最富有最强大的滨海城市阿奎利亚，不仅抢光财富，连城中建筑也被彻底摧毁，以致后世连阿魁利亚城的遗迹也无从找到了。入侵者随后一路所向披靡，横扫意大利北部，相继占领帕多瓦、维罗纳、米兰诸名城，所过之处，均遭蹂躏，大受劫掠。《罗马帝国衰亡史》记载：

> 当他（阿提拉）占据米兰的皇宫的时候，一幅画着众恺撒坐在皇座上，下面跪着许多西徐亚王族的图画使他十分吃惊，也深感厌恶。阿提拉对罗马的浮夸纪念物的破坏倒是颇为巧妙也无伤大雅的。他命令一个画家改编画中的人物形象和姿态；那些皇帝在同一张画布上全画成在西徐亚国王的王座前卑躬屈节，从口袋里往外倒金银财宝的神态（爱德华·吉本《罗马帝国衰亡史》下册，黄宜思、黄雨石译，北京：商务印书馆，1997，第89页）。

阿提拉正要挥师直捣罗马，正在罗马的西罗马皇帝瓦伦丁尼安三世惊恐万状，连忙请教皇利奥一世和两个罗马大贵族前往阿提拉军中，劝阻其放弃攻打罗马城的计划。阿提拉考虑到正逢意大利粮食歉收，军中严重缺粮，军队又祸不单行地流行起瘟疫，兼之东罗马的援军将到，而利奥威严的外表、咄咄逼人的口才和阿拉里克攻下罗马城后不久即死去的告诫，也都对他起了作用。他就将计就计，接受了教皇的重金贿赂和他的规劝，乘势退兵，回到多瑙河以东匈牙利境内的匈奴帝国的首都。临走时，他威胁西罗马帝国说，罗马如果不将他的那位新娘霍诺利亚按照条约上的规定如期交给他的使臣送来的话，他便将更为凶恶、更不留情地率师回击！

第三年（453），当阿提拉正要筹划进攻东罗马时，却在与另一位姑娘的新婚之夜忽然暴卒。吉本描写"阿提拉之死"说：

（在回国后的第二年）这时在阿提拉的无数的妻妾中正好又增加了一个名字叫伊尔狄科的姑娘，使他对公主的情肠已不是那么牵挂了。他们的婚礼是在多瑙河彼岸的木结构的皇宫里，按野蛮人的仪式和风俗进行的；那位又醉又困的国王到半夜以后才离开筵席，回到新床上去。他的侍从从第二天下午仍一直听任他去享乐或休息，对他不加干扰，一直到出奇的安静引起了他们的恐惧和疑心；于是他们大声叫喊企图吵醒阿提拉，无效之后，他们破门冲进了皇帝的寝宫。他们看到发抖的新娘，用她的面纱捂住脸坐在床边，为她自己的匕首和半夜里便已咽气的死去的国王悲伤。一根血管忽然爆开，由于阿提拉仰身卧着，喷出的一股血流堵住了他的呼吸，这血没有从他的鼻孔里流出，却回流到肺和胃里去。他的遗体被庄严地陈列在大平原中央一个用丝绸扎成的灵堂里；

几个经过挑选的匈奴人的步兵队伍，踏着拍子绕着灵堂转圈，向这位活得光荣、至死不败的英雄，人民的父亲，敌人的克星和全世界的恐惧对象唱着葬礼歌。这些野蛮人，根据他们的民族习俗，全都剪下一绺头发，在自己的脸上无端刺上几刀，他们要用武士的鲜血，而不是妇人的眼泪来哀悼他们的理应受此殊荣的英勇的领袖。阿提拉的遗体被分别装在一金、一银、一铁三口棺材里去；破土挖坟的俘虏都被残暴地杀死；仍是那些刚刚还悲不自胜的匈奴人，现在却在他们的国王的新坟前，毫无节制地大吃大喝，寻欢作乐。根据在君士坦丁堡流行的传说，就在他死去的那个幸运的夜晚，马基安在睡梦中看到阿提拉的弓被折断了：这一说法倒恰足以证明，在罗马皇帝的头脑里如何随时都存在着那个可怕的野蛮人的影子（*爱德华·吉本《罗马帝国衰亡史》下册，第93—94页*）。

阿提拉就这样一命呜呼，罗马帝国和欧洲的一颗大灾星突然跌落了。他不是死在疆场上，不是死在敌人的身旁，而是死在卧床上，死在美人的身旁（*按中国古人的说法，"牡丹花下死，做鬼也风流"，一作"宁教花下死"*），从匈奴人的角度看，没有死得其所，他死得偶然而冤枉，他的死使匈奴马上衰落而且竟一蹶不振。他的一生，横扫欧洲，杀人无数，也毁灭了无数财富和众多城市。爱德华·吉本《罗马帝国衰亡史》幽默地引用当时人之言："有一句描写阿提拉的凶恶、狂傲的话，说凡是他的马蹄踏过的地方连草都不长了。"（*爱德华·吉本《罗马帝国衰亡史》下册，第90页*）话虽夸张，但形象地概括了此人罕见的极大的破坏性。雷纳·格鲁塞指出："如我们所知，阿提拉并没有真正夺取他所征服的一切其他好战人民的东西——即阿尔泰人、芬兰－乌戈尔人、萨尔马西安－阿兰人或日耳曼人的东西。他满足于屈服他们，如同滚雪球一般，以匈人为核心，将其他民族合并在内，然后推动这些全部人众去攻击各古老的定居国家。"（雷纳·格鲁塞《蒙古帝国史》，龚钺译，翁独健校，商务印书馆，1989，第6—7页）也说他只是带动蛮族给欧洲留下了巨大的破坏，如此而已。阿提拉之死应验了中国古代的格言："多行不义必自毙。"（《左传·隐公元年》）

正因为这个支离破碎、结构松散的匈奴帝国，没有任何建设性的东西，尤其是政权建设和经济建设，原本全靠天才的阿提拉支撑着，由他统治着一批如虎如狼、没有任何仁义、约束的国王、酋长和将领，所以一旦他死后，这个国家马上分崩离析。一些胆大的酋长都纷纷自立为王，而那些势力强大的日耳曼部落的国王又全都唯我独尊；由许多来自各民族的母亲为阿提拉生下的一大堆儿子，像某些大户人家分私产一样，你争我夺地把日耳曼和西徐亚的统治权给瓜分了，各自为王，自相残杀。

阿提拉死后，以东哥特人和吉匹特人为先导，日耳曼人乘机反抗，企图摆脱匈奴人的控制而独立。公元454年，原来作为阿提拉亲信的吉匹特国王阿达利克联合日耳曼诸部（东哥特、西利安、鲁吉安和赫鲁人等）与匈奴人在匈牙利境内的聂德尔河畔激战，结果匈奴人失败，死亡三万几千人，阿提拉的长子埃拉克被杀。此战以后，匈奴人的主体部分退到克尔巴阡山以东，回到过去七十余年一直留居于南俄大草原的匈奴同族人之中，而匈奴帝国的中心地区匈牙利则落到日耳曼人战胜者之手。以多瑙河为界，吉匹特人占领了多瑙河之东的大部分地方，东哥特人占领了河西的巴诺尼亚。

此后，匈奴的残余势力尚占据了东欧的一些零星地方。阿提拉的幼子伊尔那克此时也率领着少数匈奴人占据了多瑙河河口以南即今多布罗加地区（今罗马尼亚东南和保加利亚东北的沿黑海地区）。另两个匈奴王子占领着东罗马帝国偏西之地；其他还有若干个小群的匈奴人留居于东罗马帝国的境内各处。过了数年，阿提拉的其他后人再图西进，企图恢复失地，遭到吉匹特人的坚强抵抗，只能在吉匹特人占领地的南面即多瑙河的下游地区抢到几个据点。公元461年，阿提拉的另一个儿子邓直昔克企图重建匈奴的霸权。他起先沿着多瑙河西进，绕过吉匹特人占据的地区，直接攻击占领着巴诺尼亚的东哥特人，在其附近多瑙河畔安营扎寨达十五六年之久。公元468年（北魏献文帝拓跋弘皇兴二年），他率军南下渡过多瑙河，攻打东罗马帝国，结果大败，邓直昔克阵亡。从此匈奴人退出了欧洲的历史舞台，所以此事也成为西方史书关于匈奴人在欧洲活动的最后记载。

吕思勉的经典史著《中国民族史》第三章《匈奴》中言及其在欧洲的结局："匈奴为汉族所迫逐，正支西徙，至今立国欧洲。""其入欧洲者，立国于马加之地，为今匈牙利等国之祖焉。"（见洪钧《元史译文证补》卷二十七上）又说："《罗马史》载匈奴西徙后，有诗词歌咏，皆古时匈奴文字。当

时罗马有通匈奴文者,匈奴亦有通拉丁文者,惜后世无传焉。"(见洪钧《元史译文证补》)

《史记》谓匈奴"无文书",故而匈奴自己无史,匈奴史赖中国《二十四史》的《史记》《汉书》《后汉书》等著作,以及《元史译文证补》和西方《罗马史》等的记载才能连缀起来。

《元史译文证补》的作者洪钧(1839—1893),江苏吴县(今苏州)人。同治进士,1881年任内阁学士,官至兵部左侍郎。1889年至1892年任清廷驻俄、德、奥、荷兰四国大臣。在出使期间获得西方的资料,开了中国史学界利用外国资料研究元史的先例。回国后,曾任总理各国事务衙门大臣,主张加强军训,巩固边防。

匈奴帝国灭亡之原因

匈奴帝国在阿提拉之后的崩溃主要原因有三个:一是匈奴没有建立真正的国家体制,它只是一个松散的政治和军事的联盟,并没有将所征服的各族人民统一起来和团结起来;二是匈奴的领导集团内讧,阿提拉之诸子分裂并争斗,迅速削弱了匈奴的力量;三是匈奴未能产生新的能够使本民族中兴的有足够能力的领袖。后两个原因是相辅相成的,但第三个原因是决定性的。实际上,纵观古今中外的历史,任何民族的成功与失败,都离不开这三个原因。

但是,阿提拉的破坏并非只有负面的效应,他尤其是整个匈奴催动蛮族西迁狂潮和匈奴军事势力横扫欧洲且歪打正着的历史功绩。麦高文总结阿提拉的一生及匈奴人西迁给予欧洲的影响说：

> 阿提拉诚然是一个伟大的人物，但他的永久性建树却又极少。匈奴人入侵欧洲所造成的真正重要结果或唯一永久结果，就是驱使哥特人及其他的日耳曼人民向西侵入罗马帝国。但这一工作，在阿提拉以前便完成了；对于各族人民大迁移之事，阿提拉本人的贡献并不大。他的伟大功绩是造成了一大匈奴帝国，可是这个帝国却如昙花一现，崩溃得极快。阿提拉死后不久，匈奴人在欧洲西部便永久地被驱除净尽了。（麦高文《中亚古国史》，章巽译，北京：中华书局，1958，第197—198页）

这个评价不尽正确。

匈奴剩余势力中的一部分定居匈牙利地区后，终于在这里立国。阿提拉的曾孙阿巴鞮（Apad）于公元596年建立匈牙利国。据学者考证，匈奴人与匈牙利人在祭祀天地鬼神、崇拜日月、习俗尚左、致谢则脱帽等风俗习惯，以及语言上对父母子女伯叔和骡马狗等称谓都相同，证明两者原是同一民族，和汉族相同的地方也很多。而且16世纪时匈牙利大学东方文学院曾出版匈、中语词比较的书籍，足以证明中、匈两国的语言也有极大的关系。元太祖成吉思汗和元世祖忽必烈均曾亲到过匈牙利，其部下为中国多个民族的人，留居匈牙利的人也不少，所以同化的地方也不少（何震亚《匈奴与匈牙利》，《中外文化》第1卷第1期，1937年2月；又收入林幹编《匈奴史论文选集》，北京：中华书局，1983）。但匈牙利国内民族除了匈奴之外，在中世纪还有马扎尔人、阿瓦尔人结合进来，民族成分也就比较复杂了。

白匈奴立国于中亚和印度及最后的灭亡

公元4—5世纪匈奴西侵欧洲之同时，匈奴的另一支，即游牧的嚈（yàn）哒人开始在中亚一带活动。一般认为嚈哒人是与大月氏混血的匈奴人，印度和东罗马史家都称之为"白匈奴"。这支白匈奴的来历，缺乏历史记载，史家认为，他们可能原住在阿尔泰山一带，因受柔然的攻击而南迁；也可能起源于中亚吐火罗地方。5世纪初，嚈哒人消灭印度半岛北部的贵霜，在阿姆河南岸巴克特里亚建国。484年，又击败伊朗，逼迫其纳贡；同时于5世纪中叶南侵印度北部，嚈哒酋长头罗曼于499年进占中印度马尔瓦地区。502年，头罗曼的儿子密希拉古拉在北印度立国，以旁遮普的奢羯罗城为首都。嚈哒人进入印度后不久就接受了印度的文化，新的统治者保护印度教，与印度教势力相结合，重建寺庙，把土地分给婆罗门。北印度成为嚈哒国家的一个省。此时印度的笈多王朝则早趋衰落，未被嚈哒占领的地区分裂成众多独立的小国，只有恒河下游一带还归属于笈多王朝。到6世纪初，嚈哒人的势力达到极盛，控制的地区东起中国葱岭以及和阗一带，西至里海东南的呼罗珊，北达天山北麓，南抵阿富汗中部的伽色尼以及印度西北部犍陀罗地方，成为贵霜帝国的继承者。

正是冤家路狭，这个贵霜帝国就是大月氏人所建。大月氏人原本居住在中国西部的敦煌、祁连山一带，势力强大。

公元前 2 世纪初，被匈奴击败，西迁至阿姆河流域，后来又灭掉巴克特利亚，占领了整个阿姆河、锡尔河流域。汉武帝元朔元年（前128）张骞曾经访问过占有巴克特利亚的大月氏。至东汉时，大月氏分成五个部分，首领称为"翎侯"，《后汉书·西域传》记载贵霜国说：

> 大月氏国居蓝氏（《汉书》作"监氏"）城，西接安息，四十九日行，东去长史所居六千五百三十七里，去洛阳万六千三百七十里。户十万，口四十万，胜兵十余万人。
>
> 初，月氏为匈奴所灭，遂迁于大夏，分其国为休密、双靡、贵霜、肸顿（xī dú）、都密，凡五部翕侯。后百余岁，贵霜翕侯丘就却攻灭四翕侯，自立为王，国号贵霜。侵安息，取高附地。又灭濮达、罽（jì）宾，悉有其国。丘就却年八十余死，子阎膏珍代为王。复灭天竺（中国古称印度为天竺），置将一人监领之。月氏自此之后，最为富盛，诸国称之皆曰贵霜王。汉本其故号，言大月氏云。

强大的贵霜帝国的建立和兴起约在公元 1 世纪中叶。贵霜帝国疆域辽阔，南至恒河和印度河流域，东起葱岭，西至咸海，并把西北的花剌子模置于统治之下。可是后来逐步走向衰落，西有萨珊王朝、南有笈多王朝、西北又出现了嚈哒，到 3 世纪时逐渐瓦解，其地被称为白匈奴的嚈哒人占领。他们又碰到了老冤家。

528 年，印度北部各王公以马尔瓦王公挪输达曼为首，奋起反抗，击败嚈哒人，嚈哒国王逃往克什米尔。567 年，嚈哒国家在伊朗和突厥的夹攻下灭亡，大部国土被突厥人占领。

二、南匈奴在西晋末年五胡乱华时的表现

如果说北匈奴的西迁主力于公元 455 年在欧洲解体，此后，一部分人被同化，一部分人在匈牙利定居立国，已不再存在原来意义上的"匈奴"这一民族的话，那么，留在亚洲老家的南匈奴也在大致同时经历了一个相似的过程，这正像传说中的双胞胎具有心灵感应，命运和结局往往相似一样。所以，这可以说是历史的巧合，也可以说是一个天数。

西晋末年五胡乱华主要是匈奴和鲜卑两大民族占领了中国的北方，五胡十六国中匈奴占了五国，鲜卑占了七国，共有十二国之多。而鲜卑的民族成分则主要是匈奴人的后裔或有匈奴血统的鲜卑人为主。所以五胡乱华主要是匈奴在起作用。我们先说南匈奴的表现。

南匈奴归附东汉中央王朝之后，单于庭（南庭）设立于西河郡美稷县（今内蒙古准格尔旗西北），部众迁入塞内，分布在甘肃东部、山西西北部和内蒙古南部。后来又继续内迁山西中部。

南匈奴和东汉关系密切而友好，在东汉境内过着安定的生活，所以过了四十年后，人口从原先的四五万人，翻了两番，达到二十多万。这是因为在南匈奴自身发展的同时，汉匈广泛通婚和北匈奴人不断南下投奔汉地的结果。

西晋于公元291—306年，为争夺皇位，发生长达十六年的"八王之乱"。当时参战的各王为了增强自己的实力，多借用少数民族即胡人的力量，所以胡人的势力乘机发展到中原地区，并乘西晋软弱，无力控制局面之时，占地夺权，形成"五胡十六国"的混乱时期。其中成都王司马颖招引匈奴刘渊为外援，于是匈奴势力乘机进入司马颖坐镇的邺城（今河北磁县东南）。而刘渊就正是首先开创"五胡十六国"局面的人物。

所谓"五胡十六国"中的五胡是匈奴、鲜卑、羯、氐、羌。鲜卑早在281年就侵入了中原，氐族于296年造反，但异族大规模的入侵则是匈奴人发起的。因匈奴人的带头作乱，从304—309年，中原地区出现了众多汉族和异族的小国，史称"十六国"。

吕思勉认为，五胡之中，以匈奴和鲜卑势力最盛；而匈奴尤因占据中原腹地的有利形势，所以最先叛乱。然后刘、石二氏，皆淫暴无人理。石氏亡后，冉闵大肆杀戮，胡、羯随衰。

于是南匈奴在南北朝又活跃了约200年，他们在"五胡乱华"时期及以后，其中著名的屠各匈奴建立了"汉—前赵"政权（304—329），卢水胡建立了"北凉"政权（397—431），铁弗匈奴建立了"夏"政权（407—431）。

此外，鲜卑父匈奴母之拓跋族的拓跋猗卢建立的代，也是有匈奴人的血统。匈奴血统的国家有五国之多。另有氐人苻坚建立的强大的前秦，彪悍凶猛的铁弗匈奴被鲜卑拓跋部的什翼犍击败后，依附前秦，增强了前秦的实力。

在这些政权瓦解之后，南匈奴部分融入汉族，部分转化为其他游牧民族，匈奴民族在中国消失了。

屠各匈奴刘渊联合南匈奴建立的汉国和刘曜建立的前赵

匈奴人建立的汉国的开创者刘渊（约252—310），字元海，西晋新兴（治今山西忻州）人。远祖是汉初著名的冒顿单于。冒顿单于在汉朝和亲时，娶汉高祖刘邦的宗室女为阏氏，并与刘邦约为兄弟，故其子孙遂冒姓刘氏，即以刘氏为其汉姓。刘渊所属的屠各种，是东汉时依附于中原王朝的南匈奴的一支。其母也是匈奴人，姓呼延氏。刘渊的祖父于扶罗，率兵助汉镇压黄巾起义。后因单于庭内乱而未能被立于单于，就留居中原，自立为单于。他乘董卓之乱而攻略太原、河东等郡，屯驻于河内郡。于扶罗死后，其弟呼厨泉立为单于。刘渊的父亲刘豹为左贤王。曹操执政时，分呼厨泉部为五部，共三万余落，全部分布在晋阳汾洞之滨（今山西汾水流域）。刘豹被任命为左部帅。左部是五部中最大的一部，有众万余落。

刘渊韶龀（tiáo chèn，童年）英慧，七岁遭母丧，擗（pǐ，音劈，捶胸）踊（顿足）号叫，哀感旁邻，宗族部落咸共叹赏。幼年好学，学过《毛诗》《京氏易》《马氏尚书》，尤喜好《春秋左氏传》《孙子兵法》。《史》《汉》诸子，无不综览。又学武事，妙绝于众，猿臂善射，膂力过人。姿仪魁伟，身长八尺四寸，须长三尺余，当心有赤毫毛三根，长三尺六寸。魏末咸熙年间（264—265）为任子（人质），留居洛阳，深受魏文帝曹丕的优待；晋武帝（司马炎）泰始（265）之后，又得到晋武帝的好评。晋武帝太康（280—289）末，任北部都尉，继授建威将军，袭继匈奴左部帅。晋惠帝司马衷永安元年（304），乘司马氏骨肉相残，四海鼎沸，认为兴邦复业，此其时矣，在离石（今属山西）起兵反晋，称大单于。他认为魏、晋是篡东汉皇朝之权和消灭蜀汉的罪魁，故而起兵反晋。接着迁居左国城（今山西离石东北），因匈奴中的不少单于之子是汉朝派来和亲的女子所生的，所以自认为匈奴为汉之甥，建国号汉，称汉王，改元元熙。追尊蜀汉被西晋俘虏的皇帝刘禅（刘备之子，即刘阿斗）为孝怀皇帝，立汉高祖刘邦以下三祖五宗神主而祭之，认为自己是上接两汉和蜀汉的继承人。元熙五年（西晋永嘉二年，308）即皇帝位，改元永凤。次年，迁都平阳（今山西临汾西南），命其子刘聪攻晋，连战连胜之后，因中诈降计而败。和瑞二年（西晋永嘉四年，310），刘渊病卒。

刘渊之后，子刘和继位，他性多猜忌，而驭下无恩，竟听从臣下蛊惑，无端要攻杀刘聪等诸兄弟，刘聪（？—318）反击，杀刘和并自立为帝。刘聪善战，于永嘉五年（311）派呼延宴进攻洛阳，晋兵前后十二败，死者三万余人。刘曜、王弥和石勒皆带兵前来会战，终于攻下洛阳。匈奴兵在洛阳烧杀掳掠，大肆破坏，抢走全部宫人、珍宝，焚烧宫庙，士民死者又三万余人。晋怀帝司马炽被俘至平阳，不久被毒杀。晋臣拥立秦王司马邺为帝，即愍帝，迁都长安。建兴四年（316），刘聪再遣刘曜围攻关中，长安城中死者太半，愍帝肉袒出降，被送至平阳，不久被杀。西晋灭亡。

刘聪死后，其子刘粲继位。刘粲猜忌淫暴，被靳准所杀。刘渊之侄刘曜（？—329）于汉昌元年（东晋大兴元年，318）发兵攻击杀掉刘粲的靳准后，即帝位。次年，迁都长安，改国号为赵，史称"前赵"。光初十一年（328）为石勒所败，被囚于襄国，次年被杀。汉和前赵占有今山西、陕西、河北、河南的各一部分。

尽管刘渊的匈奴政权最先被消灭，但他的部落却是匈奴中最后被汉族所同化的，见下节。

匈奴别部羌渠后裔石勒建立的后赵

后赵开国皇帝石勒（274—333），字世龙，西晋时上当郡武乡（今属山西）人。为羯族，他的祖先是匈奴别部羌渠种落的后裔。祖、父都是部落小帅。他年十四就随邑人行贩洛阳。长而壮健有胆力，雄武好骑射。为人耕田，后有被卖为奴。与王阳、夔安等起兵，号十八骑。后投附刘渊，改姓石氏。在刘汉时期，历任辅国将军、平晋王、平东大将军、陕东伯，得专征伐。在谋士张宾（？—322）的辅助下，劝课农桑，招降流人，扩大势力。前赵光初二年（319）自称大将军、大单于、领冀州牧、赵王，建都襄国。太和二年（329）围洛阳，灭前赵。次年即皇帝位，改元建平。石勒虽出身贫苦，幼年失学，却知史明达，史载：

> （石）勒雅好文学，虽在军旅，常令儒生读史书而听之，每以其意论古帝王善恶，朝贤儒士听者莫不归美焉。尝使人读《汉书》，闻郦食其劝立六国后，大惊曰："此法当失，何得遂成天下！"至留侯谏，乃曰："赖有

此耳。"其天资英达如此。（《晋书·载记第五·石勒（下）》）

臣下吹捧他"神武筹略迈于高皇（刘邦），雄艺卓荦（luò，高明）超绝魏祖（曹操），自三王已来无可比也。"勒笑曰：

> 人岂不自知，卿言亦以太过。朕若逢高皇，当北面而事之，与韩（信）彭（越）兢鞭而争先耳。脱遇光武，当并驱于中原，未知鹿死谁手。大丈夫行事当礌礌落落，如日月皎然，终不能如曹孟德（曹操）、司马仲达（司马懿）父子，欺他孤儿寡母，狐媚以取天下也。朕当在二刘之间耳，轩辕岂所拟乎！（《晋书·载记第五·石勒（下）》）

石勒是奴隶出身，全靠自己的努力和能力占地建国，故有此气魄，鄙视欺负寡妇孤儿之辈的卑鄙篡权者。建立后赵后，他的志向不小，在张宾的帮助下，渐明治国之道，故而势力发展很快，惜张宾早卒。后赵国土颇大，极盛时有今河北、山西、河南、山东、陕西全部和甘肃、安徽、江苏和辽宁的一部分。他当皇帝三年后病故，传位于其子石弘。石勒之子石弘仁孝温恭，继位二年，年二十二，被石虎所杀。石虎（字季龙，295—349，334—349年在位）为石勒之侄，性残恶，他废耕地为猎场，夺人妻女三万余人充入后宫。刑罚苛暴，穷兵黩武。他死后不久，后赵于351年为冉魏所灭。

李广后裔李暠建立的西凉为卢水胡所灭

十六国中的西凉创建人李暠（351—417，400—417年在位），字玄盛，小字长生。他本人虽非匈奴人，却与匈奴有关，因为他是抗匈名将李广的十六世孙。李广的曾祖李仲翔，汉初为将军，讨叛羌于素昌，素昌就是狄道（今甘肃临洮），众寡不敌，战死。仲翔子伯考奔丧，就将其父葬于狄道的东川，并定居于此。世为西州著姓。李暠的高祖李雍、曾祖李柔，都在西晋为官，并历任郡官。祖父李弇（yǎn），仕张轨为武威将军、安世亭侯。父李昶，幼有令名，早卒，遗腹生李暠。李暠少而好学，性沉敏宽和，美器度，通涉经史，尤善文义。及长，颇习武艺，诵孙武兵法。后凉末，在州牧段业任他为效谷令，因温毅有惠政，被推为宁朔将军、敦煌太守。段业建北凉后，遣索嗣来革他的职位并代之，李暠为部下所拥戴，发兵败嗣。后被拥戴为凉公，建立西凉。西凉在今甘肃的极西部。他重文修武，百姓乐业，劝农保境，又收留大量流民，河西昌盛。但北凉沮渠蒙逊连年侵寇不止，西凉国小力弱，于是称臣于东晋，贡使于后秦。李暠去世后，其子李歆（xīn），字士业，继位后专骄自任，用刑颇严，又缮筑不止，不听臣下谏诤，终于为沮渠蒙逊所败并为其所害。蒙逊又攻入敦煌，屠城。此时为南朝宋武帝永初二年（421），西凉被灭。其子重耳，脱身奔于江左，在南朝宋为官，后归北魏，任恒农太守。

李广的后裔终于又败于匈奴人的后裔之手，李氏家族与匈奴正是世代冤家了。

卢水胡沮渠蒙逊建立的北凉

卢水胡为东汉的属国,《后汉书·窦固传》记载明帝永平十六年(73),窦固率张掖甲卒及卢水羌胡万两千出酒泉击匈奴。至汉末,卢水胡向今四川西北部、甘肃武威、陇东、陕西各处移动和发展。北魏时,陕西的卢水胡多聚集于渭北的杏城。建立北凉的卢水胡的首领沮渠蒙逊(368—433),临松(治今甘肃张掖南)人。先世为沮渠部首领,即左沮渠,就以官为姓氏。他初附后凉,龙飞二年(397),拥后凉建康太守段业为主,建北凉。历任张掖太守、尚书左丞、临池太守。天玺三年(401)杀段业自立,称张掖公,后称凉王。永安十二年(412)迁都姑臧,称河西王。玄始十年(421)攻灭西凉。北凉占有今甘肃西部。又先后遣使向北魏、刘宋朝贡。蒙逊博涉群史,颇晓天文,雄杰有英略,滑稽善权变。但性格峻暴。他死后,其子茂虔继位,仅六年,被北魏所擒,国灭。

铁弗匈奴赫连勃勃建立的夏国

赫连勃勃(381—425),铁弗匈奴人。原名刘勃勃,字屈孑(jié)、佛佛。匈奴右贤王去卑之后,与刘渊同族。其曾祖刘虎(《晋书·赫连勃勃载记》作"武",避唐讳而改),刘聪因刘虎是匈奴宗室,封楼烦公,拜安北将军、监鲜卑诸军事、丁零中郎将,雄踞肆卢川。为代王所败,就迁出塞外。《魏书·铁弗刘虎传》:

> 铁弗刘虎,南单于之苗裔,左贤王去卑之孙,北部

帅刘猛之从子。居于新兴郡虑虒（sī）县（今山西五台县东北）之北。北人谓胡父（匈奴父）鲜卑母为"铁弗"，因以为号。

祖父豹子，召集种落，复为部落之雄，石季龙遣使就拜平北将军、左贤王、丁零单于。父刘卫辰入居塞内，苻坚以为西单于。北魏登国六年（391），拓跋珪杀其父，遂投奔薛干部，后附后秦高平公没弈于。后秦弘始九年（407）袭杀没弈于，称夏天王（天王大单于），建夏国，年号龙升。凤翔元年（413）筑统万城（今陕西靖边北白城子）为都，改姓赫连氏。勃勃认为匈奴乃是夏后氏的苗裔，所以称国号为大夏。

东晋刘裕（后为南朝宋的开国皇帝）北伐，灭后秦，留下其子刘义真镇守长安。六年（418）逐东晋刘义真，据有关中，以长安为南都，称帝，改元昌武，占有今陕西北部和内蒙古的一部分。

勃勃身长八尺五寸，腰带十围，性辩慧，美风仪。天姿雄骜，治军齐肃。性凶暴好杀，无顺守之规。常居城上，置弓箭于侧，有所嫌忿，便手自杀之，群臣忤（wǔ）视者（目光抵触、触犯的人）毁其目，笑者决（断）其唇，谏者谓之诽谤，先截其舌而后斩之。他死后，其子继位，不久即被北魏所擒，其国于431年为吐谷（yù）浑所灭。

匈奴对北方的破坏和五胡乱华被克服的统一趋势

雷纳·格鲁塞公正地评论说："在汉代（公元前2世纪至公元后2世纪），我们看到中国的屯田军士逐渐向山西、陕西、甘肃北边的草地推进。汉'天子'的农田使匈奴的畜群后退。到了4世纪，随着匈奴大举进攻中国北方，发生了相反的情形：在五十年中，只是游牧民族互相残杀，经过多次的掳掠、抢劫、焚烧，把陕西、山西、河北的中国城市弄得残破不堪。在乡间，被农民放弃的耕地长满蓬蒿，一片荒芜。西安附近的渭水流域，空无人居，虎狼成群侵入，在陕西称帝的野蛮人领袖苻健，号秦国，这个朝代无疑是蒙古种，在他统治下的中国人恐惧而请求他驱逐猛兽；他拒绝这种请求，他是宁愿站在狼一边而不站在农民一边的人，他说：'这些野兽饥饿了，等到他们满足的时候，就不再吃人了！'在这种残酷性格里面，可以看出蛮人领袖的内心深处的满足：草原野兽侵入这些地方足以完成突厥—蒙古人群的占领。"（雷纳·格鲁塞《草原帝国史》，龚钺译，翁独健校，商务印书馆，1989，第6—7页）

因为欧洲不是一个统一体，它自始至终分裂成多个部落或国家，所以留在欧洲的匈奴人还占着一块地方，在这块地方还留下了一个自己的国家，即匈牙利，而在中国，因为统一是中国的总趋势，匈奴既无力统一天下，又毫无文化的优势，他就只能被人家统一，被人家同化。只是因为这个民族的强悍异常，所以同化的过程极为曲折。

费正清认为："（过去）汉对胡人的征服其实已埋下了此时胡人征服中原的种子。归降汉朝的匈奴部落在中国北部边境地区定居了下来，逐渐发展成为半农业社会。胡人以其娴熟的弓马作战技术，亦成为中原军队的重要组成部分。这样，中国边疆及防御体系沿线就聚集了大量半汉化的胡人。这与晚期罗马帝国不无相似，因为后来的大部分边疆地区和防御部队这时也同样落到了日耳曼'蛮夷'的手中。"当中原政权失控之时，"准农业区的胡人及北方的游牧民族不费吹灰之力就突入了中原，他们在此寻找更好的牧场或抢劫杀掠。304年，匈奴中的一族宣布独立，306年又洗劫了当时的国都洛阳，屠杀了当地的三十万居民。在此之后的一百多年中，中国北方连续被不同的胡族所争夺和占领。只有四川凭其蜀道天险、长江流域和华南有江河天堑得以躲过异族的蹂躏。""大批汉人为躲避战乱纷纷南渡逃往蜀中或江南。结果，中国南方的人口比3至5世纪时陡然增长了好几倍，同时该地汉族与其他少数民族的融合也随之加快了步伐。"（费正清《中国：传统与变迁》，第93—94页）

李瑾先生认为，匈奴人除政治需要而迎娶汉公主外，始终顽固拒绝胡汉通婚，以便保持其种族的"纯正"尊贵，即使到南北朝时期入据中原北部地区并建立匈奴地方政权时，匈奴人仍然推行胡、汉分治的政策而避免同化。在这种以部族为单位拒绝与汉族融合的组织方式下，每当匈奴人内讧或在对外战败之际，便往往自食整个家族乃至整个氏族被消灭之恶果。例如，公元318年刘聪病死，子刘粲继立，匈奴贵族靳准杀刘粲自立为汉天王，把刘氏在平阳之男女老少尽行灭净。刘聪族弟刘曜在长安闻变，遣兵返平阳，族灭靳氏。例二，公元328年，石勒破刘曜于洛阳，曜子刘熙、刘胤逃奔上邽（kuī），刘曜被擒后也于不久被杀于洛阳。第二年九月，石勒出兵攻占上邽，杀刘熙等三千余人，又坑杀其王公及五郡屠各匈奴五千余人于洛阳。例三，

450

公元349年，汉族冉闵夺取石赵政权后，曾在邺城斩杀羯、胡二十余万，其中无疑也包括进入中原地区的大部分匈奴人。（李瑾《论殷周犬戎族属及其有关问题》，《王国维学术研究论集》第二辑，华东师范大学出版社，1987，第87页）这对于部分匈奴人的分析是有道理的。但不少普通的匈奴人早已与汉人通婚和同化了。

三、匈奴摇身一变，改投汉族、鲜卑、突厥诸族

匈奴是一个非常复杂的民族，其复杂性不仅表现在它在早期的名称繁多，更表现在后期的变化繁多。五胡十六国之后，匈奴已不能形成一个整体，逐渐被各族所同化。匈奴除了被汉族同化之外，它的很大一部分进入北方各游牧民族，并帮助他们迅速强大起来。

学者们指出："蒙古草原是游牧民族的摇篮。鲜卑、突厥、契丹、蒙古先后拥有'匈奴故地'，统一蒙古草原。'匈奴故地'是其共同地域，这就决定了其人口构成、经济方式、语言和心理因素等方面的共同性。"（邢莉、易华《草原文化》，沈阳:辽宁教育出版社,1998,第21页）这是指匈奴转化为鲜卑、突厥、契丹和蒙古等民族的地理因素。其血缘的传承，中国古史的记载有序，也是明确而无误的。

最后被汉族同化的匈奴部落稽胡

南匈奴因靠近汉地居住，有不少人与汉族混居，同时

就被汉族逐渐同化。其中稽胡是最后被汉族同化的匈奴部落（林惠祥《中国民族史》上册，商务印书馆1939年第1版，1993年影印第1版，第251页）。吕思勉先生也指出，石勒建立的后赵被消灭后，冉闵大肆杀戮，胡、羯遂衰。其历久而后同化者，惟稽胡而已。《北史》云："稽胡，一曰步落稽，盖匈奴别种刘元海五部之苗裔也。或曰：山戎、赤狄之后，自离石（今山西离石区）以西，安定（今甘肃固原市）以东，方七八百里。居山谷间，种类繁炽。""言语类夷狄，因译乃通。""虽分统郡县，列于编户；然轻其徭赋，有异华人。山谷阻深，又未尽役属。而凶悍者，恃险数为寇。"稽胡盖因生事及风俗之异，入居山谷。其能久而不亡，正因其自成一部落故也。《北史》云："言语类夷狄，因译乃通。"该因少于汉人交接之故。然又云："其俗土著，亦知种田。地少桑蚕，多衣麻布。其丈夫衣服，及死亡殡葬，与中夏略同。其渠帅颇知文字。"则渐染华风，亦非一日矣。故自隋唐以后，遂泯焉无迹也（吕思勉《中国民族史》，东方出版社"民国学术经典文库"本，1996，第51—52页）。

匈奴之后裔高车

匈奴与北方多个游牧民族相结合，除了鲜卑之外，经史家考证，高车、柔然、突厥、回纥（hé），他们的先民都属于匈奴帝国的一部分，他们的发展和后来的兴起也融合了部分匈奴人。因篇幅所限，本书不一一介绍各族与匈奴的关系，除最重要的鲜卑和突厥之外，本书仅以高车为例，介绍两者之间的传承关系。关于高车是匈奴的后裔，史书竟然是根据类似于神话的传说：

高车，盖古赤狄之余种也，初号为狄历，北方以为敕勒，诸夏以为高车、丁零。其语略与匈奴同而时有小异，或云其先匈奴之甥也。其种有狄氏、袁纥氏、斛律氏、解批氏、护骨氏、异奇斤氏。俗云匈奴单于生二女，姿容甚美，国人皆以为神。单于曰："吾有此女，安可配人，将以与天。"乃于国北无人之地，筑高台，置二女其上，曰："请天自迎之。"经三年，其母欲迎之，单于曰："不可，未彻之间耳。"复一年，乃有一老狼昼夜守台嗥呼，因穿台下为空穴，经时不去。其小女曰："吾父处我于此，欲以与天，而今狼来，或是神物，天使之然。"将下就之。其姊大惊曰："此是畜生，无乃辱父母也！"妹不从，下为狼妻而产子，后遂滋繁成国，故其人好引声长歌，又似狼嗥。（《魏书》卷一百三《高车列传》）

　　文艺理论家殷国民先生认为，这则传说"非常优美动人，值得我们回味再三"。人与狼的交配竟然繁衍子孙成一国。鲁迅《彷徨·孤独者》中描写魏连殳"像一匹受伤的狼"一般的嗥叫，可见人的性格中的狼性，往往也会显露出来。他又说："不知鲁迅是否读到过这则传说，如果是的话，他笔下的魏连殳一定是高车族的后代，或者和高车族有某种血缘关系，因为他那'像一匹受伤的狼'一般的嗥叫确实令人内心感到震撼。"（殷国民《"狼文学"：从原型到传奇》，《中国比较文学》2002年第4期。按：《孤独者》原文为："我快步走着，仿佛要从一种沉重的东西中冲出，但是不能够。耳朵中有什么挣扎着，久之，久之，终于挣扎出来了，隐约像是长嗥，像一匹受伤的狼，当深夜在旷野中嗥叫，

453

惨伤里夹杂着愤怒和悲哀。"）实际上这个传说并不优美，这只能对已经消失的古代民族发发议论而已。如果现代有哪个民族，有人敢说他们是人与狼杂交的后代，此人必被送到法庭，被该民族控告为诽谤罪。

但是确有多种史书说高车人是公狼和人杂交的产物，如《北史·高车传》等。又因高车人是突厥人的祖先之一，所以也有多种史书说突厥人是公狼和人所生。

匈奴除与汉族同化者外，首先进入的是鲜卑族，然后通过鲜卑族转化为突厥或契丹；也有部分直接转化为突厥族；最后，有大量的鲜卑、突厥和契丹人在其部落衰落和所建国家灭亡后被汉族所同化。现在除一部分匈奴的后裔融入蒙古族并被他们所同化之外，匈奴人可以说大多被汉族所同化了。

四、鲜卑于东汉、西晋时的连年南侵

鲜卑原为东胡的一支，后被匈奴所吞灭，成为匈奴共同体中的一员。

刘邦与项羽的汉楚战争期间，匈奴冒顿袭破东胡，灭其国，东胡的余类保住今蒙古东部的乌桓、鲜卑二山，即以这两座山为名，分为乌桓、鲜卑二部。西汉时乌桓稍强大，既与匈奴为敌，也常南侵汉地。东汉光武帝建武初年（25），匈奴率同乌桓、鲜卑侵犯汉的北方边地。建武二十二年（46），乌桓乘匈奴内乱，乘弱击破之。匈奴北徙数千里，大漠之南地空，光武帝即以币帛笼赂乌桓。建武二十五年（49）以后，乌桓众部落皆居长城以内，分布于辽东、辽西、右北平、渔阳、广阳、上谷、代郡、雁门、太原、朔方诸郡，耕地种植，帮助东汉狙击鲜卑。后乌桓稍强，献帝建安十二年（207），曹操破乌桓，乌桓余众内附汉地，大部分与汉族同化。

鲜卑兴亡的过程

东汉时期，鲜卑乘匈奴衰落之际，逐渐兴起。鲜卑和乌桓一样，在两汉时分为许多小部落。自东汉至魏，鲜卑首领檀石槐、轲比能征服许多游牧部落，相继组成庞大的军事行政联合体。此前，东汉和帝永元初年（90），北匈奴北逃，余留者十余万落，都自号鲜卑，鲜卑顿时强大起来；至桓帝时（147—167年在位），檀石槐率众尽据匈奴旧地；至轲比能时，鲜卑成为西接乌孙国，东到辽河流域，东西一万二千里，南北七千余里的庞然大物，连年南侵幽（河北省北部）并（山西省）二州边境，成为中国北方的大敌。

晋代时，鲜卑的主要部落有慕容氏、拓跋氏、宇文氏及段氏。收率辽东辽西之众的为慕容氏，收率上谷以西之众者为拓跋氏，介于慕容、拓跋二氏之间的，即宇文氏及段氏。鲜卑在五胡乱华并入主中原之前，慕容氏和宇文氏进行多次战争，宇文氏最终被慕容氏击败，部众五万余落归降慕容氏，别有一支则窜居西辽河流域。进入中原的宇文氏，于公元557年初代西魏称帝，国号周，史称北周，于577年灭北齐，统一中国北方，581年为隋所代。

鲜卑部落进入中原的慕容、拓跋诸部先后覆亡，与汉族同化。鲜卑部落最后兴起者，时称契丹。契丹即宇文氏别种——宇文氏被慕容氏击败后逃窜至西辽河松漠之间的一部。此部于北魏（元魏）时为道武帝（即拓跋珪）所破，又分裂为二：西为奚，东为契丹。奚于唐末被契丹王钦德征服，并入契丹。

契丹于隋唐两代，休养生息，渐致强盛。晚唐五代之间崛起，囊括北方，割据燕云十六州，与北宋对峙。

鲜卑先与匈奴共相始终，匈奴在隋唐之间消亡后，又于晚唐五代之间崛起，生命力非常顽强，成为继匈奴之后威胁汉族生存的第二强敌。

匈奴的后裔，鲜卑和契丹，绵延千年，直至辽国于1125年被金国消灭，才彻底完结。

鲜卑在东汉接受匈奴余种而强盛

东汉光武初，"匈奴强盛，率鲜卑与乌桓寇抄北边，杀掠吏人，无有宁岁。"（《后汉书·鲜卑传》）这是鲜卑与汉朝初次直接发生的关系。

东汉和帝永元元年至四年（89—92），汉军彻底击败北匈奴，北匈奴远遁时，"鲜卑因此转徙据其地。匈奴余种留者尚有十万落，皆自号鲜卑，鲜卑由此渐盛。"十万落留在汉朝北面的匈奴自称鲜卑，鲜卑因十万落匈奴的投入而逐渐强大起来。"落"是匈奴组成部落的基层单位，在两汉时期称为"帐"。《后汉书·西域传》解释："帐者，犹中国之户数也。"帐、落，都是户的意思。一帐（落、户），包括夫妻子女，一般有五六口人。所以十万落即有五六十万人。有的史学家分析，这十万落的匈奴人，原本可能是被匈奴人并吞的鲜卑人，所以他们此时宣布自己是鲜卑人。这当然也可以说是一种可能性，但可能性极小。因为如真是这样，史书一般也会特地指出的。

除了这十万落约五十万鲜卑人来源于匈奴外，鲜卑中的北周宇文氏、北魏独孤氏，来源也是匈奴。此外，还有匈奴父鲜卑母之铁弗，鲜卑父匈奴母之拓跋，形成混血的部族。

鲜卑与匈奴长年浑居，相互通婚延续已久。《魏书·帝纪·序纪》在追述拓跋鲜卑的起源时记述了鲜卑圣武帝诘汾与匈奴故地之"天女"相配的传说。

鲜卑和匈奴一样，作为一个占地广阔的草原民族，其来源是多样的。还有学者干脆认为须卜亦即鲜卑。

《汉书·匈奴传》言匈奴"有呼衍氏、兰氏，其后有须卜氏，此三姓其贵种也。"师古曰："呼衍即今鲜卑姓呼延者是也，兰姓今亦有之。"后汉的鲜卑诸部落实际还是原来的匈奴部落。鲜卑本是匈奴的属民；况且鲜卑强盛后，匈奴余种亦自称鲜卑（参阅《后汉书·鲜卑传》）。故匈奴的贵族呼衍氏与兰氏后来皆为鲜卑。须卜可能是与鲜卑同为一名的异译，匈奴须卜氏即鲜卑的前身。

《汉书·匈奴传》载："复株累单于复妻王昭君，生二女，长女云为须卜居次，小女为当于居次。"此为须卜氏最早的记载。须卜与当于皆为匈奴大族。当于似即后来的唐兀。《汉书·匈奴传》亦载王莽时及更始二年（24）匈奴右骨都侯须卜当事，但未提及鲜卑。鲜卑初见于记载是在后汉建武二十一年（45）。《后汉书·鲜卑传》载："建武二十一年，鲜卑与匈奴入辽东。"由此可见，鲜卑当时仍为匈奴属民。鲜卑既附属于匈奴，字音又得为须卜的异译；鲜卑最早的记载与须卜最后的记载只差二十年，则时代又相合。故须卜即是鲜卑的假设，实大有可能。《后汉书》以鲜卑为东胡，似因为鲜卑初见于辽东的缘故。而且东胡的名称，原意只是在匈奴以东的胡族，并非通古斯的译音，前人已多有论证。鲜卑当为突厥种或伊兰种，故《世说新语》称鲜卑为黄须儿，《晋书》则载秦人呼鲜卑为白虏。鲜卑若与须卜为同一字，可能即为突厥阙特勤碑文的六姓 Cub，亦得为隋、唐时的室韦及辽、金时的阻卜（杨宪益《须卜即鲜卑说》，1947 年 2 月《中国杂志》创刊号）。

综上所述，鲜卑人中的匈奴血统占了很大的成分，鲜卑的强盛与匈奴人和有匈奴血统的人的加入或有极大的关系。

鲜卑的首领檀石槐（？—181），勇健而有谋略，部落畏服，被推举为大人后在弹汗山（在今河北尚义南大青山）建立庭帐。他"南抄缘边，北拒丁零，东却扶余，西击乌孙"，尽据"匈奴故地"，建立了这个"东西万四千里，南北七千里"，以鲜卑为主的新的草原帝国。《后汉书·鲜卑传》载蔡邕上疏说："自匈奴遁逃，鲜卑强盛，据其故地，称兵十万，才力劲健，意智益生。加以关塞不严，禁网多漏，精金良铁，皆为贼有。汉人逋逃，为之谋生，兵利马绝，过于匈奴。"

鲜卑连年南侵

檀石槐在强盛之后，就连年南侵。他还善于联合周边诸族，一起南侵。他联合濊貊（wèi mò）攻幽、并两州，联合南匈奴、乌桓分道入侵东汉缘边九郡，联合上郡沈氏与安定先零羌攻武威、张掖等郡。桓帝延熹九年（166），鲜卑招结南匈奴、乌桓、东羌、氐等数万人分骑入缘边九郡杀掠居民（《后汉书·张奂传》）。灵帝即位后，则连年侵扰幽、并、凉三州缘边诸郡，"杀掠不可胜数"（《后汉书·鲜卑传》）。熹平六年（177），再扰三边，汉出兵三万，分三道出击，反为檀石槐所败，汉兵死者十之七八。

至三国魏文帝初（221），鲜卑分裂，"自高柳以东，濊貊以西，鲜卑数十部，比能、弥加、素利，割地统御，各有分界。"（《三国志·魏志·田豫传》）在魏明帝太和二年至青龙元年（228—233）又逐渐统一成几大部，其中轲比能统一了漠南地区，对中原的威胁最大。"后鲜卑大人轲比能复制御群狄，尽收匈奴故地，自云中、五原以东抵辽水皆为鲜卑庭。数犯塞寇边，幽、并苦之。田豫有马城之围，毕轨有陉（xíng）北之败。青龙中，帝乃听王雄，遣剑客刺之，然后种落离散，互相侵伐，强者远遁，弱者请服。由是边陲差安，汉南少事，虽时颇抄盗，不能复相煽动矣。"（《三国志·魏志》卷三十）

在西晋五胡乱华时，鲜卑侵入中原地区，先后建立了前燕、后燕、西燕、西秦、南凉、南燕和代，在十六国中占了七国，是五胡中建立国家最多的民族。

五、鲜卑在北朝时的兴起和建国北魏与北周

　　中国从公元 420 年东晋灭亡到 589 年隋统一的一百七十年间，形成南北对峙的局面，史称南北朝。南朝从 420 年刘裕代晋到 589 年隋灭陈，共历宋齐梁陈四代。北朝自 439 年北魏统一北方开始，到 534 年分裂为东魏和西魏，后来北齐代东魏，北周代西魏，北周灭北齐，北方再次统一。在此期间，都是鲜卑族建立的政权。581 年，隋朝代北周，汉族人重新掌权。589 年，隋南下，灭南朝陈，和梁的残余势力，结束了南北对峙的局面，中国继秦、两汉、西晋之后进入第四次统一的局面。

　　建立北朝的鲜卑的主体是匈奴或有匈奴血统的后裔。因为除了十万落约五十万鲜卑人来源于匈奴外，鲜卑中的北周宇文氏、北魏独孤氏，来源也是匈奴。此外，还有匈奴父鲜卑母之铁弗，鲜卑父匈奴母之拓跋，形成混血的部族。

　　鲜卑中的拓跋部在东汉末年从漠北南迁，定居盛乐（今内蒙古和林格尔西北土城子）。晋愍（mǐn）帝建兴三年（315）封拓跋猗卢为代王，建立代国。属地在今山西北部、内蒙古等地。东晋咸康四年（338）什翼犍即位，建立封建国家。东晋太元元年（376）为前秦苻坚所灭，什翼犍死。淝水之战后，前秦瓦解，其孙拓跋珪于太元十一年（386）乘机复国，旋改为魏，史称北魏或后魏、拓跋魏、元魏。东晋隆安二年（398）建都平城（今山西大同），次年改号称帝。逐步并吞夏、北燕、北凉，至北魏太延五年（南朝宋文帝元嘉十六年，439）统一北方，与南朝对峙。此是北朝的魏朝时期。北魏太和十七年（南朝齐武帝

永明十一年，493）孝文帝迁都洛阳，改姓元。疆域北至蒙古高原，东北至辽西，西至新疆东部，南大致以淮河、秦岭为界，与南朝对峙。北魏于孝武帝永熙三年（南朝梁中大通六年，534）分裂为东、西两魏。550年，东魏为北齐所代；557年，西魏为北周所代。从拓跋珪建魏，到557年西魏亡，共历十七帝，凡一百七十一年。

鲜卑中的宇文氏建立的北周是北朝之一。557年初，宇文泰子宇文觉代西魏称帝，国号周，建都长安（今陕西西安）。史称北周。北周建德六年（577）灭齐，统一中国北方。581年，为隋所代。共传五帝，二十五年。

北周灭亡后，鲜卑就在历史上消失了。鲜卑努力学习汉族文化，崇尚儒学，经过魏晋南北朝与汉族等混居与通婚，大多自愿地与汉族同化了。

隋唐以后，鲜卑族虽已不复存在，但鲜卑人的后裔在隋唐时代及以后仍占据重要地位。

首先，隋唐两朝的建国者都是鲜卑化的汉人，而其母、妻则是汉化的鲜卑人。如隋文帝的独孤皇后、唐高祖的窦皇后、唐太宗的长孙皇后、睿宗的窦皇后，都是鲜卑人。唐太宗是窦皇后所生，所以他还是鲜卑化的汉人和鲜卑人的后裔。而他的皇后，对他的朝政很有影响的长孙氏是鲜卑人，所以他与长孙皇后所生的太子、继位的唐高宗（李治），后立武则天为皇后的这位皇帝，是有四分之三鲜卑血统的汉人。陈寅恪先生根据唐代的文献，认为"唐为鲜卑种"（陈寅恪《唐史讲义》，《讲义与杂稿》第67—68页，北京：三联书店，2002），指出唐朝皇帝原是鲜卑人。其次，隋唐两代的文武显宦，有不少是鲜卑人，其中位至宰相的即有二十余人。此外，不少鲜卑人及其后裔的著名人士对历史和社会做出了杰出的贡献。以文学家来说，中唐元结、元稹和金末元初的元好问等，都是当时一流的诗人和作家。

六、突厥在北朝、隋唐时崛起和东西突厥的灭亡和西迁

突厥是继鲜卑之后称霸蒙古草原西域的强大游牧民族，它的不断入侵，对汉族中原政权造成很大的威胁，给各族人民也带来很大的灾害。

突厥的来历

西方学者一般都认为突厥人是匈奴的后裔。匈奴"这个游牧民族，在行进时被组织得像一支军队。一般行进的方向是朝南，这在突厥—蒙古种各民族中已成为习惯；类似的现象在匈奴的后裔、6世纪的突厥人中，以及成吉思汗的蒙古人中都可以看到。"（勒内·格鲁塞《草原帝国》，蓝琪译，项英杰校，商务印书馆，1998，第45页）

当然西方学者的根据还是在中国的古史。《周书·异域传下·突厥传》说："突厥者盖匈奴之别种，姓阿史那氏，别为部落，后为邻国所破。"

中国学者一般认为，匈奴人是通过鲜卑的中介而转化为突厥的。鲜卑衰落后，相当多的鲜卑人随着北魏的灭亡而融入汉族之中；向西发展的这部分后来形成了吐谷浑；留

在蒙古草原的鲜卑人被突厥人征服后成了突厥人的组成部分，也是后来契丹和蒙古的祖先（邢莉、易华《草原文化》，沈阳：辽宁教育出版社，1998，第31页）。突厥、蒙古、通古斯（东胡诸后裔）均继承了匈奴的语言。当代语言研究表明，突厥语和蒙古语均属于阿尔泰语系（邢莉、易华《草原文化》，沈阳：辽宁教育出版社，1998，第21页）。这是学者们从语言发展学的角度肯定匈奴与突厥、蒙古等民族的继承关系。

在种源上说，突厥可汗自称与"九姓回纥"同族，而回纥族出于铁勒。铁勒于战国、秦汉时称"丁零"。丁零秦汉时为匈奴所役使，所以史称铁勒"本匈奴别种"（《旧唐书·铁勒传》），或干脆将它说成是"匈奴之苗裔"（《隋书·铁勒传》）。因丁零民俗喜乘高车，所以北魏时又号为"高车"，或称为"敕勒"，后又因此而误为"特勒""铁勒"。《魏书·高车传》："高车，盖古赤狄之余种也，初号狄历，北方以为敕勒，诸夏以为高车，丁零。"《周书·异域传下·突厥传》《隋书·北狄·突厥传》《北史·高车传》《北史·突厥传》皆记有突厥阿史那氏出于公狼与人交配生子之史实，《周书·突厥传》于此史实结尾尚强调二事以为证验："旗纛之上施金狼头，侍卫之士谓之'附离'，夏亦有狼也——盖本狼生，志不忘旧。"《新唐书》尽管已将"狼生"神话全部洗尽，但仍保留了突厥当日尚存的风俗，从中可以看到这个神话的余影："卫士曰'附离'。可汗建廷都斤山，牙门树金狼头纛。"突厥始祖来源的传说，反映了突厥以狼为图腾。本书前曾言及史书又记载高车是匈奴女子与狼所生的后裔，高车也是匈奴的后裔。从以狼为图腾来看，突厥的确与高车有共同的祖先。

突厥的建国和强盛

突厥最初活动在准噶尔盆地以北，约在今叶尼塞河上游，后来迁到高昌的山北。公元5世纪中叶，柔然攻占高昌，突厥沦为柔然的种族奴隶，被迁到金山（今阿尔泰山）南麓。从此时开始以"突厥"为族号，因为"金山状兜鍪（móu，鍪、兜鍪，古代武士的头盔，战盔），俗呼兜鍪为突厥"，所以这支定居于金山之南的铁勒部族，就以突厥为族号（《册府元龟》卷九五六《外臣部·种族》）。

突厥人原隶属柔然，5世纪末柔然逐渐衰落，突厥人开始兴起。西魏文帝大统十二年（545）突厥首领阿史那土门降铁勒五千余户，部落从此强大起来，并受到中原皇朝的重视。此年，西魏宇文泰派使者去突厥。次年，突厥也派使者向西魏赠送礼物。突厥强盛后向柔然求婚，遭到拒绝，双方正式绝交。突厥转而向西魏求婚，竟然出乎意外地得到宇文泰的首肯。西魏文帝于大统十七年（551）将长乐公主嫁土门为妻。西魏废帝元年（552），土门大败柔然，自称义利可汗，于漠北地带建立突厥国，并全力向西扩展，囊括中亚。土门死后，其子乙息记可汗（名科罗）和木杆可汗（名俟[sì]斤）先后继位。在木杆可汗在位期间（553—572），突厥灭柔然，破嚈哒，驱逐契丹，并吞契骨，威震塞外，占领了东西万里、南北五六千里的广大地域：东自辽海以西，西至西海（今里海）；南自沙漠以北，北至北海（今贝加尔湖）（《周书·突厥传》）；西南拥有中亚阿姆河以南的吐火罗斯坦。

木杆可汗死后，其弟他钵可汗继位。木杆可汗和他钵可汗都有"凌轹（lì，欺凌）中夏之志"，他钵始则利用西魏和北齐的矛盾，收受双方的礼物，还极其傲慢地对身边的人说："但使我有南边的两个儿子（指北齐和西魏）孝顺，何忧无物邪！"后则以为北齐报仇的借口，于北周宣政元年（578）四月攻打幽州。北周柱国刘雄率兵抵拒，兵败身死。北周武帝准备带兵亲征，但尚未出征即先病死。此年冬，他钵再攻北周酒泉，大掠而去。次年，他钵要求与北周和亲，北周将赵王招的女儿千金公主嫁他。

突厥分裂为东西两部

北齐后主天统三年（567），土门（伊利可汗）之弟阿史那室点密有兵十万之众，手下有十大首领，于是就远征西域。他在灭亡嚈哒国（又称滑国，都城在今阿富汗之北巴里黑城），又打败波斯之后，自立为西面可汗。其子达头可汗，自感"兵强而位下"，就与东面可汗沙钵罗（一作沙钵略）征战。此时隋朝按照长孙晟的建议，对突厥施行分化反间的"远交而近攻，离强而合弱"政策，这就更加深了突厥分裂的速度。隋文帝开皇三年（陈朝至德元年，583）夏五月，达头联合阿波可汗（木杆可汗之子阿史那大逻便）和贪汗可汗等，正式独立。从此突厥分裂为东西突厥两个部分。

西突厥"居乌孙之故地，东至（东）突厥国，西至雷翥（zhù）海，南至疏勒，北至瀚海。"即今新疆和中亚大部地区。

东突厥由弱到强自归附中原到入侵中原，西突厥由强转弱而归附中原

分裂后的第一阶段，西突厥力量强盛，东突厥的沙钵罗可汗为西突厥达头可汗之侵迫，只好于开皇五年（585）带领部众南迁并臣降于隋。沙钵罗死后，隋文帝于开皇十九年（599），东突厥都蓝可汗与西突厥达头可汗联合掩袭北方的与隋朝友好并以隋朝宗室女安义公主为妻的突利可汗。突利可汗战败，南投隋文帝。隋军分东西两路出击突厥，打败西突厥，达头可汗身受重伤败逃。先筑大利城于朔州（今内蒙古清水河县境）给予安置，后又因归顺者大量增加，就扩大地域，在夏、胜二州之间（今陕西靖边和内蒙古准噶尔地带），以黄河为界，划出大批土地，给予安置。于是突厥来降者扩大到数十万众，自漠北来到长城南北，任情畜牧。同年，隋封突利之子为启民可汗，又将宗室女义成公主嫁他为妻。恰遇都蓝可汗被部下杀死，隋朝支持启民可汗招抚东突厥部众。

文帝仁寿三年（603），西突厥的达头可汗因铁勒诸部造反，遁走吐谷（yù）浑，其漠北部众重归启民可汗。

炀帝大业五年（609），东突厥启民可汗去世，其子阿史那咄吉继位，称始毕可汗。始毕依突厥风俗，仍以义成公主为妻。他乘隋末天下大乱之际，脱离隋朝，并将东突厥发展到极其强大兴盛的阶段，此时，"东自契丹，西尽吐谷浑、高昌诸国，皆臣之，控弦百万，戎狄之盛，近代未有也。"（《通典》卷一九七《边防十三·突厥上》）东突厥就大肆入侵中原了。

与东突厥相反，西突厥在炀帝大业初年（605），其泥橛

处罗可汗（达头的曾孙阿史那达漫）众叛亲离，又受铁勒的重创，处境艰难。隋朝因处罗可汗的生母向氏（她是汉人）留居京师，就以向氏之命招降处罗。处罗不从，炀帝从裴矩之策，鼓动处罗叔父阿史那射匮攻击处罗，处罗大败，只好于大业七年（611）降隋。炀帝让处罗部众内徙，命处罗将五百骑扈从天子巡幸，并赐号曷萨那可汗（《隋书·西突厥传》）。李渊起兵太原反隋，处罗的王子阿史那大奈"提其众隶麾下"（《新唐书·史大奈传》）。处罗即曷萨那可汗于唐高祖李渊武德初年（618），被东突厥始毕可汗的使者所杀。（《册府元龟》卷九六七《外臣部·继承二》）

东突厥的入侵和灭亡

武德二年（619），东突厥始毕可汗死，其弟处罗可汗立，复娶义成公主为妻。他从窦建德处迎来隋炀帝妻萧皇后和齐王之子杨政道，立他为隋王，要助隋复国。他正拟攻唐，病死，其弟颉利可汗（咄苾）立，颉利可汗又娶义成公主为妻。这位义成公主大约美貌出众，大受争抢，竟然连嫁突厥可汗父子兄弟共四人之多。她因其弟杨政道被处罗立为隋王，因与时据洛阳的王世充使者一同游说颉利"宜奉杨政道以伐唐，用报隋文帝之德"。于是自唐高祖武德四年（621）起，颉利可汗年年南侵。自武德四年至九年（621—626）突厥多次入侵今之陕西、山西、河北、河南、甘肃、宁夏、青海、四川八个省区，共三十三个州郡，杀戮劫掠，危害极大。唐高祖屈服于东突厥的强大，只好向突厥屈尊称臣。武德九年（626）七月，颉利亲率十余万骑攻打武功（今陕西武功县武功镇），唐京师戒严。唐左武侯大将军尉迟敬德击败突厥军。八月，唐高祖传位于唐太宗，二十天后，颉利进军至渭水便桥北，距长安仅四十余华里。唐太宗与侍中高士廉、中书令房玄龄等六人骑马疾驰至渭水上，与颉利隔河交涉。唐军很快汇集而来，旌甲蔽野。颉利见唐军有备，请和。唐太宗斩白马，双方于便桥上盟和，突厥军退兵。

　　自贞观元年（627）起，东突厥发生内乱。贞观三年（629），唐太宗乘东突厥内乱，内外交困和频年灾荒，以李勣和李靖为主将，派兵一举消灭之，生擒颉利。唐军俘获突厥十余万口。"突厥既亡，其部落或北附薛延陀，或西奔西域，其降唐者尚十万口"（《资治通鉴》卷一九三，太宗贞观四年）。贞观二十年（646），李勣破薛延陀。高宗永徽元年（650）擒建牙帐于金山之北的东突厥别部酋长车鼻可汗。至此，东突厥"尽

唐太宗像

为封疆之臣"。

唐代对东突厥的降人非常优待。太宗将约半数的东突厥降人安排在京师居住，因为大批东突厥的酋帅留在朝中任职，"皆拜将军中郎将，布列朝廷，五品以上百余人，殆与朝士相半"。其部众"入居长安者近万家"（《贞观政要》卷九《安边》）。即其家属约有五十万人住在长安。突厥人的大量入住京师，使突厥习尚渗透整个社会。其他的突厥降者安置在东自幽州（今北京）西至灵州（今宁夏灵武西南）的广大地带。

贞观十三年（639），突厥降将阿史结社率等行刺太宗未遂，朝野震动。太宗听信朝臣的提醒，感到突厥降者留在黄河以南颇有不便，即册封阿史那思摩为乙弥泥孰俟利苾可汗，令他率突厥和胡人返回漠南故地，至贞观十五年（641），东突厥返归者三万户，胜兵四万，马九万匹，分布于"南至大河（黄河），北至白道川（今内蒙古呼和浩特西北）以北"的肥沃草原，让他们复立突厥汗国。不久因薛延陀南下侵逼和思摩缺乏能力抚御其众，突厥人"悉弃俟利苾，南渡河"，请求在云中定襄一带定居。

高宗永徽元年（650），唐朝又将车鼻可汗降部安置于郁督军山（今杭爱山东支），设立狼山都督府（今阿尔泰山北）以统领之。又于漠北设置单于、瀚海都护府。"即擢（提升）酋领为都督、刺史"，于是东突厥"尽为封疆臣"，"凡三十年北方无戎马警"（《新唐书·突厥传》）。

像这样厚待虽已投降、但曾经极大地危害过自己的异族，即使有人降后暗算皇帝，也不怀疑其他降者，依旧给以优待，如此的风度和气派，除了中国以外，是极为罕见的。

西突厥的入侵和灭亡

东突厥的宿敌西突厥也是侵犯唐朝的老手。西突厥疆域广大，西起今里海，逾咸海，溯锡尔河，涉楚河，东至我国新疆北部地区（白寿彝总主编《中国通史》第9册，第286页）。

630年，唐太宗征服了东突厥，之后又在630—640年、647—748年发动了几次大规模的战争，从西突厥手里夺回了塔里木盆地。

贞观二十二年（648），西突厥叶护（突厥一等大臣，或别部大首领）阿史那贺鲁因受到乙毗射匮可汗的逼逐，率众内附。阿史那贺鲁是室点密可汗的五世孙。次年，因讨伐龟兹有功，太宗提升他为瑶池府都督。阿史那贺鲁乘机召回离散部众，力量渐盛。高宗永徽二年（651），拥众西击乙毗射匮可汗，破之，自称沙钵罗可汗，以双河（今新疆博乐西）和千泉（今中亚塔什干北）为建牙地，统一西突厥十姓部落，胁迫西域诸国多归属之。贺鲁拥有胜兵几十万，就背叛和屡侵唐朝边地，杀掠边民。唐朝自永徽三年（652）起遣师征讨，终于显庆二年（657）彻底平定他的叛乱，并将沙钵罗可汗（阿史那贺鲁）擒获，"尽收其所据之地，西域悉平"（《册府元龟》卷九八六《外臣部·征讨五》）。唐将苏定方"乃悉散诸部兵（彻底解散贺鲁的兵众），开道置驿，收埋露胔（zì，肉还没有烂尽的骨殖）（掩埋露天的尸体），问人疾苦；贺鲁所掠，悉还之民，西域平。"（《新唐书·突厥传》）唐朝将西至波斯接界的西域诸国，置于安西都护府等的管辖之下。唐朝的将领在西域并不杀死这批害民的军队的士兵，只是全部遣散；唐军开辟道路，建立驿站，收埋暴露在外的尸体；问候百姓的疾苦，将贺鲁所掠夺的财产和奴隶全部归还给百姓。西域就是这样安定下来的。像唐军这样的仁义之师，与汉朝军队进入西域一样，善待和保护当地人民的生命财产，在古代世界中是罕见的。

在唐与西突厥的这场战争中，唐太宗得到了回鹘部落的帮助，后者也从此脱离了西突厥帝国，成为唐朝的忠实盟友和它在中亚的主要军事支柱。后来，帕米尔高原以西奥克苏（Oxus）流域诸国也纷纷归顺了唐朝。657 年，西突厥帝国终于土崩瓦解。西突厥在武则天和唐玄宗时期曾两次大规模内迁，至宪宗元和三年（808），居于金娑山（今新疆尼赤金山）之南，蒲类以东的西突厥沙陀部因经不起吐蕃的压迫，也全数内徙。在唐朝的压力下，除内附者之外，突厥各部被迫南迁印度或西迁西亚及欧洲等地区。

消灭东突厥的名将李靖和李勣

唐代打垮和消灭东突厥的是名将李靖和李勣。

李靖（571—649），本名药师，京兆府三原（今属陕西）人。出身于官宦之家，祖父李崇义曾任殷州刺史，封永康公；父李诠仕隋，官至赵郡太守。李靖仪表魁伟，从小就学成文武才略，又胸怀大志，曾对其父说："大丈夫若遇主逢时，必当立功立事，以取富贵。"他的舅父韩擒虎是隋朝名将，每次与他谈论兵事，都拍手称绝，极为嘉许。

李靖在隋朝历任低职，李渊起兵后，李靖被俘，改投李渊和李世民父子，被招募入李世民幕府。武德元年（618）

李渊称帝，建立唐朝，封李世民为秦王。李靖随秦王东进，平定在洛阳称帝的王世充，以军功授任开府。此后他安定巴蜀和平定江南。

李勣（594—669），本姓徐，名世勣，曹州离狐（今山东菏泽西北）人。唐高祖赐姓李，又避太宗讳，遂单名勣。李勣出身土豪，家豪富，为人慷慨，仗义疏财。十七岁时投瓦岗寨，后降窦建德，最后归唐。武德六年（623）随李孝恭、李靖平定江南。

武德八年（625），东突厥颉利可汗频繁入侵和掳掠并州一带，高祖任命李勣为并州行军总管，抵御东突厥。唐太宗即位后，拜为并州总督。

贞观三年（629）十一月，东突厥入寇河西，唐太宗命兵部尚书李靖为定襄道行军大总管，率十几万大军出击，命李勣为通汉道行军总管，从云中出发，攻击突厥。

贞观四年（630）正月，李靖率领三千精锐骑兵，在朔风凛冽之中，冒着严寒，从马邑（今山西朔县）出发，向恶阳岭进发。颉利可汗骄横轻敌，他绝对预料不到唐军会突如其来，当李靖军攻来时大惊失色，措手不及。他又不信李靖敢于孤军深入，误以为唐军起倾国之师，所以"一日数惊"。李靖截获这个敌情，一面设计离间其心腹，迫令其亲信康苏密投降，一面迅即攻打定襄，并在夜幕掩护下，一举攻入，颉利仓皇逃走，李靖俘获旧朝炀帝的萧皇后和隋齐王杨暕（jiǎn）之子杨正道。

唐太宗闻讯喜极，他对众大臣说："李陵以步卒五千绝漠，然卒降匈奴，其功尚得书竹帛。靖以骑三千，喋血虏庭，

李靖像

遂取定襄，古未有辈，卒澡吾渭水之耻矣！"（《新唐书·李靖传》）不仅如此，陈寅恪《论唐高祖称臣于突厥事》指出："唐高祖起兵太原时，实称臣于突厥，而太宗又为此事谋主，后来史臣颇讳饰之，以至其事本末不明显于后世。"（陈寅恪《寒柳堂集》，北京：三联书店，2001，第108页）当年唐太宗建议其父唐高宗向突厥称臣，以借其兵力对敌。这才是唐太宗讳莫如深的耻辱，到此全部澡雪。

颉利在出逃途中，与李勣率领的另一路唐军遭遇。李勣在李靖进军的同时，从云中（今山西大同）率军出发，进击突厥，在白道（今内蒙古呼和浩特北）正遇上颉利，李勣军奋力冲杀，颉利被打得溃不成军，带着剩下的几万残兵败将仓皇北逃。

颉利可汗在此山穷水尽之时，才派失思力为使者入朝请罪求和，太宗遣鸿胪卿唐俭出使突厥。颉利实际上是想假投降，他想逃到大漠之北，寻机卷土重来。太宗命李靖率兵迎颉利入朝。李靖抵达白道，李勣与李靖两员大将一起商议军事，李勣认为，"颉利虽败，其众犹盛，若走度碛（qì，沙漠）北，保依九姓，道路且远，追之难及。今诏使在彼（唐俭正在突厥），虏必自宽（防备必定松懈），若选精骑一万，赍二十日粮往袭之，不战可擒矣。"（按：据《资治通鉴》卷一九三，太宗贞观四年，此为李靖之言。）此言与李靖英雄所见略同，不谋而合，李靖高兴地说："公之此言，乃韩信灭田横之策也。"于是李靖连夜率军出发，李勣继后而进。李靖袭击颉利可汗的牙帐，杀敌一万余人，俘获十几万，缴获牲畜数十万头，还诛杀隋义成公主。颉利率万余人果然企图逃入碛中，而李勣早就陈兵碛口，等个正着。其部众皆降，李勣俘敌五万余人，胜利而归。颉利先逃至灵州西北的小可汗苏尼失（启民可汗的母弟）处，唐军追踪而来，苏尼失附唐，颉利仅率数骑夜遁，被苏尼失追获，唐行军副总管张宝相率军奔袭而至，俘颉利，将他押送至京师。

李靖和李勣消灭东突厥，不仅解除了唐朝西北的最大边患，更洗刷了唐高祖和唐太宗父子向突厥屈尊称臣的耻辱。唐太宗感慨："朕闻'主忧臣辱，主辱臣死。'往者国家草创，突厥强梁，太上皇（唐高祖李渊）以百姓之故，称臣于颉利（一作突厥），朕未尝不痛心疾首，志灭匈奴，坐不安席，食不甘味。今者暂动偏师，无往不捷，单于稽颡（一作款塞），耻其雪乎！"（《贞观政要》卷二《任贤》篇、《新唐书·突厥传》）喜讯传来的那天，皇宫中喜气洋洋，太上皇李渊高兴得亲自弹起琵琶，太宗起舞，大臣们频频举杯庆贺，直到夜阑更尽才散。

李勣像

颉利押送至长安后，唐太宗责备他"屡背盟约，恃强好战，蹂我稼穑，掠我子女"诸种大罪，然后赦免他，让他居于馆舍，厚廪食之（住在宾馆里，给予食宿的优待）。

唐太宗面对突厥，说的是"志灭匈奴"，可见汉朝打垮匈奴成为万世之表，后世都以此为榜样。

李靖和李勣后又分别消灭了吐谷浑和薛延陀。

李靖于贞观二十三年（649）病逝。唐太宗见他病危，亲自上门看视，涕泪俱下，赞颂他的盖世功勋。他故世后，除命陪葬昭陵外，又诏令：筑坟墓如同卫青、霍去病故事，形同突厥内燕然山、吐谷浑内积石二山，"以旌殊绩"（《贞观政要》卷二）。

二十年后李勣去世时，高宗诏令百官送丧，也命陪葬昭陵，所造坟墓也仿卫青、霍去病故事，形似阴山、铁山和乌德鞬山，以旌表他消灭突厥和薛延陀之功。

铁勒部的入侵与灭亡

前所言及的与突厥同族的铁勒，种类和部落最多，分布于西海（今咸海）以东，北海（今贝加尔湖）以南，依据山谷，分隶于东西突厥，东西征讨，十分活跃。其中金山、白山等地的铁勒，于隋炀帝大业元年（605）因西突厥攻击并滥诛其魁帅数百人而奋起反抗，并推契苾部酋长为可汗，立薛延陀部酋长乙失钵为小可汗，还将邻国伊吾、高昌、焉耆诸国吸纳在内，但不久又因慑于西突厥之强大，重又归附其中。唐初，铁勒诸部分属东西突厥。

唐太宗贞观二年（628）西突厥大乱，东突厥衰落，薛延陀部乙失钵之孙夷男率众七万在依附颉利可汗之后，又反攻颉利并获大胜，铁勒共推夷男为君主。次年，太宗为联合铁勒夹击颉利，册封夷男为真珠毗伽可汗。四年（630），东突厥破灭，夷男就乘机东迁，占领颉利故地。铁勒薛延陀有胜兵二十万，占领了北至瀚海（今贝加尔湖），西至金山（今天山）的广大地区，回纥等多个部落都归附之。

贞观十五年（641）起，薛延陀连续南下侵扰。十九年（645），夷男死，其子拔灼（zhuó）南下侵唐，大败于唐将执失思力，其众数万被俘，他轻骑遁走，次年被回纥攻杀。继立之伊特失可汗向唐大将李勣投降，薛延陀灭亡。

薛延陀破灭后，回纥成为铁勒最大的部落。突厥灭亡后，回纥统一漠北，成为强大的回纥汗国（744—840）。但它接受唐朝的册封，与唐联姻、修好。残余的突厥、铁勒诸部皆融入回纥，回纥汗国拥有北至小海（今贝加尔湖）、西起伊丽河（今伊犁河）、东到可敦城（今蒙古乔巴山市西）东，南与唐接界的广袤地区。

　　唐贞元四年（788），回纥改名回鹘（hú）。文宗开成四年（839），由于内讧，兼之灾害，回鹘急剧衰落。次年，黠戛斯（结骨）十万铁骑攻占回鹘牙帐所在地（都城），诛杀其可汗和宰相，回鹘汗国灭亡。回鹘族人分五支南下、西迁。南下的两支十余万众，多数降唐。西迁三支，在西域地区定居。

后突厥的灭亡与西迁

　　唐高宗调露元年（679），东突厥二十四州叛唐。高宗永淳元年（682）至玄宗天宝三年（744）的五十五年中，东突厥复兴。颉利族人阿史那骨咄禄等尽复东突厥汗国故地，建立了强大的后突厥汗国。这个依靠野蛮征服和镇压而维系的多民族国家，终于因内乱和回纥等民族的叛离而迅速衰落。天宝四年（745），回纥怀仁可汗攻杀了后突厥的最后一个君长白眉可汗，后突厥灭亡。后突厥的部众，一分为四：一部分依附回纥，而后被回纥同化；一部分，约不少于万余账（户）内附唐朝，后被汉族同化；一部分留在大漠南北，即蒙古草原，转化成或融入契丹、蒙古，成为后来契丹、蒙古兴起的基础；另有一部分西迁，在中、西亚，与先期到达中、西亚的西突厥余众共存或会合，其后裔在阿富汗、土耳其立国。

　　唐朝消灭东、西突厥和后突厥，其疆域曾经远达西亚，给西域和西亚带来和平的环境和发展的机遇，继两汉之后再次开通了东西方文化交流和经济交流的道路，从而为世界历史的发展做出了伟大的历史贡献。汉唐盛世不仅是中国的骄傲，也是整个古代世界的光辉榜样。陈寅恪先生从疆域广大的角度赞颂"唐朝乃中国最盛时代。地域之大，东至朝鲜，南至安南（即今越南），西至波斯（即今伊朗）、阿富汗"（陈寅恪《唐代史听课笔记片段》，《讲义和杂稿》第 475 页，北京：三联书店，2002）。

突厥军队帮助建立和维持的萨曼王朝

　　7 世纪 30 年代，阿拉伯人的势力扩展到中亚。阿拉伯军队在进军和征服中亚时，大肆破坏和掠夺，所以引起各族人民的持续强烈反抗。9 世纪后期，阿拉伯帝国日趋分裂，波斯人建立的萨曼王朝（874—999）依靠突厥部落的军队推翻阿拉伯在中亚的统治，成为中亚最强大的国家，并由突厥军官指挥佣兵和奴隶混编的军队。

突厥人总督建立的伽色尼王朝

　　10 世纪后期，担任萨曼王朝驻呼罗珊总督的突厥人阿尔普特勤在今阿富汗建立伽色尼王朝（962—1186）。10 世纪末，突厥各部落与伽色尼的马默德联合攻击并灭亡了业已衰落的萨曼王朝。

　　马穆德在位时期（998—1030）的伽色尼在进攻萨曼之外，还多次侵犯印度，其领土除阿富汗外，还占有中亚南部、花剌子模和伊朗东部。马默德的残酷统治，给人民带来很大危害和痛苦，他死后，统治阶层内讧不断。自 1037 年起，塞尔柱突厥人占领其北部领土。1186年，新兴的廓尔王朝（在阿富汗境内）将伽色尼王朝消灭。

塞尔柱突厥帝国

塞尔柱突厥人是突厥人的一支，公元1000年左右，酋长塞尔柱带领此族从中亚北部草原迁移到锡尔河下游地带，接受了伊斯兰教。1025年左右，他们移居到呼罗珊北部，称臣于马默德统治的伽色尼王朝。当伽色尼衰落时，在呼罗珊贵族的支持下，塞尔柱的孙子托格卢尔·伯克于1037年打败以马苏德为国王的伽色尼，占领了伊朗的大部分。1055年，托格卢尔·伯克进入巴格达，强行得到苏丹的称号，成为这个突厥大帝国的统治者。此后，他的侄子阿尔额·阿尔斯兰继位为苏丹（1063—1072），继续向外扩张，至1071年，突厥人已据有拜占庭即东罗马帝国所属小亚的大部分地区。在马立克在位期间（1972—1092），塞尔柱帝国达到极盛期，疆土东部已到锡尔河以东，西部直到地中海东岸。塞尔柱帝国到11世纪末12世纪初开始瓦解为许多小国，12和13世纪之交，在突厥人重建的花剌子模征服中亚和伊朗大部分地区之时，横跨亚欧的庞大的塞尔柱帝国就完全解体了。

七、契丹的兴起、激烈的辽宋之战和辽朝的灭亡

契丹族建立的辽国，又称辽朝，是中国历史的一个重

要阶段。辽国、辽朝，属于中国的一部分，所以"二十四史"有《辽史》。

契丹的兴起

契丹在北朝北魏时出现，《魏书·契丹传》："契丹国在库莫奚东，异种同类，并为慕容晃所破，俱窜于松漠之间。登国中，国军大破之，遂逃迸，与库莫奚分背。"《魏书·库莫奚传》说："库莫奚国之先，东部宇文之别种也。"可见契丹也是鲜卑之一部，并是鲜卑中最后兴起的部落，属宇文部，而鲜卑宇文部本为南匈奴之后裔或"余种"。《新唐书·契丹传》："契丹本东胡种，其先为匈奴所破，保鲜卑山。魏青龙中，部酋比能桀骜，为幽州刺史王雄所杀；种遂微，逃潢水之南、黄龙以北，得鲜卑故地，故以鲜卑为遗种。"《旧五代史·契丹传》则干脆说："契丹者，匈奴之种也。"《册府元龟》《宋会要》《九国志》等都持这种看法。

以上说法都有道理。"匈奴征服东胡之后，东胡就同化于匈奴之中。契丹来源于鲜卑，而鲜卑先属于东胡，后属于匈奴，最后征服了原先属于东胡和匈奴的众多部族，一时成为蒙古草原诸部的统称。征服往往短暂而不巩固，因此同化的程度很不一致。一些部落仍然保持相对的独立性，一旦时机成熟，他们又各自可以呼风唤雨，形成一股新的势力。契丹就是曾经属于东胡、匈奴、鲜卑、突厥统治，甚至还被回纥征服过。"（邢莉、易华《草原文化》，沈阳：辽宁教育出版社，1998，第38—39页）所以鲜卑族的主源是匈奴和匈奴与鲜卑融合的产物，契丹则是鲜卑中属于南匈奴之后裔或余种的宇文部之一部。

契丹与相邻的库莫奚（简称奚，即奚族）一起从鲜卑族的宇文部中分离出来，为鲜卑的慕容氏所破，窜于松漠之间。北魏太祖（道武帝）拓跋珪于登国三年（388）征讨库莫奚时，契丹就与奚分为两部，西曰奚，东曰契丹。

契丹产生于北魏时，鲜卑中的宇文部的别支为北魏道武帝（拓跋珪）所破，即分裂为二：西为奚，东为契丹，即据《魏书》的以上记载。登国为道武帝最早的年号，登国元年至十年为公元386—395年。此后即改称皇始、天兴、天赐。可见契丹产生于公元386—395年之间，共有八部。《魏书》又记载，太和三年（479），契丹惧高丽侵轶，贺勿於率其部落车三千乘、众万余口，请求内附于中原。

契丹于北齐天保四年（553）第一次南下，被北齐文宣帝高洋亲率大军打败，被俘获十余万人和数十万头牲畜。相乐又于青山大破契丹别部。所虏生口，皆分置诸州。其后复为突厥所逼，又以万家寄于高丽。

隋文帝时，契丹与中原保持和平，开皇五年（585），隋文帝同意契丹"居其故地"，此后原依附高丽的契丹别部也率众内附。后"部落渐众，遂北徙，逐水草"，在辽西正北二百里处依水定居，"分为十部，兵多者三千，少者千余"。《隋书·北狄列传》又补充说："逐寒暑，随水草畜牧。有征战，则酋帅相与议之，兴兵动众合符契。"

第二次于隋大业元年（605）南下营州（今辽宁朝阳），又遭隋将主使的突厥的袭击，被俘四万人。在北朝时，契丹就受到突厥的侵扰。在隋唐时，契丹多次内附。晚唐时契丹渐趋强盛，至唐末，契丹征服、并吞奚。

唐初，契丹于武德（唐高祖李渊的年号）初年（618）数抄边境。二年（619）降。唐太宗伐高丽时，到营州，会见契丹君长及老人等并赐礼物。又授契丹蕃长窟哥为左武卫入侵平州。唐太宗贞观二年（628）其首领摩会率其部落来将军。贞观二十二年（648）窟哥等部都请求内属，于是唐太宗设置松漠都督府，命窟哥为左领军将军兼松漠都督府，赐姓李氏。

契丹另有别部酋帅孙敖曹，在隋朝时为金紫光禄大夫。唐高宗武德四年（621）遣使内附，唐高宗下诏，令他率部落于营州城傍安置，授云麾将军，行辽州总管。他的曾孙万荣与其妹婿松漠都督李尽忠（窟哥的后代）都受营州都督赵翙的侵侮，于是二人举兵杀赵翙，据营州作乱。旬日之间，军队发展至数万人，所向披靡，进逼檀州。武则天三次派兵讨伐，最终增兵至三十万，三战三败。不久李尽忠死，万荣代领其众，攻陷冀州，杀刺史陆宝积，屠官吏、男女数千万。不久突厥和奚攻击他的后方，万荣弃众东走，遭唐军伏击，万荣被其家奴杀死，契丹余众都降突厥。

唐玄宗开元三年（715），首领李失活（李尽忠的堂弟）又率各部落内附，于是又置松漠都督府，封李失活为松漠郡王，唐玄宗封宗室外甥女杨氏为永乐公主下嫁李失活。李失活死后，唐和契丹关系时好时坏。天宝十年（751），安禄山诬报契丹酋长欲叛，请求出兵讨伐。八月，安禄山率兵数万与契丹大战，结果大败而还，死掉数千人。天宝十二年（753），契丹又来降附。唐德宗贞元四年（788），契丹联合奚入侵一次，大掠人畜而去。此后一直与唐友好，附为属国。唐武宗会昌二年（842），应契丹的请求，赐"奉国契丹之印"，以代旧用的回纥印。

综观整个唐代，契丹历代首领多愿内附或友好相处，只是朝廷和边疆的有些官吏处置不当或横加欺凌才逼使他们叛乱；契丹无理入侵的次数屈指可数。但至唐末，契丹王钦德乘中原多故，北边无备，于唐僖宗光启年间（885—887）时而入侵，蚕食诸郡。后刘守光用计擒获舍利王子，才迫使钦德乞盟求和。

唐朝于907年为后梁所灭，共历二十帝，二百九十年。

辽国的兴亡

唐朝之后，中国进入五代十国时期。五代在北方，十国建在南方。契丹入侵的是北方。北方的五代依次是后梁、后唐、后晋、后汉和后周。朱温于907年灭唐称帝，建都汴(今河南开封)，国号梁，史称后梁，占有北方大部地区。接着沙陀部人李存勖（xù）于923年灭后梁称帝,建都洛阳,国号唐,史称后唐。936年,沙陀部人石敬瑭勾结契丹贵族,灭唐称帝,建都汴,国号晋,史称后晋。946年,契丹灭后晋,947年,后晋河东节度使、沙陀部人刘知远在太原称帝,建都汴,国号汉,史称后汉。951年,后汉邺都留守郭威灭后汉称帝,建都汴,国号周,史称后周。

五代时期，契丹不断南侵，志在问鼎中原。契丹族领袖耶律阿保机（872—926，907—926年在位）于公元907年建立辽国，但当时仍称契丹；又于公元916年立国称帝，即辽太祖，国号契丹。两年后建都皇都（今辽宁巴林右旗附近）。耶律阿保机于公元926年死后，其子耶律德光继位，为辽太宗，于947年改国号契丹为辽，直至1125年金灭辽，立国二百余年。

唐灭亡时，中国进入五代十国时期（907—960），阿保机趁机进攻骚扰中原。燕国刘守光末年（913），政苛民惨，军士亡叛都投奔契丹。契丹尽得燕中人士，教之汉族的文化法律制度，于是更为强盛。后唐遣周德威进攻卢文进，卢文进引契丹数十万军队，大败周德威。幽、蓟之间，契丹骑兵遍满山谷，捉住汉人，以长绳连头缚在树木上，汉人乘黑夜多自解逃去。

阿保机用幽州汉人韩延徽（882—959）为谋士。韩延徽建议阿保机发展农业，稳定契丹境内的汉人；又草创制度，强化君权；更帮助筹划军事，兼并党项、室韦各部，侵灭诸国，收复女真等，终于统一并称雄北方。此后十年，阿保机多次南下攻打幽州（今北京），皆未得逞。

阿保机善汉语，他却对人说："吾解汉语，历口不敢言，惧部人效我，令兵士怯弱故也。"

其子耶律德光（辽太宗，902—947，927—947年在位）本名耀屈之，后慕中华文字，于是改名德光。他继位后，不断南侵。天显十一年（后唐清泰三年，936）七月，后唐河东节度使石敬瑭降契丹，请求出兵对抗后唐。契丹就打败后唐，立石敬瑭为后晋皇帝。双方定为父子之邦，作为报答，后晋岁贡三十万匹帛，另割让包括幽州在内的燕云十六州（今河北、山西两省北部）。石敬瑭死后，契丹与后晋多次攻战，互有胜负。会同九年（后晋开运三年，946），契丹诱使后晋主将杜威投降，乘机南下攻灭后晋。第二年正月，辽太宗占领开封，废晋都东京开封府为汴州。刘知远建立后汉，辽太宗死后，后晋地区被后汉占领。契丹试图统治中原的目的依旧落空。

五代后汉高祖（刘知远）天福元年（947）二月初一，契丹改国号辽（后在983—1066年曾重称契丹），改皇都为上京。辽国疆域辽阔，东北到今日本海黑龙江口，西北到蒙古国中部，南以今天津海河、河北霸州、山西雁门关一线与宋接界，与北宋、西夏鼎立。

改国号为辽（辽国，又称辽朝）后，辽太宗占据中原，不给部下人马粮草，"遣数千骑分出四野，劫掠人民，号为'打草谷'，东西二三千里之间，民被其毒，远近怨嗟。"（《新五代史》）攻破相州，"城中男子无少长皆屠之，妇女悉驱以北。"后汉"得髑髅十数万枚，为大冢葬之。"（《新五代史》）同年四月，辽太宗在北返途中病死。辽国在经历激烈的帝位之争后，辽世宗耶律阮于948年为帝。后周灭后汉后，后汉高祖之弟刘赟建立北汉，北汉以辽军为援，进攻后周。后周世宗（柴荣，又称柴世宗，921—959，954—959年在位）每次亲征南唐，辽总是乘机侵扰。雄才大略的周世宗于958年决定亲征辽国，收复十七县。可惜在大战爆发前夕，后周军收复莫、瀛二州、攻占易州（今河北易县），形势对后周十分有利之时，世宗竟在次年五月于军中病倒，只得撤兵。六月十九日，世宗病逝，年仅三十九岁。其子七岁继位，旋即被赵匡胤兵变，夺取政权。

宋辽高梁河之战

　　公元 960 年，掌握后周兵权的赵匡胤（927—976，960—976 年在位）发动陈桥兵变，篡夺后周政权，即帝位，为宋太祖，建都汴，国号宋。宋太祖开宝八年（975）消灭南唐，平定江南，中国继秦、两汉、西晋和隋唐之后，又进入统一阶段。北宋的疆域，东、南到海，西到今甘肃与西夏（本名大夏，宋人称西夏）接界，北到今天津海河、河北霸州、山西雁门关一线，与辽、金先后对峙。宋与金国于 1125 年联合灭辽。次年，钦宗靖康元年（1126），金兵攻入汴京（开封），掳去徽宗、钦宗二帝，北宋灭亡。次年，逃亡南方的康王赵构在南京（今河南商丘市南）称帝，为宋高宗，后建都临安（今浙江杭州），史称南宋。德祐二年（1276）为元所灭。两宋共历十六帝，统治三百十七年。

宋太祖像

宋自建国伊始就受到辽在北方边境的威胁。开国皇帝宋太祖赵匡胤全力整顿南部和统一南方，对辽军的侵扰采取来则备御，去则即止的防御方针。他在统一南方之后，原想筹备巨额款项向辽赎买燕云十六州，如辽拒绝就作为军费，用武力收复。但尚未实施这个计划就去世了。他的弟弟宋太宗赵匡义（后改光义，即位后又改名炅 [jiǒng]，939—997，976—997年在位）即位。太平兴国四年（辽乾亨元年，979）宋太宗灭北汉后，宋辽直接对峙。他在太原集结数十万军队，乘胜率师攻辽，越过太行山东进，在攻降辽之涿州、东易州之后，攻打辽国占领的幽州，在南京（今北京）城北与辽军激战于沙河，获胜，即包围南京。自六月二十五日起围攻十余日，未克。辽以全力来救援，七月初六，辽景宗耶律贤派遣的援军到达，宋辽两军激战于高梁河（约在今北京外城一带），宋军大败溃退，尽失兵仗粮饷。宋太宗也在中箭后随乱军乘驴车南逃。辽军乘胜追击，至涿州（今河北涿州）而止。

　　为报复宋的进攻，辽连年南攻，但皆以失败告终。太平兴国七年（辽乾亨四年，982）辽景宗病死，其子即位，年仅十二岁，由其母承天太后即萧太后临朝专制。宋辽停战数年。

宋辽岐沟关之战

　　雍熙三年（辽统和四年，986）正月，辽圣宗耶律隆绪年仅十二岁，由皇太后萧氏摄政。宋太宗听信雄州知州贺令图等的进言，误认为辽主年幼，"主少国疑"，政局不稳，可乘机攻辽。即发三路大军，全力北进攻辽。三月初，西路、中路进入辽地，都进展非常顺利，但东路曹彬军进展过速，因缺粮而两次退兵，五月初再次进攻，死伤数万人涿州时因值夏季，途中缺水，士卒困乏不堪，辽军在岐沟关追到退却中的宋军，宋军大败。宋太宗立即命中、西路退兵坚守代州，派兵掩护附近四州居民南迁。辽军获胜后，于七月初以十余万兵力西移，西部战场的主帅潘美、监军王侁（shēn）在敌我兵力悬殊的情况下，否定副帅杨业的合理战略，严逼杨业在不利的形势下，接应和保护南撤的平民，不准及时退守。杨业被迫孤军北进，要求潘美在陈家谷口设伏兵接应。但当杨业遭辽军伏击而大败，撤至陈家谷口时，发现潘美和王侁已率军逃走，杨业寡不敌众，全军覆没，他本人身负重伤后被俘，绝食而死。西路也以失败告终。

　　宋军主力在两次战争中丧失殆尽，无力再战，只能采取守势，宋廷产生严重的恐辽情绪，闻风丧胆，被动挨打。辽军乘势多次南下攻宋，于雍熙三年（986）十一月，四年（987）正月，端拱元年（988）连续大败宋军，攻占多处地域，纵兵大肆抢掠。咸平二年（999）以后，辽军又大举南下，攻占十多个州郡，屠杀无辜百姓，损坏房屋庄稼，掳掠人畜财物，给河北、山东一带的城乡百姓带来巨大的灾难。为报复宋朝的进攻，辽又接连南攻，双方互有胜败，但辽略占优势。后又停战数年。

辽宋激战和澶渊之盟

　　宋至道三年（辽统和十五年，997），宋太宗因高粱河之战的箭伤复发而死，其子赵恒即位，为宋真宗。辽自咸平二年（辽统和十七年，999）起，连年南侵。宋真宗景德元年（辽统和二十二年，1004）闰九月，辽萧太后与辽圣宗母子起倾国之师，亲率大军南征，辽军在河北一带受到宋军坚决抵抗，辗战不利，死伤数万人后，乘隙进军澶（chán）州（今河南濮阳），深入宋境腹地。宋真宗畏敌，惊恐之余，欲从王钦若、陈尧叟等之计，迁都南逃金陵（今南京市）或西逃四川。因宰相寇準的坚持，真宗在寇準的鼓励和辅助下，勉强到澶州督战。宋军坚守辽军背后的城镇，使宋军士气大振。宋方几十万大军迅速集结澶州，而此时辽方孤军深入，宋军又在澶州城打了胜仗，射死辽国大将萧挞凛（"凛"一作"览"）。辽恐腹背受敌，遂提出和议。真宗昏庸怯懦，不敢与辽军决战，竟与对方议和，签订和约。于是宋辽于十二月间（1005年1月）订立和约。双方约定：宋辽两国为兄弟之国，仍按此前旧界为双方国界，辽军撤退时宋军不许在沿途拦击；由宋每年输辽"岁币"银十万两，绢二十万匹。因澶州又名澶渊郡，故史称"澶渊之盟"。宋朝本可乘此机，歼灭入侵辽军，竟昏庸地坐失良机，反而订立屈辱的和约，造成北宋积弱的严重后果。辽国于"澶渊之盟"后因内部统治不稳，又感难以再打败宋朝，便不再进兵南下。从此宋辽休战，直至宋末宋、金联合攻辽，辽国灭亡。但岁币后又有增加。辽兴宗重熙十一年（北宋庆历二年，1042），辽朝乘西夏连年与宋开战，宋朝难以应付之际，再次提出索回关南土地之事。宋仁宗派富弼出使辽朝谈判，最终以宋朝增加岁币白银十万两、绢十万匹重新达成协议，才保持了宋辽的和平局势。北宋一代，为避免辽的入侵所付出的代价是沉重的。

北宋边防，辽国最大最强地位最高

在北宋时期，中国当时主要分为五国和一个地区：宋、辽、西夏、大理、吐蕃和女真。

吐蕃由羌（古族名）立国。羌族古居中国西部，商朝的甲骨文已有记载，东汉时部落多至一百五十个，西晋时辽东鲜卑慕容部酋长涉归的庶子吐谷浑率部西迁，其子孙征服羌族，在青海建立吐谷浑国。北朝时，吐谷浑国土广数千里，唐初分裂为东西两部，羌族逐渐进入西藏，又将分立的诸国合并为统一的大国吐蕃。在此同时，羌族为藏族（或蕃族）所替代，至松赞干布统治时强盛起来，公元629—797年处于强盛时期，不断向唐朝进攻，占领西域、南诏等地。因连年作战，于797—846年进入衰落期，终于亡国，在唐后期至宋末一直处于分裂状态，后被元朝并入中国版图。

大理国所在的云南，各族聚居，名号繁杂。战国时，楚将庄蹻率兵来到滇池，建立滇国。公元前109年，汉武帝遣派将军郭昌灭滇国，置益州郡，东汉增置永昌郡。三国时诸葛亮平定南方，又增置兴古、云南二郡。唐天宝年间，云南成立南诏国，以乌蛮蒙姓为国王，白蛮大姓为辅佐。738年，在唐朝的帮助下皮逻阁统一六诏，至902年郑买嗣灭国南诏，共立国一百六十五年。郑买嗣建立大长和国，传位至其孙郑隆亶被杨干贞灭国，拥立赵善政为骠信，国号大天兴，又名兴源国。929年，杨干贞废赵善政自立，改国号为大义宁。937年，通海节使、白蛮贵族段思平灭大义宁国，建立大理国。1099 年（宋哲宗元符二年），大理国王段寿辉让位给拥立自己的段氏臣高智升之子高升泰，高升泰改国号为大中国。高升泰死，其子高泰明又让位给段正淳，改国号为后理国。1116 年（宋徽宗政和六年），后理国王段和誉遣使来宋朝朝贡，宋徽宗封段和誉为大理国王。1253 年，元宪宗命忽必烈率兵入云南，擒段兴智及高泰祥，灭大理国。大理国自段思平至段兴智，凡二十二主，三百十七年。

大理国王段氏自称祖先是汉人，在大理国推行汉文化。大理国灭亡后，云南和内地又并成一体，白蛮族中的大部也和汉族融合，被汉族所同化。

西夏是党项族为主体民族所建立的国家。党项族是羌族的一支。原居住在青海东南部，隋唐时期向四面发展，后吐蕃北上灭吐谷浑，党项部落请求内迁，唐朝将他们逐步迁到今陕西北部一带。宋朝建立后，党项部所据的夏州等地区形式上仍是宋朝的一部分，实际则处于割据状态，后因宋太宗的政策失误，未能铲除李氏割据政权，至 1031 年李元昊继位，改姓嵬名氏，发布秃发令，恢复鲜卑旧俗，又整饬军政，向四周军事扩张，于 1038 年正式称帝（景宗），国号大夏，汉籍中则史称西夏，境土包括今宁夏全部、甘肃大部、陕西北部和青海、内蒙古的部分地区。自元昊称帝，共传十代，先后与北宋、辽及金、南宋鼎立，1227 年为蒙古所灭。

西夏景宗称帝后，先与宋朝连年作战，后又与辽大战。宋仁宗康定元年（1040）、仁宗庆历元年（1041）、二年（1042）西夏与宋三次大战，都大败宋军。庆历四年（1044），夏国王元昊取消帝号，宋册封其为夏国主，对宋称臣；宋每年赐给西夏银七万两，绢十五万匹，茶三万斤。同年，辽兴宗亲率大军，攻入西夏，兵败溃退，夏辽议和。从此，形成北宋、西夏、辽国鼎立的局面。

宋哲宗绍圣二年（1095），宋宰相章惇策动对西夏的攻势，他先后在边境修建了平夏城、灵平砦等五十余个城寨，并发兵连破洪州、盐州，一度攻入宥州。西夏全力反攻平夏城，无效。北宋在攻下的地区建立西安州等，巩固了边防，西夏受到严重威胁，便采取守势，附辽和宋，以求生存。宋徽宗继位后，童贯（北宋宦官）连年进攻西夏，结果大败。

北宋中期，大理时称后理，吐蕃四分五裂；北方女真尚未立国，宋、辽、西夏三个大国鼎立。辽的疆域东北到今日本海黑龙江口，南以今天津海河、河北霸州、山西雁门关一线与宋接界，西北到蒙古国中部。

辽朝在圣宗统治下进入全盛时期。在打败宋太宗之后，辽又西攻，使西境的鞑靼兵投降；东侵高丽，高丽国王显宗请和，向辽纳贡。

辽圣宗于太平十一年（1031）病死，子兴宗即位，兴宗死后再传至道宗耶律洪基即位。道宗在位长达四十五年，辽朝进入衰乱时期。

在辽道宗耶律洪基时期，辽国虽由盛转衰，却依旧是北中国地区最强大的国家。宋朝每年向它输纳金银财帛，西夏、高丽向它朝贡，女真内附。

古代汉族发明地道战和辽国地道的新发现

辽国早在五代初年，后唐庄宗的偏将卢文进叛而亡入契丹，教契丹为火车、地道、起土山等攻城方法。(《新五代史》)因此华北地区中国军民在 20 世纪 40 年代抗日战争中所用的地道战方法，乃古已有之的传统法宝。《新民晚报》1999年 4 月 30 日发表贺海《宋辽时期的地下古战道》说：

> 北京西南房山区张坊镇不久前开发出一处千余年前宋辽时期的古战道。
>
> 宋辽时期两国战争频繁，前后延续了数十年之久。张坊古镇，西靠太行山，南临拒马河，历史上地处咽喉要道，为兵家必争之地。当时房山一带正是两国交兵的古战场。据专家多次考证，并参考这次地下军事设施的建筑结构，认为可能是当时宋将杨六郎所修。
>
> 这处古战道位于地下四米处，现开发出一部分，长约八十米。这一段埋于地下虽千年，但保存得十分完整。战道完全是青砖结构，顺砌，上下错缝，顶部为立砖顺砌，据专家考证，这种砌法与宋代营造法吻合。
>
> 对于这处古战道，过去还有一种说法，认为是辽国所建，辽代长达二一○年，主要统治者是契丹族。辽军不但善于作战，并讲究策略，历史上曾经有过"穴地进城"的先例，因此，这处地下军事设施可能是辽将所筑。
>
> 总之，它是宋辽时期的战争遗物，也是北京地区到目前为止发现的唯一的地下古战道，有一定的历史

价值。

只是此文作者和当代的一些史学家未注意到《新五代史》记载辽国的地道战手法也是学自汉人，在宋代建国之前已会使用了。

金国灭辽，西辽兴起

寿隆七年（1101）正月，道宗病死，天祚帝即位。天庆四年（1114），女真族人首领完颜旻（阿骨打）攻占辽地。

次年，宋徽宗政和五年、辽天祚帝天庆五年（1115）年，在东北兴起的女真族完颜部领袖阿骨打（金太宗）创立金国（又称金朝），建都会宁（今黑龙江阿城南）。金太宗天会三年（宋徽宗宣和七年、辽天祚帝保大五年）（1125），宋联合金，合攻辽国。保大五年（1125）金兵俘获天祚帝，金国消灭业已衰落的辽国，辽朝灭亡。辽共历十帝，二百十年。

宋徽宗宣和六年、辽天祚帝保大四年（1124），辽国灭亡前夕，辽宗室耶律大石自立为王，率部西迁。1130年再向西发展，征服突厥人的众多部落，在叶密立（今新疆塔城一带）建城。南宋高宗绍兴二年、金太宗天会十年（1132，一说在1131年）在起儿漫称帝，重建辽朝，史称西辽，又称哈剌契丹（黑契丹）。后建都于虎思斡耳朵（在今伊犁河西、吹河南）。疆域包括今新疆及其临近地区。南宋宁宗嘉定四年、金卫绍王大安三年（1211），西辽政权被乃蛮王屈出律夺取。自耶律大石西迁至此，凡五帝八十八年。屈出律仍用西辽国号，于南宋嘉定十一年、金宣宗兴定二年、蒙古（元太祖）铁木真十三年（1218）为蒙古所灭。

契丹民族建立的辽国虽然被消灭，但契丹民族有很巨大的影响，俄语至今仍以"契丹"称中国，哥伦布发现新大陆，也是寻访契丹（中国）的副产品。

建立二一〇年辽王朝的契丹民族，自明朝以来在历史记载中消失了，他们的最后下落成为史学家困惑的历史之谜。1995 年，中国医学科学院和中国社会科学院联合成立"分子考古学"课题组。研究小组从有墓志为证的契丹人墓葬如耶律羽之家族墓出土的契丹人头骨、牙齿和契丹女尸的腕骨中提取 DNA，再去云南保山地区取阿、莽、蒋姓"本人"和其他民族的血样，还去内蒙古莫力达瓦旗和其他旗、县取达斡尔、鄂温克、蒙古和汉族等人群的血样，从血样中提取 DNA。然后经过 DNA 测序等研究，终于得出结论：达斡尔族与契丹有最近的遗传关系，为契丹人的后裔。阿、莽、蒋姓"本人"与达斡尔族有相似的父系起源，也是契丹人的后裔。至此历史真相大白：元代蒙古人建立横跨欧亚大陆的蒙古帝国时，连年征战，频繁征兵，能征善战的契丹族人被征召殆尽，他们在战争中被分散到各地，有的还保持着较大的族群入达斡尔，作为民族存续了下来；有的好比扔在大海里的一块冰，被当地人同化了。云南"本人"犹如湖南桃源的维吾尔族人均是元代不同民族的官兵落籍于当地而保存着原来民族的记忆（《上海商报》，2001 年 7 月19 日）。

辽灭亡后，契丹与汉族的宋王朝的战争就结束了。自此宋与金南北对峙，成为敌国。金国于宋靖康元年（1126）

灭北宋之后，与建都临安（今浙江杭州）、偏安南方的南宋对峙。

八、蒙古灭西辽、远征和立国中、西亚与欧洲

不久，在东北兴起的蒙古族领袖成吉思汗（即元太祖铁木真）于（南）宋宁宗开禧二年（1206）建立蒙古国，南宋理宗端平元年（金哀宗天兴三年、蒙古元太宗窝阔台六年，1234），南宋和蒙古联合攻金，金国灭亡。南宋度宗咸淳七年、蒙古至元八年（1271），蒙古大汗忽必烈定国号为元，忽必烈当起元朝皇帝，为元世祖。八年后，即南宋赵昺祥兴二年（元至元十六年，1279），元灭南宋，统一中国，建都大都（今北京）。

前已言及，有众多中外历史学家认为蒙古人也是匈奴人的后裔。如此说成立，那么匈奴人再次转化为一个强盛的游牧民族，并成为汉族又一个强敌，与汉族开始了新的大战，并终于消灭了汉族的中央皇朝，占领了全国。在此之前成吉思汗远征西亚和欧洲，接着其后裔再次远征并立国西亚和欧洲，取得极大战果，对世界历史产生巨大而深远的影响。

蒙古西进和对中、西亚与欧洲突厥人、匈奴人后裔的打击

在突厥西进、攻占西亚和欧洲的间隙，还有蒙古人持续两百多年的西进和对中西亚、欧洲的占领。有趣的是，匈奴人的后裔和可能为匈奴人的后裔共有突厥人、蒙古人

与匈牙利人三个民族在广阔的亚欧战场上相聚并厮杀，真可谓蔚为奇观。

蒙古人很可能是匈奴人的后裔之一，至少他们是同族，同属于突厥种裔。蒙古人原住黑龙江上游和贝加尔湖东南地区。12世纪后期起，蒙古的势力开始强大，铁木真（1162—1227）于1200—1206年间完成蒙古主要部落的统一后，于1206年被推举为大汗，上尊号"成吉思"。然后他靠约有十三万余人的军队（一说为十二万九千人，见《史集》汉译第1卷第2册第362页）开始远征。他在占据金朝北部疆土后，就征用汉族的人力物力进军中亚。1218年，灭西辽。次年秋，成吉思汗亲率二十万大军进攻花刺子模。中亚著名的花刺子模国在705—715年阿拉伯对中亚作最后进攻时，被消灭。后来的西辽以西的花刺子模，是突厥人在12世纪末所重建。成吉思汗在消灭花刺子模后，1221年春攻取马鲁城，除四百工匠外，杀光该城后周围居民计达七十万人。此后一路杀光多座城市的居民。此后，成吉思汗令者别和速不台率军继续西进，他们越过太和岭（今格鲁吉亚北境高加索山），进入顿河流域的南俄草原地区。先攻陷阿速和钦察。钦察的突厥族洛伏齐人向俄罗斯王公求救，1223年，基辅大公率领的俄罗斯援军八万人与钦察联军在窝勒伽河（今伏尔加河）大败，蒙古军乘胜前进，但在进攻不里阿尔（位于伏尔加河中游的卡马河口）时，败于保加尔人，即于年底经黑海和里海北部草原与成吉思汗会合后退回蒙古。

1226年，蒙古军南下攻击西夏。1227年，在蒙古军围攻西夏京城中兴府时，成吉思汗自率大军攻金，在连克多城之后，中途病故。1229 年，窝阔台继位为大汗（1229—1241 年在位）。1231 年，蒙古征服高丽，1234 年蒙古联合宋朝消灭金朝。

1235 年（窝阔台汗七年），蒙古在攻宋的同时，由成吉思汗的孙子（术赤子）拔都率领的蒙古十五万大军再次远征欧洲。1236 年秋，他们到达亦的勒河流域，攻占不里阿尔，进兵钦察，杀死其首领八赤蛮。这次他们在伏尔加河击败保加尔人，于 1237 年攻入俄罗斯东北部。蒙古军队照例一路破坏，俄罗斯的也烈赞（今梁赞）、科罗姆纳、莫斯科和兀剌的迷儿（弗拉基米尔）等名城都遭摧毁。1239 年，拔都再攻俄罗斯南部，1240 年，占领基辅。拔都在攻打基辅之前曾派人侦察虚实，但是他的密探们都被处死。拔都统率他的庞大的军队包围基辅时，据沃斯克列先斯克的俄国编年史记载："鞑靼人的无数兵车声、牛和骆驼的鸣叫声、马嘶声及野蛮人的凶恶的喊杀，众声喧腾，以至同在城内的人彼此说话都听不见。"乌克兰人虽然顽强抵抗，但是于 1240 年 12 月 6 日，基辅被急攻而陷落并被破坏（雷纳·格鲁塞《蒙古帝国史》，第 240 页）。

蒙古军然后分两路继续西进，拔都另遣的一支军队挺进孛烈儿（波兰），在攻入波兰南部、焚毁多座名城后，渡过奥得河，在里格尼兹一役彻底打败波兰、德意志和条顿骑士团联军。1241 年 6 月，南下进入捷克境内，遭到强力抵抗，又在奥洛摩茨城外遭到捷克军的突袭而战败，就南下与拔都主力军汇合。

另一路是拔都的主力，则进入马札儿（匈牙利）境内，这是侵犯他们同族的匈奴人的后裔了。1241 年，拔都率军到达撒岳河，攻打匈牙利，但这次战役获胜的功劳是速不台的。"诸王军于上流，水浅马可涉，中复有桥。下流水深，速不台欲结筏潜渡，绕出敌后。未渡，诸王先涉河与战。拔都军争桥，反为所乘，没甲士三十人，并亡其麾下将八哈秃（把阿秃儿）。既渡，诸王以敌尚众，欲要速不台还，徐图。速不台曰，王欲归自归，我不至秃纳河（多瑙河）马茶（马札儿）城不还也。乃驰至马茶城，诸王亦至，遂攻拔之而还。"（《元史·速不台传》）击败匈牙利守军十万人，焚毁佩斯等多座城市。与蒙古同族的匈奴人后裔再次遭到重创。

接着，蒙古军攻入奥地利，迫近西欧。拔都军的前锋直抵维也纳附近的诺伊施塔特，原想继续西进，却因 1241 年 12 月窝阔台去世，于是班师。欧洲避过了一次浩劫。1242 年，拔都军转攻亚得里亚海东岸和塞尔维亚、保加利亚，然后折回伏尔加河下游，以萨莱为首都，在此建立钦察汗国（1240—1480）。俄罗斯人因其帐殿是金色的，故称之为金帐汗国。蒙古占领欧洲并立国和统治俄罗斯近两个半世纪之久。朱元璋于 1368 年建立明朝，1370 年，明军将蒙古势力基本消灭，其残部逃至蒙古草原。俄罗斯打败并驱逐蒙古要比中国迟了整整 110 年。

在蒙哥（元宪宗）统治时期（1251—1259），中西亚，包括伊朗的东部、南部，南高加索的阿塞拜疆、格鲁吉亚和亚美尼亚等地，在蒙古军西进时早已被蒙古占领和并吞。1252 年蒙古另一支军队在旭烈兀的引领下，进军中亚伊思马因派的木剌夷国，经过两年多始至其地，消灭此国，杀掉其首脑后，又分兵三路，于 1256 年对西南亚发动攻击。1258 年，攻下报达（今伊拉克巴格达），消灭黑衣大食（阿拔斯朝），杀其国王、宗教领袖哈里发及其长子，还屠城劫掠十七日，共杀居民数十万人，焚毁全部华丽建筑和艺术珍品。接着，旭烈兀在此建立伊儿汗国（1258—1388），地域包括阿富汗至伊朗、两河流域和中亚阿姆河西南地区。然后继续西进，1529 年占领叙利亚，并企图攻打埃及。1260 年，攻占阿勒颇和大马士革。此时，埃及马木路克苏丹急派军队抵挡，在大马士革以南的阿音扎鲁特大败蒙古军，杀死先锋怯的不花，还占领了叙利亚，终于遏止了蒙古军的进攻势头。

蒙古分裂为元朝和四大汗国，南俄和中亚蒙古人被突厥人所同化

蒙哥死后，其弟忽必烈自立为大汗，此即元世祖（1215—1294）。1279 年改国号为元。1279 年灭南宋，此后连续进攻日本、越南、缅甸、爪哇，极其猖狂。1260 年以后，成吉思汗分封四子的领土（也称汗国），即窝阔台（蒙古以西一带）、察合台（中亚和中国新疆）、伊儿（西亚，东起阿姆河，西至地中海，北达高加索，南临印度洋）和钦察（西达多瑙河、北括斡罗思、南抵高加索包括西伯利亚西南部），成为各自独立的汗国，仅在表面从属于大汗，实际上不受大汗的控制和领导了，已呈分裂状态。窝阔台在 14 世纪初（1300 年以后）给察合台并入。

蒙古大汗在灭金和南宋后，在中国的蒙古人逐渐汉化。钦察汗国的蒙古人与钦察人长期杂居和通婚，多数都被突厥化，语言也从蒙古语改为突厥语。察合台和伊儿的蒙古

人则被突厥人和波斯人同化。伊儿汗国在初期即由蒙古和突厥军事贵族联合掌权，至 13 世纪末，其统治者和蒙古军队放弃萨满教而改宗伊斯兰教。到 1350 年左右，伊儿国家已形成分裂割据局面，渐渐瓦解。

1260 年，元宪宗蒙哥死，忽必烈自立为大汗，为元世祖。其幼弟阿里不哥联合漠北、中亚诸王，和他争位。至元元年（1264），忽必烈取得全胜，迁都燕京（后改称大都，今北京），定国号为元。此时，忽必烈把窝阔台的领地赐给帮助他夺权有功的察合台汗的后裔。可是，1321 年也先不花死后，察合台封地分裂，东、西察合台互相征战不息。

西察合台的居住者大多为突厥人，蒙古人也已同化为突厥族。1370 年，出身于突厥化的蒙古贵族家庭的跛子帖木儿（1336—1405），推翻撒马尔罕的统治者，成为西察合台的苏丹。他将中亚突厥部落的青壮年组成强大的军队，侵攻周围国家，用十年左右的时间占领花剌子模和河中地带。帖木儿获得这个重大胜利后，他的野心是追随成吉思汗，称霸世界，建立庞大帝国。所以在他在位的三十余年中（1370—1405），进攻处于分裂状态的伊儿汗国、钦察汗国和印度。自 1380 年始，经过多年战争，夺取伊儿汗国的伊朗和阿富汗，他们对当地耕地和树木的大面积破坏，造成土地的沙漠化；1390 年攻下钦察汗国的美索不达米亚、南高加索，毁坏顿河边的耶列兹城，1395 年折往克里米亚，劫掠富庶的商业名城卡发和塔那（亚速），烧毁其首都萨莱后回军南高加索，给欧洲与中亚之间的商业以致命的打击。1398 年进攻印度，攻陷德里，屠杀十万人，掠夺印度二百年聚集于此的大量财富并毁掉此城后回到撒马尔罕。1399年，挥师小亚细亚，1400年进入小亚细亚，1402年7月20日，在安卡拉以北的丘布克与奥斯曼帝国的军队决战，双方投入的军队达百万人之巨。帖木儿在战争中还使用了使敌人惊恐四散的印度战象。突厥人国家奥斯曼的苏丹巴耶塞特因轻敌而大败，最后被俘身死。

帖木儿此后的计划是远征中国。此时，朱元璋1368年建立的明朝已将蒙古人的元朝推翻并赶回到蒙古草原。帖木儿与朱元璋数次互通使节。1405年，即明成祖（朱棣）永乐三年，他起倾国之师渡过锡尔河，进攻中国，但尚未到达中国即在军中病死。1500年，处于四分五裂中的帖木儿帝国被北方游牧部落乌兹别克消灭。帖木儿后裔巴布尔占据喀布尔，占领印度，建立莫卧儿帝国。

九、突厥西征，立国土耳其和消灭东罗马帝国

突厥和匈奴、鲜卑一样一度称雄蒙古草原，之后也一样土崩瓦解。一部分融入汉族，一部分西迁，剩下的仍留在蒙古草原，成为后来契丹、蒙古兴起的基础（邢莉、易华《草原文化》，沈阳：辽宁教育出版社，1998，第37页。）。

与匈奴一样，西突厥在被中原王朝消灭后，继续在中亚山区活动，并在以后的中亚和西亚的历史上仍占重要地位。本章第一节已言及公元5世纪突厥和伊朗消灭了一支匈奴人在北印度建立的嚈哒国家。

突厥人入侵和蹂躏北印度

印度于 528 年击败匈奴人的后裔哌哒人，不久哌哒国家被突厥和伊朗消灭。至 10 世纪末，信奉伊斯兰教的突厥人侵略印度，给印度带来更大的灾难。

1001 年起，阿富汗境内新兴的突厥人建立的伽色尼王朝统治者马默德在二十六年中入侵印度十七次，劫掠居民和财富，破坏乡村和城市。1019 年，攻陷并彻底毁灭了曲女城。1025 年，攻下西海岸苏姆那特城，屠杀五万人，据说动用了三万匹骆驼才将劫掠的财宝运回伽色尼。旁遮普还一度被并入伽色尼，置为一省。许多印度封建主改奉伊斯兰教，并与定居下来的突厥人和阿富汗人同化。

1186 年，伽色尼朝被同在阿富汗境内的廓尔王朝（1152—1206）所灭。廓尔王朝占领北印度之后，1206 年，出身于奴隶的突厥人库特－乌德－丁·艾巴克，原为廓尔王朝的总督，此时自立为苏丹（1206—1210），在以德里为中心的北印度广大地区建立政权，被称为奴隶王朝（1206—1290）。此后三百年，史称德里苏丹国（1206—1526）。

1221 年，蒙古军队因追击花剌子模军而侵入印度西北，逼近德里。1241—1246 年，蒙古军有数度入侵，皆被奴隶王朝首相巴尔班击败。

1266 年，巴尔班夺取政权（1266—1286）；1290 年，伽色尼王室出身的贾拉尔－乌得－丁·卡尔基推翻巴尔班的继承者，建立卡尔基王朝（1290—1321）。13 世纪后期，卡尔基朝的阿拉－乌得－丁又打退蒙古的三次入侵。他死后，任旁遮普总督的突厥人吉雅斯－乌得－丁·图格鲁特于 1351

年攻入德里，杀死篡夺卡尔基朝王位的库斯鲁汗，自立为苏丹，建立图格鲁汗王朝（1321—1414）。

前已言及，1398年帖木儿率领十二万人由中亚攻入印度，德里陷落。居民几乎被杀光，财富被洗劫一空，城市被毁。

1517年，帖木儿后裔巴布尔乘印度内乱入侵，1526年占领德里。印度北部历时三百多年的德里苏丹国家至此被灭。

与此同时，中印度由突厥人（一说是阿富汗人）哈桑建立了伊斯兰教国家巴曼（1347—1526），统治时间将近两个世纪。

奥斯曼帝国的兴起和东罗马帝国的灭亡

匈奴侵入欧洲，造成西罗马帝国的灭亡；突厥人进攻小亚细亚和欧洲巴尔干，则消灭了东罗马帝国（拜占庭帝国）。

罗马帝国于395年分为东西两部，东罗马以巴尔干半岛为中心，领域包括小亚细亚、叙利亚、巴勒斯坦、埃及和美索不达米亚和南高加索的一部分。因为首都君士坦丁堡是古希腊的移民城市拜占庭的遗址，所以又称拜占庭帝国。消灭这个帝国的是奥斯曼突厥人。

突厥人中的一支后来成为奥斯曼土耳其人。11世纪，在塞尔柱突厥从中亚呼罗珊向外扩张的时候，奥斯曼突厥人也从呼罗珊向西迁移（白寿彝总主编《中国通史》认为是塞尔柱突厥人建立了土耳其帝国，见该书第1册第379页，上海人民出版社1989年第1版，1991年重印本）。12世纪，在塞尔柱突厥于小亚细亚建立鲁姆苏丹国时，奥斯曼突厥部落依附于此国。蒙古军队的西进，催动了一些突厥部落加紧向小亚细亚的迁移。此时，在蒙古军的袭击下，鲁姆苏丹国解体。1230年代，奥斯曼突厥部落的酋长埃尔托格鲁尔从鲁姆苏丹手中得到一块封地，位置在小亚细亚西北部萨卡利亚河沿岸，与拜占庭接壤。这位酋长的儿子奥斯曼（约1282—1326）继位以后，就宣布为独立公国。奥斯曼不断向外扩张，它反过来从鲁姆苏丹国夺取其大部分领土，又于1326年攻陷拜占庭的布鲁萨城，并定此为首都。这个国家史称奥斯曼帝国，这支突厥部落称为奥斯曼突厥，而建立这个国家以后的奥斯曼突厥人则称为奥斯曼土耳其人。

奥斯曼的儿子乌尔汗（1326—1359年在位）继续侵占拜占庭。他建立了由正规的步兵和骑兵组成的强劲的常备军和由各部落组成的后备军。1331年，攻占拜占庭的尼西亚城。此后，拜占庭发生王位之争，向土耳其求援，给土耳其送来进军欧洲的良机。1354年，奥斯曼土耳其的军队越过达达尼尔海峡，攻占了海峡欧洲沿岸城市加利波里，并依此为桥头堡，进攻色雷斯。

苏丹穆拉德一世（1359—1389年在位）统治初期，土耳其已占领了色雷斯东部。1867年，迁都阿得里雅堡，切断君士坦丁堡与欧洲巴尔干半岛其他地区的联系，使拜占庭首都陷于孤立。

1371年，土耳其军在马里乍河附近打败塞尔维亚、保加利亚、瓦拉几亚和匈牙利的联军，逼使塞尔维亚向土耳其苏丹纳贡。1389年6月，土耳其与巴尔干诸国联军再次决战，土耳其获胜后将蒙特内格鲁之外的全部塞尔维亚并入版图。1393年，征服保加利亚和阿尔巴尼亚等地。1396年，土耳其在尼科堡附近打败匈牙利、波兰、捷克和法、德等国的骑士联军。至此，巴尔干的绝大部分都已落入土耳其的手中。

1400年，奥斯曼帝国发生内乱，小亚细亚的部分人士投奔中亚的帖木儿帝国。前已言及，帖木儿乘机向小亚细亚进军。1400年，帖木儿和奥斯曼这两支突厥军队共约百万人在安卡拉附近会战，帖木儿军击溃奥斯曼土耳其军。1402年，人称"雷电"的奥斯曼苏丹巴耶塞特（1389—1402）因轻敌而落败、被俘，翌年卒。土耳其在军事上的失败引起极大的内乱，只好暂停对欧洲的远征。

二十年后，苏丹阿穆拉德二世于1421年起，执政三十年（至1451年），又进入强盛时期，于是君士坦丁堡的厄运就在劫难逃了。1430年，土耳其对拜占庭展开新一轮的攻势，占领了帖撒罗尼加。

1453年，奥斯曼土耳其的苏丹穆罕默德二世（1451—1481年在位）率大军二十万、战舰三百艘，并配备大量重炮（共设立了十四个炮兵阵地，其中一处即约有一百三十门大炮，或一共发出一百三十发炮弹）（〔英〕爱德华·吉本《罗马帝国衰亡史》下册，黄宜思、黄雨石译，北京：商务印书馆，1997，第604页），发动对拜占庭帝国的最后攻击。4月6日开始围攻君士坦丁堡，至5月29日（由占星而决定的日子）终于攻陷该城（同上，第611页）。西方史学家记叙第一个登城者哈桑攻上城墙和最后一个罗马皇帝的死亡景象：

……守军的防线开始动摇了。奥斯曼人的数量超过基督徒五十倍，或者一百倍；双层城墙在敌人的炮轰下成了一堆乱砖；……有资格受到苏丹奖赏的第一人是身材伟岸、膂力过人的土耳其禁卫军士哈桑。他一手握着弯刀，一手举着盾牌登上了外侧的防御工事。随着他不肯示弱的30名土耳其禁卫军中，有18人在这一勇敢的冒险中丧命。哈桑和其余12个伙伴登上了顶点。这个巨人在城上被推了下来，他用一个膝盖支撑起身子，接着又被雨点般的箭头和石块所打倒。但他的成功表明这条路是可以走得通的。霎时间，城墙和塔楼上都爬满了密密麻麻的土耳其人；而被赶出有利地形的希腊人则被潮水般的敌人吞没了。在人流中，完成了一位将军和一名士兵的全部使命的皇帝还长时间地被人望见，但终于消失了。……有人听到了他的悲哀的叫喊，"难道再没剩下一个基督徒能来砍下我的头吗？"他最后的恐惧是活着落入那些不信神的人之手。在谨慎的绝望中君士坦丁扔掉了他的紫袍；在乱军之中他被一个不知名的人杀死，身体被埋于堆积如山的尸体之下。（〔英〕爱德华·吉本《罗马帝国衰亡史》下册，黄宜思、黄雨石译，北京：商务印书馆，1997，第616页）

苏丹纵兵屠掠三日，将壮丽豪华的宫廷彻底焚毁，历代相传的艺术品烧成劫灰，大量良民沦为奴隶。有一个场景是描写大批躲在一个女修道院中的难民被俘获的惨状：

大门被斧子劈开了；土耳其人既然未遇到任何抵

抗，而他们那不曾被血污染的手也便被用来忙于挑选和保有他们的大批俘虏。年轻貌美和看似富有的人是他们选择的对象；至于他们之间的所有权问题取决于谁先抢到，取决于个人的力量和长官的命令。在一个小时的时间里，所有的男俘虏都被用绳子捆住，女俘虏则被用她们的面纱和腰带捆住。元老们被和他们的奴隶拴在一起；高级教士被和教堂的勤杂工拴在一起；平民阶层的男青年也和过去从不露面，就连最亲近的亲属也未见过她们的脸的贵族少女混在一起了。在这一大群俘虏中，社会地位全被打乱；血缘关系的纽带也被切断；那些无情的兵士毫不顾惜父亲们的呻吟、母亲们的眼泪和孩子们的哀嚎。他们中，哭声最高的是那些被从祭坛边拉走、袒胸露乳、双手伸开、披头散发的修女；我们可以真诚地相信，她们中几乎没有一个会情愿放弃修道院生活，去充当穆斯林的妻妾的。（〔英〕爱德华·吉本《罗马帝国衰亡史》下册，黄宜思、黄雨石译，北京：商务印书馆，1997，第 618 页）

凶残的入侵者宰割羔羊般的平民和难民，这样的场面：匈奴人欺负汉人、罗马人对付蛮族、欧洲人屠杀南北美洲的印第安人，直到 20 世纪三四十年代日本鬼子侵略中国，都差不多，历史重演了不知多少遍。

奥斯曼帝国随即迁都至君士坦丁堡，并将此城更名为伊斯坦布尔，将索菲亚教堂改为清真寺。1461 年，奥斯曼帝国征服拜占庭的残余领土。拜占庭帝国即东罗马帝国灭亡。

由此往前推算，将近一千年前，因为被汉朝消灭的匈奴的残余势力——西迁匈奴的攻击及其造成的蛮族大迁移的冲击波，西罗马帝国于公元476年灭亡；而今，因为被唐朝消灭的匈奴的后裔突厥的残余势力——西迁突厥的进攻，东罗马帝国也终于灭亡。

突厥立国土耳其，土耳其成为当时最强大的国家

奥斯曼帝国的突厥人在土耳其占领君士坦丁堡后，不断扩大战果。1461年，在小亚细亚征服希腊人建立的特拉布松帝国；1471年，征服伊斯兰教小国喀拉曼。在欧洲方面，1459年占领塞尔维亚的剩余领土，1463年征服波斯尼亚，1479年兼并阿尔巴尼亚。1475年臣服克里米亚汗国。到1490年以后，奥斯曼帝国据有几乎整个小亚细亚和巴尔干半岛，成为当时世界上最强大的军事封建帝国。

亚洲游牧民族三次进军欧洲的后果和八国联军侵略中国的《匈奴宣言》

亚洲强大的游牧民族前后三次成功地从陆路进军欧洲：匈奴、突厥和蒙古，都把欧洲彻底打败。"匈奴人在西方建立的帝国、塞尔柱土耳其帝国和蒙古帝国，对于世界历史的影响是很大的。"这三次入侵的游牧民族军队毁坏大批城市和农田，屠杀大量人口，劫掠大量财富，给亚欧人民带来极大的灾难（白寿彝总主编《中国通史》认为是塞尔柱突厥人建立了土耳其帝国，见该书第1册第379页，上海人民出版社1989年第1版，1991年重印本）。西方学者批评他们实行的霸权，极为有见。但欧

洲的一些人因此流行"黄祸"论，则是错误的。游牧民族毕竟是落后民族，所以他们并不能长久占领和战胜欧洲，最终失败并退出了欧洲，或被消灭和同化。况且进入欧洲的游牧民族是亚洲人中的少数，在他们的本族中也属于少数，而中国和亚洲各族人民也深受匈奴、突厥和蒙古入侵和蹂躏之苦，在这个边患问题上中国和亚洲人民与西方可谓同是受难者。所以少数西方人关于"黄祸"的提法是错误的。

与此相比，欧洲国家自15世纪初葡萄牙人到达非洲西北岸起，葡萄牙、西班牙、荷兰、英国和法国等先后从海路到达亚、非和美洲，实施血腥的掠夺屠杀并建立殖民地，直至在几乎杀光当地土著之后永远霸占他们的土地并建立起自己的国家；而1900年联合入侵中国并攻陷首都北京的西方军队竟有八国之多；联军的首脑，德国皇帝威廉二世的宣战宣言称为《匈奴宣言》，竟然命令德国军队到中国后像匈奴人一样尽量杀戮，在中国镇压义和团时尽量多杀人。其凶残恶毒的程度与这些游牧民族的侵略者难分上下，甚至有过之而无不及，更由于其文化与生产水平都属"先进发达"，所以他们对人类世界的危害更大，后果更严重，其恶劣影响至今犹远未肃清。

十、宋元之战、元明之战和明与西部蒙古之战

宋元之战和南宋的灭亡

天兴三年（1234），蒙古和宋联合进攻并灭金。金朝共历

九帝，一百二十年。

蒙古自 1258 年开始大规模攻宋，经历了著名的合州之战、襄樊之战和厓山之战，于 1279 年彻底消灭了南宋的军事力量，统一了中国。

南宋理宗开庆元年（1259）春，蒙古军分三道入蜀，攻入四川后，到达合州（今四川合川）城下。蒙哥汗（元宪宗）亲临督帅。守将王坚在孤城四面被围的危急境况中，拒绝招降。他在全城军民的支持下，凭借钓鱼山的天险，顽强抵抗，粉碎蒙古军的多次进攻。自二月至七月，蒙古军攻城未遂，主帅蒙哥还受伤而死（一作病死），蒙古撤兵。

南宋度宗咸淳三年（蒙古至元四年，1267），元世祖采纳南宋降将刘整的建议，派遣阿术率重兵进攻南宋重镇襄阳，接着又进围樊城。咸淳五年（1269），宋将张世杰援樊城失败，夏贵和范文虎再援，又失败。六年，李庭芝任京湖制置大使。八年，他派张顺、张贵率水师突破敌军封锁线支援，张顺战死，张贵进城后又突围接应援军，被俘牺牲。九年，蒙古军断绝襄樊通路，攻破樊城，守将牛富力战而死，襄阳守将吕文焕投降。

此战，双方相持五年有余，是宋元间最激烈的战役。

至元八年（1271），忽必烈定国号为元。

宋德祐二年、元至元十三年（1276），元军包围临安，南宋投降。元军掳宋恭帝赵㬎（古"显"字）北去。在降元前夕，南宋太皇太后谢道清安排张世杰和陆秀夫等先后拥立赵昰和赵昺为帝，沿海撤退，抗击元军。

此年（1276）五月，丞相陈宜中等奉赵昰（古"夏"字）（1269—

1278）即位于福州，即宋端宗，改元景炎。因他年仅八岁，母杨淑妃同听政。元军攻占福建，逃至海上，从此播越海滨。景炎二年（1277）十二月，至井澳（今广东珠海南海中的小岛），惊飓风而成疾。次年（1278）三月，至碙（gāng）州（今广东雷州湾外东海东的南海中的碙[xiōng]州岛），次月病死。陆秀夫、张世杰等拥立赵昺（bǐng）为帝，即宋帝昺（1272—1279），六月，迁居厓山（在今广东新会南）。景炎四年（1279）正月，宋朝降将张弘范率元兵追至厓山。二月，张世杰率领宋末行朝的二十万人马，将战船千艘，缚以绳索，奋力作战。因腹背受敌，兵败，宰相陆秀夫背负他投海而死。南宋皇家的残余势力至此全灭。

元明之战和元朝的灭亡

元顺帝至正十一年（1351）红巾军起义爆发。此后各支起义军与元军作战。

至正二十八年（1368），朱元璋削平各路义军后建立明朝。同年，大将军徐达（1332—1385）和副将军常遇春（1330—1369）率领的明军北上灭元，攻入大都（今北京），元朝灭亡。元朝自蒙古的成吉思汗到顺帝，共历十五帝，一百六十三年；自世祖（忽必烈）定国号起，共历十一帝，九十八年。

元顺帝在大都失守后，北走塞外应昌（今辽宁克什克腾旗），仍称元朝，史称北元。两年后，元顺帝死。

常遇春与李文忠于洪武二年（1369）攻克开平（今内蒙古多伦北）。李文忠接着连次出击，重创元军。徐达连年出击扩

明太祖像

廓帖木儿。洪武二十年（1387），蓝玉任大将军，多次领兵进攻元朝的残余军队，因功封凉国公。

　　明建文四年（1402），鬼力赤杀坤帖木儿汗，去北元国号。元朝的残余政权至此彻底灭亡。

明与西部蒙古之战

　　古代蒙古是一个庞大的民族。历史上广义蒙古族由两个基本部分组成，即"草原百姓"（蒙古本族）和"林中百姓"（斡亦剌惕、不里牙惕）；这个称呼朴素实在，完全根据其生活环境而定名。后来有了规范的名称，称为东部蒙古（中央蒙古）和西部蒙古（以瓦剌为主）。

　　入主中原并建立元朝的是中央蒙古，即东部蒙古。明军打倒元朝，消灭的是中央蒙古的势力，即东部蒙古。西部蒙古安全无恙。

西部蒙古以瓦剌为主。瓦剌，在蒙古语中的意思是邻近者。瓦剌是一组部落的复合体，在历史上建立过多个国家。其名称也一直在变化，最早自称瓦剌，元朝称斡亦剌惕，又作斡亦剌、卫拉特或卫喇特。明朝称瓦剌，清朝称卫拉特、漠西蒙古等。瓦剌有一个部落厄鲁特本（厄鲁特蒙古），但在清朝文献中也用来泛指瓦剌，与明朝所称的瓦剌，不是同一个概念。

瓦剌最初居住在八河地区（今西伯利亚叶尼塞河上游的八条支流地区），人数众多，统治若干部落，各有自己的名称。元代时开始南下，居阿尔泰山麓至色楞格河下游的广阔草原的西北部，并改狩猎经济为畜牧经济，兼营部分农业。

瓦剌有四大部或四万户，简称"四"。其名称各书记载不尽一致，其中包括许多古老的蒙古语部落和突厥语部落。瓦剌的四大部，分别是：和硕特、绰罗斯（准噶尔）、杜尔伯特、土尔扈特。四大部之外，另有辉特等小部。

元朝时期，斡亦剌贵族与成吉思汗系建立世代通婚关系，男尚公主，女适皇胄，可谓"世联戚畹"，权势显赫。斡亦剌借此在蒙古诸部中巩固和发展自己的力量，成吉思汗家族用这个策略，巩固自己的统治，扩展自己的力量。

14世纪时，随着元朝皇室衰微，尤其明朝打垮和消灭元朝政权后，瓦剌遂乘机脱离原来依附的成吉思汗系，扩大自己的实力，积极参与各派系纷争。

明成祖北征，战胜瓦剌，瓦剌称臣内附

明成祖朱棣即皇帝位后，即派使臣告谕瓦剌部。这时瓦剌的首领是猛可帖木儿（1378—1409年在位）。

永乐七年（1409），其首领马哈木（1409—1416年在位）等遣使向明朝内附称臣，贡马请封。明朝分别封马哈木、太平、把秃孛罗为顺宁王、贤义王、安乐王。三王中马哈木势力最强。为争夺蒙古汗位，瓦剌与鞑靼部频繁争战，势力各有消长。

八年（1410），明成祖北征，对鞑靼用兵，鞑靼势衰，瓦剌首领马哈木乘势而起，并乘机南下。

十年（1412），马哈木攻杀鞑靼的本雅失里，进而南下攻明。

十二年（1414），明成祖统兵北征瓦剌，与瓦剌战于忽兰忽失温（今蒙古国乌兰巴托东），直至土剌河（今蒙古国境内的图拉河）。

瓦剌战败后，翌年，马哈木等贡马谢罪。不久马哈木死，传子脱欢（1418—1439年在位）。

瓦剌兴起，统一蒙古

明宣德九年（1434），脱欢袭杀鞑靼部的阿鲁台，进一步扩张了实力。

宣德十年（1435），明朝第六位皇帝明英宗朱祁镇（1427—1464）即位，改元正统。

正统三年（1438），脱欢杀贤义、安乐两王，并吞其部属，统一北元。蒙古帝国又成为一个统一体。他立元皇室后裔

脱脱不花为可汗，自为丞相。明廷赐以汉文官印，命其统辖诸部，后多次进贡。

正统四年（1439），脱欢死，子也先（1439—1454年在位）嗣位，称太师。至此，瓦剌势力极盛。

瓦剌土木之变，英宗被俘

瓦剌统一蒙古，极度强盛之时，正值明英宗登基，明朝也进入鼎盛时期。

明英宗即位时年仅九岁。这时距明太祖朱元璋开基建国已有近七十年的时间，共有太祖朱元璋（1368—1398年在位）、惠帝朱允炆（1399—1402年在位）、成祖朱棣（1403—1424年在位）、仁宗朱高炽（1424—1425年在位）、宣宗朱瞻基（1426—1435年在位），共五位皇帝的统治，国家已经恢复稳定，经济复苏，进入繁荣强盛的时期。尤其是仁、宣二宗继承洪武、永乐基业，勤政爱民，百姓安居乐业，史称"仁宣之治"。因英宗幼年继承大宝，由太皇太后张氏执政，军政大事由内阁三杨操持。

明仁宗朱高炽的皇后张氏（？—1442），永城（今属河南）人。朱高炽是明太祖朱元璋第四子、燕王朱棣（dì）的世子，朱棣篡权夺得皇位后，称成祖（永乐），改立朱高炽为皇太子。但是"太子数为汉、赵二王所间（离间），体肥硕不能骑射。成祖恚（huì，愤怒，怨恨），至减太子宫膳（减食，逼他减肥），频易者数矣（多次想更换别人做太子）"，而"后始为太子妃，操妇道至谨，雅得成祖及仁孝皇后欢"，"卒以后故得不废（最后终因张氏的缘故没有被废去太子之位）。及立为后，中外政事莫不周知"（《明史·后妃列传》）。

永乐二十二年（1424），朱棣死，朱高炽即位，为仁宗，第二年（1425），才当了八个月的皇帝，即死，其子朱瞻基即位，为宣宗，翌年改元宣德，尊张氏为皇太后。"宣德初，军国大议多禀听裁决"。她又能随时教育当皇帝的儿子勤政爱民。她辅佐仁宗、宣宗父子两代皇帝，帮助他们形成"仁宣之治"，史称当时"吏称其职，政得其平，纲纪修明，仓庾充羡"（《明史·宣宗纪》）。

宣德十年（1435），宣宗死，根据张后的主张，太子朱祁镇继位，为英宗，尊张氏为太皇太后。大臣请张太后垂帘听政，张太后拒绝说："毋坏祖宗法。第悉罢一切不急务，时时勖（xù，勉励）帝向学，委任股肱。"她信任仁宣时代的名臣"三杨"（杨荣、杨士奇和杨溥）。

张后错误地选择明英宗即位，造成明军在抵御瓦剌入侵时惨败。

正统初期，明朝忙于用兵麓川，与麓川土司思任发的战事，无暇北顾，也先乘机扩张势力。也先先是向西发展，将依附明朝、屏卫明朝西翼的各蒙古部落收服，然后挥兵东下攻取兀良哈三卫。也先的势力范围发展到西起今日的新疆、甘肃、青海，东至辽东的广袤地区。

正统十四年（1449）七月，也先统率各部，分三路大举进攻内地。也先进攻大同的一路，"兵锋甚锐，大同兵失利，塞外城堡，所至陷没"。明英宗在宦官王振怂恿和操纵下率兵五十万大军御驾亲征，并一再听信王振谗言，多次贻误战机。也先诱明军至大同，在土木堡（今河北省张家口市怀来县

517

境内）突袭，明军惨败，五十万大军伤亡过半，也先俘获明英宗，史称为"土木之变"。

太皇太后张氏在世时，颇能制抑太监王振。太皇太后去世以后，王振专横起来，却无正经之才，害得英宗兵败被俘，王振也死于乱军之中。

同年十月，也先乘胜进围北京，于谦率北京军民英勇奋战，击败也先。

景泰元年（1450），也先被迫将明英宗送还，双方重新恢复正常通贡互市关系。

于是明朝和瓦剌的战争结束。

结　论

一、汉族常受欺凌之原因

　　同处于当时的文明时代，中国与欧洲不同，汉族政权的边境形势很差。欧洲的东部草原没有像匈奴这样强悍凶霸的民族，侵入罗马帝国的日耳曼蛮族与匈奴相比，要弱得多，而且前已言及，他们是因为匈奴的驱赶才敢逃入罗马帝国的；如果罗马帝国能善待这些蛮族，他们也不至于引起暴乱。所以欧洲只有三次遭到强横民族的入侵和蹂躏：第一次是匈奴，第二次是蒙古，第三次是突厥。他们都来自东方的中国北部草原。他们入侵或蹂躏欧洲是短期的，由于路途的过于遥远，他们并未整个民族到达欧洲，因而他们也从未对欧洲形成毁灭性的打击。而汉族与这些强盛游牧民族的诞生地蒙古草原贴邻，匈奴、鲜卑、突厥、契丹和蒙古接连不断地强盛起来，汉族接连不断地遭到他们的野蛮入侵，防不胜防，应接不暇。汉唐盛世时期汉族朝野牺牲了大量的人力物力才抵住他们的入侵，到宋以后，两次被彻底打败，领土被全部占领，造成两场民族浩劫。如果不是汉族的文化极为先进和强大，汉族的民族精神力量极为坚韧和强大，这种浩劫便会成为毁灭性的打击，从而整个民族被灭绝或从此一蹶不振，成为弱小民族而落到苟延残喘的惨景。

匈奴和其他游牧民族为什么长年不断地要南侵长城以内的汉族土地？法国研究家勒内·格鲁塞的《草原帝国》这样写道：

> 游牧民的态度是容易想象的。这些可怜的突厥—蒙古牧民在干旱的岁月里越过一个又一个干涸的水沟，冒险穿过荒芜的草原，来到耕地的边缘，在北其里（河北）或河中地区的大门边，吃惊地凝视着定居文明的奇迹：成熟的庄稼、堆满粮食的村庄和豪华的城镇。这一奇迹，或者说，它的秘密——维持人类的繁荣所需要的辛勤劳动——是匈奴人所不能理解的。如果他受到蛊惑，他就会像他的图腾"狼"一样，在雪天潜入农庄，窥视着竹篱笆内的猎物。他还怀有闯进篱笆、进行掳掠和带着战利品逃跑的古老的冲动。（勒内·格鲁塞《草原帝国》，蓝琪译，项英杰校，商务印书馆，1998，第5页）

这位西方历史学家的分析，可供参考。我认为另一个重用原因是这些游牧民族的首领恰巧都是残暴成性的枭雄，他们的贪婪和蛮横决定了本民族掠夺性的走向，他们驱使本民族的青壮年走上烧杀掳掠的道路，走上侵略和杀戮的战场。为什么这些民族都会产生残忍凶暴的首领呢？是因为他们没有产生或学习到优秀的文化，没有文化，就只有野蛮，人的兽性的一面未能有效克服和抑制。西谚说：人是什么？一半是野兽，一半是天使。我认为天使的一半来自文化，文明的高度发展使人温文尔雅，趋向善良。先进文化培育人们具有仁义道德，甚至有牺牲精神。缺乏或没有文化的民族，在古代被称作蛮族。中国北方嗜杀成性的这些民族首领，就是因为没有文化，故而将弱肉强食的凶猛的动物世界作为自己对待人类社会的参照物。所以他们每占领一个地方总是烧杀掳掠，损毁整个城市村庄，屠杀良民，毁坏文化，绝无人性，只有原始的野性和兽性。

他们与后世的殖民主义者和帝国主义者乃至法西斯主义的性质又不同。后者虽有文化，但信奉的是落后、反动的文化，他们杀人是为了占地和抢夺财宝，或为了发展自己的贸易，为自己国家的发展谋取原始积累；当他们侵略文化发达的国家时，他们能识别被抢夺者的高度文化的优秀程度，"比较识货"，所以并不毁坏，而是占为己有。当然，由于队伍中鱼龙混杂，也有缺乏素质的成员，乱打乱砸，有时则因无法掠夺回家，就烧毁砸打，如进入北京的英法联军和八国联军之类，就是烧砸和掠夺兼而有之。他们侵略和侵占别人的国土和财物是有精细的目的和一套专门的理论或借口的。对待缺乏高级文化的民族，西方殖民主义和帝国主义就更其野蛮了。西方早年有罗马帝国欺凌杀戮蛮族，此后有西班牙人、葡萄牙人屠杀印第安人；英国人屠杀北美的印第安人，屠杀澳大利亚、新西兰的毛利人等，然后反客为主，占领他们的家园，成立自己的新的国家，并在建立新的国家的过程中，继续屠杀当地的土著。丧尽天良，莫此为甚。他们还闯入非洲，除了烧杀掳掠之外，还绑架大批黑人土著，运到美国，强迫他们当奴隶。现代美国的黑人的祖先几乎都是当年的奴隶。他们的兽性与这些游牧民族的首领又有不同，显得颇有"深谋远虑"，而且规模极大。

游牧民族只有原始的愿望，其最终目的还只是乱打乱杀和抢夺女人、奴隶和财物而已。

那么，游牧民族为什么能得逞于一时，甚或差一点消灭了汉族的中央政权呢？这位法国历史学家又分析说：

> 他们从孩提时代就受到训练，在一望无垠的大草原上奔跑着追逐鹿子，习惯于耐心地潜步追踪，懂得捕捉猎物（他们赖以生存的食物）的各种诡计，他们不是不可战胜的。

又说：

> 这种冒险怎么大多能成功呢？同一旋律怎么会在从匈奴进入洛阳到满人进入北京的整整13个世纪中反复发生呢？答案是：游牧者尽管在物质文化上发展缓慢些，但他一直有很大的军事优势。他是马上弓箭手。这一专门化兵种是由精湛的弓箭技术和具有令人难以置信的灵活性的骑兵组成，这一兵种，赋予了他胜过定居民族的巨大优势，就像火炮赋予近代欧洲胜过世界其他地区的优势一样。
>
> 对古代和中世纪来说，马上弓箭手们投射和飞驰的箭是一种不直接交锋的武器，在当时是具有战斗力和

摧毁敌人士气的作用，几乎与今天枪手们的子弹的作用一样。

他又分析：

什么因素使这一优势结束了呢？16世纪以来游牧民族怎么不再任意地支配定居民族了呢？理由是后者用大炮来对付他们。于是，一夜之间，他们突然获得了压倒游牧民族的人为的优势。

大炮的隆隆声标志着一个世界历史时期的结束。军事优势第一次、也将是永远地变换了阵地，文明变得比野蛮强大。

（勒内·格鲁塞《草原帝国》，蓝琪译，项英杰校，商务印书馆，1998，第6、7页）

他的这种说法，从普遍意义上说，是正确的。在中国，汉族在与匈奴最早的相持时期往往处于劣势，原因即在此。但后来汉族在西汉和东汉时又战胜了匈奴，当时匈奴依旧有这些军事上的优势；朱元璋战胜并打倒元蒙时，明军也没有大炮。而明末时，明军先有大炮，却并没有能战胜和扑灭满族的叛乱。可见，双方战争的胜负，还有更深层次的原因。游牧民族对于汉族来说并无必胜的先机。

但反过来我们再分析为什么在远古的黄帝时代，华夏民族能战胜游牧民族，从而能保住中原地区并取得在此发展的巨大契机呢？这首先是因为德才兼备的领袖人物的领导和指挥得当，其次是因为当时的华夏民族也还没有完全脱离游牧的阶段，至少是尚未完全进入农耕的阶段，他们也具有游牧民族的彪悍的习性。汉族在进入农耕阶段和文明阶段之后，体力和灵活的劲头，就大不如前了。他们只知埋头勤劳地耕种自己的家园，极其辛勤的田头劳作消耗了他们全部的智慧与精力。又由于儒道文化的深入人心，汉族在总的来说，已成为一个仁义善良的民族；在总体上说，汉族从来没有劫掠杀戮寇抄别的民族，只是将先进文化和先进生产手段带给别的民族和国家。

所以，匈奴与汉族的关系是劫掠与被劫掠、杀戮与反杀戮、侵暴与抵抗、寇抄与远驱等关系。后来的北方游牧民族与汉族基本上也是这样的关系。

二、汉匈战争取胜之原因

汉匈之战的胜利从总体上说，当然是具有先进文化的民族打败了落后野蛮的首领所发动的不义战争。但在具体操作的过程中却并非这么简单，其中有许多因素所组成。

中国统一的时期，共有秦、汉、晋、隋、唐、宋、元、明和清九个朝代。孟森说，汉朝的立国最为正大光明。[①]秦朝是暴政，项羽是暴君，刘邦造反有理，打倒暴秦和暴君项羽合乎天理人情。东汉刘秀在乱世中异军突起，平定天下，立国也同样正大光明。东西两汉，在建立后都长期

---

① 《明清史讲义》，孟森著，第13页，中华书局，1981年。

做到君臣互相信任、配合默契、忧国爱民，故能保持国家的长期稳定、发展，从而走向天下大治和繁荣富强。唐朝庶几近之。

汉朝君臣公认有作为的英明皇帝四人：汉高祖、汉文帝、汉武帝和汉光武帝。

汉高祖的历史功绩，由当时的群臣盖棺论定："帝起细微，拨乱世反之正，平定天下，为汉太祖，功最高。"上尊号曰高皇帝。(《汉书·高祖纪》)评文帝为："世功莫大于高皇帝，德莫甚于孝文皇帝。"(《汉书·景帝纪》)司马迁更高度赞颂汉高祖至文帝时期的历史性进步和巨大功绩："汉兴，至孝文四十余载，德至盛也。"(《史记·孝文本纪》)"汉兴，孝文施大德，天下怀安。"(《史记·孝景本纪》)文帝在惠帝、吕后时期"民务稼穑，衣食滋殖"的基础上，有力地促使西汉的社会经济得到了进一步的恢复并迅速发展起来，进而发展到"海内殷富，兴于礼仪"的局面，这就是历史上所说的"文景之治"。东汉末年，应劭（shào）评论汉高祖和汉武帝说："高祖践祚（皇位），四海乂（yì，医，治理）安（太平无事）。世宗（武帝）攘夷辟境，崇演礼学，制度文章，冠于百王矣。"光武中兴，使东汉成为历史上绝无仅有的将被消灭的政权重建而又能保持长期强大和繁荣的势头并最终恢复盛世的奇迹，从而又使汉朝成为历史上最长的封建王朝。可以说后代除唐太宗和清康熙以外，无人赶得上两汉四帝的历史功绩。

不仅汉朝君臣，中国历代帝王都非常崇拜汉高祖刘邦。尤其是出身底层的开国皇帝如朱元璋，皆以汉高祖刘邦为楷模。本书也论及石勒崇拜刘邦，所以臣下吹捧他"神武

宋人绘《爰盎谏汉文帝却座图》（局部）

筹略迈于高皇（刘邦）"，勒笑曰："人岂不自知，卿言亦以太过。朕若逢高皇，当北面而事之，与韩（信）彭（越）兢鞭而争先耳。脱遇光武，当并驱于中原，未知鹿死谁手。"他甘居汉高祖臣下，而不服刘秀，要与他一争高下。

本书认为，汉宣帝也是两汉最好的明君之一。

再具体地从汉匈之战的角度来看，西汉自汉高祖刘邦于公元前202年平定天下至汉武帝执政时期的前119年首次战胜匈奴时为止，共有八十余年时间，以德治天下，君臣相得，政通人和，打下了坚实的基础，积累了大量的财富，故能朝野团结一致，万众一心地与匈奴决战。西汉自高祖到武帝的高、惠、文、景四帝都是英明的皇帝。高祖宽大仁厚，善于发挥贤才的作用（当前史学界和文学研究界有很多学者认为刘邦是个无能或有能力、会搞阴谋的无赖和流氓，大杀功臣；司马迁在《史记》中同情项羽，暗中讥刺刘邦等等。我认为这些观点都是错误的。近年也有一些记叙帝王、帝王智慧的通俗读物歌刘邦的业绩和智慧，但缺乏深入的分析和论证，观点也不够全面。笔者已有拙著《流民皇帝——从刘邦到朱元璋》和《史记纵横新论》详细分析和论证刘邦的伟大人格、杰出智慧以及对历史所做出的卓特贡献，重新解读司马迁的伟著《史记》，还刘邦以历史的真面目。敬请读者参阅并指正）；惠帝孝悌仁爱，文帝宽仁爱民，节俭谦忍；景帝也大略如此；武帝更是雄才大略、选贤任能，以对付匈奴。此外，汉武帝和以后的汉朝，产生了像卫青、霍去病和李陵这样的杰出军事天才，以及大批如赵充国这样的优秀将才、人才。如果没有这些人具体指挥战争，同时有效安抚和团结西域诸国的君臣百姓，也不能取胜。汉武帝前期有卫青、霍去病和李陵等人，故能节节胜利，后来缺乏将才，由李广利之流执掌兵权，就连连战败，李广利投降后，汉武帝没有将才，也就无法坚持与匈奴的战争了。但武帝的继承者昭帝为少年英主，宣帝早年备尝艰辛，执政后爱民重德，清明重才，昭宣两朝依旧能政通人和，君臣同心，在宣帝时西汉终于中兴，国力达到极盛状态，兼之有赵充国、陈汤这样的杰出将才，故而能进一步扩大战果，取得对匈战争的胜利。

东汉自光武帝平定天下，从公元25年至公元105年和帝逝世，共历四帝（光武、明帝、章帝和帝）八十年，也是以德治天下：东汉光武帝仁民爱物，奉天承运；继任之明帝、章帝、和帝皆能爱民施仁，任用贤臣，君臣相得，政通人和，故而国力强盛。

与其他朝代相比，两汉包括吕后，有十二个君主仁爱有才，精于治国，是绝无仅有的一个保持长达二百三十年（自汉定天下的公元前202年至宣帝逝世的前49年，共一百五十一年；东汉起始四帝的八十年）政通人和、稳定发展的皇朝，其能得到空前强大，就顺理成章了。政通人和是最大的关键，政通人和才能保持国家长期稳定地发展，从而能打败像匈奴那样强大的极富侵略性的敌人。

汉唐盛世能战胜强敌都是这个原因。唐朝替代隋朝，用武力战胜凶残腐败的隋炀帝，削平群雄，正大光明，使天下大乱走向大治。唐太宗政治清明，善用人才，君臣和谐，团结一致，故能战胜突厥。但唐初唐高宗向突厥称臣（陈寅恪考证为太宗所建议），又遭多次严重入侵，甚至迫近长安附近，被迫考虑迁都，情势已经相当狼狈，连英明勇武的唐太宗也自称曾有"渭水之辱"。后因突厥自己内乱而衰落，唐军才乘机消灭之。安史之乱时，安禄山于玄宗天宝十五年（756）称帝并进入长安，直到肃宗至德二年（757）才被郭子仪收复。唐玄宗逃到四川。吐蕃于代宗广德元年（763）一度攻入长安。盛唐和中唐时期，京城长安也两度失守。京城长安竟然被攻破四次之多，在中国历史上名列第一。所以唐代的安定与强大远远不及两汉。

晋、隋两朝都来路不正，又兼政治黑暗或迅即腐败，故而国祚不永。此后的宋元明清四朝，其中元和清，是少数民族野蛮入侵和屠杀汉族以后建立的统治政权。宋和明是汉族的政权。汉人掌握中央政权的宋明两代，在建国前后都有先天性的不足。宋朝开国皇帝赵匡胤靠阴谋夺权，因自己来路不正，更怕后人效尤，就用杯酒释兵权的方法，严防武将夺权。这虽是阳谋，但其性质与阴谋一样恶劣，都是极端自私害国的无赖行为。整个有宋一代，不敢重用将军，武将无权，以致军事上一直处于弱势。南宋开创者赵构为了保持自己的既得利益，为防止被金兵掳去的二帝回来夺权，杀了抗金名将岳飞，打击抗金势力，重用卖国权奸秦桧，不正之风弥漫朝野。宋朝始终被辽、金、西夏和蒙古所压迫，直至亡国。明代呢，明朝开国皇帝朱元璋虽然在元末取得天下之前，谦虚谨慎，政治清明，君臣和谐，他全靠众多人才的大力辅助才艰苦获胜，战胜元朝，建立明朝。在这个过程中他也用过阴谋手段，史书记载，是朱元璋指令部将用阴谋杀害了义军首领韩林儿，从而篡夺到了起义军的最高权力。朱元璋在平定天下后，为预防有人学习自己造反或学习赵匡胤兵变夺权，更要严防有人学习他自己的篡权方法杀主夺权，竟大杀功臣，又大搞文字狱，滥杀大批无辜，丧尽天良。他大搞阴谋政治和无赖政治，无形中已形成传统，整个明朝的朝政不正，以至于发明特务政治和廷杖大臣，用流氓手段对付政敌、臣下及其家属。他的第四子朱棣更索性用阴谋加武力夺权。从总体上说，整个明朝政治黑暗，缺乏正气。清代初期的康熙、雍正和乾隆，号称"盛世"，但与汉唐相比，在民族和人才这两个首要问题上心术不正，还学朱元璋大搞文字狱，就造成国家衰落的前景；到晚清，无力对抗西方列强的入侵，这是清朝自己必须经受的历史报应，可惜带累了全国人民，其历史罪责亦难逃，并必将受到永远的谴责。

至于元朝和清朝的区别则在于：元朝靠屠杀和破坏夺得天下，统治者又不学汉族文化，还大搞民族歧视，所以不足百年就被赶回草原。清朝靠阴谋和杀戮夺得天下，但他们在建立全国政权前后，诚恳学习和全盘接受汉族文化，全靠汉文化治国安民，康雍乾三帝又卓有才华，故能保持近二百年稳定。但清政府在最高领导集团内排斥汉人，也就是说拒绝占绝大多数的人中间的杰出人才，国力自然大损。清政府后来被西方人打败，这是最重要的原因之一。另一个最重要的原因当然是晚清统治者的腐败无能。

总之，中国每次被外族、外国大肆入侵而无力抵抗，总是因为政治的不清明，尤其体现在统治者的腐败无能，故无力团结全国的力量，更无力指挥、处置全局和关键性的外交和军事局面，只能落败。

三、汉匈战争的重大历史意义：霸道必败 和中华民族的伟大民族精神

中国北方游牧民族匈奴、鲜卑、突厥和蒙古等大肆侵略和屠杀汉族和其他不投降他们的民族（匈奴人之残暴野蛮狠毒，如老上单于战胜和俘获月氏王以后，以其头作为"饮器"。《北史·高车传》

记载，柔然汗丑奴破高车而擒其主弥俄后，"丑奴系其两脚于弩马之上，顿曳杀之，漆其头以为饮器"。对国王都如此，对掳掠的平民有时就更会残酷了），破坏经济和文化，推行惨无人道的霸道和霸权。雷纳·格鲁塞描绘蒙古草原上先后兴起并实施霸权主义的民族的历史状况说：

在亚洲草原内部的历史上，突厥人和蒙古人互为雄长；从公元前3世纪至于公元后2世纪，在匈奴或亚洲匈人的霸权之下，是突厥人势力的时代；至2世纪中叶，鲜卑人占据了蒙古的东部，大约是蒙古人势力的时代；至公元5世纪，鲜卑人和突厥种的拓跋人争夺中国的北部，结果胜利属于拓跋人。在这个时候，戈壁还是属于蒙古种的蠕蠕人。6世纪中叶，历史上出现了突厥人，这就是中国人所称为'突厥'的，他们称霸于蒙古和西突厥斯坦。至8世纪中叶，突厥人失去了势力之后，与他们同种的其他民族代之而兴，首先是畏吾儿突厥人（自8世纪中叶至9世纪中叶），继之为乞儿吉思突厥人（自9世纪中叶至10世纪其四分之一的末期）。到了乞儿吉思人衰败（924）之后，蒙古地方遂处于各种突厥部落和蒙古部落争夺之中，一直到成吉思汗于13世纪初，在这一地域最终奠定了蒙古人的霸权。（雷纳·格鲁塞《蒙古帝国史》，龚钺译，商务印书馆，1989，第4页）

他又分析：

> 不论是蒙古人的部落或是突厥人的部落，如果能够住在和定居文化直接邻近的地方，和中国或波斯接触，这些部落就变文明；如果住在草原深处过着游牧生活，他们就还是半开化人；如果住在草原和森林里面、西伯利亚的山区和满洲的森林地带，他们可能还是真正的野蛮人。（雷纳·格鲁塞《蒙古帝国史》，龚钺译，商务印书馆，1989，第5页）

他将匈奴人归入到突厥人中，实际上蒙古草原内部的历史上，应是匈奴人、突厥人和蒙古人互为雄长。

在纪元前后的世界上，共有中国、匈奴和罗马帝国三个大国兼强国。中国和罗马相距极远，互相没有直接的来往。但罗马的灭亡却与中国有极大关系。中国的汉朝军队用二百年的时间彻底打垮了匈奴，解除了匈奴对中国的威胁，再过二百年之后，却给远在天边的罗马带来了灭顶之灾。

本书前已引过吉本《罗马帝国衰亡史》幽默地引用当时人之言："有一句描写阿提拉的凶恶、狂傲的话，说凡是他的马蹄踏过的地方连草都不长了。"此言生动地形容阿提拉和匈奴对欧洲的蹂躏和破坏。但接着他说："然而，这个野蛮的破坏者却无意中为一个共和国奠定了基础，而这共和国（按：指威尼斯城），在欧洲的那个封建国家中，使得商业经济的技巧和精神完全复活了。"（〔英〕爱德华·吉本《罗马帝国衰亡史》下册，黄宜思、黄雨石译，商务印书馆，1997，第90页）吉本的话客观公正地道出了阿提拉和匈奴在欧洲历史上的作用和意义。

中国著名学者齐思和先生也有相似的看法，他总结了匈奴在欧洲的两个意义，其一是对欧洲奴隶制的瓦解客观上起了促进的作用："匈奴在东欧建国后，它的攻击对象，主要是腐朽没落的奴隶制东罗马帝国。""使得东罗马帝国这个庞然大物威信扫地，加速了它的衰落。""匈奴的沉重打击促使了西罗马帝国灭亡。阿提拉对于东、西罗马的进攻，不但加速了东、西罗马的衰落和灭亡，而且对欧洲古典奴隶制的瓦解，客观上起了促进作用，尽管阿提拉自己的国家也是一个奴隶制国家。"其二是匈奴造成的民族大迁移，对日耳曼起了保护作用：匈奴人侵入欧洲也标志着民族迁移的开始。他们对罗马帝国的打击，使得罗马没有力量来阻挡日耳曼部落闯入罗马帝国境内，在那里定居。因此，匈奴人进入欧洲，也对日耳曼部落间接起了保护作用。当然匈奴本身也对这些日耳曼部落进行压制、榨取，把他们变成为自己的附属国，以致公元455年这些附属国纷纷起义，"匈奴帝国"终于瓦解了（齐思和《匈奴西迁及其在欧洲的活动》,《历史研究》1977年第3期）。

这也可见罗马帝国在制度上比汉朝要落后，而且野蛮。费正清又比较说，汉朝的人口超过了同时期的罗马帝国的人口。在古代的历史条件下，这是汉朝比罗马帝国兴旺的重要标志之一。（费正清《中国：传统与变迁》,张沛译，北京：世界知识出版社，2002，第71页）

与罗马帝国不同，汉朝决不欺凌其他民族，相反是热心于帮助其他民族。汉朝给少数民族地区带去先进文化和先进的生产技术，其历来的宗旨是民族团结和共同发展。而罗马帝国则欺凌和杀戮蛮族，引起反抗和战争，最后带来自己的灭亡。这是汉朝和罗马帝国在对外政策上的根本区别，也是古近代中国和西方强国对外政策的根本区别。

费正清又说：

> 观察 4 世纪的世界历史，人们也许认为罗马帝国国祚正长，而中华帝国则已然日暮途穷矣。中国北部的中原地区已经完全被胡人占领，南朝诸国显然无力统一全国，……
>
> 不过中华帝国最终得到重建，而罗马帝国却成为了历史的陈迹。入侵中原的胡人希望能代替汉人统治他们已经征服了的帝国，在这一点上他们与入侵罗马帝国的蛮族并无二致，但不同之处在于，前者终于达到了目标，在 5 世纪中叶几乎是"复制"了秦汉帝国，并最终在 7 世纪建立起更为强盛的大唐帝国。这与罗马帝国渐渐消亡的命运形成鲜明的对照，同时也成为亚欧两大民族发展历史的分水岭。
>
> 为何中华帝国得到重建而罗马帝国却一蹶不振，这个问题目前尚无定论。部分原因可能是中国南朝与希腊拜占庭帝国相比保存了更多的帝制传统，而由于地理上的原因，南朝对北朝的影响也超过拜占庭对意大利、法兰西诸邦的影响。另外一个原因也可能是由于汉朝的帝制模式要优于罗马帝国。上承"天命"的中国皇帝受到民众的支持，他通过选拔贤人担任政府职务来实行公正、有道德的统治，这比罗马帝国的法制理念更易为当时的人所接受。汉字可能也起到了希腊拉丁字母文字所不能

比拟的文化凝聚作用。"蛮夷"们如果想掌握读写就必须学习汉文，因为汉字很难与胡语混用。此外，尽管中国各地方言各异而且相互之间很难听懂，但中国人却都用汉字。最后一点是，汉族人口众多，这就使中国比欧洲更快、更彻底地把蛮族吸纳、同化过来。由于中国农业属于精耕细作型，它生养了更多的人口，而入侵的异族也就越来越快地消失在周围人海般的汉族人口中了。

（费正清《中国：传统与变迁》，张沛译，北京：世界知识出版社，2002，第108—109页）

费正清以上的分析都是对的。但文化的凝聚力除了汉字的伟大作用外，就是儒道两家文化的伟大作用；尤其是中国自古就有的儒家所推崇的"天下大同"的以仁义为本的大一统思想与爱国主义思想，和道家功成身退、顺其自然的思想。自西周开始中国就有了大一统的思想的萌芽，自战国时期萌芽至西汉形成的爱国主义思想，在历史上产生了重大的或者说决定性的影响。顺其自然则能尊重别的民族的自由发展。

罗马帝国灭亡后，意大利民族回到了老家。一千年以后，本来受他们压迫奴役的日耳曼诸蛮族在文化经济的发展方面都超过了他们，他们先后成为先进民族，意大利却相对比较落后了，成为欧洲"柔软的腹部"。因为罗马帝国没有一个先进的文化指导当时的统治者和民族精英阶层以正确的方法统一欧洲和保持欧洲的统一。相反，中国文化指导中国统治者和精英阶层统一中国并保持中国的统一。汉朝的独尊儒术、以儒为主、儒道法三家结合，便是当时指导中国统一和保持统一的先进文化。儒家思想指导统治者取得国家长期稳定并能战胜外来强大入侵者的主要观点就是：以民为本，政通人和；以仁义为本，以推行仁义礼智信和顺其自然为本的先进文化和先进生产手段作为同化异族或使异族异国获益并共同发展的唯一手段。与西方国家相反，中国在战胜入侵的落后国家和民族后，不是杀戮、灭绝对方或抢占为奴、占领对方地域、抢夺对方的牲畜财产，而是给以安抚和优待：如果他们想内附就让他们迁入内地，提供土地让他们安居乐业，甚至还给予赏赐；如果想留在原地，就派官员负责任地管理，还不要赋税。不管是内附还是留在原地，在尊重他们原来文化、制度、生活习惯以及民族平等的基础上，为他们自愿学习汉族先进的文化和生产技术提供方便，最终达到与汉族共存共荣。汉朝为后世做出了这个光辉的榜样，唐朝继承之，并为后世所仿效。

受惠国的有良知的有识者也充分看到了这一点。中国权威学者、政论家和文学家金庸先生与日本权威学者、国际创价学会会长池田大作先生对话时，金庸先生说：

> 日本和中国同文同种，由于过去交通不便，除了文化（按：传给日本、朝鲜、越南的文化中还包括文字即汉字）和宗教（按：宗教也是文化的一种，而且通过中国传过去的是以慈悲为本或者说大慈大悲的极其珍贵的佛教文化）上的片面交流之外，相互关系中可一提的只是片面的侵略。中国以文化、文明交给日本，日本且以倭刀和枪炮加诸中国。

池田先生回答：

> 真是一针见血。这是令人耻于提起的"恩将仇报"
> 的历史。(《探求一个灿烂的世纪——金庸／池田大作对话录》，
> 北京大学出版社，1998，第56页。按：此书是池田大作先生继与
> 汤因比、基辛格和戈尔巴乔夫对话之后出版的第4本与国际名人
> 的对话录）

池田大作先生还一再称呼中国为"恩人之国""大恩之
国"(《探求一个灿烂的世纪——金庸／池田大作对话录》，北京大学出版社，
1998，第26、27页），他的这种观点代表着有良知的受惠国精
英阶层的公正态度。

中国自古至今，从来重安内而胜于攘外，没有征服世
界的野心。李零先生精辟地指出：

> 中国对世界没有支配性，这不是中国的缺点。中
> 国重内部兼并，并不重外部扩张，内部兼并也更倚重制
> 度和教化的力量，认为"取其地而不能夺其民"(《商君
> 书·徕民》）是很笨的统治方法。早在西周时代，它就提
> 倡"兴灭继绝"，"柔远能迩"，反对宗族灭绝和强迫改
> 变信仰，最后发展为"五族共和"(民国的"五族共和"是
> 从清朝继承下来的）。它对外，是"礼闻来学，不闻往教"，
> 只取经不传教，比西方的侵略性和暴力倾向小。这在政
> 治上是很大的优点，但限制了它的对外扩张。中国也有
> 领土的扩张，但主要是为了羁縻和控御可能入侵的蛮族，

制造安全的缓冲区，不完全是出于贸易的需要，更不是出于传教的考虑。这是它和匈奴、蒙古、阿拉伯，还有西方式的侵略的不太一样的地方（清朝用"广修庙"代替"高筑墙"，和欧洲中世纪相像，似稍违于中国的传统，但这是因为，它是以外族入主中国，凭借此法，可以控制满蒙回藏，达到征服汉族的目的）。古代世界，农业民族和骑马民族有共生关系，农业民族是苹果，苹果熟了，骑马民族就来摘。"抢"是重要的经济手段。

与西方相比，西方战争方式，其实只是战争类型的一种，即依靠强大的经济实力和军事实力，对外侵略。中国战争方式有很多种，一种是和北方民族，如匈奴、蒙古等世界上最剽悍强大的武装力量作战（南方也有，但不如北方突出）。一种是和经久不息的农民武装、流寇和地方割据势力作战。这两方面的经验都是历时两千年以上，规模之大（战国中期以来，各国皆能聚十几、二十万之众连年攻战，死伤总和以百万计，而欧洲，直到18世纪，还很少有十万以上的军队参战，见《剑桥战争史》594页），水平之高（中国的战略文化是形成于公元前400年左右，而西方是形成于19世纪），罕有其匹。（李零《走不出的"英雄时代"——读〈剑桥战争史〉之三》，《读书》2002年第10期）

李零先生的上述观点与英国大哲学家罗素的看法相同。罗素赞扬中国说：

中国与其说是一个政治实体，还不如说是一个文明实体——一个唯一幸存至今的文明。孔子以来，埃及、巴比伦、波斯、马其顿，包括罗马帝国，都消亡了，但是中国以持续的进化生存下来了。它受到了外国的影响——最先是佛教，现在是西方的科学。……西方不好的东西——兽性、不知足、随时准备压迫弱者、贪婪——他们明白，因而并不打算吸取。他们希望吸取西方好的东西，尤其是科学。（罗素《中国问题》，转引自何兆武等编《中国印象》，广西师范大学出版社）

罗素讲得好，中国的文明或者说中国文化与国家、民族同存亡；中国文化使中国永存，中国又使中国文化永存。

总之，汉匈大决战，是汉族的保卫战，也是中国文明的保卫战。汉匈之战的起因是东方亚洲北部的游牧民族在极盛时期对南方一个统一的农业民族大国的疯狂侵略，故而战争异常激烈，场面波澜壮阔。汉匈之战不仅是两大民族的生死搏杀，而且更是古代具有先进文化的农耕民族与落后野蛮的游牧民族的大搏杀。汉武帝的胜利保卫了中华文化的传统和发展，打垮了匈奴的霸权，给中亚诸国带来了民族解放，促成和推进了东亚和中亚诸民族的团结、融合和共同发展，并使中国的经济保持繁荣发展的良好势头。同时，汉匈之战的胜利，唐代继之，由于中国人的贡献而开通了亚欧即东西方的和平、文明和平等贸易、共同繁荣的商业之路，也是文化交流之路，此即丝绸之路。纵观20世纪之前的世界历史，只有中国做出了这么一个给予任何评价都不会过高的伟大贡献。而西方国家开通的全是侵略之路，亦即杀戮之路、掠夺之路，建立的是血腥的"交往"史。古代中国为世界做出了众多极为伟大的贡献，此为其中之一。

汉匈之战胜利的直接原因是国家（指汉朝）的最高统治集团光明正大、廉洁高效、政通人和及善用人才所发挥的综合效应充分调动了全国军民的爱国主义和抗敌力量。汉匈之战具有丰富的历史意义和深远的现实意义。汉匈之战的伟大意义在于此战之胜有力证明和体现了中国人民不可战胜的拥护统一、凝聚力强、热爱和平、崇尚文化的民族精神以及中国传统文化的伟大力量、霸权主义必败和绝无好下场的历史必然性。

汉匈之战、汉唐盛世和整个中国历史的正反历史经验表明，只要不是腐败无能的统治者掌权，而是由励精图治、德才兼备的统治者掌权，并能正确使用人才，那么，具有以儒道两家思想为代表的先进文化的中国人民就能战胜——即使经过千年大战，也能排除万难，最后战胜——任何强大的军事霸权主义者和入侵者。处于21世纪的当代中国也是如此，在习近平新时代中国特色社会主义思想指导下的中国人民，珍惜和维护国际和平环境，努力建设自己的国家，具有仁厚民族传统的中国人民也决不会在强大之后产生称霸世界或欺凌别国的想法。但任何帝国主义、霸权主义、恐怖主义以及分裂主义等形形色色的罪恶势力妄图欺负或损害中国和中国人民的根本利益，那么随它有多么强大，中国人民定能最后战胜之。

附　录

一、胡人和匈奴人的容貌，深目高鼻多须

关于匈奴人和胡人的容貌，王国维《西胡续考》收尽古书的片言只语，极为不易：

《汉书·西域传》言，自宛以西至安息，其人皆深目，多须髯（两颊上的长须）。

《北史·于阗传》说："自高昌以西诸国人等，皆深目高鼻，唯此一国（指于阗），貌不甚胡（相貌很不像胡人）。"

胡人的相貌，在中原皇朝大受调侃和嘲笑。

如《世说新语》（六）（按：应为二十五）记："康僧渊目深而鼻高，王丞相每调之。僧渊曰：'鼻者，面之山；目者，面之渊。山不高则不灵，渊不深则不清。'"后人因此而调侃胡人之面相："山高水深，宛在其貌。"（梁简文《谢安吉公主饷胡子一头启》）

又如《太平广记》卷第二百四十八引《启颜录》叙隋三藏法师辩捷过人，有一年仅十三的赵姓小儿见众人辩他不倒，即考问他："昔野狐和尚，自有经文，未审狐作阿阇梨，出何典语？"因赵小儿大声而语，所以和尚不回答他胡搅蛮缠的讽刺（"野狐和尚"暗讥他为"野胡和尚"）作为反击，法师嘲笑他因年少而个子矮小，说："此郎君子，声高而身小，

何不以声而补身？"赵小儿即应声报云："法师以弟子声高而身小，何不以声而补身；法师既眼深而鼻长，何不截鼻而补眼？"众皆惊异，起立大笑。法师生于中国，但父本商胡，他"仪容面目，犹作胡人"，故而小儿以"眼深鼻长"作笑料。

又，《太平广记》卷第四百三十五引《朝野佥载》叙宋蔡先代是胡人，归汉三世矣。娶同郡游昌女，忽生一子，深目而高鼻，像其曾祖之胡人相貌。这是遗传学中的返祖现象。王国维认为，深目高鼻多须，"不独西胡为然，古代专有'胡'名之匈奴，疑亦如是。两汉人书，虽无记匈奴形貌者，然晋时胡、羯皆南匈奴之裔。"《晋书·石季龙载记》云：

> 太子詹事孙珍问侍中崔约曰："吾患目疾，何方疗之？"约素狎珍，戏之曰："溺中（小便尿在中间）则愈。"珍曰："目何可溺？"约曰："卿（你的尊称和爱称）目琬琬（眼睛凹陷的样子），正耐（禁得起）溺中。"珍恨之，以白宣。宣诸子中最胡状（在诸人中相貌最具有胡人的形貌特点），目深，闻之大怒，诛约父子。

又云：

> 闵躬率赵人诛诸胡羯，无贵贱男女少长皆斩之，死者二十余万，尸诸城外，悉为野犬豹狼所食。屯据四方者，所在承闵书诛之，于时高鼻多须至有滥死者半。

《安禄山事迹》（下）云：

> 鞠仁令城中杀胡者重赏，于是羯胡尽殪。小儿掷
> 于空中，以戈承之，高鼻类胡而滥死者甚众。

王国维此文指出："夫安史之众，素号'杂胡'，自兼
有突厥、奚、契丹诸部。晋之羯胡则明明匈奴别部，而其
状高鼻多须，与西胡无异，则古之匈奴盖可识矣。自后汉
以来，匈奴寝微（逐渐衰落），而东胡中之鲜卑起而代之，尽
有其故地，自是讫于蠕蠕（即柔然，用安抚怀柔的政策而归附、同化）
之亡，主北垂者，皆鲜卑同族也。后魏之末，高车、突厥
代兴，亦与匈奴异种。独西域人民与匈奴形貌相似，故匈
奴失国之后，此种人遂专有'胡'名。顾当时所以独名为'胡'
者，实因形貌相同之故。观《晋书·载记》之所记，殆非
偶然矣。"王国维根据以上考证，推断出匈奴人及其后裔鲜
卑、契丹人的相貌为深目、高鼻、多须，很是精当。但这
仅是一部分西域的匈奴人，汉代蒙古高原的匈奴人，还是
黄种人。而隋唐时的突厥人，的确是这种相貌。

他又进而指出："隋唐以来，凡非胡人而貌类是者，亦
谓之胡。"将相貌与胡人相同相似的汉人和其他民族的人都
称之为"胡"。并引诸书关于唐五代之记载——

《刘宾客嘉话录》言："杨国忠知吏部铨事，呼选人名，
引入于中庭，不问资序，短小者道州参军，胡者湖州文学。"

李匡乂《资暇录》（下）云："俗怖小儿曰麻胡来。（民俗
恐吓小孩时说："长着密密麻麻胡子的胡人来了！"）"麻，指胡子多，

密密麻麻的样子。麻胡是多须的胡人。王国维说："不知其源者，以为多髯之神。"因多须的胡人，对汉人小儿来讲，感到状貌吓人，所以大人吓唬小儿时便说：麻胡来了！

李商隐《娇儿诗》："或谑张飞胡，或嘲邓艾吃。"叙唐时三国故事盛行，人们嘲谑张飞多胡、邓艾口吃。张飞胡，即张飞是个大胡子（多髯）。

《侯鲭录》（四）："王晋卿尝过巩洛间，道旁有后唐庄宗庙，默念始治终乱，意斯人必胡。及观神像，两眼外皆髭也。"

《太平广记》（二百四十五）引《御史台记》云：邵景、萧嵩俱授朝散大夫，二人状貌类胡，景鼻高而嵩须多，同时服朱绂，对立于庭。韦铿帘中独窥而咏曰："一双胡子着绯袍，一个须多一鼻高。"

《云溪友议》载唐陆岩梦《桂州筵上赠胡子女》诗云："自道风流不可攀，那堪蹙额更頳颜；眼睛深却湘江水，鼻孔高于华岳山。"

故而王国维又一再强调："是中国人貌类胡人者，皆呼之曰胡，亦曰胡子。此名当六朝人时本施之胡人。""至唐而中国人貌类是者，亦谓之胡子。"是自唐以来皆呼多须或深目高鼻者为胡或胡子。此二语至今犹存，世人呼须及多须之人皆曰胡子，"俗人制'胡'字以代之。""是唐人已谓须为胡，岂知此语之源本出于西域胡人之状貌乎！"顺便考证出汉人称须为胡子、胡须的来历。

汉人中有些人相貌像胡人：或高鼻，或深目，或多须，或兼具其两者或全部。这些人可能相貌天然的似胡人，可能上代甚或远祖（自黄帝至唐宋的四千年中之某一代或几代）有匈奴、

544

胡人的血统——纯种或混血的后裔。

隔代或返祖遗传，或隔一、二代，像祖父、祖母、外公、外婆和曾祖一代。前面提到的宋蔡即如此。广平宋蔡先代为胡人，归汉已三世，蔡先本人相貌已与汉人无异。又娶同郡游昌之女，亦为汉人。而其子竟深目而高鼻，宋蔡怀疑此儿不是自己的，"蔡疑其非嗣（儿子），将不举（抚养）。"正疑惑间——

> 须臾，赤草马生一白驹。蔡悟曰：我家先有白马，种绝已二十五年，今又复生。吾曾祖貌胡，今此子复其先也。遂养之。

此儿的返祖遗传隔了四代。

二、匈奴、鲜卑、契丹与汉人同宗的记载

匈奴人，除远徙欧洲的除外，留在原址的诸部落逐步与汉人同化；其中自称鲜卑的匈奴人有的随鲜卑一起与汉人同化，有的演变为契丹人，在契丹的辽国被金国灭亡后，与汉人同化，或被金人同化后，又与金国的女真人一起在元明时代逐步与汉人同化。从这个意义上说，匈奴与契丹，已与华夏民族即汉人为同种了。

匈奴的祖先，《史记》和《汉书》都认为："匈奴，其先祖，夏后氏之苗裔也，曰淳维。"夏后氏，即建立夏朝的启之父大禹所属的部落。匈奴的祖先既与大禹和启父子属同

一部落，那么匈奴即为华夏民族的一部分。《史记》索隐引张晏曰："淳维以殷时奔北边。"《汉书》颜师古也注曰："（淳维）以殷时始奔北边。"二者都指出匈奴的先祖淳维在殷商时代出逃至中原的北方。《史记》索隐又引乐彦《括地谱》："夏桀无道，汤放之鸣条。三年而死，其子獯粥，妻桀之众妾，避居北野，随畜移徙，中国谓之匈奴。"桀是夏代最后一个国王，他因荒淫无耻，暴虐无道，被商汤所灭。此则记载淳维即獯粥（《史记》索隐说"淳维獯粥是一"），是夏桀之子，那么匈奴的祖先应当是禹的嫡系子孙了。他在商灭夏、桀死之后，娶了桀的众妾，带着她们避开商朝的势力到北方（当时尚无长城，不能称为塞外，故称"北野"，即后世所称的塞外之地）寻求发展。但《史记》和《汉书》接着又都说："唐虞以上，有山戎、猃狁、荤粥，居于北蛮（蛮荒之地，指文化、经济落后的僻远地方）。"即匈奴的祖先于尧（唐尧）、舜（虞舜）之前已在遥远的北方生活繁衍。前后两说看似有矛盾，故而吕思勉《中国民族史》认为前者"其说不可信"，承认匈奴的祖先早在尧舜之前已存在。《史记》最早为匈奴记叙历史，《汉书·匈奴传》因袭《史记·匈奴列传》并发展汉武至西汉末的内容。两史皆为权威著作，立论审慎。吕思勉先生《中国民族史》认为："《史记·匈奴列传》，叙述匈奴古代之事，颇得纲要。"当代史学家一般多根据《史记》和王国维的观点来看待古代匈奴的历史。

关于契丹与匈奴的关系，《旧五代史·外国列传》则径称："契丹者，古匈奴之种也。"欧阳修《新五代史·四夷附录第一》说："契丹自后魏以来，名见中国。""得鲜卑之遗种。"而《辽史·太祖本纪第二》最后之"赞"曰："辽之先，出自炎帝。"《辽史》为元代脱脱为都总裁所修的正统官史，其史料多据辽朝耶律俨《皇朝实录》和金朝陈大任《辽史》。"辽之祖先，出自炎帝"这个观点可能是辽人的史书中已有的记载，而非元代蒙古人的研究成果。在此之前，二十四史中的《周书·文帝纪》开首即说："太祖文皇帝姓宇文氏，讳泰，字黑獭，代武川人也。其先出自炎帝神农氏，为黄帝所灭，子孙遁居朔野。"契丹为宇文氏中的一部，故而辽国契丹人认为自己是炎帝的子孙，也可能是根据《周书》而言。

《周书》认为炎帝是宇文氏的祖先，《辽史》指出辽即契丹之祖先，出自炎帝，可见宇文氏和契丹官方自认为是炎帝后裔，亦即与汉族一样，是"炎黄子孙"，那么实亦认为契丹与汉族乃同种。当代有的历史学家对此有怀疑或持否定态度。笔者认为，《周书》和《辽史》既持此观点，我们如果没有确凿的反证可否定这种说法，便应尊重《周书》和《辽史》的观点，认宇文氏和契丹为炎黄子孙之一支。

三、匈奴和汉族同文的论证

《史记》称匈奴"无文书，以言语为约束"，史学大师吕思勉的经典史著《中国民族史》认为《史记》此语，"乃谓其无文书，非谓其无文字也。然则匈奴之有文字旧矣。创制文字，实为大业，虽乏史记，十口不得无传。辽、金、元、清、西夏皆然。然则匈奴文字，非由自制。既非自制，舍中国将安所受之哉？汉遗单于书，牍以尺一寸；中行说令单于以尺二寸牍，及印封皆令广大长；则其作书之具，正与中国同。从古北族文字，命意措辞，与中国近者，莫匈奴若，初未闻其出于译人之润饰也。然则匈奴与中国同文，虽史无明文，而理有可信矣。《史（记）》《汉（书）》之不言，非疏也。《西域传》云：'自且末以往，有异乃记。'记其与中国异者，而略其与中国同者，作史之例则然。然则《史》《汉》之不言，正足为匈奴与我同文之证矣。"这个推论甚为确当。王国维《观堂集林·匈奴相邦印跋》："匈奴相邦玉印，藏皖中黄氏。形制文字，均类先秦。"战国时首相皆称"相邦"，史作"相国"，因避汉高祖刘邦之讳。此印之跋，可证匈奴与汉人同文。

《汉书·匈奴传》记载冒顿写信给吕太后。他想入主中国，又称自己孤单，竟异想天开地要与丧夫（刘邦已死）的吕后在男女间"互通有无"，即结亲，但又讲得极为粗俗。吕后当然要勃然大怒，本拟起兵讨伐，幸得季布提醒，汉方的军事实力远不及匈奴，只好恳求对方不要进攻汉朝的疆土（还用了谦卑之辞"弊邑"，犹言鄙国）；又婉拒单于的"求婚"，说您误听（过听）了别人的传言，实际上我已年老气衰，头发、牙齿也都已脱落，走路也已摇晃无力，连我自己也感到自惭形秽。

从匈、汉双方来往的信件可看出匈奴气焰的嚣张；但并未提及书信需要翻译，这也可证明匈奴和汉朝的文字是相同的。

匈奴与汉人同文，但史称契丹先世，本无文字。《新五代史·四夷附录》谓"汉人教之（契丹）以隶书之半增损之，作文字数千，以代木刻之约。"契丹大字，实出中国。《辽史·太祖本纪》："神册五年（920），始制契丹大字。"另有契丹小字，出于回鹘，未尝通行。《辽史·皇子表》叙迭勒"性敏给。回鹘使至，无能通其语者。太祖使迭勒逆之。相从二旬，尽习其言语。因制契丹小字，数少而该贯"。契丹和辽国通行契丹大字，《辽史·突吕不传》指出："制契丹大字，赞成为多。"大字以汉字为基础，所以尚能通行。

四、匈奴和汉族的习俗相同

《史记》和《汉书》记叙匈奴的习俗说：

> 居于北蛮（《汉书》作边），随草畜牧而转移。其畜之所多则马、牛、羊，其奇畜则橐驼（《汉书》作佗，即骆驼）、驴、骡、駃騠、䮹騠、驒騱。逐水草迁徙，无城郭常居耕田之业，然亦各有分地。无文书，以言语为约束。儿能骑羊，引弓射鸟鼠，少长则射狐菟，肉食。士力能弯弓，尽为甲骑。其俗，宽则随畜田猎禽兽为生业，急则人习战攻以侵伐，其天性也。其长兵则弓矢，短兵则刀铤（chán，铁柄短矛）。利则进，不利则退，不羞遁走。苟利所在，不知礼义。自君王以下，咸食畜肉，衣其皮革，被旃裘。壮者食肥美，老者食其余。贵壮健，贱老弱。父死，妻其后母；兄弟死，皆取其妻妻之。其俗有名不讳，而无姓字。

《汉书·匈奴传》又记中行说的话说：

匈奴人众不能当汉之一郡，然所以强之者，以衣食异，无印（通"仰"，仰望）于汉。

匈奴之俗，食畜肉，饮其汁，衣其皮；畜食草饮水，随时转移。故其急则人习骑射，宽则人乐无事。约束径（直接）易行，君臣简可久。一国之政犹一体也。父兄死，则妻其妻，恶种姓之失也。

中行说又解释：

匈奴明以攻战为事，老弱不能斗，故以其肥美饮食壮健以自卫，如此父子各得相保，何以言匈奴轻老也？

吕思勉《中国民族史》第三章《匈奴》指出："匈奴政教风俗，与中国相类者极多。"又精辟地指出："匈奴之俗，与中国尚文之世，若不相容，而反诸尚质之世，则极相类。"

吕思勉先生具体分析匈奴和汉族习俗相类之原因和相类之处。相类之原因是匈奴的"大部落，实自皇古（三皇五帝）以来，即与汉族杂居黄河流域也。则其渐染汉族文化之深，固无足怪矣"。

相类之处：中国之俗，敬天而尊祖。而《史记·匈奴列传》记匈奴诸长少于每年五月，"大会龙城，祭其先（祖先）、天地、鬼神"。《后汉书》称其俗岁有三龙祠，尝以正月、五月、九月戊日祭天神。合二书观之，盖此三会皆祭天地，并及其余诸鬼也。因此，匈奴也敬天而尊祖。

"单于朝出营，拜日之始生；夕拜月。"亦与中国朝日夕月合。

中国有五行干支之说。匈奴也讲究五行，围高帝（汉高祖）于平城时，其马兵：西方尽白，东方尽駹（青马），北方尽骊（深黑），南方尽骍（赤马）。西方为金，故白；东方为木，故草绿色；北方为水，故而黑色；南方为火，故枣红色。其战马之色彩按五行金木水火排列。又，"月尚戊己；祭天神以戊日。"也以干支记日。

中国古俗信巫，匈奴也信巫。汉武帝时的贰师将军李广利出击匈奴，兵败投降。一年多后，卫律妒忌他得宠于单于，正好其母阏氏患病，卫律饬（命令）胡巫骗单于说："先单于怒曰：胡故时祠兵，尝言得贰师以社（祀社神，社神即土地神），今何故不用？"单于听巫说他的父亲（先单于）在阴世已发怒，马上照办杀了贰师将军李广利祭神。汉武帝时，匈奴缚马前后足，置城下，驰（扬）言："秦人（指汉人），我匄若（你们）马。"用这种"缚马"的方法"诅军事"，诅咒汉方军事不利。"闻汉军当来，匈奴埋羊牛所出诸道及水上以诅军。"将其类东西埋在被诅咒者必经之路的底下，以使其倒霉，这是巫术中常用的巫蛊之术的一种。甚至"单于遗（音位，赠送）天子马裘，常使巫祝（音咒，通咒，诅咒）之"，即匈奴赠送汉朝皇帝的礼物（马、裘皮之类）竟也先令巫诅咒、施法术后才送到汉朝宫廷。匈奴和汉族一样，信巫成风。

本书前文曾说过，匈奴的习俗与汉人相差极远，而此处又引吕思勉先生的观点和论证，认为"匈奴政教风俗，与中国相类者极多"，是否前后矛盾？其实并不矛盾。这是因为，诚如吕思勉先生所说："匈奴之俗，与中国尚文之世，若不相容，而反诸尚质之世，则极相类。"

吕思勉先生又具体分析说："其送死，有棺椁、金银、衣裳，而无封树、丧服。近幸臣妾，从死者数百人。"此古者不封不树（周代以后的葬礼，堆土为坟，叫"封"；种树做标记，叫"树"。），丧期无数及殉葬之俗也。"父死，妻其后母；兄弟死，皆取其妻妻之。"此晋献公所以烝（音征，古指同母辈通奸）于齐姜，象所以欲使二嫂治朕栖也。（另如《左传》桓公十六年："卫宣公烝于夷姜。"夷姜，宣公庶母。）"有名不讳而无字"，幼名，冠字，（幼时取名，成年时取表字）本乃周道也。"贵壮健，贱老弱；壮者食肥美，老者食其余。此古之人所以兢兢于孝悌也。""利则进，不利则退；不羞遁走。苟利所在，不知礼义，春秋时戎狄之俗皆如此。尤其久与汉族杂居河域之征也。其文教虽不如中国乎？然《史记》称其狱久者不满十日；一国之囚，不过数人。"中行说谓其"约束径易行，君臣简可久；一国之政犹一体"；犹足想见古者刑措不用；及未施信于民而民信，未施敬于民而民敬之风焉。要之匈奴之俗，与周以后不相类，若返诸夏、殷以前，则我国之俗，且可资彼以为借镜也。此其俗之相类者也。

吕思勉先生上述论述中，最后一段非常精当。匈奴的习俗与西周以后的尚文时代有很大差别，而与夏、商之前的尚质时代则相类似。夏商之前的文献极少或者尚未发现，所以观察匈奴，可以推知夏商之前华夏人民的风俗习气。

那么作为匈奴人的后裔或匈奴与鲜卑结合的后代，契丹的情况又怎样呢？《北史·契丹列传》言其习俗："其俗与靺鞨同，好为寇盗。父母死而悲哭者，以为不壮。但以其尸置于山树之上，经三年后，乃收其骨而焚之。因酹酒而祝曰：'冬月时，向阳食，若我射猎时，使我多得猪、鹿。'其无礼顽嚣，于诸夷最甚。"《隋书·北狄列传》照抄，《旧唐书·北狄列传》则曰："其俗死者不得作冢墓，以马驾车送入大山，置之树上，亦无服纪。子孙死，父母晨夕哭之；父母死，子孙不哭，其余风俗与突厥同。"《新五代史·四夷附录》亦基本照抄《北史》："契丹比他夷狄尤顽嚣，父母死，以不哭为勇，载其尸深山，置大木上，后三岁往取其骨焚之，酹而咒曰：'夏时向阳食，冬时向阴食，使我射猎，猪鹿多得。'其风俗与奚、靺鞨颇同。"《新五代史》的作者欧阳修是宋代的诗文大家，所以他改动了一些文字，尤其是祝词改成诗歌体，颇具韵律之美。又补充："契丹好鬼而贵日，每月朔旦，东向而拜日，其大会聚、视国事，皆以东向为尊，四楼门屋皆东向。"

　　以上所叙契丹的习俗，"好为寇盗"，与匈奴同，喜欢劫掠别人的财产。这当然是匈奴与契丹统治者的习性，并以此为倡导，民风便大坏，以顽傲凶悍为尚。好为寇盗、以顽傲凶悍为成才目标，契丹便与匈奴一样，青壮年平时以长力、习武、射猎为长年的人生必须课目和生活中的首要内容，性格凶狠霸道（甚至父母死，子孙也不哭，以悲哭为不壮勇），这个民族便培养和形成强悍的民风。

　　匈奴、契丹和汉族，既然同种，为何习俗风气相差极远？

这是因为生活的环境、地理不同，更是因为文化发展的不同。我们可以美洲印第安人和汉族的不同、越族和汉族的不同，来做一个比较的说明。

越族，据历史学家研究和考证，原居中央亚细亚高原，后向东南发展：往南至今之印度，往北至今之江苏、浙江、山东、河北、辽宁，更东则抵朝鲜；另有一支入海，先至南洋群岛，向东北到日本，再往东即抵达美洲。在中国大陆的，一部分与华夏民族同化，另一部分退至今四川、云南一带。春秋之前，越人仍占据长江下游和淮河流域。当时淮河以北称为夷。商纣王征东夷，大获全胜。周武王乘商纣王远征东夷、国内空虚之时伐商，纣王回师西救，终因在与东夷作战时消耗了实力，此为败给周武王的重要原因之一。春秋之后，越人的势力已退到浙东一带，勾践之祖先在此建立越国。后又受汉人挤压，越人之一部分又与汉人同化外，大部分沿福建、广东退入越南，再至南洋群岛，与原先在南洋群岛的越人会合。沿途当然留下不少越人，称为闽越（福建）、南越（又称粤，在今两广即广东、广西和越南北部）和越南。其中大部分也逐步与汉人同化，越南虽保持着自己的民族，但接受了许多中国文化，习俗也与两广的汉人靠拢，与古代在长江流域时"披发文身"（披着长头发，在身体上绘成或刺成带颜色的花纹或图形）时代，有了极大的变化。他们所接受的是周代以后发展至明清的中国文化，故而习俗多同汉族，而与南洋群岛的由古代越人发展而来的马来人、印度尼西亚人相差很远。

美洲的印第安人乃是分三批由东方到达美洲的。第一

554

批为上古的越人，由日本向东漂海至美洲。第二批为商周之际的殷人。第三批为秦汉至宋代，历代漂海东去的华夏族人。有的学者认为田横属下之五百壮士并未自杀，他们东渡亡命去了美洲。其中最重要的、东去的人数最多的是殷人。据中外多位史学家的研究，商纣王与周武王决战时，其众多部队尚在今山东、江苏交界地区与东夷交战处未及赶回朝歌，纣王即已兵败并自焚。大批殷军滞留于此，不肯投降周朝，便与大批不肯臣服周朝的民众东撤，或者直接从海上往东进发，部分留在日本，部分继续东航，于美洲登陆；或者经今东北，通过亚洲东北端狭窄的白令海峡（或渡海而过，或冬季冰冻时步入。冰冻时，狗拉的雪橇只要一昼夜即可走完白令海峡到达今日北美的阿拉斯加）。殷朝遗民到达美洲，成为印第安人的主体。印第安人的习俗和拉丁美洲的三大印第安文化：墨西哥南部的阿兹特克文化、中美洲的玛雅文化和秘鲁的印加文化，都应映照出中国商殷时代的习俗和文化。笔者所著"文学名著比较研究丛书"之一《神秘与浪漫——文学名著中的气功和特异功能》（百花洲文艺出版社，1999年）上编第八章《＜红楼梦＞：气学理论的经典演绎》比较《红楼梦》中马道婆受赵姨娘所托，用魇魔法令宝玉与凤姐发疯和玛雅人的同类手法相似。又引胡春洞《玛雅文化——论玛雅与华夏文化同源》（复旦大学出版社，1997年）中的一节：

　　玛雅人与旧时代的中国人一样，相信巫蠱（应作"蛊"）之术。如果某人被怀疑为杀人凶手，被害者家属复仇时就向普拉火伯祷告，并用泥捏一小人，一枚针刺入小泥人的头部或心里，然后把它悄埋在被怀疑者的住房门口。一旦该人从上面走过，他就会生病。如果他有罪，便会死掉；无罪，则会好转。这和我国古代史书所记载的汉武帝时有名的巫蛊（蛊）之狱的情节极为相像。中国的巫蛊（蛊）也是以诅咒和埋藏小人以达到企图害人的目的。

本节前已述及，匈奴也喜用这种方法，只是埋藏必经之处的不是小人而是羊牛。

匈奴、鲜卑、契丹和印第安人的习俗和文化，都带有华夏民族周代尚文时代以前的原始尚质色彩，未经儒道两家尤其是孔学与儒家教育与熏陶，文明程度很低，文化很不发达。

反过来说，华夏民族在远古时代也以游牧为主，农业经济尚未占主流，因经常与野兽搏斗，习俗与匈奴相类似，也是孔武有力的民族。故而黄帝领导下的华夏先民，能先后战败炎帝，击杀蚩尤，将苗族逐出中原，流落到云贵和川湘；又北逐荤粥，将匈奴赶到后世的长城以北。当时华夏先民勇武善战，战无不胜；后来进入农业社会，与庄稼打交道而不是与野兽打交道，强悍而善于冒险的习性渐灭，求稳定、文静的习性使民心趋向和善保守，所以几千年来大受北方游牧民族的侵略和压迫，常被夺去部分和半壁江山，甚至亡国，全境被占领和受奴役。

匈奴的习俗与商朝及之前的"尚质"时代相同，我们据此可以了解汉人在商朝及以前的风俗。

五、壮怀激烈：唐宋诗词中的匈奴情结

汉匈之战的光辉胜利彪炳史册，赢得后世文学家和诗人的齐声赞美。有趣的是盛唐诗人尽管面对的是唐太宗发动的反击突厥和吐蕃的战争，但诗人们无人写到突厥，诗中的敌人总是匈奴或胡人。宋代也是如此，尽管他们面对的入侵之敌是辽、西夏、金、元，诗词中写的也是胡虏和匈奴。可见唐宋诗人、词人对汉匈之战给予最高评价，汉匈之战的伟大胜利，形成唐宋诗人、词人心中永远难以忘怀、挥之不去的爱国情结。

唐代最早以边塞诗蜚声文坛的是王昌龄（?—约756）和王维（701?—761）。被誉为"七绝圣手""诗家天子王江宁"的王昌龄的"若使龙城飞将在，不教胡马度阴山"，歌颂和怀念李广，本书前已引及。

王维是与李白、杜甫齐名的唐代伟大诗人，他的边塞诗也极负盛名。他的最早的一首著名的边塞诗《老将行》记叙和歌颂的是唐代的一位守卫西疆的老将，却也是以怀念和歌颂李广的形式，以李广为比喻而撰写的。此诗开头两句即说：

> 少年十五二十时，步行夺得胡马骑。

这是讲这位老将少年时就有李广一样的机智勇敢，竟能步行夺得敌人的战马。这是用《史记·李广列传》中李广因伤病而被匈奴俘虏后，"佯死，睨其旁有一胡儿骑善马，

557

广暂腾而上胡马"，抢了这匹胡马逃回汉营的典故。诗的第七到第十句为：

> 汉兵奋迅如霹雳，虏骑崩腾畏蒺藜。
>
> 卫青不败由天幸，李广无功缘数奇。

汉兵奋起应敌急猛如迅雷不及掩耳，用兵神速，所向披靡，锐不可当；敌兵溃败奔逃，又受阻于汉军预先埋设的铁蒺藜阵（蒺藜，生有三角刺的蔓生植物，古代作战时，用铁制蒺藜阻塞敌军退路或阻挡敌军的前进之路）。"天幸"一语有双关的含义，既指他运气好、幸运，又指他因是皇帝的外戚而受到特别的重用和宠幸。一般的老将尽管英勇作战，却得不到封赏。这是激愤之辞，为同情诗人认识的这位唐代老将而连类设譬，批评当朝用人唯亲，赏罚不明。以王维的天才与博学，即使处在写作此诗的少年时代，他也必然知晓卫青、李广成败的历史真相。

王维的大多数边塞诗是描绘和歌颂唐代朝气蓬勃地战胜外患的。如乐府诗《陇西行》说：

> 十里一走马，五里一扬鞭。
>
> 都护军书至，匈奴围酒泉。
>
> 关山正飞雪，烽戍断无烟。

首二句，用夸张的语言来描绘军使跃马扬鞭的飞驰速度：一扬鞭就飞奔了五里路，马儿一跃步就过了十里。这两句是以军使的纵马狂奔来形容军情的十万火急：都护军书至，匈奴围酒泉。军使为何如此狂奔飞驰，来送军书？因为军情如此紧急，但烽火不举，因为千里关山，大雪纷飞，浓雪不仅使烽火台点不着烽火，而且即使点起烽火，漫天大雪遮断了视线，人们根本看不到烽火的狼烟。军情的紧急和边境气候之恶劣，边塞战争的危急和艰难，跃然纸上。明明是盛唐时代，诗中写的却是汉朝抗击匈奴的豪气。《横吹曲辞·出塞》也是如此：

> 居延城外猎天骄，白草连天野火烧。
>
> 暮云空碛时驱马，秋日平原好射雕。
>
> 护羌校尉朝乘障，破虏将军夜渡辽。
>
> 玉靶角弓珠勒马，汉家将赐霍嫖姚。

此诗原注说："时为御史监察塞上作。"唐玄宗开元二十五年（737）三月，河西节度副使崔希逸在青海战胜吐蕃，王维以监察御史的身份，奉使出塞宣慰将士，察访军情。尽管他去慰问的是当世的唐朝将士，战败的是吐蕃，可是诗中以"汉家"指代唐朝，地点用汉朝与匈奴作战的名城山水来替代，写的也是汉代名将霍去病和汉代的强敌匈奴。嫖姚即指官至骠骑将军的西汉名将霍去病。诗中"天骄"原是匈奴自称，"射雕"原是形容匈奴善射。护羌校尉和破虏将军都是汉朝派往西域的文武官职。全诗气势雄浑，对仗工整，最后，描写他代表朝廷将柄上镶玉的宝剑、以角装饰的弓和戴着珍珠勒口的骏马，赐予得胜的边帅，点明自己的使命。清代著名诗评家方东树在其名著《昭昧詹言》中说："前四句目验天骄之盛，后四句侈陈中国之武，写得兴高采烈，如火如锦，乃称题。收赐有功得体。浑颢流转，一气喷薄，而自然有首尾起结章法，其气若江海之浮天。"堪为的评。

王维的另一首《使至塞上》，也写这次出塞的经历，则以描写边地风光的名句而成为千古名作：

> 单车欲问边，属国过居延。
> 征蓬出汉塞，归雁入胡天。
> 大漠孤烟直，长河落日圆。
> 萧关逢候骑，都护在燕然。

与前诗不同，这次他写诗记叙自己的行程所见和感慨。诗人奉朝廷之命，到边塞上去宣慰前线将士，他轻车简从，两千里跋涉，来到居延。途中的一半旅程处于荒漠之中，那里也是匈奴经常出没的地区。诗人一路没有军队护送，任务十分艰险。但命运和作者开了一个天大的玩笑，当他跋山涉水、不远千里、艰难到达居延时，戍边将士竟然踪迹全无。"征蓬出汉塞，归雁入胡天"，征蓬——大军开出塞外，其行踪如同进入胡天的归雁一样难以寻觅。于是只好扫兴返回，一直到接近秦陇边界的萧关（今宁夏固原市东南）时，才从邂逅的候骑——侦察兵那里得知，都护在比居延还要远一千多里的漠北燕然山（现蒙古国杭爱山）地带。此时，作者一行已经往返三千余里，路上奔波了至少一月以上，人困马乏，难以为继。若再重新上路到燕然去，还要走两三千里，这真是谈何容易，况且谁又能预料到那里不再扑空？尽管空自如许长征，但诗人却饱览了塞外美景，"大漠孤烟直，长河落日圆"两句，诗人用如椽之笔写出塞外辽阔宏伟的"千古壮观"（王国维语）。尤其是"孤烟直"，为大漠奇景，只有王维的巨笔能描摹入神。宋代陆佃《埤(pí)雅》解释说："古之烽火，用狼粪，取其烟直而聚，虽风吹之不斜。"清代赵殿成在引《埤雅》此言后，又说："或谓边外多回风，其风迅急，裒烟沙而直上。亲见其景者，始知'直'字之佳。"意思是沙漠旋风卷起沙尘形成了烟柱，因持续的旋风所形成的气旋使烟柱直立空中，不摇不动，久久不散。诗人在沙漠中寂寞而行，寒风拂面，远观那黄黑色的烟柱凭空而起，静悄悄地竖立在空中，在无边无际的辽阔沙漠和绚烂浑圆的猩红落日悬挂在没有尽头的蓝色的大河长空的背景下，还可能有朵朵白云映衬，那种气势，那种风情，那种色彩，具有一种令人震撼的美。

著名边塞诗人高适（约700—765）的长诗《燕歌行》是整个唐代边塞诗中的杰作，千古传诵。其中间说"扺(chuāng，通撞击)金伐鼓下榆关，旌旗逶迤碣石间。校尉羽书飞瀚海，单于猎火照狼山。山川萧条极边土，胡骑凭凌杂风雨。战士军前半死生，美人帐下犹歌舞！"在歌颂将士杀敌的同时，愤恨不少将军不恤士兵、自顾享受的军中黑暗现象。诗末说："君不见沙场征战苦，至今犹忆李将军。"又以怀念李广作结。

盛唐另一著名边塞诗人岑参（约715—716）《走马川行奉

送出师西征》刻画大军出塞艰苦克敌的场面，以及西域战场苍茫壮丽的瑰异风光：

> 君不见走马川行雪海边，平沙莽莽黄入天。轮台九月风夜吼，一川碎石大如斗，随风满地石乱走。匈奴草黄马正肥，金山西见烟尘飞，汉家大将西出师。将军金甲夜不脱，半夜军行戈相拨，风头如刀面如割。马毛带雪汗气蒸，五花连钱旋作冰，幕中草檄砚水凝。虏骑闻之应胆慑，料知短兵不敢接，车师西门伫献捷。

中唐诗人卢纶（约742—约799）《塞下曲六首》其二赞颂李广射虎中石的神奇威武，本书前已引及。此诗的第三首则描写半夜追击敌酋的紧张气氛，用另一种笔调写出"半夜军行戈相拨，风头如刀面如割"的艰难：

> 月黑雁飞高，单于夜遁逃。欲将轻骑逐，大雪满弓刀。

漆黑之夜、大雁高飞，轻骑追逐、雪满弓刀，这样的战争场面洋溢着将士们不畏艰难险阻的气概，读之令人神往。短短四句二十字，与岑参的长诗有异曲同工之妙，全诗犹如将士面对强敌，拉弓满月，箭在弦上，引而不发，言有尽而意无穷，千载之下，依旧令我们回味悠长。

唐代边塞诗的优秀之作很多，限于篇幅，本书只能略举数例而已。但是，唐代诗人为何不直接歌颂自己时代的战争，而总是以汉匈之战为榜样，以歌颂汉匈战争的形式来描写当代的边塞战争呢？因为文人诗人都有理想色彩，他们往往追求事物的完美。唐朝与突厥，早期唐朝处于劣势，唐高祖屈服于突厥的实力和淫威，竟然向突厥称臣，后来突厥衰落，唐太宗派大将李靖攻打并消灭了东突厥，但对方已经自己衰落了，唐军赢得未免太容易，显得胜之不武；处于初唐时代的唐太宗，对另一个强敌吐蕃，又未能真正战而胜之，双方大体上处于势均力敌的状态，唐太宗只好靠和亲维持大局，所以诗人都情不自禁地赞美汉朝对空前绝后的强大的匈奴之战的完胜，以此来虚写和象征唐代的胜势，来抒发自己的爱国热情和报国之情。

唐宋诗词的风格颇有不同，唐代对突厥的反击处于优势和胜势，所以唐代的边塞诗洋溢着昂扬的斗志和浪漫的激情。宋代的军事形势经常处于劣势和败势，所以宋代的诗词则虽不乏豪壮，却都以忧郁和悲凉为基调，南宋豪放派词人的作品，尤其是辛弃疾和陆游的诗词都是如此。他们的人生轨迹都是一生向往驰骋疆场，驱逐和消灭入侵的敌寇，"赢得生前身后名，可怜白发生"，只能写一些爱国诗词打发日子，正是豪情满怀，却前程茫茫啊！

宋词中较早的边塞名词是范仲淹的《渔家傲》，本书在述评东汉窦宪远征匈奴、刻石燕山时已引用过，其中"浊酒一杯家万里，燕然未勒归无计"，反映后世将士对战胜入侵之敌、建立千秋功业的向往，以及身在边塞、对万里之外的家乡的无限思念之情，具有强烈的典型性，故而成为千古绝唱。

与范仲淹一样，才华杰出，令强敌闻风丧胆的名将岳飞也有名词《满江红》一首，抒发自己驰骋疆场的豪情壮志：

> 怒发冲冠，凭阑处、潇潇雨歇。抬望眼、仰天长啸，壮怀激烈。三十功名尘与土，八千里路云和月。莫等闲、白了少年头，空悲切。　　靖康耻，犹未雪；臣子恨，何时灭。驾长车踏破、贺兰山缺。壮志饥餐胡虏肉，笑谈渴饮匈奴血。待从头、收拾旧山河，朝天阙。

岳飞带兵，战无不胜，故有"撼山易，撼岳家军难"之名言，可与歌颂范仲淹的"小范老子，胸中自有十万甲兵"的名言媲美。岳飞此词气概雄伟，壮志凌云，与其战绩相配。他如不被高宗和秦桧杀害，确有可能达到"直捣黄龙，迎还二圣（救回被俘的徽宗和钦宗）"的目的。此词颇有人认为是伪作。此词如果非岳飞所作，也可看作是代岳飞立言。

在柔弱的两宋时代，能战胜敌寇、扬名疆场的名将太少，所以，此类豪情满怀的边塞诗词名作比唐代也要少得多。更何况宋朝每次与敌作战，都未最后战胜过入侵者，故而除岳飞此词外，也罕有诗人能写出这样沉郁悲壮而又气壮山河、有必胜信心的诗词。

本书前已指出，唐宋和后代众多描绘王昭君和蔡文姬的诗词，也是跟匈奴有关。总之，唐宋的爱国诗词念念不忘汉匈之战，有着挥之不去的情结，而衰落的明清诗词，尤其是异族统治的清代，就没有这样的抗击凶狠异族入侵的诗歌现象了。中国的古典诗词从总体上说，与唐宋相比，也风光不再了。

六、辽国的中兴之主萧太后和辽宋战争

　　辽国的萧太后曾经长期是个家喻户晓的著名的人物，因为著名小说《杨家将演义》和京剧《四郎探母》中都有这个人物。但《杨家将演义》中用的是丑化手段，此书同情和歌颂宋辽战争中战败并牺牲的杨业即杨老令公和他的几个儿子，痛恨陷杨家将于死地的奸臣潘美，当然更痛恨作为敌国之主的萧太后，爱国主义情怀很足。《四郎探母》中用的是尊敬的笔调，描写杨业战败、自杀后，他的第四子，即杨四郎杨延辉流落番邦（即辽国）后，因某种机缘，与萧太后的爱女铁镜公主结为秦晋之好，又在公主的帮助下，潜回宋营，看望老母即佘太君和结发之妻柴氏。萧太后知道后，原谅了他们，人情味颇足。20世纪50—60年代的中国，将《四郎探母》看作同情和歌颂"叛徒"的戏，予以批判。这个极为著名的京剧剧目，在"文革"之前就已一度被禁演，"文革"中更是惨遭"砸烂"，直至"文革"结束、改革开放之后才重见天日。但萧太后在文艺作品中不是重要人物，所以一般读者对萧太后这位历史上的重要人物，至今不知其详，更不能给予正确评价。

　　萧太后萧绰，小字燕燕，是辽朝第五位皇帝辽景宗的皇后，第六位皇帝圣宗的太后。

　　辽朝的第一至第四个皇帝是太祖、太宗、世宗和穆宗。第三、第四个皇帝即世宗和穆宗，接连被杀，所以萧燕燕

在当皇后时，辽国的局势很不稳定。

辽朝又称辽国，最早是耶律阿保机建立的。

辽太祖耶律阿保机（872—926），汉名亿，契丹迭剌部人。于晚唐的9世纪末，契丹遥辇氏部落联盟长痕德堇可汗时，任挞（tà）马狘（xuè）沙里，统领亲军征服北边部族。唐昭宗天复元年（901），选任联盟夷离堇（军事首长），进任于越，统兵进攻室韦、于厥、奚，又南下攻掠河东、代北等郡。后梁太祖开平元年（907），取代遥辇氏任联盟长。后梁末帝贞明二年（916），建立契丹国家，称皇帝，年号神册。建都城，定法律，设宫卫骑军和州县部族军。不断南下侵扰代北和河北州县。又西征各游牧部落，直抵甘州（今甘肃张掖）。天赞四年（925），东征渤海国，次年（926）进围其国都忽汗城（今黑龙江宁安西南东京城），迫降其国王，在其地建东丹国，封太子倍为东丹王。回军途中，于扶余（今内蒙古巴林左旗西）病故。

辽太祖死后，由述律后立其次子耶律德光（902—947）为帝，时年二十五岁，为辽太宗。天显十一年（936），领兵南攻后唐，立后晋石敬瑭为帝，得燕云十六州。会同三年（940），至南京（契丹会同元年得幽蓟十六州，升幽州为幽都府，建号南京），连年攻打后晋。大同元年（947）正月，攻下后晋国都开封。同年二月，改国号大辽。史称辽国或辽朝。四月，自开封北返时，于栾城（今属河北）病故。

辽太宗死后，辽太祖长子耶律倍之子耶律阮（918—951）即位，为辽世宗。他于会同九年（946）随太宗攻打后晋。次年，受封为永康王。太宗死时，他在镇阳被群臣拥立为帝。此时，述律太后在辽都上京（今内蒙古巴林左旗南）另立太祖第

566

三子李胡为帝。世宗领兵北返，至潢河时，太后和李胡降。世宗于天禄四年（950）攻后汉。次年（951）攻后周，九月，行军至归化州（今河北宣化）祥古山时，为贵族察割所杀。

辽穆宗耶律璟（931—969）是辽太宗的长子。会同二年（939）封寿安王。天禄五年（951）随世宗出征时，世宗被察割等谋害，他领兵诛察割，并即皇帝位，年号应历。他对外援北汉以抗后周。在位十九年中，皇室内部多次发生谋反事件，于应历十九年（969）年二月，被奴隶小哥等杀死。

此后即由辽世宗的第二子耶律贤即位，即辽景宗。他是辽朝的第五个皇帝，他的皇后就是萧燕燕。

艰难的皇后生涯

萧太后（953－1009），是辽景宗的皇后，姓萧，名绰，小字燕燕。燕燕也是她的契丹名，又译作叶叶、雅雅克。

而萧氏，本是契丹贵族乙室、拔里氏。在耶律阿保机建国称帝时，因仰慕汉高祖刘邦，遂将耶律氏兼称刘氏，而将乙室和拔里氏比作萧何，遂为萧氏。（《辽史·后妃列传》）萧氏在契丹成为非常著名的姓，因为萧氏是契丹的大姓，世任国事。而且耶律阿保机还把萧氏定为皇后家族，故而辽国自耶律阿保机之后的皇后几乎都姓萧，并将以前的皇后也追姓为萧，因而萧氏又号称"国舅帐"。

萧燕燕是辽国北府宰相萧思温的女儿，她母亲是辽太宗耶律德光的长女、燕国大长公主吕不古的女儿，亦即其外祖父乃是"威德兼弘，英略间见"的著名皇帝。

萧燕燕"早慧。思温尝观诸女扫地，惟后洁除（整洁），

喜曰：'此女必能成家！'"（《辽史·后妃传》）

969年，耶律贤辽景宗即位，选十七岁的萧燕燕为贵妃，有宠，不久即册立为皇后，972年生皇长子耶律隆绪（辽圣宗）。

辽景宗耶律贤（948—982），契丹名明扆（yǐ），辽世宗第二子。即位后改元保宁。保宁二年（970），南院枢密使汉人高勋使人刺杀北院枢密使萧思温，即皇后萧燕燕之父。八年（976），罢高勋。十年（978），任用汉臣韩匡嗣、德让父子。即位初年，支援北汉抗御宋军。十一年（979），宋灭北汉。次年，即乾亨二年（980），景宗至南京（今北京市），领兵亲征，败宋军于瓦桥关东。四年（982），病死在云州（今山西大同）。

辽朝的两个皇帝接连被杀，辽景宗即位并立萧燕燕为皇后后，第二年，皇后萧燕燕的父亲又被杀，辽国又发生高层人士的凶杀案，所以辽国当时内部矛盾激烈，朝内的局势是非常凶险的。

耶律贤幼年（仅虚岁4岁）即遭宫廷政变，其父世宗及皇后被杀，他藏在柴堆中才幸免于难。经此恐吓，他胆小怕事，即位后又染风疾，病魔缠身，故而从来不问朝政，无论政事、刑赏、征收、用兵，皆依靠皇后萧燕燕，任其决策而行。萧燕燕在丈夫景宗时代就执政掌权。

萧燕燕十七岁当皇后，几代皇室的激烈斗争造成皇帝接连被暗杀，其父在她当皇后后又被暗杀，情势非常复杂，而作为皇帝的夫君无力掌权，马上将所有的朝政压在她的肩上，《契丹国志》记载："燕燕皇后，以女主临朝，国事一决其手。大诛罚、大征讨，蕃汉诸臣集众共议，皇后裁决，报之帝知而已。"她的皇后生涯是非常艰难的。

她当皇后十三年，辽景宗即去世。

乾亨四年（982）九月，景宗去世，年三十五，遗诏"军国大事听皇后命"。

萧燕燕尊为皇太后，年仅虚岁三十，摄国政。萧太后泣曰："母寡子弱，族属雄强，边防未靖，奈何？"耶律斜轸、韩德让进言："信任臣等，何虑之有！"于是，萧太后与斜轸、德让参决大政。次年，萧燕燕的儿子耶律隆绪（契丹名文殊奴）即位，为圣宗，改年号为统和，尊萧后为"承天皇太后"。圣宗年方十二（古人多以虚岁计算，此时实足才11岁），少不更事，皇太后临朝称制。

辉煌的戎马生涯

萧太后执政才三年，宋太宗听信雄州知州贺令图等的进言，认为辽圣宗年幼和萧太后专政，孤儿寡妇好欺，于北宋雍熙三年，即辽统和四年（986）正月，派三路大军北攻辽国，志在收复燕云十六州。东路由曹彬率领，西路由潘美、杨业率领，中路由田重进率领。

战争的第一阶段，宋军西路与中路大获全胜，攻城略地，一路挺进。萧太后与辽圣宗（时仅实足14岁）母子亲至南京（今北京一带）督战。

第二阶段，东路曹彬所率宋军，违背宋太宗原定计划，即必须在西路和中路获胜之后，与东路军会师并围攻幽州的步骤，进军过快，结果于占领涿州后，因粮草不继，大败而退。

曹彬（931—999），字国华，北宋真定灵寿（今属河北）人。

后周时，直隶世宗帐下，从镇澶渊。入宋后，于乾德元年（963），以败契丹、北汉军功，改迁神武将军，兼枢密承旨。次年（964），攻后蜀，任都监，取峡中郡县，军纪严明，受到褒奖。

曹彬是常胜将军，他于乾德末、开宝初（967、968），两次从征北汉。开宝七年（974），统兵攻南唐，在采石矶作浮梁，渡长江。次年（975），围金陵，灭南唐。还军后，拜枢密使、检校太尉、忠武军节度使。太宗即位，加平章事。太平兴国四年（979），辅佐太宗决策攻灭北汉。

可是在雍熙三年（986）攻辽时，他任幽州道行营前军马步水陆都部署，连破固安、涿州，最后竟为辽耶律休哥所败，退至岐沟关（今河北涿州西南），兵溃，惨败。

关于此战之败，明·陈邦瞻《宋氏纪事本末·卷十三契丹和战》的叙述最为简明扼要：

> 五月庚午，曹彬引兵退，与契丹耶律休哥战于岐沟，败绩。

> （起初，曹）彬等乘胜而前，所至克捷。每捷奏闻，帝讶其进兵之速。彬既次涿，契丹南京留守耶律休哥兵少，不敢出战，夜则令轻骑掠其单弱，以胁余众，昼则以精锐张其势，又设伏林莽，以绝粮道。彬居涿旬日，食尽，退师雄州，以援馈饷（《宋史列传》卷十七作"饷馈"）。

> （曹）彬部下诸将闻（潘）美、（田）重进累捷，耻握重兵不能有所攻取，谋议蜂起。彬不得已，乃裹粮与米信复趋涿州。休哥闻之，以轻兵来薄，伺蓐食则击离

伍单出者。且战且却，由是军士自救不暇，结方阵，堑（qiàn，挖掘）地两边而行。时方炎暑，军渴乏井，漉（lù，过滤）淖（nào，泥，泥沼）而饮，凡四日，始得至涿，士卒困乏，粮又将尽。会契丹主隆绪与其太后自驼罗口将大兵应援，趋涿州，彬、信复引退。休哥因出兵蹑之，战于岐沟关。彬、信败走，无复行伍，夜渡拒马河，休哥引精兵追及，溺者不可胜计。彬、信南趋易州，方濒沙河而爨，闻休哥引兵复至，惊溃，死者过半，沙河为之不流，弃戈甲如丘山。

东路曹彬率军冒进，敌方兵少，坚守不出，曹彬因缺粮，无功而退；接着，因闻说西路和中路多次获胜，曹彬军为争功抢功而再次冒进，又因粮尽而退，这次敌方援兵云集，守军以逸待劳，出兵跟踪追击，宋军大败。宋太宗遂令三路宋兵全线撤归。可是西路宋军未及撤退，被辽军重兵包围。八月，潘美与耶律斜轸大战于飞狐口，大败而退守代州。西路军主帅潘美和监军王侁（shēn）拒绝名将杨业的合理战略，杨业在不利的条件下受潘美之逼，再战辽兵，退兵陈家谷口时，潘美背信弃义，未按原定计划在此接应，已先期撤走，杨业因兵尽马伤而被俘：

（杨）业且战且行，自午至暮，果至谷口，望见无人，拊膺大恸，再率麾下力战，身被数十创，士卒殆尽，犹手刃数十百人，马重伤不能进，匿深林中。耶律奚底望见袍影，射之，业堕马被擒，其子延玉死焉。业因叹息曰：

"上遇我厚，期讨贼捍边以报，而反为奸臣所迫，致王师败绩，何面目求活耶！"乃不食三日死。业既败，麾下尚余百余人，业谓曰："汝等各有父母妻子，与我俱死，无益也，可走还报天子。"众感激，皆战死，无一生还者。于是云、应、朔州及诸臣将吏闻业死，悉弃城走，斜轸（辽将名）复陷其地。事闻，帝深痛惜，诏赠业太尉，削（潘）美三任，除王（侁）名。

杨业（？－986），北宋麟州（今陕西神木西北）人，初名重贵，又名继业。世为麟州土豪。善骑射，弱冠事北汉刘崇，为保卫指挥使，以骁勇闻。赐姓刘，累迁建雄军节度使，守卫北方，屡立战功，号称"无敌"。

北汉亡，归宋，复姓杨，为右领军卫大将军、郑州防御使，迁知代州，兼三交驻泊兵马都部署，败契丹军，以功迁云州观察使、判郑州，知代州，威镇边境，颇受信用。

雍熙三年（986）北征，为云、应路行营副都部署，拔云、应、寰、朔四州。以曹彬军败退，回代州。不久，奉命护送四州民内迁，遇契丹大军，建议设伏固守，以保全民众，主将潘美和监军王侁等不从，迫令出战，虽自知寡不敌众，犹力战至暮，退至陈家谷，诸将不守约，离谷，遂失援，重伤被擒，不食三日而死。

一般认为杨业被俘，绝食三日而死，其失败原因在于主帅潘美、监军王侁迫其出战而后又违约撤军所致。近年学术界则有新的见解，陕西师范大学李裕民考察了宋方和辽方记载的差异，认为杨业遭受箭伤较重不能进食三日而死，较接近事实；他同时考证出杨业死亡的具体时间：雍熙三年七月六日（或七日）被擒，九日（或十日）不食而死。关于杨业悲剧的成因，暨南大学张其凡引用宋人张咏《张乖崖集》卷二《赠刘吉》诗的一则注文，并参照《宋太宗实录》的记载，认为陷害杨业致其被俘身死的最主要责任应由监军侯莫、陈利用来承担。中国宋史研究会会长邓小南认为杨业死因的背后是"并出疏外"。此外还有学者提出，杨家将悲剧的发生与宋王朝的"恐武症"以及所实行的监军体制等因素有着较为密切的关系（《杨业之死及其悲剧成因》，《光明日报》2008 年 2 月 21 日）。

任继愈说：有一次我跟邓广铭先生聊天，谈到杨家将。宋太宗跟辽国打仗，宋军和辽军的主力部队在正面对峙，派杨家将从后路包抄，乘虚突击，节节胜利，捷报频传。宋军正面部队的将军着急了，担心功劳被抢走，于是就进行决战，结果宋军大败，辽军大胜，宋太宗腿上还中了一箭，坐着驴车逃走了。在正面作战胜利后，辽国军队回头包围杨家将，致使杨家将全军覆没（《点校本"二十四史"及〈清史稿〉修订工程专家论证会在京举行》，《古籍整理出版情况简报》2006 年第 4 期）。

潘美（925—991），北宋大名（治今河北大名东）人，字仲询。从后周世宗征高平，以功迁西上阁门副使。入宋，以行营都监从太祖平李重进。开宝三年（970），率军连克岭南诸州。次年，直达广州，平南汉。八年（975），败南唐水陆十万众于金陵城下。太平兴国四年（979）平北汉，继征范阳。及班师，命留兼三交都部署，屯兵积粮，以御契丹。雍熙三年（986），宋大举进攻，为云、应、朔等州都部署，出雁门。

因指挥失当，名将杨业陷敌战死，削秩。后加同平章事。

潘美因此战尤其是陷杨业于死地而名声大坏，丑名流传至今。而杨业则虽死犹荣，其事迹被后世演为"杨家将"故事，名扬青史，家喻户晓。历史上的杨业为将勇而有谋，与士卒同甘苦，为政简易，郡民爱之，深得史家好评。

其子杨延昭（958—1014），太平兴国中以荫补供奉官。父死，擢崇仪副使，知景州。历任保州缘边都巡检使、宁边军部署等职，防守北边，屡败契丹。景德二年（1005），徙高阳关副都部署。官至英州防御使。为人沉默寡言，不问家事，而智勇善战，号令严明，与士卒同甘苦，身先士卒而推功于下，故人乐为之用。守边二十余年，契丹畏服，呼为"杨六郎"，也深得史家好评。

总之，这一仗，宋朝君臣原想乘辽帝刚死，孤儿寡母，政权不稳，就先发制人，试图一举击溃辽国，收复前朝的失地。而宋军拥有如曹彬、杨业、潘美这样的名将多人，优势是明显的。而且，大战初期，宋军获胜。萧太后面对强敌和身处劣势，勇敢坚定，沉着冷静，指挥若定，终于战胜了宋太宗及其手下的曹彬、杨业和潘美三大名将，并俘虏杨业，取得了辉煌的军事胜利，一举奠定了辽强宋弱的百余年局面。这次大战后，辽国声威大增。

辽统和二十二年（1004），萧太后以收复瓦桥关为名，带领其子辽圣宗，亲率大军，号称二十万，南下攻宋。辽军避实就虚，一路所向披靡，直至澶州（今河南濮阳南），兵锋直逼宋之京城汴梁（今河南开封）。宋真宗赵恒在寇準等大臣的力劝之下，北上亲征，极大地鼓舞了前线将士的士气，又因开战伊始，宋军就射杀了辽国大将，使辽军遭到重创，兼之辽军深入宋地，背面极易受敌，萧太后决定及时议和罢兵。双方签订了历史上有名的"澶（chán）渊之盟"。（澶渊，古大泽名，又名繁渊，故址在今河南濮阳县西。）辽国还是得到极大的战果：宋朝每年给辽国绢二十万匹，银十万两，双方各守疆界。辽圣宗耶律隆绪和宋真宗赵恒约为兄弟，宋真宗赵恒尊辽国承天后为叔母。

尽管萧太后此战在军事上并无很大收获，但因她们母子敢于深入宋境，对真宗形成很大威慑，在气势上压倒宋朝，真宗恐惧，只求速和，萧太后在得到极大的经济收获之后，才以胜者的姿态退兵。此战进一步决定了辽强宋弱的不可逆转的形势，并创造了弱者以钱帛赔偿来求和的模式。

从此，辽宋结束了战争状态，形成对峙局面，保持和平，直至金国灭辽。

自商朝国王武丁的妻子妇好之后，皇后或太后亲临前线领兵打仗并能取得胜利的，全付阙如，直到辽朝先后有述律后和萧太后两人，此后也无此类事迹。其中萧燕燕是中国和世界历史上唯一著名的亲自上阵指挥战争并取得辉煌或重大胜利的皇后、太后或者说女性统帅。以上两次大战，她分别时年三十四岁和五十二岁。

尽职的母亲

辽圣宗即位后，改元统和。统和元年（983），改国号为契丹。直至辽道宗咸雍二年（1066），才复号大辽。为方便叙述，一般史书依旧统称为辽国或辽朝。辽圣宗在位四十九年，前二十七年由萧太后执政，统和二十七年（1009），萧太后逝世后才始亲政。

萧太后在他幼龄为帝之时，为确保他的皇位而殚精竭虑；为他保驾护航而做了一系列的大事：竭力打退强敌宋朝的强劲攻势，赢得战争的胜利，奠定辽强宋弱的大局；带领他南下攻宋，不仅亲临前线指挥，甚至亲自击鼓，迫使签订澶渊之盟，获得岁币绢银合计三十万匹两（银十万两，绢二十万匹）的长年收入；在稳定政局的同时，大力发展经济，当她用完最后一丝力气，告别人世，向他移交权力时，她的全身心的努力，已使辽国达到鼎盛状态，成为当时最强盛的国家。她交给儿子的是一个政治清明、经济发达、文化发展、国力强盛的辽国。萧太后完全是一个无可挑剔的尽职的母亲。在她的精心培养下，她的儿子辽圣宗成为一个优秀的皇帝，这更反证她是一个尽职的母亲。

萧太后逝世，辽圣宗亲政后即修订法律，释免奴隶。设置二十四部，招燕蓟汉人良工建中京城（在今内蒙古宁城西）。西败鞑靼（dá dá），逼令甘州（今甘肃张掖）和西州回鹘（hú）来贡。东攻朝鲜，后又许和。辽圣宗在位的四十九年，是辽代的中兴和全盛时期。这都是缘于萧太后为他打下了深厚的基础，《辽史·后妃传》称颂"圣宗称辽盛主，后教训为多"。

完美的情人

韩德让（941—1011），辽蓟州玉田（今属河北）人。是韩知古孙，西南招讨使韩匡嗣之子。

其祖父韩知古为辽国开国皇帝耶律阿保机的佐命功臣

之一，从辽太祖阿保机攻渤海，有功，任中书令。

其父韩匡嗣（？－982），以善医侍太祖（阿保机）及述律皇后，后视之犹子。景宗即位后，为上京留守，后改南京留守，封燕王。他是医生带兵，故而治军平庸，乾亨元年（979），宋军灭北汉后，乘胜移师来攻，匡嗣败绩。宋军围攻南京（今北京），辽发大兵来援，大败宋军，解南京围，他乘胜攻宋，被任为都统。旋即又大败于满城（今属河北），弃旗鼓狼狈而逃。降封秦王，遥授晋昌军节度使。乾亨三年（981），为西南面招讨使。

德让与其父不同，卓有才华，善战，"重厚有智略，明治体，喜建功立事"。在景宗时，因处事谨慎，深得信任和重用，直至代父镇守南京。宋军攻取河东，入侵燕州，诸军败归，宋军围城，辽兵已军心散乱，人怀降志，德让登城，日夜守御，坚守至援兵到达，终于解围。乾亨元年（979）高梁河一战，宋军败走，德让带兵邀击，再破宋兵。因功升迁为辽兴军节度使、南院枢密使。

景宗病危时，德让与耶律斜轸俱受顾命，立梁王耶律隆绪为帝，皇后为皇太后，称制。德让总领皇宫的守卫重任，太后就愈益宠任德让。当萧太后流泪哭诉"母寡子弱，族属雄强，边防未靖，奈何？"韩德让联合另两位重臣表示了最坚定和最坚决的支持，极大地鼓舞了萧燕燕的信心。

早在青年时代，韩德让原本是萧燕燕的情人，曾经订有婚约。两人正好相差十二岁，一个是窈窕淑女，一个是翩翩佳公子，本是天造地设的佳配。可惜因皇家势力的横刀夺爱，萧燕燕十七岁被应召入宫，他们的爱情被活活拆散。

景宗死时，萧太后燕燕年方三十岁，正是风华正茂，仪态万方，魅力甚至超过少女的年龄。韩德让年过四十，也正是男性才华四射，精力旺盛，富有成熟风采的年华。

萧燕燕对旧情人韩德让说："吾尝许嫁子（"你"的尊称），愿谐旧好，则幼子当国，亦汝（你的）子也。"（路振《乘轺[yáo，古代轻小便捷的马车]录》）妙哉燕燕！她以北国女子的豪放、坦率、大胆却又温柔、甜蜜、绵长的情意，向韩德让主动频频射出丘比特之箭，不由韩德让不动心。经过一番灵与肉的重新磨合，两人如胶似漆，如影随形，从此居同帷幕，出猎同穹庐。按契丹的习俗，寡妇可以再嫁，他俩的同居无人非议。萧太后专宠德让一人，并无其他情人，这点令人欣赏；但她为了捏住和专宠韩德让，竟把韩德让的发妻李氏毒死，这又理应受到谴责。

萧太后和韩德让在豆蔻年华即有婚约，被迫分手长达十五年，现在竟能意外地重温鸳梦，倒也是千古奇缘。两人当然更其珍惜这份难得的情意。而韩德让的表现也的确没有辜负萧燕燕对他的期望和信任。

统和四年（986），宋朝派遣曹彬、米信率领十万兵士北侵时，德让随太后出师，击败宋军。还师后，与北府宰相室昉共执国政。

统和六年，太后观看击鞠，胡里室突然撞击德让，使他从马上坠下，太后怀疑他是故意侮辱韩德让，命令立即将胡里室处斩，以儆效尤，免得以后再有人对德让不敬。

统和十二年（994），德让升任北府宰相，并仍任枢密使，监修国史。十七年（999）耶律斜轸去世，他又兼北院枢密使。

十九年（1001），赐名德昌，拜大丞相，晋爵为齐王。

统和二十二年（1004），随从太后南征，到达黄河边，直至与宋议和，签订"澶渊之盟"后才返回。改封晋王，赐姓耶律。次年（1005），隶皇族横帐，位在亲王之上。统和二十八年（1010），又赐名隆运，故史称耶律隆运。统和二十九年（1011）病故。依辽帝后诸斡鲁朵例，建文忠王府。

《辽史·耶律隆运传》最后评论说："德让在统和间，位兼将相，其克敌制胜，进贤辅国，功业茂矣。至赐姓名，王齐、晋，抑有宠于太后而致然欤？"

韩德让在萧太后去世两年后才离世，这意味着他陪伴萧太后度过了整个太后生涯，他们俩终身形影不离，亲密无间，是一对无可挑剔的情人。对萧太后来说，这位情人在她临朝执政的全过程中，都有力地给予辅佐和指点。他们一起度过最初的保权的惊涛骇浪阶段，此后波澜壮阔的激烈的战争岁月，乃至长期的繁忙复杂的治理国家的年代，这位贴心的情人与她一路同舟共济，直至送她归西。于萧太后而言，韩德让既是优秀的生活伴侣，又是军政大事的优秀指导者和合作者，正堪称一个完美的情人。

萧太后和韩德让两人年龄相差十二岁，他们两情缱绻（qiǎn quǎn，情意深厚，缠绵），伉俪情深，是完美爱情的典范。我在论述《西厢记》中张生和莺莺的爱情时指出：此戏写出张崔之恋超越一见钟情的模式，经过心灵的激烈碰撞，开始上升到才貌双全的青年男女在知音互赏的基础上走上爱恋的长途，在中国和世界文学史上做出首创性的巨大艺术贡献。他们的爱情"超越一见钟情的阶段，结合爱情受到严峻考验的描写，作者让张、崔的才华，在高智商的心灵碰撞中，不断冒出新的爱情火花，从而增进了了解，知音互赏，极大地推动了爱情的发展；又超越生理性的性爱，达到灵与肉的结合，展示知识的力量、艺术的力量，达到更高层次的爱。"（《六十种曲》第9册，《西厢记评注》第372、619页，吉林人民出版社，2001）而萧、韩便是在生活中出现的此类典范，是历史人物中、政治家和军事家之间的知音互赏式爱情的典范。

对辽朝和中国的杰出贡献

萧太后从皇后时期到临朝称制的太后时期，共成功执掌辽朝大权达二十七年之久。

萧太后两次指挥重大战争，在中国和世界历史上创造了女性统帅一国军队和指挥大型战争的唯一辉煌成果。她的战绩，体现了中国古代女性的巾帼风采。

萧太后执政后，实施一系列重大的政治改革。

首先，在政治上重用汉人，积极推行汉化政策。她通过建立科举制度，吸收有才干的汉人做官。

其次，整顿吏治。诏谕三京各级官员秉公办事，不得阿顺曲从。认真执行以政绩作为考核和升降官吏的标准。

第三，在经济上，改革和推行赋税制，释放奴隶，发展农业生产，保护商业，大力促进辽国从奴隶制向封建制的转化。

第四，修订法律，废除歧视汉族、不平等的法律。圣宗统和十二年（994），萧太后改革法律，下诏："契丹人犯十

恶（十恶:指谋反、谋大逆、谋叛、恶逆、不道、大不敬、不孝、不睦、不义、内乱十罪）者，亦断以律。"（《辽史·刑法志》）

第五，在外交上，实施远交近攻策略，拉拢西夏，联合西夏共同对付宋朝。

萧太后在临朝称制期间，最重要和最成功的政治措施是重用汉人和积极推行汉化政策。本书做这个评价，不是"大汉族主义"的观点，而是出于历史的真实和公正。史实证明，汉族当时的文化最先进，所以推行汉化和重用汉族的优秀人才，就能以最快的速度在政治制度、经济发展和军事实力诸方面赶上当时的先进水平或处于领先地位，极大地增强了辽朝的综合国力，文化也发展得很快。所以，辽朝在统治中国北方期间，文化和经济繁荣，人民安居乐业；被金国消灭后，有了汉化基础的契丹族的大部很快便和汉族彻底同化，完成了民族的交融和融合，为中华民族人种的发展和进一步优化，做出重要贡献。因为，根据现代生物学的同化和异化原理证实，不同种族的交融（异化）能够优化人种。契丹和汉族融合的这个情况和20世纪初清朝灭亡后的满族和汉族迅速彻底融合相似，是值得高度肯定的。

辽宋澶渊之盟之后，两国保持和平的形势，也创造了中国古代汉族和异族和睦相处的一种模式。辽国在萧太后执政之后，国力渐盛，在经济、军事实力和地域扩张诸方面，都和宋朝势均力敌，直至军事上处于领先地位。

辽圣宗统和二十七年（1009），萧太后逝世，享年五十七岁。四十三年后，辽重熙二十一年（1052），更谥（shì，给予表彰的称号）"睿智皇后"。《辽史·后妃传》赞颂她"明达治道，闻善必从，故群臣咸竭其忠。习知军政，澶渊之役，亲御戎车，指麾三军，赏罚信明，将士用命。圣宗称辽盛主，后教训为多"。古今史家都认为此乃确评。

文学名著中的辽宋之战

描写辽宋之战的文学名著，主要都是从杨家将的角度展开情节的。杨业祖孙三代抗辽保宋的史实，最早见于《宋史·杨业传》。杨家将的故事在北宋当代即在民间广泛流传，后渐见于文字。今仅存南宋话本《杨令公》《五郎为僧》等书目（《醉翁谈录》载目）。曲艺和戏曲有金代院本《打王枢密爨》（《南村辍耕录》载目）、元杂剧《昊天塔孟良埋骨》《谢金吾诈诉清风府》（皆为《元曲选》收录），明杂剧有《八大王开诏救忠臣》《杨六郎调兵破天阵》《焦广赞活拿萧天佑》（均见《脉望观钞校本古今杂剧》），明传奇有施凤来《三关记》、姚子翼《祥麟现》（《曲海总目提要》介绍）等。

明代出现《杨家将演义》之类的小说，如万历刻本《新刻全像杨家府世代忠勇演义志传》等。

传说中的"杨门女将"的为首人物是"杨老令公"杨业之妻"杨老令婆"佘太君。她曾经百岁出征，率领杨家女子十二人远征北方强敌，取得辉煌的胜利，此即"十二寡妇西征"的故事。

佘太君在历史上的真实人物是折太君。清梁绍壬《两般秋雨盦（同"庵"）斋随笔》卷八《佘太君》条，说："小说称杨老令婆曰'佘太君'不知何本。按毕尚书沅《关中金石记》云'杨业妻，乃折德扆之女，世以为折太君'。"

清代大学者毕沅《关中金石记》中的《折克行神道碑》，康基田《晋乘搜略》卷二十转录《山西通志》都说"宝德州南四十里折窝村有折太君墓，即杨业妻，折德扆女也"。

晚清大学者李慈铭《荀爽斋日记》进一步说明：

> （杨）业娶府州永安军节度使折德扆女。今山西宝德州折窝村有大中祥符三年折太君碑，即业妻也。西北人读"折"音如"蛇"，故稗官（即小说）家作"佘太君"，以折窝村为社家村，又附会为"蛇太君"，委蜕不死。

清代康基田《晋乘蒐略》记载折太君的事迹说：

> 乡里世传，折太君善骑射，婢仆技勇过于所部，用兵克敌如蕲王夫人（指韩世忠的夫人梁红玉）之亲援桴（fú，鼓槌，用鼓槌敲击）鼓然。

说她用兵克敌，犹如大败金兀术的抗金名将（蕲王）韩世忠的夫人梁红玉亲自击鼓，为丈夫杀败金军助威一样。另外，因有"婢仆技勇过于所部"一语，所以京剧根据民间传说而描绘了烧火丫头杨排风武艺和勇力过人，上阵杀敌的情节。

光绪《岢岚县志》"杨业妻折氏"说：

> （杨）业，初名刘继业，仕北汉，任犍为节度使，娶折德扆女。后归宋，赐姓杨。折性敏慧，尝佐业（辅

佐杨业）立战功，号"杨无敌"。后业战死于陈家谷，潘
美、王侁（shēn）畏罪，欲掩其事，折上疏辩夫力战获
死之由，遂削二人爵，除名为民。

记载折太君向皇帝上疏，辩解丈夫力战而死是因潘美
和王侁的缘由，使畏罪而尽力掩盖此事的潘、王两人被削
职为民。《宝德州志》卷八《人物·烈女》也记载：

　　折太君，宋永安军节度使折德扆女，代州刺史杨
业妻。性警敏，尝佐业立战功。后太平兴国十年，契丹
入寇，业进兵击之，转战至陈家谷口，以无援兵，力屈
被擒，与其子延玉偕死焉。太君上书陈夫战没，由王侁
违制争功。上深痛惜，诏赠业太尉，除王侁名。

除同样记载上书为杨业申辩外，也强调她帮助杨业建
立战功，说明她也英勇善战。

杨门女将的另一位中心人物是穆桂英，她是佘太君孙
子杨宗保的妻子。宋代大文学家欧阳修《杨琪墓志》："杨
琪初娶穆容氏，又娶李氏。"杨琪是杨文广的堂兄。王国维
在清华国学研究所的学生、来自山西的卫聚贤先生《杨家
将及其考证》认为穆桂英的"穆"姓，是"慕容"两字的
音转，欧阳修所说的"穆容"即"慕容"。慕容氏是鲜卑族
的贵族，久有尚武之风。翦伯赞先生《杨家将故事与杨业
父子》认为，杨琪既与穆容氏联姻，杨文广娶穆容氏为妻，
自然也是可能的。

关于穆桂英的家乡，《宝德州志》说是穆塔村（或作"慕塔村"）。但也有其他传说，如河北易县的穆柯寨，但北京密云和顺义也有穆柯寨，也传说是她的家乡。

小说《杨家将演义》又名《杨家府演义》《杨家通俗演义》，目前见到的最早的版本是明万历三十四年（1606）卧松阁刊本，有图。正文题名：杨家府世代忠勇演义志传，内封题《杨家将演义》。清代皆据此本翻刻。至同治元年刊本和光绪八年重修本改名《杨家将》。小说的情节为：

宋太祖赵匡胤登基后征伐北汉，被北汉名将杨老令公即杨继业所败。太祖死后，太宗即位，又征北汉，兵围太原，北汉主降，杨继业不降。北汉降主谕杨继业归宋，他与宋太宗约法三章后才降。

宋太宗到五台山降香还愿，辽邦萧后将宋朝君臣围困于幽州。杨继业父子护驾突围，杨家将损伤惨重：大郎渊平射死辽国天庆王后战死；二郎延光被射落马下，遭践踏而亡；三郎延庆被乱剑砍杀；四郎延朗假扮宋王诱敌，被俘；五郎延德失踪。太宗归朝，敕建无佞府，以赐杨门。

辽兵南下攻宋，太宗任命潘美为统帅，杨继业为先锋，迎战辽军。潘美因攻北汉时曾为杨继业所败，蓄意公报私仇，在陈家谷血战时，违约撤兵，使杨继业父子缺乏接应，陷入敌兵重围而无法脱身。杨七郎延嗣突围搬兵，潘美将他捆绑后射杀。杨继业兵尽力竭，在李陵庙碰碑自杀。杨六郎（延昭，因犯讳，太宗敕改名杨景）得五郎搭救，方知他已于五台山出家为僧。六郎回到汴京，闻杨府遭谗，阖家入狱，流落街头。后因私离军伍，被流放郑州一年。

太宗死，真宗即位，萧后乘宋朝新君刚立，率大军进犯。真宗准允寇準之奏，欲令六郎率兵当敌，但六郎隐匿于无佞府中不出。宋、辽于晋阳决战，宋兵将败之际，杨六郎与杨八姐、杨九妹突然杀出，获胜。真宗任命六郎为边境巡检，带领新收之岳胜、孟良和焦赞等部将，镇守三关。

孟良闻说杨老令公骸骨未归，私自化装后潜入辽国，于红羊洞盗得遗骨，又盗得辽国王宫之骗骟（良马名）而归，辽兵闻讯追击，进至澶州，六郎领兵迎战，被围于双龙谷。孟良急奔五台山，请来五郎，会同九妹，同去救应。五郎携头陀兵，兄妹杀入双龙谷，会合六郎，共破辽兵。辽国派至宋朝的奸细化名王钦，在宋朝为官，他与宠臣谢金吾合谋，欲加害六郎，为辽国消除这个心腹大患。谢金吾至无佞府寻衅，奏拆府前天波楼。六郎闻讯，与焦赞私下三关，回京探母，焦赞怒杀谢金吾，王钦将六郎和焦赞拿获，充军发配，并说服真宗定其死罪。寇準将死囚顶替六郎，六郎逃回无佞府隐匿。三关诸将以为六郎被杀，上太行山造反。

萧后在魏府铜台假造祥瑞，引得宋真宗君臣前来观景，即以重兵包围。八王至无佞府请动六郎，六郎重集三关旧部，击破辽兵，救驾将归，正遇八仙中的钟离权与吕洞宾争辩世事，吕洞宾负气助辽，携椿树精，排下天门阵，与宋兵为难。宋军中无人能识此阵，幸亏六郎之子杨宗保，得擎天圣母娘娘所授兵书，识破天门阵之破绽。王钦密告辽邦此况，辽军立即补全破绽，宋军又无法攻破此阵。危难间，钟离权获悉此情，下凡助宋。宋朝调动各路军马会战，五郎按兵不动，他欲得降龙木，才肯出战。杨宗保急至穆柯寨取此木，被寨主穆桂英擒获，两人于寨内成亲。杨宗保回营，六郎欲斩宗保，穆桂英率兵来救，她武艺高强，生擒六郎。后误会解除。宋军汇集后，大破天门阵。

王钦潜入辽邦献计，萧太后假意纳降，将重兵围困宋朝十大朝臣于飞虎谷。杨家五郎、六郎、八姐、九妹和宗保、桂英夫妇全体出动，领兵相救。失踪多年的四郎已为辽邦驸马，他化名木易，里应外合，大破辽兵于幽州。萧后见辽兵惨败，大势已去，自缢而死。

这就是文学作品中的辽宋之战。全书不仅在细节方面全是虚构，其结局更是浪漫主义的凭空想象，毫无史实的根据。其中交织着民间知识分子的爱国情结，作者是将此书作为当时的爱国主义教材来看待的，虽然违背史实，但其志可嘉。

七、南宋亡国太后谢道清和南宋灭亡的惨况

南宋的亡国太后谢道清

宋理宗皇后谢道清（1210—1283），南宋台州临海（《宋史》本传作天台，今皆属浙江）人。名臣谢深甫孙女。她是《宋史·后妃传》中唯一留下名字的皇后。于绍定三年（1230）九月晋贵妃，十二月册立为皇后。

其祖父谢深甫，字子肃。少颖悟，克志为学。乾道进士，调嵊县尉。历任青田知县、大理丞。光宗即位，为贺金国生辰使，除右正言、给事中，反对韩侂胄破格转官，杜绝侥幸。宁宗即位，知建康府，改御史中丞兼侍读，除签书

枢密院事。庆元二年（1196）迁参政知事，五年（1199）拜右丞相，封鲁国公。时人曾上书乞斩朱熹，绝道学。他斥为狂妄。后因孙女为理宗皇后，追封信王。

谢道清"生而鬒黑，瞖（'翳'的异体字，yì，眼睛角膜病变后遗留下的疤痕）一目。渠伯早卒，家产已破坏。后尝躬亲汲饪。"因父亲早死，家里穷得奴仆全无，她只好自己打水煮饭。早年祖父为丞相时曾经有援立杨太后之功，理宗即位后，杨太后命他选择谢氏少女为后。但谢氏宗族当时只有谢道清还没有嫁出去，兄弟们都积极地要将她送入宫中，但有一位叔伯长辈却认为不可："即奉诏纳女，当厚奉资装，异时不过一老宫婢，事奚益（有什么好处）？"老人的想法很实际，谢道清皮肤黑中带黄，一只眼睛还布满白膜，是个不讨人喜欢的丑女，看来到老只能做白头宫女，现在还要花费重金为她准备贵重的衣物，犯得着吗？当时正值元宵节，灯山上飞来喜鹊筑巢，众人都以为这是后妃的祥兆。老人见阻止不了此事，就供送她进京。紧接着，她的皮肤出了疹子，病好了后，竟然蜕皮，黑黄的皮肤全部脱去，新长的皮肤莹白如玉；医生又用药去除她眼睛中的白膜。入宫后，理宗要立美貌殊色的贾涉之女为后，杨太后坚持要立谢道清为皇后，认为她端重有福，左右近臣都支持太后，理宗就定她为后。但他专宠贾贵妃，贾贵妃死后，又厚宠阎妃。谢后都处之裕如，略不介怀，使杨太后深感她贤惠，也赢得宋理宗的敬重。

宋理宗（1205—1264），即赵昀（yún），初名与莒（jǔ）。宋太祖十世孙。嘉定十四年（1221）被选入宫，赐名贵诚，为沂王嗣子。十七年（1224）宁宗死，被丞相史弥远称遗旨拥立为帝，史称"霅（zhà）川之变"。

史弥远（1164—1233），字同叔。明州鄞县（今属浙江宁波）人。史浩子。史浩（1106—1194），字直翁。绍兴进士，调余姚尉。历任温州教授、太学正、国子博士、秘书省校书郎、宗正少卿。绍兴三十二年（1162），立建王赵昚（shèn）为皇太子，他除起居郎兼太子右庶子。孝宗即位，累官中书舍人、翰林学士、知制诰、参知政事。隆兴元年（1163），拜尚书右仆射、同中书门下平章事兼枢密使。曾申岳飞之冤。旋因反对张浚北伐，为御史王十朋所劾，罢绍兴知府。淳熙五年（1178），复为右丞相。寻以事求去，拜少傅，充醴泉观使。十年（1183），请老，除太保致仕。著有《尚书讲义》等。史弥远系名臣之子。他为淳熙进士，历任大理司直、枢密院编修官、提举浙西常平、起居郎等职。开禧二年（1206），上书反对韩侂胄对金用兵。次年（1207）为吏部侍郎、兼同修国史。在杨皇后的支持下，杀害韩侂胄，函首送金乞和，晋礼部尚书。嘉定元年（1208），拜右丞相，兼枢密使。曾恢复秦桧王爵、谥号，追复赵汝愚，追谥朱熹等。十七年（1224），宁宗死，拥立理宗，又独相九年，拜太师，专擅朝政。

绍定六年（1233），史弥远死，理宗始亲政，次年改元端平，故史称"端平更化"。

理宗在位期间，表章《四书》，崇奖理学，确立了理学的主流地位。

理宗此人非常倒霉。执政期间，先被权奸史弥远控制，后重用抗金名将贾涉之子贾似道，不想此人与其父正好相反，无德无才，极端腐败兼奸诈，理宗又被此人拖累。而理宗本人虽有抗敌复国之志，但缺乏雄才大略，是个平庸的皇帝。

理宗于端平元年（1234），与蒙古联合破蔡消灭金国。继而又谋复三京，遂与蒙古连兵，从此三边扰攘，殆无宁日。开庆元年（1259），蒙古兵围鄂州（今湖北武汉），中外震动。宰相贾似道秘密地向蒙古称臣纳贡而对朝廷则伪称胜利。此后贾似道擅权，朝政日坏，国势益危。

贾似道（1213—1275），字师宪，台州天台（今属浙江）人。贾涉子。

贾涉（？－1223），字济川。初任高邮（在今江苏西北部）尉，累迁知盱眙（xū yí，在今江苏西北部）。节制淮东忠义人兵，金人不敢窥淮东者达六七年。擢知置副使兼京东、河北节制。蕲（qí）州（今湖北蕲春北）为金人所围，他斩逃将徐晖，诸将镇服，俱用命。淮西军势大振。后患病，恰逢金兵大举南攻，他抱病视事，遣军击败金军。旋卒。贾涉本人是个抗敌英雄，不想他却生了一个误国殃民、遗臭万年的历史小丑。

作为抗金功臣和名将之子，贾似道与其父反其道而行之。他少时游博无行，因其姊为理宗宠妃，遂得赴廷对。淳祐中为京湖安抚制置大使，旋移镇两淮。开庆元年（1259），蒙古攻鄂州，领兵出援，私向忽必烈称臣纳币，北兵引还，诈称大捷。以右丞相入朝，逐吴潜，行"公田""推排"诸法，民多破家。

接着理宗死，南宋进入度宗时代。

宋度宗（1240—1274），即赵禥（qí）。理宗弟，嗣荣王赵与芮之子，因理宗无子，入为嗣。继理宗为帝，1264—1274年在位。即位时，他已二十五岁，其母即谢太后五十五岁。度宗继位后耽于酒色。权臣贾似道专制国命，他官封太师，平章军国重事，专恣日盛，朝政决于贾似道葛岭私宅中。此时，在朝政日坏之同时，边事日急。襄阳被围数年，贾似道隐匿军情不报，也不出援。咸淳九年（1273），襄阳为元兵攻陷，十年（1274）樊城陷没，遂至局势不可收拾。贾似道却于此时不得已而出师，以黄柑、荔枝赠元将伯颜，乞求如开庆之时的和约，伯颜不许。

此时度宗死，其子赵㬎（古"显"字）（1271—1323）即位，为宋恭帝，1274—1276年在位。他继位时年仅四岁，六十五岁的祖母谢太后临朝听政。时元兵破鄂，南宋朝廷诏天下勤王，响应者甚少。德祐元年（1275）春，贾似道被迫与元军作战，兵溃芜湖鲁港（今安徽芜湖西南），逃奔扬州。沿江诸郡守臣，或降或遁，朝士亦多借故逃走。旋将贾似道革职，贬徙婺州，为婺州人所逐，后安置循州，至漳州（今属福建）木棉庵，被监送者郑虎臣所杀。

南宋数次遣使向元军请和，均不见许，使臣柳岳曾向伯颜垂泣请求："太皇太后年高，嗣君幼冲，且在衰绖（dié，音迭；古代丧服中的麻带）中。自古礼不伐丧，望哀恕班师，敢不每年进奉修好。"伯颜回答："如欲我师不进，将效钱王纳土乎？李主出降（南唐李后主投降赵匡胤）乎？尔宋昔得天下于小儿之手，今亦失于小儿之手，盖天道也，不必多言。"（《元史·伯颜传》）伯颜的回答的确打中要害：当时赵匡胤兵逼吴越国献出国土，史称"吴越归地"；南唐李后主抵抗宋军失败后，宋军攻占金陵，被迫出降；尤其是赵匡胤身为后周高级将领，辜负周世宗的信任和重用，后周世宗刚死即欺负他留下的七岁小儿恭帝柴宗训，发动陈桥兵变，夺取政权，建立宋朝。现在元军兵临城下，正巧也是小儿为帝；更巧的是，后周被赵匡胤篡权时，为显德七年，赵㬎失国的年号是德祐，名字和年号如果掐头去尾正好也是后周失国时的年号"显德"。这可以说是历史上的因果报应。所以不仅伯颜这么说，后人也曾有诗说："当年陈桥驿里时，欺他寡妇与孤儿。谁知三百余年后，寡母孤儿亦被欺。"

德祐二年正月，奉表降元。三月，元军入临安。五月，南宋皇室被执北去。

我们再看谢道清本人的表现。作为女性，她在理宗和儿子度宗执政时，都不能插手朝政，仅有一次：开庆初（1259），蒙古兵渡江，理宗议迁都，后谏不可，恐摇动民心，乃止。度宗立，尊为皇太后。恭帝即位，她被尊为太皇太后，此时她年老且疾，因恭帝年仅四岁，大臣屡请垂帘同听政，她不肯，强之乃许，执政共仅两年。时元军大举进攻，贾似道丧师，朝臣请正其罪，她曲容之，仅削其官。后不得已而贬之。贾似道自理宗时起用，中经度宗，到恭帝时，已是三朝元老，谢太后信任、重用他，固然有责任，但也不能全怪罪她。德祐二年（1276）正月，元军逼近临安，十八日她遣使上传国玺降。看来谢道清是亡国太后，尚不能说她是乱国太后，乱国的责任主要在她的丈夫理宗和儿子度宗身上。谢太后的投降亡国，主要是理宗、度宗父子造成的。理宗在位长达四十年之久,元朝人脱脱等撰的《宋史·理宗本纪》批评他"中年之后,殆于政事,权移奸臣",让"史弥远、丁大全、贾似道窃弄威福,与相始终。"《宋史·度宗本纪》再次批评"宋至理宗,疆宇日蹙,贾似道执国命。度宗继统,虽无大失德,而拱手权奸,衰敝浸（同"浸",渐渐）甚。"史称"度宗以来,内无贤相,外无良将,虽有忠良之臣,反摈弃不用,束手待毙"。(宋末元初·佚名《宋季三朝政要》)谢太后在其执政的两年中,也要负这个责任,但谢太后本人也有清醒的地方:在临朝听政后,"以兵兴费繁,痛自裁节",在向元兵请降的同时,将小皇帝的两个弟弟都封王,令其母带着他们出逃,寻求南宋复辟的机会。正月十七日,她以宋恭帝的名义,封赵昰为益王,出判福州,封赵昺为广王,出判泉州。当晚,在礼部侍郎陆秀夫、驸马都尉杨镇等人的护送下,由陆路经婺州（今浙江金华）逃往海边的温州。

南宋皇室灭亡、北迁的惨景

谢太后和全太后等尝到了亡国的苦果,她们不肯殉国,那么这个苦果再苦也要吞下去。汪元量《醉歌》诗描写当时投降的情景说:

淮襄州郡尽归降,鼙鼓喧天入古杭。国母已无心听政,书生空有泪成行。

六宫宫女泪涟涟,事知谁知不尽年。太后传宣许降国,伯颜丞相到帘前。

乱点连声杀六更，荧荧庭燎待天明。侍臣已写归降表，臣妾签名谢道清。

（乱点连声杀六更：因为恐慌，打更人乱打更点，一直打到六更才终于歇手停止。点，古时夜间的计时单位。一夜分五更，一更又分五点。杀，终止，收束。六更，宋宫中更漏较民间为短，宫中五更，民间才四更。宫中五更过后，梆鼓交作，始开宫门，俗称之六更。用"乱""杀"二字，恐怖之中隐含着幽默，真是妙句。）

最后这个名句，使谢太后的芳名流于后世。历代的皇后多没有名字，宋代更只有谢太后一人传名后世，就因为汪元量此诗记录她在降表上签上大名谢道清。

元军在响彻天宇的鼓声中（蒙古军队喜欢鼓声喧天地包围和进攻敌人）包围杭州，皇太后极度惊慌，无法听政，书生没有缚鸡之力，不能抗敌，只会落泪；还有深宫中的宫女自知命运叵测，也都吓得珠泪纷纷，瑟瑟发抖。皇宫中的众人度过了等待天明的不息的灯火陪伴的长夜，天亮时五更之后打起了六更；太皇太后宣布投降后，元朝的丞相伯颜来到她的帘前。

围攻临安的元军的这位统帅伯颜（1236—1295），蒙古八邻部人。曾随父晓古台跟从旭烈兀出征波斯。元世祖忽必烈至元元年（1264），受旭烈兀派遣，使大汗庭，得到忽必烈的赏识，留为侍臣。历任中书左丞相、同知枢密院事。十一年（1274），复为左丞相，行省荆湖，总帅襄阳兵攻宋。十二年（1275），攻占建康（今江苏南京）。接着分兵三路，进攻临安，次年（1276）正月十八日，宋幼主恭帝赵㬎出降。

十九日，伯颜即派董文炳、吕文焕、范文虎等人率轻骑至临安北关（今杭州艮山门一带）巡视，安抚城内外军民。次日，又发布禁令：禁止元军任何人进城，违者以军法论处，严禁杀掠和破坏。

二月十一日，忽必烈诏书到达临安伯颜处，给以详尽的指令："尔等各守职业，其勿妄生疑畏。凡归附前犯罪，悉从原免；公私逋（bū，拖欠）欠，不得征理。应抗拒王师及逃亡啸聚者，并赦其罪。百官有司、诸王邸第、三学、寺、监、秘省、史官及禁卫诸司，各宜安居。所在山林河泊，除巨木花果外，余物权免征税。秘书省图书，太常寺祭器、乐器、法服、乐工、卤簿、仪卫、宗正谱牒，天文地理图册，凡典故文字，并户口版籍，尽仰收拾。前代圣贤之后，高尚儒、医、僧、道、卜筮、通晓天文历数，并山林隐逸名士，仰所在官司，具以名闻。名山大川，寺观庙宇，并前代名人遗迹，不许拆毁。鳏寡孤独不能自存之人，量加赡给。"（《元史·世祖纪》）

伯颜不敢掉以轻心，认真地奉旨而行。他受降后立即派人进宫安抚太皇太后谢道清，并派兵严密保护南宋宫廷，接到诏书的当天，即派原宋廷的内侍官王埜（"野"的异体字）入宫，收缴宋廷的衮冕、圭璧、符玺等器物和账册、图籍、宝玩等重要物品，装箱上船，取海道运往大都。其他不能带走的留存物品，全都登记造册，妥加封存。

二月二十四日，忽必烈决定将宋室北迁，伯颜接旨后于三月二日进入临安，亲自落实和布置宋室的北迁。他先在万松坡驻地召集诸将颁布诏令，并作具体部署。

为确保路程安全，伯颜于三月十日先行到达瓜州（在扬州长江边的渡口），观察形势，严令阿术密切注视两淮宋军动向。

三月十二日，董文炳和阿塔海等领军入宫，宣读诏书，当晚即将宋恭帝赵㬎、皇太后全氏及其宫人、官员等七十余人押出城外，在北新桥上船。次日（三月十三日），载着宋室帝后、官员的船队离开临安北上。

《越州歌》二十首中的"东南半壁日昏昏，万骑临（挨着，靠近）轩（一种有围棚或帷幕的车）趣（cù，催促、督促）幼君。三十六宫（形容皇宫中众多的宫室，这里运用借代格的修辞手法，用地点指代人，指皇宫中所有的嫔妃、宫女）随辇（niǎn，天子的车子）去，不堪回首望吴云"；（大批的蒙古骑兵紧围着南宋的幼年皇帝的车子，逼着他赶快离宫出发。宫中所有的女子跟随幼帝的车子而去。当时东南的半壁天空日色惨淡，他们在离开时痛苦不堪地回头看着吴地的天空之云。）"一阵西风满地烟，千军万马浙江边。官司把断西兴渡，要夺渔船作战船"等，尤其是百姓遭殃，钱塘江边千军万马，霸住渡口，要夺渔船，去当战船，细腻描绘亡国之痛，长歌当哭。

汪元量《北征》诗描写船队出发时的凄惨场面说：

> 三宫锦帆张，粉阵吹鸾笙。遗泯（同"民"）拜路旁，
> 号哭皆失声。（《增订湖山类稿》卷二）

装载着南宋皇宫人员（大量宫娥和嫔妃）的船上，色彩鲜明、由美丽豪华丝绸织就的船帆迎风张挂，穿着白衣的整齐排列的乐队，吹起鸾笙（笙的美称，鸾，凤鸟。笙，簧管乐器，历

史悠久，能奏和声），飘出悲凉凄惨的送别曲。围观即将离杭北上的三宫（太皇太后谢太后、全太后和宋恭帝）及其官员、宫女队列到达和上船的全过程，身为大宋遗民的众多百姓，纷纷在路旁跪拜送别，万众痛哭的号哭声从响亮高耸，声震长空，直到转为悲极气噎，哭不成声。

此诗用平易如画的语言，描绘出极其凄苦悲惨的亡国场面。

但是另一批百姓在元军占领杭州后，则另有一种表现。元代著名画家、诗人倪瓒《西湖竹枝词》说：

阿翁闻说国兴亡，记得钱王与岳王。日暮狂风吹柳折，满湖烟雨绿茫茫。

辫发女儿住湖边，能唱胡歌舞踏筵。罗绮熏香回纥语，白毡蒙头如白烟。

第一首说：上一代的长辈还传闻和谈论国家的兴亡，牢记和传颂吴越国的钱王和宋朝抗金名将岳飞的事迹。第二首说：而下一代梳着蒙古式样的辫子的少女，头上盖着蒙古人的白色的羊毛毡，穿着熏过香的丝绸服装，讲着回纥（hé）或蒙古话，能唱胡歌、跳胡舞（舞踏筵，以脚踏地为节拍，当宴歌舞。蒙古人喝酒，她们跳舞表演）。

钱基博（钱锺书父亲）的名著《中国文学史》评论说：遗民之恫（tōng，哀痛，呻吟），以戏谑出之；盖讽元兵下杭州，而西湖女儿胡歌胡语，胡装胡舞以得盼睐荐陈（西湖的美女穿着蒙古的服装、讲着蒙古话，向元军进献和展示自己的美妙的蒙古歌舞，盼望蒙古人能喜欢自己）为幸（以此感到幸运和光彩）也。女儿不学采桑，冶容海淫，唱新声而蒙白毡，不羞自身之服妖（不因自己穿着蒙古人怪异的服装为羞耻），而怪爷娘之语蛮（反而责怪父母讲的宋朝杭州话是野蛮语，不及蒙古话正宗），憨态可掬；与唐人司空图诗之"汉儿尽作胡儿语，却向城头骂汉人"，同一哭不得而笑。谈笑而道，沉哀在心，何异谢翱之慷慨悲歌也（这样的诗歌用笑谈方式表达，将无比的沉痛埋在心中，与谢翱的爱国诗歌没有区别，异曲而同工）！斯诚西子之不洁，而贻（yí，赠送、遗留）湖山以蒙羞（蒙受耻辱）者已（这真是西湖的肮脏，给湖光山色留下了羞耻）。《云汉》之诗曰："周余黎民，靡有孑遗"（周地余下那些百姓，现在几乎一无所剩。）；非无孑遗也，遗民而犬戎化也（不是没有留存百姓，而是百姓不再是华夏的传统了，他们已经蒙古化了），耗矣哀哉（这是亡国亡种的噩耗，悲哀啊）！（钱基博《中国文学史》下册，中华书局，1993，第842页）

当时宋帝赵㬎才六岁，幸有其母全太后同行。

这队人众路经瓜州时，李庭芝、姜才等人果然率四万兵力，截夺两宫，元军早有戒备，所以没有成功。

钱锺书对于汪元量记载南宋君臣的北国生活的诗歌是非常赞赏的，所以他抄录《水云集·湖州歌九十八首》中的诗歌多达二十一首，都是具体细腻描绘亡国宫室北上路途的情景和到达北地的生活状况：

　　"丙子正月十有三，挝鞞伐鼓下江南。皋亭山上青烟起，宰执相看似醉酣。一"

"万马如云在外间，玉阶仙仗罢趋班。三宫北面议定，遣使皋亭慰伯颜。二"

"殿上群臣默不言，伯颜丞相趣降笺。三宫共在珠帘下，万骑虬须绕殿前。三"

"谢了天恩出内门，驾前喝道上将军。白旄黄钺分行立，一点猩红似储君。四"

"一舠吴山在眼中，楼台累累间青红。锦飐后夜烟江上，手抱琵琶忆故宫。五"

"太湖风起浪头高，锦柁摇摇坐不牢。靠着篷窗垂两目，船头船尾烂弓刀。十"

"晓来宫棹去如飞，掠削鬟云浅画眉。风雨凄凄能自遣，三三五五坐弹棋。十五"

"暮雨潇潇酒力微，江头杨柳正依依。宫娥抱膝船窗坐，红泪千行湿绣衣。十六"

"晓鬓鬅松懒不梳，忽听人说是南徐。手中明镜抛船上，半揭篷窗看打鱼。十七"

"官军两岸护龙舟，麦饭鱼羹进不休。宫女垂头空作恶，暗抛珠泪落船头。二十八"

王恽《秋涧大全集》卷七《吴娃行》即记至元十二年十月廿八日宋宫人次卫州唐津渡事：

"丞相催人急放舟，舟中儿女泪交流。淮南渐远波声小，犹见扬州望火楼。四十二"

"销金帐下忽天明，梦里无情亦有情。何处乱山可埋骨，暂时相对坐调笙。四十三"

"官人夜泊近人家，瞥见红榴三四丫。犹记初离行在所，玉阑无数牡丹花。四十四"

"锦帆百幅碍斜阳，遥望陵州里许长。车马争驰迎把盏，走来船上看花娘。五十八"

南宋亡国君臣在蒙古的生活状况和钱锺书的纠正

王国维此文说："南宋帝后北狩后事，《宋史》不详，惟汪水云《湖山类稿》颇可慨见，足补史乘之阙。"《宋史》未能详细记载南宋皇帝、后妃投降后被押至北方的情况，只有汪元量的诗歌予以记载，可以补充史书的不足。

经过四十多天的长途跋涉，宋室的全体皇家俘虏于闰三月二十四日到达大都（今北京）。应伯颜之令，二月八日起程的宋廷官员吴坚、家铉翁、刘岊（jié）等作为"祈请使"捧着赵㬎的降表觐见元世祖忽必烈，已先期到达，此时也出城迎接。四月中旬，他们继续北行，于月底到达上都（位于今内蒙古自治区锡林郭勒盟正蓝旗境内，多伦县西北闪电河畔）。

五月一日，在伯颜的主持下，南宋降元君臣向元朝太庙拜礼：恭帝、全后、福王和祈请使吴坚、家铉翁、刘岊等依次向元朝列祖列宗跪拜行礼，以示臣服。

五月二日，元世祖忽必烈在行宫接见投降的全体南宋君臣，并封宋恭帝赵㬎为开府仪同三司、检校大司徒、瀛国公。接着，忽必烈大摆"诈马宴"（诈马宴，即只孙宴。诈马，Jamah，原为波斯语，义为"衣"。蒙古、元朝宫廷及宗王斡耳朵设宴，因与

600

宴者着一色衣,故名;斡耳朵,又译斡里朵、兀鲁朵、窝里陀,意为"宫廷""宫帐"。蒙、元皇帝、皇后斡耳朵各有资产,私属人户,死后由亲族继承,领取岁赐,并有五户丝、江南户钞等收入。成吉思汗有四大斡耳朵,后由拖雷及其后裔晋王一系继承。元世祖忽必烈亦有四大斡耳朵。),庆祝天下归一和远人来朝。汪元量用诗歌记载"诈马宴"的景况说:

> 皇帝初开第一筵,天颜问劳思绵绵。大元皇后同茶饭,宴罢归来月满天。
>
> 第二筵开八九重,君王把酒劝三宫。驼峰割罢行酥酪,又进雕盘嫩韭葱。
>
> 第三筵开在蓬莱,丞相行杯不放杯。割马烧羊熬解粥,三宫宴罢谢恩回。(《增订湖山类稿》卷二)

(三宫,指谢太后、全太后和瀛国公即原宋恭帝)

蒙古军残暴杀戮,但到忽必烈时期,已有改进,对宋朝投降的君臣给以必要的礼遇和待遇,所以维持中原统治达百年之久;金朝更为残暴,甚至虐待抓获的宋徽宗和宋钦宗,摧残大量嫔妃、宫女,于是很快灭亡。公元1234年,金亡;南宋亡于1279年,比金朝晚了四十五年。

太皇太后谢道清这一年已六十七岁,因正在病中,暂留临安,未与宋室同时北迁,故而元皇朝举办盛大宴请时,她未及躬逢其盛。八月,忽必烈派专使到临安,迫令她北迁至燕,"元人忽自宫中舁(yú,抬)其床以出,侍卫七十余人,同赴燕,降封寿春郡夫人,留燕七年而终。"(《元伯颜入临安》,明陈邦瞻《宋史纪事本末》卷一百七)

这位太皇太后因年迈，是在床上被元军抬出，送到北方草原的。

谢道清与南宋君臣在大都，尽管没有自由，元世祖在生活上给以较高待遇，汪元量有诗歌记载："每月支粮万石钧，日支羊肉六千斤。御厨请给蒲桃酒，别赐天鹅与野麢。""三宫（指谢太后、全太后和瀛国公即原恭帝）寝室异香飘，貂鼠毡帘锦绣标。花毯褥裀三万件，织金凤被八千条。""客中忽忽又重阳，满酌葡萄当菊觞。谢后已叨新圣旨，谢家田土免输粮。""三殿加餐强自宽，内家日日问平安。大元皇后来相探，特赐丝绸两百单。"

钱锺书分析南宋亡国君臣在蒙古的艰难生活

当然，单看以上这些诗句，南宋亡国皇室似乎是丰衣足食的，可是钱锺书指出：

《附录》中潘次耕《书汪水云集后》（《遂初堂文集》卷十一）驳钱牧斋之说，谓元人遇宋母后、幼君礼数优渥，征之《湖州歌》中十次筵开、赐酒十瓮、遗钞三千锭诸篇，确然有据。然宠锡繁则有之，居处适则未也。《湖州歌》第四十五首云："丝雨绵云五月寒，淮堧遗老笑儒冠。行军元帅来相探，折送驼峰炙一盘。"《湖山类稿》卷二《冬至日同舍会拜》云："葡萄酒熟浇驼髓，萝卜羹甜煮鹿胎"；《天山观雪王昭仪相邀割驼肉》云："勿诮草堂翁，一饱死亦足"；《草地》云："龌龊复龌龊，昔闻今始见。一月不梳头，一月不洗面。饥则嚼干粮，渴则啖雪片。

故衣连百结，虮虱似珠串。呱呱冻欲僵，老娃泪如霰。忽有使臣来，宣赐尚方膳。"其服食之不相习可见，且足知上方宣赐，初无救于平日之忍饥耐寒也。（钱锺书《容安馆札记》四百七十九）

钱锺书犀利的眼光，看出元朝君王在场面上，对南宋亡国"母后、幼君礼数优渥"，很有礼遇，待遇优厚，但是亡国君臣的居处是不舒适的，而且蒙古的衣服饮食的习惯都不能适应。《草地》诗更揭露她们平时不能像江南一样梳洗，大约由于缺水，竟然一个月不能洗面，也不能梳头，人弄得"龌龊复龌龊"，脏不可闻。衣服破烂"百结"，虱子像珠子串一样挂在身上，缺乏取暖条件，人冷得呱呱叫，就要冻僵了。偶尔才突然有使臣来传唤，元朝皇帝请他们赴宴了。钱锺书下结论说，这足可说明元朝皇帝的偶尔宴请，并不能救助他们平日的忍饥耐寒。

钱锺书又抄录第八十首："金屋妆成物色新，三宫日用御厨珍。其余宫女千余个，分嫁幽州老斸轮。八十（按：下附有《宋宫人分嫁北匠》五古。）"可知宫女都被迫嫁给了年老的蒙古工匠。

又录《北师驻皋亭山》："钱塘江上雨初干，风入端门阵阵酸。万马乱嘶临警跸，三宫垂泪湿铃鸾。童儿空想追徐福，疠鬼终朝灭贺兰。若说和亲能活国，婵娟剩遣嫁呼韩。"也透露宫室女子被蒙古军占有、蹂躏的真相。

钱锺书引用为潘次耕《书汪水云集后》这段言论的发端。潘次耕（1646—1708），名潘耒，又字稼堂，晚自号止止居士，吴江（今江苏苏州市吴江区）人。幼少年跟从伯兄柽（chēng）章（1626—1663）学习。柽章字圣木，号力田，江苏吴江平望镇溪港人。明亡，隐居故里，用功读书，尤精于史学。著有《国史考异》《松陵文献》。家富藏书，尤多明代文献，著《明史》，次第略备。康熙二年（1663）浙江南浔庄廷鑨《明史》，成为文字狱大案，株连众多文人，柽章因此而首罹其祸，与吴炎同被凌迟于杭州弼教坊。其妻沈孺人发往黑龙江配与包衣，因怀孕，潘耒获准随嫂沈孺人同行，时年十六岁。至广宁城，沈孺人分娩后即自刎殉夫，潘耒得以护丧南归。后更名吴开奇，避难北上，依顾炎武（1613—1682），成为弟子，于经、史、历算、音韵、训诂等，无不精通。潘耒有《潘次耕亲笔家书一通》，是他护嫂北行首途之际，写信给伯叔诸兄的，满腔悲愤，一字一泪。他自己亲历过流放到东北的惨痛经历，所以对汪元量的诗集感慨良深，别有会心。

再说伯颜在完成灭亡南宋皇朝的任务之后，于至元十四年（1277）北上平叛，此后总军西北，长年抗御众多叛王。三十年（1293）奉诏入侍。次年（1294）世祖忽必烈死，他拥立皇孙铁穆耳（元成宗）即位之后，也于当年十二月（阳历已入1295年）去世。

至于谢道清的功过是非，上已言及，乱国和亡国的责任主要在理宗和度宗父子两人身上，谢太后的罪责主要是未能及时罢免并追究贾似道，未能及时重用忠良之士文天祥等人；另一个罪责是没有抵抗到底，没有带领孙子恭帝殉国，而是耻辱地投降，这一点尤其为当时和后世所诟评。如清代褚人获《坚瓠（hù，葫芦）集》说："宋孟鲩《折花怨诗》：'匆匆杯酒又天涯，晴日墙东叫卖花。可惜同生不同死，漫随春色去谁家？'盖讥谢太后年已七十，不能死难，被掳北去也。"南宋遗臣对谢太后之降元，责难更多，如谢枋得《叠山集·上丞相留忠斋书》即批评说："太母轻信一二执政之谋，挈祖宗三百年土地人民尽献之□□，无一字与封疆之臣议可否，君臣之义亦大削矣。"汪元量在谢太后去世时，撰《太皇谢太后挽章》也曾说："事去千年速，愁来一死迟。"亦即惋惜她死得过迟，贵为太皇太后，却沦为亡国奴了。而对陪侍南宋宗室北迁、在大都陪侍谢道清的汪元量的降元和仕元，则无人指责，并赞赏有加，史学宗师王国维更对其抱同情、理解和赞颂的态度。

汪元量（约1241—约1317），字大有，号水云，宋末元初钱塘（今浙江杭州）人。宋度宗咸淳三年（1267）或稍后，得为进士，以辞章给事宫廷，不久，为宫廷琴师。元军南下临安后，于至元十九年随恭帝及后妃北迁（汪元量是年约虚龄三十六岁），往上都（今属内蒙古自治区正蓝旗）供奉帝后。时文天祥被俘后囚禁大都狱中，他常去探望，两人以诗唱和。文天祥为汪元量集杜甫诗句，成《胡笳十八拍》，并为元量作品作序。

二十一年，赵㬎又被迁往今西北内地，汪元量仍随行，到过祁连山一带。以后，又因祭祀到达过四川青城山及五岳。至元二十五年十月，赵㬎学佛学于吐蕃（今西藏）。元量即以黄冠道人的身份南归，至元二十六年抵杭。不久，他再次入湘、川，并数次到庐山。以后又有入湘之行。

王国维说："汪水云以宋室小臣，国亡北徙，侍三宫于燕邸，从幼主于龙荒，其时大臣如留梦炎等当为愧死，后世多以完人目之，然中间亦为元官，且供奉翰林，其诗俱在，不必讳也。"他"在元颇为贵显，故得橐留官俸，衣带御香，即黄官之请，亦非羁旅小臣所能，后世乃以宋遗民称之，与谢翱、方凤等同列，殊为失实。然水云本以琴师出入宫禁，乃倡优卜祝之流，与委质为臣者有别，其仕元亦别有用意，与方、谢诸贤迹异心同，有宋近臣，一人而已。"对其评价是够高的了。

谢太后与宋室降元和在北地的经历，幸有两位诗人参与，通过他们的诗歌，使我们得知不少详情。这两位诗人，一位是汪元量，汪元量的友人李珏跋元量所撰《湖山类稿》，称元量"亡国之戚，去国之苦，艰关愁叹之状，备见于诗"，"亦宋亡之诗史"。"宋亡之诗史"，是汪元量诗的主要特色和贡献，王国维据此提出"以诗补史"说。

除了以上列举的之外，汪元量之诗，如《醉歌》十首中的"声声骂杀贾平章"，《越州歌》二十首中的"东南半壁日昏昏，万骑临轩趣幼君。三十六宫随辇去，不堪回首望吴云"；"一阵西风满地烟，千军万马浙江边。官司把断西兴渡，要夺渔船作战船"等，皆写亡国之痛，长歌当哭。

又有《湖州歌》九十八首，以七绝联章的形式，依次记述自己"杭州万里到幽州"的所历所感和所见所闻："北望燕云不尽头，大江东去水悠悠。夕阳一片寒鸦外，目断东南四百州"；"两淮极目草芊芊，野渡灰余屋数椽。兵马渡江人走尽，民船拘敛作官船"。历叙江山沦陷、惨遭蒙古铁骑蹂躏的惨景。到达北方后，他在大都所作《黄金台和吴实堂韵》："君臣难再得，天地不重来。"《平原郡公赵福王挽章》："南冠流远路，北面幸全尸。"极度感慨亡国之痛。在一组《忆秦娥》词中，他描绘南宋宫人"强将纤指按金徽，未成曲调心先悲。心先悲，更无言语，玉箸双垂"，"天沉沉，香罗拭泪行穷阴。行穷阴，左霜右雪，冷气难禁"，栩栩如生地刻画了真实的历史图景。而《人月圆》"不堪回首，离宫别馆，杨柳依依"；《满江红·和王昭仪韵》"更那堪杜宇，满山啼血"，都真切抒发了断肠心折的凄苦情绪。

他南归后，如《钱塘》"平芜古路人烟绝，绿树新墟鬼火明"，《兴元府》"官吏不仁多酷虐，逃民饿死弃儿孙"等，描写蒙古统治江南初期的惨状，也历历如绘。"肠断江南倦客，歌未了，琼壶敲缺"（《暗香》），则是自己南归后为故国伤心悲痛的性情写照。

另一位是王夫人。周密《浩然斋雅谈》载南宋王夫人于被迫北迁时，在壁上题《满江红》词：

> 太液芙蓉，浑不似旧时颜色。曾记得春风雨露，玉楼金阙。名播兰簪妃后里，晕潮莲脸君王侧。忽一朝鼙鼓揭天来，繁华歇。龙虎散，风云灭，千古恨，凭谁说？对关河百二，泪沾襟血。驿馆夜惊尘土梦，宫车晓辗关山月。愿嫦娥相顾肯从容，随圆缺。

此词当时流传很广，文天祥看到此词竟连着写了和作两首说：

试问琵琶，胡沙外怎生风色。最苦是姚黄一朵，移根仙阙。王母欢阑琼宴罢，仙人泪满金盘侧。听行宫夜半雨淋铃，声声歇。彩云散，香尘灭，铜驼恨，那堪说。想男儿慷慨，嚼穿龈血。回首昭阳离落日，伤心铜雀迎新月。算妾身不愿是天家，金瓯缺。

燕子楼中，又捱过几番秋色。相思处青年如梦，乘鸾仙阙。肌玉暗消衣带缓，泪珠斜透花钿侧。最无端蕉影上窗纱，青灯歇。曲池合，高台灭，人间事，何堪说。向南阳阡上，满襟清血。世态便如反覆雨，妾身元是分明月。笑乐昌一段好风流，菱花缺。

关于这位王夫人，《宋旧宫人诗词》（一卷）说：昭仪王清惠字冲华。但《宋史·后妃传》失载，而《宋史·江万里传》则记及："帝（指度宗）在讲筵，每问经史疑义及古人姓名，贾似道不能对，万里从旁代对。时王夫人颇知书，帝常语夫人以为笑。"陈世崇《随隐漫录》则说度宗为太子时，以四位夫人最亲，"王能属文为最亲，虽鹤骨癯貌，但上即位后，批答画闻，式克钦承，皆出其手。"王国维因而认为："然则王非以色事主"，"是夫人在度宗朝已主批答，及少帝嗣位，谢后临朝，老病不能视事，夫人与闻国政，亦可想见，故入元之后，元人待遇有加。《水云集·湖州歌》云：'万里修途似梦中，天家赐予意无穷。昭仪别馆香云暖，手把诗书授国公。'礼遇之隆，亚于谢、全二后。"从末句可知，她还担任瀛国公赵㬎的教养之职。

王夫人的诗词不仅见之于《宋旧宫人诗词》，汪元量集中多与昭仪酬唱之作。如王夫人赠汪元量诗有："万里倦行役，秋来瘦几分。因看河北月，忽忆海东云。"汪元量和王夫人之诗有："愁到浓时酒自斟，挑灯看剑泪痕深。黄金台迥少知己，碧玉调高空好音。万叶秋声孤馆梦，一窗寒月故乡心。庭前昨夜梧桐雨，劲气潇潇入短襟。"南宋帝后北狩后，《宋史》记载不详，只有汪元量《湖山类稿》尚记载一二，略补史书之不足。北迁六年后，即至元十九年（1282），元世祖令瀛国公赵㬎再次北迁至上都。汪元量和王昭仪都同行。王国维认为"时少帝年仅方十二岁，谢、全二后未行"。

北行宋室诸人仅有三人出家，他们是全皇后、汪元量和这位王昭仪。全皇后出家为尼，汪元量为道士，王昭仪为女道士。汪元量《湖山类稿》卷二有《天山观雪，王昭仪相邀割驼肉》诗，可见王昭仪也同去上都。

汪元量于至元二十五年（1288），得元世祖许可，为道士，离大都南归。世所流传之《宋旧宫人诗词》是王夫人以下十四人（一说十八人）在汪元量南归时相送，"酾（shī，斟酒）酒城隅，鼓琴叙别，不数声，哀音哽乱，泪下如雨"，她们以"劝君更尽一杯酒，西出阳关无故人"十四字分韵赋诗，王国维指出"其实皆伪作也"，因为汪元量南归时，全太后、王昭仪等皆已去世。明代瞿佑《归田诗话》载少帝送水云南归诗，说："黄金台下客，底事不思家？归问林和靖，寒梅几度花？"王国维也认为是伪作，因为此时少帝赵㬎已去吐蕃为僧。但这十四首诗可以看作是代作之诗，写得情深思切，生动优美，十分动人。

汪元量回江南后，结纳抗元志士，在浙、赣一带鼓动反元。与谢翱友善，谢翱作《续琴操·哀江南》，歌颂其抗元活动。晚年居住杭州，为道士。工诗，有《湖山类稿》和《水云集》传世。

赵㬎出家为僧，法名合尊，是因为至元二十五年（1288）十月忽必烈下诏，令赵㬎"学佛法于吐蕃（今西藏）"。此年他十八岁，居吐蕃萨迦寺。他被押至北地和去吐蕃后，共经四十八年，历元帝世祖、成宗、武宗、仁宗和英宗五世，元至治三年（1323），被元英宗所杀，时年五十三。元、明间盛传元顺帝是瀛国公赵㬎之子，清初全祖望（谢山）和著名史学家万斯同、赵翼也都深信之。此事争论激烈，王国维也持相信的态度并对其缘由做了自己的分析。

在宋恭帝投降之后，南宋的残余势力先后又拥立赵昰和赵昺为帝，即端宗和帝昺，陆秀夫和张世杰等带着他们远走天涯，继续抵抗元朝。

南宋末年的亡国太后全太后

南宋亡国时竟同时有三个太后。除太皇太后谢道清之外，还有度宗的皇后即恭帝的生母全氏和杨淑妃。

全太后，会稽人，生卒年不详。她是宋理宗生母慈宪夫人的侄女，略涉书史。其父全昭孙为岳州知府时，她因年幼，随父上任。全昭孙任满，道经潭州，适逢元兵南下，围攻潭州，全氏父女经过一年跋涉，才脱险回到临安。度宗赵孟启为忠王时，议立王妃，原定临安知府顾嵒

（同"岩"）女，因推选她的宰相丁大全倒台而另择他人。朝臣认为："全氏侍其父昭孙，往返江湖，备尝艰险；其处富贵，必能尽警戒相成之道。"理宗因母亲的缘故，诏她入宫，慰问道："尔父昭孙，昔在宝祐间（1253—1258）没于王事，每念之，令人可哀。"全氏回答："妾父可念，淮、湖之民尤可念也。"（《宋史·后妃传下》）这个回答使理宗深感惊异。景定二年（1261）十一月诏封永嘉郡夫人，十二月册为皇太子妃。此时太子二十一岁，她约十五至十七岁。度宗即位后三年，咸淳三年（1267）正月，册为皇后。

度宗死时，如果太皇太后谢道清已死，就应轮到全太后临朝称制了。国亡北迁时，她才三十出头的年纪，虽号称太后，实际上还是一个风姿绰约的少妇。她知道此番北行有凶无吉，绝无出头之日，便决定出家，并作了一幅道姑装束的自画像：身穿"缟素道服"，"广额凤目，双眉侵鬓"（明田汝成、田艺蘅《西湖游览志余》卷六），年轻而又端庄秀丽的皇太后决定出家以避受性别凌辱的叵测前景。

全太后到北地后，请求回江南未准，但获准出家，于是她在燕京入正智寺为尼。因儿子瀛国公年幼，便带他一起出家。母子俩分配到的三百六十顷土地的租税，也享受了元朝僧尼的免税待遇。全氏病逝于正智寺后，忽必烈"令词臣皆作挽诗"，其中叶森的挽诗是：

繁华如梦习空门，曾是慈明秘殿尊。一夕顿抛尘世事，半生知感圣朝恩。五千里外无家别，八十年来有命存。回首钱塘江上月，夜深谁与赋招魂。（《西湖游览志余》卷二）

杨太后，初选入宫为美人。度宗咸淳三年（1267），晋封淑妃。生建国公赵昰。南宋宫室降元时，在谢太后的安排下，逃亡温州，后转徙福州。众臣拥戴赵昰为帝，她册封为太后，并垂帘听政。同时封赵昰之弟赵昺（bǐng）为卫王。赵昺不是她的儿子，是俞修容所生。

抗元英雄文天祥和谢枋得

南宋宫室投降元朝，三宫皆被押往草原，成为亡国君臣。但南宋的不少精英坚决不降，坚持斗争。其中地位最高、最著名的当然是文天祥。

文天祥《指南录后序》记叙自己率兵抗元，屡败屡起，数次逃脱围捕，"零丁洋里叹零丁"，表示不畏艰难、坚持抗战到底的决心。

南宋祥兴元年（1278）底，丞相文天祥在海丰五坡岭兵败被俘，次年十月押解大都。

文天祥被俘之时，元帝"既壮其节，又惜其才"，不杀而大力劝降。第一个说客是降元的宋朝左丞相留梦炎，文天祥不等他开言即唾骂，将他骂走。后又作诗讥讽："龙首黄扉真一梦，梦回何面见江东。"第二个是降元并被封为瀛国公、年方九岁的宋恭帝赵㬎，文天祥先"北面拜号"，以尽君臣之义，接着只说"乞回圣驾"四字。第三个是王积翁。此人原知南剑川（今福建南平），见元军势大，弃城而走，纳款于元，元军攻福安（今属福建），他为内应，献城作为贽见之礼。元世祖忽必烈欲招致有才干的南人为己所用，王积翁遂献言南人无出文天祥之右者，忽必烈于是命他劝降，

《宋史·文天祥传》记载，文天祥对王积翁说："倘缘宽假，得以黄冠归故乡，他日以方外备顾问，可也。"识者以为文天祥以退为进，实不肯降，如能脱身，再举复国之旗。

接着，元廷命文天祥之弟文璧、女儿柳娘、环娘及两妾出场，"哀哭劝公叛"。其弟此时已为元臣，他写诗讽刺文璧："去年我别旋出岭，今年汝来亦至燕。弟兄一囚一乘马，同父同母不同天。"并拒绝文璧送来的四百贯元钞。他对妻妾子女说："汝非我妻妾子女也，果曰真我妻妾子女，宁肯叛我而从贼耶？"又说："人谁无妻儿骨肉之情，但今事到这里，于义当死，乃是命也。"

当抓获文天祥的元将张弘范前来劝降时，他说："吾不能捍父母，乃教人叛父母，可乎？"接着作《过零丁洋》诗与之，中有"人生自古谁无死，留取丹心照汗青"的誓言。张弘范知道自己无能为力，就把他押解大都，交给元世祖忽必烈亲自发落。忽必烈对文天祥的到来极为重视，先后派出平章政事（副宰相）阿合马、丞相孛罗谕降。文天祥舌战二人，侃侃而谈，语惊四座，言辞之犀利，斗志之昂扬，使两人瞠目结舌，先后败下阵来。当阿合马强行要他下跪时，他说："南朝宰相见北朝宰相，何跪？"阿合马语塞。当孛罗诘问他"明知拥立赵昰、赵昺二王也保不住社稷，又何必拼死抵抗"时，文天祥答："父母有疾，虽不可为，无不下药之理，尽吾心焉，不救则天命也。天祥今日至此，有死而已，何必多言！"在气势上完全压倒了对方。

劝降不成，元朝当局把文天祥从馆驿移至兵马司，枷颈缚手，恶衣蔬食，想以此消磨他的斗志，逼他投降。但是，文天祥对这一切都甘之如饴。"朝飧淡薄神还爽，夜睡崎岖梦自安。亡国大夫谁为传，只饶野史与人看。"以诗明志，誓死忠于宋朝。忽必烈只得亲自出马。他诚恳地对文天祥说："汝移所以事宋者事我，当以汝为相矣。"文天祥仍只求一死。忽必烈这才下令杀他。

文天祥"如虎兕在柙，百计驯之，终不可得"，至元十九年底（1283年1月9日），身陷图圄三年有余、时年四十七岁的文天祥在大都柴市慷慨就义。行刑之际，"俄有诏使止之"，而文天祥已死。忽必烈道："好男子，不为吾用，杀之诚可惜也。"

"自身分为齑粉碎，庙中方作丈夫看。""古来磨灭知几人，此老至今元不死。"他为国家社稷殒身不恤的品德、毁家纾难九死不悔的精神，足以使他名垂万古！（参见任崇岳《自身分为齑粉碎　庙中方作丈夫看》，《光明日报》2006年6月18日）

宋元鼎革之际，一批忠于宋朝的士大夫有感于黍离麦秀、荆棘铜驼之痛，不愿向蒙古人俯首称臣，或黄冠草履，隐迹潜踪，彷徨徙倚于残山剩水之间；或抗节不仕，拒作贰臣，表现了亡国遗民的高风亮节。文天祥的同僚谢枋得，便是其中的佼佼者。

谢枋得（1226—1289），字君直，号叠山。南宋信州弋阳（今属江西）人。面对蒙古大肆入侵，朝政腐败，每与人谈论时事便慷慨激昂，以忠义自许。但他虽有安邦济民之志，却报国无门，夙愿难酬。宝祐四年（1256）与文天祥、陆秀夫同举进士，因在对策时抨击了祸国殃民的宰相董槐、宦官董宋臣，被录在乙科，只授了个管理户籍、赋税的抚州司户参军。他一怒之下，挂冠而去。次年再试，得中兼经科，授建宁府（今福建建瓯）教授。还未到任，便逢蒙古兵南侵，吴潜宣抚江东西时，他聚众万余，守信州。他殚精竭虑，协助大将赵葵守御饶（今江西波阳）、信（今江西上饶）、抚（今江西抚州）三州。蒙古兵久攻不下，只好解围而去。枋得运筹擘画，保全城池，本应受到旌赏，然而宰相贾似道却诬告他挪用军费，枋得沉冤莫白，只得倾尽家产还债。景定五年（1264），枋得主持建康（今江苏南京）的漕闱考试，出的题目是"权奸误国，赵氏必亡"，暗讥时事，矛头直指贾似道。贾贼恼羞成怒，以讪谤罪，将他贬谪兴国军（今湖北阳新），直至咸淳三年（1267）才遇赦放归。贾似道见他嵚崎磊落，是个奇男子，便派人笼络他，而枋得不屑一顾，置之不理。

德祐元年（1275），权奸贾似道被贬谪出朝，蛰居多年的谢枋得才被起用为江东提刑兼江西招谕使，知信州。其时烽烟蔽日，鼙鼓震空，元军沿江东下，如入无人之境，宋将望风迎降，枋得却以一支孤旅，矢志抗元，力拒元将吕师夔的围攻。惜无精锐可用，一败于安仁（今属湖南），再败于信州。

翌年春天，临安陷落，恭帝被俘，益王赵昰逃往福州，南宋覆亡。枋得只得隐姓埋名，进入建宁唐石山中，以卖卜为生。他每日身披麻衣，足穿白鞋，东向大哭，吊祭宋朝天子，山坳农夫称他为狂人。后来人们知道他是抗元志士，便延请至家教子弟读书。至元二十一年（1284）元朝大赦，枋得定居闽中（今福建），打算终老林泉，与烟波钓徒为伍，终其余生。

　　元朝统治者为笼络汉族士大夫，世祖忽必烈命程钜夫到江南访求人才，程钜夫荐宋朝遗士三十人，枋得也名列其中。他致信程钜夫："宋室孤臣，只欠一死，某所以不死者，以九十三岁之母在堂耳。"（《上程雪楼御史书》）不久，福建行省丞相忙兀台又奉旨相召，枋得婉拒说："上有尧舜，下有巢由，枋得名姓不祥，不敢赴诏。"（《宋史·谢枋得传》）忙兀台一笑置之，不再相强。至元二十五年（1288），江西行省丞相管如德再次奉旨赴江南搜求人才，降元的宋朝丞相留梦炎荐举谢枋得才堪重任，枋得写信讽刺他说："若贪恋官爵，昧于一行，纵皇帝仁恕，天涵地容，哀怜孤臣，不忍加戮，某有何面目见皇帝乎？"（《上丞相留忠斋书》）拒不赴召。次年福建行省参政魏天祐又一次荐举他，枋得表示："宋室逋臣，只欠一死"，"惟愿速死，与周夷齐、汉龚胜同垂青史，可以愧天下万世为臣不忠者"。（《与参政魏容斋书》）魏天祐强令他北上大都。枋得自知不免，临行之日，他以《崇真院绝粒》诗明志："云中松柏愈青青，扶植纲常在此行。天下岂无龚胜洁，人间何独伯夷清？"表示此番北上是要扶植纲常，效法东汉末拒绝王莽征辟、绝食而死的龚胜和饿死不食周粟的伯夷，宁为玉碎，不为瓦全。那些素不相识的宋朝遗民纷纷写诗勖勉，鼓励他坚持气节："俯仰元无愧今古，英雄何必尽公卿？""肩上纲常千古重，眼前荣辱一毫轻。""此去好凭三寸舌，再来不值一文钱。"好友刘洞斋见他鹑衣百结，敝屣烂裳，赠他一套寒衣，他拒而不受；长子熙之自信州前来探望，他杜门不见，答以诗曰："此时要看英雄样，好汉应无儿女情。"

自离建宁后，枋得二十余日不肯进食，竟然不死。渡过采石（今安徽马鞍山市长江东岸）后，每日仅食枣五枚，数月如此，已然瘦骨嶙峋，孱弱不堪。至元二十六年（1289）四月一日，枋得一行抵达大都，风尘未洗，便询问谢太后葬所及恭帝所在再拜痛哭。元朝官员故意指着文天祥就义处让他看，他说："当年集英殿赐进士第幸同榜，今复得从吾同年游地下，岂非幸耶？"（《昭忠录·谢枋得》）四天后，元朝当局见枋得病势垂危，将他迁入悯忠寺。他看见墙壁上的曹娥碑，哭泣着说："小女子犹尔，吾岂不汝若哉？"（《宋史·谢枋得传》）曹娥是东汉末民间女子，其父因迎神溺死江中，曹娥义不独生，也投江而死。民女尚知节义，枋得熟读圣贤诗书，自然不能觍颜事敌。降元的留梦炎使人送来饭菜，枋得怒掷于地，绝食五天后，壮烈殉国，终年六十四岁。

谢枋得全家，一门忠义。其父应琇任浔州（今广西桂平）金判，因忤奸相董槐，被迫害而死。伯父徽明代理富阳（今属浙江）县令，抗元壮烈殉国。兄长君禹与元兵战于九江，被俘不屈，尽节而死；弟君烈、君泽同死于国事。母亲桂氏被元兵拘系，逼其交出儿子，她大义凛然，怒斥敌酋，元兵无可奈何，只得释而不问；妻李氏亡命贵溪（今属江西）山坞，被元兵搜出，因于建康，自缢于狱中，一女二婢也不屈而死；另一女葵英得知父母双亡，遂鬻妆奁造桥，桥成后投水而死。（参见任崇岳《俯仰无愧天地　忠义萃于一门——宋代民族英雄谢枋得》，《光明日报》2010 年 1 月 12 日）

慷慨赴死易，从容就义难。文天祥和谢枋得都是历经多次礼遇式的劝降和高官厚禄的诱惑，誓不动摇，坚持信念，视死如归，极为不易。

崖山之后无中华和中国历史大倒退

"崖山之后无中华"，精确指出了蒙古的铁蹄蹂躏中原和江南，山河破碎，神州陆沉，中华文化陷入衣冠之亡的危局。

元朝消灭南宋，造成中国历史的大倒退、中华文明的大损害，这个历史反思是明末清初进行的。清朝消灭明朝，重演了蒙古灭南宋的悲剧，南明遗民的诗句"崖山之后无中华"所痛陈的这个史实，明末清初三大思想家在他们的经典著作中都有极其沉痛的表达：

黄宗羲说："夫古今之变，至秦而一尽，至元而又一尽，经此二尽之后，古圣王之所恻隐爱人而经营者荡然无具。"（黄宗羲《明夷待访录·原法》，《黄宗羲全集》第一册第 7 页，浙江古籍出版社，1985）古今的变化，到秦朝第一次消灭古代政治的优秀传统，到元朝又一次消灭古代政治的优秀传统；经过这两次的彻底破坏，为古代德才超群达于至境之帝王（圣王）对受苦难的人、不幸的人表示同情、对天下人爱护、爱惜、同情的优秀政治传统，而谋划、组织、治理、管理的统治者已经消灭干净。

王夫之说："二汉（西汉、东汉）、唐之亡，皆自亡也。宋（之）亡，则举黄帝、尧、舜以来道法相传之天下而亡之也。"（王夫之《宋论》卷十五，《船山全书》第十一册第 335 页，长沙：岳麓书社，2011）如果说两汉的灭亡、唐朝的灭亡都还是亡国，那么宋朝的灭亡是古代圣王建立的天下为公的王道、维护社会正义和秩序的王法传统下的天下都灭亡了。

　　顾炎武："有亡国，有亡天下。亡国与亡天下奚辨？曰：易姓改号，谓之亡国。仁义充塞，而至于率兽食人（比喻统治者虐害人民），人将相食（人与人之间也是你死我活），谓之亡天下。……知保天下，然后知保其国。保国者，其君其臣，肉食者谋之；保天下者，匹夫（古代指平民中的男子，泛指平民百姓）之贱与有责焉耳矣。"（顾炎武《日知录·卷十三·正始》，《日知录集释》中册第756—757页，上海古籍出版社，2006）此言上半段说，灭亡有两种，一种是亡国，这是改姓换代（更换帝王和朝代）；一种是亡天下，就是消灭了天下为公、执政爱民的传统，于是仁义堵塞，统治者像野兽吃人一般虐害百姓，残酷的生存环境还造成人与人之间你死我活的关系。后半段说，保卫国家的任务是这个朝代的帝王将相、统治者谋划的事情；而保卫天下，则人人有责。

　　顾炎武这后半段的话，后世总结成"天下兴亡，匹夫有责"这个响亮的口号。著名学者刘洁修寻出这八字名言的总结者是梁启超，其出处为：

　　梁启超《饮冰室合集·文集之一·辨法通论·论幼学》："夫以数千年文明之中国，人民之众甲大地，而不免近于禽兽，其谁之耻歟？顾亭林曰：天下兴亡，匹夫之贱，与有责焉已耳！"

　　梁启超《饮冰室合集·文集之三十三，痛定罪言·三》："今欲国耻之一洒，其在我辈之自新……斯乃真顾亭林所谓天下兴亡，匹夫有责也。"

蒙古消灭宋朝，即"亡天下"，是滔天的罪行，不仅使历史倒退，而且还文明中断。

当今学界公认，中国封建社会到宋朝已进入成熟的后期，政治制度达到古代民主制度的最高峰，商品经济极度繁荣，传统农业高度发展，文化达到最高峰。

王国维说："宋代学术，方面最多，进步亦最著。""天水一朝人智之活动与文化之多方面，前之汉唐，后之元明，皆所不逮也。近世学术，多发端于宋人。"（王国维《宋代之金石学》，周锡山编校《王国维集》第 4 册第 185 页，中国社会科学出版社，2008）

陈寅恪说："华夏民族之文化，历数千载之演进，造极于赵宋之世。后渐衰微，……"（陈寅恪《邓广铭宋史职官志考证序》，《陈寅恪集·金明馆丛稿二编》第 277 页，三联书店，2001）

周良霄《元代史》序文中的一段话认为，宋亡之后，元王朝统一中国，并在政治社会领域带来了某些落后的影响，"它们对宋代而言，实质上是一种逆转。这种逆转不单在元朝一代起作用，并且还作为一种历史的因袭，为后来的明朝所继承。它们对于中国封建社会后期的发展进程，影响更为持久和巨大。……明代的政治制度，基本上承袭元朝，而元朝的这一套制度则是蒙古与金制的拼凑。从严格的角度讲，以北宋为代表的中原汉族王朝的政治制度，到南宋灭亡，即陷于中断。"（周良霄、顾菊英《元代史》，《序》第 5 页，上海人民出版社，1993）

宋朝之亡，不仅仅是一个王朝的覆灭，更是一次超越了一般性改朝换代的历史性巨大变故，即"亡天下"，"孔孟之乡"网站发布的《宋亡之后，中华文明的十二大逆转》

（2020—04—04）做了比较全面的总结：早在 11—13 世纪的宋王朝，中国就已经产生了近代化，"唐宋变革"所代表的近代化进程在南宋灭亡之后被中断了，历史发生了某种程度的倒退。其所逆转的例如：

"家产制"的回潮。本来宋人已有"天下为公"的政治自觉，就如一位宋臣告诉宋高宗："天下者，中国之天下，祖宗之天下，群臣、万姓、三军之天下，非陛下之天下。"天下非君主私有，而为天下人共有。而来自草原的统治者则将他们所征服的土地、人口与财富都当成"黄金家族"的私产，推行中世纪式的"投下分封制"，"投下户"即是草原贵族的属民，有如魏晋隋唐时代门阀世族的部曲（古代指与主人有依附关系的家仆）农奴。

"家臣制"的兴起。宋人相信君臣之间乃是一种公共关系："君虽得以令臣，而不可违于理而妄作；臣虽所以共君，而不可贰于道而曲从"。君臣之间，"各有职业，不可相侵"。入元之后，这种公共性的君臣关系被私人性的主奴关系代替，臣成了君之奴仆，许多大臣甚至需要入宫服役。在主奴关系下，君对于臣，当然也是生杀予夺，想廷杖就廷杖，就如惩罚自己的奴隶，一位明朝的观察者说："三代以下待臣之礼，至胜国（元朝）极轻。"

"驱口制"的出现。宋朝基本上已废除了奴隶制，但元朝征服者又从草原带入"驱口"制度，使奴隶制死灰复燃。所谓"驱口"，意为"供驱使的人口"，即在战争中被俘虏之后、被征服者强迫为奴、供人驱使的人口。元朝的宫廷、贵族、官府都占有大批"驱口"，他们都是人身依附于官方或贵族私人的奴隶。

还有恢复肉刑、酷刑、人殉等等落后残酷的制度。

以上天下为公、君臣相对平等，都是优秀知识分子与君王共治天下、以仁义治天下的重要原则。而驱口制将汉族人民当作奴隶，予以残酷压榨和剥削，尤其是将北方知识分子当作干苦力的奴隶，在肉体上整体消灭知识分子，从而使中华文化陷入彻底毁灭的险境。

为了避免这个悲惨结局，挽救北方人民和知识分子，金末元初的耶律楚材和元好问，做了艰辛的努力。最后为殉清而自杀，坚持气节的王国维赞誉耶律楚材作为金臣，降为元臣，乃有功于世（为了拯救北方人民而投降元朝，执政为民），为他精心撰写了年谱。又在《耶律文正公年谱·余录》（王国维《耶律文正公年谱·余录》，周锡山编校《王国维集》第 4 册第 359 页，中国社会科学出版社，2008 年）中评论元好问说："元遗山以金源遗臣，金亡后上耶律中书书（《遗山集》三十九）荐士至数十人，昔人恒以为诟病。然观其书则云：'以阁下之力，使脱指使之辱，息奔走之役，聚养之，分处之；学馆之奉不必尽具，馆粥足以糊口，布絮足以蔽体，无甚大费'云云。盖此数十人中皆蒙古之驱口也，不但求免为民，而必求聚养之，分处之者，则金亡之后，河朔为墟（人民大量死亡，北方成为一片废墟），即使免驱为良，亦无所得食，终必馁死故也。遗山此书，诚仁人之用心，足知论人者不可不论其世也。"

他认为以气节自任的元好问金亡后，投书耶律楚材，是为了拯救中国文化，拯救中国文化的传承者——当时的知识分子沦为蒙古之驱口，为了不让他们饿死，被杀戮，有保存中国文化血脉的深意。元好问此书明言："他日阁下求百执事之人，随左右而取之，衣冠礼乐，纪纲文章，尽在于是。""此诸人者，可以立言，可以立节，不能泯泯默默、以与草木同腐。"其意甚明，而唯静安能懂其深意。

中国北方经历了西晋五胡乱华和唐朝安史之乱，经济和文化受到严重摧残；到金朝灭北宋、元朝灭金，北方的经济和文化受到彻底毁灭，江南成为中国的经济和文化中心。

八、明代瓦剌入侵和土木之变

瓦剌是蒙古的一组部落，瓦剌的意思是邻近者。瓦剌是明朝人对西部蒙古的称呼。他们居住在巴尔喀什湖东南面，包括现新疆北部、蒙古国西部以及中西伯利亚和西西伯利亚南部的广大地区。瓦剌建立过多个国家。瓦剌的历史从宋朝开始，元朝称斡亦剌，明朝称瓦剌，清朝称卫拉特或额鲁特、厄鲁特等。

史上广义蒙古族有两个基本部分，即"草原百姓"（蒙古本族）和"林中百姓"（斡亦剌惕、不里牙惕），后为东部蒙古（中央蒙古）和西部蒙古（以瓦剌为主）。瓦剌属于西部蒙古。厄鲁特本是瓦剌的一部（厄鲁特蒙古），但在清朝文献中也用来泛指瓦剌。

瓦剌分为四大部：和硕特（盟主，游牧于乌鲁木齐及附近地区）、绰罗斯（准噶尔，游牧于噶尔喀什湖以东、天山以北、伊犁河流域）、杜尔伯特（游牧于额尔齐斯河沿岸）、土尔扈特（塔尔巴哈台附近地区），另有辉特等小部。诸部落大体是平等关系。

瓦剌著名首领有：也先、固始汗、噶尔丹。

另有喀尔喀蒙古族，他们长期把自己视为蒙古族，而把卫拉特诸部落视为其他民族。

1640 年 9 月，在鄂齐尔图汗的固有领地乌兰伯勒奇尔（在塔尔巴哈台），在喀尔喀札萨克图汗素巴第主持下，喀尔喀和卫拉特的首领们制定了合作抗敌的《喀尔喀—卫拉特法典》（又称《蒙古·卫拉特法典》，此"蒙古"即喀尔喀，是狭义蒙古。）制定这一法典的目的，调整喀尔喀三部与卫拉特（厄鲁特）四部之间的关系，建立共同抵御外族势力的同盟。

卫拉特是成吉思汗时期归附于蒙古而成为广义蒙古族的，其中和硕特部首领家族是成吉思汗之弟哈布图哈萨尔的后代。

瓦剌简史

宋代，瓦剌最初居八河地区（今叶尼塞河上游的八条支流地区）。瓦剌人数众多，统治若干部落，各有自己的名称。

到了元代，斡亦剌贵族与成吉思汗系建立世代通婚关系，男尚公主，女适皇胄，可谓"世联戚碗"，权势显赫。这不仅对斡亦剌社会产生很大影响，而且也是成吉思汗家族统治策略的重要组成部分。

元时瓦剌开始南下，定居于阿尔泰山麓至色楞格河下游的广阔草原的西北部，并改狩猎经济为畜牧经济，兼营部分农业。瓦剌有四大四万户，简称"四"（蒙古语 Dörben，都尔本）。其名称各书记载不尽一致，其中包括许多古老的蒙古语部落和突厥语部落。

14 世纪时，随着元朝皇室衰微，瓦剌遂乘机扩大实力，积极参与各派系纷争。

明代初期，为争蒙古汗位，瓦剌在蒙古高原与鞑靼部频繁争战。

永乐十二年（1414），明成祖统兵北征西部蒙古，与瓦剌战于忽兰忽失温（今蒙古国乌兰巴托东），瓦剌战败。

宣德九年（1434），脱欢袭杀鞑靼部的阿鲁台，正统初又杀贤义、安乐两王，统一蒙古帝国北元，建立瓦剌帝国。他立元皇室后裔脱脱不花为可汗，自为丞相。

正统四年（1439）脱欢死，子也先嗣，称太师淮王。景泰四年（1453），也先取代北元皇帝脱脱不花。至此，瓦剌势力极盛，不断南侵明地区。

正统十四年（1449），也先大举攻明，俘虏明英宗。

明代中后期，也先被杀后，瓦剌部落分散于西域。明代中期或也先死后，盟主部落是和硕特，因为其首领是蒙古黄金家族的，其他部落是依附于蒙古族而来的广义蒙古族。盟主并非汗王，只有召集权，非集权。

明代末年，固始汗在青藏高原建立和硕特汗国。

清顺治三年（1646），固始汗与卫拉特各部首领二十二人联名奉表贡，臣服于清朝，纳入清朝版图。很快喀尔喀蒙古也归顺清朝。

清康熙、雍正、乾隆时期，准噶尔国与清朝发生激烈战争。直至乾隆时期，清朝彻底征服准噶尔汗国。

瓦剌领袖

名　　号	在位时间
猛可帖木儿	1378—1409 年
马哈木	1409—1416 年
脱欢	1416—1439 年
也先（额森）	1439—1454 年
额色库（阿失帖木儿、俺檀汗、额斯墨特达尔罕诺颜）	1418—1425 年
克舍	1426—1468 年
养罕（哈木克台吉）	1468—1494 年
卜六	1494—1506 年
翁郭楚	1507—1556 年
布拉台吉	1556—1578 年
哈剌忽剌	1578—1630 年
剌王某	1630—1644 年

瓦剌的兴起

　　明初对鞑靼用兵，使瓦剌首领猛可帖木儿乘时而起。明成祖朱棣即皇帝位后，即派使臣告谕瓦剌部。永乐六年（1408）马哈木等遣使向明朝贡马请封。七年，其首领马哈木、太平、把秃孛罗分受明封为顺宁王、贤义王、安乐王。三王中马哈木势力最强。为争夺蒙古汗位，瓦剌与鞑靼部频繁争战，势力各有消长。

瓦剌的发展

永乐八年（1410），明成祖北征，鞑靼势衰，瓦剌乘机南下。

十年，瓦剌攻杀鞑靼的本雅失里，进而南下攻明。

十二年，明成祖北征瓦剌，直至土剌河（今蒙古国境内的图拉河）。

十三年，马哈木等贡马谢罪。不久马哈木死，传子脱欢。

宣德九年（1434），脱欢袭杀鞑靼部的阿鲁台，正统初又杀贤义、安乐两王，统一蒙古帝国。他立元皇室后裔脱脱不花为可汗，自为丞相。

正统四年（1439）脱欢死，子也先嗣，称太师淮王。瓦剌势力迅即极盛。明廷疏于西北边防，正统十四年，也先大举攻明，明军大败。

瓦剌入侵明朝的战争

明英宗时期，朝廷不采纳刑部侍郎何文渊和侍讲刘球"专备西北"的正确建议，忽略西北边防，瓦剌势力乘机恶性膨胀，留下无穷后患。

正统十年（1445），瓦剌也先攻打并占领哈密卫。十一年，攻打兀良哈三卫。得手后，寻机大举进攻内地。

正统十四年（1449），也先进攻大同、宣府、辽东、甘肃，明英宗在宦官王振怂恿、挟持下率兵亲征，也先诱明军至大同，破其前锋，于土木堡俘明英宗，史称为土木之变（又称土木堡之变）。

同年十月，也先进围北京，于谦打败也先，也先只好与明讲和，送还英宗。

此后，也先与脱脱不花间的矛盾加剧。景泰四年（1453），也先恃强取代脱脱不花，日益骄横，景泰六年（1455）被杀。

后来由于东部蒙古（鞑靼）达延汗再兴，瓦剌部移师西北地区，势力一度扩张至伊犁河流域一带。为了保证贸易的顺利进行，阿失帖木儿不时遣使向明朝通贡。

明英宗亲征和土木之变

明英宗正统十四年（1449）二月，也先遣使两千余人贡马，诈称三千人，贡马质量参差不齐。宦官王振发现其诈，大怒，减去马价五分之四，坚持按实际人数给赏。也先大怒，借口明使曾传达许嫁公主，今贡马送聘，朝廷答诏"无许姻意"，也先于七月，统率各部，分四路大举进攻。东路，由脱脱不花与兀良哈部攻辽东；西路，派别将进攻甘州（甘肃张掖）；中路为进攻的重点，又分为两支，一支由阿剌知院所统率，直攻宣府围赤城，另一支由也先亲率进攻大同。也先进攻大同的一路，"兵锋甚锐，大同兵失利，塞外城堡，所至陷没"。大同参将吴浩战死于猫儿庄。明遣驸马都尉井源等四将各率兵万人御敌。

大同明军兵败，辽东城堡陷没。败报传来，王振竭力怂恿英宗亲征。众多大臣劝阻，英宗和王振以为可以立下千秋功业，执意出征。

七月十七日，明英宗朱祁镇带领太监王振等人，亲率五十万大军，匆忙向西北急进。此行路途不利，不仅连日风雨，更兼组织粗疏，兵士乏粮，致使军心混乱，官兵死伤颇多。大同守军因监军太监的牵制，总兵官和都督无法指挥，已经全军覆没。至八月初一日到达大同，大军目睹大同官兵"遍野伏尸"（《明通鉴》卷二十四），"众益寒心"（《明英宗实录》卷一八〇），士气更其低落。

明军的前锋惨败，也先诱明军深入，故意退兵北撤。王振闻前线兵败的密报，惧而下令退兵。瓦剌大队骑兵连续追袭，王振出于私念，多次贻误战机，明军不断惨败。十三日，英宗一行狼狈逃到土木堡（今河北省张家口市怀来县境内），瓦剌军突袭并追杀明军主力，随行的大臣五十余人全部战死，五十万大军伤亡过半。八月十五日，明英宗突围不成，乃下马盘膝面南而坐。有一群瓦剌士兵，要剥取其衣甲，见他的衣着特别华美，就推拥着他，交送也先之弟赛刊王。明英宗就如此被俘，史称为土木之变。在交战的最后关头，护卫将军樊忠挥棰，将王振捶死，并怒吼："吾为天下诛此贼！"（《明史纪事本末》卷三十二《土木之变》）此战，"骡马二十余万，并衣甲辎重，尽为也先所得。"（同上）

同年十月，也先进围北京。于谦率领北京军民英勇奋战，打败也先。瓦剌伤亡惨重，只能退兵。次年，也先被迫将明英宗送还，恢复正常通贡和互市贸易。

也先与瓦剌帝国

鞑靼与明朝和好之后，内部矛盾开始激化。也先与脱脱不花一向不相睦。也先后乘脱脱不花与阿噶多尔济兄弟内讧，拉拢阿噶多尔济，打败脱脱不花，尽收其妻妾、太子及部属。脱脱不花汗逃至兀良哈地方，被其已休前妻之父沙不丹（清代译为彻卜登）擒杀。也先随后诱杀阿噶巴尔津济农及其部众。

于是也先自称"天圣大可汗"，建号"添元"。也先在加强西部蒙古的管理之后，打败阿鲁台，统一东蒙古。其势力所及，西起中亚，东接朝鲜，北连西伯利亚南端，南临明边，致使"漠北东西万里，无敢与之抗者"，形成了空前庞大的瓦剌帝国（卫拉特帝国）。

瓦剌分散与衰落

也先与其弟死后，瓦剌部落分散，逐渐衰落。一部分瓦剌人向青海、甘州等地陆续转移。

也先之后约一百五十年，哈剌忽喇兴起。

哈剌忽喇也出身于准噶尔部。他与同时的和硕特部首领拜巴噶斯，先后为瓦剌四部盟主。此时瓦剌的分布地在额尔齐斯河左岸低洼地带，其牧场地可达伊赛（一作塞）克湖。

明末清初时期的瓦剌

明末到清初，是瓦剌历史的新时期。卫拉特盟主固始汗，为了减轻沙俄和喀尔喀蒙古的攻击压力，实行远交近攻。崇祯八年（1635）遣使归顺后金，顺治三年（1646）与卫拉特各首领二十二人联名奉表贡，进一步归入清朝的主权版图。

17 世纪 30 年代，瓦剌的一支土尔扈特部因受准噶尔部排挤和侵扰，其部五万余帐，西迁进入额齐勒河（今伏尔加河）流域，在乌拉尔河与伏尔加河之间建立了著名的卡尔梅克蒙古部落。

瓦剌的和硕特部部分民众跟着土尔扈特部西迁进入伏尔加河流域，部分留居乌鲁木齐周围和塔尔巴哈台地区，由固始汗的大哥（后由大侄子鄂齐尔图汗）领导，几乎同时，固始汗一支的四万民众东进青藏高原的青海一带。

固始汗原游牧于天山北麓，后受到准噶尔部的排挤，转移至天山南麓发展。后来，他的部落国一度返回天山北麓，因此与俄罗斯力量冲突：崇祯三年（1630）遣使去乌法与俄国地方当局接触，崇祯七年（1634）与俄国冲突。

崇祯七年，西藏格鲁派摄政者索南群培及名义领袖五世达赖及其师父四世班禅希望他成为护法王，共同致信固始汗，请求其出兵救援。崇祯九年（1636），固始汗亲自赴拉萨与达赖商议出兵事宜，受达赖五世、班禅四世赠予的"丹增却杰"（执敬法王）称号。

崇祯十年（1637），固始汗率军进入青海，歼灭却图汗，控制青海区域，建立和硕特汗国。崇祯十三年（1640）又发兵西康，灭苯教政权的顿月多吉。此后，他佯称接到达赖旨意返回青海，实则在崇祯十四年（1641）突袭西藏，并于崇祯十五年（1642）攻占西藏当时的王国首都日喀则，灭噶举派的藏巴汗政权（噶玛王朝）。

崇祯十五年（1642），固始汗和五世达赖、四世班禅，决定和在东北盛京（沈阳）建立的清政权进一步建立联系，派遣伊拉古克三呼图克图为代表前往，次年到达盛京，清太宗皇太极立即率领亲王、贝勒、大臣等出城迎接。

顺治三年（1646），固始汗与卫拉特各部首领二十二人联名奉表贡，进一步归入清朝的主权版图。

康熙四十四年（1705）拉藏汗时期，要求清朝介入管理西藏内部事务，西藏进入清朝的具体管理版图。

康熙五十六年（1717），准噶尔汗国军队发动突然袭击，攻入拉萨。康熙五十七年（1718），清朝出兵入藏，清朝与准噶尔进入战争时期。

瓦剌和硕特部领袖

领　袖	姓　名	在位时间
固始汗	朋固始	1606—1656 年
鄂齐尔图汗	朋鄂齐尔	1656—1675 年
达延鄂齐尔汗	朋达鄂齐	1644—1670 年
达赖汗	朋素克	1671—1701 年
拉藏汗	拉藏朋延	1701—1717 年
青海右翼首领	罗卜藏丹津	1714—1755 年

瓦剌准噶尔部领袖

名　号	在位时间
巴图尔珲台吉	1634—1653 年
僧格	1653—1671 年
噶尔丹	1671—1697 年
策妄阿拉布坦	1697—1727 年
噶尔丹策零	1727—1745 年
策妄多尔济那木扎尔	1745—1750 年
喇嘛达尔扎	1750—1753 年

名 号	在位时间
达瓦齐	1750—1755 年
阿睦尔撒纳	1755—1755 年

瓦剌土尔扈特部领袖

名 号	在位时间
和鄂尔勒克	1628—1643 年
书库尔岱青	1645—1667 年
朋楚克	1667—1670 年
阿玉奇	1670—1724 年
策凌敦多布	1724—1735 年
敦罗卜旺布	1735—1741 年
敦罗布剌什	1741—1761 年
渥巴锡	1761—1771 年

九、清朝康雍乾三代平定准噶尔叛乱之战

清朝灭亡准噶尔国，是汉族参与的清军消灭匈奴后裔叛乱的最后一战。

汉族参与消灭匈奴后裔叛乱的最后之战，体现在三个方面：经济上，除了汉族生产的粮食、商业税收，提供军

费，还包括制造兵器、军服、辎重等等，提供军备；军事上，除了运用汉族的兵法和谋略，清军中还有大量汉族官兵参战；政治上，坚持和贯彻中国自古以来大一统的治国思想的最高原则。

准噶尔国的来源

准噶尔汗国，是准噶尔部（卫拉特地区的一支）的首领噶尔丹于康熙十五年（1676）打败卫拉特盟主鄂齐尔图汗之后，于康熙十七年（1678）把松散的联盟体制步步改变为集权的政权体制后建立的君主制国家。

准噶尔部，原是和明朝对峙的瓦剌部。后来瓦剌部在崛起的蒙古鞑靼部打击下向西迁移并发生分裂，又被称为卫拉特部，下面又分为准噶尔部、和硕特部、土尔扈特部和杜尔伯特部四部，也称为漠西卫拉特。所辖地区北至额尔齐斯河、鄂毕河、叶尼塞河上游地区，南至天山，东到阿尔泰山和蒙古杭爱山分界线，西包巴尔喀什湖地区。

准噶尔部到 17 世纪强大起来。明崇祯七年（1634），准噶尔部的首领哈喇忽剌去世，其子巴图尔即位首领。巴图尔被称为巴图尔珲台吉。

卫拉特盟主固始汗于明崇祯八年（1635）遣使至盛京贡马匹、方物，归顺后金。

固始汗归顺后金的原因是这个时期沙俄在西北侵略卫拉特区域，彼此冲突；而东方的喀尔喀蒙古与卫拉特也冲突，1636 年喀尔喀攻打卫拉特，所以固始汗使用远交近攻的方法以求自保。

他对外扩张疆土，并在崇祯十一年（1638）在博克塞里（今博克赛尔蒙古自治县）建成自己的城；崇祯十三年（1640）参与制定《喀尔喀–卫拉特法典》。此前后金已于崇祯九年（1636）改国号为清。

在哈萨克草原东北方的塔尔巴哈台地区，瓦剌的另一支绰罗斯首领巴图尔洪台吉（意为勇士皇太子）也建立了一个政权并连续两次击退俄国的侵略，迫使俄国承认了自己的独立并与之建立外交关系，彼此互通贸易。在崇祯十六年（1643），巴图尔领导了一次伟大的远征，进入并占领了七河流域地区，迫使大多数大玉兹部落氏族向他臣服。

卫拉特各部首领于清顺治三年（1646）联名归顺清朝，清廷赐以甲胄弓矢，命其统辖诸部——确定了主权关系，青藏高原和新疆等地正式纳入清朝的主权版图。

清顺治五年（1648），巴图尔珲台吉授命喇嘛咱雅班第达将过去的蒙文改造而制定成"托沁"文字，作为准噶尔的统一文字。

顺治十年（1653），巴图尔珲台吉去世，其第五子僧格继承台吉。但其众兄弟不服，起兵反叛，内战爆发，至17世纪60年代，僧格才平定了叛乱。

康熙十年（1671），僧格被自己的两个哥哥——车臣和卓特巴巴图尔暗杀，他的三个儿子都年小，台吉位难以得到延续。

于是他的弟弟——正在西藏学习佛学的噶尔丹（僧格的同母弟，一作异母弟）征得老师五世达赖喇嘛的同意，还俗，快速回国。他潜回伊犁后，在和硕特首领兼卫拉特盟主的鄂齐尔图车臣汗援助下，擒杀了车臣，并将卓特巴巴图尔赶往青海。噶尔丹自立为准噶尔汗，称为"博硕克图汗"。

在此之前，其首领是"台吉"，地位低于汗，更不是汗国（汗分为部落汗与国家汗两个层次）。

噶尔丹并娶固始汗的女儿（一说孙女）阿奴、阿海两姐妹为可敦（妃子）。

噶尔丹首先统一西蒙古诸部，把松散的联盟步步改变为自己垄断权力的汗国。

准噶尔国的建立、疆土和灭亡

康熙十五年（1676），噶尔丹打败卫拉特盟主鄂齐尔图汗。

康熙十七年（1678），噶尔丹出兵南疆，进攻叶尔羌的黑山派和喀什噶尔的白山派，占领叶尔羌汗国。噶尔丹通过把准噶尔首领的台吉地位上升为汗王地位，正式建立了准噶尔汗国。

准噶尔国的首都在伊宁，卫拉特语为官方语言。作为蒙古族国家，信奉藏传佛教。

康熙十七年（1678），巴图尔将土尔扈特部向西压迫，致其与杜尔伯特部、和硕特部的一部被迫迁到了伏尔加河下游地区；向东压迫杜尔伯特部，夺其领地，逼其内附清朝，并企图兼并和硕特部，入侵青海。

准噶尔部又击败哈萨克人，翻过天山征服回部诸察合台汗及伊斯兰教派白山派与黑山派等地。

准噶尔部飞兵拉萨，凌摄西藏，终于建立起强大的准噶尔汗国。

准噶尔汗国成立之初，连续两次击退俄罗斯的侵略，迫使俄罗斯承认了准噶尔汗国，两国互通贸易。

准噶尔汗国的疆域北接额尔齐斯河、鄂毕河、叶尼塞河上游，南到西藏阿里地区，西包巴尔喀什湖，东至蒙古萨彦岭及色楞格河流域，极盛时达四百多万平方公里。

根据边城玫女的《中国历代疆域面积考》，准噶尔国在康熙三年（1664）国土面积有325万平方公里；康熙三十一年（1692）国土面积达474万平方公里；雍正十二年（1734）疆域缩水为227万平方公里。

乾隆二十二年（1757），清军平定阿睦尔撒纳的叛乱，完全控制卫拉特区域，准噶尔汗国灭亡。

准噶尔部自明朝到康熙十七年（1678），约有三百年的历史。准噶尔汗国的历史自康熙十七年（1678）到乾隆二十二年（1757），前后共八十年。

准噶尔国叛乱和清军的平叛战争

卫拉特盟主固始汗于明崇祯八年（1635）归顺后金，卫拉特各部首领于清顺治三年（1646）联名归顺清朝。所以噶尔丹国的建立改变了卫拉特与清朝的主从关系，标志着卫拉特蒙古的重新独立。

当时噶尔丹兵强马壮，青海以西，葱岭以东，天山南北，不论何部落，一闻准噶尔兵来，莫不举家奔逃。

从康熙十三年到二十二年（1674—1683），噶尔丹紧密勾结沙皇俄国，几乎每年派人与沙俄勾结。他得到沙俄的怂恵和支持,并"企图同俄国订立军事同盟和求得俄国给予'军队和枪炮'的援助"。

于是,噶尔丹在征服了西方的哈萨克汗国之后,便集结兵马和清朝中央政府互相争夺原漠南、漠北。

康熙二十七年（1688),噶尔丹发动叛乱。他勾结俄国,兴兵东征,突然率兵越过杭爱山,大举进攻土谢图汗。与土谢图汗等喀尔喀四部鏖战三日,大败喀尔喀。噶尔丹占领了东蒙古。

准噶尔大军攻入漠北,喀尔喀土谢图部车臣部等迎战失败,喀尔喀蒙古诸部拒绝俄国的诱降,率领喀尔喀三部蒙古军民数十万人南迁,逃入内蒙古,投奔清帝国。

康熙二十九年（1690)年五月,康熙帝已得知噶尔丹借兵俄罗斯,将进犯内地,立即传谕在北京的俄国使臣吉里古里、伊法尼齐:"噶尔丹迫于内乱,食尽无归,内向行劫。今仍扬言会汝兵同侵喀尔喀,喀尔喀已归顺本朝,倘误信其言,是负信誓而开兵端也。"（《清圣祖实录》卷一四六。）批评噶尔丹叛乱和警告沙俄勿介入中国内战。

六月,噶尔丹仿效成吉思汗,率军两万,进攻清帝国。噶尔丹向漠北喀尔喀蒙古进攻后,率军追杀进入内蒙古,向漠南喀尔喀蒙古进攻,俘掠人口,抢劫牲畜。喀尔喀诸部首领都无法抵挡,于是联名向康熙皇帝求救。

清军初期"违命轻战"而失利,噶尔丹军乘势渡过西拉木河,深入到乌兰布通（今内蒙古昭乌达盟克什克腾旗南境),距北京仅七百里。

康熙决计亲征,组织左右两路大军,分别出古北口和喜峰口。八月一日，双方大战于在萨里克河边的乌兰布通峰（今内蒙古克什克腾旗境内）。两军拼全力恶战，双方死伤枕藉。

噶尔丹虽然英勇善战，并发明了著名的"驼城"战术，但仍然在乌兰布通之战中被装备有重型火炮的清朝军队打败。清军大败噶尔丹军，噶尔丹乘夜向北溃逃。

与此同时，策妄阿拉布坦率军进攻噶尔丹后方，控制了北到额尔齐斯河上游、东到乌布苏湖的整个地区，包括吐鲁番、库车等新疆的广大领土，从背后形成了对噶尔丹根据地科布多的包围。

噶尔丹之死

撤回根据地的噶尔丹已陷于两大强敌的夹击之中，但他认为只要击败清朝军队，打通自己向东的通道，策妄阿拉布坦便不足挂齿。于是，在1695年，噶尔丹再度进兵喀尔喀，这时的喀尔喀已被清占领。

康熙三十五年（1696）二月，康熙帝再次亲征，发兵十万，分三路大举出击。五月十三日，西路军在昭莫多（今蒙古国乌兰巴托以南的宗莫德）大败噶尔丹军。噶尔丹的大妃阿奴也在此役中战死。最终，他的三万铁骑难以击败康熙的二十万大军，大败亏输，而这时，策妄阿拉布坦又夺取了他控制下的哈密，切断了他的回路，他只能逃亡。此战史称昭莫多之战，是清政府与西蒙古赌上命运的决战。

一年后，即康熙三十六年（1697）二月，康熙帝发动第三次亲征。他命费扬古、马恩哈分别统率两路大军，共六千人，由宁夏出发，进剿噶尔丹残部。三月十三日，噶尔丹众叛亲离，军队只剩下五六百人，在阿尔泰的阿察阿穆塔台服毒自杀（一说被人杀害）。四月康熙帝亲赴宁夏，指挥这次军事行动。正当清军进发之时，闻说噶尔丹饮药自尽。

策妄时期的战局

翌年（康熙三十七年，1698）九月，噶尔丹的侄子策妄阿拉布坦继任准噶尔部台吉，遣使清朝，献上噶尔丹尸体，向清朝臣服。次年，策妄阿拉布坦正式即位，继承准噶尔汗国。

策妄阿拉布坦与其儿子噶尔丹策零统治时期（1698—1745），准噶尔部又逐渐强大起来，是准噶尔汗国的鼎盛阶段，领土范围包括乌兹别克斯坦、新疆、青海、蒙古高原西部、今哈萨克斯坦、阿富汗等广大地区，人口超过五百万，拥有三十万大军，数次击败清朝军队。

康熙三十八年（1699），策妄阿拉布坦率兵占据哈萨克草原南部，侵犯土尔扈特，控制南疆回部六城，在控制整个天山南北之后，兵锋直指西藏。

康熙五十五年（1716），准噶尔汗国偷袭西藏，十一月派兵六千，南下翻越昆仑山脉，选择一条人迹罕至的小路，"涉险冒瘴，昼伏夜行"，于次年七月到达藏北。十月底，攻入拉萨，杀死和硕特汗国最后一任君主拉藏汗，和硕特汗国灭亡。

康熙五十七年（1718），清朝由青海出兵入藏，与准噶尔军在藏北那曲喀喇乌苏河进行的一场战斗，使清军全军覆没。史称喀喇乌苏之战。

康熙五十九年（1720）年，清朝第二次出兵，赶走准噶尔军，清朝在拉萨设立驻藏大臣。

康熙六十一年（1722），康熙去世。清廷驻西宁的抚远大将军胤禵回京奔丧，和硕特首领罗卜藏丹津认为时机已到，于雍正元年（1723）五月发动叛乱。雍正命川陕总督年羹尧率军和四川提督岳钟琪协同镇压。经过激烈战斗，次年二月，彻底平叛，清廷统一了青海。

雍正时期的曲折和乾隆平定叛乱

雍正五年（1727），策妄阿拉布坦去世，其子噶尔丹策零即位。雍正帝发军进攻准噶尔，结果大败，清军退出科布多。

雍正七年（1729），雍正帝亲征，发兵西北，远征准噶尔。至雍正十一年（1733）冬，历时四年半，经过科舍图之战、和通淖尔之战、额登楚勒之战和光显寺之战，共四次大的战役，双方互有胜败，最后以准噶尔遣使求和告终。

但议和曲折很多，直至乾隆四年（1739）才达成协议。双方以漠北阿尔泰山和杭爱山为界，以东属清，以西属准噶尔。

乾隆十年（1745），噶尔丹策零去世，其子策妄多济那穆扎勒即位，称为阿占汗，他年少又荒唐不理政务，汗国长年陷于内乱。乾隆十八年（1753），猛将策零顿多布之孙达瓦齐即位。

达瓦齐登位后，暴虐混淫，倒行逆施。达瓦齐与策妄多济那的外孙阿睦尔撒纳因领地纠纷，掀起战争。阿睦尔撒纳战败，率所属两万多人投向清朝。

　　乾隆二十年（1755）二月，乾隆乘阿穆尔撒纳投奔清廷，并作为向导进攻准噶尔汗国，趁准噶尔内乱之机出兵五万人分西北两路向伊犁进军，不到一百天，于五月五日就进占伊犁。达瓦齐率军抵抗，率兵六千人扼守伊犁西北一百八十里的格登山（今新疆昭苏县境内），大小战役数十次。六月，清军侍卫阿玉锡率骑兵二十二人夜袭达瓦齐大营，达瓦齐军大惊，不战自溃，黎明收降七千余人，达瓦齐仅带两千人仓皇南逃。此战史称清征达瓦齐之战。

　　阿睦尔撒纳图谋当四部总汗、独占西域未遂，于当年八月又起兵反清。乾隆二十一年（1756）正月乾隆派兵反攻，镇压准噶尔叛乱，二月至伊犁。阿睦尔撒纳多次使诡计逃脱追捕，在北疆再次起兵。

　　至乾隆二十二年（1757），由于内讧加之北疆地区痘疫流行，叛军无力抵抗，不战自溃。阿睦尔撒纳逃往哈萨克，六月，兆惠、富德追击至哈萨克。阿睦尔撒纳又逃入沙俄，染天花病死，沙俄将其尸体交给清朝。准噶尔汗国至此告终。

　　乾隆二十四年（1759）八月，兆惠率清军抵达喀什噶尔，收捕准噶尔残部，平定了支持阿睦尔撒纳的大和卓波罗尼都和小和卓霍集占兄弟的叛乱。此年秋，天山南路完全平定，至此天山南北尽并入清帝国版图。

　　从康熙二十九年（1690）噶尔丹开始进攻，到乾隆二十年（1757）清军最后平定叛乱，历经康熙、雍正、乾隆三朝，前后六十七年。清廷为此付出极大代价，耗费了大量人力和物力，维护了国家的统一，收复和巩固了西北边防，抑制了沙皇俄国的侵略势头。但是丢失了大量领土。

清廷与准噶尔战争中失去的领土

康熙在与准噶尔战争期间，割让大批领土给俄国。

拙著《临朝太后——从吕太后到慈禧》[①]在孝庄太后章中，专列"康熙在孝庄时期丢失大批领土的重大失误"一节，批评康熙丢失领土的重大失误。

康熙于孝庄太后去世的第二年，即康熙二十八年（1689）与俄国订立《尼布楚条约》，划定中俄东段边界。20世纪史家赞语他的这个条约是平等的条约，保护了中国的领土。实际情况不是如此。

亚洲北部的西伯利亚到海边的土地，自远古的匈奴、丁零等民族居住于此以来，历来是中国的领土。这个地带以北由于寒冷等原因，是无人区，明代的疆域图一直延伸到北冰洋。

沙皇俄国越过乌拉尔山和乌拉尔河，逐渐东侵，于17世纪初明清战争激烈进行的时刻，加紧侵略的步伐，不断蚕食中国的领土。清初，蒙古族的一部分自立为准噶尔国。准噶尔国不断内侵新疆、青海和西藏，给清朝以极大的压力。俄国不断进攻准噶尔国。准噶尔国抵挡不住俄国的进攻，俄国不断蚕食准噶尔国自里海东岸到西伯利亚的广袤地区，并逐步占领了这个地区。

---

① 上海锦绣文章出版社，2012年。

俄国也不断侵占清朝的北方和东北领土。康熙二十五年（1686）清朝政府致书沙皇，提出"分立疆界，各毋得逾越，则两国人民均得宁居，不失永相和好之意"。在订立《尼布楚条约》之前，康熙迫于叛乱的准噶尔国的压力，为了避免与准噶尔国和俄国两面作战，主动放弃属于蒙古祖先（自远古的匈奴到蒙古）的贝加尔湖以东、以西、以北，至格尔必齐河和额尔古纳河以北的大片领土，割让给俄国，并把乌第河南北两侧外兴安岭之间更为广大的地域留作未定界地区，然后于康熙二十八年（1689）签订《尼布楚条约》。在签订条约时，清政府在领土方面又做了很大的让步，将尼布楚周围及其以西原属中国的领土让给了俄国，以换取俄军撤出雅克萨。

俄国乘中国内战困难的时候不断占领中国的领土，《蒙古族通史》批评了康熙这种主动丢弃领土的做法，清史专家也有同样的批评（见下文论述雍正丢失领土一段），这些批评无疑是正确的。

拙著《临朝太后——从吕太后到慈禧》的慈禧一章，又专列"清朝前期和中期丢失的中国领土"一节。

当今的史书在评论清朝的功绩时，颇为赞赏清朝的领土版图最大，在统一中国方面成就卓著。

当今的史书一般都说康熙和俄国签订的《尼楚布条约》是中俄第一个平等的条约。于是学者和读者一般都认为康熙保住了中国领土的完整。本书前已言及，实际情况完全相反，中国领土在康熙时期已经大批丢失，丢失的国土面积非常庞大。

因为贝加尔湖及其周围皆是中国领土，而贝加尔湖的北面是无人区，因此按照历史地图，明朝的北方边境自然延伸到北冰洋为止。但在俄国的军事东侵下，乌拉尔山以东的大批土地，在清代逐渐被俄国占领。明末清初，叛乱、分裂的准噶尔国，抵挡不住俄国的进攻，损失大批领土；康熙、乾隆时期，又因准噶尔国叛乱势力的猖獗内侵，为避免两面作战，清政府被迫放弃大批领土给俄国，但俄国依旧不断入侵，造成中国大批领土损失。鸦片战争之后，俄、法、英、日迫使清政府割让大批领土和属国。

准噶尔国的领土损失也很大。

在康雍乾时期，原属中国而搞叛乱、分裂的蒙古族的准噶尔国，在俄国的连续军事进攻下，被迫退出西伯利亚地区，将领土全部丢失给俄国。

中国人民大学清史研究所郭成康等著《康乾盛世历史报告》叙述：

准噶尔在西北的疆域范围对清朝划定西北疆界影响很大，17世纪20年代，准噶尔曾与俄国进行边界谈判，双方确定的界线是沿鄂木河和鄂毕河上的黑角一线，此线以北的领土划归俄国，此线以南归准噶尔。由于沙俄的侵略，准噶尔北界逐渐向南推移，据《皇舆西域图志》《平定准噶尔方略》等清代历史文献和俄国文献记载，17世纪中叶以前，准噶尔在塔拉斯以北的西界大致是：从鄂木河口溯额尔齐斯河而上至亚梅舍沃斯克，向南经巴尔喀什湖之西，穿楚河中游到塔拉斯（今江布尔）。到 18 世纪中叶，准噶尔疆域除西界中的一段稍有变化外，从乌斯季－卡缅诺哥尔斯克向南沿阿亚古斯河到巴尔喀什湖，然后自巴尔喀什湖之西，穿楚河中游到塔拉斯一段变化不大。《平定准噶尔方略》记载：爱古斯河在 18 世纪已成为当时准噶尔与哈萨克的边界。塔拉斯以南的疆界，《皇舆西域图志》中说："又一支经图斯库勒南，西北行，至吹郭勒南。又一支亦西北行，经塔拉斯郭勒南，皆属准部旧疆"。

18 世纪初，准噶尔部首领策妄阿拉布坦就疆界问题向俄国提出抗议，指责俄国在准噶尔的领土上建立比斯克和比卡图斯克要塞，并声明托木斯克、克拉斯诺亚斯克和库兹涅茨克是准噶尔的领土。雍正七年（1729），准噶尔与俄国就疆界问题举行谈判，准噶尔首领再次抗议俄国的入侵。噶尔丹策零继位后，绘制了准噶尔地图。后来，准噶尔人又获得了清朝绘制的西北疆域，这幅地图的地名以蒙古托忒文标注，是我们很少见到的卫拉特人使用托忒文标注的地图，具有很高的学术价值。

综上所述，18 世纪中叶，由于沙俄的入侵，准噶尔南移，其西北疆域界线大致是从库兹涅茨克、比斯克、恰雷什斯克到乌斯季—卡缅诺哥尔斯克，向南沿阿亚古斯河到巴尔喀什湖，然后自巴尔喀什湖之西，穿楚河中游到塔拉斯。塔拉斯以南，准噶尔的疆域界线大致是自塔拉斯向东，沿塔拉斯山脉，然后向东南，沿费尔干纳山脉，到其东南端与阿赖山脉相接处。

清朝对新疆地区的地图绘制是在乾隆朝统一天山

南北以后进行的。何国宗测量天山北路，明安图测量天山南路，远至塔什干、萨玛尔罕及克什米尔。刘统勋负责考察采访，绘制了52幅地图，其中比较重要的都收集到《西域图志》中。我们以手中所掌握的几幅准噶尔在西北的疆域图：雷纳特1号图和雷纳特2号图与清朝绘制的《乾隆内府舆图》《西域全图》进行比较研究，可以看出，清朝当时绘制的全国地图，完整地包括了准噶尔统辖的疆域。

康熙为了避免两面作战，并希望俄国停止支持准噶尔，主动割让领土示好。但是俄国得寸进尺，贪得无厌，不断寻机侵占清帝国的领土。

康熙年间的《尼布楚条约》的内容是划定中俄东部边界，而雍正六年（1728）《恰克图条约》则是划定中俄中部条约。在《恰克图条约》中，中国给予了沙俄大片领土，并以条约形式正式放弃了贝加尔湖的主权。

雍正五年（1727）冬，策妄阿拉布坦去世，其子噶尔丹策零继位后，在沙俄支持下，继续侵扰大清的西北边境。清帝国在康熙晚年，吏治腐败，军备也渐趋废弛，而雍正上任伊始，改革才刚刚开始，要避免外界的压力过大，急需创造一个相对平稳的国际环境。

当时的俄罗斯，经过彼得大帝的改革，俄罗斯各方面实力都得到了显著的提高，就综合军事实力而言，已经超过了清军的实力。北方战争的胜利扭转了俄罗斯对瑞典的劣势，并获得了波罗的海出海口。西部战略的成功进行使得俄罗斯有了更多的精力来投入到远东战线。

俄国狡诈地拉拢和利用蒙古部落和准噶尔汗国来削弱大清的实力，以谋求最大利益。因此在噶尔丹策零继位后，俄罗斯提供了大量的武器支援，并不断挑拨清、准之间的矛盾，同时不断侵扰边界待定的喀尔喀蒙古区。

出于西北压力和国内压力过大，雍正皇帝决定跟俄罗斯在桌面上解决中俄中部边境问题，以便集中精力攘内。

于是雍正六年六月二十五日，中俄两国全权使臣在恰克图正式签订了两国政治、经济、宗教等方面的总协议《恰克图条约》。

期间清方一直在有条件地让步，除了限制俄罗斯在喀尔喀的军事入侵以外，还要求俄罗斯断绝对准噶尔的军事支援。而俄罗斯一贯在得寸进尺，并最终成功地索取了大片领土。

条约规定东起额尔古纳河，中经恰克图附近的楚库河（赤奎河），西迄唐努乌梁海地区西北角的沙毕纳伊岭（即沙宾达巴哈）的边界走向，中间竖立界碑，以南属于中国，以北属于俄国。

当时清政府认为割让喀尔喀蒙古地区损失不大，这里本就经济落后，不仅没有税收，还要靠朝廷出资补救，而且对喀尔喀的削弱可以更容易对漠北蒙古的控制。缺乏深谋远虑的清朝皇帝就这样丢失了资源丰富、土地肥沃、森林密布的大好河山。

十、《蒙古族通史》匈奴祖先与后裔扩大化的评论

拙著《汉匈四千年之战》是国内外学术界第一部完整梳理和记叙汉匈战争的著作，也是国内外学术界第一部完整梳理和记叙匈奴及其后裔的历史著作。

在拙著《汉匈四千年之战》出版之后出版的《蒙古族通史》，也是一部完整梳理、记叙匈奴及其后裔的著作。

内蒙古师范大学教授泰亦赤兀惕·满昌主编的《蒙古族通史》（四册，20万字），是蒙古史最新的巨作，取得很高的学术成就。

《汉匈四千年之战》和《蒙古族通史》两书都认为，蒙古是匈奴的后裔，鲜卑、突厥、契丹皆为匈奴的后裔。

但两书有两个最大的不同。

其一，《汉匈四千年之战》完整写出汉族与匈奴至蒙古的战争，最先填补了中国和世界战争史的这个空白。《蒙古族通史》战争史欠完整，很多战争和战役没有记叙，记叙的有关战争内容简略，未能写出全貌。

其二，《蒙古族通史》将夏、商两朝、女真和金朝也划入蒙古史，认为他们是蒙古人，《汉匈四千年之战》没有这样的观点，这是不同的学术观点。

《蒙古族通史》认为女真是蒙古的一支，但对女真人的后裔满族是否也是蒙古人，却没有提到，这是一个疏漏。此书第四册第477页，提到女真、后金，第481页提到努尔哈赤统一女真、新崛起的女真等等，那按此书的思路，

照理满族也是蒙古人，但此书没有提出这样的观点。

《蒙古族通史》认为日本人、印第安人也是蒙古人的一支。《汉匈四千年之战》与之无关，故而未曾提及。

此书附录第一章日本人是蒙古语族人，第一节日本人是海上蒙古人；第二章美洲印第安人是蒙古人的分支，认为蒙古人、印第安人都是蒙古人。

笔者认为，《蒙古族通史》将夏、商两朝、女真和金朝也划入蒙古史，认为他们和日本人、印第安人是蒙古人，将匈奴的祖先和后裔扩大化了。

我于1999年起念撰写关于"汉匈之战"方面的书。2000年，赵伯陶兄参与乔力先生主编的"文化中国"大型丛书，任编委，他向乔力先生推荐笔者。我提出了《汉匈四千年之战》的选题，乔力先生推荐给济南出版社副社长丁少伦先生，未成。2002年，时任上海画报出版社副社长张仲煜（在华东师范大学就读时是我的学生）前来约稿，我给他"历史新观察"书系三种的选题，由该社社长兼总编邓明先生亲任责编。第一种即《汉匈四千年之战》，于2003年7月交稿。邓明先生说，今年的上海出版重点项目已经确定，此书明年申报上海重点出版项目，然后出版。又因邓明先生特忙，编辑工作来不及完成，结果该书于2004年5月作为当年的上海重点出版项目出版，并作为国家新闻出版广电总局、上海市人民政府主办的首届上海书展的重点书，举办作者签名售书活动。

同年12月，辽宁民族出版社出版了泰亦赤兀惕·满昌主编《蒙古族通史》。

《蒙古族通史》的主编满昌在本书《后记》（2004 年 5 月）中介绍，他们于 2002 年开始组织写作人员，分工合作，展开了全面工作。2004 年 4 月脱稿，递交出版社审定。

　　关于《蒙古族通史》的主要学术成就，此书的编写委员会主任委员、内蒙古自治区副主席宝音德力格尔（出版时任区人大常委会副主任）为此书所作的序（作于 2003 年 2 月 10 日）认为："满昌教授主编这部多卷本《蒙古族通史》着重编写了 13 世纪以前的蒙古史，填补了诸多蒙古史书在历史记述中的空白，将蒙古史从远古时代到中世纪时期连接起来，使蒙古史的脉络更清晰完整，更加系统化、条理化、科学化，客观、真实地勾勒出蒙古民族作为中华民族的一员在中国历史发展过程中的地位和作用，为世人完整地、系统地学习和了解蒙古史提供了翔实的史料。"

　　在审议《蒙古族通史》的时候，审议专家大加赞赏，称该书开创了蒙古学、蒙古史学的新篇章，树立了蒙古史的里程碑——"金字塔"；是继《蒙古秘史》《史集》《元史》后的第四部大作；是 21 世纪的第一部，第三千年的首卷；等等。

　　此书关于蒙古族历史的新观点，主编满昌在此书《前言》（2003 年 3 月）中写道：蒙古民族族称——"蒙古"这一专用名词，在蒙古民族形成的当初便已具有，并且在蒙古诸部落之中以"蒙古"称号流传下来，而且早在 5000 年前便以"蛮"之简称出现了，如《史记·五帝纪》称"蛮""北蛮"等。《路史后记》曰"名其地曰绝蛮之野"，《国语·郑语》曰"南有荆蛮"，《史记·匈奴传》称蒙古为"百蛮"，称胡奴为"百蛮之长"。《汉书》《后汉书》称"南蛮",《新书》《盐铁论》等史籍也有"蛮氏""蛮貊"的记载。拉施德《史记》也有"蛮"为蒙古、"突厥蛮"为突厥蒙古的记载。文献称"蛮""蛮夷""蛮戎""百蛮"等,统称为"百蛮"或"北蛮"。这个"蛮"便是荤粥、猃狁、北狄、胡奴(匈奴)等,便是蒙古高原上的蒙古诸部落的统称——蒙古也。

又说:"从史学的观点看,中国史的一半是蒙古史,从年代上考虑,可能一半还多。这就是说蒙古史应该单独列为一个系列,蒙古社会发展过程证实了这一点。"

本书《前言》还指出,人类学家从非洲、亚洲、欧洲发现古人类化石,得出人类起源于类人猿、"从猿到人"的科学结论,并以三大洲的人类体质特征将人类划分为蒙古人种、欧罗巴人种、尼格罗－澳大利亚人种(或赤道人种)三大人种。人类学家认为,人种(或种族)是由人类体质外表形态形成的人群,是具有共同的遗传体质类型的人们的组合体。现代的一切人种是一个单一的统一体,属于同一的种属,具有共同的基本体质特征。现代各人种之间有些形态的差别,并不属于种与种之间的差别,只是属于动物的亚种之间的差别,全人类是一小单元的统一体——智人种。

根据上述情况,人类学家将全世界现代人类划分为三大人种,这三大人种都具有独自的特点。尼格罗－澳大利亚人种,主要是指非洲黑人和澳大利亚土著人。欧罗巴人主要分布在欧洲,16世纪初开始扩展到亚洲、北美洲、拉丁美洲等地。蒙古人种主要分布在包括辽阔的蒙古高原在内的整个亚洲地域和北美洲、拉丁美洲三大洲。

三大人种的各人种也可以划分几大类型，如：尼格罗 –
澳大利亚人种分为：尼格罗（neger）系列和澳大利亚土著人
系列两大系列。欧罗巴人种可分为：印度、巴基斯坦和阿
拉伯系列，称南支；高加索地区和斯拉夫系列，称中间支；
日耳曼系列，称为北支。蒙古人种分为：马来 – 波利尼西
亚系列、汉藏语系系列和蒙古系列。

一般来说，蒙古人种是土生土长的当地居民，他们主
要分布在亚洲、北美洲、拉丁美洲（南美洲）三大洲。蒙古
种族中虽然有众多游牧民族的种族，但他们的迁徙移动主
要还是自己的传统地带。16 世纪末 17 世纪初在黑海以北
高加索地段、乌拉尔地区出现的中间类型和混血种人，介
于欧罗巴人和蒙古人之间，是因为欧罗巴人种和蒙古人种
的杂居形成的。人类人种的各种类型的形成和过渡类型的
形成，是在人类的起源和人类社会历史发展过程中自然形
成的。

从语言的类型上看，蒙古人种是以三大类型组成的，
即：汉藏系列、马来 – 波利尼西亚系列和蒙古系列。汉藏
系列是以汉语族、藏缅语族、泰语族、苗瑶语族、越南语
族等语族语系组成；马来 – 波利尼西亚系列是以印度尼西
亚语族、波利尼西亚语族、美拉尼西亚语族、菲律宾和我
国台湾省高山族南岛语系等语族语系组成；蒙古系列是以
蒙古人、蒙古语族人、蒙古利亚人等组成。有些人将蒙古
人种说成是黄色人种、蒙古利亚人种、亚洲人种等，这是
不懂得人类学、人种学的概念不清的混乱提法，是喧宾夺

主的偏见。

人类学家所说的"蒙古人",在广义上是指蒙古系列——全体蒙古种族。这个蒙古人——蒙古系列是以蒙古人、蒙古语族人、蒙古利亚人组成的。蒙古人、蒙古语族人、蒙古利亚人,乃是一个血统的亲缘种族。这些蒙古种族人,多少万年前的远古时代,起源于蒙古高原——蒙古大地,在此兴起、谋生、发展。后因自然界的变化和人类社会的发展,这些蒙古种族人漂洋过海,迁徙到世界各地,开辟新世界,创造新文化。

学术界认为蒙古人是人类三大人种之一,是蒙古人种、蒙古种族的中流砥柱,它是亚细亚蒙古高原的土著民族,蒙古种族的大部分或者说基本上是从蒙古人分支而形成的。所以蒙古族的起源形成,关系到整个蒙古人,关系到全体蒙古种族。

这些观点,有不少与学术界公认的观点不同,因为史料缺乏,是难以论证的。作为一家之说,颇多商榷之处。

此书将蒙古族和蒙古人种的概念混淆了,将蒙古人种中的多个民族划入蒙古族中。

蒙古人种(Mongoloid),是人种划分中的一个概念,最早由德国自然人类学家布鲁门巴哈提出,是他划分的五大人种之一。后来蒙古人种等同于黄色人种了。

约翰·弗里德里希·布鲁门巴哈(1752—1840),德国解剖学家、人类学家,现代人类学奠基人之一,曾任格丁根大学教授。

他根据颅骨形态把人类分成五大种系,即高加索人种

（白色人种）、蒙古人种（黄色人种）、马来亚人种（棕色人种）、尼格罗人种（黑色人种）、亚美利加人种（红色人种）。

美国学者孔恩进一步提出，蒙古人种的特征主要是：淡黄色的皮肤，浅栗色的眼睛，多为黑色的直发，体毛及胡须均不明显，面部中等，颧骨较平，鼻梁中等，两眼内角具有特别的毗褶等等。

他认为，亚洲蒙古人种又可分为北亚、东亚、南亚三个人种支系。一支北亚人沿阿拉斯加陆桥进入美洲大陆，发展为印第安人；另一支南亚人则扩展到南太平洋诸岛屿。

根据他们的观点，汉族也属于蒙古人种。黄种人都是蒙古人种。

对于各种事物，学术界总会有不同的观点。从 20 世纪 60 年代开始，这样的人种划分的科学性遭到了国际学界的质疑。

十一、《光明日报》书评对《汉匈四千年之战》的高度评价①

这是世界历史上空前绝后的最长的战争。这段历史既有汉姬辞阙、万里出塞的辛酸，也有外敌未灭、何以家为的豪情；既有社稷倾覆、文明陵替的终天之恨，也有光复故物、饮马长城的文明重归……这段历史就是在中华文明进程中绵亘四千年的汉、匈战史。

---

① 王汝梅《四千年之战》，《光明日报》2004 年 7 月 29 日。

周锡山先生的《汉匈四千年之战》以磅礴的气魄和跌宕的笔触将这段波澜起伏、满载沧桑的历史展现在我们面前。远在传说为华夏文明之初的黄帝时期，匈奴（当时称荤粥）和汉族（当时称华夏或夏族）就发生了频繁、激烈的征战。这以后，匈奴久为华夏边患。为了抵御匈奴的侵扰，作为华夏民族象征的万里长城，就是从这时开始陆续修建的。秦、汉之际，匈奴也正处在鼎盛时期。汉朝自高祖白登之役小挫以后虽采用和亲政策，但并没有换来持久的和平。于是，汉朝经过朝野上下的励精图治，终于引发了汉武帝时期对匈奴的生死决战。这番决战以汉朝的大胜而告终，奠定了以后长时间的边境安宁。在此期间，博望侯张骞出使西域，历尽艰辛，最终打通了伟大的丝绸之路，揭开了三大古文明交流的历史。然而，这以后，匈奴并没有从中华文明史中消失。它所代表的游牧民族文化与华夏文明的冲突一直没有间断。这一切都对历史的进程产生着持久的影响，而给后世以无尽的启迪。

　　这部著作不是对汉匈战争史实的简单梳理，而是一篇有甄别、辨析，深入浅出，寄意高远的力作。全书凸现出了作者的历史观和文化观，从纵贯四千年的战争史中，透视出了华夏民族代表的农耕文化与匈奴代表的游牧文化的关系并由此揭示出了华夏文明的精神实质。

　　作者意在说明，以儒、道为代表的中华文化讲求礼乐文明，讲求天人合一的人生境界，讲求自然和谐的社会发展模式。由于儒、道文化的深入人心，中华民族是一个仁义善良的民族，她以休养生息为自己的生存方式，以追求德柔远人为自己的交往之道，她不会走向对其他民族和文化的血腥征服之路。在作者看来，这是中华文化中应当而没有得到充分肯定的价值所在。

作者此书堪称援经入史、文史合参的佳作，既能让人领略到学术思想的深度和史实本身的震撼力，又有相当的趣味性，使人能够充分享受阅读带来的审美愉悦。

主要参考书目

史著

司马迁:《史记》,北京:中华书局,1959。

班固:《汉书》,北京:中华书局,1962。

范晔:《后汉书》,北京:中华书局,1965。

房玄龄:《晋书》,北京:中华书局,1974。

魏收:《魏书》,北京:中华书局,1974。

李百药:《北齐书》,北京:中华书局,1972。

令狐德棻等:《周书》,北京:中华书局,1971。

李延寿:《北史》,北京:中华书局,1974。

魏徵等:《隋书》,北京:中华书局,1973。

刘昫等:《旧唐书》,北京:中华书局,1975。

欧阳修等:《新唐书》,北京:中华书局,1975。

薛居正等:《旧五代史》,北京:中华书局,1976。

欧阳修等:《新五代史》,北京:中华书局,1974。

脱脱等:《宋史》,北京:中华书局,1977。

脱脱等:《辽史》,北京:中华书局,1974。

宋濂等:《元史》,北京:中华书局,1976。

张廷玉等:《明史》,北京:中华书局,1974。

司马光:《资治通鉴》,北京:中华书局,1956。

吕思勉:《先秦史》,上海:上海古籍出版社,1982。

吕思勉:《秦汉史》,上海:上海古籍出版社,1982。

〔美〕费正清、〔英〕崔瑞德总主编,〔英〕崔瑞德、鲁惟一编《剑桥中国秦汉史》,北京:中国社会科学出版社,1992。

吕思勉:《魏晋南北朝史》,上海:上海古籍出版社,1982。

〔美〕费正清、〔英〕崔瑞德总主编,〔英〕崔瑞德编《剑桥中国隋唐史》,北京:中国社会科学出版社,1990。

范文澜:《中国通史简编》修订本第一、二、三编,北京:人民出版社,1965。

白寿彝总主编《中国通史》,上海:上海人民出版社,1991—2000。

吕思勉:《中国民族史》(民国学术经典文库本),北京:东方出版社,1996。

王锺翰主编《中国民族史》,北京:中国社会科学出版社,1994。

林惠祥:《中国民族史》,北京:商务印书馆,1993。

田继周:《秦汉民族史》,成都:四川民族出版社,1996。

周一良、吴于廑主编《世界通史》上古、中古部分,北京:人民出版社,1972。

林幹:《匈奴通史》,北京:人民出版社,1986。

林幹:《突厥史》,呼和浩特:内蒙古人民出版社,1988。

杨生民:《汉武帝传》,北京:人民出版社,2001。

〔美〕麦高文:《中亚古国史》，章巽译，北京：中华书局，1958。

〔法〕雷纳·格鲁塞:《蒙古帝国史》，龚钺译，翁独健校，北京：商务印书馆，1989。

〔英〕爱德华·吉本:《罗马帝国衰亡史》，黄宜思、黄雨石译，北京：商务印书馆，1997。

专著

赵翼:《廿二史札记》，北京：中华书局，2002。

陈寅恪:《寒柳堂集》，北京：三联书店，2010。

陈寅恪:《讲义与杂稿》，北京：三联书店，2002。

林幹编《匈奴史论文选集》，北京：中华书局，1983。

马长寿:《北狄和匈奴》，北京：三联书店，1962。

马长寿:《乌桓与鲜卑》，上海人民出版社，1962。

林幹编《突厥与回纥历史论文选集》，北京：中华书局，1987。

邢莉、易华:《草原文化》，沈阳：辽宁教育出版社，1998

尚衍斌:《西域文化》，沈阳：辽宁教育出版社，1998。

齐思和:《中世纪初期的西欧》，北京：三联书店，1958。

〔法〕勒内·格鲁塞:《草原帝国》，蓝琪译，项英杰校，北京：商务印书馆1998。

何健民:《匈奴民族考》，上海：中华书局，1939。

论文

姚从吾：《欧洲学者对于匈奴的研究》，《国学季刊》第2卷第3号（1930年9月）。

齐思和：《匈奴西迁及其在欧洲的活动》，《历史研究》1977年第3期。

萧之兴：《关于匈奴西迁过程的探讨》，《历史研究》1978年第7期。

《文史知识》总第1期至第264期中的有关文章，北京：中华书局，1981—2003。

图书在版编目（CIP）数据

汉匈战争全史 / 周锡山著． —— 上海：上海三联书店，2024.9． ——ISBN 978-7-5426-8588-9

Ⅰ．K289

中国国家版本馆 CIP 数据核字第 20240N03S2 号

汉匈战争全史

著　　者 /	周锡山
责任编辑 /	王　建　樊　钰
特约编辑 /	张兰坡
装帧设计 /	字里行间设计工作室
监　　制 /	姚　军
出版发行 /	上海三联书店
	（200041）中国上海市静安区威海路755号30楼
联系电话 /	编辑部：021-22895517
	发行部：021-22895559
印　　刷 /	天津丰富彩艺印刷有限公司
版　　次 /	2024 年 9 月第 1 版
印　　次 /	2024 年 9 月第 1 次印刷
开　　本 /	889×1194　1/32
字　　数 /	493千字
印　　张 /	21.25

ISBN 978-7-5426-8588-9 / K · 793

定　价：89.00元